DESARROLLISMO, FRANQUISMO Y NEOHISPANIDAD

DESARROLLISMO, FRANQUISMO Y NEOHISPANIDAD

Historias conectadas entre España, América Latina y Argentina

Beatriz Figallo (Editora)

Desarrollismo, franquismo y neohispanidad: historias conectadas entre España, América Latina y Argentina / Beatriz Figallo Lascano ... [et al.]; editado por Beatriz Figallo Lascano. – 1a ed. – Ciudad Autónoma de Buenos Aires: Teseo, 2018. 454 p. ; 23 x 15 cm.
ISBN 978-987-723-156-4
1. Relaciones Internacionales. 2. Economía. 3. Política . I. Figallo Lascano, Beatriz II. Figallo Lascano, Beatriz, ed.
CDD 327

Imagen de tapa: jason-leung (Unsplash)

© Editorial Teseo, 2018
Buenos Aires, Argentina
Editorial Teseo
Hecho el depósito que previene la ley 11.723
Para sugerencias o comentarios acerca del contenido de esta obra, escríbanos a: **info@editorialteseo.com**
www.editorialteseo.com
ISBN: 9789877231564

Compaginado desde TeseoPress (www.teseopress.com)

Índice

Presentación 9

Primera parte. El espejo de las dos Españas: entre la resistencia y la complacencia 23

1. Aproximación a las estrategias de persecución franquista hacia los disidentes en Chile y Argentina (1939-1945) 25
    Elena Romero Pérez

2. El exilio catalán y la denuncia del "genocidio cultural" en las Naciones Unidas (1946-1964) 49
    Silvina Jensen

3. El peligro rojo. El anticomunismo como factor de acercamiento entre Brasil y España en la década de 1950 81
    Ismara Izepe de Souza

4. La construcción del enemigo interno. Desarrollismo, hispanidad y discurso para el análisis de dos casos de archivo en la relación España/Argentina 101
    Adriana Minardi

5. Redes franquistas e hispanismos modernizantes. Biografías intelectuales en el cruce entre universidad y política en los sesenta 121
    María Celina Fares

6. Universidad y medios de comunicación. Santa Fe, Rosario, la Universidad Nacional del Litoral y el antifranquismo 159
    Miguel Ángel De Marco h.

7. Ideas y normas jurídicas. De España a Argentina (1936-1975) ... 193
    Luis María Caterina

8. Julián Marías, entre la España de Franco y la Argentina. El desarrollo como vinculación del espacio hispanoamericano 217
    María Victoria Carsen

Segunda Parte. Desarrollismos y tecnocracia: Modelos políticos y económicos 235

9. Tecnocracia y desarrollismo en la península ibérica (1959-1974) 237
    Ángeles González-Fernández

10. Desarrollismo cepalino en la provincia de Buenos Aires. La gobernación de Oscar Alende (1958-1962) 263
    Horacio García Bossio

11. Políticas desarrollistas en España y la Argentina. Una visión comparativa desde la perspectiva de la Historia de las Ideas 285
    Ángel Cerra

12. Creencias, negocios e influencia. Los empresarios católicos españoles y argentinos: redes sociales, institucionales y políticas (1958-1975) 313
    Gustavo Motta

13. La diplomacia franquista ante la política argentina, 1955-1962 343
    Carolina Cerrano

14. Desarrollo y Estado de derecho administrativo. El modelo del nuevo hispanismo en la Argentina posperonista 367
    Beatriz Figallo

15. Política exterior, desarrollismo y neoliberalismo. España como espacio de sustitución para Chile, 1964-1989 415
    María José Henríquez Uzal

Los autores 445

Presentación

Cuando a fines de 1969 el ministro español de Asuntos Exteriores Gregorio López Bravo comenzó a diseñar el Plan Iberoamericano, que proyectaba ofrecerle a la región cooperación técnica, financiera y comercial, América Latina estaba viviendo momentos de crisis, demandas y cambios políticos intensos, inmersa en un proceso de transformaciones de estructuras socio-económicas y urgentes exigencias de mejoras en el nivel de vida. Cerrando sus últimos años fiscales con notables beneficios, España podía hacer de las relaciones económicas su carta de presentación internacional, y más que ello, se sentía habilitada para exportar su propio modelo de superación del subdesarrollo, el que durante la década del sesenta le había permitido una favorable evolución de sus indicadores de bienestar, de su capacidad industrial y de promoción social, encontrando además una vía para conjurar el importante déficit comercial existente con la zona. Con iniciativas audaces –como el reconocimiento de la China comunista y una modesta política de distensión desplegada con los países del socialismo real–, la gestión López Bravo supo imprimir a la acción exterior de la dictadura franquista un especial dinamismo, con medidas orientadas a la universalización de sus relaciones internacionales, que incluían la neutralidad en el marco del orden bipolar imperante y la desideologización de la proyección exterior.[1] En poco más de una década, la economía española había pasado de estar prácticamente en bancarrota, a protagonizar un crecimiento sin precedentes a través de una generación de tecnócratas que concentró gran parte del poder en el régimen, artífice del llamado "milagro" económico español. Seguía siendo una dictadura, pero "bajo una España oficial inmóvil latía una España enormemente viva, flexible, que había transformado la sociedad a mayor velocidad que otros países, que había adquirido, en la vida privada, una sorprendente madurez y capacidad de reacción".[2] Cómo se ha señalado, para los años sesenta en España había unas extrañas dosis de libertad, que permitían que fuera más fácil encontrar libros de Marx que de Mussolini o de José Antonio Primo de Rivera. No faltaban centros, como la Facultad de Ciencias Políticas, Económicas y Comerciales de la Universidad Complutense de Madrid

---

[1] Juan Carlos Pereira y Pedro Martínez Lillo, "La Política Exterior (1939-1975)", en Javier Paredes (coord.), *Historia contemporánea de España*, Barcelona, Ariel, 1999, p. 750.
[2] Julián Marías, *Cinco años de España (Conclusión de la España real)*, Madrid, Espasa-Calpe, 1982, p. 152.

o el Instituto de Estudios Políticos, donde el nivel de discusión de los intelectuales era alto, mientras nuevos órganos de prensa y revistas se iban sumando a un debate político *in crescendo*.

Interrogar las posibilidades, los proyectos, las manifestaciones y los límites del despliegue protagonizado por la España del desarrollismo en América Latina es el tema convocante de este libro, que aunque parte de presunciones fuertes, es fecundo en problemas a seguir investigando: ¿hasta qué punto el modelo de desarrollo con el que la España franquista acertó a comenzar a salir de su postración socio-económica se constituyó en una alternativa posible y hasta deseable para un conjunto de políticos, funcionarios, empresarios, inversores, militares, religiosos, universitarios, periodistas y agentes culturales de América Latina, del Cono Sur y de la Argentina que compartían percepciones sobre el nivel de desarrollo de sus sociedades y exploraban vías para salir del subdesarrollo? La coincidencia de elementos que provee el común denominador de la búsqueda de fórmulas para lograr el desarrollo de las sociedades iberoamericanas implica puntualizar proyecciones concretas del modelo político-económico que proveyó el franquismo de los años sesenta, la voluntad deliberada o derivada de exportarlo al Cono Sur y más ampliamente a América Latina, la confrontación de experiencias locales de desarrollismo con la inspiración franquista, la circulación de ideas entre las elites dirigenciales, portadoras de diversas tendencias, de nacionalistas y conservadoras a liberales, y en el mundo intelectual y universitario, la existencia de pulsiones que hacían atractiva una modernización impulsada y conducida por regímenes de orden. ¿Cuánto de neutralidad tenía el influjo del desarrollismo franquista, conteniendo prédicas anticomunistas, con fórmulas de colaboración de contenido económico, pero también político, estratégico e incluso ideológico, revestido de un ropaje cultural o religioso, que podía ser de forma o fondo? Aquel espejo donde reflejarse ofrecía diferentes caras, desde el modo de concebir el Estado, con una propuesta pragmática basada en la eficacia profesional y que se pretendía desideologizada, apta para acercarse a democracias y dictaduras, centrada en la primacía de los vínculos económicos y financieros, hasta la atracción que ejercía la figura del caudillo, militar y presidente en su versión desarrollista entre los militares sudamericanos, o las imágenes que devolvían la alternancia de la preparación técnica y profesional de los militares franquistas con el adoctrinamiento ideológico.

Inserta en un contexto global, aprender esta trama compleja de problemas históricos que circularon de la península ibérica al subcontinente americano entre los años 1950 y 1970 requiere investigar la inspiración, los contactos, las propuestas, los instrumentos, las realizaciones, los proyectos compartidos, todas estrategias que la dictadura franquista, que se fue maquillando en autoritarismo ilustrado,[3] ofreció a la región, para con ello realimentarse. Dispersos en incontables trabajos, referencias y menciones, particularizar la cercanía de quienes en América Latina, en el Cono Sur y en la Argentina constituyeron sectores sensibles al modelo español en su faz desarrollista es propósito de este trabajo, entretejiendo dimensiones disjuntas y afrontando la multidimensionalidad de aquella realidad histórica, eludiendo empobrecimientos. Sin desdeñar la incidencia de los prolegómenos históricos que mucho explican para la comprensión del calado de rechazos y adhesiones, corresponde sopesar la coexistencia de resistencias al régimen franquista en la región, tanto de sus ciudadanos como de republicanos expatriados sometidos a control por operaciones orquestadas a distancia, con las manifestaciones testimoniales de repudio y censura que subsistieron en el declive del accionar del exilio. Tanto como ello, reconocer la resignación que se extendió cuando el tardofranquismo se revistió de un éxito económico que América Latina no lograba alcanzar. No se trata de redimensionar y hacer amigable la dictadura franquista o a sus admiradores vernáculos, en una suerte de revisionismo que pone en entredicho las causas de la Guerra Civil española, la larga mano represiva del régimen y el disciplinamiento forzoso de su población por décadas, sino de no caer en simplificaciones históricas y de apelar a más claves explicativas.

El marco político que provee la Guerra Fría y el económico que confiere la búsqueda del desarrollo se enriquecen con la indagación de las múltiples vías de conexión, donde diversas redes transnacionales operaron ligando actores estatales y no estatales. Así lo han perfilado investigaciones que encaran el novedoso campo de la Guerra Fría cultural, algunas de las cuales analizan la exportación de los valores culturales e ideológicos de los EE.UU. hacia sectores de sociedades que estaban persuadidos de la existencia de un conflicto a escala mundial entre las democracias y el comunismo.

Algunos ejemplos recientes son el libro compilado por Benedetta Calandra y Marina Franco, *La Guerra Fría cultural en América Latina. Desafíos y límites para una nueva mirada de las relaciones interamericanas* (2012), el *dossier* coordinado en 2009 por Antonio Niño en la revista *Ayer*, que versa sobre "La ofensiva cultural norteamericana durante la Guerra Fría", con particular atención a España, o el artículo de 2015 de Lorenzo Delgado Gómez-Escalonilla en *Historia y Política*, titulado "Modernizadores y tecnócratas. Estados Unidos ante la política

---

[3] María José Henríquez, "La nueva imagen de España o cuando el desarrollo maquilló la dictadura: franquismo y América Latina, 1969-1973", en Pilar Díaz Sánchez, Pedro Martínez Lillo y Álvaro Soto Carmona, *El poder de la Historia. Huella y legado de Javier Donézar y Díez de Ulzurrún*, Madrid, Servicio de Publicaciones de la Universidad Autónoma de Madrid, 2014.

educativa y científica de la España del desarrollo". Otro tanto sucede con el "desarrollo", categoría que surgió entonces y fue adoptada en América Latina como un instrumento válido para lograr el crecimiento, como alternativa al socialismo. El incentivo a las actividades básicas consideradas estratégicas, la inversión extranjera y el esfuerzo nacional constituían las fuerzas que prometían una expansión ilimitada de la economía y de la producción. En esa línea que repara en la circulación, transferencia y apropiación de ideas, el libro de Carlos Waismann titulado *Inversión del desarrollo en la Argentina. Políticas contrarrevolucionarias y sus consecuencias estructurales* (2006) afirma que la trayectoria de desarrollo seguida por una sociedad está determinada por "una constelación compleja de factores internos y externos, y de procesos económicos, políticos y cognitivo ideológicos", y que resulta necesario recopilar mayor información sobre el origen social de la intelectualidad de la década del 60, "las redes intelectuales, el impacto político de los viajes y el exilio, la organización de la vida académica y profesional, y la compleja dinámica de los efectos de demostración internacionales". Un auspicioso avance para mejor entender las conexiones experimentadas en los años desarrollistas del régimen lo constituye el libro coordinado por Antonio Cañellas Mas, *La tecnocracia hispánica. Ideas y proyecto político en Europa y América*, publicado en 2016, que con rastrear los antecedentes y la conformación de la fórmula española, ayuda a caracterizar el gobierno de los técnicos que dotó a las administraciones de un sentido empresarial en su funcionamiento e indaga en su aplicación en el mundo hispánico, buscando conciliar los presupuestos de la hispanidad con la modernización económica, abordando los casos específicos del *Estado novo* portugués, de Chile, Venezuela y Colombia, así como el itinerario iberoamericano del ideólogo de la hispanidad tecnocrática, Gonzalo Fernández de la Mora.

El conocimiento de la política exterior franquista con América Latina resulta indispensable para situar los vínculos, constituyendo un campo de estudio donde los especialistas españoles han hecho caracterizaciones que siguen siendo operativas. Eduardo González Calleja y Rosa Pardo hablaron del catolicismo como pretexto ensayado por el régimen a partir de 1945, sucedido por el tecnocratismo desideologizado.[4] José Luis Neila señala tres proyectos políticos: la "utopía imperial de la hispanidad" durante los años de la II Guerra Mundial; el proyecto de comunidad espiritual hispanoamericana basado en el catolicismo y el anticomunismo, como la estrategia defensiva del

---

[4] Eduardo González Callejas y Rosa Pardo, "De la solidaridad ideológica a la cooperación interesada (1953-1975)", en Pedro Pérez Herrero y Nuria Tabanera, *España-América Latina: Un siglo de políticas culturales*, Madrid, Síntesis, 1993, p. 139.

franquismo frente al ostracismo internacional, y la articulación de un proyecto de hispanidad de claro signo modernizador en la gestión del ministro de Exteriores Fernando María Castiella.[5] En línea con los aportes de Ángel Viñas,[6] más recientemente Neila ha ido precisando los sesgos más pragmáticos del último período, cuando el franquismo se esforzó para que su anomalía institucional no obstaculizara unas relaciones internacionales más realistas, labor que coincidiría con la expansión económica española.[7] A su vez, Celestino del Arenal, retomando aportes propios anteriores, sistematizó aquellas tres etapas: la hispanidad como instrumento de combate, desde el fin de la Guerra Civil a la Mundial; la Comunidad Hispánica de Naciones primero como política de búsqueda de apoyos entre 1945 y 1957 y luego como política de sustitución, hasta la muerte de Franco en 1975.[8] Cuadra ello bien con la convicción historiográfica que desaconseja estudiar los casi cuarenta años de duración del franquismo como una realidad histórica monolítica, y aunque ayuda a analizar las relaciones con América Latina, ni los cambios políticos operados ni la diversidad misma de la región facilitan un estudio estandarizado, sino más bien respuestas múltiples que no observan siempre el mismo comportamiento, sobre el basamento de incitaciones y acciones propiciadas desde España.

Creemos que las conexiones históricas que se quieran explorar han de realizarse en múltiples direcciones. Las relaciones diplomáticas bilaterales han dado cuenta de los vínculos, y merced a una consulta extensa de todo tipo de repositorios españoles, latinoamericanos y argentinos, de forma periódica van apareciendo investigaciones originales. Con el enriquecimiento que ello produce en todo trabajo, muchos de los autores de este libro tuvimos el privilegio de indagar ampliamente en el archivo del Ministerio de Asuntos Exteriores de España, antes de la dispersión de sus fondos y las crecientes dificultades para su consulta decidida por su gobierno entre 2011 y 2012. Pero el eje que proporciona la España desarrollista, con su capacidad de figurar conductas, asociaciones y contradicciones por América Latina, con especiales repercusiones en el Cono Sur y en la Argentina, contiene muchos más nudos problemáticos a indagar que las relaciones

---

5   José Luis Neila Hernández, "Hispanomérica en el imaginario de ultramar de la política exterior franquista", *Tzintzun, Revista de Estudios Históricos*, N° 37, enero-junio de 2003.
6   Ángel Viñas, "La política exterior española en el franquismo", *Cuenta y Razón*, N° 6, primavera, 1982.
7   José Luis Neila Hernández, "Tecnocracia exterior y políticas periféricas en la España de Franco", *XIV Jornadas Interescuelas/Departamentos de Historia*, Mendoza, octubre 2013, p. 19.
8   Celestino del Arenal, *Política exterior de España y relaciones con América Latina. Iberoamericanidad, europeización y atlantismo en la política exterior española*, Madrid, Fundación Carolina-Siglo XXI, 2011.

oficiales. Otro de esos varios denominadores comunes es el anhelo de una parte significativa de los grupos dirigentes y de la intelectualidad latinoamericana, que miraron al Estado español, que nació el 18 de julio de 1939, buscando normas políticas para poner en práctica en sus países. Por lo que persistir en esa adscripción ideológica al franquismo implicó enfrentarse a sus cambios socio-culturales y políticos, en especial a aquellos que acontecieron en los años que siguieron a la firma de los acuerdos con los Estados Unidos en 1953 y al inicio de sus planes económicos de estabilización y desarrollo, dando origen a la faz tardía del régimen. Conviene enfatizar que la sucesión de cambios ocurridos en el escenario iberoamericano –el triunfo de la Revolución cubana y la alternancia de regímenes autoritarios con democracias acosadas– agudizó para el régimen franquista la necesidad de resituar esas relaciones con el propósito de conciliarlas con los proyectos de expansión económica, que sectores de la alta burguesía española y otros grupos beneficiarios de ese asomarse al comercio mundial reclamaban. La preocupación que nutría a la diplomacia española se refleja en diferentes estudios e informes que se prepararon en el Ministerio de Asuntos Exteriores, advirtiendo sobre la crisis histórica que atravesaba América Latina, con el resquebrajamiento del orden existente y las demandas de acción para su dirigencia, sintetizándolo en el dilema que se presentaba: o pacífico despegue reformista para salir del subdesarrollo y llegada a la fase de plena industrialización, o revolución político-social mediante la violencia. Los análisis incluían el papel que podría jugar España, en competencia con los EE.UU., la URSS y otros actores internacionales como Alemania, Francia y Japón. Señalándose su excesiva independencia e incluso el "estímulo a las experiencias de corte socialista", como causas de la abrupta salida de López Bravo del Palacio de Santa Cruz en junio de 1973, coincidiendo con los últimos estertores de un régimen que agonizaba acompañado del recrudecimiento de la represión y el aislamiento internacional, aquella fase de política exterior franquista hacia América Latina se remató con un traspié, aunque renovados lazos habían quedado anudados, más que entre tecnócratas o burócratas, con empresarios y banqueros, académicos y periodistas. La "neohispanidad" ensayada, una suerte de tercera posición para salir del círculo de la bipolaridad, tuvo un magro resultado, pero desde una perspectiva política, produjo una auténtica coincidencia entre el discurso desarrollista hispano y el latinoamericano. La región manifestaba curiosidad y hasta expectativas –cuando no verdadera sintonía en algunos regímenes militares– de compartir la receta que podría permitir solventar los problemas del desarrollo de sus pueblos. No implicaba ello un olvido de las contradicciones que representaba la pretendida liberalización del régimen, sino una prueba de ensayo de un futuro español sin el general Franco, es decir, una sociedad desarrollada previamente puesta en camisa por un régimen autoritario.

Cultura y religión, en un contexto de exaltación hispánica que solo comenzó a decaer en los años 70, habían sido vehículos de transmisión del vínculo cuanto de recurso para ampliar la capacidad de maniobra internacional,[9] bien que la tecnocracia desarrollista del franquismo ofreciera una alternativa en apariencia menos ideologizada. Como tan bien ha investigado Isabel Jara en su libro publicado en 2006, *De Franco a Pinochet. El proyecto cultural franquista en Chile, 1936-1980*, aunque la oferta cultural hispanista se supeditó a los reordenamientos políticos internos del franquismo y, sobre todo, a sus necesidades de legitimación exterior, como un recurso sustitutivo ante el verdadero interés por Europa o Estados Unidos, ello no impidió que constituyera una teoría social operante y arraigada en círculos conservadores latinoamericanos.[10]

Definir la "hispanidad", el "hispanismo", el "hispanoamericanismo" como términos inclusivos o polisémicos no nos eximirá de abordar un fenómeno que puede ser analizado desde distintas ópticas, ni por ello llegar a una conclusión definitiva. Con respecto a ideas que venían siendo construidas y elaboradas desde fines del siglo XIX, en particular desde la pérdida de Cuba en 1898, algunos investigadores señalan que, sin mayores distinciones, ello fue patrimonio de los conservadores o de las derechas, pero las palabras del intelectual socialista Luis Araquistain son temprana muestra de un pensamiento que permeó distintos grupos y sectores:

> un español va a América o un hispanoamericano viene a España y, salvo diferencias de clima espiritual, no mayores que las que encuentra un andaluz en Galicia, se siente en el acto en una atmósfera congenial de conciencia, respirando un inconfundible aire de familia.[11]

Ayuda ello a explicar la fraterna recepción que tuvieron los exiliados en el continente tras la derrota republicana de 1939, y la pervivencia de un sentir antifranquista que compartieron refugiados con significativos sectores sociales latinoamericanos.

Recientemente el Colegio de México, una institución universitaria de referencia, acogió un coloquio internacional sobre hispanismos y nacionalismos en América Latina y España, con la presencia

---

9   Lorenzo Delgado Gómez-Escalonilla, *Diplomacia franquista y política cultural hacia Iberoamérica (1939-1953)*, Madrid, CSIC, 1988, p. 10.
10 Isabel Jara Hinojosa, "La ideología franquista en la legitimación de la dictadura militar chilena", *Revista Complutense de Historia de América*, 2008, vol. 34, p. 234.
11 Luis Araquistain, *El Sol*, Madrid, 19 de abril de 1925.

de destacados investigadores que analizaron el tema de la identidad hispánica, su incidencia en la creación de imaginarios nacionales, su afianzamiento en la esfera pública con repercusiones en ámbitos culturales y políticos iberoamericanos, la exaltación del legado histórico y cultural español, la invocación del "imperio espiritual". La prensa, tras calificar el encuentro como un novedoso foro destinado a conocer un tema historiográfico poco estudiado, reflejaba las objeciones de la directora de la cátedra México-España y la colección editorial "Ambas Orillas", Clara Eugenia Lida, quien insistió repetidamente en la falta de claridad del concepto de hispanismo.[12]

Es que, como estudio de la cultura y la literatura hispánica y a la vez tradición intelectual que realza ese legado, se entremezcla con la noción de hispanidad, que si bien no había sido una creación del franquismo,[13] fue otra expresión por largo tiempo utilizada como relato oficial del régimen, que osciló de la reivindicación de lo racial a lo ideológico, así como a su conveniente utilización por distintos personajes afines del latinoamericanismo. ¿Puede el concepto de hispanidad reconocerse en la práctica en el de hispanismo? Podría, pero sin embargo una aprehensión angélica de los valores culturales hispánicos no han impedido que un término se inficione con atributos del otro. En junio de 1973 el efímero presidente argentino Héctor J. Cámpora afirmó en un discurso en el Instituto de Cultura Hispánica de Madrid, que la "Hispanidad es lo contrario del imperialismo, es una fórmula para combatirlo y se basa en la hermandad, la igualdad y la caridad". Cambiante en sus acepciones, de lo representativo a lo identitario, de lo religioso a lo expansivo, de lo festivo a lo folclórico, una idea cuasi dogmática de hispanidad fue capaz de contener elementos inspiradores de lo que sectores conservadores y de derecha consideraban la más grande empresa de España, la colonizadora y evangelizadora, siendo para algunos latinoamericanos un imperio preferible al del poderoso vecino norteamericano, pues había legado señas de identidad esenciales. Más allá de entramparnos en esa disquisición, cabe retomar los persistentes elementos de lo hispánico que se pueden distinguir y que operaron conectando el espacio iberoamericano en general y los ámbitos nacionales en particular, constituyendo una envoltura que también ayuda a explicar la receptividad del modelo franquista, con un régimen que puso medios extraordinarios al servicio de una estimulación cultural revestida ora de contenido político y más luego, económico.

---

12 "México remueve la hispanidad de ambas orillas", *El País*, Madrid, 1 de octubre de 2014.
13 Zacarías de Vizcarra, "Origen del nombre, concepto y fiesta de la hispanidad", *El Español*, Madrid, 7 de octubre de 1944.

Centrados en la experiencia argentina, era asimismo inestable aquella cercanía cultural que generaba lo hispánico. José Luis de Diego, acudiendo a la novela más reconocida de Ricardo Piglia, *Respiración artificial*, alerta sobre miradas que también existían en relación a figuras admiradas, aún hoy, por ciertos sectores de la intelectualidad a los que se denominaba apenas "charlistas radiofónicos españoles", dentro de los cuales se incluía al mismo Ortega y Gasset.[14] Extendiéndonos, señala también de Diego en el mismo artículo que a mediados de la década de los 70 en la Argentina la politización inundaba el ámbito universitario de lecturas que venían sobre todo de Francia, como así también de las provenientes de las experiencias revolucionarias de la Unión Soviética, China y Cuba, en cambio,

> España era entonces un lugar innombrado o solo mencionado para evocar las glorias de una guerra civil que, a pesar de la derrota, alimentaba el furor épico de aquellos años. Ni siquiera, me animaría a decir, fue una referencia fuerte cuando en 1975, con la muerte del general Franco, la apertura democrática llevaba esperanzas a una comunidad sepultada para el concierto internacional bajo una dictadura de casi cuarenta años.

Si había dos Españas, y muchas zonas grises, lo mismo podía decirse de América Latina y en particular de la Argentina, donde cohabitaban diferentes tradiciones y adhesiones con considerable poder de convocatoria, oponiendo la fuerza de valores hispánicos apreciados, las persuasiones de tolerancia y paciencia no combativa frente a la dictadura española, con los impulsos revolucionarios, que no primaban en la España desarrollista.

Acertamos si pensamos el presente libro como expresión de una historia latinoamericana, de España, el Cono Sur y, muy en especial, de la Argentina en la segunda mitad del siglo XX. La renovación historiográfica de las últimas décadas habilita para considerarla no solo como una historia internacional, pero partiendo de historias locales o nacionales, como ejercicio de historia transnacional, término algo inespecífico pero de moda, surgido con fuerza en la academia norteamericana, a veces por necesidad de su propio ordenamiento universitario.[15]

El mismo libro dirigido por Robert Frank, *Pour l'histoire des relations internationales* (2012), verdadero manifiesto disciplinar, donde sigue profundizando en los planteos ya hechos décadas atrás por

---

14   Ricardo Piglia, *Respiración artificial*, Buenos Aires, 1980, p. 214, en José Luis de Diego, "El hispanismo en la Argentina", *Olivar*, vol. 5, N° 5, La Plata jul./dic. 2004 [en línea: https://goo.gl/yZiZTK] (consultado el 1 de agosto de 2017).
15   Barbara Weinstein, "Pensando la historia más allá de la nación: la historiografía de América Latina y la perspectiva transnacional", *Aletheia*, vol. 3, N° 6, julio de 2013.

Pierre Renouvin y Jean-Baptiste Duroselle, refina conceptos y nociones allegadas, como la de representaciones, mentalidades e imaginarios sociales, examinando la idea de transferencia que goza de prevalente atracción entre investigadores, poniendo en perspectiva histórica conexiones e interferencias entre sociedades, revalorizando fuerzas que operan en el escenario internacional, así como sus grados de interdependencia, en campos como la relación con la economía, la estrategia, las migraciones, la diplomacia cultural, la internacionalización del deporte, el factor religioso en las relaciones internacionales y la diplomacia religiosa, la circulación transnacional de la cultura, los derechos del hombre y las cuestiones humanitarias. Se enmarcan dentro de la familia de los estudios relacionales, donde el principio activo y dinámico de una historia conectada, con sus combinaciones, sus manifestaciones diferidas en el tiempo, el movimiento de ideas y argumentos y su reinterpretación de acuerdo con los contextos nacionales o regionales, contrasta con el marco estático de un binario enfoque comparativo que tiende a inmovilizar objetos de estudio. Más que en la categoría de influencia, las mentadas transferencias hacen énfasis en la noción de interacción, en el estudio de las adaptaciones y las interpretaciones, a través de un flujo multiforme, espontáneo, difícil de controlar. Más que en la noción de comparación, se enfoca en la transformación. Proceso diacrónico, que se va desarrollando en el tiempo, y asimétrico, porque los lados no son iguales. Aunque en un extremo las transformaciones privilegian lo cultural [16] desestimando el punto de vista estatocéntrico, no han faltado aproximaciones que se centran en lo político, como las adelantadas por el historiador holandés Henk te Velde en su artículo "Political transfer: An Introduction", publicado en 2005 en la *European Review of History: Revue européene d'historie*, que aporta teoría para analizar la manera en que operan las conexiones, en la difusión y la recepción de las innovaciones y prácticas políticas, los ritmos en los que se producen, los usos retóricos de lo político, a través de un enfoque que enfatiza en la contingencia y en la importancia de los hechos.

Velde dice que el concepto de transferencia debiera ser utilizado principalmente como una perspectiva y una herramienta heurística y no como un modelo alternativo. En este ejercicio disquisitivo incluso podemos extraer inspiración de las propuestas de Michael Werner y Bénédicte Zimmermann y del trabajo publicado en febrero de 2006 en la revista *History and Theory* titulado: "Beyond comparison. Histoire Croisée and the Challenge of Reflexivity", que a modo de síntesis superadora de los aportes de los comparativistas y los cultores de

---

[16] Michel Espagne, "La notion de transfert culturel", *Revue Sciences/Lettres*, 1, 2013 [en línea: https://goo.gl/vckDzZ] (consultado el 5 de agosto de 2017).

las transferencias, presenta de una manera programática la aproximación que propone la historia cruzada, que repara en los entrecruzamientos y las intersecciones que afectan a los actores históricos en movimiento. Pretender beneficiarse de estas cercanas perspectivas de análisis, lejos de constituir una *confusio* intelectual, provee de una cantera inspiradora para el campo de la historia de las relaciones internacionales, reuniendo argumentos y explicaciones que requieren ser armados con cuidado.

Con sacar provecho de ese bagaje teórico y empírico, las líneas de trabajo consolidadas y las inquietudes intelectuales de un grupo de especialistas permitieron gestar este libro, fruto de un empeño historiográfico compartido, que admite ser leído como un conjunto de suposiciones argumentadas, antes que como un texto definitivo, donde los aportes se completan con una lectura no parcializada ni incomunicada entre sí, pues todos los autores han coincidido en una temática que se comunica, ofreciendo matizaciones y en algunos casos, disonancias. La coral conjunción sobre un mismo tema con varios intérpretes puede convertirse en un peligro, pero también lo dota de mayor riqueza y conduce a transitar el desafío de conocer las partes para remitirse al todo, más allá de solapamientos o lagunas de conocimiento.

En diciembre del año 2015, celebramos en Rosario un encuentro científico entre especialistas procedentes de diversas instituciones académicas de Argentina, Brasil, Chile, España y Uruguay. La intención era analizar las relaciones entre la España del desarrollismo, América Latina y Argentina durante la Guerra Fría, atendiendo a aspectos relevantes de una historia que vislumbrábamos conectada, presunción que las miradas provenientes de diferentes horizontes disciplinares, provistos de un bagaje cierto de fuentes originales y novedosas, ayudó a confirmar. Por fuerza de la procedencia de los asistentes, hay una atención prioritaria hacia la Argentina, pero las intersecciones detectadas permiten extrapolar con verosimilitud recorridos históricos. Se procuró otorgar pareja atención tanto a la España generadora de políticas e ideas como a una selección de países receptores de acciones de atracción y persuasión que llamaron la atención de actores socio-políticos y económicos locales, atendiendo a efectos, consecuencias y repercusiones.

De aquel coloquio, este libro, que se ha beneficiado del enriquecedor camino de diálogos que incluyó la preparación de las intervenciones, el encuentro vis a vis del grupo y el largo periodo de relecturas para dar forma definitiva a los capítulos. Si al inicio se planificaron las presentaciones en torno a variados aspectos que atendieran a nexos detectados, la obra que ha surgido luego de casi tres años de trabajo presenta dos repertorios de cuestiones para estudiar casuísticamente las historias conectadas entre la España desarrollista y la parte meridional de América Latina. La primera examina la colisión de las dos Españas en el escenario regional. Tras la inmediata posguerra civil se van aislando las expresiones más virulentas de antifranquismo, congelando un panorama por medio del control y la represión –muchas veces con ayuda local– de manifestaciones opositoras, sin llegar a suprimirlas, hasta desembocar en más abiertos consentimientos y tolerancias: las operaciones de persecución extraterritorial contra disidentes y exiliados republicanos ejercidas en Chile por el régimen franquista a través de sus representantes diplomáticos, perfilando alcances que llegaron a la Argentina; las estrategias del exilio catalanista radicado en Buenos Aires para denunciar en foros internacionales la represión que se vivía en Cataluña y que incluía la coacción contra su cultura, imputando el régimen de genocidio cultural; la convergencia de las relaciones exteriores de Brasil y España en los años 50, que tuvo en el anticomunismo compartido un factor de acercamiento, así como la conveniencia por sumarse a proyectos modernizadores; la utilización en el archivo de inteligencia de la provincia de Buenos Aires de similar conjunto retórico-discursivo utilizado por el franquismo para controlar a los opositores, confrontándolo con la documentación del Archivo General de la Guerra Civil de Salamanca, análisis del discurso aplicado en reportes y vigilancias de casos concretos de censura de publicaciones y de la presencia en la zona de representantes de la organización nacionalista vasca ETA en 1975. Las Universidades del Litoral y Cuyo, en Santa Fe, Rosario y Mendoza, son objeto de un estudio en detalle que detecta la conformación de núcleos franquistas y antifranquistas en sus sedes, y busca las razones por las cuales la versión desarrollista de la dictadura se difundió positivamente de la mano de los medios de comunicación, y de los viajes y vínculos intelectuales de becarios y profesionales en búsqueda de perfeccionamiento. La evolución en la percepción del mundo jurídico argentino de la realidad político-institucional del régimen franquista, tanto como los contactos, inspiraciones e influjo recibido de España en distintos ámbitos del derecho, son tratados rebasando los límites del período desarrollista pero explicando la posición asumida por el mundo profesional de los juristas. Finalmente, se reconstruyen reflexiones del filósofo Julián Marías, asiduo frecuentador de los ámbitos culturales argentinos, vinculado a sus sectores liberal-conservadores, sobre la España del desarrollismo y América Latina.

La segunda parte del libro busca penetrar en el análisis de las experiencias desarrollistas y tecnocráticas en el espacio iberoamericano, en sus conexiones, vinculaciones e interacciones, considerando una pluralidad de factores y variables, de lo político a lo económico, de lo social a lo cultural, de lo religioso a lo ideológico.

Principian los capítulos con un análisis de la aplicación de las teorías que promovieron el proyecto desarrollista en la península ibérica, basado en la modernización de las estructuras económicas y en las reformas administrativas, intentando conciliar los valores del capitalismo con el tradicionalismo católico, que encarnarán en las gestiones tecnocráticas del portugués Marcello Caetano y el español Laureano López Rodó; también se analiza en detalle la experiencia de desarrollismo inspirado en las ideas de la Comisión Económica para América Latina (CEPAL) implementada en la provincia de Buenos Aires durante los años de la presidencia de Arturo Frondizi.

Reparando en regularidades y fundamentos, se comparan interactivamente los procesos desarrollistas argentino y español desde la perspectiva de la Historia de las Ideas, haciendo también hincapié en las diferencias que portaban los gestores y sus contextos, características que contribuyen a explicar la lograda recepción en España y la incertidumbre política que la esteriliza en la Argentina, así como se bucea en la relación de la dimensión religiosa y los posicionamientos empresarios en torno a problemáticas económicas, tomando como caso de estudio dos instituciones que adscribían a la doctrina social de la Iglesia en la Argentina y España, la Asociación Cristiana de Dirigentes de Empresa y la Acción Social Empresarial.

Apartado y libro se cierran primero con dos capítulos dedicados a analizar las relaciones bilaterales hispano-argentinas, uno centrado en los vínculos diplomáticos, que abarca desde el gobierno de la denominada Revolución Libertadora para analizar luego la presidencia de Frondizi, que si permite calibrar el contexto en que el desarrollismo se ensayó en ambos países –con el dispar resultado que se señaló–, resalta coincidencias como el temor al comunismo, la desconfianza al peronismo o la vigencia del antifranquismo. El otro trabajo recoge el peso de los nexos tradicionales provistos por el hispanismo, presupuestos culturales e ideológicos sobre los que se renovaron las relaciones bilaterales dañadas a mediados de los 50 por puntuales desinteligencias y mutuas reprobaciones. El estímulo que representó el modelo tecnocrático español resultó de forzada apropiación política por las diferencias que planteaban la inestabilidad institucional argentina con gobiernos débiles y militarismo frente a la larga estabilidad autoritaria del franquismo, aunque inspiró fórmulas con componentes tan variados como la compatibilización del desarrollo económico con los gobiernos de orden, la conformación de un Estado de derecho meramente administrativo, la estimación de la figura del caudillo militar como mandatario político. Finalmente, la política iberoamericana puesta en práctica por España en los 60 se analiza a través del prisma del caso chileno, que se demuestra extraordinariamente pragmático, donde unos y otros gabinetes encontraron en los postulados y las promesas desarrollistas y luego en las inversiones y la cooperación técnica un fructífero campo de colaboración, que involucró gestiones tan opuestas como la de Salvador Allende y la del general Augusto Pinochet.

Concluyendo, este libro ha sido posible por la contribución generosa y entusiasta de María Victoria Carsen, Luis María Caterina, Ángel Cerra, Carolina Cerrano, María Celina Fares, Horacio García Bossio, Ángeles González-Fernández, Adriana Minardi, Gustavo Motta, Elena Romero Pérez e Ismara Izepe de Souza, agradecimiento que se hace extensivo a Roberto Bosca, de la Universidad Austral de Buenos Aires, por su participación en el coloquio de 2015, y se redobla para Miguel Ángel De Marco hijo, Silvina Jensen y María José Henríquez Uzal, quienes además han acompañado con no menor generosidad proyectos, encuentros y publicaciones, y más que ello, nos han prodigado consejos y amistad.

En lo institucional, si esta publicación ha sido posible por el apoyo del CONICET y de la Agencia Nacional de Promoción Científica y Tecnológica, es también mucho lo que nos ha aportado humana y materialmente la Facultad de Derecho y Ciencias Sociales del Rosario de la Universidad Católica Argentina y su Instituto de Historia, y la Unidad Ejecutora en Red IDEHESI-CONICET, en especial a través del apoyo de las Dras. Noemí Brenta y María Beatriz Girardi.

Beatriz Figallo

Primera parte.
El espejo de las dos Españas: entre la resistencia y la complacencia

1

Aproximación a las estrategias de persecución franquista hacia los disidentes en Chile y Argentina (1939-1945)

Elena Romero Pérez[1]

Una introducción sobre la persecución política

En un contexto de cambios mundiales, tras que la dictadura franquista lograra afianzarse paulatinamente, el régimen produjo un giro en las políticas autárquicas para implementar su propio modelo de desarrollismo. Todo ello no habría sido posible sin la presencia de prácticas represivas al interior de España y persecutoras de los exiliados en el extranjero. El objetivo de este capítulo será analizar las estrategias de persecución extraterritorial ejercidas en suelo chileno por parte de sus representantes políticos hacia los ciudadanos españoles antifranquistas, así como sus proyecciones en territorio argentino.

La cuestión de la persecución política ha sido abordada desde el derecho internacional por la abogada Rosa Alija, quien señala que sus orígenes se relacionan con la "intolerancia –entendida como el absoluto rechazo a la diversidad (de opiniones, de creencias, de rasgos)– que, sin embargo, es inherente a la naturaleza humana y demuestra una preocupante persistencia a lo largo de la historia".[2] Alija establece ciertos lineamientos para caracterizarla, encontrándose entre ellos: "una privación de derechos fundamentales [que] alcanza una gravedad susceptible de incriminación en la medida en que se comete en el marco de un ataque sistemático o generalizado dirigido contra una población civil y siguiendo una política organizada".[3] Los elementos a considerar en dicha interpretación implican la reiteración sistemática en el tiempo de un conjunto de actos avalados por criterios de discriminación. Entiende la persecución política como un proceso organizado desde un gobierno y mantenido a través de un determinado

---

[1] Universidad Diego Portales, Vicerrectoría de Pregrado.
[2] Rosa Ana Alija Fernández, *La persecución como crimen contra la humanidad*, Barcelona, Publicaciones UB, 2011, p. 24.
[3] *Ibidem*, p. 305.

período temporal, cuyos objetivos están vinculados con la disminución de la visibilidad de los disidentes a dicho gobierno o régimen político en particular, utilizando para ello procedimientos discriminatorios que permiten dividir/clasificar a una sociedad, los que son avalados por una legislación interna o por la práctica de hecho. Lo anterior se ve reforzado por las palabras de Acevedo, quien señala que: "la persecución política, es la consecuencia directa de la discriminación política, que sufren todas las personas, que tienen el valor de disentir, aunque sea de forma pacífica, del poder político...".[4]

Aterrizándolo al caso del franquismo español, es pertinente comenzar por utilizar el concepto específico de persecución extraterritorial, que de acuerdo con la obra de Jordi Guixé, "no se limitó al territorio español sino que se extendió mediante pactos oficiosos y tramas policiales hacia el exilio francés. Para conseguir ese fin, a Franco no le faltaron aliados directos e indirectos".[5] Por ende, la persecución extraterritorial requiere como elemento clave la connivencia de autoridades del país (políticas, policiales) o incluso de la sociedad, quienes permiten y colaboran con los representantes de otro país que busca acabar con la disidencia. La persecución extraterritorial implica la vulneración de derechos de los exiliados así como de los residentes en otro país, no solo desde la perspectiva de los derechos humanos, sino que también desde el derecho a la privacidad y al libre tránsito de personas. Guixé describe y ejemplifica la articulación del sistema persecutorio, el que incorporó la colaboración de la policía francesa. En esa línea, otro estudio significativo es el que ofrecen Óscar Algora y Jean Pierre Amalric, "En el punto de mira de los diplomáticos de Franco. Los nacionalistas vascos exiliados en Francia, 1937-1950", que corresponde al libro de Alicia Alted y Lucienne Domerge, *El exilio republicano español en Toulouse, 1939-1999*. En él, los autores exponen que la vigilancia a los vencidos se convirtió en una parte fundamental de las labores de los diplomáticos españoles, lo que fue facilitado por la dimensión de la ciudad y por la cercanía con la frontera española. Los archivos diplomáticos permiten asomarse a aquella vigilancia, con el relato de encuentros y actividades cubiertas por la prensa, además de las quejas al gobierno francés por parte de los representantes franquistas, como principales evidencias. La finalidad de los funcionarios

---

[4] Ofelia Acevedo, "Persecución política", *Foro de promoción democrática continental*, enero de 2014 [en línea: https://goo.gl/u2LhQM] (consultado el 6 de septiembre de 2015).

[5] Jordi Guixé Corominas, *La república perseguida: exilio y represión en la Francia de Franco, 1937-1957*, Valencia, Universitat de Valencia, 2012, p. 124.

era "desenmascarar los designios de aquellos enemigos con trazas de buenos apóstoles, y especialmente desvelar sus vínculos con los diversos tipos de 'rojos'".[6]

Esos indicios del modelo de persecución extraterritorial que aplicó el franquismo se encuentran también en Sudamérica. En el artículo de Beatriz Figallo se menciona la vigilancia de la que fue objeto Luis Jiménez de Asúa, destacado abogado español exiliado en Argentina en sus viajes como conferencista por América Latina. Por ejemplo, en 1952, cuando se dirigió a México a dictar conferencias en la Universidad Autónoma, "su protagonismo motiva la vigilancia por la diplomacia franquista, cuyos funcionarios en Centroamérica son solicitados de enviar informes sobre sus desplazamientos y accionar".[7] La tesis doctoral de Bárbara Ortuño menciona la vigilancia ejercida sobre elementos republicanos con la llegada de los militares al gobierno en Argentina en 1943:

> en algunos casos ser exiliado/a, conllevó la pérdida del puesto de trabajo, especialmente para periodistas y profesores/as de universidad. En otros, la simple relación con ellos/as, principalmente con aquellas personas que desempeñaban una actividad política, pudo suponer un serio peligro que en ocasiones desembocaba en vigilancia por parte de la policía.[8]

La autora agrega que durante el gobierno de Perón estas prácticas se intensificaron, debido a la cooperación de este con Franco: "desde el Servicio Secreto de la embajada española y la Dirección General de Seguridad también se llevó a cabo una notoria labor de espionaje a la comunidad republicana, y en concreto de las actividades del exilio".[9] El trabajo de Ortuño presenta indicios importantes de una vigilancia que se centró en la labor realizada hacia instituciones regionalistas y republicanas, más que en las acciones que se pudieron haber efectuado en contra de personajes en particular. A su vez, la tesis doctoral de la historiadora María José Henríquez menciona algunos de los procedimientos utilizados por las representaciones franquistas en Chile, en particular el "seguimiento de actividades" que se realizaba en especial en Santiago y en Valparaíso, la interceptación de telegramas, la

---

6   Óscar Algora y Jean Pierre Amalric, "En el punto de mira de los diplomáticos de Franco. Los nacionalistas vascos exiliados en Francia, 1937-1950", en Alicia Alted y Lucienne Domerge, *El exilio republicano español en Toulouse, 1939-1999*, Madrid, UNED, 2003, p. 228.
7   Beatriz Figallo, "De Jiménez de Asúa a Perón: sus exilios como componentes de la política exterior hispano argentina", *Temas de Historia argentina y americana*, N° 15, 2009, p. 97.
8   Bárbara Ortuño, *El exilio y la emigración española de posguerra en Buenos Aires, 1936-1956*, tesis para optar al grado de Doctor en Historia, Universidad de Alicante, 2010, p. 171.
9   *Ibidem*, p. 216.

paranoia en la observación de los movimientos de los contrarios, el establecimiento de "algún tipo de red de espionaje", describiendo un conjunto de prácticas ejercidas desde las legaciones españolas.[10]

Podemos plantearnos, entonces, que las investigaciones en torno a la persecución extraterritorial del franquismo en el extremo sur de América son incipientes, y que su desarrollo y teorización puede contribuir a profundizar y divulgar una arista no tan conocida entre la comunidad académica ni en la población en general, que puede haberse visto afectada por este tipo de prácticas.

Teoría, prácticas y estrategias para la persecución de los disidentes

Peter Schröder indica que "las estrategias políticas son aquellas que buscan imponer concepciones políticas, como la sanción de nuevas leyes o la creación de una nueva estructura en la administración estatal o la ejecución de medidas de desregulación, privatización o descentralización".[11]

Para ello, es necesario programar objetivos, etapas y pasos a seguir, así como el tipo de recursos requeridos. Pero no basta con esto:

> la planificación estratégica de procesos y cambios políticos implica un severo análisis de la situación actual, una definición clara de adversarios y amigos, un análisis puntual de las relaciones de poder, una clara idea del objetivo que se quiere alcanzar y la concentración de todas las fuerzas para lograr el objetivo.[12]

Es importante considerar que el franquismo diferenció a sus ciudadanos entre adeptos, indiferentes y adversarios (rojos) –extendiéndolo al ámbito internacional–, para lo cual procedió a clasificar a la población, utilizando como insumo la mayor cantidad de informaciones posibles de obtener, aliándose con diversos grupos de poder de acuerdo con el cambiante contexto internacional y nacional que lo rodeó en su evolución temporal.

Matilde Eiroa se refiere a las estrategias del régimen franquista, entendidas como una "serie de acciones emprendidas para la obtención de los objetivos del gobierno de Franco y de sus apoyos, incluyendo estos a militares, Iglesia católica, falangistas y los colectivos del

---

[10] María José Henríquez, *Los mil días hispano-chilenos, 1970-1973*, tesis para optar al grado de Doctor en Historia, Universidad Autónoma de Madrid, 2008, p. 15.
[11] Peter Schröder, *Estrategias políticas*, México, Fundación Friedrich Naumann, 2004, p. 17.
[12] *Ibidem*, p. 17.

poder económico",¹³ las que tenían como meta principal la continuidad en el poder, y a través de ello, la propia pervivencia e influencia de las familias políticas que lo apoyaron. Atingentes son también los planteamientos de Mónica Lanero, quien según Paloma Aguilar, señala que una de las estrategias franquistas utilizadas para el control de la población civil consistió en hacer cómplices de la represión a personas e instituciones que la ejercieron, lo que originó redes de protección mutuas entre ellos, denominadas "cohesión en torno al secreto".¹⁴ Explicado en palabras de Lanero, en pro de lograr la seguridad del Estado,

> la dictadura franquista creó en la posguerra una trama represiva a partir de múltiples instancias, cada una con un procedimiento específico, pero todas ellas dirigidas hacia los mismos objetivos: la coerción mediante el terror, la desmovilización por su función ejemplarizante y la cohesión en torno al régimen de buena parte de la población, comprometiéndola en las tareas represivas y premiando a los más adictos con la promoción a los puestos de los represaliados.¹⁵

Aquellas estrategias, en algún sentido, se replicaron en Chile, aunque tal vez sea más preciso introducir la idea de "operación" en el ámbito político, que plantea el sociólogo chileno Jorge Vergara, "determinada su formación por la emergencia de intereses de grupos e individuos acotados [...] que funcionan en pos de intereses colectivos pero no comunes".¹⁶ De allí que, según su definición, "operación" es equiparable a estrategia política, dado que tiene objetivos (intereses) y organiza los recursos disponibles en pro de lograr las metas propuestas. Para el caso estudiado, se aplica a la movilización de diversos recursos (económicos para el pago de infiltrados, agentes policiales chilenos, sintonía ideológica, propaganda en medios de comunicación), para organizar una estructura de recopilación de información a través del fichaje y las comunicaciones diplomático-consulares, para poder clasificar a los españoles en el Chile de la época, enterando a la

---

13 Matilde Eiroa San Francisco, "Represión, restricción, manipulación: estrategias para la ordenación de la sociedad y del Estado", *Hispanianova*, 2006, separata n° 6, dossier: "Generaciones y memoria de la represión franquista: un balance de los movimientos por la memoria", p. 6 [en línea: https://goo.gl/8QwvZF] (consultado el 2 de mayo de 2016).
14 Paloma Aguilar, "Jueces, represión y justicia transicional en España, Chile y Argentina", *Revista Internacional de Sociología (RIS)*, N° 2, Vol. 71, mayo-agosto 2013, p. 304 [en línea: https://goo.gl/nXYguH] (consultado el 1 de junio de 2016).
15 Mónica Lanero, "La depuración de la magistratura y el ministerio fiscal en el franquismo (1936-1944)", *Jueces para la democracia, información y debate*, N° 65, julio 2009, p. 41 [en línea: https://goo.gl/bHb7uX] (consultado el 2 de mayo de 2016).
16 Jorge Vergara Vidal, "Operación y movilización. Formas de acción colectiva pre elíticas en la Falange Nacional chilena (1935-1957)", *Polis, Revista de la Universidad Bolivariana*, N° 32, Vol. 11, 2012, p. 209.

superioridad sobre las actividades realizadas por los disidentes, para barajar la posibilidad de procesarlos. La finalidad a conseguir sería invisibilizar la causa republicana para afianzar la franquista.

Considerando los referentes anteriores, se entiende que la persecución política ejercida contra los españoles en Chile y proyectada hacia Argentina se hizo efectiva a través de un conjunto de estrategias, que se materializaron por medio de procedimientos y acciones, los que resumimos en el siguiente esquema.

Esquema N° 1. Síntesis de estrategias de persecución política utilizadas por el primer franquismo en Chile y proyectadas en Argentina hacia los disidentes del régimen

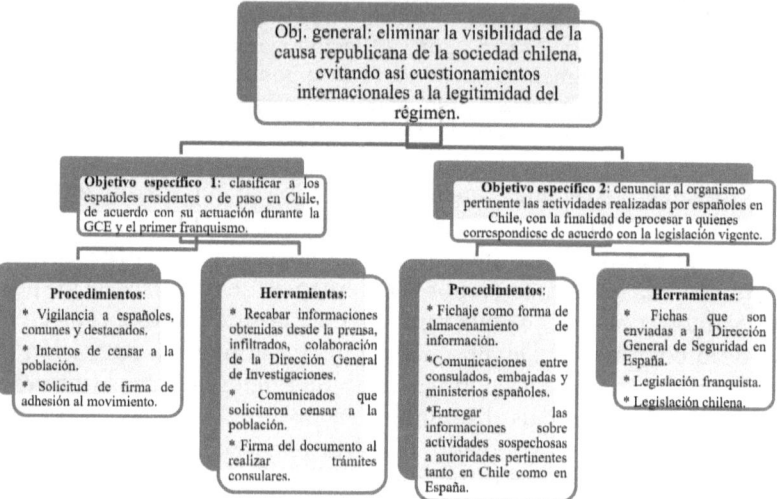

Fuente: elaboración propia basada en documentación revisada.

Los objetivos que presenta la persecución franquista en Chile son complementarios entre sí, dado que la clasificación de los ciudadanos se convertía en el primer paso, para luego poder informar a los organismos pertinentes acerca de las actividades que estos habían desarrollado durante la guerra, así como las actitudes y accionar "sospechoso" durante el primer franquismo en Chile. Dichas estrategias se encuentran proyectadas a su vez para el caso argentino.

Clasificación y discriminación de españoles en Chile

Marcados los enemigos "con tinta roja con la única finalidad de doblegarles", Guixé Coromines señala en su obra *La república perseguida* que "la represión franquista no fue solamente una constante de la política interior del 'nuevo' Estado. También tuvo un papel de primer orden en la política exterior, especialmente en los años más convulsos de la historia europea".[17] Sus afirmaciones se ven confirmadas por la circular N° 714 del 16 de agosto de 1939, por la que el Ministerio de Asuntos Exteriores explicitaba el tratamiento que debían dar las legaciones consulares y diplomáticas a los españoles en el extranjero, considerando que ya en aquel momento se encontraba: "restablecida la unidad total del Estado con la victoria de la Causa nacional". En la misma circular se resaltaba que "ha de ser el cometido esencial de dichos representantes –los del gobierno franquista en el mundo– la afirmación de esa unidad, en relación particularmente con el desempeño de aquellas funciones que afectan al ejercicio de los derechos civiles del individuo".[18]

Advertía, no obstante, que

> la igualdad de trato que esto implica, no ha de interpretarse como indiferencia ante la distinta conducta observada o que actualmente observen frente al Estado Nacional los españoles residentes en el extranjero, ni como olvido de las sanciones que les sean aplicables, como las de carácter económico.

Ello sentó las bases del trato diferencial aplicable por parte de los diplomáticos españoles en Chile hacia sus coterráneos. Además, el documento citado es de una riqueza particular por su recordatorio de la necesidad de aplicar las sanciones políticas o económicas que correspondiese a los exiliados, lo que refuerza la instrucción de que los representantes franquistas debían mantener informadas a las autoridades peninsulares sobre aquellas actuaciones durante la guerra o posteriores a esta, favoreciendo la aplicación de la Ley de Responsabilidades Políticas. El documento tiene su correlato con la circular n° 90 del Ministerio, el que ya había hecho referencia a la circulación territorial de españoles. En particular, explicitaba que

---

17 Jordi Guixé Coromines, *op. cit.*, p. 17.
18 Archivo General de la Administración de España (en adelante AGA), caja 54/9353, legajo 319, Comunicación del subsecretario de Asuntos Exteriores al encargado de Negocios de España en Chile, Burgos, 16 de agosto de 1939.

los representantes diplomáticos y consulares de España solo darán pasaporte o lo visarán a aquellos españoles sobre los cuales no ofrezca duda su adhesión al Movimiento, ni reparos su actuación política actual; debiendo cursar todas las demás peticiones, sobre cuya resolución no posean datos suficientes para resolver, a la Subsecretaría de Orden Público con el informe que sobre los interesados se haya obtenido y los avales que ellos ofrezcan.[19]

Se reafirma lo propuesto por la legislación franquista, en particular por la Ley de Responsabilidades Políticas y por la Ley de Represión de la Masonería y el Comunismo en relación con la necesidad de visibilizar ante las autoridades españolas y responsabilizar ante ellas a quienes no actuaron apoyando al bando sublevado durante la guerra.

Es aquí donde encontramos la relación entre los objetivos de las estrategias de persecución aplicadas por los representantes franquistas: no bastaba con clasificar a los españoles residentes o de paso, de ser posible, había que informar sobre responsabilidades que encajaran en los ámbitos mencionados (desde comerciar con el enemigo hasta haber sido abiertamente pro republicano), de forma que la legislación de la "nueva España" buscara alguna sanción sobre el sospechoso. Es que, según lo indicado por Julio Montero, no hubo un "límite acordado a la acción de los vencedores, sino la imposición de sus condiciones a los derrotados".[20] Sin embargo, el ser susceptible de responsabilidades políticas no era la única consecuencia ni la más inmediata por la que debían pasar quienes caían en dichas chapas políticas.

Hubo en Chile diferentes tipos de persecución ejercidos hacia los "desafectos", "rojos" o "rojoides" –según el discurso de la época–, que se centran en dos procedimientos concretos: las trabas colocadas ante la necesidad de realizar trámites administrativos y la vigilancia.

Persecución administrativa

La realización de trámites administrativos ante los consulados fue una de las formas en que se pudo desenvolver la persecución franquista. Ello, por la necesidad de obtener documentos como pasaportes, certificados de nacionalidad y otros escritos que eran imprescindibles para continuar la vida cotidiana de quienes habían abandonado España, asentándose, ya como migrantes, ya como exiliados en otros países.

---

[19] AGA, 54/10075, carpeta n° 18, pasaportes, Comunicación del subsecretario del Ministerio de Asuntos Exteriores a legaciones americanas, n° 90, Burgos, 11 de mayo de 1939.
[20] Julio Montero, "El primer franquismo: triunfo y asentamiento del régimen (1939-1959)", en Javier Palacios, *Historia contemporánea de España (siglo XX)*, Barcelona, Ariel, 1998, p. 640.

La ocasión daba la oportunidad a los representantes franquistas para acusar a personas de distintos "crímenes", como actuación desleal contra la "España nacional" durante la Guerra Civil, complicidad con el enemigo, entre otras. Incluso el acercarse o no a realizar trámites ante las representaciones españolas ya constituía una señal a favor o en contra del régimen. Tal fue el caso de los inmigrantes llegados a Valparaíso en el barco *Winnipeg*, en septiembre de 1939, quienes "poco a poco van acudiendo a esta embajada donde se toman sus antecedentes. Al lado de gente trabajadora hay un pequeño grupo de individuos peligrosos que ya van siendo aquí conocidos pues ellos mismos se encargan de revelar su condición",[21] informaba la representación diplomática. Ya otra directiva, contenida en la circular n° 35 del 19 de julio de 1938, daba directrices acerca del comportamiento de españoles durante la guerra civil, en la que se señalaba que "A los españoles considerados enemigos no se les debía expedir ningún documento que les fuera útil y solo se les daría el pasaporte para la vuelta a España".[22] No obstante, la apreciación del encargado de negocios de España en Chile era diferente, dado que

> si nuestros Consulados se niegan a documentar los españoles rojos proporcionándoles cédula de nacionalidad que acredita su cualidad española, se verán obligados a acudir a la autoridad local [...] Por otra parte, al negarse asistencia a españoles no simpatizantes con nuestra Causa se pierde todo contacto con ellos y queda así dificultada la posibilidad de seguir y fiscalizar sus actividades políticas.[23]

De allí que se optara por dificultar la tramitación, más que negar la documentación a los disidentes del franquismo, quienes en algún momento necesitarían acercarse a solicitarla.

Tal fue el caso del abogado Juan Aboitiz Amesti, "comerciante, con domicilio en este puerto calle Las Heras Num. 374",[24] quien en 1940 vivía en la ciudad de Valparaíso, siendo un conocido empresario y administrador del local "El Gallo".[25] Aboitiz se presentó ante el consulado español para legalizar una escritura de poder que le permitiera recuperar pertenencias almacenadas en la caja de seguridad del Anglo-South American Bank de Bilbao. Sin embargo, para llevar

---

21 Archivo del Ministerio de Asuntos Exteriores de España (en adelante AMAEE), legajo R.1578, expediente 6, carpeta c3, Carta del encargado de negocios Federico Oliván al ministro de Asuntos Exteriores, n° 591, Santiago, 11 de noviembre de 1939.
22 Bernd Rother, *Franco y el Holocausto*, Madrid, Marcial Pons Ediciones, 2001, p. 60.
23 AGA 54/9352, Comunicación del Encargado de Negocios al Ministro de Asuntos Exteriores, n° 473, Santiago, 8 de septiembre de 1939.
24 AMAEE, legajo R.1578, expediente 6, carpeta c3, Carta del cónsul general José Gómez Acebo al ministro de Asuntos Exteriores, n° 223, Valparaíso, 28 de mayo de 1940.
25 Ver Rubila Araya Ariztía, *Arrojos, dichas y nostalgias: vascos en el Valparaíso del siglo XX*, Vitoria-Gasteiz, Servicio Central de Publicaciones del Gobierno Vasco, 2006.

a cabo dicho trámite, le fue solicitada como obligatoria la obtención de la cédula de nacionalidad. Si bien en un primer momento se negó, luego regresó para realizar el trámite completo. Es allí cuando el cónsul general, Miguel Gómez-Acebo, informó a Madrid que

> teniendo presente que el otorgante desde el principio del Movimiento Nacional se declaró abiertamente hostil a nuestra Causa y que con su propaganda y donativos a favor de nuestros enemigos sigue haciendo el mayor daño posible, creo mi deber poner lo que antecede en el superior conocimiento de V.E. a fin de que si lo juzga oportuno sea impuesta al Sr. Aboitiz una justa sanción con ocasión de la gestión que ahora pretende iniciar en España…

A lo que agrega: "Me permito recordar a V.E. mi despacho Num. 83 de 14 de marzo[26] último por el que denunciaba ante el Tribunal de Responsabilidades Políticas a varios españoles rojos, residentes en Valparaíso, en cuya relación estaba incluido como muy principal el Sr. Aboitiz".[27] Al investigar en el portal PARES (Portal de Archivos Españoles, Ministerio de Educación, Cultura y Deporte) y en registros de la aplicación de la Ley de Responsabilidades Políticas se encuentra que Aboitiz fue procesado e indultado. Ello se deba probablemente a que la aplicación de las leyes represivas se centraba en aquellos que estaban en territorio español, haciendo difícil la extensión real de estas al otro lado del mundo.

Este tipo de acciones no solo se realizaban cumpliendo órdenes provenientes desde la península, sino que también era importante la iniciativa de los propios representantes franquistas en Chile. Por ejemplo, Federico Oliván solicitó en 1940 a la Dirección General de Seguridad: "se sirva remitir a este Departamento todos los antecedentes posibles sobre los mismos y especialmente [si] hay personas responsables de delitos comunes para anular la propaganda antiespañola que puedan hacer estos emigrados".[28] Se buscaba utilizar

---

[26] En dicho documento se informaba que residentes españoles de Valparaíso realizaron una enérgica campaña de propaganda contraria al franquismo a través de distintos medios de comunicación, ante lo cual Gómez-Acebo concluía: "Considerando que las culpas contraídas por estos elementos indeseables son merecedoras de sansión (sic) y caen dentro del cuadro trazado por la ley de Responsabilidades Políticas de fecha 9 de febrero de 1939, me permito remitir adjunto a V.E. las fichas personales con indicación de las causas de su responsabilidad por si tiene a bien hacerlas llegar a manos del tribunal regional competente", en AMAEE, legajo R.1578, expediente 6, carpeta 3, Carta del cónsul general José Gómez Acebo al ministro de Asuntos Exteriores, n° 83, Valparaíso, 14 de marzo de 1940.

[27] AMAEE, legajo R.1578, expediente 6, carpeta 3, Carta del cónsul general José Gómez Acebo al ministro de Asuntos Exteriores, n° 223, Valparaíso, 28 de mayo de 1940.

[28] AGA 54/9375, carpeta 466, Carta del encargado de Negocios Federico Oliván al director general de Seguridad, (s/n), Santiago, 31 de octubre de 1940.

como contramedida la presentación de dichos antecedentes, a modo de desprestigiar el desenvolvimiento político y social de los españoles republicanos fuera de España.

Hallamos otros ejemplos en el ámbito de la persecución administrativa, la que se producía a través de la discriminación al momento de adjudicarse becas para el recién fundado Instituto de Cultura Hispánica.[29] Para perfeccionar la postulación debía contarse con un informe del representante español en Chile que avalara al candidato, que debía demostrar que el postulante cumplía con las condiciones deseadas de afinidad con el régimen franquista. Así fue como la jurista y criminóloga chilena Felicitas Klimpel Alvarado solicitó una beca, indicándose en su evaluación que

> es pues persona inteligente, que en el aspecto puramente científico podría dar excelentes resultados. No obstante esta embajada debe hacer resaltar algunos matices respecto a la presente solicitud. Como ya se ha constar en párrafos anteriores de este Informe, la señorita Klimpel no pertenece a ningún grupo católico definido; por el contrario más bien hay que catalogarla en ese grupo cuya mentalidad les impide concebir que un intelectual pueda tener otra ideología que la de izquierdas. La solicitante es entusiasta, solo en manera científica, de Jimenez de Asúa.[30]

Como se observa, Klimpel Alvarado no alcanzaba a cumplir con los requerimientos esperados para adjudicarse la beca a la que postulaba, pero no por falta de méritos académicos sino por cuestiones ideológicas. Por ende, el 5 de agosto del mismo 1948 se anunciaba que la beca n° 125 había sido denegada a Klimpel. Nuevamente observamos que la vía administrativa sirvió para indagaciones adicionales sobre las personas, de forma que pudiese ser clasificada bajo los estrictos cánones franquistas.

Otro caso que devela las descalificaciones a que eran sometidos los españoles de la emigración tuvo lugar en la ciudad de Rosario, Argentina. El comerciante José Benceny se comunica con el cónsul general en Buenos Aires, denunciando que "por competencias en el negocio he sido acusado de cosas injustas, que de ninguna manera estoy dispuesto a consentir, pues yo jamás me mezclé en política de ninguna clase y solo me he dedicado a mi negocio [...] Yo jamás he frecuentado centros políticos". La prescindencia tampoco resultaba del todo conveniente en la posguerra. Benceny acusa a propios connacionales –la familia Jáuregui, vinculados a la firma Ibarra y Cía.–,

---

29 Ver, por ejemplo, Antonio Cañellas, "Las políticas del Instituto de Cultura Hispánica, 1947-1953", *HAO*, N° 33, invierno 2014.
30 AMAEE R.2858, Confidencial, expediente 160, 28 de febrero de 1948. Se agradece el compartir este documento, así como autorizar su utilización en este trabajo a la Doctora Vanessa Tessada.

de ordenar a los capitanes de los barcos españoles *Monte Saja* y *Monte Nuria* que no cargaran materiales de su empresa, en razón de antiguos problemas que había tenido con ellos, por lo que le habrían amenazado con que "procurarían por todos los medios a su alcance impedir que yo hiciera la provisión de los buques españoles y en cambio favorecerían al Sr. Victor Echeverría de esta ciudad que recién se iniciaba en esta clase de negocios…". Dado que "existe una denuncia en contra mía acusándome de desafecto al régimen", Benceny recurre a la autoridad consular, acompañando su escrito de cartas de recomendación de otras personas que lo respaldan, agregando que "yo nunca he sido desafecto al régimen de nuestra España, e incluso me obligan a tener que decir, que he dado múltiples donativos importantes a la España nacional".[31] Forzado a defenderse, la carta carece de los típicos elementos que contenían otras escritas por franquistas: no se encuentra el tradicional "¡Viva España!" o "¡Arriba España!", como tampoco se hace mención al Generalísimo. Durante mucho tiempo, según lo que indica Fabián Almonacid, las cambiantes situaciones políticas hicieron que "muchos españoles, buscando estar en un buen trato con la Legación, callaban sus opiniones hasta que fuera posible expresarlas sin peligro".[32]

El cruce de información basado en los antecedentes que las embajadas franquistas disponían sobre los españoles se extendía por el Cono Sur. No son inusuales documentos como el emanado desde la capital argentina en 1941, solicitando datos sobre Pedro Carballo Camiruaga –así como de Pablo Longhi–, a fin de detectar las razones de sus desplazamientos entre Santos, Río de Janeiro, Montevideo y Buenos Aires, señalándose que "ignorábase el procedimiento por el cual habría conseguido su entrada en dicho país".[33] El fichaje de los españoles residentes y el intercambio de esos datos era un procedimiento usual que desde la embajada en Buenos Aires se utilizaba como insumo para resolver la situación de aquellos que necesitaban obtener el reconocimiento de su nacionalidad, debiendo consignarse cuestiones como por ejemplo lugar último de residencia en España, circunstancia que podía permitir identificar el alineamiento con los republicanos o con los rebeldes franquistas. El objetivo parece haber

---

[31] AGA 54/9246, Carta de José Benceny a Eduardo Becerra, Rosario, 19 de agosto de 1941, 3.

[32] Fabián Almonacid, "Españoles en Chile: reacciones de la colectividad frente a la República, Guerra Civil y franquismo", *Revista Complutense de Historia de América*, N° 30, 2004, p. 157.

[33] AGA 54/9346, carpeta 1, Comunicación de Fernando de Navarro y Jordán, cónsul español en Santos, al cónsul general de España en Buenos Aires, Santos, 15 de diciembre de 1941, n° 27.

sido la ubicación de los "elementos indeseables" del antifranquismo, que frente a los peligros de la contienda bélica mundial, eludiendo controles entre Europa y Sudamérica, circulaban por la región.

Persecución cotidiana: el caso testigo de Rodrigo Soriano, vigilancia y fichaje

El Cuerpo Diplomático español se dividió también durante la Guerra Civil. Un caso paradigmático fue el del representante de la II República en Chile, Rodrigo Soriano. Emilio Cabanillas Blanco, quien fuera su secretario personal, lo describe como un

> aristócrata de nacimiento, que su madre fue la marquesa de Aldama, pero republicano, de avanzadas ideas democráticas, era un orador fogoso, al modo de Lerroux; integraba con Julián Nougués, Vicente Blasco Ibáñez y Alejandro Lerroux, la minoría republicana de la Cámara de Diputados. Era hombre de gran cultura y de natural ingenio. No perdonaba nada ni a nadie, cuando podía hacer gala de sus virtudes intelectuales.[34]

Periodista de amplia carrera, desterrado junto con Unamuno por la dictadura de Primo de Rivera, Soriano se desempeñó entre 1934 y 1939 como embajador de España en Chile, donde debió afrontar las consecuencias de la guerra, lo que le significó reorganizar el servicio diplomático y consular ante las renuncias de quienes se manifestaron como simpatizantes del bando sublevado.[35] En paralelo, mientras se empeñó en una fuerte campaña a favor de la II República, Soriano tuvo que hacer frente a las arremetidas y manejos de la representación oficiosa de los nacionales en Chile.

Instaurada la embajada del régimen franquista vencedor, la persecución ejercida contra Soriano fue sistemática y se materializó en acciones concretas que permitieron ir acumulando información sobre sus actividades en Chile, junto con posibilitar que se le procesara penalmente en la península. Hay evidencias de que se intervenía su correspondencia privada.[36] En comunicación

---

[34] Francisco Durán y Carmen Ruiz, "Alfredo Cabanillas Blanco. Trayectoria vital y obra periodística", *Boletín de la Asociación provincial de museos locales de Córdoba*, 2009, N°10, p. 323.

[35] Los secretarios de embajada, Miguel de Lojendio y Joaquín Pérez de la Rada renunciaron, organizando la representación oficiosa de la España nacional en Chile, así como una delegación de la Falange Española.

[36] En los diversos archivos españoles revisados se encuentran almacenadas más de 10 copias de cartas dirigidas al ex embajador Soriano, que trataban tanto cuestiones personales como políticas.

sostenida entre el encargado de negocios Federico Oliván y el ministro de Asuntos Exteriores ante la posible llegada de más españoles a Chile se admite: "hace dos semanas le remití una carta interceptada de una logia a Soriano recomendándole a varios 'hermanos' para que trabajase su desplazamiento a este país", agregándose también que se estaba presionando para que se expulsara del país al "intelectual rojo López Rey, siniestro asesino, cuya ficha he interesado (sic) de la Dirección General de Seguridad por el digno conducto de VE y que me propongo entregar a éste Gobierno".[37]

La apertura de correspondencia permitía a los representantes franquistas escudriñar todo lo referido a las redes de vinculaciones que los republicanos españoles mantenían en su exilio. Reforzando los estereotipos perseguidos por la dictadura, en otra carta interceptada en 1940, se advertía sobre los contactos de Soriano con "el Gran Maestre de la Gran Logia española, José Fernández Armengol, que demuestra la intervención y manejos de la Masonería en la venida de rojos españoles a América y especialmente a Chile".[38]

---

[37] AGA caja 54/9356, legajo 325, 2, Comunicación de Federico Oliván al ministro de Asuntos Exteriores de Chile, N° 109, Santiago, 4 de abril de 1940.
[38] AMAEE, Legajo 1578, Comunicación del encargado de negocios, Federico Oliván al Ministerio de Asuntos Exteriores, Santiago, 8 de marzo de 1940, comunicación sin número, Carpeta N° 5: Soriano, Rodrigo.

Imágenes N° 1. Carta interceptada, dirigida al ex embajador de la República, Rodrigo Soriano

2

crónica, y también las "oficiosas" que quedaron muy debajo de las nuestras, para probar al representante, no de España, sino de Franco, que somos la mayoría nosotros. Lea lo del discursito de manos del señor Acebo, y saque la consecuencia de todo. Queda de Vd. atto. s.s. para lo que le pueda ser útil.

J. de la Cruz Vallejo

Fuente: AGA 54/9375.

Aquella práctica funcionó para ubicar el domicilio de Soriano, quien de acuerdo con otra carta interceptada en febrero de 1941, vivía en Los Leones 238;[39] o cuestiones más personales como la solicitud de un crédito a la Caja de Crédito Hipotecario por $800.000, dejando en prenda su propiedad:

> este crédito ha sido reducido a cuatrocientos cincuenta mil pesos, puesto que la entidad referida solo concede el 40% del valor de la propiedad [...] Se me dice también que la valoración de los peritos a razón de doscientos treinta y cuatro pesos metro cuadrado, denota una excelente construcción del edificio.[40]

Herramienta clave para conocer vida y actividades políticas de los republicanos y exiliados, la interceptación de misivas parece haber sido una práctica sistemática ejecutada por los representantes franquistas, con la necesaria cooperación de algunos funcionarios policiales chilenos.[41]

En la mirada de diplomacia franquista, tachados los republicanos como "individuos peligrosos", Soriano se constituyó en un objetivo predilecto de seguimiento. Observa los contactos que establece con el grupo perteneciente al *Winnipeg* e informa que

> Sigue manteniendo contacto con los españoles rojos recién llegados, con los pequeños sectores de esta colectividad desafectos a la Causa y con los elementos políticos chilenos más avanzados dentro del Frente Popular. Francisco Galán[42] come con frecuencia en casa de Soriano.

Queda en evidencia que la vigilancia ejercida hacia el ex embajador republicano no era solo a través del seguimiento de su producción y presencia en los medios de comunicación, sino que debió ser directa para saber quiénes lo visitaban en su casa.[43]

El simple acto de publicar en la prensa del país o de participar en un acto que fuese cubierto por ella era información susceptible de ser controlada. La actividad de Soriano como columnista

---

39 AGA 54/9375, carpeta n° 466, Actividades de los rojos hasta fines de 1942.
40 AGA 54/9375, Comunicación del encargado de Negocios Luis Soler al ministro de Asuntos Exteriores, n° 380, Santiago, 30 de agosto de 1942, carpeta 466, actividades rojos.
41 Ver Elena Romero Pérez, "Persecución franquista contra los disidentes ¿Obsesión de sus representantes en el Cono Sur (Argentina – Chile)?", *Épocas. Revista de Historia*, N° 11, primer semestre 2015, p. 186.
42 Militar español, de activa defensa de la causa republicana durante la Guerra Civil, que se exilió primero en Santiago desde 1939, para luego radicarse en Buenos Aires.
43 AGA 54/9352, Comunicación del encargado de negocios, Tomás Súñer al ministro de Asuntos Exteriores, n° 591, Santiago, 10 de noviembre de 1939.

en los diarios de Santiago *La Hora* y *La Tercera*[44] fue puntualmente recopilada, siendo enviadas aquellas contribuciones periodísticas al Ministerio de Asuntos Exteriores de España.[45] Incluso sus intervenciones en la prensa argentina eran revisadas para ser compartidas con Madrid, así como el registro de la columna escrita en el diario *Crítica*[46] de Buenos Aires en julio de 1939, en la que el ex embajador republicano expresaba que

> Chile se levantó, en aquellos mismos días, para defender el mundial "derecho de asilo". Embajador yo, por entonces, vi mi embajada asediada a veces, por ebrios traidores y facciosos al whisky, mas los puños rectos de carabineros y policías siempre tremolaron, valientemente, la bandera sagrada del "derecho de asilo" que mantuvo la embajada de España al acoger en otros días al perseguido presidente Alessandri.[47]

Esta declaración indignó a los representantes franquistas, dado que se efectuaba en el contexto de las negociaciones para la salida de los 17 asilados en la embajada de Chile en Madrid al finalizar la Guerra Civil, la que concluyó con una breve ruptura de relaciones entre ambos países.

Las actividades públicas de Soriano eran seguidas atentamente, en especial la participación en actos a favor de la II República. El reconocimiento de parte importante de los sectores políticos de Chile a Soriano contrariaba a los diplomáticos españoles: "Con ocasión de la Fiesta de la Raza Rodrigo Soriano tuvo el cinismo de recibir una delegación del partido radical que acudió a saludarle para manifestarle los deseos de dicho partido de que 'en España vuelva a imperar la libertad'".[48] Algo similar sucedió en 1942 con ocasión de la visita del ex presidente de las Cortes Republicanas españolas, Diego Martínez Barrio y el general José Miaja, quienes fueron recibidos por

---

[44] Carmen Norambuena-Cristián Garay Vera, *España 1939: los frutos de la memoria. Disconformes y exiliados, artistas e intelectuales españoles en Chile (1939-2000)*, Santiago, USACH, 2001, p. 173.

[45] Se informaba también cuando Soriano dejaba de publicar en la prensa del país: "Rodrigo Soriano: los últimos días no ha publicado artículos atacando a España", en AGA 54/9352, Comunicación del encargado de Negocios, Tomás Súñer al ministro de Asuntos Exteriores, n° 591, Santiago, 10 de noviembre de 1939.

[46] El periódico *Crítica* fue uno de los medios de comunicación más importantes de Argentina, siendo fundado por el periodista uruguayo Natalio Botana, quien apoyó con palabras y con recursos económicos a los exiliados españoles republicanos. Ver: Milagrosa Samper, *La oposición durante el franquismo: el exilio republicano*, Madrid, Ediciones Encuentro, 2005, p. 73.

[47] AMAEE, Legajo R. 4002, exp. 23, Comunicación del encargado de negocios al Ministerio de Asuntos Exteriores, comunicación sin número, Santiago, 9 de julio de 1939.

[48] AMAEE, Legajo 1578, Carpeta N° 6: Movimiento nacional. Actividad y propaganda política roja en Chile, 1939-1946, Comunicación del encargado de negocios al Ministerio de Asuntos Exteriores, Santiago, 17 de octubre de 1939, comunicación sin número.

el presidente chileno Juan Antonio Ríos, "acompañados por Rodrigo Soriano, Téllez y el presidente del Círculo Republicano Español, [lo que] tuvo sin duda por objeto prolongar la ficción de una Embajada republicana en esta capital y rodear a aquellos de cierto protocolo y boato".[49]

Cuando el ministro del Interior chileno se refirió en la Cámara de Diputados a un proyecto de seguridad exterior del Estado, mencionando la caída de la II República española como ejemplo a evitar, el representante franquista expresó su contrariedad:

> encontrando discurso anárquico y molesto, pero no ofensivo, me he limitado a manifestar personalmente a Min. Rel. Ext. mi extrañeza ante el hecho de que un ministro se refiera en esa forma a un país con el que su Gobierno mantiene relaciones diplomáticas, lo que entiendo hace más desagradable incidente en que periódico ministerial *La Hora* con el título "Embajador Soriano felicita a ministro del Interior" publica carta de este dirigente republicano agradeciendo al ministro sus expresiones. Ante la actitud insolente de dicho periódico oficioso –*La Hora*–, he protestado de nuevo verbalmente.[50]

En el actualmente cerrado Archivo del Ministerio de Asuntos Exteriores en Madrid, encontramos las fichas correspondientes a Soriano. Generadas con la información colectada en Chile, en una de ellas se indicaba:

> SORIANO BERROETA-ALDAMAR, Rodrigo. De unos 72 años en 1941. Político y periodista español que al producirse el Glorioso Movimiento nacional desempeñaba el cargo de Embajador de España en Chile. Desde los primeros momentos se puso incondicionalmente a la disposición del gobierno rojo, continuando en su puesto de Embajador hasta el triunfo definitivo de las armas nacionales. Como tal Embajador de España republicana, toma parte en cuantos actos político o sociales celebran en esta los refugiados españoles y en algunos organizados por los extremistas chilenos, en los que frecuentemente hace uso de la palabra, atacando a España y sus gobernantes. Es presidente honorario del Centro Republicano Español de Santiago, y presidente efectivo de la Casa España Republicana. Reside en esta con su esposa en un chalet situado en la Avenida de los Leones n° 238. Colabora en el diario de izquierdas local *La Hora*, publicando artículos en contra de España. Financió y fue el alma del periódico que se publicó en Santiago de Chile desde 1939, cuyo título era *España Nueva*. Posteriormente fundó y dirigió el periódico órgano de

---

49 AMAEE, Legajo 1578, carpeta 10, comunicación del embajador de España Luca de Tena al Ministerio de Relaciones Exteriores, comunicación sin número, Santiago, 15 de abril de 1943.
50 AMAEE, legajo 1578, expediente 6, carpeta 9, Comunicación de Luca de Tena al ministro de Asuntos Exteriores, telegrama n° 174, Santiago, agosto de 1942.

los refugiados rojos *República Popular* y en la que actualmente coopera activísimamente y es sostén del periódico quincenal *España Libre*. También colabora en el periódico comunista editado en Santiago *La Verdad de España* y en revistas y publicaciones de extrema izquierda de la República Argentina y de Méjico. Dadas sus amistades con políticos y personalidades de izquierdas en esta, y sus condiciones de activo propagandista y agitador, causa muchos perjuicios con su actuación a la España nacional, de la que es enemigo irreconciliable, pudiendo considerársele actualmente más bien comunista que republicano de izquierdas.[51]

El documento en cuestión reúne gran parte de los datos recopilados, operación que se concretó a través de la información obtenida por la vigilancia ejercida, como una síntesis de aquellos elementos claves que deberían saberse sobre un republicano exiliado.

El círculo de vinculaciones de Soriano también aparece fichado, como por ejemplo Manuel López Rey Arrojo, cuya información se encuentra contenida en la ficha n° 68. En ella se indicaba que era:

Comunistoide. Activo propagandista en contra de España, Gobierno, Autoridades, Instituciones. Casado con Emma Mathias Blanco. Se desempeñó políticamente durante la Guerra Civil Española como Director General de Seguridad, ministro de España en Rumania. Amigo de Luis Jiménez de Asúa y Rodrigo Soriano[52]

como también sucede con Mario Vicente Alegría, de quien se indica que:

Entre la fecha de su llegada y el mes de septiembre referido año 1938 –época en que empezó a colaborar en la Agencia periodística Havas y en el diario de izquierda *La Opinión*– hizo amistad con Flora Martinez de unos 28 años de edad en 1942, natural de Zaragoza, mujer de extrema izquierda, refugiada; parece ser que influenciado por esta mujer, empezó a frecuentar los centros rojos españoles de Santiago, y se sabe que por esa fecha facilitó al entonces embajador de la España Roja, Rodrigo Soriano, una relación nominal detallada de las personas y entidades que en este país habían contribuido con sus donativos para la España Nacional.[53]

El caso de Soriano es un claro ejemplo de la implementación de la estrategia de persecución política en Chile por parte de los representantes españoles, dado que al encontrarse tipificado como disidente, el procedimiento asociado para respaldar la

---

51 AGA, caja 54/9359, Comunicación de Manuel Halcón (Consejo de la Hispanidad) al embajador de España en Chile, n° 74, Madrid, 6 de noviembre de 1941.
52 AGA, 54/9378, ficha n° 68. También se agregaban otros datos personales como su dirección: Compañía 1610, o su número de Carnet: 1.753.531.
53 AGA, 54/9378, ficha n° 63. Al igual que en el caso anterior también se conocía su dirección: Merced 533, departamento 32; así como el nombre de su esposa, Aracelli Sanz.

clasificación de rojo fue la realización de una vigilancia constante de sus actividades. Se lo fichó en múltiples oportunidades, manteniendo una información actualizada en diversos despachos sobre sus actividades políticas. Remitida dicha documentación a la Dirección General de Seguridad, fue procesado en España de acuerdo con lo establecido en la legislación franquista. Según el *Portal de la Guerra Civil y Represaliados del Franquismo*,[54] Rodrigo Soriano tuvo un expediente abierto por el Tribunal Regional de Responsabilidades Políticas de Madrid, encontrándose en la categoría de inculpado; así como otro por el Tribunal Nacional de Responsabilidades Políticas, por el cual fue finalmente indultado.

Si bien el fin último de la estrategia política persecutoria no pudo lograrse en este caso, ya que no se eliminó la visibilidad de la causa antifranquista por la prolífica labor de Rodrigo Soriano como periodista y representante de la II República en el exilio hasta su muerte ocurrida en 1944, la vigilancia a la que fue sometido permitió recabar una gran cantidad de información sobre sus movimientos, sobre el accionar de los grupos de exiliados republicanos en Chile y la región, así como también logró entregar insumos documentales para ser encauzado por la Ley de Responsabilidades Políticas española.

Los procedimientos desplegados para llevar adelante la persecución política de españoles sindicados como opositores a la dictadura franquista en Chile, aunque desprovistos del nivel de violencia que revistió en otros lugares –por razones de Estado, lejanía, distancia política con el gobierno de turno, entre otras–, asumió una condición más solapada y discreta, pero no por ello menos operativa para intentar neutralizar la disidencia, evidencia de la que los archivos dan cuenta.

---

54 [En línea: http://pares.mcu.es/victimasGCFPortal/] (consultado el 1 de marzo de 2016).

Cuadro N° 1. Síntesis de la estrategia de persecución política aplicada por los representantes franquistas al ex embajador de la República Rodrigo Soriano

Objetivo específico 1	Clasificar a los españoles residentes o de paso en Chile de acuerdo con su actuación durante la GCE y el primer franquismo.
Clasificación dada	Comunista, rojo, republicano, individuo peligroso.
Procedimiento	Vigilancia.
Herramientas	Se recortaban y enviaban muchas de las columnas del periodista al Ministerio de Asuntos Exteriores, las que además eran comentadas en diversos despachos, llegándose a reclamar por parte de los representantes franquistas ante las autoridades chilenas por la actividad periodística de Soriano. Apertura constante de la correspondencia recibida. Infiltración de agentes que, posteriormente, dieran cuenta de la participación en actos públicos así como conferencias de Soriano en reuniones y actividades republicanas, atención a su vida privada.
Objetivo específico 2	Informar al organismo pertinente acerca de las actividades realizadas por españoles en Chile, con la finalidad de denunciar a aquellos susceptibles de ser procesados por la legislación vigente.
Procedimientos	Fichaje constante y actualización de sus fichas. Comunicación de las actividades realizadas al Ministerio de Asuntos Exteriores a través de oficios, telegramas y otros. Entrega de la información recopilada de sus actividades a las autoridades españolas.
Herramientas	Tres fichas diferentes, en 1939, 1941 y 1942, las que fueron enviadas al Ministerio de Asuntos Exteriores y a la Dirección General de Seguridad. Apertura de expediente judicial por la Ley de Responsabilidades Políticas, tanto por tribunal de Madrid como Nacional (de España).

Fuente: elaboración propia basada en revisión documental.

Consideraciones finales

La maquinaria organizada para desarrollar la persecución fue extendida, pensada y dotada de una gran articulación. Aunque hubo una clara tendencia a concentrar la mayor vigilancia de disidentes en las ciudades más grandes de Chile, como Santiago, Valparaíso y Concepción, sin embargo, se encuentran registros de la aplicación de la estrategia persecutoria en otras más pequeñas como Arica,

Antofagasta, Valdivia. Asimismo las operaciones se reprodujeron también en Argentina, destacándose procedimientos como la vigilancia a personeros republicanos, la clasificación y posterior discriminación ejercida hacia quienes se mostraron como antifranquistas. De allí que la proyección parezca ser una forma oportuna que da cuenta del alcance territorial de dicha persecución extraterritorial.

En 1942, un conjunto de escritores y artistas chilenos escribieron al embajador español para solicitar que se liberara al combatiente republicano Cipriano Mera,[55] que había sido deportado desde Francia hacia España. En dicha carta reflexionaban acerca de la persecución que se vivía en aquella época en la península ibérica, indicando que "La Guerra Civil Española se va alejando hacia el pasado y las páginas de la Historia se abren ya para juzgar y recoger nombres y hechos. ¿Vale la pena continuar perpetuando un estado de cosas que ya resulta, si no anárquico francamente odioso?".[56] Todo parece indicar que de acuerdo con el criterio de los representantes diplomáticos franquistas y de la propia dictadura, sí. La continuidad del régimen así lo demandaba.

---

[55] Cipriano Mera vivió entre 1897 y 1975, siendo un conocido participante miliciano en las batallas de Madrid y Guadalajara durante la GCE. De oficio albañil y de tendencia anarcosindicalista militó en la CNT. Mera fue entregado por el gobierno de Vichy al de Franco en 1942, siendo condenando originalmente a pena de muerte, conmutada posteriormente por la de prisión por 30 años. Sin embargo, obtuvo un indulto en 1946, tras lo que volvió a exiliarse en Francia donde vivió hasta el final de sus días. Para mayor información pueden revisarse sus memorias, tituladas: *Guerra, exilio y cárcel de un anarco sindicalista*, que fueron publicadas por Ruedo Ibérico en 1976.

[56] AGA 54/9375, carpeta 466, Actividades rojos, Carta de Manuel Guerrero, Oscar Castro, A, Letelier, Pedro Luma y M. González al embajador de España en Chile. Santiago, 8 de abril de 1942.

2

El exilio catalán y la denuncia del "genocidio cultural" en las Naciones Unidas (1946-1964)

SILVINA JENSEN[1]

Al decir de Elizabeth Jelin "la terminología para nombrar lo ocurrido es parte de las luchas por los sentidos y significados del pasado"[2], al tiempo que las opciones asumidas ilustran tanto la representación que los agentes se hacen de sí mismos como su inscripción en configuraciones sociales y procesos de lucha más amplios.[3]

La batalla de la lengua nos la ha dado a menudo el Estado español y cada vez Cataluña ha salido victoriosa [...] Desde afuera también se puede contribuir a ganar el combate por la cultura catalana a la que tiene declarada la guerra el actual régimen español que aún se vale de organizaciones internacionales como la Unesco para intentar matar aquello que tiene de más preciado nuestro país: la lengua, alma de la Nación (*Ressorgiment*, agosto 1957: 7939).[4]

Introducción

En la última década, el campo académico viene dedicando cada vez más energía a la elucidación del rol de los exiliados en tanto actores de la esfera pública internacional, a su impacto en las relaciones interestatales, y a su integración y/o activación en redes transnacionales de solidaridad y denuncia político-ideológica y de protección de los derechos humanos. Como explican Sznajder y Roniger, desde mediados del siglo XX y más aun desde su último tercio, "la evolución de una arena global con redes, comunicaciones y foros transnacionales"

---

1 Universidad Nacional del Sur/CONICET.
2 Elizabeth Jelin, *Los trabajos de la memoria*, Madrid, Siglo XXI, 2002, pp. 70-71.
3 Luciano Alonso, "La definición de las ofensas en el movimiento por los derechos humanos en Argentina y la calificación de 'genocidio'", *Contenciosa*, año I, N° 1, segundo semestre de 2013, pp. 1-18.
4 Todos los artículos de *Ressorgiment* y otras publicaciones catalanas han sido traducidos al castellano por la autora.

modificó en forma sustantiva la "estructura del exilio":[5] perseguidos y huidos fueron capaces de potenciar su capital político disruptivo, multiplicando sus opciones de denuncia y cerco internacional hacia aquellos regímenes autoritarios o totalitarios que provocaron su expatriación desde la Europa bajo los fascismos o desde la Latinoamérica de las dictaduras de la "Doctrina de la Seguridad Nacional".[6]

En esta línea, crece el interés por comprender no solo a los exiliados en sus prácticas políticas direccionadas al gobierno que provocó su emigración forzada y cimentadas en el diálogo con actores sociales y políticos de los países de residencia u origen, sino también en su condición de agentes políticos y hasta paradiplomáticos[7] que, en un trabajo horizontal y transnacional, activaron en pos de la proyección internacional de cierto conjunto de demandas o reclamos, desde su inscripción en la agenda de organizaciones interestatales.[8] Por caso, las Naciones Unidas (NNUU), sus principales órganos de gobierno (Consejo de Seguridad, Asamblea General, Consejo Económico y Social y algunas de sus principales comisiones [Derechos Humanos] o subcomisiones [Prevención de la Discriminación y Protección de las Minorías]) y sus diversas agencias especializadas u organismos técnicos (en particular y en nuestro interés la Organización de las Naciones Unidas para la Educación, la Ciencia y la Cultura-UNESCO).

Por otro lado, dentro de la profusa bibliografía sobre la política exterior del franquismo, y más concretamente en torno a las relaciones entre España y las NNUU, viene consolidándose una línea de trabajo que al tiempo que explora las conexiones entre política interior y exterior del régimen, presta atención a las iniciativas movilizadas por las instituciones republicanas y las organizaciones políticas y sindicales del exilio, sobre todo en el período que se extiende entre el final de la segunda conflagración mundial hasta el ingreso del país ibérico al organismo internacional (1946-1955).[9] En ese contexto, la

---

5 Mario Sznajder y Luis Roniger, *La política del destierro y el exilio en América Latina*, México, FCE, 2013, p. 191.
6 Sobre la actuación de los exiliados políticos del Cono Sur de América Latina en el espacio internacional, véanse además: Vania Markarian, *Idos y recién llegados. La izquierda revolucionaria uruguaya en el exilio y las redes transnacionales de derechos humanos (1967-1984)*, México, Uribe y Ferrari Editores, 2006, y Luis Roniger, *Destierro y exilio en América Latina. Nuevos estudios y avances teóricos*, Buenos Aires, Eudeba, 2014.
7 Sobre los nuevos actores de la política exterior, véase Luis Maira (ed.), *La política internacional subnacional en América Latina*, Buenos Aires, Del Zorzal, 2010.
8 Sobre las dinámicas transnacionales y el rol de los exiliados políticos en la protohistoria del mundo global, véanse los trabajos incluidos en el dossier "La Historia Transnacional", editado por Darina Martykánová y Florencia Peyrou y publicado por la revista *Ayer*, Nº 94, Madrid, 2014(2).
9 Sugerimos consultar el consistente estado del arte realizado por Irene Sánchez González "La 'cuestión española' ante la ONU. Reflexiones en torno a un proyecto de investigación", en Anton Segura et al. (eds.), *La dictadura franquista: la institucionalizació d'un régimen*, Barcelona, Publicacions i Edicions de la Universitat de Barcelona, 2012, en el que repasa la

producción relativa a las estrategias de internacionalización del "problema catalán" desplegadas por expatriados y exiliados –de diferentes generaciones, instalados en diversas geografías y ya desde etapas muy tempranas (Primera Guerra Mundial y dictadura de Primo de Rivera)[10] y a lo largo del régimen franquista– ofrece materiales muy valiosos que aportan pistas para conocer las peticiones y reclamos concretos; la naturaleza de las reivindicaciones; la operatoria de los requerimientos; las estrategias de visibilización; los mecanismos de presión y *lobby*; las prácticas de democratización de las demandas y los instrumentos legales y jurídicos utilizados para vehiculizarlas. En definitiva, se observan avances significativos acerca de las formas que fue asumiendo la denuncia del "problema catalán" en el exilio en diferentes coyunturas de la historia política española y del mundo (guerras mundiales, Juicios de Nüremberg, Guerra Fría, proceso de descolonización del tercer mundo, etc.).

Este trabajo se propone analizar las estrategias desplegadas por los exiliados catalanes en pos de la internacionalización de la situación que vivía Cataluña en el terreno cultural durante las primeras décadas del régimen franquista, sin duda los años más duros en términos represivos y aquellos que marcan el tránsito desde una España aislada y "paria" de la comunidad de naciones a otra cada vez más integrada a los principales espacios mundiales de interlocución política y económica, desde la normalización de sus relaciones con la UNESCO (diciembre de 1952), la firma del Concordato con el Vaticano (agosto de 1953), los Pactos de Madrid con la principal potencia del bloque occidental (septiembre de 1953) y el ingreso de España a las NNUU (diciembre de 1955), y mientras en el contexto de la Guerra Fría el gobierno franquista trabajaba sin descanso –al menos desde finales de los años cincuenta– por su inclusión en la Organización del Tratado del Atlántico Norte (OTAN) y en el Mercado Común Europeo (MCE).

---

diversidad de disciplinas y enfoques en el tratamiento de las relaciones exteriores de España bajo el franquismo y en particular lo referido a sus relaciones con las NNUU. Allí aparecen referidas obras clave como las de Alberto Lleonart Amsélem, Lorenzo Delgado López Escalonilla, Pedro Martínez Lillo, José Luis Neila Hernández, Rosa María Pardo Sanz y Sonsoles Cabeza Sánchez Albornoz. Solo como apostilla y sin ninguna pretensión de exhaustividad, podríamos agregar los trabajos de Beatriz Figallo y María José Henríquez y también los de Pedro Pérez Herrero y Nuria Tabanera y Abdón Mateos. Sobre este último y en la línea que desarrollamos en este trabajo, véase "El impacto de la denuncia internacional y del exilio político", *Historia del Presente*, N° 9, 2009, pp. 49-59.

10 En este sentido sugerimos la lectura de Xosé Manuel Nuñez Seixas. *Internacionalitzant el nacionalisme. El catalanisme polític i la qüestió de les minories nacionals a Europa (1914-1936)*, Valencia, Universitat de València, 2010.

En este contexto, el capítulo hace foco en un actor concreto dentro del complejo y conflictivo mapa político del exilio de la Guerra Civil española –los sectores catalanistas radicales y de izquierda– y enfatiza aquellas iniciativas o bien promovidas por los expatriados radicados en la Argentina, o bien amplificadas por sus principales referentes. Al mismo tiempo, el trabajo privilegia el estudio de aquellas peticiones y reclamos que valiéndose de instituciones como la UNESCO y otras del ámbito de las NNUU definidas por su competencia humanitaria (Comisión de Derechos Humanos y Subcomisión de Prevención de la Discriminación y Protección de las Minorías), avanzaron hacia la calificación de la situación de la lengua y la cultura catalanas bajo el franquismo como "genocidio".

Se trata de reconstruir para el periodo 1946-1964 los diversos escenarios en que la denuncia sobre el estado de la ciencia, la prensa o la educación en Cataluña impulsó a este sector del exilio –uno de los más activos en la arena pública internacional– a hacer o bien uso jurídico de los instrumentos internacionales disponibles para la tipificación del delito de "genocidio"(Convención para la Prevención del Delito de Genocidio,[11] definición de Raphael Lemkin);[12] o bien uso público-político de esa noción de cara tanto a instalar y más tarde reforzar la cuestión de la persecución cultural catalana a escala mundial (y su persistencia más allá de las nuevas formas y recursos coactivos), como a denunciar/contrarrestar las estrategias de lavado de cara del régimen franquista, en sus múltiples intentos de cooptación de la vieja oposición republicana y de las nuevas generaciones de hijos de la Guerra Civil en el interior o el exterior, a través de la promoción

---

[11] Aprobada por las NNUU en diciembre de 1948.

[12] En 1944, el jurista judeo-polaco Raphael Lemkin calificó como genocidio "la desintegración de las instituciones políticas y sociales, de la cultura, del lenguaje, de los sentimientos de patriotismo, de la religión y de la existencia de grupos nacionales", así como también la destrucción de "la seguridad, libertad, salud y dignidad personales e incluso de las vidas de los individuos que pertenecen a dichos grupos". Véase: *El dominio del Eje en la Europa ocupada*. Buenos Aires, Prometeo/EdUNTref, 2009, p. 155. Como explican Bjornlund, Markusen y Mennecke, "¿Qué es el genocidio?", en Daniel Feierstein, (comp.), *Genocidio. La administración de la muerte en la modernidad*, Buenos Aires, UNTref, 2005, p. 24, para Lemkim, "la esencia del delito de genocidio era la tentativa de destruir a un grupo humano utilizando una diversidad de medios". [...] En 1946 planteó que "la última guerra concentró nuestra atención en el fenómeno de la destrucción de poblaciones enteras –de poblaciones nacionales, raciales o religiosas– tanto biológica como culturalmente". En el mismo sentido, Enzo Traverso, *La historia como campo de batalla. Interpretar las violencias del siglo XX*, Buenos Aires, FCE, 2012, p. 179, explica que en la acepción de Lemkin, la intención o acción genocida ponía en el mismo plano "el exterminio físico de un grupo, la destrucción de una identidad cultural y su deportación".

post Plan de Estabilización de 1959, de la nueva España del consumo, el turismo, la modernización económica, las políticas desarrollistas y tecnocráticas y la nueva retórica legitimadora de la paz.[13]

El capítulo se organiza en dos partes. La primera analiza el periodo que va desde el final de la Segunda Guerra Mundial hasta el ingreso de España en la UNESCO, haciendo foco en las iniciativas movilizadas ante la Asamblea de las NNUU por diferentes sectores del catalanismo expatriado (legalistas y rupturistas), atendiendo tanto al rol desempeñado por catalanes exiliados en Buenos Aires (el ex comunista y luego fundador del socialismo catalán, Manuel Serra i Moret), como al impacto de esas prácticas de internacionalización de la cuestión catalana en grupos étnicos locales como el que aglutinaba la revista *Ressorgiment*[14] de Buenos Aires.

La segunda parte enfoca la etapa clave de inscripción de la denuncia de la situación de la lengua y la cultura catalanas en términos de "genocidio", con especial atención a la doble vía elegida para el reclamo. Por un lado, las reuniones bianuales de la UNESCO, y por el otro, las presentaciones en la Comisión de Derechos Humanos de las NNUU. Este periodo coincide con la institucionalización de un nuevo organismo representativo de las posiciones del catalanismo en el exilio: el Consell Nacional Catalá de México (septiembre de 1953) –surgido de la reunión de la Conferencia Nacional Catalana que convocó a la oposición democrática y catalanista– y cuyas figuras más significativas en el espacio internacional fueron Josep Batista i Roca –ex secretario de Carles Pi i Sunyer en el Consell Nacional de Catalunya durante la Segunda Guerra Mundial y nexo con las comunidades catalanas de América–, y Miquel Ferrer –antiguo compañero de militancia de Serra i Moret y referente de la Unión General de

---

13   Véase Julián Casanova (coord.), *Morir, matar, sobrevivir. La violencia en la dictadura de Franco*, Barcelona, Crítica, 2002 y François Godicheau, "Guerra civil, guerra incivil. La pacificación por el nombre", en Julio Aróstegui y François Godicheau (eds.), *Guerra Civil. Mito y memoria*, Madrid, Marcial Pons, 2006, pp. 137-166.

14   Sobre la revista pueden consultarse entre otros: Marcela Lucci, "La revista *Ressorgiment*", en *La colectividad catalana en Buenos Aires en el siglo XX. Una visión a través de los "catalanes d'América"*, tesis doctoral, Universidad Autónoma de Barcelona, 2009, pp. 168-198 [en línea: https://goo.gl/i1dbfY]; Silvina Jensen, "La política y lo político en las revistas culturales de la comunidad catalana de Buenos Aires: *Ressorgiment* y *Catalunya* (1939-1945)", en Nadia De Cristóforis, Laura Fasano, Mariano Rodríguez Otero y Beatriz Valinoti (eds.), *Actas de las VIII Jornadas de Historia Moderna y Contemporánea. "Encuentros entre la política, la economía, la cultura y la sociedad"*, Buenos Aires, UBA, 2012; Saúl Casas, *Militancia republicana, identidad nacional y sociabilidad comunitaria de los catalanes en la Argentina (1920-1945)*, tesis doctoral, UNLP, 2013 [en línea: https://goo.gl/bybU4T]; Alejandro Fernández, "La veritable unió. El exilio republicano y los ámbitos públicos del catalanismo de Buenos Aires", *Revista del Departamento de Ciencias Sociales, Revista electrónica del Departamento de Historia*, UNLu, Nº 4, 2014, pp. 97-114 [en línea: http://redsocialesunlu.net/].

Trabajadores en Cataluña, partícipe de los pactos Galeuzca[15], y un asiduo colaborador de la revista porteña *Ressorgiment* e interlocutor habitual de su director e ideólogo, Hipólit Nadal i Mallol–.

En este contexto haremos foco en dos escenarios del "combate por la cultura catalana a la que Franco tenía declarada la guerra" que tuvieron especial relevancia para la Argentina. Por un lado, la celebración de la reunión de la UNESCO en Montevideo en noviembre de 1954, que movilizó muy especialmente a la comunidad catalana de la Argentina en pos de la denuncia de la política "de exterminación y laminación" franquistas. Y por el otro, la publicación en Buenos Aires del *Llibre Blanc de Catalunya*, en cuyas páginas Hipólit Nadal i Mallol denunció que la cultura catalana estaba sufriendo el mismo "proceso genocida" que enfrentó la máxima representación política autonómica del final de la Guerra Civil española: el presidente de la Generalitat Lluís Companys, detenido por la Gestapo en Francia, deportado a España y fusilado en el castillo de Montjüic, el 15 de octubre de 1940.

Este trabajo parte de la hipótesis según la que la denuncia internacional del problema de la represión a la lengua y la cultura catalanas durante los años que van desde la coyuntura de máximo aislamiento internacional a la celebración de los 25 años del final de la Guerra Civil española[16] –en las diferentes articulaciones impulsadas o apoyadas por los expatriados catalanes residentes en Argentina–, se proyectó en un contexto en el que convivían dos matrices de representación del "genocidio cultural". Por un lado, la derivada de la definición de aquellos instrumentos jurídicos que tras el Holocausto pretendieron legislar para un delito de nuevo cuño cuyo principal blanco en la Europa del nazismo había sido el pueblo judío como víctima inerme. Y, por el otro, los discursos de la izquierda que, en el marco de las guerras anticoloniales y por la liberación, denunciaban la masacre de pueblos que combatían por sus libertades y derechos.[17]

---

15 Pacto político entre gallegos, catalanes y vascos firmado en 1923 por partidos como Estat Catalá y Acció Catalana y que fue relanzado en México y en Argentina en la década de 1940. Entre 1945-46, en Buenos Aires se editó la publicación multilingüe *Galeuzca*, partidaria de la Confederación de Repúblicas Ibéricas y en la que colaboraban entre otros Manuel Serra i Moret, Josep María Batista i Roca, Lluís Nicolau d'Olwer y Miquel Ferrer.
16 Que el régimen proclamó como el aniversario de los "25 años de la Paz".
17 Entre el 28 de noviembre y el 1º de diciembre de 1967, en el marco del Tribunal Internacional sobre Crímenes de Guerra reunido en Roskilde (Dinamarca), Jean Paul Sartre fundamentó las razones por las cuales la actuación de los EE.UU. en la Guerra de Vietnam debía ser entendida como un "genocidio". En su alegato, el intelectual francés explicó el cambio operado en la estructura de las guerras coloniales post Segunda Guerra Mundial. Tras indicar que las tropas coloniales a lo largo de la historia desataron matanzas que tuvieron carácter de "genocidio" –porque apuntaban a destruir a un grupo étnico, nacional o religioso y a desestructurar al resto de la población por medio del terror y haciéndoles perder su "personalidad nacional", "cultura", "costumbres" y "lengua" ("genocidio cultu-

Entre 1946 y 1964, el mundo atravesó una compleja secuencia de procesos donde tras el final de la Segunda Guerra Mundial y las conferencias de paz, y luego de la celebración de los Juicios de Núremberg,[18] la memoria del Holocausto, de la represión racial y la violencia criminal masiva poco a poco entró en una especie de cono de sombra, mientras Europa se rehacía materialmente y el mundo se articulaba en torno a la amenaza nuclear y en dos polos hegemonizados por los EE.UU. y la URSS. Hacia los años sesenta del siglo pasado, la memoria del Holocausto volvía lentamente a escena de la mano del ingreso a la vida política activa de la generación de los hijos de la Segunda Guerra Mundial.

En ese contexto, la problematización del "genocidio" perpetrado por el régimen de Francisco Franco sobre el pueblo catalán no resultó ajena, por un lado, al resonante juicio a Adolf Eichmann en la Corte del Distrito de Jerusalén –imputado por "delitos de guerra, contra el pueblo judío y contra la humanidad" y condenado a muerte por "genocidio"[19] en diciembre de 1961[20]–; y por el otro, al inicio de esa etapa de profunda inestabili-

---

ral")–, expresó que el comportamiento del gobierno estadounidense en Vietnam no era sino expresión de una lógica destinada a eliminar físicamente a una población "politizada y feroz", unida por "su ejército de guerrilleros". Se trataba de una "respuesta-genocidio" o un "genocidio antiguerrilla" planificado y organizado. En definitiva, la "única reacción posible a la insurrección de todo un pueblo contra sus opresores", esto es un "genocidio en respuesta a la guerra popular". Y concluía: "el genocidio imperialista solo puede radicalizarse, porque el grupo al que quiere abarcar y aterrorizar, a través de la nación vietnamita, es el grupo humano en su totalidad", Jean Paul Sartre, *El genocidio* [en línea: http:www.saltana.org/271rg/68.html].

18 Como explica Carlos Nino, *Juicio al mal absoluto. ¿Hasta dónde cabe llegar la justicia retroactiva en casos de violaciones masivas de los derechos humanos?*, Buenos Aires, Siglo XXI, 2015, p. 56, el primero de la más de una docena de juicios que se conocen como Juicios de Núremberg se inició el 20 de noviembre de 1945. La acusación se realizó bajo las figuras de "crímenes de guerra" y "crímenes contra la humanidad", que incluían "asesinato, exterminio, esclavitud y otros actos inhumanos cometidos contra cualquier población civil antes o durante la guerra y la persecución política, religiosa o racial ejecutada o en conexión con cualquier crimen que sea jurisdicción del tribunal, habiendo o no violado las leyes nacionales de los países donde estos hechos se hubieran cometido".

19 Hannah Arendt en su libro *Eichmann en Jerusalen. Un estudio sobre la banalidad del mal*, Barcelona, Lumen, 2000, p. 370, sostiene que dado que el juicio a Eichmann se realizó bajo leyes del Estado de Israel que no contemplaban la figura jurídica del "genocidio" y dado que Israel no había adherido a la Convención de 1948, técnicamente la condena fue por "delitos contra el pueblo judío", es decir delitos contra los judíos con ánimo de destruir su pueblo de cuatro maneras: 1. "siendo causa de la muerte de millones de judíos", 2. situando a "millones de judíos en circunstancias propicias para conducir a su destrucción física", 3. causándoles "grave daño corporal y mental" y 4. "dando órdenes de interrumpir la gestación de mujeres judías e impedírseles que dieran a luz". Sin embargo, el jurista argentino Carlos Nino afirma que Eichmann "fue hallado culpable de delitos de lesa humanidad que incluían genocidio" y esto más allá de que el juicio no se haya realizado sobre la base de la "Convención para la Prevención y la Sanción del Delito de Genocidio", en Carlos Nino, *Juicio al mal absoluto, op. cit.*, p. 67. Sobre el tema, véase también Matthis Bjornlund-Eric Markusen y Martin Mennecke, "¿Qué es el genocidio?", *op. cit.*, pp. 17-48.

20 Siguiendo a autores como La Capra (2008), Hartog (2001) o Traverso (2006 y 2009) puede considerarse el juicio a Eichmann como un punto de inflexión en la instalación de esa memoria pública del siglo XX como tiempo del totalitarismo, la tragedia, los genocidios, las víctimas inocentes y los testigos-sobrevivientes, que al decir de Traverso constituyó al Holocausto en una especie de "religión civil" que en el mundo post caída del Muro de Berlín planteó que la "única gran causa de la que

dad social y política en el contexto de la Guerra Fría, que, al decir de Eric Hobsbawm, hizo del tercer mundo una "zona mundial de revolución, realizada, inminente o posible",[21] que puso en primer plano a un nuevo actor, las guerrillas urbanas y rurales, protagonistas de los procesos de liberación nacional en África y Asia y de la lucha antiimperialista y anticolonial (Revolución cubana [1959], independencia de Argelia [1962], Guerra de Vietnam [1955-1975]).[22]

El análisis historizado de las diferentes peticiones, demandas y reclamos motorizados por estos sectores del exilio catalán ante los organismos internacionales permitirá echar luz sobre un escenario complejo en el que convivieron y disputaron diferentes representaciones de la noción de "genocidio" (y "genocidio cultural"), que abrevaban por un lado, en una caracterización de las ofensas cometidas en clave humanitaria; y por el otro, en la denuncia de la implantación de una dominación extranjera (la franquista) sobre una población que luchaba –como otros pueblos colonizados del tercer mundo– contra la vulneración de sus derechos. Entre otros y el más esencial, combatía por el uso de su lengua, "alma de la Nación". En síntesis, consideramos que en las demandas del exilio catalanista y de izquierdas ante las NNUU confluyeron una historia de represores y víctimas indefensas y pasivas, y otra de vencedores y vencidos que resistían a pesar del "intento genocida".

Los exiliados, las NNUU y la "cuestión catalana". Entre los acuerdos estratégicos al interior de la oposición antifranquista y la esperanza en la comunidad internacional (1946-1952)

La presencia de los exiliados intentando singularizar la situación de Cataluña en el marco de la derrota de la República Española fue muy temprana. Y lo mismo la apelación al conjunto de instrumentos internacionales (Carta del Atlántico,[23] agosto de 1941) y declaraciones de las conferencias que condujeron a dar origen a las NNUU y/o que dieron forma a los acuerdos de posguerra entre las potencias

---

valía la pena ocuparse" no era "política" sino "humanitaria" y en tal sentido, pasaba al olvido al clivaje fascismo-antifascismo que había tramado las luchas en la primera mitad del siglo XX, en Enzo Traverso, *La historia como campo de batalla, op. cit.*, pp. 11-21.

21 Eric Hobsbawm, *Historia del siglo XX*, Buenos Aires, Crítica, 1998, p. 433.
22 Tampoco puede desligarse de este proceso el resurgimiento de las organizaciones armadas antifranquistas, por caso la organización nacionalista vasca, ETA, surgida en España en plena Revolución Cubana.
23 Sobre todo en lo relativo al respeto del "derecho que tienen todos los pueblos de escoger la forma de gobierno bajo la cual quieren vivir, y desean que sean restablecidos los derechos soberanos y el libre ejercicio del gobierno a aquellos a quienes les han sido arrebatados por la fuerza".

triunfantes: conferencias de Yalta (febrero de 1945), San Francisco (abril de 1945),[24] Postdam (julio-agosto de 1945). En ese contexto, se fueron multiplicando mociones en contra del ingreso de regímenes que, como el franquista, habían luchado en la Segunda Guerra contra las NNUU, y otras de abierto rechazo a un gobierno cuyos "orígenes, naturaleza, antecedentes" lo posicionaban como contrario a la seguridad y la paz mundiales, al menos en lo que tenía que ver con sus "estrechas relaciones con los agresores" de la conflagración mundial.[25]

En este clima internacional, el 13 de enero de 1946, el gobierno catalán instalado en París[26] y presidido por Josep Irla[27] denunció la "doble opresión de Franco" sobre el pueblo catalán. A la pérdida de libertades individuales y colectivas, se sumaba el intento de los "agresores" de destruir el "patrimonio moral y material de Cataluña; nuestra riqueza, hija del trabajo; nuestra cultura, hija de la lengua":

> con procedimientos depredatorios intentaron despojarnos de parte de la maquinaria industrial, de obreros especializados y de gentes generalmente destacadas, golpes que supo resistir la vitalidad catalana. Quisie-

---

24 El Consell Nacional de Catalunya presidido por Carles Pi i Sunyer impulsó una apelación en la reunión de las NNUU de San Francisco, solicitando que la situación de Cataluña no siguiera siendo diferida como "caso de liberación nacional". Pedía además que el gobierno de Cataluña se regulara dentro de los "principios y cláusulas de la Carta del Atlántico y que los catalanes fueran apoyados en su derecho a darse una organización política propia, "después del reconocimiento de su estatus legal como nación" (*El Poble Català*, México, Nº 28, abril 1945).

25 *Galeuzca*, Buenos Aires, agosto 1945, año I, Nº 1, p. 34.

26 Cabe recordar que este gobierno se constituyó en París en septiembre de 1945, tras ríspidas luchas entre catalanes estatutarios o legalistas (representados por la línea de Josep Tarradellas de Esquerra Republicana de Catalunya-ERC) y catalanes independentistas y/o partidarios de superar la institucionalidad estatutaria, referenciados durante la Segunda Guerra con el Consell Nacional de Catalunya presidido por Pi i Sunyer. Durante la primera mitad de los años 1940, Pi i Sunyer había tenido el apoyo de las comunidades catalanas de América, por caso el de la Argentina representada por el Consell de la Comunitat Catalana (CCC). El CCC de Argentina estuvo integrado por viejos residentes como Josep Escolá, amigo de Batista i Roca; Pere Seras, que había llegado a Argentina a principios de siglo huyendo del servicio militar; Joan Llorens i Bassa, hijo de catalanes e Hipólit Nadal i Mallol, director de la decana revista *Ressorgiment* y cabeza del separatismo catalán de Buenos Aires. También lo integraron exiliados políticos recién llegados al país como el socialista Manuel Serra i Moret; Pere Mas i Perera, militante de Acció Catalana; el catalanista Artur Meyer, que arribó a la Argentina en 1935 y fue presidente del Casal de Catalunya en los años 1940; el músico Jaume Pahissa y Pelai Sala, ex diputado en Madrid de la Unió Socialista de Catalunya.

27 El nuevo gobierno catalán surgido en París en la inmediata postguerra mundial estaba presidido por Josep Irla e integrado por Carles Pi i Sunyer y Antoni Rovira i Virgili (ERC), Joan Comorera (Partit Socialista Unificaf de Catalunya, PSUC), y Pompeu Fabra y Josep Carner (como representantes del mundo cultural). En 1946, el gobierno se amplió con la incorporación de Manuel Serra i Moret (Moviment Socialista de Catalunya, MSC y por entonces residente en Argentina), Pau Padró (Estat Català) i Francesc Panella (Unió de Rabassaires). Fue el primer y último gobierno catalán en el exilio.

ron borrar de la vida pública y de la actividad literaria, el habla vernácula, con la intención de verla extinguirse lentamente en el recinto de los hogares apagados.[28]

El año 1946 se abría con enormes expectativas para la oposición antifranquista. El Subcomité sobre el Caso Español[29] del Consejo de Seguridad de NNUU –integrado por representantes de Polonia, Francia, China, Brasil y Australia– emitía a petición del delegado polaco un informe en el que, siguiendo las recomendaciones de las Conferencias de San Francisco y Postdam, señalaba que el gobierno español constituía una "amenaza a la paz", situación que tal como establecía el artículo 39[30] de la Carta de NNUU, debía ser abordada de forma inminente por el Consejo de Seguridad, que a su vez debía plantear su tratamiento en la Asamblea General de diciembre.

El socialista Serra i Moret en viaje desde su exilio porteño hacia París para integrarse al gobierno de Irla[31] –en consonancia con vascos (el presidente José Antonio de Aguirre[32]) y republicanos españoles– desarrolló una importante labor de cara a las futuras reuniones del Consejo de Seguridad y de la Asamblea General de las NNUU. Su archivo personal ofrece interesantes pistas para comprender la dinámica del trabajo de internacionalización del "caso catalán", que en esta etapa solía presentarse dentro del "caso español".

---

[28] *Galeuzca*, año II, Nº 7, febrero 1946, p. 333.
[29] Creado el 29 de abril de 1946.
[30] "El Consejo de Seguridad determinará la existencia de toda amenaza a la paz, quebrantamiento de la paz o acto de agresión y hará recomendaciones o decidirá qué medidas serán tomadas de conformidad con los Artículos 41 y 42 para mantener o restablecer la paz y la seguridad internacionales".
[31] Serra i Moret había sido declarado consejero en julio de 1946. Integrado al gobierno Irla en diciembre de ese año, renunció en diciembre de 1947, tras criticar la inacción y las divisiones. En 1949 aceptó integrar el gobierno de Álvaro de Albornoz como ministro sin cartera, desde donde siguió desarrollando una activa acción política internacional. Su posición conciliadora con el republicanismo español fue criticada por sectores del catalanismo radical e incluso viejos compañeros de ruta del socialismo no comunista y no estalinista catalán, por caso Miquel Ferrer.
[32] Las valoraciones acerca de la eficacia de la diplomacia republicana española y vasca atraviesan la correspondencia entre Serra i Moret y Nicolau d'Olwer, militante de Acció Catalana Republicana y figura clave de la Junta de Auxilio a los Republicanos Españoles en la posguerra civil, ministro sin cartera del gobierno de Giral y embajador del gobierno republicano en México. Para Serra i Moret resultaba claro que la delegación vasca tenía más llegada al Consejo de Seguridad. Asimismo criticaban al gobierno republicano español por no prepararse de forma adecuada para la próxima Asamblea General, y por no instruir a las comunidades residentes en Latinoamérica para que pudieran interceder frente a los gobiernos de sus países de residencia. "Ante la Asamblea de septiembre de las NNUU, 7/8/1946", Fondo Nicolau d'Olwer (FNO), Institut d'Estudis Catalans (IEI), Barcelona.

Por una parte, Serra i Moret en su periplo americano[33] solicitó a las agrupaciones políticas, sociales y culturales de la expatriación catalana que trabajaran en sus países de residencia ante las representaciones nacionales en NNUU, explicando los peligros que comportaba el gobierno de Franco para la seguridad mundial, pidiendo que rompieran relaciones diplomáticas con ese régimen "totalitario y fascista" y que reconocieran a la República Española y sus instituciones autonómicas como el único gobierno legítimo de España. Por otra parte, Serra i Moret se preocupó por mantener informadas a las comunidades catalanas de América del Sur sobre su labor internacional. Desde Nueva York envió un extenso informe sobre el tratamiento del tema español en las NNUU y sobre la resolución del Consejo de Seguridad de "mantener la situación de España bajo su continua observancia", de modo de preparar a la comunidad internacional para tomar las medidas que pudieran "ser necesarias para mantener la paz y la seguridad".[34] Apuntando tanto a conquistar o fortalecer apoyos internacionales, como a reforzar la moral de los propios y evitar las críticas sobre tácticas y estrategias de lucha en el frente interno,[35] Serra i Moret se preocupó por aportar información fidedigna y actualizada sobre la naturaleza y estructura del gobierno franquista, su comportamiento interior y exterior, su pasado apoyo al Eje, el amparo a criminales de guerra nazis y la persecución desatada contra los republicanos (presos políticos, batallones de trabajadores, destierros, relegaciones y restricciones a la libertad de movimiento) no solo dentro de las fronteras del Estado, sino también en el exterior. Por último y para no generar falsas expectativas, Serra i Moret realizó un evaluación pormenorizada de dónde podrían surgir los potenciales apoyos a la condena del régimen franquista.[36] El mapa que

---

33 Santiago de Chile, Lima, Bogotá, Caracas, México, La Habana.
34 "El caso de Franco ante el Consejo de Seguridad de las Naciones Unidas", New York, 30/6/1946. Fondo Serra i Moret (FSiM), CEHI, Barcelona.
35 En la editorial de *Ressorgiment* de junio de 1946 se planteaba que a un año de terminada la guerra, Franco "permanece aún en la cola" y su posición "es más sólida que al final de la lucha bélica". Nadal i Mallol atribuía esta situación a una suma de errores: de los rusos que no plantearon desde el principio la "cualidad beligerante de la España falangista", de EE.UU. e Inglaterra que preferirían a Franco antes que a un "gobierno republicano satélite de la URSS"; de los "españoles republicanos que se mantenían suicidamente separados en diversos grupitos políticos", y de los catalanes que "aventuran nuestros destinos en una suerte de fracción republicana española [...] en cuenta de erigirnos en campeones del antifranquismo", pero no comprometiendo nada de la "máxima reivindicación de la personalidad de nuestro pueblo", aunque manteniendo por ahora y a pesar de los contactos, la defensa de los "derechos de Cataluña a su independencia o soberanía nacional" (*Ressorgiment*, año XXXI, Nº 559, junio 1946, p. 5831).
36 En carta a Nicolau d'Olwer y a pedido del presidente Giral, Serra i Moret explicaba las alternativas del tratamiento del tema español en la asamblea de las NNUU. Reseñaba el apoyo de Dinamarca, Noruega, Bélgica, Checoslovaquia y Venezuela para la discusión en la Asamblea. La ampliación de los apoyos a los países hispanoamericanos y árabes y que

dibujaba incluía: 1. países que mantenían relaciones diplomáticas con Franco (Argentina, Bélgica, Brasil, Chile, Cuba, Dinamarca, EE.UU., Inglaterra, Italia, Suecia, Uruguay, Vaticano, entre otros); 2. miembros de NNUU que no mantenían relaciones diplomáticas (Arabia Saudita, Australia, Bolivia, Canadá China, México, Polonia, Venezuela, Yugoeslavia, etc.); 3. países no miembros de NNUU que habían roto formalmente relaciones diplomáticas (Rumania, Hungría y Bulgaria); 4. miembros de NNUU que habían reconocido al gobierno republicano de José Giral (México, Guatemala, Panamá, Venezuela, Polonia, Yugoeslavia y Checoslovaquia) y 5. países miembros de NNUU cuyos parlamentos se habían pronunciado a favor de que sus gobiernos rompieran relaciones con Franco (Costa Rica, Cuba, Ecuador, Francia, Noruega, Perú y Uruguay).[37]

En paralelo a la actuación de Serra i Moret, el presidente Irla –haciendo suyas las conclusiones presentadas al Subcomité sobre el Caso Español de las NNUU por el gobierno republicano de José Giral– elevó un memorándum en el que singularizaba la actuación del franquismo en Cataluña en lo relativo a la vulneración de su "régimen autonómico, su economía y su cultura". Sobre esta última denunciaba: la "proscripción absoluta de la lengua catalana"; "la censura de libros y diarios catalanes"; la "prohibición al uso de la lengua en conferencias, cursos o representaciones escénicas"; la "supresión de los rótulos catalanes en tiendas y comercios" por acción de la "violencia falangista"; la exclusión del catalán como lengua de culto con complicidad de los obispos; la supresión de la Universidad Autónoma de Barcelona; la persecución sobre el Institut d'Estudis Catalans, principal centro de la cultura catalana; y la destrucción de archivos, bibliotecas y museos sea por antiliberalismo, robo o persecución de "la lengua y la ciencia catalana".[38]

El 12 de diciembre de 1946, la Asamblea General votó la Resolución 39 (I) que ratificaba por 34 votos a favor y 6 en contra, la condena al "gobierno fascista de Franco" y recomendaba su exclusión como "miembro de los organismos internacionales establecidos por las NNUU o que tengan nexos con ella" y el "retiro de embajadores y ministros plenipotenciarios acreditados en Madrid".[39]

La reacción en Buenos Aires no se dejó esperar. Mientras *Ressorgiment* celebraba la constitución del Front Nacional de Catalunya y la apelación de los escritores catalanes al Congreso Internacional del

---

no fuera un tema exclusivo de países eslavos bajo la "protección soviética" confirmaba que era posible una "resolución enérgica en favor de la "ruptura colectiva de relaciones" ("Carta de Nicolau d'Olwer...", New York, 4/1/1946. FNO).
[37] "Comprobantes relativos a la cuestión española", Buenos Aires, 24/7/1946, FSiM.
[38] *Galeuzca*, año II, Nº II, junio 1946, p. 524.
[39] En línea: https://goo.gl/kujP6b.

Pen Club como expresiones de resistencia,[40] destacaba la resolución de las Naciones Unidas como un paso para "conseguir la eliminación del régimen franquista". Pero ponía en duda que Franco fuera a renunciar a sus poderes y auguraba que "su caída iba para largo y que andando mal podría mantenerse un añito más". Al mismo tiempo, la revista del catalanismo radical porteño consideraba que el simple retiro de representaciones diplomáticas no era un verdadero castigo porque nada afectaba al intercambio de productos, ni tampoco impedía que los "pueblos bajo la tiranía franquista siguieran su calvario de sufrimientos, de hambre y de persecución sangrante". En tal sentido, *Ressorgiment* elevaba su voz ante la comunidad internacional a favor de una auténtica ruptura de relaciones diplomáticas.[41]

A partir de 1947 y tras conocerse el texto de la Ley de Sucesión,[42] los catalanes de Buenos Aires ratificaron su sospecha respecto a la continuidad de Franco al frente del gobierno de España. Para *Ressorgiment*, los acuerdos de NNUU de 1946 –sus "advertencias" y "consejos"– no habían intimidado al "heredero de Mussolini y de Hitler". A su juicio, mientras Franco contara con el "favor" de Inglaterra y EEUU "podía dormir tranquilo y hacer lo que más le plazca dentro de su isla".[43]

En el último tercio de ese año y mientras se agudizaban las tensiones de la Guerra Fría, los antifranquistas españoles no lograron que la Asamblea fuera un paso más allá de la condena de 1946 y apenas consiguieron una tímida recomendación al Consejo de Seguridad para que asumiera su responsabilidad respecto al régimen de Franco. En este nuevo contexto de confusión y retroceso de la esperanza de un cambio inminente, la emigración catalana de Buenos Aires manifestó, por una parte, el peligro que significaban voces como las de los delegados de Argentina y Costa Rica que reclamaban ante las NNUU que España no siguiera siendo excluida de las agencias especializadas; y por la otra, la urgencia de no seguir apostando en forma exclusiva por una solución internacional. Desde *Ressorgiment* se hizo un llamado a abandonar las vías conjuntas con los republicanos españoles porque todas las "fracciones" –tanto las que respondían a Prieto, Negrín, Gil Robles, como las que lo hacían a Don Juan– representaban un "anti-

---

40 *Ressorgiment*, año XXXI, N° 353, octubre 1946, p. 5895.
41 *Ressorgiment*, año XXXI, N° 365, diciembre de 1946, p. 5928.
42 Declaraba que la monarquía era el régimen político propio de España y que sería el propio Franco quien ocuparía la jefatura del Estado. En cualquier momento Franco podría proponer a las Cortes el nombre de su sucesor. La persona designada como rey debería jurar por las Leyes Fundamentales del franquismo, expresando su lealtad a los Principios del Movimiento Nacional. El proyecto fue aprobado en marzo de 1947, en julio fue votado en referéndum y el 18 de ese mes, Franco fue proclamado jefe del Reino de España.
43 *Ressorgiment*, año XXXII, N° 369, p. 5991.

catalanismo contumaz". En cambio, convocaban a acordar con vascos y gallegos, en una futura confederación de naciones o en un Estado plurinacional integrado por Castilla, Galicia, Euskadi y Cataluña.[44]

Durante el primer tercio de 1948, la crisis del primer gobierno catalán en el exilio presidido por Irla impulsó a los sectores del catalanismo radical porteño a ratificar su apuesta por gobiernos que "actuaran solidariamente en sentido puramente nacional",[45] haciendo "abstracción" de todo "partidismo". El momento era complejo porque el tema español había caído en un *impasse* en NNUU y se multiplicaban los pedidos de admisión de España en sus organismos técnicos. Mientras la Asamblea General deliberaba, Franco intentaba impresionar a los países democráticos con un "simulacro de elecciones municipales". *Ressorgiment* se hacía eco de un artículo publicado por el diario *La Prensa* de Buenos Aires en el que se calificaban las elecciones municipales celebradas en España como carentes de todo "valor" o "trascendencia democrática". Un sufragio "restringido" y un "sistema corporativo" estaban en "pugna evidente con los derechos humanos recientemente discutidos en la Asamblea de NNUU de París". Negarle a un ciudadano "el derecho de pensar libremente, de hablar, de escribir, de profesar un culto, de elegir sin trabas, significa proclamar la minoría moral, no de las masas amorfas, sino de los pueblos".[46]

Desde Buenos Aires, la evaluación de la situación internacional del franquismo parecía muy clara. En febrero de 1950, Nadal i Mallol se refería a la actual actitud de EE.UU. recomendando a la Asamblea de las NNUU derogar la condena de 1946 a España. Asimismo recordaba que la ambigüedad y flexibilidad de las llamadas "potencias democráticas" venían de lejos y derivaban de los "problemas de la posguerra", del imperio de la "política de realidades" y de la necesidad de EE.UU. de disponer de España como "base militar en caso de guerra contra Rusia".[47]

En 1950, en plena reunión de la Asamblea de NNUU, *Ressorgiment* volvía a lamentarse de la política de "intereses", contraria a "principios" y "ética", de "muchos países democráticos" que vociferaban "su democracia". Sin embargo se permitía dudar de los efectos reales –más allá del espaldarazo moral– de una supuesta anulación de la Resolución 39 (I) de 1946 en lo relativo al retiro de embajadores o al ingreso de España en los organismos técnicos. Para Nadal i Mallol, el verdadero problema de España era su angustiosa situación material, la falta de créditos y de acuerdos comerciales y el aislamiento económico

---

[44] *Ressorgiment*, año XXXII, Nº 377, diciembre 1947, p. 6112.
[45] Se referían a fuerzas políticas de disciplina catalana, y reacias al republicanismo español.
[46] *Ressorgiment*, año XXXIII, Nº 389, noviembre 1949, p. 6432.
[47] *Ressorgiment*, año XXXV, Nº 403, febrero 1950, p. 6413.

internacional. Aun sí, cuando la Asamblea aprobó la Resolución 386 (V) (4/11/1950) –que normalizaba las relaciones entre España y los organismos especializados de NNUU (UNESCO, Organización Mundial de la Salud, etc.)–, *Ressorgiment* expresó que lo más grave no era la presencia del franquismo en "algún organismo" o *"comisionsita"* (sic), ni que los países pudieran enviar sus representantes diplomáticos a Madrid –disposición que de facto ya estaba anulada o más bien nunca se había hecho efectiva–, "sino el retroceso que significaba, la vergüenza que representaba para las NNUU rectificar uno de los propósitos centrales a los que se había comprometido frente al mundo": que si en un plazo razonable no se establecía en España un gobierno surgido de la voluntad de los gobernados en elecciones libres y sin discriminación de partidos y que respetara la libertad de palabra, religión y reunión, el Consejo de Seguridad tomaría las medidas necesarias para poner remedio a esa situación.[48]

A pesar del "pobre balance del año" en lo que se refería a las divisiones de la oposición antifranquista y a la actitud vergonzosa de las NNUU, la expatriación catalana de Buenos Aires continuó expresando su confianza en el cambio. En septiembre de 1950, Perpignán reunió una nueva edición de los Juegos Florales de la Lengua Catalana, máxima fiesta de la cultura catalana en el exilio, recuperada en 1941 en Buenos Aires y punto de reunión de la producción literaria del interior y el exterior, aquella que se revelaba frente a la "persecución" y el "escarnio" franquistas.[49] Asimismo, mientras España preparaba su admisión en la UNESCO, *Ressorgiment* se hacía eco de la "eclosión de nuevos creadores de las letras catalanas, nuevos poetas y escritores surgidos en la Cataluña estricta y también en otros países de lengua catalana, sobre todo en Valencia".[50]

Los exiliados del catalanismo radical y la denuncia del "genocidio cultural": de la UNESCO a la Comisión de Derechos Humanos de NNUU (1952-1964)

Los meses previos a la entrada de España en la UNESCO (12/12/1952) fueron de gran actividad en las filas de la expatriación catalana. Buenos Aires no fue ajena a este clima de ebullición que implicó renovar alianzas, rediscutir estrategias, ponderar escenarios, sopesar éxitos y fracasos pasados y futuros, y a la vez capitalizar caminos recorridos en el espacio internacional, y sobre todo evaluar la

---

48 *Ressorgiment*, año XXXV, Nº 402, noviembre 1950, p. 6671.
49 *Ressorgiment*, año XXXV, Nº 419, septiembre 1950, p. 6439.
50 *Ressorgiment*, año XXXV, Nº 413, diciembre 1950, p. 6687.

administración de un discurso que si bien debía mostrar el intento de destrucción de la cultura catalana perpetrado por el régimen franquista, al mismo tiempo no debía sumir en la desesperanza y el inmovilismo a la resistencia en el interior y el exilio. Los referentes internacionales en esta etapa fueron sobre todo Josep Batista i Roca[51] y Nicolau D'Olwer, y ambos tuvieron interlocutores habituales en Latinoamérica, entre otros, Jordi Arquer,[52] Hipólit Nadal i Mallol, Francesc Masferrer[53] y Miquel Ferrer.

En noviembre de 1952, Batista i Roca explicaba a Nicolau D'Olwer que había enviado a varias delegaciones nacionales ante la UNESCO –sobre todo las de lengua e influencia inglesa y aquellas que mayor apoyo habían mostrado hasta el momento (EE.UU., Gran Bretaña, Canadá, Australia, Nueva Zelanda, Sudáfrica, India, Pakistán, Israel, Egipto, Suecia, Noruega, Dinamarca, Holanda, Yugoslavia, México)– un documento donde explicaba de manera categórica la "persecución del régimen franquista contra la cultura, el derecho y la lengua de Cataluña".[54]

En informes adicionales detallaba la situación cultural en Cataluña, caracterizada entonces por la completa desaparición del uso de la lengua catalana en todos los niveles educativos, en la administración pública estatal, provincial y municipal, lo mismo que en la administración de justicia y en publicaciones periódicas de todo tipo (deportivas, infantiles, científicas, políticas); y la disminución del número de libros publicados en catalán por el régimen de censura y la baja general del

---

[51] Batista i Roca ya había tenido un rol internacionalizador relevante del problema catalán en términos de "avasallamiento de su cultura y lengua" durante la dictadura de Primo de Rivera. Como explica Nuñez Seixas, *Internacionalitzant el nacionalisme, op. cit.*, p. 243, en los años 1930 Batista i Roca alcanzó gran renombre en círculos del movimiento de nacionalidades europeo. A propuesta de Nicolau D'Olwer, Roca participó del Congreso de las Nacionalidades Europeas en septiembre de 1934. Aunque defendía la idea de una Cataluña nación, en ese entonces recurrió a las leyes de protección de minorías nacionales para defender los derechos de su patria. Curiosamente aunque Cataluña se pensaba como nación, había apelado a las leyes de protección de minorías nacionales.

[52] Jordi Arquer fue uno de los fundadores del Partido Comunista Català (opuesto al Partido Comunista Español). Al final de la dictadura de Primo de Rivera organizó el Bloc Obrer i Camperol y en 1935 tras su fusión con Esquerra Comunista de Andreu Nim, pasó a integrar el Partido Obrero de Unificación Marxista (POUM), pero desde los enfrentamientos de mayo de 1937 pasó a ser un ferviente antiestalinista. En 1943 fue delegado de la Unión de Catalanistes Independents fundada en Chile y presidida en México por Artur Costa. También formó parte activa del Movimiento Socialista. Durante su exilio, colaboró en varias revistas catalanas del Cono Sur, entre otras, *Germanor* de Santiago de Chile y *Ressorgiment*. Siempre defendió la autodeterminación de Cataluña. Sobre su biografía, puede consultarse Josep Termes i Ardevol, "Introducción", en *Fons Jordi Arquer. Correspondència (1939-1981)*, Barcelona, Afers-CEHI, 2004, pp. 13-19.

[53] Antiguo emigrante catalán residente en Buenos Aires, luchador por las libertades de Cataluña y activo defensor del tema catalán en la Comisión de Minorías Nacionales de la Sociedad de las Naciones en la década de 1930. Fue amigo personal de Batista i Roca e interlocutor de Hipólit Nadal i Mallol.

[54] "Carta Batista i Roca a Nicolau D'Olwer", Cambridge, 30/11/1952. FNO.

nivel intelectual debida a la prohibición del uso cotidiano de la lengua. El denunciante explicaba que ninguna "motivación política" podía "justificar la brutal persecución contra una lengua y una cultura que no es de derecha ni de izquierda, sino que es de un pueblo milenario que se ve así ultrajado en el primero de sus derechos". Identificando que esa persecución ejercida de hecho y de "derecho" por el régimen franquista era contraria a los "principios de la UNESCO" y a la "Declaración Universal de Derechos Humanos" y que venía ejerciéndose de manera "continuada desde 1939", los catalanes solicitaban la no admisión del reino de España. Desde su punto de vista si España fuera aceptada en la UNESCO se estaría violando

> el principio de igualdad de derechos entre todos los pueblos pequeños o grandes sin diferencia de raza o lengua y de todos los fundamentos y finalidades no solamente proclamados por la Carta de las NNUU, sino también por la Constitución de la UNESCO y la Declaración Universal de los Derechos Humanos.

En tanto persistía la "persecución de la lengua y cultura catalanas con intento de completa destrucción, único caso existente hoy en Europa", resultaban inadmisibles tanto la aceptación de España como parte del organismo técnico, como la abstención de la UNESCO a intervenir en la cuestión catalana bajo argumento de tratarse de un tema de ámbito "doméstico".[55]

Si bien las esperanzas en la acción diplomática eran exiguas porque las señales de apertura internacional hacia España aumentaban –por entonces se creaba una Comisión de Buenos Oficios para estudiar la admisión de nuevos miembros en las NNUU,[56] entre otros España–, los exiliados todavía confiaban en la importancia de insistir ante la UNESCO,[57] buscando al mismo tiempo nuevos canales de visibilización de la denuncia (Tribunal de la Haya). Se trataba de

---

55 "Catalans s'adreçan a l' UNESCO", s.l, s.f. Fondo Arquer (FA), CEHI.
56 Tras la invitación de un grupo de países para que España pidiera la admisión en las NNUU, el caso español fue incluido en el tratamiento de la Comisión de Buenos Oficios, creada en 1953 e integrada por Egipto, Países Bajos y Perú. Unos meses antes de su constitución *Ressorgiment* se preguntaba si la petición franquista podría ser considerada por el Consejo de Seguridad. Si las NNUU serían capaces de revocar los acuerdos anteriores de repudio al régimen "corrupto y corruptor, bárbaro y cavernario, retrógrado y atentatorio de toda ley y todo principio de libertad y democracia. Leyes y principios que son las bases, los fundamentos, con los que se soporta el organismo internacional" (año XXXVIII, N° 438, enero 1953, p. 7063).
57 El 30 de septiembre de 1954, Batista i Roca escribía una carta a Serra i Moret de modo de coordinar esfuerzos para la próxima Conferencia de la UNESCO a celebrarse en Montevideo. Recuperando el memorándum presentado en la Conferencia de París de 1952, Batista i Roca reclamaba insistir en "que la persecución seguía igual en todo lo que es esencial y que durante estos dos años, Franco se ha burlado de la Constitución de la UNESCO y de la Declaración de los Derechos Humanos" (FSiM).

ser precisos en la información aportada para describir los avatares de la lengua y la cultura represaliadas; de neutralizar las voces de otros catalanes que trabajaban para la delegación franquista en los centros del poder mundial (París, Ginebra);[58] de descalificar los lavados de cara del régimen que lanzaba llamamientos a los exiliados a regresar de forma segura[59] y desplegaba estrategias morigeradoras promoviendo el "bilingüismo";[60] y de aprovechar la situación interna del régimen, fragilizada por el crecimiento de la oposición: huelgas generales de tranvías de 1951,[61] conflictos obreros y estudiantiles y divisiones entre los franquistas.

Los años 1953 y 1954 fueron una coyuntura crítica para los exiliados catalanes en general y en concreto para quienes se habían instalado en la Argentina. Por un lado, desde los sectores del catalanismo radical expatriado en la Argentina –uno de cuyos voceros era la

---

[58] En la correspondencia entre los catalanes independentistas, fue reiteradamente mencionada la figura de Joan Esterlich, antiguo militante de la Lliga Catalana que al estallido de la Guerra Civil española estaba en Buenos Aires, pero fue enviado por Francesc Cambó a París. Cercano a los grupos catalanistas de derecha, a mediados de los años 1950 actuaba internacionalmente a favor del franquismo y desempeñó un rol importante en la puesta en entredicho de las denuncias sobre la situación de Cataluña movilizadas por catalanistas radicales y de izquierda.

[59] *Ressorgiment* recogía una información cablegráfica fechada en París el 16 de febrero de 1952 y publicada por los diarios de Buenos Aires que reproducían una circular de Franco a sus cónsules en la que convocaba a los "hermanos exiliados" a regresar "sin temor a sufrir represalias". Según Hipólit Nadal, estos gestos "pacificadores" se producían en un momento en que EE.UU., "jugando al gato y al ratón con Franco", prometía el acceso a los "organismos internacionales de defensa de la democracia" a cambio de préstamos y del establecimiento de bases militares en el Mediterráneo (año XXXVII, N° 428, marzo 1952, p. 6927).

[60] A lo largo de la primera mitad de 1953, *Ressorgiment* denunció la nueva maniobra del régimen para "doblegarnos y acabar con la resistencia heroica de nuestro pueblo contra el régimen imperante" (año XXXVIII, N° 440, marzo 1953, p. 7091). En tal sentido, señalaba que la "puesta en práctica de una acción "diplomática" y de supuesto apoyo al desarrollo de "nuestra lengua y de nuestras peculiares características regionales", lo mismo que sus actuales intentos por conquistar la simpatía de la "intelectualidad catalana" mediante la promoción del "bilingüismo", no debían separarse de la continuidad de la acción represiva falangista sobre la resistencia de estudiantes, empleados y obreros en las calles de Barcelona los días 20, 21, 23, 26 y 28 de febrero (*Ressorgiment*, año XXXVIII, N° 441, abril 1953, p. 7103). En agosto de 1954, *Ressorgiment* volvía a alertar sobre las nuevas metodologías represivas que si ahora permitían bailar sardanas y "los esbirros no detenían a los hombres o cortaban los cabellos a las mujeres porque hablaban el idioma materno", esto era porque "los tiros picaban más alto: son dirigidos a nuestros intelectuales, a nuestros hombres de letras. La dictadura ha formado equipos con el fin de catequizarlos y llevarlos al molino castellano. Se los halaga con congresos de poesía, con ediciones extraordinarias de revistas dedicadas a poesía, a prosa, a las letras catalanas. Incluso con la creación de una cátedra de catalán en la universidad de Madrid [...] La política de atracción pone en práctica todo tipo de recursos. El precio de esta política es demasiado caro para que Cataluña se avenga. Se trata de emplear el bilingüismo en catalán y en castellano, a medias. Y los catalanes no son partidarios de compartir las ganancias. Poco a poco el patrimonio espiritual de Cataluña se iría diluyendo y entonces sí que nuestra Patria comenzaría el descenso hacia la muerte" (*Ressorgiment*, año XXXIX, N° 457, agosto 1954, p. 7355).

[61] *Ressorgiment*, año XXXVI, N° 417, abril 1951, p. 6823.

revista *Ressorgiment*– se expresó un fuerte apoyo a la reunión en México de la Conferencia Nacional Catalana de la que surgió en septiembre de 1953 el Consell Nacional Català,[62] como máxima representación internacional del catalanismo democrático del interior y el exilio, y que se asignó como una de sus tareas fundamentales trabajar ante las NNUU, la UNESCO y el Congreso de Naciones Europeas, en pos del reconocimiento de la "personalidad de Cataluña", denunciando la política de "genocidio cultural".[63]

Por otro lado, en julio de 1954, la mesa electoral del Parlamento de Cataluña reunido en México proclamaba como presidente de la Generalitat –último resabio de la institucionalidad republicana autonómica– a Josep Tarradellas, que a poco de asumir designó delegaciones por países cuya misión era coordinar y estimular la labor cultural de las diferentes organizaciones catalanas preexistentes (culturales, mutuales, políticas), colaborando con eficacia y responsabilidad patriótica con el presidente y con todas las acciones que tendieran a la recuperación de las libertades del pueblo catalán.[64]

---

62 La Conferencia reunida en México discutió ponencias surgidas del interior y del exilio. Desde Buenos Aires, los sectores representados fueron, por un lado, el que nucleaba Hipólit Nadal i Mallol desde *Ressorgiment*, y por el otro el Grup Joventut Catalana de la República Argentina, de reciente aparición y formado por segundas generaciones de emigrados y exiliados, abiertamente partidarios de la independencia (Manuel Soler, Fivaller Seras, Lluís d'Alguer, Ricard Marco, Tomás Benages, Albert Albelda y Víctor Castells). La Conferencia Nacional Catalana reivindicó la "personalidad nacional catalana", aunque internamente se escucharon posturas a favor de una federación de todos los países de lengua catalana (en Francia y España) y otras que limitaban sus objetivos al "antiguo Principado". De perfil democrático, reunió a catalanes cristianos, socialistas y liberales y adhirió al Front Nacional de Catalunya, movimiento unitario de resistencia política y militar que nucleaba a nacionalistas catalanes en la lucha contra el fascismo y que recogía principios socialistas y catalanistas. Como movimiento democrático nacional, la Conferencia Nacional se expresó "enemiga de las tendencias dictatoriales, descaradas o disimuladas que pretendieran vejar moral o físicamente a la persona humana". De la reunión en México, surgió el Consell Nacional Català como organismo ejecutor de las políticas de la Conferencia. Presidido hasta 1964 por Salvador Armendares, secundado por Miquel Ferrer, en el terreno cultural el CNC se abocó a la defensa de la lengua y la cultura catalana dentro y fuera de la Patria y a la reivindicación de los "derechos imprescriptibles de la Nación catalana frente a las democracias de Europa y del mundo". Armendares había sido vocal del Consell Nacional de Catalunya que Pi i Sunyer organizó en Londres durante la Segunda Guerra Mundial y acreditaba una larga militancia en ERC.
63 *Ressorgiment*, año XXXVIII, Nº 445, agosto 1953, p. 7198.
64 Las mismas desinteligencias que habían distanciado desde el final de la Guerra Civil española y durante la Segunda Guerra Mundial a los que defendían el mantenimiento de la legalidad republicana y a quienes pretendían rebasarla hacia opciones confederales o abiertamente independentistas, volvieron a expresarse en esta coyuntura. Si bien el CNC de México no pretendía convertirse en un poder legislativo, sino operar como espacio de coordinación entre las fuerzas de la resistencia interior y los demócratas catalanes ausentes de la patria, la diferencia de criterios respecto a los objetivos de máxima (caída del régimen franquista, nuevo ordenamiento dentro del Estado español o independencia de Cataluña) generó cierto ruido en el espacio público internacional. En Argentina, esas disputas se expresaron muy fuertemente durante el viaje de Josep Tarradellas al país en coincidencia con la celebración de los Juegos Florales de 1958. Por entonces, el Casal de Catalunya

Como venía denunciando *Ressorgiment*, los lentos pero sostenidos éxitos internacionales de Franco resultaban indisociables de las divisiones del exilio. En tal sentido, los catalanistas de Buenos Aires manifestaron que era necesario "no dejar a la Generalitat como un organismo simbólico". Para que la apuesta por "internacionalizar el hecho nacional" y avanzar en la "lucha contra la tiranía franquista que no cesa de intentar reducir a nuestra Patria a una simple provincia española sin reconocer ninguna de las características específicas que le dan categoría de nación", era necesario que la recientemente creada presidencia de la Generalitat actuara en forma coordinada con el CNC, como organismo de trabajo que unificaba a "hombres de todos los partidos políticos de la democracia catalana unidos en un frente único, diríamos, patriótico".[65]

La proximidad geográfica que implicaba la celebración de la Conferencia de la UNESCO en Montevideo en noviembre de 1954 movilizó a los referentes internacionales del catalanismo, que convocaron a la colonia residente en la Argentina a redoblar esfuerzos en la difusión del memorándum que ratificaba la continuidad de la "política de exterminio, laminación y subversión de una cultura, un arte, una ciencia y una literatura milenarias".[66] Se trataba de interesar y en el mejor de los casos comprometer a la mayor cantidad de delegados de diferentes países,[67] siendo al mismo tiempo estratégicos en la elección de quienes fueran a actuar como voceros (países amigos) de la denuncia de "persecución de la cultura catalana".[68] Todo esto no solo

---

de Buenos Aires estaba controlado por los tarradellistas, mientras que algunos de los sectores más activos y visibles en el plano internacional se encolumnaban detrás del CNC de México. Las diferencias que no impedían el trabajo conjunto atraviesan la correspondencia entre los principales referentes del trabajo internacional. En carta del 23 de noviembre de 1958, Hipòlit Nadal i Mallol escribía a Joan Masot poniendo en duda el supuesto apoyo de Tarradellas a la "superación del Estatuto" y su lucha por "las libertades nacionales de Cataluña". Nadal finalizaba su misiva diciendo: "veremos cuando acabe el periplo, cuál será su estado de ánimo y qué hará a su retorno a París", en "Correspondencia Nadal i Mallol a Joan Masot (1958-1964)", Museo d'Història de Catalunya, Barcelona.

65 *Ressorgiment*, año XXXIX, N° 458, septiembre 1954, p. 7371.
66 "Memorándum en inglés enviado a la UNESCO, firmado por referentes de la cultura catalana" (Pau Casals, Batista i Roca, Pere Bosch Gimpera, Josep Carner, Nicolau D'Olwer, R Patxot i Jubert, August Pi i Sunyer y Manuel Serra i Moret), Montevideo 1954, FbiR, y publicado en castellano por la revista *Catalunya* de Buenos Aires, año XX, 2ª época, N° 12, diciembre 1954, p. 1.
67 En una carta dirigida a Nicolau D'Olwer (s/f), Batista i Roca explicaba que había hecho llegar la documentación a representantes diplomáticos de los principales países democráticos del mundo, pero que en buena medida solo había conseguido simples agradecimientos o "tomas de conocimiento". No faltaron tampoco respuestas como la del Foreign Office, que amparándose en la Constitución de la UNESCO, consideraba que estaban inhabilitados de tratar el tema catalán porque era una cuestión de "jurisdicción doméstica", FBiR.
68 En carta del 30 de septiembre de 1954, Batista i Roca consultaba a Serra i Moret sobre quiénes eran los países que más podían ayudar a Cataluña en su denuncia del "deliberado intento de Franco de destrucción de su cultura". La nómina la encabezaba México, seguido por Uruguay, Israel y Yugoeslavia. En la carta, Batista i Roca evaluaba la conveniencia

suponía una activa coordinación entre los más importantes referentes internacionales de la "cuestión catalana" (Batista i Roca, Manuel Serra i Moret, Nicolau d'Olwer, Miquel Ferrer), sino además contar con el compromiso de líderes locales de la expatriación que no siempre coincidían en sus opciones político-patrióticas.[69] Como señalaba la revista *Catalunya* de Buenos Aires, eran todas las "entidades catalanas de la Argentina, que agrupan a la totalidad de la colonia catalana en este país" las que hacían un llamado a la UNESCO para que se hiciera "eco" de la "sed de justicia de una cultura que reclama tan solo el derecho natural y biológico a la vida que merece".[70]

Los fracasos ante la UNESCO hicieron que los exiliados catalanes exploraran otras alternativas. Mientras Batista i Roca evaluaba los sinsabores de la Conferencia de Montevideo, comunicaba a Nicolau d'Olwer sobre la propuesta del CNC de México de instalar el tema catalán en la Comisión de Derechos Humanos[71] de Naciones Unidas y en su Subcomisión de Prevención de la Discriminación y Protección de las Minorías.[72] Todo esto en el contexto en que se discutía en la Comisión de DDHH un anteproyecto de Declaración de los Derechos de los Pueblos[73] que contemplaba el derecho a "vivir y regir libremente su vida, desarrollar y perfeccionar su personalidad nacional, económica y social, y su lengua y su cultura y a la autodeterminación". Del mismo modo, ese anteproyecto establecía que ningún "Estado tenía derecho a destruir físicamente ni moralmente una nación, ni a intimidar, prohibir, limitar o pervertir su lengua y su cultura". Mientras que los referentes internacionales del catalanismo discutían sobre los aportes que los catalanes podían hacer a este anteproyecto que

---

de que algún país de la órbita comunista encabezara el reclamo en Montevideo o si esto podría restar apoyos. En cambio proponía apelar a Bélgica como una mejor opción. Los catalanes consideraban que en tanto este país había resuelto el problema de la coexistencia de dos lenguas y dos culturas, quizás podría ser un buen aliado o cuanto menos podría no ser de aquellos que se oponían al tratamiento del "problema de la persecución de la cultura catalana", FBiR.

69 Batista i Roca tenía como primera opción en Buenos Aires a Francesc Masferrer. Al ser comunicado de su muerte se dirigió a Nadal i Mallol, que explicó que tuvieron dificultades para cruzar al Uruguay ante la negativa de las autoridades argentinas a conceder permiso de viaje. En Buenos Aires se había constituido una comisión de enlace con la Conferencia de la UNESCO de Montevideo, conformada mayoritariamente por catalanes próximos a Tarradellas, por caso Joan Cuatrecasas (Delegado del presidente en Argentina y miembro del Consejo de Redacción de la revista *Catalunya*), pero también integrada por Joan Llorens, un viejo emigrado catalán de constante actuación en todas las iniciativas patriótico unitarias gestadas en Buenos Aires desde principios de la década de 1940.
70 *Catalunya*, año XX, N° 12, diciembre 1954, p. 1.
71 Principal órgano normativo intergubernamental en materia de derechos humanos creado en mayo de 1946 por el Consejo Económico y Social de NNUU.
72 Fue establecida por la Comisión de Derechos Humanos en su primer periodo de sesiones de 1947.
73 Aprobada el 4 de julio de 1976 en el contexto del proceso de descolonización del tercer mundo y más conocida como Carta de Argel.

consagraba el derecho de autodeterminación de los pueblos, Batista i Roca planteó la posibilidad de reforzar la instalación pública del tema catalán, previa consulta al profesor de la Universidad de Yale, Raphael Lemkin, pionero en la teorización del "genocidio" y cuyo pensamiento había sido la base de la Convención de NNUU para la Prevención y la Sanción del Delito de Genocidio,[74] que para 1954 contaba con la adhesión de 47 países. De manera "estrictamente confidencial", Batista i Roca explicaba a Nicolau d'Olwer que había enviado a Lemkin la "documentación sobre la política anticatalana de Franco, mostrándole que aquí no hay un genocidio físico, como el de los judíos de Alemania, pero que hay un genocidio espiritual y un intento de destruir la cultura y la lengua de un pueblo".[75] Aunque las esperanzas en las instituciones del gobierno internacional no eran muchas porque se vivía "una época de materialismo y violencia", Batista i Roca afirmaba que cabía "continuar la batalla en la Comisión de Derechos Humanos" porque se trataba de una "causa justa".[76]

Mientras que la diplomacia franquista trabajaba a paso firme para conseguir el ingreso de España a las NNUU,[77] el Consejo Ejecutivo del CNC de México presentaba un nuevo memorándum a la Asamblea General;[78] y los catalanes de Buenos Aires –con Joan Rocamora y el

---

[74] Adoptada y abierta a la firma y ratificación o adhesión por la Asamblea General de NNUU en diciembre de 1948. Entró en vigor el 12 de enero de 1951. Si bien el texto aprobado por la Asamblea planteaba algunas restricciones respecto a la resolución de NNUU de diciembre de 1946 que le dio origen, por primera vez la Organización definía el "genocidio" como la "negación del derecho de existencia de grupos humanos enteros". Y agregaba: "muchos ejemplos de tales crímenes de genocidio han ocurrido cuando grupos raciales, religiosos y políticos han sido destruidos parcial o totalmente". [En línea: https://goo.gl/suWbiR].

[75] "Sessió de la Subcomisó per a la Prevenció de discriminacions y protecció de les minories", s/f. FNO.

[76] "Carta Roca a Nicolau d'Olwer", 31/1/1955. FSiM.

[77] El ingreso de España junto a otros 16 Estados se formalizó por Resolución 995 (X) del 14 de diciembre de 1955.

[78] El documento fue reproducido por *Ressorgiment* de Buenos Aires. Allí Armendares y Ferrer historizaban las luchas de los catalanes ante los organismos internacionales y solicitaban que la representación franquista fuera llamada por el Consejo de Seguridad o la Comisión de DDHH para responder a las denuncias por la sistemática persecución política, cultural y social que padecía el pueblo catalán. Asimismo reiteraba que era inadmisible considerar la cuestión catalana como "un problema de orden interior" y repetía que "la paz es indivisible y que toda injusticia debía ser atacada allá donde ocurriera para evitar situaciones de violencia que pudieran constituir un peligro para la paz mundial y para los derechos de la persona humana" (año XL, N° 471, octubre 1955, pp. 7570, 7571).

grupo de la revista *Catalunya* a la cabeza– avanzaban en la publicación del *White Book, Catalonia*,[79] cuyo propósito –como declaraba el músico Pau Casals–[80] era:

> dar a conocer a la opinión pública internacional [...] cuál es la actualidad, la verdadera situación de nuestra tierra. Sobre todo la ONU y sus principales organismos, especialmente la UNESCO, que no deberían seguir ignorando que en la Europa occidental hay un pueblo al que se le niegan sus derechos más elementales, como son el cultivo de su lengua y de su cultura multisecular. La persecución que el régimen franquista inflige a Cataluña desde hace 17 años debería revolver todas las conciencias liberales del mundo. Y cabe que estas conciencias sepan que si permanecen indiferentes, su silencio devendrá una complicidad. La Libertad, como la Paz, también es indivisible.[81]

Aunque el *Libro Blanco* no logró publicarse para la Asamblea de NNUU de diciembre de 1955 que dio el definitivo espaldarazo internacional al régimen de Franco, este esfuerzo editorial vio la luz en 1956. Como explicaba el director de la revista *Catalunya*, Joan Rocamora, se proyectó una edición de 3000 ejemplares que además de ser repartidos entre las delegaciones en las NNUU, serían enviados a "jefes de gobiernos,[82] ministros de Relaciones Exteriores, universidades, instituciones culturales y periodistas de todo el mundo".[83]

---

79 Edición trilingüe (inglés, francés, castellano) editada por la revista *Catalunya* de Buenos Aires en 1956.
80 Los catalanes de América se movilizaron en pos de la candidatura de Pau Casals al Nobel de la Paz 1958. La idea surgida de la Argentina pretendía utilizar el posible premio como un apoyo a la causa de Cataluña en los foros internacionales. Según *Ressorgiment*, Pau Casals tenía todos los méritos para esa distinción por su obra "profundamente humanitaria y sus ideales de paz, justicia y hermandad entre los hombres y los pueblos" (año XLII, N° 489, abril 1957, p. 7875).
81 "Nota presentación de Pau Casal (Prades, agosto 1955)", en *White Book, Livre Blanc, Libro Blanco. Catalonia, Catalogne, Cataluña*, Buenos Aires, Ediciones de la revista *Catalunya*, 1956.
82 En Argentina, uno de los primeros ejemplares fue entregado al presidente de facto Pedro E. Aramburu. No fue un dato menor que por primera vez en muchos años una delegación catalana fuera recibida en audiencia especial por el presidente de la nación (martes 9 de mayo de 1956). La delegación estuvo conformada por el Consejo de Redacción de la revista *Catalunya* (Cuatrecasas, Dinarés, Girona i Ribera, Rovira-Armengol, Santaló y Vachier), el presidente y el expresidente del Casal de Catalunya de Buenos Aires, y el publicista y caricaturista Andreu Dameson (*Ressorgiment*, año XLI, N° 478, mayo 1956, p. 7696).
83 "Carta Joan Rocamora a Serra i Moret", Buenos Aires, 22 de julio de 1955. FSiM.

Según Rocamora, el *Libro Blanco* planteaba una "síntesis del significado histórico, sociológico, cultural y político del problema catalán". Desde su perspectiva no había sido escrito por políticos, sino por intelectuales[84] a los que la política obligó a adoptar una posición humana de dignidad:

> nuestro libro no es un programa político, sino la expresión del anhelo del pueblo por su autodeterminación. Deseamos, en primer lugar, la desaparición del régimen que tiraniza a todos los pueblos peninsulares. Nos unen con estos pueblos lazos fraternales que podrán resolverse libremente en el futuro por medio de una Federación o Confederación. Pero este problema no es el planteado en el libro. Nosotros intentamos demostrar, solamente, con datos irrefutables, el genocidio a que el General Franco somete al pueblo catalán, impidiéndole la libre expresión de sus formas de vida, de su idioma y en general de su cultura. No nos ha inspirado ningún sentimiento secesionista, sino el de ceñirnos al problema concreto que nos afecta objetivamente como uno de tantos aspectos del magno problema estructural de la democracia universal (Catalunya, año XXI, 2ª época, Nº 39, junio 1956, s/p).

La conclusión del *Libro* era clara. Si la "tiranía totalitaria" sometía a Cataluña a un "genocidio cultural", las NNUU debían obrar de manera perentoria de forma de "someter al General Francisco Franco [...] a los tribunales internacionales encargados de combatir el delito de genocidio", restituyendo a los catalanes el derecho a su autodeterminación, bajo la vigencia de los derechos humanos y de la democracia.[85]

Desde el ingreso de España en las NNUU, la estrategia de internacionalización del exilio catalán reforzó, por un lado la comunicación a doble banda (organismos especializados y comisiones/Asamblea General);[86] y, por el otro, la caracterización de la situación de la lengua y la cultura del país como "genocidio cultural". Reiterando lo expuesto en la reunión de la UNESCO de Nueva Delhi, en octubre de

---

[84] Entre otros, Josep Batista i Roca, Josep Trueta, Nicolau d'Olwer, Pere Bosch Gimpera, Josep Santaló, August Pi i Sunyer, Josep Rovira Armengol, Carles pi i Sunyer, Manuel Serra i Moret, Marc Aurel.li Vila, Doménec Guansé y Joan Cuatrecasas.
[85] "Conclusiones", en *White Book*, s/p.
[86] El 27 de agosto de 1958, Armandares y Ferrer se dirigían a la UNESCO y a la Comisión de DDHH demandado su apoyo al "derecho del pueblo catalán a usar su propio idioma en la prensa, en sus libros y en todos los centros de enseñanza", Fondo Miquel Ferrer (FMF), CEHI.

1958, el CNC de México expuso ante los delegados de los diferentes países reunidos en París que "los catalanes eran víctimas de una política de genocidio cultural sin parangón en toda Europa".[87]

Pero no bastaba repetir esquemas, ni profundizar denuncias. También se hacía necesario ampliar[88] la fuerza de los reclamos unitarios (CNC de México) con el envío de cientos de cartas de diferentes entidades culturales de referencia catalana (centros, casales, publicaciones, intelectuales a título individual) dispersas en todos los continentes a los organismos internacionales. *Ressorgiment* se hizo eco de este reclamo y redobló su apuesta de denuncia de la "obra genocida de persecución sistemática de la cultura catalana y de la prohibición a los catalanes de emplear la lengua materna" que venía perpetrando "el régimen dictatorial del General Franco" (año XLIII, Nº 508, noviembre 1958, p. 3179).

En coincidencia con el CNC, los catalanes radicales de Buenos Aires creían que para que las "recomendaciones" de la UNESCO se transformaran en "resoluciones" era necesario institucionalizar la gestión internacional. El 18 noviembre de 1958, Joan Masot[89] sugería a Batista i Roca que de cara a futuras reuniones de la UNESCO se constituyera una "comisión permanente con especialistas en Derecho Internacional que estudiaran todas las posibilidades que ofrecían esas organizaciones internacionales", de cara a aprovechar en forma más eficaz las herramientas que ofrecían para defender la "personalidad y la cultura catalanas".[90]

Cuando la fiesta de las letras catalanas llegaba al centenario de su restauración, los Juegos Florales en el exilio volvían a organizarse en la Argentina, en concreto en la ciudad de Mendoza.[91] Los expatriados usaron la ocasión en un doble sentido. Por un lado, para mostrar la fuerza de la resistencia catalana, cuya principal arma era el "idioma", lo que a juicio de Nadal i Mallol "nos hermana más" porque es "lo que promueve la solidaridad de los catalanes para defenderla y mantenerla

---

[87] "Carta de Armendares y Ferrer a Luther Evans, director general de UNESCO", México, 8/8/1958, en FMF. En octubre de ese año, Joan Masot planteaba a la delegación de Canadá en la Asamblea de la UNESCO de París que Cataluña era un país "víctima de la ocupación extranjera". "Carta a Batista i Roca", 20/11/1958, FMF.

[88] La democratización del reclamo también suponía el apoyo de intelectuales de diversas nacionalidades. Varios intelectuales venezolanos –entre otros Rómulo Gallegos o Antonio Reyes– peticionaban a la UNESCO para que se gestionara la aplicación a Cataluña de la resolución aprobada en la reunión de Nueva Delhi referida al "uso de los idiomas propios de cada nacionalidad" (*Ressorgiment*, año XLIV, Nº 510, enero 1959, p. 8213).

[89] Masot había residido en Argentina antes de volver a Cataluña para incorporarse al Estat Català. También formó parte del Consell Nacional de Catalunya durante la Segunda Guerra Mundial y junto a Batista i Roca desplegó una intensa labor internacional ante la UNESCO en 1958.

[90] "Carta...", FMF.

[91] La primera edición de los Juegos Florales en el exilio se organizó en Buenos Aires en 1941.

contra el genocidio del Estado español y a pesar de la complacencia de la UNESCO" (*Ressorgiment,* año XLIII, N° 507, octubre 1958, 8163). Por otro lado, para denunciar las nuevas formas asumidas por la política de "genocidio cultural" franquista, que al decir de Nadal i Mallol, no eran menos destructivas, más allá de su sofisticación (asimilismo, bilingüismo, cooptación).[92]

Como explicaba Joan Cuatrecasas, el valor de la fiesta de las letras catalanas no solo se acrecentaba por la continuidad de la persecución franquista, sino porque los catalanes elegían un medio creativo y pacífico cuando la civilización contemporánea mostraba "estados poderosos afectados de la fiebre atómica y [...] pueblos pequeños amenazados por el vasallaje y [...] pueblos coloniales zumbantes de violencia reivindicatoria". Calificando a Cataluña como "un pueblo oprimido", el referente del tarradellismo local señalaba que a pesar del "golpe de sangre" que el franquismo seguía asestando a la lengua y la cultura, ni había acallado la resistencia, ni había logrado "matar el espíritu de un pueblo que reclamaba derechos y libertades como muchos otros pueblos bajo el yugo colonial".[93]

La traducción de la "cuestión catalana" en términos de las luchas por la liberación de los países del tercer mundo (Mauritania, Mali, Nigeria, Níger, Somalia, Camerún, República Centro Africana, Congo o Argelia) fue haciéndose cada vez más fuerte. Esta matriz de ideas permitía a la vez denunciar el carácter fascista de la política represiva de Franco, identificarlo como un ejército extranjero de ocupación, y al mismo tiempo, ponderar la fuerza y extensión de la resistencia interior y exterior. Si Cataluña no "tenía la suerte de ser asiática o africana" y en cambio soportaba la "esclavitud del Estado español" sostenido "impúdicamente" por las NNUU –que se "jactaban de ser guardián de la justicia y defensora de la democracia"–, el fortalecimiento de la resistencia interior la convertía en una candidata a la liberación.[94]

---

[92] Jocs Florals de la Llengua Catalana. *Butlletí d'Informació de la Generalitat de Catalunya,* Mendoza, noviembre 1958, p. 9.
[93] *Ibidem,* p. 7.
[94] Desde *Ressorgiment* se destacaron dos eventos de la resistencia interior. El primero, la destitución por parte del Consejo de Ministros del régimen franquista de Luis de Galinsoga, director del diario franquista *La Vanguardia Española* (5/2/1960). En una homilía en la Iglesia de Sant Ildefons, impartida en catalán, Galinsoga se puso de pie y gritó: "¡el catalán es una mierda!". Al otro día comenzó una rotunda campaña de boicot con baja de suscriptores y anunciantes y quema de periódicos. La destitución fue vista por los sectores de la resistencia como signo de debilidad del régimen. El segundo, la persecución del abad del Monasterio de Montserrat, Aureli Escarré, que en 1965 tuvo que partir al exilio italiano. Su implicación en las líneas progresistas y ecuménistas del catolicismo, su antiguo compromiso por los derechos de Cataluña y su defensa de los presos políticos, lo transformó en una voz amenazante para el régimen. Nadal i Mallol afirmaba que "no era por ser amante de la guerra que había sufrido esta sanción. Su único delito fue protestar frente al Estado por sus procedimientos totalitarios, por los fusilamientos, torturas, coacciones de

Como explicaba Nadal i Mallol, solo cabía coordinar las fuerzas del interior (obreros, intelectuales, juventudes universitarias y hasta sectores de la Iglesia católica) y las del exilio para que la liberación de Cataluña fuera el merecido "corolario de una lucha de 25 años contra la tiranía" (*Ressorgiment*, año XLVI, N° 534, enero 1961, p. 8395).

Mientras crecía la apuesta del régimen franquista por integrarse por completo al mundo afirmando su deseo de formar parte del Mercado Común Europeo, los catalanes exiliados también expandieron sus espacios de internacionalización. Sin abandonar la vía NNUU, el Consejo de Europa con sede en Estrasburgo pasó a constituir otra tribuna privilegiada donde hacer resonar la denuncia de "genocidio cultural" y el repudio al "colonialismo español". En 1962, Hipólit Nadal i Mallol afirmaba que habiendo fracasado el proyecto de reflotar la "hispanidad", Franco giraba sus aspiraciones hacia Europa. Ningún país "libre" y "próspero" de Latinoamérica que se había independizado tras darse cuenta de su "aptitud para administrarse y guiar su propio destino", cayó como una presa fácil del vacío discurso de una "Madre Patria" que sojuzgaba a sus propios ciudadanos. En este contexto, los catalanes porteños llamaban a las instituciones europeas a no caer en las redes franquistas como lo habían hecho por variados motivos las NNUU. Nadal i Mallol planteaba que no eran suficientes ciertas declaraciones formales, tales como que no era admisible en Europa "ningún gobierno que no pueda alegar legitimidad democrática ni garantice las libertades fundamentales y los derechos del hombre". Se imponía seguir el ejemplo de las diplomacias latinoamericanas que de forma "elegante", pero "enérgica" supieron detener los extemporáneos sueños "imperiales" del dictador, arrinconando a Franco dentro de los límites estrictos de la Península, donde crecían "fermentos de rebelión", tanto en el País Vasco y Galicia, como en los Países Catalanes.[95]

En este contexto, el exilio se propuso frenar el ingreso de España al Consejo de Europa, mostrando sus radicales "divergencias" con los principios que lo sustentaban. Como explicaba Josep Batista i Roca, el régimen franquista era un "Estado oligárquico totalitario y genocida que negaba la libertad cultural e industrial". En nombre del CNC, Batista i Roca solicitaba la "aplicación del Estatuto del Consejo de Europa al gobierno español" en lo relativo a la Convención de los Derechos Humanos y del respeto del derecho de los trabajadores, de la libertad cultural de las personas y de las nacionalidades, de la igualdad de derechos entre los pueblos, de la no discriminación y

---

todo tipo, en abierta contradicción con las recomendaciones de la Encíclica "Pau a la Terra" del Papa Juan XXIII y las de las NNUU, *Ressorgiment*, año L, N° 585, abril 1965, p. 9383.
95 *Ressorgiment*, año XLVII, N° 548, marzo 1962, p. 8815.

de la suspensión de "la "política de genocidio contra tres naciones europeas: catalanes, vascos y gallegos". En este último punto, el secretario del CNC exigía el compromiso del Consejo de Europa para que el régimen de Franco respetara "las manifestaciones y símbolos nacionales, el uso de sus lenguas en la educación y en el espacio público, la libre publicación de periódicos en sus lenguas nativas" y suspendiera las trabas a la "publicación de libros en lenguas catalana, vasca o gallega".[96]

Transcurrido un cuarto de siglo de dominación franquista, la "batalla por la lengua y la cultura catalanas" solo parecía haber diversificado los foros internacionales de difusión.[97] Sin embargo, un análisis pormenorizado y críticamente situado permite comprender que la lenta inscripción de la "cuestión catalana" en la figura del "genocidio" lejos estuvo de responder a una única matriz ideológica que mutó desde la lucha antifascista a la lucha por la liberación y el anticolonialismo.[98] Si bien es cierto que desde finales de la década de 1950 y con más fuerza en los años 1960 las referencias a "la persecución de la lengua y cultura catalanas" se tramaron bajo la representación de "las luchas de los pueblos oprimidos por el yugo extranjero", la pregnancia internacional que fue adquiriendo desde finales de esa década el paradigma humanitario y la exaltación de la víctima inocente y del pueblo sufriente no dejó de ser utilizada como forma de manifestar los reclamos. Y esto aun en los grupos más combativos y reivindicativos del catalanismo, y en particular aquellos que tuvieron una voz muy audible en la Argentina, que siempre tensaron sus denuncias sobre las afrentas, agravios y derechos vulnerados por el franquismo, con la exaltación de las formas heroicas de lucha popular y la puesta en primer plano de las resistencias nacionales, organizadas y espontáneas, que se multiplicaron en los años cincuenta y sesenta, a pesar –y más allá– del intento de "genocidio cultural".

---

[96] Consell Nacional Català. "Memoradum of the Council of Europeo n Human Rights and Nacional Genocide in Spain", Londres, 1964. FMF.

[97] Otro espacio de interlocución fue el Comité para la Información sobre Territorios No Autónomos de las NNUU. En agosto de 1962, el CNC de México denunció la "trágica situación" de Cataluña que vivía "sometida como un territorio colonial bajo el dominio actual del Estado español, miembro de NNUU y representado en este Comité". Miquel Ferrer explicó que pasados 23 años de la "ocupación militar española de Cataluña", los catalanes aspiraban a la "plena independencia ejerciendo el derecho de autodeterminación garantizado por las NNUU", *Ressorgiment*, año XLVII, N° 664, septiembre 1962, p. 8905.

[98] Como bien explica Enzo Traverso, *Els usos del passat. Història, memoria, política*. Valencia, PUV, 2006, p. 114, en los años 1960, "el compromiso anticolonialista no era sino una prolongación del antifascismo". En el contexto de las guerras antiimperialistas, "la comparación entre los crímenes nazis y las violencias coloniales atraviesa los escritos de Frantz Fanon e incluso las declaraciones del Tribunal Russell sobre Vietnam".

Mientras el mundo conmemoraba los veinte años de la Declaración Universal de los Derechos Humanos y NNUU declaraba 1968 como "Año Internacional de los Derechos del Hombre", Batista i Roca solicitaba a la Subcomisión para la Lucha contra la Discriminación y la Protección de las Minorías que no siguiera excusándose en el procedimiento fijado para no tratar el caso catalán. Los catalanes eran, a su juicio, una "comunidad nacional oprimida" en la que se vulneraban sistemática e históricamente los "principios fundamentales del derecho de las NNUU", mientras Cataluña se constituía en el "caso más grave de discriminación nacional en Europa". La indiferencia de la comunidad internacional parecía dejar abierta una única alternativa si se quería poner fin a la persecución cultural. Según Batista i Roca, para que los catalanes no se vieran "forzados" a abandonar la lucha por la vía jurídica y a optar por la vía de las armas –como habían hecho otros "pueblos oprimidos" del tercer mundo y aun dentro el Estado español (los vascos con ETA)–;[99] las instituciones internacionales debían hacer efectivas la letra de sus tratados, documentos y convenciones reguladoras de la paz y la democracia mundiales.

Como afirmaba *Ressorgiment*, transcurridas casi dos décadas de la Declaración Universal de 1948 y cuando Franco celebraba veinticinco años en el poder, las esperanzas depositadas por los exiliados en los instrumentos internacionales parecían muy menguadas. Sin duda, el 10 de diciembre de 1948 fue una "fecha de ilusión" para los "pueblos oprimidos" que confiaron en que las NNUU oficiarían como reaseguro de "la paz, la justicia social, la apetencia de cultura y de usar para cualquier necesidad doméstica o cultural el idioma materno". Sin embargo, como se explicaba en el editorial de *Ressorgiment*, en España había aún un dictador que no solo "perseguía, destruía y deshonraba todo lo que defendía la Declaración de DDHH", sino que además prohibía la lengua del pueblo catalán para "imponerle la de sus ejércitos de ocupación". Y todo esto, sin que las NNUU "se ruborizaran".[100]

A manera de cierre

En una Argentina donde la figura jurídica del "genocidio" se agita en los estrados judiciales como parte de la persecución penal de aquellos militares implicados en delitos de lesa humanidad cometidos

---

99 Batista i Roca, Josep (CNC), "Memorándum sobre la persecución de la cultura catalana presentado a la Subcomisión de las NNUU para la lucha contra la discriminación y la protección de las minorías", Ginebra, octubre 1968, FMF.
100 *Ressorgiment*, año XLIV, N° 574, mayo 1964, p. 9211.

durante los años 1970,[101] revisar las alternativas de las denuncias de destrucción (o intento de destrucción) de la lengua y la cultura de un pueblo –lo que los exiliados catalanes denunciaban como el "exterminio" del "alma nacional"– resulta poco menos que estimulante. Y lo es por varias razones.

En primer lugar, porque las luchas del exilio catalán ponen de relieve que denunciar siempre ha sido una construcción, algo dinámico e inestable, fruto de aprendizajes y exploraciones, y la resultante de la necesidad de traducir y conectar una experiencia –por singular que ella sea– con otras que en esa coyuntura reverberan en el espacio público nacional o internacional –el Holocausto, el antifascismo, el anticolonialismo–; muestran cómo una conceptualización que se convierte en bandera de lucha –por ejemplo la de "genocidio cultural"– opera como paraguas de sectores y grupos políticos heterogéneos que pueden no compartir una misma lectura ideológica de la realidad, ni coincidir en el objetivo de máxima de la lucha. En nuestro caso, ese objetivo de máxima era qué implicaba para los diferentes sectores del exilio y la expatriación catalana y sobre todo para sus voceros internacionales la libertad de Cataluña: ¿la caída del franquismo; la conquista de la democracia; la restauración de la República; la independencia de Cataluña; un ordenamiento federal o confederal en el nuevo Estado español post derrota de Franco?

Y, en segundo lugar, porque el periodo analizado corresponde a una etapa en la que parafraseando a Traverso, la "memoria de la Shoah" aún no había alcanzado el estatuto de "religión civil del mundo occidental"; y el "mantel ideológico de los derechos humanos"[102] no había logrado impregnar las formas de acción colectiva como ocurre en la actualidad, incluso llegando al extremo de haber reescrito el pasado de luchas antifascistas en clave de "sufrimiento atroces" y "víctimas inermes".

En resumen, las luchas por la internacionalización de la "cuestión catalana" –sobre todo en las voces del catalanismo exiliar más combativo y de izquierdas– expresan que en las décadas centrales del siglo XX denunciar un "genocidio cultural" era perfectamente compatible con la identificación de Cataluña como un pueblo "oprimido", pero no "víctima". O en todo caso si "víctima" en tanto sus derechos fundamentales eran vulnerados, al mismo tiempo, sujeto victimizado

---

[101] Para un estudio pormenorizado de la forma en que esta conceptualización pasó a convocar a diferentes actores públicos en la Argentina (movimiento de Derechos Humanos, Justicia), véase Alonso, *op. cit.* En Argentina durante la última dictadura militar, véase la polémica entre los escritores Julio Cortázar y Liliana Heker sobre el "genocidio cultural" (1978-1980), en *Cuadernos Hispanoamericanos*, Madrid, Nº 517-519, julio-septiembre 1993.

[102] Enzo Traverso, *Els usos del passat. Història, memòria, política, op. cit.*, p. 72.

que no permaneció impasible ni en el interior ni en el exilio. En este contexto, la elección de NNUU como interlocutora privilegiada del trabajo de denuncia y el descubrimiento del potencial político del espacio público internacional deben pensarse como una estrategia alternativa, pero no incompatible con otras formas de resistencia (la violencia armada) extendidas por el tercer mundo, donde proliferaban movimientos de liberación del yugo del colonialismo y que tuvieron su cifra peculiar en diferentes opciones armadas dentro del Estado español durante el tardofranquismo y la transición.[103]

---

[103] Sobre diferentes grupos armados de izquierda en el Estado español y con particular acento en Cataluña (ETA, Movimiento Ibérico de Liberación [MIL], Grupo de Resistencia Antifascista Primero de Octubre [GRAPO], *Terra Lliure*), véanse entre otros Miquel López Crespí, "El paper del reformisme i de l'esquerra revolucionària en la transición", y Carles Sastre, "L'oposició armada al procés de Transició", en Antonia Jarné *et al.*, *De l'esperança al desencís. La transició als països catalans*, Lleida, La Mata de Jonc, 2006, pp. 97 y 129 y 195-208 respectivamente.

3

El peligro rojo

El anticomunismo como factor de acercamiento entre Brasil y España en la década de 1950

ISMARA IZEPE DE SOUZA[1]

La inserción mundial de Brasil en la primera mitad del siglo XX, especialmente a partir de la labor de su destacado canciller, el barón de Río Branco (1902-1912), se hizo a través de una política de proximidad con EE.UU., considerada prioritaria para lograr, a través de intercambios comerciales y entrada de capitales, el desarrollo nacional. Dada la intensificación de esta vinculación, y la disminución de la influencia económica y política de los países europeos en el ámbito internacional, a partir de la Primera Guerra Mundial, las relaciones económicas entre Brasil y Europa se caracterizaron por la pérdida progresiva de vitalidad, produciéndose una rotación del eje diplomático brasileño de Londres hacia Washington.[2]

En el mismo período, las relaciones entre Brasil y España pueden ser caracterizadas como cordiales pero apenas insertas en el eje de la sentimentalidad, que también explica las relaciones brasileñas con aquellos países europeos con los que existían vínculos históricos, culturales y/o lingüísticos, pero donde no pesaban intereses de orden estratégico. Según Ayllón Pino, en el campo de las relaciones bilaterales no existieron problemas y la diplomacia de ambos países supo mantener un clima de cordialidad.[3]

Un estudio más profundo demuestra, sin embargo, que a partir de la Guerra Civil española y después, el acercamiento entre los dos países adquirió mayor relevancia para sus respectivas políticas exteriores. En los años 50 se produjo una densificación en las relaciones

---

[1] Universidade Federal de São Paulo.
[2] Sobre la "americanización" de la política exterior brasileña ver Clodoaldo Bueno y Amado Cervo, *A política exterior do Brasil*, Brasília, UNB, 2010.
[3] Bruno Ayllón Pino, *As relações Brasil-Espanha na perspectiva da política externa brasileira (1945-2005)*, São Paulo, Emblema, 2006, p. 93.

hispano-brasileñas, basada en puntos de convergencia de sus posturas frente al sistema internacional, en la comprensión de que aquel ordenamiento externo podría favorecer el desarrollo interno.

En Brasil, el proyecto nacional-desarrollista fue creando una expectativa de crecimiento y modernización, que sensibilizó gran parte de la sociedad brasileña. En España, a pesar de las carencias y las dificultades causadas por la herencia de la Guerra Civil y del conflicto mundial, al fortalecimiento del régimen franquista siguió el comienzo de la recuperación económica. Para entonces, el acercamiento entre los dos países tuvo uno de los más fuertes elementos de identificación política en el anticomunismo compartido, que se puede observar en el discurso de la diplomacia brasileña y de la española y en su preocupación por unir esfuerzos, destacando las similitudes que permitirían identificar y combatir el "peligro rojo".

Este texto tiene como objetivo analizar las relaciones entre Brasil y España en la década de 1950, destacando el anticomunismo como factor de acercamiento político. Para una mejor organización de la exposición, elegimos dividirla en tres partes. En la primera presentaremos las relaciones entre los dos países en una retrospectiva histórica, mostrando que el anticomunismo ya constituía una parte esencial del discurso de aproximación que definiría las decisiones importantes en política exterior desde los años 30. Aspectos de la política interna brasileña y española y las estrategias de relaciones exteriores de los dos países en los años cincuenta, así como las relaciones bilaterales y multilaterales, serán abordados a continuación. En la última parte, analizaremos la importancia que el anticomunismo adquirió en la configuración y el fortalecimiento de estas relaciones, especialmente para la España franquista.

Las relaciones hispano-brasileñas a partir de la década de 1930

La política interna brasileña fue permeada por divergencias entre los grupos que simpatizaban con los sistemas de poder que se fueron configurando en el escenario internacional con el avance de las crisis de los años 30, representadas por el poderío alemán y la influencia norteamericana. Aunque hubo demostraciones de afinidades personales con el nazi-fascismo, cuando Getúlio Vargas encabezaba un gobierno que tenía similitudes en los aspectos propios del autoritarismo, como la propaganda política y la represión, la entrega en 1938 de la conducción de la política exterior brasileña a Oswaldo Aranha, favorable al fortalecimiento de las relaciones con EE.UU., le permitió a Brasil practicar una política de equidistancia. Ello fue aprovechado para negociar recursos para el proyecto de industrialización nacional, obteniendo del gobierno de los EE.UU. el financiamiento para su industria básica. La adhesión a los aliados en 1941 fue un proceso largamente negociado, que refuerza el carácter instrumental de cooperación hemisférica y el pragmatismo de la política exterior brasileña.[4]

En tanto, se había ido agudizando la preocupación de los diplomáticos brasileños con el perfil político que adquiría la II República Española. Los informes enviados al Ministerio de Asuntos Exteriores de Brasil –MRE, también denominado como Itamaraty– refuerzan la impresión de que gran parte de la diplomacia brasileña era contraria al comunismo, de allí que las reformas y políticas propuestas por el gobierno español eran evaluadas como resultado del "peligro rojo" que existía en ese país. Por otro lado, el líder comunista brasileño Luis Carlos Prestes –venerado como un emblema de la lucha por la libertad y justicia social, "símbolo del antiimperialismo americano"–, recibía expresiones de respaldo del movimiento obrero español y de republicanos que se manifestaban indignados con su detención después de la fracasada lucha revolucionaria de 1935. Para marzo de 1936 al encarcelamiento de Prestes y de miles de trabajadores se le suman noticias sobre el riesgo de fusilamiento que pesaba sobre muchos de ellos. Leocadia Prestes, madre del "Cabalero de la Esperanza", como también era conocido, llevó a España una intensa campaña para la liberación de su hijo siendo recibida por diversos sectores de la sociedad. La famosa comunista Dolores Ibárruri, *la Pasionaria*, en aquella época diputada, pronunció un encendido discurso en un mitin a favor del líder popular brasileño perseguido por el gobierno de Vargas. Atacada la sede diplomática madrileña, el embajador Alcebíades Peçanha fue alcanzado por esquirlas, afirmando que las manifestaciones populares y esos ataques estaban directamente relacionados con la campaña a favor de Prestes y la "influencia de Moscú". Su discurso ejemplifica la idea que la mayoría de los políticos brasileños tenían de la España republicana: que sus directrices estaban vinculadas a las decisiones de la Unión Soviética.[5]

El pragmatismo brasileño también explica la postura adoptada frente a la Guerra Civil que estalló en julio. La incompatibilidad de orientaciones políticas e ideológicas de ambos gobiernos condujo a un doble posicionamiento por parte del gobierno brasileño. Como resultado de su política panamericanista y pragmática, Vargas indicó que su gobierno se mantendría neutral, manteniendo relaciones

---

[4] Sobre los conceptos de "equidistancia pragmática" y "autonomia en la dependencia" ver: Gerson Moura, *Relações Exteriores do Brasil 1939-1950. Mudanças na natureza das relações Brasil – Estados Unidos durante e após a Segunda Guerra Mundial*, Brasília, FUNAG, 2012.

[5] Arquivo Histórico do Itamaraty - Rio de Janeiro (AHI/RJ). Oficio n° 65 de la Embajada de Brasil en Madrid para MRE, 25 de mayo de 1936.

diplomáticas con las autoridades de la España republicana. Desoía así la opinión del canciller de entonces, José Carlos de Macedo Soares, que entusiasmado con el avance de los rebeldes en las primeras semanas del enfrentamiento, propuso la ruptura diplomática. Pero Vargas rechazó la propuesta, prefiriendo esperar el curso de los acontecimientos y evaluar si le interesaba a Brasil definirse más abiertamente en el conflicto,[6] aunque poco después demostró sus simpatías a los nacionalistas, autorizando el envío de café en secreto a las zonas que controlaban.

La opinión mayoritaria de las élites políticas brasileñas y de los funcionarios del gobierno no dudaban en demostrar sus simpatías por los sublevados, identificando a la II República con los "rojos"; pero reconocidos intelectuales brasileños, como Manuel Bandeira, Carlos Drummond de Andrade y Jorge Amado, en algunas de sus obras y en la prensa, manifestaron su abierto apoyo a los republicanos españoles.

Con una cantidad significativa de inmigrantes españoles, el Estado de São Paulo fue testigo de la movilización de muchos de ellos a favor de ambos lados del conflicto. Sin embargo, la policía política brasileña se concentró en reprimir solamente las manifestaciones a favor de la República, visualizada como un modelo de comunismo a ser evitado.[7] A la par, sociedades de la comunidad hispana y diversos centros republicanos repartidos por territorio brasileño, realizaron actividades de propaganda y recaudación de fondos para ser enviados a las zonas leales, como ocurrió en otros países que contaban con una significativa comunidad de inmigrantes, como en la Argentina, donde también los ecos del conflicto provocaron profundas divergencias.[8]

Cabe señalar que durante la guerra, la relación de Brasil y Argentina con la República Española tuvo muchos retos y obstáculos, como aquellos relacionados con la situación de los asilados. Varias misiones diplomáticas estuvieron dispuestas a dar refugio a quienes consideraban amenazada su seguridad personal por los republicanos españoles, destacando entre los países de América Latina por la magnitud de esta concesión: Argentina y Chile. La embajada argentina en Madrid acogió a centenares de españoles que rápidamente llenaron sus dependencias. Según Beatriz Figallo, el número de asilados en agosto de 1936 no era más que de veinte y en enero de 1937 ya superaba los cuatrocientos.[9] Brasil también abrió su sede para proteger ciudadanos

---

[6] Getúlio Vargas, *Diário*, São Paulo, Rio de Janeiro, FGV, 1995, p. 531.
[7] Ismara Izepe de Souza, *República Espanhola: um modelo a ser evitado*, en Inventário Departamento de Ordem Política e Social, São Paulo (DEOPS-SP): Módulo IV – Espanhóis, São Paulo, Archivo del Estado/ Imprensa Oficial, 2001.
[8] Ernesto Goldar, *Los argentinos y la Guerra Civil española*, Buenos Aires, Plus Ultra, 1996.
[9] Beatriz Figallo, *Diplomáticos y marinos argentinos durante la crisis española. Los asilos de la Guerra Civil*, Buenos Aires, Librería Histórica, 2007, p. 74.

españoles,[10] hecho que constituyó una irregularidad diplomática, pues la comunicación oficial al gobierno republicano español se hizo recién en marzo de 1938. Macedo Soares no reprimió al embajador por esta omisión y su complacencia se puede explicar por el anti-comunismo profesado. Proteger a las personas que se encontraban bajo la amenaza del "gobierno comunista" significaba contribuir, aunque indirectamente, a la causa de los nacionalistas españoles. Aunque la conducta de Peçanha también nos permite pensar en la existencia de intereses particulares en el otorgamiento de algunos de aquellos asilos,[11] lo que estaba en juego no era solo la protección de los ciudadanos, sino tanto como ello la defensa de una ideología. Debido al contingente de asilados de alrededor de sesenta personas declaradas en marzo de 1938, la delegación brasileña se vio obligada a alquilar una casa adyacente a su sede en Madrid[12] ubicada en el Paseo de la Castellana, 55, y luego se habilitaron varios pisos como "anexos" para hacer frente al problema físico de alojamiento.

Con la instauración del *Estado Novo* de Vargas en noviembre de 1937, el anticomunismo se solidificó como ideología entre las élites políticas, sociales y burocráticas brasileñas, y la identificación con los españoles rebeldes se hizo aun más evidente. La idea de que habría una conspiración comunista de carácter internacional actuando no solo en España sino también en Brasil poblaba la imaginación de muchos brasileños partidarios del gobierno de Vargas y de los conservadores españoles.[13] La prensa, bajo estricto control gubernamental, informó sobre el conflicto como el resultado de las "fuerzas devastadoras del comunismo internacional", minimizando u ocultando las acciones violentas cometidas por los nacionalistas.[14] De esta manera, la Guerra Civil sirvió al gobierno de Vargas como referencia a la afirmación de un marco de valores políticos que vieron a la II República como símbolo de caos y de desorden. La representación de los

---

10 Ver Antonio Manuel Moral Roncal, *Diplomacia, humanitarismo y espionaje en la Guerra Civil española*, Madrid, Biblioteca Nueva, 2008, pp. 267-271.
11 La cuestión de los asilados en la embajada de Brasil durante la Guerra Civil española fue analizada en mi tesis doctoral. Ismara Izepe de Souza, *Caminhos que se cruzam: as relações históricas entre Brasil e Espanha (1936-1960)*, tesis de Doctorado en Historia, São Paulo, Universidade de São Paulo, 2009.
12 AHI/RJ. Despacho de Cyro de Freitas Valle en nombre del ministro de Estado para Argeu Guimarães, encargado de negocios en Madrid, Río de Janeiro, 1 de abril de 1939.
13 Sobre el mito de la conspiración comunista internacional, ver Raoul Girardet, *Mitos e mitologias políticas*, São Paulo, Companhia das Letras, 1987.
14 Sobre la manera en que la Guerra Civil en España ha sido interpretada por las revistas brasileñas, ver: Maria Luiza Tucci Carneiro, "La Guerra Civil española a través de las revistas ilustradas brasileñas: imágenes y simbolismos", *Estudios Interdisciplinares da América Latina y el Caribe*, Vol. 2, N° 2, 1991, pp. 39-50.

republicanos como adeptos del "credo rojo" y como responsables de los "horrores" de la guerra se presentaba como un contrapunto válido para la configuración del discurso anticomunista brasileño.

Con la victoria de los nacionalistas en 1939, se hizo un esfuerzo conjunto para crear una red de comunicación para detectar las actividades de brasileños comunistas en España. El gobierno franquista, a su vez, se interesó por conocer y vigilar las actividades de "subversivos" españoles en Brasil como una manera de protegerse contra su posible entrada en España. La diplomacia brasileña ayudó a evitar que españoles que habían luchado por la República se afincaran en Brasil. Frente a la acogida de algunos países de la comunidad internacional y americana, como Argentina, Chile y en especial México, que además albergó al gobierno republicano en el exilio, la llegada de refugiados españoles en Brasil fue frenada por los altos niveles del gobierno, que consideró inconveniente recibir personas identificadas como "rojos". Las autoridades responsables de la inmigración fueron advertidas de no permitir la entrada de estos ciudadanos, iniciativa que entraría en conflicto con los intereses del país.[15] Cuando se consideraron las solicitudes enviadas por varias empresas españolas pidiendo el acogimiento a refugiados republicanos, el canciller Oswaldo Aranha comunicó al Ministerio de Justicia la imposibilidad de recibir "comunistas españoles",[16] expresión que no había sido utilizada en los documentos.

Durante la Segunda Guerra Mundial, la identificación política entre Brasil y España fue perjudicada por la definición brasileña de unirse al esfuerzo de guerra aliado. Cuando las relaciones de Brasil con el Eje fueron cortadas, la embajada de España en Río de Janeiro asumió la representación de los intereses alemanes, protegiendo a germanos sospechosos de haber practicado el espionaje nazi.[17] A pesar del disímil pronunciamiento, en la inmediata posguerra ambos países necesitaron proyectar una imagen positiva frente al nuevo sistema internacional que se configuraba. Desplazado del poder Vargas en octubre de 1945 e intentando pervivir el régimen español, tanto Brasil como España buscaron desvincular su imagen de los actos de violencia física y simbólica que identificaban a Vargas y Franco con el fascismo.

---

15 DEOPS-SP – Departamento de Arquivo do Estado de São Paulo (DAESP). *Prontuário 3817 – Andres Rodrigues Barbeito*. Informe reservado de Francisco Campos para Adhemar de Barros, interventor federal de São Paulo, 03 de julio de 1940.
16 DEOPS-SP/DAESP. *Prontuário 3817 – Andres Rodrigues Barbeito*. Informe reservado de Oswaldo Aranha para Francisco Campos, ministro de Estado de la Justiça e Negócios Interiores, MRE, Río de Janeiro, 7 de junio de 1940.
17 Sobre el espionaje nazi y la representación española de los intereses alemanes en Brasil, ver: Priscila Ferreira Perazzo, *Prisioneiros da guerra: os "súditos do Eixo" nos campos de concentração brasileiros (1942-1945)*, São Paulo, Humanitas, Imprensa Oficial, 2009.

Las relaciones hispano-brasileñas sufrieron limitaciones durante la Guerra Fría. En Brasil, el gobierno del general Eurico Gaspar Dutra ejecutó una política exterior de alineamiento con los EE.UU., alejando el país de su línea pragmática y de negociación. Esta actitud se reflejó en la negativa brasileña en ofrecer el *agrément* al nuevo embajador español y en el posicionamiento brasileño frente a la cuestión española en la ONU. En 1946 Eduardo Aunós fue nombrado por el gobierno franquista para asumir la representación española en Río de Janeiro, pero el *Libro Azul*, un conjunto de documentos reunidos por el gobierno norteamericano y divulgados en la prensa internacional para condenar la actitud argentina durante la guerra, denunció la participación de Aunós en un acuerdo triangular entre Argentina, España y Alemania, que contenía cláusulas secretas sobre comercio de armamentos.[18] Dada la adaptación con el poder occidental y obedeciendo a las presiones de la opinión pública, el gobierno de Dutra se negó a recibir a Aunós como embajador, quien ya estaba en territorio brasileño y no tuvo otra opción que regresar a su país.

Así como la mayor parte de la comunidad internacional, Brasil aceptó la Resolución 39(I) de la Asamblea General de las Naciones Unidas que en 1946 condenó el régimen franquista, suspendiendo las relaciones de alto nivel con España. Por cuatro años, los vínculos bilaterales estuvieron marcados por la ambigüedad. En 1949, el ministro de Asuntos Exteriores informó al presidente que era conveniente que Brasil normalizase sus nexos diplomáticos con España, para que en la ONU "no venciese el ala de países liderados por Polonia, que proponían una ruptura diplomática total".[19] En ese mismo año, Brasil se pronuncia por el fin del embargo a España.

La decisión de enviar un embajador a Madrid era anterior a la resolución de la ONU de 1950, que autorizó el nombramiento de representantes diplomáticos para ese país. A partir de ese momento comenzó un exitoso estrechamiento en las relaciones bilaterales, aunque sus respectivos contextos internos apuntasen a diferentes caminos políticos. El mantenimiento y fortalecimiento de un régimen autoritario en España y la relativa estabilidad democrática en Brasil dejaran sobrevivir pocos elementos de identificación política, siendo el principal el anticomunismo.

---

18 Sandra Maria Lubisco Brancato, "O caso Aunós na versão da grande imprensa carioca e do Itamaraty", *Revista de Estudos Ibero-Americanos*, V. XXXII, N° 2, 2007, p. 139.

19 Elena Pájaro Peres, *A inexistência da terra firme: a imigração galega em São Paulo (1946-1964)*, São Paulo, Edusp, Fapesp, Imprensa Oficial, 2003, p. 134.

El desarrollismo y la inserción internacional brasileña y española en la década de 1950

La política exterior española en la década de 1950 tuvo como prioridad la supervivencia de la dictadura franquista y se caracterizó mucho más por una política de gobierno que de Estado. Formulada y ejecutada por Franco y sus ministros, no tuvo participación significativa de las demás instancias del régimen, tales como las Cortes o el Consejo Nacional del Movimiento. A pesar de la flexibilidad que el Ministerio de Asuntos Exteriores demostró tener al transformar su discurso político –de la mayor simpatía al fascismo al guiño católico de la posguerra–, algunos principios ideológicos permanecieron como fundamentales en los contactos con la comunidad internacional. La hispanidad, la definición de España como nación católica y vinculada a la Iglesia y el anticomunismo se mantuvieron como doctrinas y referencias centrales en la ejecución de las acciones exteriores.[20]

No obstante la difícil vida de privaciones de españoles y brasileños, España iría a compartir con Brasil la urgencia y el optimismo por sumarse a proyectos de progreso y modernidad. La presencia de gobiernos democráticos y la efervescencia cultural de los años 50 contribuyeron a fortalecer los planes de desarrollo brasileño, tanto de la nueva gestión de Getúlio Vargas, que volvió al poder en 1951, como de Juscelino Kubitschek (JK), presidente entre 1956 y 1960. Años definidos en el slogan "50 años en 5" de crecimiento y en la construcción de Brasilia como nueva capital, la acelerada industrialización y la urbanización impusieron nuevos retos para la política interna, influenciando también la política exterior. A pesar de vislumbrar la necesidad de diversificar sus alianzas comerciales y económicas, Brasil persistía en la ilusión de que podía seguir manteniendo vínculos privilegiados con los EE.UU., obteniendo así los recursos necesarios para el desarrollo, en especial durante el mandato de JK, defensor de un desarrollismo asociado al capital extranjero. Pero las recurrentes medidas de carácter nacionalista despertaron temores en Washington y no faltaron momentos conflictivos.[21] Para entonces, se habían ampliado sus lazos con una Europa que se recuperaba del conflicto mundial. España, en este contexto, era vista como un socio natural, pues el fortalecimiento de las relaciones podría contribuir para sumar asociaciones. En la perspectiva española, esa aproximación también fue vista con buenos ojos, no solo por interés económico, sino porque

---

[20] Julio Gil Pecharromán, *La política exterior del franquismo. Entre Hendaya y El Aaiún*, Barcelona, Flor del viento, 2008, p. 407.
[21] Paulo Fagundes Vizentini, *Relações Exteriores do Brasil (1945-64). O nacionalismo e a política externa independente*, Petrópolis, Vozes, 2004, p. 242.

el apoyo brasileño en el ámbito multilateral era entendido como estratégico para amortiguar el aislamiento internacional impuesto en el período de posguerra.

En la primera mitad de la década de 1950, ambos países procuraron de los Estados Unidos asistencia financiera para sus proyectos de desarrollo. Si en Europa prevalecían los préstamos de gobierno a gobierno, en España se destinaron en su mayoría al sector privado, mientras que en América Latina, la entrada de capitales se hacía por medio de inversiones en empresas privadas.[22] Aunque el régimen español, a favor de una política económica centralizadora, prefería que el capital norteamericano fuese dirigido al Estado, que controlaría las inversiones, decidiendo sobre su aplicación, las urgentes necesidades materiales lo obligaron a ceder y aceptar que los recursos financieros de los EE.UU. fuesen destinados específicamente para las empresas privadas.[23] Ese sería un primer paso hacia la liberalización de la economía española.

En septiembre de 1953, España cerró varios acuerdos con Estados Unidos, determinantes para agilizar el proceso de recuperación de la economía española. Tales pactos en el área de defensa estratégica dieron a EE.UU. la oportunidad de establecer bases militares en el territorio español. El proyecto supranacional de la comunidad iberoamericana había sido abandonado para incorporar a España en otro proyecto subordinado al llamado "mundo occidental" bajo el liderazgo de EE.UU.[24] Mientras que el orgullo de las élites dirigentes construía un discurso de indiferencia que poco reflejaba las reales necesidades de ayuda, la prensa española, como portavoz del proyecto franquista, insistía en la idea de que la firma de los acuerdos era para las necesidades estratégicas de los EE.UU. más urgente que para España. Cualquier opinión contraria a la realización de los acuerdos por parte de algunos sectores políticos norteamericanos era interpretada por los órganos de prensa controlados por el franquismo como una tendencia "comunista". En el auge interno del macarthismo y su persecución a los comunistas, los Estados Unidos deseaban incorporar a su órbita defensiva externa al fervoroso anticomunista de Franco. El miedo colectivo de espionaje soviético y las acciones anticomunistas

---

22 Amado Luis Cervo, *Relações Internacionais da América Latina*, Brasília, Instituto Brasileiro de Relações Internacionais, 2001, p. 100.
23 AHI/RJ. Relatorio de la Embajada de Brasil en España para MRE, Madrid, 07 de diciembre de 1950.
24 José Luis Rubio, "El oficialismo institucional: el Instituto de Cultura Hispánica", en José Luis Abellán y Antonio Monclús (coords.), *El pensamiento español contemporáneo y la idea de América, I. El pensamiento en España desde 1939*, Barcelona, Anthropos, 1989, p. 141.

exacerbadas servían como una gran herramienta de propaganda para el gobierno franquista, que también exhibía su obsesión por la lucha contra el "enemigo número uno" del régimen.

Como resultado de estos acuerdos se asistió en los años siguientes a modestos avances en la economía española. Aunque la tibia mejora de la situación se vislumbraría solo a finales de los años 50, la prensa hispánica, elemento central de la propaganda oficial del régimen, trató de convencer a la población de que se estaban dando pasos firmes hacia la prosperidad gracias a la capacidad administrativa del Estado. Como en la mayoría de los gobiernos autoritarios, la publicidad política actuaba con el fin de bloquear y eliminar cualquier versión del pasado y presente que fuese diferente de aquella establecida por los agentes del poder.

En aquel contexto, se produjo la reanudación de un discurso de mutua cordialidad entre la diplomacia brasileña y la española. El hecho de que Vargas volviera a dirigir el país causaba satisfacción en el Ministerio de Asuntos Exteriores y al propio Franco, que valoraba el retorno de su "amigo" brasileño, pero la situación era diferente de la vivida en los años finales de la década de 1930. Vargas volvía al Palacio de Catete "en los brazos del pueblo" por elección popular. Aunque no se dejaba de señalar la herencia española del presidente, citado a menudo como nieto de españoles, las noticias publicadas en España sobre Brasil aprovechaban la oportunidad para criticar lo que el gobierno franquista considerada un defecto de su democracia: el exceso de libertad de los medios de comunicación y su transformación en libertinaje. En la hora trágica del suicidio de Vargas, el 24 de agosto de 1954, la prensa española reforzó las afinidades entre los dos estadistas. El embajador de Brasil en Madrid exhibió a Itamaraty una cantidad más que significativa de recortes de prensa que informaban extensamente del fallecimiento del presidente. Según Ferreira de Mello, la mayoría de los periódicos se mantuvieron neutros sobre las causas de la muerte de Vargas, pero algunos de ellos, como el matutino *Pueblo*, llegaron a atribuir la actitud trágica del presidente al acoso de la prensa, especialmente la de Río de Janeiro, que según palabras del embajador sería "la más agresiva, irresponsable y libelesca del mundo. No goza de estatuto de libertad, sino de libertinaje".[25]

Para entonces, la inmigración española se había constituido en un factor importante para las relaciones hispano-brasileñas, cuando una segunda oleada de trabajadores se dirigió a Brasil, especialmente al Estado de São Paulo. Aunque la presencia hispana ya marcaba

---

[25] AHI/RJ. Oficio n° 356 de Rubens Ferreira de Mello, embajador de Brasil en España para Raul Fernandes, ministro de Relaciones Exteriores de Brasil, Madrid, 09 de septiembre de 1954.

presencia en Brasil desde principios del siglo XX, este nuevo contingente de españoles que arribó a los puertos entre fines de la década del 40 y mediados de los 50 escapaba de situaciones de pobreza y desempleo del régimen franquista. En la perspectiva del gobierno brasileño, los españoles cumplían dos requisitos principales para un proyecto de inmigración compatible con el desarrollo: asimilables por ser blancos, profesaban la misma religión que la gran mayoría de la población brasileña, la católica. Aunque los españoles cumplían con el perfil y los requisitos del proyecto étnico defendido por el gobierno, ello no los excluyó de un riguroso proceso de selección gestionado por el Instituto Nacional de Inmigración y Colonización – INIC. Los registros diplomáticos demuestran que las medidas de entrada de inmigrantes siguieron una política restrictiva, expresiva de una ideología nacionalista, cuyas raíces eran anteriores a 1930. La diplomacia y los organismos responsables de fomentar la llegada de pobladores también acordaron que la mejor inmigración sería la de españoles del campo, considerados "menos corrompidos" y más adaptables a la vida brasileña, que ciudadanos de los grandes centros urbanos que tuvieran algún historial de militancia o agitación política. Para acelerar el proceso de otorgamiento de visas permanentes a los solicitantes de permisos de emigración, la Secretaría de Estado de Asuntos Exteriores decidió simplificar la documentación requerida, pero no dejó de solicitar documentos comprobatorios de antecedentes políticos.[26] La atención a la condición física de los inmigrantes también resultó motivo de dificultades: según las autoridades brasileñas, Brasil no debería correr el riesgo de hacerse cargo de individuos "inútiles". Alegando la supuesta incapacidad productiva de algunos inmigrantes, Itamaraty y el INIC impusieran incluso obstáculos para la concentración familiar, impidiendo a algunos españoles poder reunirse con sus familiares residentes en Brasil. No faltaron incidentes y rechazos de inmigrantes por no servir a "los intereses de Brasil". El acuerdo bilateral de migración negociado en 1953 solo se firmó en 1960, cuando el flujo de españoles ya había disminuido considerablemente.[27]

Pero las relaciones entre Brasil y España encontraron en el ámbito multilateral un escenario de respaldo mutuo, convergiendo en el fortalecimiento de las posiciones del régimen en la ONU. España fue autorizada a integrar algunos órganos secundarios de las Naciones Unidas, como la FAO, la organización para la Alimentación y la Agricultura. La aceptación del país en esa agencia resultaba necesaria para

---

26 AHI/RJ. Carta-telegrama de la Secretaría de Estado das Relações Exteriores do Brasil (SERE) para la embajada de Brasil en España, Río de Janeiro, 12 de septiembre de 1951.
27 Coordenação de Documentação do Ministério das Relações Exteriores (CDO/MRE). Telegrama de la SERE para la Embajada de Brasil en Madrid, Río de Janeiro, 19 de diciembre de 1960.

enfrentar su precaria situación en cuanto a la producción y suministro de alimentos en su territorio, y su elección para integrar el Consejo de la FAO se convirtió en una causa de primer orden para la política exterior franquista. En 1951 el Ministerio de Asuntos Exteriores comenzó su campaña para conseguir los votos necesarios para que España asumiese uno de los dieciocho asientos para ese consejo, contando con el apoyo brasileño para la candidatura. En noviembre de 1952, España pasó a formar parte de la UNESCO y en 1955 fue finalmente aceptada como miembro de la ONU, revistiendo de un gran significado para la política exterior española, que confirmaba la legitimidad del gobierno del Generalísimo, aunque los medios de comunicación franquistas informaron el hecho como una reparación tardía de las injusticias cometidas contra el país. La diplomacia brasileña respaldó también aquellos pasos.

Con respecto a las relaciones económicas, los años 50 vieron el aumento de los intercambios comerciales hispano-brasileños. Cabe señalar que a finales de la década, las exportaciones brasileñas a España habían crecido de manera significativa, permaneciendo el café como el "buque insignia" de las transacciones. En abril de 1952, Itamaraty envió a Europa Occidental una misión económica, con el fin de establecer contactos con varios países, entre ellos España,[28] voluntad de cooperación económica que se vio confirmada por la visita de Juscelino Kubitschek a España en enero de 1956, incluso antes de su toma de posesión.

El Ministerio de Asuntos Exteriores de Brasil creía que las relaciones culturales podrían favorecer los objetivos económicos y políticos de un país en crecimiento. Así, el establecimiento de una diplomacia cultural a través del accionar de sus agregados en las diferentes embajadas de Brasil en el exterior se verificó en España a través de las instrucciones para concretar un acuerdo cultural. Tras que los diplomáticos trabajaron arduamente en la preparación de los borradores del acuerdo, en 1951 el texto provisional fue aceptado por ambos gobiernos, con 14 artículos que se centraron en fomentar el intercambio de profesionales, la difusión de la lengua, la dotación de becas, la realización de exposiciones, el intercambio de películas cinematográficas, el incremento de la radiodifusión iberoamericana, entre otros. La firma del acuerdo se dilató largo tiempo, en gran parte debido a la insistencia del gobierno español para hacer valer el derecho de revisar los textos de enseñanza "con el fin de purgar los errores históricos y ataques contra el régimen y los líderes de los dos países".[29]

---

[28] Paulo Fagundes Vizentini, *op. cit.*, p.55.
[29] AHI/RJ, Informe n° 43, de Rubens Ferreira de Melo, embajador de Brasil en España, a João Neves da Fontoura, ministro de las Relaciones Exteriores de Brasil, Madrid, 26 de enero de 1951.

La concesión de becas venía siendo ofrecida por los gobiernos de Brasil y España a los jóvenes que deseaban complementar sus estudios, siendo el número de brasileños beneficiados con estas subvenciones grande, si comparamos con otros países latinoamericanos. Instrumento eficaz de propaganda, recurso del que se "valdría el régimen para ampliar su capacidad de maniobra exterior",[30] entre 1954 y 1970, la dirección de intercambio del Instituto de Cultura Hispánica otorgó 379 becas a los brasileños, número que solo fue superado por las ofrecidas a los argentinos.[31] Aunque, según Bruno Ayllón Pino, en la visión de Itamaraty fue solo en las humanidades que se ofrecían buenas oportunidades a los brasileños en España.

Aquella política cultural franquista destinada a atraer a los países de raíz hispana pasó a promover acciones para vincularse también con el Brasil, estableciéndose varios Institutos de Cultura Hispánica en el país. El primero de ellos fue inaugurado junto a la cátedra "Isabel la Católica", en la Universidad de Río de Janeiro. Para 1956, el embajador brasileño João Coelho Lisboa recordaba a Itamaraty la importancia de estos institutos, que contaban con numerosas sucursales en América y ya con seis en Brasil: São Paulo, Río de Janeiro, Recife, Salvador, Porto Alegre y Natal.[32]

Sin embargo, la política de la hispanidad en Brasil encontró límites en la propia cultura brasileña y el Palacio de Santa Cruz reconoció que los medios de integración deberían ser distintos, de manera de no interferir en las relaciones con Portugal. Como un país de habla portuguesa y sin la misma identificación histórica con el hispanismo, Brasil carecía de un mecanismo tan sólido de aproximación como el que otorgaban las raíces legadas por la colonización. El fortalecimiento de la identidad debería tener un apoyo ideológico, que el discurso de los diplomáticos españoles supo encontrar en las constantes referencias al catolicismo y al anticomunismo.

---

30 Lorenzo Delgado Gomez-Escalonilla, *Diplomacia franquista y política cultural hacia Iberoamérica, 1939-1953*, Madrid, CSIC, 1988, p. 10.
31 Bruno Ayllón Pino, *Las relaciones entre Brasil y España ponderadas desde la perspectiva de la política exterior brasileña (1970-2000)*, tesis de Doctorado, Madrid, Universidad Complutense de Madrid, 2004, pp. 290-291.
32 AHI/RJ. Oficio n° 472, de João Coelho Lisboa, embajador de Brasil en España, para João Carlos de Macedo Soares, ministro de las Relaciones Exteriores de Brasil, Madrid, 05 de noviembre de 1956.

El anticomunismo como factor de aproximación

Las instituciones democráticas brasileñas plantearon a los gobiernos de Vargas y Kubitschek el desafío de responder a las expectativas y aspiraciones de los sectores que insistían en ver el "peligro rojo" en cualquier manifestación de las masas o de contestación social. Inherente al discurso político de la mayor parte de la prensa brasileña, el anticomunismo permaneció constante en el imaginario de la sociedad. Periódicos como *O Estado de S. Paulo* fueron fervorosos en la lucha contra el gobierno de Vargas y en cierta medida, el de JK, que dada su disposición al dialogo, a menudo fue acusado de ofrecer mucha libertad a los "rojos".

Uno de los aspectos más destacados de las relaciones hispano-brasileñas en los años 50 fue la inclusión de España en la agenda de visitas que JK hizo a Europa. Kubitschek llegó a España el 20 de enero de 1956, después de haber cumplido una serie de compromisos en Portugal. En los dos días que permaneció en territorio español, tuvo una recepción calurosa de personalidades y funcionarios del régimen. La cobertura de la prensa española se caracterizó por la cordialidad y los periódicos destacaron el perfil anticomunista del presidente brasileño. La visita tenía por objeto mantener contactos con sectores importantes de la economía española, lo que se ajustaba al objetivo del presidente electo de impulsar las relaciones con Europa, logrando la cooperación para el Plan de Metas. Entre los miembros de la delegación brasileña que se reunieron con el ministro de Comercio y otras autoridades españolas estuvo el diplomático Roberto de Oliveira Campos, personaje del liberalismo brasileño, entonces director del Banco Nacional de Desenvolvimento Econômico e Social (BNDES) y una de las personalidades claves en los rumbos futuros de la economía brasileña.

España, según el embajador Rubens Ferreira de Melo, fue el único país en donde Juscelino fue agasajado con los honores de un jefe de Estado, siendo recibido por Francisco Franco en el aeropuerto de Barajas.[33] A pesar de haber conseguido la entrada en la ONU, el régimen franquista seguía necesitando del reconocimiento internacional y las pocas visitas de jefes de Estado revestían una notoriedad especial, creando también la oportunidad de Franco de demostrar internamente que los vientos soplaban a favor de España.

---

[33] AHI/RJ. Oficio n° 32, de Rubens Ferreira de Melo, embajador de Brasil en España para João Carlos de Macedo Soares, ministro de las Relaciones Exteriores de Brasil, Madrid, 25 de enero de 1956.

Juscelino paseó por Madrid, almorzó con el dictador español en el Palacio de *El Pardo*, visitó el Instituto de Cultura Hispánica y el campus de la Ciudad Universitaria. Después de una breve visita a la ciudad medieval de Toledo, asistió a un almuerzo en el Palacio de la Moncloa,[34] donde se alojó. El segundo día de estancia, Juscelino concedió una conferencia de prensa, formulando consideraciones sobre el incremento del comercio con España en los últimos años y el deseo de ver esos números duplicados en su gestión. También mencionó la intención de crear becas para estudios brasileños. La visita finalizó con una recepción ofrecida en la sede de la embajada de Brasil, a la que asistieron autoridades y miembros del cuerpo diplomático.[35]

En la *Real Academia Española de Medicina*, JK recibió el título de Doctor Honoris Causa, disertando sobre afinidades culturales y religiosas entre Brasil y España:

> este homenaje cordial y amable me permite hablar en nombre de Brasil de la simpatía y afecto que sentimos por España, y afirmar que en los dos pueblos existe un ideal común, ya que tenemos la misma filosofía y el mismo sentido cristiano de las cosas, y seguros de que así nos salvaremos a todos. La realidad es que Brasil y España se encontraron en el camino con los mismos vínculos, la misma cultura y porque nuestras tareas, en definitiva, son presididas por la cruz.[36]

El cristianismo, como herencia común del pueblo brasileño y español, fue citado por el presidente electo para demostrar otro punto de convergencia entre los dos países. Como es bien sabido, en España la presencia de la Iglesia católica estaba estrechamente vinculada al régimen franquista desde 1939. Así como Franco permitió la institucionalización del poder eclesiástico y su participación efectiva en los organismos estatales como el Consejo de Estado, la Iglesia tenía una gran influencia en la estructura social a través de la educación, con más del cincuenta por ciento de las escuelas secundarias en sus manos.[37]

La visita del presidente electo a España estableció una corriente de amistad entre Juscelino y el Caudillo. Según la historiadora Elena Pájaro Peres, Franco mantuvo en un destacado lugar del *hall* del

---

34 Conrad Wrzos, *Juscelino Kubitschek: Estados Unidos, Europa (Diário de Viagem)*, Río de Janeiro, J. Olympio, 1960. Conrad Wrzos, polaco radicado en Brasil, hizo la cobertura de noticias del viaje y realizó una descripción detallada de las actividades desarrolladas por JK en cada uno de los países visitados. En su libro se reproducen fragmentos de algunos discursos oficiales del presidente electo.
35 *Ibidem*, p. 128.
36 AHI/RJ. Relatório do mês cultural (janeiro de 1956), Madrid, 01 de febrero de 1956.
37 Ramon Tamames, *La República, La Era de Franco*, 7ª ed, Madrid, Alianza Editorial, Alfaguarra, 1977, p. 343.

Palacio de El Pardo, un cuadro del mandatario brasileño con la banda presidencial, incluso después del término de su mandato.[38] Años más tarde, con el ascenso del autoritarismo en Brasil como resultado del golpe cívico-militar de 1964, JK encontró en el gobierno español una rápida protección, embarcando para Madrid como refugiado político.

Para la toma de posesión de Juscelino, el gobierno franquista envió a Río de Janeiro a Raimundo Fernández Cuesta. De acuerdo con el embajador brasileño Ferreira de Mello, el envío de quien había sido embajador en Brasil en los inicios de los turbulentos años 40, podría ser visto como un "entierro de primera clase" para el antiguo líder falangista, quien a poco de su regreso a España y tras incidentes producidos en la Universidad de Madrid, fue fulminantemente cesado por Franco de su cargo de ministro-secretario general del Movimiento.[39]

Después del viaje de Juscelino a España, aunque la prensa franquista le dedicó reiteradas muestras de admiración, reprodujo numerosas noticias sobre las agitaciones sociales en Río de Janeiro, lo que parecía querer mostrar que incluso un presidente elegido democráticamente tenía que tomar medidas enérgicas para frenar las actividades subversivas. La referencia a la infiltración comunista en las manifestaciones, realidad o no, eran una regla en estos artículos. Al principio de su mandato, el nuevo presidente tuvo que hacer frente a rebeliones en las Fuerzas Armadas y demostraciones de diferentes sectores de la sociedad brasileña descontentos con el aumento del costo de vida. El diario *Arriba* reflejó el enfrentamiento de la policía de Río de Janeiro con una manifestación de estudiantes contra el aumento de las tarifas de transporte, señalando: "Kubitschek da órdenes severas para atajar los desórdenes estudiantiles [...] la participación comunista en los disturbios ha obligado al Presidente brasileño a adoptar una enérgica postura".[40]

Las referencias a la actuación de los comunistas en Brasil se hicieron frecuentes en la prensa española, aunque las informaciones eran, a menudo, inexactas y exageradas. Al describir sus impresiones del Congreso antisoviético realizado en Lima en 1957, el corresponsal del diario *Ya* señaló que Brasil era el país de América en el que la amenaza era mayor, ya que el comunismo tenía alrededor de 500.000 afiliados

---

[38] Periódico *Faro de Vigo*, 01/06/1961, adjunto al oficio del Consulado de Brasil en Vigo a la SERE, 02 de junio de 1961, AHI-B, en Elena Pájaro Peres, *op. cit.*, p. 63.
[39] AHI/RJ. Relatório do mês político (janeiro de 1956) de Rubens Ferreira de Melo, embajador de Brasil en España, para José Carlos de Macedo Soares, ministro de Relaciones Exteriores de Brasil.
[40] AHI/RJ. Recorte del periódico *Arriba* de 1 de junio de 1956 adjuntado al oficio nº 274 de la embajada de Brasil en España para la SERE, Madrid, 30 de junio de 1956.

y más de 50 periódicos.⁴¹ En un país donde las élites y los grandes medios de comunicación se dedicaban a combatir el "peligro rojo", basado en vagas informaciones que las investigaciones de los historiadores brasileños han desmentido, la prensa del régimen convertía la especulación en un dato estadístico, reforzando la conveniente asociación entre democracia y subversión. Cabe señalar que en este período, aunque la izquierda tuviese más indulgencia de las autoridades brasileñas, en lo que se refiere a su actuación, el Partido Comunista continuaba en la ilegalidad. Las noticias de este tipo exageraban el peso que la represión de las actividades políticas podrían tener para enfrentar los movimientos de contestación social, en un contexto democrático donde todo el accionar estatal se hacía público, incluso los excesos cometidos, sin considerar que Juscelino era muy inclinado a negociar con amplios sectores políticos y sociales concediendo, por ejemplo, la amnistía para los militares involucrados en la Revuelta de Jacareacanga, ocurrida a poco de asumir. Cuando era posible, JK prefería conciliar intereses, evitando la adopción de medidas represivas que desdibujaran su imagen de defensor de la democracia.

Aquella necesaria lucha contra el comunismo que se pretendía divulgar se reforzaba resaltando las simpatías mutuas entre Franco y Juscelino, como parte de una estrategia utilizada por el gobierno español para demostrar el fortalecimiento de las relaciones de España con los países occidentales. Durante una visita a Brasil en el mes de agosto, el presidente del Consejo de Estado José Ibáñez Martín resaltó que el presidente brasileño consideraba a Franco "como primer servidor de la civilización occidental".⁴²

La defensa del Occidente, pautada como argumento propio del contexto de la Guerra Fría, también fue frecuente en el discurso diplomático brasileño. En 1960, Augusto Frederico Schmidt, uno de los articuladores de la política exterior brasileña en el gobierno JK, visitó España, celebrando una audiencia con Fernando María Castiella, ministro de Asuntos Exteriores. Schmidt buscaba lograr el respaldo español a la Operación Panamericana que, lanzada en 1958, pretendía incluir a los países latinoamericanos en un proyecto multilateral bajo iniciativa brasileña. Propuesta en un momento de inflexión de la política exterior brasileña, que volvió a invertir esfuerzos en fortalecer el acercamiento con los EE.UU., la iniciativa había comenzado con una carta de Kubitschek a Eisenhower, en la que le expresaba su solidaridad debido a las agresiones sufridas por el vicepresidente

---

41 AHI/RJ. Recorte del periódico *Ya* de 20 de abril de 1957 adjuntado al oficio n° 198 de la embajada de Brasil en España para la SERE, Madrid, 24 de abril de 1957.

42 AHI/RJ. Recorte del periódico *Madrid* de 17 de agosto de 1956 adjuntado al oficio n° 353 de la Embajada de Brasil en España para la SERE, Madrid, 27 de agosto de 1956.

Nixon en su viaje a distintos países latinoamericanos. A pesar del comprensivo tono inicial, JK se refirió también a los objetivos de la OPA, como a la urgente necesidad de obtener recursos financieros para lograr la superación de la pobreza, siendo uno de los argumentos centrales de la operación propulsar el desarrollo como forma eficiente para eliminar el comunismo del continente. La política exterior de Juscelino, de esta manera, procuraba evidenciar que la amenaza de la expansión soviética en América Latina podría ser disipada con el apoyo financiero de la gran potencia del Norte.

Castiella le expresó simpatías al proyecto, afirmando que España no podría permanecer indiferente a esa propuesta, interpretada como un plan de defensa de Occidente. Schmidt respondió elogiando la actuación de España en la lucha contra el comunismo.[43]

La cordialidad existente entre funcionarios de los dos países no se reflejó en el análisis que la opinión pública brasileña realizaba de la situación política española. Junto con las críticas tanto al comunismo como a las experiencias progresistas y nacionalistas, aparecían en los periódicos brasileños censuras al franquismo. La defensa de un liberalismo excluyente fue la marca de los principales periódicos brasileños que, a veces, no evitaban flirtear con el autoritarismo. El modelo político defendido por la mayor parte de la prensa era una democracia concebida dentro de ciertos límites, siendo frecuente la identificación de la dictadura española como modelo retrógrado y autoritario.

Mediante una intensa correspondencia, la diplomacia española demandó al gobierno brasileño medidas para contener tales opiniones. Pero la forma por la cual Itamaraty respondió a esas solicitudes había cambiado con los años. Si durante el primer gobierno de Vargas no faltó la censura a ese tipo de noticias, en los años 50 las respuestas dadas afirmaron que debido a la libertad de prensa que regía en el país era un tema que estaba fuera de la jurisdicción del Ministerio de Relaciones Exteriores.

En mayo de 1958 la revista *Manchete*, que días antes había agradado a la representación española por dar relevancia a la presencia en Brasil del protagonista español de la popular película *Marcelino, pan y vino*, el actor Pablito Calvo, dedicó numerosas páginas a un reportaje sobre la realidad económica y social de la España de Franco. El título del reportaje ya mostraba el contenido de las informaciones: "Baionetas caladas dão a palavra de ordem". Señalando la influencia del ejército franquista en el control de la libertad de opinión, *Manchete* ilustraba sus consideraciones con fotos que denunciaban la pompa de

---

[43] CDO/MRE. Arquivo de Correspondência Especial. Oficio n° 374, de João Coelho Lisboa, embajador de Brasil en España, para Horácio Lafer, ministro de Relaciones Exteriores de Brasil, Madrid, 17 de mayo de 1960.

los desfiles militares y, al mismo tiempo, el "retraso" y el sufrimiento de gran parte de la población española. No faltaban imágenes de la ausencia de consumidores en las casas comerciales, mientras uno de los subtítulos enunciaba: "Espanha de hoje: em cada face a marca (amarga) da opressão".[44] Acostumbrado a considerar el fenómeno de la censura como un elemento característico de la política interior de su país, el embajador español se mostró ofendido por esta publicación, solicitando al Ministerio de Relaciones Exteriores que encontrase mecanismos jurídicos para impedir noticias como aquellas.[45] La preocupación de la representación española fue grande, porque se trataba de la segunda mayor revista de circulación en el país, por lo tanto, una de las principales formadoras de opinión nacional. *Manchete*, cuyo fundador Adolpho Bloch era amigo de JK, se identificaba y apoyaba el proyecto desarrollista del gobierno brasileño.[46] Fiel a su línea de conducta, Itamaraty no ofreció ni garantías ni compromiso de censura.

Consideraciones finales

Vargas –marcando una diferencia sustancial con la estrategia política adoptada en los años 30– y Kubitschek no pusieron a los comunistas como enemigos centrales de sus gobiernos, aunque eran contrarios a las ideas de izquierda. El anticomunismo, sin embargo, se mantuvo firme y asentado en los valores de las élites y de las clases medias que, en un contexto de relativa libertad, veían en las manifestaciones sociales una amenaza constante al orden. Para estos sectores de la sociedad, el "peligro rojo" sirvió como justificación para el rompimiento del orden constitucional, intentado varias veces a lo largo de los años 50 y concretado en abril de 1964, con un golpe militar apoyado por importantes grupos de civiles.

La dictadura franquista se consolidó en la medida en que ocurría una superación progresiva del aislamiento internacional, resultante de la visión de las potencias occidentales de que el régimen era un mal necesario. La Guerra Fría permitió a Franco reforzar su poder y proyectar la imagen de España como el "centinela del Occidente".

---

44 "Baionetas caladas dão a palavra de ordem", *Revista Manchete*, N° 317, 17 de mayo de 1958, pp. 4-10.
45 AHI/RJ. Nota verbal n° 51 de la embajada de España en Brasil para MRE, Río de Janeiro, 12 de mayo de 1958, Representações estrangeiras.
46 Ana Mario Ribeiro de Andrade, José Leandro Rocha Cardoso, "Aconteceu, virou manchete", *Revista Brasileira de História*, vol. 21, N° 41, 2001.

El temor del comunismo, además de justificar la permanencia de un régimen autoritario, servía para valorar y defender la recuperación de la unidad nacional y la represión de los regionalismos.

De forma distinta, el "peligro rojo" fue utilizado para alcanzar los principales objetivos de la política exterior brasileña y española. Los acuerdos con los EE.UU. fueron fundamentales para España y Franco sabía que representaba, para el mundo occidental, una barrera para el avance del comunismo en Europa. La diplomacia española utilizó este hecho para defender la aceptación de su país en el sistema internacional. En Brasil, con la Operación Panamericana se hizo explícita la estrategia de relacionar el avance del comunismo con el subdesarrollo en América Latina. Desde 1959, la Revolución cubana reforzaría esta idea.

Brasil sirvió como un ejemplo para la prensa española, demostrando la fragilidad de los modelos democráticos frente al acoso de la "subversión" comunista. Es interesante observar que las relaciones políticas entre los dos países se beneficiaron del hecho de que Juscelino Kubitschek, que se definía públicamente como católico, fuese una figura muy bien considerada por el gobierno español y por la prensa bajo su control. Su imagen fue proyectada de manera más positiva y más intensa que la de Vargas que, en realidad, desde la época de la Guerra Civil española había demostrado sus simpatías a los nacionales y al dictador español. Este es un hecho que puede ser explicado por la estrategia de Franco de acercarse a los líderes políticos democráticos en el mundo occidental. Forjar la idea de una "amistad" y una supuesta simpatía hacia Juscelino servía para ese propósito.

Además, el anticomunismo estuvo presente en el discurso de los representantes de Itamaraty. Pertenecientes en su mayoría a las élites brasileñas, el cuerpo diplomático albergaba ciudadanos con variadas percepciones y afinidades políticas e ideológicas. Sin embargo, la documentación presente en los archivos de MRE demuestra que gran parte de esta diplomacia participaba del extendido temor ante la expansión mundial del comunismo, lo que lo acercaba a las políticas del franquismo. Percepciones compartidas entre Brasil y España que sobrepasaban el peligro real que las fuerzas de izquierda representaban internamente.

4

La construcción del enemigo interno[1]

Desarrollismo, hispanidad y discurso para el análisis de dos casos de archivo en la relación España/Argentina

ADRIANA MINARDI[2]

El pasaje del concepto de "orden" al de "información" y, luego, al de "inteligencia" se fue construyendo con un sentido político e ideológico, y responde a la dinámica de legitimación de los servicios de inteligencia a partir de la ola anticomunista, exacerbada por la Guerra Fría y su impacto regional a partir de la Revolución cubana. Estos cambios se fundamentan en el "enemigo interno" como lógica discursiva para legitimar la represión de las ideas, las intenciones y los actos que van del "delincuente político", el "delincuente social" o el "comunista" genérico, al "delincuente subversivo" y, más tarde, al "delincuente terrorista", cuestión posible de ser investigada desde las enunciaciones, prácticas y registros de la Dirección de Inteligencia de la Policía de la Provincia de Buenos Aires (DIPBA), cuyo archivo depende de la Comisión Provincial por la Memoria, sita en la ciudad de La Plata. El desplazamiento semántico del orden a la información y, por último, a la inteligencia, admite diferencias en las jerarquías y funciones en el organigrama DIPBA.

Estos procesos cobran sentido al compás de los cambios políticoinstitucionales de Argentina y sus diversas *crisis*, tales como las intervenciones federales en la provincia de Buenos Aires (1940), la reforma de la Constitución provincial (1949) y el golpe de Estado de 1955. En el contexto de creación de su archivo hacia 1956, resulta importante el uso que se le dio al enemigo interno como forma de inserción en un contexto internacional blindado, no solo por la Guerra Fría, sino por

---

1 Este capítulo forma parte también de los resultados de un proyecto Ubacyt de la Universidad de Buenos Aires, que dirige la Dra. María Alejandra Vitale, en el que, en particular, nos dedicamos al estudio de caso de la memoria discursiva republicana en el archivo de la Dirección de Inteligencia de la Policía de la Provincia de Buenos Aires (DIPBA).
2 Universidad de Buenos Aires-CONICET.

las nuevas formas de la llamada Doctrina de la Seguridad Nacional. En este trabajo abordaremos las modalidades discursivas que caracterizan al enemigo "español" antifranquista, y que surgen como efecto de una transferencia ideológico-discursiva respecto de las utilizadas por el Régimen. En este sentido, nuestro marco es el del análisis del discurso a partir del estudio del derrotero analítico del concepto transversal de hispanidad, para fundamentar la transferencia en la lógica de archivo, así como de la historia del control policial español. Por otra parte, articularemos estas nociones con la de archivo, contemplando el sentido técnico que le da el análisis del discurso.[3]

Nos basamos, *prima facie*, en la propuesta de Pierre Nora (1997) para debatir los procesos de generación de archivo de memoria en sus sentidos material, simbólico y funcional, a la vez que retomamos los aportes de Jean-Jacques Courtine[4] sobre la memoria discursiva para pensarla como parte de la memoria social.

Introducción teórico-metodológica

Los lugares de memoria han sido definidos por Pierre Nora como aquellas realidades históricas en las que "la memoria se ha encarnado selectivamente, y que por la voluntad de los hombres o el trabajo del tiempo han permanecido como los símbolos más luminosos de aquella".[5] Entre ellos, los archivos ocupan un espacio preeminente, dado el carácter archivístico de la memoria moderna, basado en la materialidad de la traza, en la inmediatez de la grabación. La desaparición de las sociedades-memorias de carácter primitivo produce un quiebre entre el pasado y el presente donde la memoria viva, también perdida,

---

[3] Desde el análisis del discurso, todo documento es un texto organizado en cada serie del archivo y como tal, marca o delimita un régimen de discursividad, que puede definirse como un volumen complejo de regiones heterogéneas, donde se despliegan prácticas discursivas que instauran enunciados como acontecimientos y como cosas dichas; sistemas de enunciados a los que Foucault llama precisamente "archivos", Michel Foucault, *L'archéologie du savoir*, París, Gallimard, 1969, pp. 214-223. Ver asimismo: P. Charaudeau y D. Maingueneau, *Diccionario de análisis del discurso*, Buenos Aires-Madrid, Amorrortu, 2005; D. Maingueneau, *Géneses du discours*, Liège, Mardaga, 1984 y *Nouvelles tendances en analyse du discours*, París, Hachette, 1987.

[4] Nos referimos a los siguientes trabajos: "Analyse du discours politique (le discours communiste adressé aux chrétiens)", *Langages* N° 62, 1981, pp. 19-128; "Le tissu de la mémoire: quelques perspectives de travail historique dans les sciences du langage", *Langages* N° 114, 1994, pp. 5-12; *Metamorfoses do discurso político: derivas da vida pública*, São Carlos, Claraluz, 2006, y "Discursos sólidos, discursos líquidos: a mutação das discursividades contemporáneas", en V. Sargentini y M. Gregolin (orgs.), *Análise do discurso. Herenças, métodos e objetos*, São Carlos, Claraluz, 2008.

[5] Cfr. Pierre Nora, "Entre Mèmoire et Histoire. La problèmatique de lieux", *Lieux de mèmoire*, París, Gallimard, 1984, pp. 216-217.

es recuperada por el puente de los *lieux de mémoire* que se manifiestan como la mediación de esa distancia o presencia-ausencia. Como fenómeno de las sociedades modernas, la irrupción del presente en el que ese pasado cobra vigencia resulta relevante, por eso nos dedicamos al estudio de caso de la memoria discursiva republicana en el archivo de la DIPBA, puesto que lo que el análisis de estas "memorias del nacionalismo español", en palabras de Béjar,[6] no ha tomado como objeto aún para el caso de la memoria histórica del republicanismo es el análisis del caso de archivo en Argentina.

Entendemos que un estudio comparativo es necesario para examinar las directrices ideológicas que las tendencias políticas que pensaron "lo nacional" pusieron en práctica al momento de pensar un pasado y resignificarlo. Como la mayoría de los archivos de los servicios de inteligencia y las policías, el de la DIPBA está organizado en torno a un gran fichero, lo que constituye una modalidad para pensar el pasado y también la dialéctica olvido/recuerdo. Las fichas –ordenadas alfabéticamente– remiten a los expedientes, que son la unidad documental. Los expedientes eran clasificados según factores: político, social, económico, religioso, estudiantil, laboral. La información era luego analizada a través de la estructura en Mesas. La Mesa A contiene un registro de actividades político-partidarias, estudiantiles y de gobierno. La Mesa B registra información básicamente sobre la actividad sindical y fabril. La Mesa C (comunismo) reúne información sobre personas, organizaciones y actividades calificadas de comunistas por la DIPBA. En la Mesa De se elaboraban expedientes a partir de los registros de las organizaciones de la sociedad civil: asociaciones cooperadoras (de escuelas, hospitales, policía y bomberos), bibliotecas, centros culturales, cooperativas, clubes (deportivos y recreativos), asociaciones de colectividades, peñas, agrupaciones generales, comisiones de homenaje y festejos, sociedades de fomento, así como entidades religiosas. En particular, la Mesa Ds tenía por finalidad registrar toda clase de actos de sabotaje, caracterizados como "subversivos" y/o "terroristas", que ocurrían en la provincia de Buenos Aires o en el resto del país. En la Mesa Referencia se elaboraban expedientes para todo aquello que no podía ser clasificado en alguna de las mesas o que les interesaba a todas, como leyes y disposiciones. La Mesa Doctrina contenía documentos sobre la metodología de trabajo interna de la DIPBA.[7] Los investigadores que trabajan con el archivo DIPBA no tienen acceso directo a los materiales preservados, sino que llenan

---

6   Ver Helena Béjar, *La dejación de España. Nacionalismo, desencanto y pertenencia*, Buenos Aires, Katz, 2008.
7   Emmanuel Kahan, "¿Qué ves cuando me ves? Los judíos en el archivo de la Dirección de Inteligencia de la policía de la provincia de Buenos Aires", *Tzintzun. Revista de Estudios Históricos*, N° 47, 2008.

un formulario mediante el cual los solicitan a los referencistas mencionando temáticas precisas. Los referencistas seleccionan el material digitalizado que responde a esos asuntos y entregan fotocopias al investigador. Entre las responsabilidades que implica la gestión del Archivo de la DIPBA, se encuentra la obligación de resguardar la privacidad de las personas que fueron objeto de las tareas de inteligencia.

La Ley Nº 25326 Habeas Data del año 2000 exige el derecho y la protección de los datos personales. La aplicación de la norma implica que los administradores del Archivo no podrán suministrar información sobre personas sino grupos, instituciones y acontecimientos y que deberán disociar –por medio del tachado– los nombres que aparezcan en los documentos públicos que entreguen a los interesados. Los nombres no seguirán esta norma cuando figuren en documentos que, en su momento de creación, fueron públicos (volantes, prensa partidaria, etc.), cuando en los informes de inteligencia se aluda a las actividades de los funcionarios públicos o cuando determinados nombres personales indiquen corrientes políticas o sindicales.

En este sentido, el foco en la DIPBA puede resultar revelador para comprender la memoria del nacionalismo tradicionalista –aquel que aspiraba bajo el régimen franquista a la vuelta de los ideales nacionales y católicos de la llamada "España imperial"–, representado en la memoria discursiva de FET, de las JONS y en el sustrato ideológico del carlismo[8] en sus relaciones con procesos históricos nacionales. Uno de los objetivos centrales en el marco general de este proyecto que dio origen al capítulo fue poner en relación los documentos de este archivo con los fondos del Archivo General de la Guerra Civil (AGC) de Salamanca, a partir de sus vínculos temáticos en torno a la persecución ideológica y sus formas discursivas registradas en las "fichas".[9] La propuesta contempló tres alcances, a partir de los cuales se buscó delimitar la influencia de la memoria discursiva del nacionalismo católico[10] en los dispositivos de vigilancia en torno a 1) intelectuales españoles exiliados y activos en Buenos Aires, 2) instituciones afines al espectro republicano, y 3) agrupaciones españolas antifranquistas. Se seleccionaron documentos archivados sobre la inteligencia político-ideológica a intelectuales españoles exiliados y activos en Buenos Aires e instituciones afines al espectro republicano,

---

8   Nos referimos a Falange Española Tradicionalista, a FET de las Juntas de Ofensiva Nacional Sindicalista y al Carlismo, cuya evolución data de 1833. Se trató del partido único del régimen, permitido en España tras la Guerra Civil. También era llamado "Movimiento Nacional" desde su creación en 1937.
9   Actualmente, las fichas se pueden consultar en el Centro de Documentación de la Memoria Histórica de Salamanca (CDMHS).
10 Ver Adriana Minardi, *Los mensajes de fin de año del Francisco Franco. Un análisis ideológico-discursivo*, Buenos Aires, Biblos, 2010.

como Instituto de Cultura Española (ICE), Partido Socialista Obrero Español (PSOE), Centro Republicano Español de Buenos Aires, Acción Republicana y Centro Gallego de Buenos Aires, con el objeto de dilucidar cómo se fueron dando las estrategias de vigilancia.

En este capítulo nos referiremos a los casos de la censura ejercida sobre la revista *Cuadernos para el diálogo*, en tanto elemento afín a la tendencia ideológica del republicanismo, y al del archivo de información sobre un grupo etarra en la provincia de Buenos Aires. En cuanto a los procedimientos metodológicos, es pertinente explicitar que se empleará una metodología cualitativa,[11] que contrastará los discursos estudiados sobre la base del recorte cronológico de las dos últimas etapas del franquismo, es decir, la del desarrollismo y su camino a la Transición.

Lugar de memoria y archivo

Los recientes hallazgos de archivos de la represión, entendidos en términos generales como fondos documentales producidos por instancias represivas legales o ilegales de las fuerzas de seguridad,[12] han encontrado en el contexto latinoamericano un enorme interés por parte de los actores afectados de un modo más o menos directo por el terrorismo de Estado. Esta atención, en cambio, es mucho menor en lo que concierne a la producción académica, y han sido escasas las investigaciones tendientes a dar cuenta de la relevancia de estos archivos para el conocimiento de la historia reciente.[13] Entre los estudios desarrollados en el campo de la historia, la antropología social y la sociología que han tenido lugar sobre los archivos de la represión en América Latina, es fundamental el temprano aporte realizado por Ludmila da Silva Catela y Elizabeth Jelin, quienes han recopilado una serie de investigaciones sobre, entre otros, los archivos del Departamento Estadual de Ordem Política e Social (DEOPS) en Brasil, los documentos de la policía política durante el gobierno de Stroessner en Paraguay y los documentos de la Iglesia católica en la dictadura de Pinochet en Chile. Asimismo, la recuperación en 2005 de uno de los archivos más grandes de la región, el de la Policía Nacional de Guatemala, ha dado lugar a trabajos como los de Ana Cacopardo

---

11 Irene Vasilachis de Gialdino, *Estrategias de investigación cualitativa*, Barcelona, Gedisa, 2006.
12 Emmanuel Kahan, "¿Qué represión, qué memoria? El 'archivo de la represión de la DIPBA': problemas y perspectivas", *Question*, vol. 1, N° 16, 2007.
13 Kahan, "¿Qué represión, qué memoria?...", *op. cit.*; Ludmila da Silva Catela y Elizabeth Jelin (comps.), *Los archivos de la represión: documentos, memoria y verdad*, Buenos Aires, Siglo XXI, 2002.

e Ingrid Jaschek (2005) y Julieta Rostica (2006), que indagan en la relevancia de estos documentos para la recuperación de la memoria histórica. En Argentina, se destacan la desclasificación y apertura para la consulta pública de los "archivos de la represión" de la DIPBA, disuelta en 1998 por decisión del Ministerio de Seguridad y Justicia de la Provincia de Buenos Aires, durante el segundo gobierno de Carlos Menem (1995-1999). El edificio donde funcionó y su archivo, sito en la ciudad de La Plata (que heredó algunos legajos de anteriores dependencias represivas de "orden social y político", fechados desde 1932), fueron cedidos en 2000 por la Ley Provincial N° 12642 a la Comisión Provincial por la Memoria y en 2003, bajo el gobierno de Néstor Kirchner, fue abierto a su consulta pública. El edificio y el archivo constituyen así un *lieux de mémoire* que en la actualidad es usado como fuente que contribuye a políticas de reparación respecto de las víctimas del terrorismo de Estado y como registro probatorio en las causas judiciales contra quienes cometieron delitos de lesa humanidad. Asimismo, la apertura a la consulta pública del archivo DIPBA por parte de la mencionada Comisión ha permitido el desarrollo de una serie de estudios e investigaciones, tanto en lo concerniente a la reflexión acerca de los vínculos entre el Estado, sus archivos y la conformación de la memoria[14] como a las disputas y los agentes intervinientes durante los procesos de apertura.[15]

Uno de los tópicos centrales que caracterizó al debate acerca de estos archivos fue la dimensión pública/privada de su información, puesto que la noción de depósito se reformuló en términos de necesidad de justicia para el presente, a diferencia de la función de archivo, propia de la administración pública y los aparatos de Estado. En este caso, el archivo despliega una cosmovisión de lo público que permite el acceso, la discusión y la puesta en circulación de la información. La memoria que se pone en juego desde la figuración de un "portavoz"[16] tiene su anclaje en el nacionalismo tradicionalista que, de alguna manera, acerca posicionamientos entre la memoria discursiva nacional católica de la última fase franquista y el neoliberalismo de la última dictadura militar argentina, en términos ideológicos y como derrotero que

---

[14] Consultar: Graciela Karababikián, "Archivos y Derechos Humanos en Argentina", *Boletín del Archivo General de la Nación*, Año LXIX, Vol. XXXII, N° 119, 2007, pp. 619-643, y C. Bellingeri, "El aporte documental del archivo de la DIPBA", *Revista Puentes*, N° 18, 2006, pp. 11-14.
[15] E. Kahan, "¿Qué represión, qué memoria?...", *op. cit.*, pp. 1-10.
[16] Bernard Conein, "La position du porte-parole sous la révolution française", en M. Glatigny & J. Guilhaumou (eds.), *Peuple et pouvoir. Essais de lexicologie*, Lille, Presses Universitaires de Lille III, 1981; Bernard Conein, "Décrire un événement politique", en B. Conein, *et al.*, *Matérialités discursives*, Lille, Presses Universitaires de Lille, 1981.

clausura el desarrollismo, lo que permite caracterizar el archivo en términos de una comunidad discursiva ya que, como señala Maingueneau,[17] la comunidad discursiva es inseparable de una misma memoria. Se trata de la memoria discursiva, entendida como la repetición, reformulación u olvido, en una nueva coyuntura, de discursos ya dichos con anterioridad. El eje en común se conecta con la pervivencia de lugares comunes y metáforas argumentativas que reconocen un *ethos* militante en la enunciación política, en especial el referido a grupos dedicados a la inteligencia político-ideológica, como el de la DIPBA. Interesa la impronta del archivo en relación con la construcción de una memoria discursiva porque se desprende de ello la relación entre un nosotros y un ellos que, según Van Dijk,[18] predomina en los procesos ideológicos. Así, la definición de una comunidad en términos negativos, como la española antifranquista en la Argentina, interesa porque supone la "peligrosidad" político-ideológica, que contribuye a caracterizar al otro en relación con el cual cobra identidad el "nosotros" de la comunidad discursiva de la DIPBA. Adentrados en el siglo XX, los llamados "archivos de la represión" fueron parte de una planificación política que, por lo general, correspondía a las dependencias de inteligencia, tanto militar como policial. Los archivos se constituían:

> como garantes últimos de la seguridad del Estado, habida cuenta de que en nuestras regiones la Doctrina de Seguridad Nacional otorgaba a las Fuerzas Armadas el control y la represión ideológica y política contra el "peligro comunista" en sus funciones "legales" de centralización de la información con fines represivos.[19]

La garantía supone un *ethos* cuyo registro es la legitimidad en términos de reserva moral, lo que se verifica en el archivo a partir del recurso de la universalización (la parte por el todo) según el que los españoles son asimilados al conjunto de "subversivos" con quienes se entabla la batalla ideológica por el orden y el respeto a Dios: dos elementos indisociables de la tópica nacional católica.

---

[17] Dominique Maingueneau, *Nouvelles tendances en analyse du discours*, Paris, Hachette, 1987.
[18] Teun Van Dick, "Discurso y manipulación. Discusión teórica y algunas aplicaciones", *Revista Signos*, 2006, pp. 39-60.
[19] Graciela Karababikián, "Archivos y Derechos Humanos en Argentina", *op. cit.*, p. 634.

Hispanidad, control policial y discursos

Según explican Pontoriero y Summo,[20] hacia fines de la década de los años cincuenta y en el contexto de la Guerra Fría, las Fuerzas Armadas argentinas adhirieron a la Doctrina de la Guerra Revolucionaria, que les asignó la tarea de la seguridad interna en el marco de una "guerra" contra un "enemigo interno subversivo". A su vez, aconteció la "internacionalización" de los conflictos políticos internos, de modo que los militares argentinos interpretaron el conflicto peronismo-antiperonismo como una versión local del conflicto comunismo-anticomunismo.[21]

Esta doctrina, de origen francés y surgida de las guerras coloniales de Argelia e Indochina,[22] fue articulada con la Doctrina de la Seguridad Nacional, nacida en Estados Unidos y difundida por la Escuela Superior de Guerra de los países de Sudamérica.[23] En este contexto, las fórmulas para caracterizar al enemigo interno republicano y/o considerado extranjero son aquellas que el franquismo utilizó en su propia metodología de registro policial. Como antecedente ideológico nos encontramos con el ideologema[24] de la *hispanidad*, que se diferencia del hispanismo. La hispanidad permite, asimismo, cohesionar el modelo del desarrollo español con el contexto argentino post Revolución Libertadora. Conlleva una visión que, surgida ya en la retórica de la prensa escrita que apoyaba al general Uriburu, opone al líder como un "organizador", vicario de Dios en la tierra. Ese tópico del hombre providencial precisa de un aparato de guerra y de vigilancia, bajo el mito de la nación católica.[25] El mito anula la idea de democracia y liberalismo, unifica Iglesia y Estado católico a la vez que delega en el Ejército el ejercicio de vigilancia y persecución. Como señala Beatriz Figallo:

---

[20] Marcelo Summo y Esteban Pontoriero, "Pensar la 'guerra revolucionaria': doctrina antisubversiva francesa y legislación de defensa en la Argentina (1958-1962)", *Cuadernos de Marte. Revista latinoamericana de sociología de la guerra*, N° 3, jul 2012, p. 291.
[21] María Alejandra Vitale y María Elsa Bettendorff, "Memoria discursiva de la 'subversión' según la DIPBA", *Estudios del Discurso*, Vol. 2, N° 1, abril-septiembre 2016.
[22] Samuel Amaral, "Guerra revolucionaria: de Argelia a la Argentina, 1957-1962", *Investigaciones y Ensayos*, enero-diciembre de 1998, N° 48.
[23] Ver M. J. De Rezende, *A ditadura militar no Brasil. Repressão e pretensão de legitimidade 1964-1984*, Londrina, UEL, 2001; A. García, *La doctrina de la Seguridad Nacional/II*. Buenos Aires, CEAL, 1991; M. H. Moreira Alvez, *Estado e oposição no Brasil (1964-1984)*, Río de Janeiro, Vozes, 1989.
[24] Un ideologema es un conjunto o lexema que se genera en el discurso social y que da, de alguna manera, la modalidad en la que un momento histórico puede ser comprendido desde la ideología y constituirse como un "mandato" sobre lo social.
[25] Ver Loris Zanatta, *Del Estado liberal a la nación católica: Iglesia y Ejército en los orígenes del peronismo, 1930-1943*, Buenos Aires, Universidad Nacional de Quilmes, 1996; Loris Zanatta, *Perón y el mito de la nación católica. Iglesia y Ejército en los orígenes del peronismo (1943-1946)*, Buenos Aires, Sudamericana, 1999.

Perón fue derrocado en septiembre de 1955, y en el gobierno presidido por el general Eduardo Lonardi, elementos hispanistas, algunos del nacionalismo católico que venían apoyando al franquismo desde la Guerra Civil, fueron llamados a las más altas funciones gubernativas –los ministerios de Relaciones Exteriores y de Educación, reparticiones influyentes para la política de aproximación hispano-argentina fueron ocupados por los hispanistas Amadeo y Dell'Oro Maini–. Al principio de la denominada Revolución Libertadora, hubo una reacción de algunos de los sectores golpistas que identificaban al lonardismo con la dictadura española e incluso con el fascismo y el nazismo, surgiendo voces que advertían sobre la necesidad de "no olvidar la meta de restauración de la tradición liberal democrática".[26]

Este es el contexto de origen de la DIPBA y sus enunciadores, que, para la calificación del enemigo interno, utilizarán el mismo reservorio de estrategias retórico-discursivas que las usadas por el franquismo: el enemigo será el comunista, el extranjero, el marginal y el anticatólico. Pero, además de sus efectos en el discurso, no hay que olvidar que la hispanidad permitió una organización institucional: creación por Franco del Consejo de la Hispanidad el 2 de noviembre de 1940, a la vez que se refiere a un término popularizado hacia 1931, y entendido como un tipo particular de hispanismo adjudicado a la Falange Española, puesto que se concentraban en él valores conservadores y tradicionalistas que conformaron la "ideología de la hispanidad". Difiere, entonces, radicalmente del hispanismo, que tiene como raíces al movimiento liberal basado en la Ilustración. Hispanidad, en cambio, alude a la España tradicionalista, a la herencia católica romana a la que se le asocia la ideología del fascismo moderno. Mientras que la filosofía que entraña la hispanidad está condicionada por el tradicionalismo, muchas de sus fuentes son, claramente, préstamos del totalitarismo alemán e italiano. Sus referentes han admirado a Hitler y a Mussolini. Onésimo Redondo y José Antonio Primo de Rivera, así como Ernesto Giménez Caballero son algunos ejemplos. El especial enlace con América tiene su fundamento en las prácticas antitéticas entre fascismo y democracia. Allí jugó un papel especial la hispanidad como elemento ligado al tópico de la madre patria.

En ese contexto, Argentina tiene quizás el más amplio espectro de discursividades profalangistas: *El Pampero, Crisol, Clarinada, Los Principios* y *Criterio*. En esas proyecciones de la prensa se van generando las bases para la legitimación ideológico-discursiva de la necesidad de

---

26 Beatriz Figallo, "Exportación del modelo desarrollista del franquismo a la Argentina. Influencias y vinculaciones ideológicas en los años 60", en Stefan Rinke (ed.), *Entre espacios: la historia latinoamericana en el contexto global. Actas del XVII Congreso Internacional de la Asociación de Historiadores Latinoamericanistas Europeos (AHILA), Freie Universität Berlín, 9-13 de septiembre de 2014*, Berlín, 2016. [En línea (open access): https://goo.gl/T4Tg49].

un servicio de inteligencia que pueda resguardar la conciencia católica pero también las tres clases que la sustentan: la conservadora, la que unifica a ciertos intelectuales que admiten una reforma y, por último, aquellos referentes institucionales de la Iglesia católica. Al igual que durante el régimen franquista, la institución policial que es antecedente de la DIPBA hacia 1940, momento en que se disuelven las secciones de "Orden Social" y "Orden Político", dependientes entonces de la División de Investigaciones, se refunde en un solo organismo bajo la denominación "Sección de Orden Social". Como sabemos, el régimen franquista instaló en su primera etapa la idea del terror como arma de control social y de disciplinamiento moral-religioso a través de la Falange y de la figura de un Sindicato Vertical, entre otras organizaciones franquistas.[27] A partir de los sesenta, el panoptismo[28] derivó hacia formas más tecnificadas de "control policial", que criminalizó la protesta e intentó asegurar el régimen bajo el nuevo marco jurídico del Tribunal de Orden Público (TOP)[29] como función legitimadora. Esta organización estaba directamente enfocada a la redefinición del enemigo interno sobre la base de una antonomasia: el sujeto colectivo del proletariado y el comunista. El enemigo interno, así entendido como "rojo", estaba prevenido en las llamadas "Juntas Municipales de Saneamientos y Buenas Costumbres". Las funciones de estos nuevos organismos locales servían como primer eslabón del trabajo de inteligencia, con especial énfasis en la vigilancia y control a nivel moral y religioso, junto con las jefaturas provinciales del Movimiento. En los años bisagra de la apertura internacional, cultural y económica, hacia 1960, se desplaza el enemigo interno al "terrorista", se firma el Decreto de Bandidaje y Terrorismo el 21 de septiembre de 1960 y, luego, se establece el Tribunal de Orden Público el 2 de diciembre de 1963, para finalizar en agosto de 1974 con la Ley de Prevención y Enjuiciamiento de los Delitos de Terrorismo y Subversión contra la Paz Social y la Seguridad Personal.

El recorrido en la caracterización del enemigo interno será el mismo que la DIPBA tome para el caso de los españoles disidentes en Argentina: de republicano a terrorista, del orden a la inteligencia y de los informes descriptivos a los informes argumentativos. De esta

---

[27] Adriana Minardi, *Los mensajes de fin de año del Francisco Franco*, op. cit.
[28] Nos referimos a la utilización que hace Foucault del "panóptico" en términos de modalidad correctiva, cuya estructura emula una cárcel. Sus características propias son la corrección, la vigilancia y el control. Pueden consultarse: Michel Foucault, *La verdad y las formas jurídicas*, Buenos Aires, Gedisa, 1983, y *Vigilar y Castigar. Nacimiento de la prisión*, México, Siglo XXI, 1998.
[29] El Tribunal de Orden Público se encargaba de proteger la conciencia nacional, la moral y las buenas costumbres, y reemplazó al Tribunal Especial de Represión de la Masonería y el Comunismo. Ver Juan José del Águila, *El TOP. La represión de la libertad (1963-1977)*, Barcelona, Planeta, 2001.

manera, pasamos del terror para lograr eliminar el aparato republicano en todas sus formas, al ordenamiento jurídico-político de la violencia en términos de "excepción".

Un análisis discursivo del llamado enemigo interno: *ethos, antiethos* y metáfora

El archivo de la DIPBA se configura desde el punto de vista de un enunciador que delimita su pertenencia a una comunidad bajo el uso del nosotros inclusivo. La acción discursiva del portavoz se realiza en un discurso programático y prescriptivo, es decir, un discurso regido por el "poder hacer" y el "deber hacer" de la política, que expone a la comunidad la necesidad de marcar límites morales. Desde ese lugar pretende convencer y legitimar un programa cultural, económico y político cuyo aparato ideológico, por excelencia, lo constituye la Censura, órgano capaz de sistematizar una *doxa* basada en el nacionalismo católico. Los documentos que se presentan consignan los casos de publicaciones periódicas sobre las cuales se elaboran informes. La estructura que los enmarca en tanto género discursivo supone que su condensación axiológica tenga lugar en el apartado denominado "conclusiones", sobre el que recaen además distintos efectos de genericidad,[30] conectados al ensayo como línea determinante, puesto que permite encontrar en los dispositivos argumentativos la presencia de un nosotros inclusivo caracterizado en términos de un *ethos* vigilante. Los casos que tomaremos como análisis, sumarios sin duda, son los documentos referidos a la censura de publicaciones periódicas en los que se alude, por un lado, a la construcción del *ethos* del investigador y garante de los valores morales, según la lógica nacional-católica; y, por otro, al *antiethos* republicano, a partir de la consideración del PCE (Partido Comunista Español) como núcleo valorizador de los lugares comunes de comunidad extranjera y comunista, dos subjetivemas (aquellos términos que designan la explícita subjetividad de quien enuncia) con carga valorativa negativa que operan bajo el efecto de universalización al que ya nos hemos referido. La construcción del estereotipo y de su valoración moral negativa puesta en el comunista extranjero adquiere su máxima condensación para el caso de la revista española *Cuadernos para el diálogo*. La puesta en escena de este tipo de *ethos*, en tanto elemento constitutivo del discurso de control, se produce con mayor claridad en las referencias a Francisco Franco,

---

30 Juan-Michel Adam-Ute Heidmann, "Des genres à la généricité. L'exemple des contes (Perrault et les Grimm)", *Langages*, N° 153, 2004.

a quien se defiende a partir de los usos de la heterogeneidad mostrada, referenciando entre comillas las citas de las publicaciones en las que se hace presente. El *antiethos*, en cambio, se muestra bajo los elementos de la heterogeneidad constitutiva y es el elemento que no solo permite construir un otro ideológico-político sino un nosotros legítimo y veraz.

En las referencias al catálogo de la censura, la revista *Cuadernos para el diálogo* nos es de utilidad por ser un referente para el ideario político republicano. El primer número se publicó en octubre de 1963 y dejó de salir en 1978. Atento a su claro antifranquismo, impulsó el diálogo y sirvió de plataforma política para referentes progresistas.[31] En los legajos 54714, 71617, 88444, ya insertos en la Transición, pero no por ello de menor importancia a la hora de analizar, al trasluz, los años precedentes; y 23254 y 37789, de 1977, puede observarse cómo el portavoz define su función –ser garante de moralidad y constitucionalidad– a través del uso de la 1ª persona del plural, que marca su autoridad institucional y la fundamenta en el hecho de que esta responde a "un deber ineludible".

La dimensión argumentativa del discurso expone a través de una máxima ideológica el sentido de la política: la defensa de los valores morales y de "nuestra constitución". En consecuencia, el portavoz ya no enuncia solamente derechos y deberes imprescriptibles sino que formula una norma moral y una regla de acción política. De este modo, el "nosotros institucional" de la censura crea una comunidad de pertenencia a partir de las oposiciones que en el nivel léxico pautan la diferencia entre un "afuera" y un "adentro" con respecto al campo ideológico del nacionalismo católico, cuya influencia en Argentina adquiere diferentes matices. Para la comunidad discursiva del portavoz (Nosotros) aparecen los lexemas de patriotismo, moral, buena fe, gobierno y constitucionalidad; mientras que, para el campo del *antiethos* republicano (Ellos), los lexemas de comunista, marxista y antipatria aparecen metaforizados en el circuito del campo semántico del terrorismo de Estado: se los caracteriza como la "balcanización del Estado", o mediante analogías referidas a la enfermedad, típicas del discurso político dictatorial, a las que bien podría encuadrarse en las llamadas "lenguas de madera".[32] Vale recordar que las *langues de bois* son consideradas argumentaciones inamovibles que manejan la retórica, seducción semántica, y tienden a ser un obstáculo para

---

[31] Ver Javier Muñoz Soro, *Cuadernos para el Diálogo, (1963-1976): Una historia cultural del segundo franquismo*, Madrid, Marcial Pons, 2006; y María de la Paz Pando Ballesteros, *Los democristianos y el proyecto político de Cuadernos para el Diálogo. 1963-1969*, Salamanca, Ediciones Universidad de Salamanca, 2005.

[32] Ruth Amossy y Anne Herschberg Pierrot, *Estereotipos y clichés*, Buenos Aires, Eudeba, 2001.

el lenguaje pues no son dialógicas. La clausura se produce en este caso por borrar el sentido de organización o grupo que está detrás de la publicación, a diferencia de las modalizaciones de legitimidad con las que se autorizan ciertas construcciones nominales afines al Régimen, como por ejemplo: "gobierno de Franco" y "gobierno chileno de Pinochet".

La comunidad discursiva de la DIPBA, de alguna manera, promueve la reserva moral de la nación en términos de política nacional y constitucional; en ese gesto de objetivización, que pretende el borramiento del locutor político por el "informante" aparecen, no obstante, apreciaciones ideológicas respecto del PSOE (a quien se lo considera bajo el subjetivema axiológico de "renovado" en oposición a un histórico anticomunista), de los "rojos", a quienes se resalta como el otro enemigo mediante el uso de las comillas, y de la figura de Franco, a quien se preserva, criticando y poniendo en duda su caracterización que, en *Cuadernos para el diálogo*, aparece de manera peyorativa; en el legajo 2709, que se ocupa de la circulación de la revista en Argentina en los años sesenta, por ejemplo, se le agregan comillas a "verdugo", no solo para hacer presente la voz del otro sino para desautorizar y criticar la tendencia ideológica antifranquista.

Siguiendo esta línea, la relación entre memoria discursiva e ideología no puede dejarse de lado, puesto que en nuestro caso se verifica en tres estrategias centrales del efecto retórico argumentativo: la universalización, la racionalización y la legitimación,[33] todas tendientes a construir el *antiethos* republicano. Nuestra hipótesis apunta a un efecto de transferencia ideológico-discursiva que, bajo la influencia de la dictadura franquista, permitió la emergencia discursiva de tópicos nacionalistas de matriz tradicionalista que se acentuarán con el golpe de Estado en Argentina en 1976. Según el análisis de Helena Béjar,[34] los nacionalismos pueden ser divididos en cuatro grandes grupos: el españolismo tradicionalista, el neoespañolismo, el nacionalismo subestatal moderado y, finalmente, el nacionalismo subestatal soberanista. En los dos primeros se percibe una concepción unitaria de España. En el discurso españolista tradicional hay una gran connotación de centralismo y cierta relación nostálgica que supone la memoria discursiva del ideal joseantoniano de Falange y del franquismo. Lo integran grupos de clase media-alta identificados luego con el Partido Popular (PP). En este grupo Béjar expone, entre otras, la tesis acerca de los peligros que entraña el cambio, el miedo a que lo nuevo arrebate lo que ya se ha

---

33 Ver Terry Eagleton, *Ideología: una introducción*, Barcelona, Paidós, 1997.
34 Helena Béjar, *op. cit.*

conseguido, mientras que el conservadurismo es el eje ideológico. La transferencia permite leer las configuraciones discursivas del nacionalismo argentino en oposición a un antinacionalismo español, en especial el del caso vasco y la influencia del enclave etarra que se refleja claramente en el legajo 3475, de 1975. Para definir las recurrencias tópicas,[35] analizaremos el uso de metáforas argumentativas, la construcción dialéctica *ethos/antiethos* y los objetos discursivos que se ponen en juego en la caracterización de esta memoria discursiva.

Ahora bien, ¿cómo juega en este sentido, la incorporación de la vigilancia de un otro republicano y/o extranjero dentro del sistema de vigilancia y el archivo represivo? Desde nuestra perspectiva, la presencia en el discurso de una ideología reaccionaria propone la noción de verdad como efecto semántico. Esa legitimación se funda en una universalización de sentido que se objetiva a partir de lo documentado. La transferencia ideológica absorbe tópicos propios del nacionalismo español (tradición, familia, Dios) que, además, marcan los problemas del regionalismo por su actividad revolucionaria, en especial, los del nacionalismo vasco. Para el caso de la ETA (en euskera: País Vasco y Libertad, organización nacionalista creada a fines de la década del cincuenta), clasificado como archivo de la "Mesa D(s), Carpeta Varios, legajo 3475 con un total de 139 fojas" (1975), interviene el mecanismo de desplazamiento del subversivo al extranjero/terrorista. Vale recordar que la Mesa Ds tenía por finalidad registrar toda clase de actos de sabotaje, caracterizados como "subversivos" y/o "terroristas", que ocurrían en la provincia de Buenos Aires o en el resto del país.

---

[35] Marc Angenot, *El discurso social. Los límites de lo pensable y lo decible*, Buenos Aires, Siglo XXI, 2010.

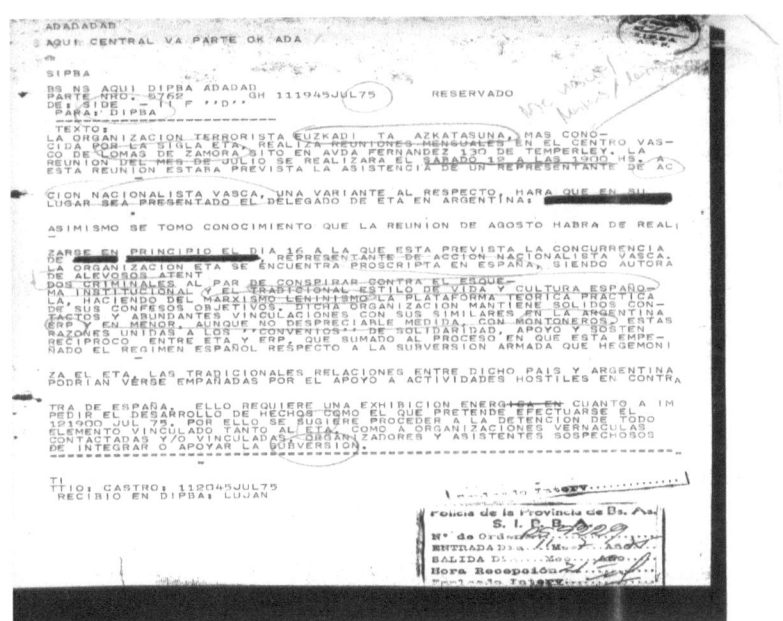

Fuente: DIPBA.

La clasificación responde asimismo a la orientación de las diferentes partes y documentos que sirvieron para informar a la Dirección de la DIPBA y, claro está, para justificar su accionar represivo. En el legajo se describe, en especial, el accionar de ETA en Temperley y como evento, una reunión a cargo del representante de la organización en Argentina en julio de 1975, mes que resultó tenso debido al desplazamiento de José López Rega, entonces ministro de Bienestar Social, lo que llevó a conexiones más estrechas de activistas de derecha con referentes del franquismo en España. Puesto que lo que les importa resaltar a los enunciadores garantes del *ethos* de la DIPBA es la relación de ETA con organizaciones nacionales revolucionarias como ERP o Montoneros, los informes remarcarán la presencia, en términos de *antiethos*, del nacionalismo vasco como uno de los males que conspiran "[...] contra el esquema institucional y el tradicional estilo de vida y cultura española, haciendo del marxismo leninismo la plataforma teórico práctica de sus confesos objetivos".

El *ethos* inherente que construye el garante del archivo DIPBA es el de la apoliticidad social, por eso la metáfora "plataforma", de claro espectro político, es utilizada por el enunciador para alertar a sus superiores y legitimar la acción represiva. El primer enunciador que encontramos en el legajo advierte acerca de las relaciones con ERP y, en menor medida, con Montoneros. El efecto de verdad se sostiene por el uso del género discursivo. El informe, firmado por "Castro" data del 12 de julio de 1975. Un segundo enunciador, quien firma como "Jefe de turno", detalla el evento considerado perjudicial y los resultados del allanamiento policial en el que 37 personas fueron detenidas. Luego se libera al etarra, incautándole documentación precisa sobre su pertenencia ideológica. El uso de las comillas utilizadas en el teleparte dirigido a la figura del "Señor director" parece advertir que las construcciones referidas al nacionalismo vasco son consideradas ajenas al léxico nacional y patriótico. Se glosa la identidad de ETA con el objeto de señalar su origen, en comillas, "EUZKADI TA AZKATASUNA", produciendo además una ruptura estilística en el uso de mayúsculas que distancia aun más al enunciador respecto del objeto que describe mientras que resalta su importancia. La escenografía genérica del teleparte es muy distinta a la del memorándum, aunque ambas generalmente no pueden ser comprendidas por separado. El teleparte se utiliza para dar aviso (casi con urgencia) de una situación considerada como amenaza y que requiere el accionar de la fuerza, mientras que el memorándum justifica y detalla, a su vez con otros documentos como los que se encuentran en una pesquisa o con información que aporta el enunciador que lo escribe (folletos de ETA, breves relatos de su accionar en España y Argentina, sus peleas internas y divisiones y, en especial, sus códigos).

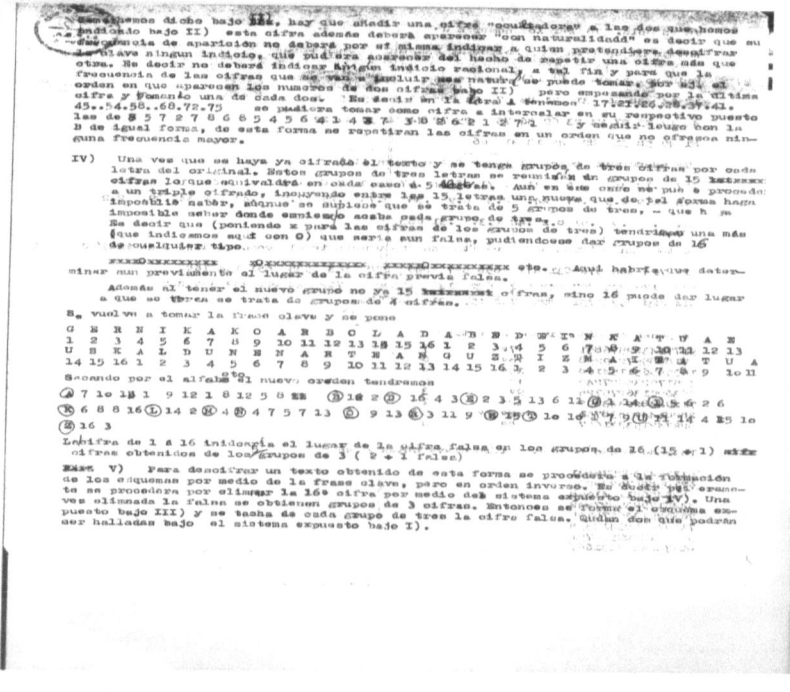

Fuente: DIPBA.

Esto hace que el *ethos* de estos enunciadores responda a una capacidad epistémica que también oficia, argumentativamente, como posible ascenso en la institución. Se debe convencer al director del trabajo comprometido, y la documentación es lo que determina ese efecto de credibilidad junto con el uso de metáforas argumentativas que suponen un juicio de valor irrefutable y compartido por informante/director-lector expertos, tales como "tomar conciencia", de carácter verbal y modalidad deóntica, lo que remarca el sentido polémico de la metáfora orientacional mediante la cual los informes son elevados ("Me dirijo a Ud., elevándole información en hoja adjunta") y que implica una jerarquía institucional. Las metáforas para designar a los etarras mantienen el registro del archivo y son clasificados como "asilados" o "vernáculos" en relación con su filiación vasca. No es casual que la estructura genérica de los memorándums contenga, en la mayoría de los casos, una apreciación *prima facie* de los eventos.

En este sentido, la escena englobante, que supone la del discurso político entre los enunciadores de la DIPBA, sirve a los efectos de intentar persuadir a un receptor de mayor jerarquía. Como escenografía, nos encontramos con una variada disponibilidad de géneros discursivos tales como el parte, el teleparte o el memorándum. En los mismos se establece, en última instancia, un "diálogo de sordos", en lo que respecta a las estrategias que los enunciadores traman en estos textos. Incluso, uno de los enunciadores del archivo presenta su memorándum de manera manuscrita mientras que otro anexa el material encontrado en la pesquisa del líder etarra representante en Argentina. El memorándum del 14 de julio de 1975 detalla que ETA se encuentra "proscripta en España por conspirar contra su esquema institucional". Como vemos, en lo que aparenta ser un efecto de archivo, aparece la legitimación de la dictadura franquista. Como género discursivo, propiamente informativo, el memorándum tiene como macropropósito comunicativo el de constatar la entrega de información solicitada. Idealmente, circula entre escritor experto y lector experto. El modo de organización discursiva predominante es descriptivo pero en el uso de la persona ausente se destacan subjetivemas tales como "subversivo", "asilados políticos" y "de extracción trotskista", que determinan una clasificación peyorativa de los referentes cotextuales, respecto del *antiethos* que se construye. Así, el llamamiento al orden está además justificando una memoria discursiva y una legitimación ideológica. El informe manuscrito que acompaña este memorándum del 14 de julio se estructura mediante la escenografía del apunte y se enfoca en la trayectoria histórica de ETA.

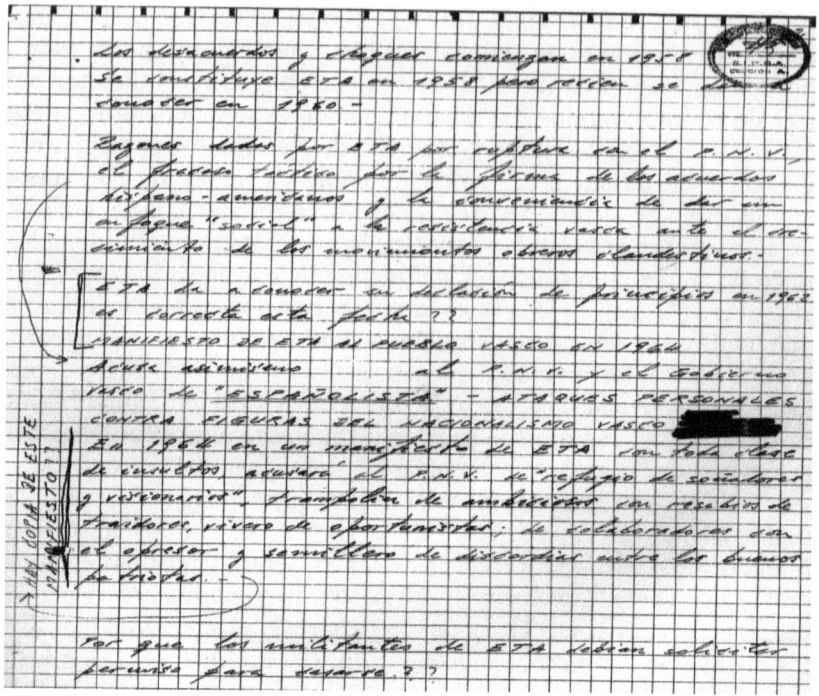

Fuente: DIPBA.

Las diferencias estilísticas en el registro escrito van del uso de las minúsculas a las mayúsculas, estas últimas cuando algunos datos parecen incomodar o enojar al enunciador (por ejemplo "ETA-BERRI DE TENDENCIA COMUNISTA"); o el uso de notas marginales para pedir mayores datos. Ese último informe, por ejemplo, afirma los lazos entre ETA y ERP y Montoneros pero, a diferencia de los otros enunciadores garantes de la DIPBA, este último no demuestra conocimiento empírico para afirmar estas relaciones sino que tiene conocimiento "[...] por otro organismo afín". Como vemos, los enunciadores deben legitimar su condición de informantes para dar entidad al archivo y así promover la acción represiva.

Conclusiones

En este trabajo hemos retomado la consideración de los archivos de la represión como lugares de memoria en su triple dimensión –material, simbólica y funcional–, y buscamos articularla con el sentido técnico que el análisis del discurso da a la noción de archivo. Esta noción

–al enfatizar que los materiales del archivo son inseparables de una memoria y de instituciones que les otorgan su autoridad y, al mismo tiempo, adquieren autoridad a través de ellos– permite pensar el archivo como lugar del mandato sobre lo decible y lo no decible respecto del pasado. La influencia del nacionalismo católico del españolismo tradicionalista, así como su desplazamiento a la vigilancia de republicanos en una revista como *Cuadernos para el diálogo*, produce enunciadores que deben ser capaces de demostrar, mediante una argumentación exitosa, su relación con el llamado "terrorismo" argentino. Así, se pone de manifiesto que, como señala Da Silva Catela, los documentos no contienen en sí mismos ningún interés esencial para su legado a la posteridad, sino que estos son atribuidos como resultado de ásperas disputas que dirimen lo guardable y lo transmisible, en fin: "los contornos de la cultura en perspectiva histórica".[36] Uno de los tópicos centrales que caracterizó el debate acerca de estos archivos fue la dimensión pública/privada de su información puesto que la noción de depósito se reformuló en términos de necesidad de justicia para el presente, a diferencia de la función de archivo, propia de la administración pública y los aparatos de Estado. En este caso, el archivo despliega una cosmovisión de lo público que permite el acceso, la discusión y la puesta en circulación de la información. La memoria que se pone en juego desde la figuración de un "portavoz" tiene su anclaje en el nacionalismo tradicionalista que, de alguna manera, en estudios posteriores, acercará posicionamientos entre la memoria discursiva nacional católica del régimen franquista y el neoliberalismo de la última dictadura militar argentina. En este sentido, la performatividad en la enunciación de estos informes, a los que debe considerarse en términos de discursividad política, articula la formulación del *ethos* garante de la seguridad nacional y del orden interno. Decir, informar, describir y detallar suponen acciones políticas que enmarcan una comunidad discursiva que, en este caso, utilizó la memoria discursiva del nacionalismo tradicionalista español para dictaminar no solo los criterios programáticos de la censura artística y cultural sino, y ante todo, los perfiles referidos a un *ethos* de moral católica que proscriben ciertos actos contrarios a ella. Los efectos de transferencia ideológico-discursiva tienen su base en la memoria retórico-argumental que define los mandatos sobre lo decible/opinable (tópicos, metáforas, subjetivemas) del nacionalismo conservador tradicionalista, a la vez que admite la influencia del desarrollismo en cuanto a lo ideológico, puesto que los cambios que se propulsan en términos de apertura influyen en que se cambie la idea del agente político por informante, la disociación de la noción de revolución y su correlato: "comunista",

---

36 Ludmila da Silva Catela y Elizabeth Jelin (comps.), *op. cit.*, p. 385.

por antonomasia, para calificar al enemigo antifranquista, los usos de heterogeneidades mostradas, la burocratización de la militarización y, claro está, una memoria golpista nacionalista antiliberal.[37]

---

[37] Ver María Alejandra Vitale, *¿Cómo pudo suceder? Prensa escrita y golpismo en la Argentina (1930-1976)*, Buenos Aires, Eudeba, 2015.

5

Redes franquistas e hispanismos modernizantes[1]

Biografías intelectuales en el cruce entre universidad y política en los sesenta

María Celina Fares[2]

Introducción

El presente trabajo pretende adscribirse a las propuestas que ofrecen los estudios de "historia cruzada".[3] La reconstrucción de trayectorias intelectuales individuales y colectivas puestas a jugar en el marco de las redes de relaciones institucionales, nacionales y transnacionales nutre no solo las perspectivas de la historia política, relevando tramas sociales y discursivas significativas que iluminan los desgastados enfoques de filiaciones ideológicas canónicas, sino que abre paso para la observación de las transferencias culturales, a través de la exploración de formas de circulación, recepción y apropiación de ideas o experiencias en diversos países, estableciendo otras formas de comparación o de abordaje de las relaciones entre naciones.

Un punto de partida casi obligado ha sido trabajar sobre las reflexiones teóricas que el concepto de nacionalismo supone, no solo dentro del conflictivo eje derechas/izquierdas sino en el cruce con otras ideologías, especialmente con el fascismo, encarando la complejidad de significados y la multiplicidad de usos que obligan a distinguir

---

1 Parte de este trabajo deriva del proyecto de investigación Construcción de archivo audiovisual de memorias de la UNCuyo, Código 06/E062; 2016-2018, Secretaría de Ciencia y Posgrado, UNCuyo.
2 Universidad Nacional de Cuyo.
3 El concepto de "historia cruzada" supone no solo el cruce de diversas especialidades disciplinarias en pos de un acercamiento multifocal al objeto, sino la superación de los insatisfactorios enfoques comparativos con marcos nacionales, gracias a la focalización en la observación de las transferencias culturales desde la perspectiva de los estudios culturales. Ver Michael Werner y Bénédicte Zimmermann, "Penser l'histoire croisée: entre empirie et réflexivité", *Annales. Histoire, Sciences Sociales*, 2003, 58 année, pp. 7-36.

etapas y momentos, señalar modulaciones y matices, así como las ambigüedades y paradojas que mitiguen la significación esencialista del término. Trasponer las fronteras de los estudios clásicos sobre nacionalismo, constreñido a la primera mitad del siglo XX, nos obligó a justificar el uso plural del término de manera de permitirnos observar las modalidades de desarrollo que transitó en los años sesenta y los perfiles de las diversas tradiciones que componen las derechas nacionalistas.[4] El sustento empírico supuso un relevamiento minucioso de datos –que puede traernos reminiscencias positivistas a la hora de organizar el relato–, se propone articular biografías individuales en colectivas, situarlas en la configuración institucional de los campos disciplinarios y académicos y vincularlas a las políticas públicas, de manera de poder interpretar la producción historiográfica en función de circulación, recepción y uso de significados relacionados a la vida política.

La indispensable apelación al contexto sobrepasa la coyuntura nacional de los largos años sesenta (1955-1969), determinada en la Argentina por el enfrentamiento entre peronismo y antiperonismo, y se abre a un contexto internacional signado por las estaciones de la Guerra Fría y las políticas que adoptó el franquismo, cuyas derivaciones culturales hispanoamericanistas tuvieron reverberaciones de largo plazo dentro de ciertos círculos de intelectuales de derecha en la región.

Nos referimos al proyecto cultural del franquismo centrado en el hispanismo, el cual funcionó como eje cultural vertebrador de las derechas nacionalistas en Argentina, que con el tiempo iría cobrando nuevos significados. Identificado con los valores y la filosofía del catolicismo, síntesis superadora del antagonismo tradicional entre Oriente y Occidente, el hispanismo proponía la reconstrucción de una identidad transoceánica liderada por España como una tercera opción frente a los cuestionados efectos de la secularización promovida por el racionalismo modernizador: tanto del capitalismo liberal liderado por los Estados Unidos como del comunismo marxista propulsado por la Unión de Repúblicas Socialistas Soviéticas.

En este contexto, la historia de universidades[5] ofrece un campo de indagación interesante para analizar ciertos desarrollos historiográficos que incidieron en las humanidades y ciencias sociales, en

---

4 María Celina Fares, "Apuntes para el debate en torno a los alcances de las derechas y los nacionalismos en los sesenta", en *4° Taller de Discusión "Las derechas en el cono sur; siglo XX"*, UNGSarmiento, 2013 [en línea: https://goo.gl/FVF6va].
5 La historia de las universidades en Argentina es un campo en expansión a partir del trabajo pionero sobre la *Historia de la Universidad de Buenos Aires* de Tulio Halperín Donghi, editado en 1962 y reeditado en 2002 por Eudeba, referente ineludible a la hora de establecer comparaciones con otras universidades del interior del país.

función de la transferencia, recepción, producción o reproducción de contenidos y prácticas que atravesaron las fronteras nacionales y que tuvieron impacto no solo en la historia académica, sino también en la configuración de culturas políticas.

El relevamiento del caso de las facultades de Filosofía y Letras y la que posteriormente se denominará de Ciencias Políticas y Sociales de la Universidad Nacional de Cuyo (UNCuyo), y su relación con determinados centros académicos de la península, abocados a difundir los contenidos de un hispanismo, siempre disponible para nutrir los dispositivos culturales tradicionalistas de diversas experiencias políticas, resulta pertinente. La reconstrucción de las trayectorias de investigadores, intelectuales, profesores y gestores constituye una muestra de recorridos alternativos a la tradicional vinculación entre Buenos Aires y el interior, o entre el centro y las periferias, poniendo en cuestión dichas nominaciones. El registro de publicaciones, conferencias y cursos realizados por agentes que se trasladan a ambos lados del Atlántico, los viajes de estudio de docentes y estudiantes, los contenidos y bibliografía de los programas, las tesis de grado y posgrado, la formación de institutos de investigación y de centros culturales, la difusión de sus publicaciones, así como las trayectorias profesionales, académicas y políticas de dichos agentes, se convierten en fuente de la historia intelectual que pretende desconcentrar los enfoques metropolitanos y reconstruir mapas más completos que quiebran las relaciones unidireccionales y ofrecen otras formas de conexión multipolares que dan sustento a explicaciones más asequibles, integradas y enriquecedoras.[6]

A través de la relación entre la UNCuyo y la denominada escuela sevillana del franquismo, y del seguimiento de las trayectorias de referentes historiográficos que actuaron en la formación del campo de las ciencias políticas en Cuyo, se pueden observar las modulaciones de las derechas nacionalistas, relevando las vertientes autoritarias y modernizantes, en comparación con otras tradiciones del hispanismo de cuño reaccionario, tradicionalista y fascista o falangista. Dichas aristas nos permiten poner en cuestión ciertas dicotomías de uso extendido, como: "tradición" versus "modernización", o entre "empirismo cientificista", "humanismo tradicionalista" o "ensayismo politizado"; así como en otras ocasiones priorizamos poner en cuestión la polarización entre historia profesional, académica u "oficial" e historia

---

6   Ana Clarisa Agüero y Diego García, "Culturas locales, culturas regionales y culturas nacionales. Cuestiones conceptuales y de método para una historiografía por venir", en *Prismas. Revista de historia intelectual*, N° 17, 2013, pp. 181-185.

militante, revisionista o contrahistoria.⁷ Cuestiones que despertaron intensos debates en las universidades argentinas en los sesenta y que se mantuvieron aún entrados los años ochenta.

Universidad y política en los sesenta

Los estudios que abordan la conflictiva relación entre universidad y peronismo suelen partir del impacto que tuvieron las políticas de intervención de los gobiernos peronistas o antiperonistas en las casas de estudios superiores, sobre todo a partir del desplazamiento que sufrieron aquellos que no asentían a los requisitos impuestos. Como contrapartida se suele atemperar el impacto de la proscripción del peronismo dentro de la misma a partir de 1955, para destacar el impulso modernizador de los tempranos años sesenta.

Sin embargo gran parte de las nuevas producciones sobre el período destacan la conflictividad que implicó primero el proceso de desperonización, y luego el debate en torno a la educación superior *laica o libre*, evidenciando un cúmulo de tensiones que irán creciendo y pondrán en cuestionamiento la imagen de bonanza de la "isla democrática", para enmarcar más adecuadamente la problemática dentro de las contradicciones que implicó el proceso de modernización cultural y de radicalización política.⁸ Ciertamente las políticas de desperonización en las universidades no solo prolongaron la escisión política proveniente del período anterior, sino que dispararon un giro significativo, sobre todo entre las agrupaciones estudiantiles reformistas y humanistas que cambiarán su posición con respecto al peronismo. El posterior desplazamiento de los sectores cientificistas y reformistas del profesorado promovido por la intervención del onganiato en las universidades abriría las puertas a la peronización del estudiantado, a la vez que asumía posiciones cada vez más críticas y radicalizadas frente a los gobiernos de la dictadura argentina.⁹

---

7   M.C. Fares, "Tradición y reacción en el sesquicentenario. La escuela sevillana mendocina", *Prismas Revista de historia intelectual*, N°15, 2011, pp. 87-104.
8   Catalina Rotunno y Eduardo Díaz de Guajardo, *La construcción de lo posible. La Universidad de Buenos Aires 1955 a 1966*, Buenos Aires, Libros del Zorzal, 2003; Claudio Suasnábar, *Universidad e intelectuales. Educación y política en la Argentina (1955-1976)*, Buenos Aires, Manantial, 2004; Pablo Buchbinder, *Historia de las universidades argentinas*, Buenos Aires, Sudamericana, 2005.
9   Ver Ana María Barletta, "Peronización de los universitarios (1966-1973). Elementos para rastrear la constitución de una política universitaria peronista", *Pensamiento Universitario*, N° 9, 2000, UNQuilmes, y Ana María Barletta y María Cristina Torti, "Desperonización y peronización en la universidad en los comienzos de la partidización de la vida universitaria"; en Pedro Krotsch (comp.), *La Universidad Cautiva*, La Plata, Ed. Al Margen, 2002.

Es posible entonces recortar los alcances del inicial impulso modernizador de los sesenta, ciñéndolos por un lado a la institucionalización de nóveles disciplinas, como la sociología, la psicología, la antropología, las ciencias de la educación y la economía, junto con el desarrollo de perfiles cientificistas abocados a la investigación empírica, por sobre los tradicionales perfiles profesionales y humanistas; y por otro a la convocatoria a nuevos concursos para renovar los planteles docentes, aunque manteniendo formas de exclusión, pero ahora de aquellos que se consideraban cómplices del régimen peronista depuesto.[10]

También ha sido señalado que las mayores críticas a estos procesos de innovación no provendrían exclusivamente de los sectores tradicionalistas, sino de la militancia política académica que pugnaba por la constitución del intelectual comprometido con la realidad, y desacreditaba las aspiraciones de asepsia política propia de los paradigmas cientificistas del primer mundo, despegada de las problemáticas nacionales y las necesidades sociales. Las crecientes tensiones entre científicos profesionalizados o intelectuales comprometidos encontraron un punto de inflexión en la intervención a la universidad que realizó la dictadura de Onganía, y el desplazamiento de los sectores innovadores considerados una amenaza para la seguridad nacional, sin que con ello se lograra menguar las diferencias académicas y políticas. Sectores ligados a la militancia cristiana encontraron intersticios para promover un rol comprometido de la universidad con el proceso social, como fueron las experiencias de las nominadas "cátedras nacionales" en la Universidad de Buenos Aires.[11] Los cuestionamientos al cientificismo vinculado con los paradigmas y financiamientos norteamericanos se sustentaban en la articulación de un nuevo campo cultural nutrido por un *revival* de motivos nacionalistas, revisionistas y antiimperialistas que abrirían nuevas interpretaciones sobre el peronismo. Junto con las lecturas de un marxismo renovado y las experiencias de descolonización del tercer mundo, se propiciaba una redefinición de lo nacional. El compromiso social alentado por las Encíclicas Episcopales latinoamericanas investiría a su vez a la militancia de un sentido sagrado, que implicaba la entrega vital en pos de la transformación de las estructuras.

---

10 Federico Neiburg, *Los intelectuales y la invención del peronismo*, Buenos Aires, Alianza, 1998, pp. 215 y ss.
11 El ingreso de Justino O'Farrell y Gonzalo Cárdenas en la carrera de Sociología se produjo cuando fueron desplazados los sectores más cientificistas que intentaron resistir a la intervención del gobierno de Onganía, como Miguel Murmis, Eliseo Verón, Manuel Mora y Araujo. Ver Lucas Rubinich, *Los sociólogos intelectuales: cuatro notas sobre la sociología en los 60*, Apuntes de Investigación del CECyP, Año III, N° 4, junio de 1999 [en línea: https://goo.gl/AZ3Wn8] (consultado el 2 de febrero de 2016).

Mientras, desde el amplio campo del antiperonismo, sectores del catolicismo integralista radicalizarían la reacción contra las desviaciones que había provocado el reformismo posconciliar, apelando no solo al humanismo clásico y a la filosofía escolástica, sino a la dogmática del tradicionalismo político, que encontraría puntos de convergencia con las nuevas modalidades conservadoras del autoritarismo. Los más pragmáticos se apoyarían en el humanismo burgués y recogerían las banderas de la modernización con el fin de promover el progreso científico y técnico que posibilitara el desarrollo capitalista y la contención del comunismo, propiciando el disciplinamiento de las derivaciones demo-populistas a través de la imposición de un orden tecnocrático y autoritario.

En este proceso tanto los nacionalismos tecnocráticos fundados en un racionalismo pragmático cientificista, que justificaba la eliminación del conflicto político en pos de alcanzar el desarrollo, como los procesos de radicalización de los nacionalismos de izquierda y de derecha, fueron permeados por diversas lógicas integralistas del catolicismo.[12]

En este contexto, la historia de la universidad de los años sesenta no transitó un paso de la "edad de oro" a la "noche oscura", sino que reflejó el proceso de transformación social que en el plano cultural estaban liderando los sectores medios y que cobró cuerpo dentro del ámbito universitario, donde se expresó la agudización de los conflictos y el uso de la violencia.

La especificidad que se percibe en la UNCuyo, sobre todo en las unidades académicas vinculadas al humanismo y las ciencias sociales, no constituye a nuestro entender una excepción o "rareza" –por decirlo en términos foucaultianos–, sino que instala una diferencia que en términos de la "operación historiográfica" propuesta por M. de Certeau constituiría un nuevo hecho histórico, que observado en el contexto modélico de la historia de la universidad ofrece la posibilidad de visibilizar diferencias y de percibir desviaciones que pueden concatenarse en nuevas series de relaciones significativas para la

---

[12] La sucesión decanal en la FFyLetras de la UBA en 1974 de los dos sacerdotes, Justino O'Farrell, denominado el "decano montonero", y Raúl Sánchez Abelenda, discípulo de Julio Meinvieille, designados por la intervención de Alberto Ottalagano, si bien es representativa de la tensión más conocida dentro de los intelectuales clérigos del catolicismo, no contempla la opción autoritaria modernizadora que en España lideró el Opus Dei y que en Argentina tuvo importantes seguidores dentro del laicado menos reaccionario, pero no menos autoritario. Ver Fortunato Mallimaci y Guido Giorgi, "Nacionalismos y Catolicismos en la Facultad de Filosofía y Letras de la Universidad de Buenos Aires", *VII Jornadas de Sociología, Facultad de Ciencias Sociales*, UBA, 2007 [en línea: https://goo.gl/uSQM2g] (consultado el 2 de febrero de 2016).

interpretación de los procesos.[13] La existencia de un nacional catolicismo hispanista en la UNCuyo muestra una especie de corriente subterránea que en los primeros sesenta aparece por los bordes de un proceso centrado en la modernización y la cuestión peronista, y en los setenta emerge como parte del magma que condensa la reacción en el proceso de radicalización política.

La UNCuyo y sus vinculaciones hispanistas

En Mendoza, la década del sesenta tiene sus especificidades. A pesar de la moderación de los gobiernos peronistas provinciales, la intervención impuesta por "la libertadora" arbitró los mismos mecanismos de persecución al peronismo que se implementaron en el escenario nacional. Fracasados sus intentos de participar en el espacio político, sectores vinculados al nacional catolicismo activarían su protagonismo en la vida universitaria, encontrando allí un refugio desde donde promover su influjo cultural. Su tradicional presencia no solo operó como un efecto atemperador de las políticas de intervención del Estado nacional, sino que proveyó de cuadros que fueron receptados por el onganiato, elevándose el potencial de radicalización entre sectores del catolicismo integralista en el campo de las ciencias sociales y las humanidades que se hizo disruptivo en los setenta.[14]

Recordemos que la UNCuyo fue creada en 1939 bajo la impronta de los demócratas mendocinos, cuyos componentes hispanistas se diferenciarían de los sectores más reaccionarios que se impondrían en 1943 desplazando a los conservadores de los orígenes.[15] La presencia de Ricardo Rojas como principal orador en el acto de creación de la

---

13 Tomás Elías Zeitler, "Cuarenta años de *La escritura de la Historia*. Reflexiones en torno a la operación historiográfica: de Michel de Certeau a Paul Ricoeur", *Historiografías: revista de historias y teorías*, 9, 2015, pp. 65-80.

14 La constitución de un grupo de filósofos de la liberación de tradición cristiana representada por Enrique Dussel y Mauricio López tuvo proyección latinoamericana, tal como se expresó en el Simposio de Filosofía Latinoamericana en San Miguel, Buenos Aires, en agosto de 1973, ver: N. L. Solís Bello Ortiz, J. Zúñiga, M.S. Galindo y M.A. González Melchor, "La Filosofía de la Liberación", en E. Dussel, E. Mendieta y C. Bohórquez (eds.), *El pensamiento filosófico latinoamericano, del Caribe y "latino" (1300-2000). Historia, corrientes, temas y filósofos*, México, CREFAL/Siglo XXI editores, 2009, pp. 406 y ss. Fue enfrentada por una reacción extrema de sectores católicos preconciliares e integristas de la UNCuyo, representada por Abelardo Pithod, Denis Cardozo Biritos, Rubén Calderón Bouchet, ver M.C. Fares, "Tradición y reacción en el sesquicentenario...", *op. cit.*

15 Los rectores interventores nombrados por decretos del PEN., bajo el Ministerio de Justicia y Educación de Martínez Zuviría, fueron: Carlos A Pithod, Rafael Guevara y Ramón Doll, Agustín de la Reta y Jorge Vera Vallejo. El 10 de julio de 1945 fue electo por Asamblea Universitaria Salvador Doncel hasta mayo del 46. Incluso el rector fundador Edmundo Correas fue desplazado por la marea reaccionaria que dio inicio a las prácticas de cesantías y de no renovación de contratos.

casa de estudios ha sido tomada como referencia para dar cuenta de los contenidos de un nacionalismo hispanista de corte cultural que era compartido por las élites locales conservadoras.[16]

La provincia había sido visitada por Ortega y Gasset en los inicios del yrigoyenismo y posteriormente por Eugenio D'Ors; se leía la *Revista de Occidente* y a través de ella las ideas del movimiento novecentista.[17] Mientras que en materia filosófica circulaban los textos pedagógicos de Manuel García Morente,[18] en la reflexión político-ideológica adquirirían peso las ideas nacionalistas de Ramiro de Maeztu, quien había sido embajador de la dictadura de Primo de Rivera en Buenos Aires (1928-1930), y cuyos diálogos con Zacarías de Vizcarra sirvieron para afianzar y difundir este dispositivo cultural que vinculaba catolicismo e hispanidad a través de los Cursos de Cultura Católica y de la revista *Criterio*.[19]

La circulación de ideas hispanistas se afianzaría desde los inicios de la UNCuyo a través de una política de contratación de catedráticos españoles.[20] La Guerra Civil primero y el régimen franquista después marcaron las modalidades con que el hispanismo permeó la conformación del campo de las humanidades, sobre todo las carreras de Filosofía, Historia y Letras, incidiendo en la formación de un grupo de académicos, profesores y abogados. Dicha tradición se mantuvo con matices durante los gobiernos peronistas bajo el rectorado de Ireneo Cruz (1948-1954) y contó con la presencia de uno de los difusores más activos del hispanismo local, el presbítero Juan Ramón Sepich,

---

16 María Celina Fares, "Diferencias y convergencias en los hispanismos mendocinos. A propósito del sesquicentenario", en Dossier coordinado por Patricia Orbe, *El Nacionalismo argentino durante la segunda mitad del siglo XX*, UNGSM, 2010, p. 4. [En línea: https://goo.gl/M4mZeG] (consultado el 6 de junio de 2016).

17 Diego Pró, *Memoria histórica de la Facultad de Filosofía y Letras. 1939-1964*, Mendoza, UNCuyo, 1965, pp. 113 y ss.

18 Manuel García Morente, recién convertido al catolicismo, se expatrió en la Argentina durante 1934 y 1937. Dictó conferencias y cursos en la Universidad de Tucumán, donde publicó *Lecciones preliminares de Filosofía* en 1938 y en el mismo año Espasa Calpe editó en Buenos Aires su obra *Idea de Hispanidad*. Ya en Madrid en 1945 publicaría *Ensayos*.

19 Los artículos de Maeztu publicados en la revista *Acción Española*, recopilados luego en el libro *Defensa de la Hispanidad* en 1934, serían referencia obligada para el nacionalismo republicano que tuvo llegada en Mendoza. Un momento de visibilidad del potencial de esta cosmovisión fue la visita de obispo de Toledo Isidro Gomá con motivo del Congreso Eucarístico de 1934 y su famoso discurso en el Teatro Colón de Buenos Aires, el 12 de octubre, donde sostenía que "América es obra nuestra, esta obra es esencialmente del catolicismo. Luego hay relación de igualdad entre raza o hispanidad y catolicismo".

20 Entre 1939 y 1946 llegan el antropólogo Salvador Canals Frau y el lingüista y literato Bernardo Blanco González, quienes estaban en el país antes de la Guerra Civil Española. Exiliado por el mismo conflicto llega el historiador católico y republicano Claudio Sánchez Albornoz –iniciador de los estudios medievales en Cuyo y creador en la UBA del Instituto de Historia de España– junto al literato Corominas Segura; ver Jaime Correas, *Presencia de España en la Facultad de Filosofía y Letras de la Universidad Nacional de Cuyo*, Mendoza, Consulado General de España, 1989, pp. 14-15.

quien participaría en el XIX Congreso de *Pax Romana* en Salamanca[21] realizado en 1946, desde el cual se propiciaría la creación del Instituto de Cultura Hispánica (ICH) en Madrid y sus sedes hispano/iberoamericanas, entre las que destacaría Mendoza, junto con Quito y Bogotá, por ser activos centros de divulgación de los valores del Siglo de Oro español y de la filosofía católica. Desde allí se propagaría un dispositivo cultural que actuaba como una especie de argamasa de la identidad transnacional, fundada en una teología política del orden cristiano, en la que se inscribía la diplomacia española en pos de sostener sus políticas de contención del comunismo.[22]

Las publicaciones y difusión de las ideas de Sepich dan cuenta de la circulación de los contenidos culturales y políticos de esta tradición.[23] El uso del hispanismo, como mito y doctrina del nacional catolicismo,[24] se centraba en la idea de proyección universal y providencial del catolicismo como esencia de lo español. Estas ideas encontraron un interesante momento de cristalización en el Congreso Nacional de Filosofía realizado en la UNCuyo en 1949. Su principal promotor, Sepich, habría sido apartado de la conducción del congreso debido a su cercanía con las ideas falangistas, lo que posibilitó la presencia de sectores más modernos, representados sobre todo por Coriolano Alberini y un grupo de reconocidos existencialistas. Esto, no obstante, no significó el desplazamiento de importantes referentes del escolasticismo hispanista, como G. Soaje Ramos, J. Soler Miralles, C. Pico, H. Llambías, O. Derisi, N. de Anquín, el sacerdote Julio Meinvielle (Actas del Congreso, 1949). De hecho el antipositivismo de existencialistas y escolásticos compartía la preocupación por el significado del ser, que era común al campo de la filosofía laicista y católica en Argentina.[25]

---

21 La organización internacional católica *Pax Romana* fue fundada en la Universidad Católica de Friburgo en julio de 1921; ver Glicerio Sánchez Recio (coord.), *La Internacional Católica. Pax Romana en la política europea de posguerra*, Madrid, Biblioteca Nueva, 2005.

22 Lorenzo Delgado Gómez Escalonilla, *Imperio de papel: acción cultural y política exterior durante el primer franquismo*, Madrid, CSIC, 1992; Lorenzo Delgado Gómez Escalonilla, *Diplomacia franquista y política cultural hacia Iberoamérica, 1939-1953*, Madrid, CSIC, 1988; Rosa Pardo Sanz, *Con Franco hacia el Imperio. La política española en América Latina (1939-1945)*, Madrid, UNED, 1995; Laura G. Rodríguez, "Los hispanismos en Argentina: redes y circulaciones latinoamericanas y europeas (1960-1980)", en *Cahiers des Amériques Latines*, 79, 2015.

23 María Celina Fares, "Por los sinuosos senderos del catolicismo integralista. Una biografía de Juan Ramón Sepich Lange", en Martín Castro, Gabriela Gomes, Martín Vicente (comp.), *Trayectorias de intelectuales en el Estado. Actas de discusión*, Los Polvorines, Universidad de General Sarmiento, 2016.

24 David Marcilhacy, "La Hispanidad bajo el franquismo: el americanismo al servicio de un proyecto nacionalista", en Xosé M. Núñez Seixas y Stéphane Michonneau (eds.), *El imaginario nacionalista español en el franquismo*, Madrid, Casa de Velázquez, 2014.

25 Clara Inés Ruvituso, *Diálogos existenciales. La filosofía alemana en la Argentina peronista (1946-1955)*, Madrid, Iberoamericana/Vervuert, 2015, p. 108.

La amalgama con la tradición católica le permitía al peronismo encontrar puntos de clivaje desde una universidad de frontera que no era tan combativa como el mundo intelectual porteño. La presencia y el discurso del Ejecutivo Nacional sobre "la comunidad organizada" daban cuenta de la intención de reafirmar los vínculos entre la doctrina peronista y el nacional catolicismo,[26] y tendría como corolario la creación de los famosos cursos de formación política, puntapié inicial para la creación de la carrera de Ciencias Políticas. Por otra parte, la presencia de filósofos y pedagogos españoles en la Facultad de Filosofía y Letras se prolongaría más allá del Congreso de 1949, continuando la política de contratación iniciada por Correas y seguida por Cruz.[27] Entre los profesores que se hicieron presentes durante el peronismo destacaría el lingüista Rafael Benítez Claros, en reemplazo de Corominas, el tomista Ángel González Álvarez para dictar Metafísica y dirigir el Instituto de Filosofía y su revista *Philosophia*,[28] quien en 1954 fue reemplazado por Antonio Millán Puelles durante un año, y Víctor García Hoz, que dictaría cursos de pedagogía y tendría, como experto de UNESCO, una presencia más constante ligada a los funcionarios católicos de las carteras de Educación de las dictaduras.[29]

A partir de 1955 la separación entre los que habían adherido al régimen depuesto y sus detractores sería un parteaguas que atravesaría también a los sectores nacionalistas, aunque las políticas de depuración en este caso debieron acotarse ante la preeminencia de mecanismos de aglutinación que supieron agregar intereses corporativos por sobre la coyuntura política. En los hechos los intentos de la intervención universitaria conducida por el rector Germinal Basso y el vicerrector Hernán Cortez, de llamar a concursos generalizados, dieron lugar a una huelga prolongada que se inició a fines de agosto de 1956 con fuertes movilizaciones y huelgas de profesores universitarios y de los colegios secundarios, en la que confluyeron tanto sectores católicos y nacionalistas como reformistas, aglutinados

---

[26] En palabras de Juan D. Perón: "Yo tengo por la Universidad Nacional de Cuyo –y lo confieso sin ningún rubor– una cierta debilidad que ha ganado mi corazón. Esto ocurre no solo porque he vivido en Mendoza –y sabemos bien que quien vive en Mendoza sea por pocos días comienza a amar profundamente esta tierra generosa– sino también porque esta Universidad ha sido la primera del país que ha tomado un ritmo verdaderamente justicialista; vale decir; el ritmo que nosotros queremos imprimir al país", *Digesto Administrativo*, Mendoza, UNCuyo, 1954, citado por Jaime Correas, *op. cit.*, p. 30.

[27] José María García López dictó la cátedra de "Historia de España" creada en 1948 y otras asignaturas de Literatura, también el malogrado joven Hilario Rodríguez Sanz, que habría sido un colaborador de Sepich y Joaquín de Entrambasaguas; ver Jaime Correas, *op. cit.*

[28] En Madrid, González Álvarez recibiría discípulos mendocinos para culminar sus estudios de posgrado; sería catedrático y luego rector de la Universidad Complutense de Madrid, secretario del Consejo Superior de Investigaciones Científicas y vicedirector de la *Revista Arbor*; ver Diego Pró, *op. cit.*, p. 442.

[29] Laura G. Rodríguez, "Los hispanismos en Argentina...", *op. cit.*

tras la defensa de las posiciones adquiridas, muchas de ellas con la afiliación al peronismo; lo cual terminaría con la renuncia del rector y una política más limitada de reestructuración universitaria.[30]

Redes intelectuales y políticas culturales franquistas

En la década del cincuenta un número interesante de docentes y de jóvenes egresados de la Facultad de Filosofía y Letras fueron becados por el Ministerio de Asuntos Exteriores de España y por el Instituto de Cultura Hispánica de Madrid (ICH). Fundado en 1947 como continuador de la tarea del antiguo Consejo de la Hispanidad de 1940 –altavoz del proyecto falangista–, debía ahora despojarse de cualquier tinte fascista imperialista que pudiera justificar la continuidad del aislamiento al que fue sometido el régimen franquista en la posguerra, sin por ello dejar de ser un aglutinante cultural de las naciones hispanas.[31] La nueva política cultural propiciaría la creación de numerosas sedes de Institutos en América y contaría también con el auspicio del Consejo Superior de Investigaciones Científicas (CSIC) y de su Instituto Gonzalo Fernández de Oviedo de Historia Hispanoamericana para solventar el flujo del intercambio de profesores y de formación de investigadores, la oferta de cursos para extranjeros, la realización de congresos internacionales, la publicación y canje de revistas.

En la UNCuyo estas políticas encontraron una recepción altamente positiva dentro del conglomerado de académicos e intelectuales católicos, quienes no solo profundizaron su adhesión al hispanismo como matriz cultural, sino que construyeron una red de sostén y pervivencia institucional de largo arraigo, tanto entre los humanistas de la FFyL –ilósofos, historiadores, literatos y geógrafos–, como en los abogados o publicistas que formaban parte de las nuevas carreras de

---

30 Entre los profesores que lideraban la huelga estaban católicos como Pedro Santos Martínez y progresistas como Arturo Roig; entre los que apoyaron inicialmente la gestión de Germinal Basso, los antiperonistas Rubén Calderón Bouchet, secretario general, y el asesor Dardo Pérez Guilhou.
31 Antonio Cañellas Mas, "Las políticas del Instituto de Cultura Hispánica; 1947-1953", en *HAO; Historia Actual Online*, N° 33, Invierno, 2014; Antonio Cañellas Mas, "La Escuela de Estudios Hispanoamericanos: Génesis y contenido de una empresa cultural", *Historia y Política*, N° 32, julio/diciembre 2014, pp. 189-215. Es interesante destacar el comentario de Beatriz Figallo a propósito de este trabajo sobre la continuidad existente entre las conclusiones del Congreso de Pax Romana una vez trasladado a El Escorial, la creación de un Instituto Cultural Iberoamericano en julio de 1946, la presidencia y protagonismo de Joaquín Ruiz Giménez como presidente del Congreso de Pax Romana y a los pocos meses su nombramiento como primer presidente del Instituto de Cultura Hispánica, transformación tanto del Consejo de la Hispanidad como de aquel ICIberoamericano.

ciencias sociales y políticas; y no solo en la universidad, sino también en el Consejo Nacional de Investigaciones Científicas y Técnicas de la República Argentina (CONICET).[32]

Uno de los agentes dinamizadores de estas redes fue Enrique Zuleta Álvarez, secretario del consulado de España, quien formaría parte del directorio del Instituto de Cultura Hispánica en Mendoza y se convertiría en un potente gestor para activar contactos y ofrecer dichos beneficios a los egresados de la FFyLetras de la UNCuyo. La memoria de 1965 registra a la fecha de publicación 23 becarios y viajeros a España, entre profesores y egresados de la facultad.[33] Dentro de los referentes de los enfoques historiográficos más fuertemente vinculados al hispanismo y que adquirirían con el tiempo lugares prominentes tanto en la dirección de cátedras e institutos, como en cargos destacados en gestión académica y educativa, estarían los jóvenes egresados Jorge Comadrán, que se dedicaría a Historia Argentina, y Edberto Acevedo, que quedaría a cargo de Historia Americana. El mismo Enrique Zuleta Álvarez, así como Pedro Santos Martínez y Dardo Pérez Guilhou, llegarían a ser decanos y rectores, e incluso Pérez Guilhou sería designado ministro de Educación de la Nación durante la dictadura de Onganía.

Salvo Pérez Guilhou que arribó a Sevilla en los inicios de los años sesenta, los demás iniciaron sus estudios de postgrado y estancias de investigación en los cincuenta en la Escuela de Estudios Hispanoamericanos (en adelante EEHA), en la Universidad de Sevilla y en la Universidad Hispanoamericana de Santa María de la Rábida,

---

[32] Una parte de estos sectores logró permanecer en las instituciones públicas una vez iniciado el proceso de democratización en 1983. La tesis doctoral de Fabiana Bekerman, *La estructura del campo científico argentino: reconfiguraciones, desplazamientos y transferencias producidos durante la última dictadura militar*, Mendoza, UNCu, 2012, da cuenta de la política científica de la dictadura de 1976 que promovió el desmantelamiento de las universidades y simultáneamente la concentración de recursos en el CONICET, lo cual favoreció un proceso de descentralización y crecimiento del Consejo con base en la creación de institutos, que en el caso de la ciencias sociales no respondieron a los criterios de modernización que imperaron en otras ciencias, sino a criterios políticos e ideológicos que posicionaron a agentes ajenos al campo (mimeo gentileza de la autora).

[33] Entre los filósofos: Norberto Espinosa se doctoró en Salamanca y luego fue becado en Friburgo; Abelardo Pithod obtuvo el diploma en Psicología con especialidad en psicopedagogía. Pedagogas como Olga Medaura y Lidia Peña de Podestá estudiaron con Millán Puelles, García Hoz y González Álvarez entre otros. Carlos Orlando Nallim realizó estudios de literatura y filología, asesorado para su tesis doctoral por Santiago Moreno Díaz y Julio Caro Baroja, y en 1962 asistió al Primer Congreso Internacional de Hispanistas en Oxford como fundador de la Asociación Internacional de Hispanistas; luego sería ministro de Educación de la provincia durante la dictadura del 76. En literatura también se formaron Alfonso Sola González, egresado de la Escuela de Paraná y convocado por Ireneo Cruz a la UNCuyo, donde viviría el resto de su vida; Gloria Videla, cuya tesis fue premiada y publicada en Madrid; Delia Villalobos; Martha Gómez de Rodríguez Brito; Hortensia Larrañaga; Nélida Freites, por solo nombrar los que serían profesores de la FFyL de la UNCuyo. Ver Diego Pró, *op.cit.*, pp. 524-542.

en un período en que el régimen franquista transitaba formas de adaptación al mundo de posguerra. En ellos impactarían las resonancias del proyecto imperial del franquismo de los años cuarenta, pero también la primacía del nuevo perfil cultural del hispanismo. Se trataba de reforzar la idea de hispanidad justificada en el pasado indiano y proyectada a futuro a través de un nacionalismo de carácter supraestatal, con un orden jerárquico, corporativo y católico que se presentaría como muy atractivo para los sectores tradicionalistas de la universidad cuyana.[34]

La EEHA había sido fundada en 1942 por el reconocido catedrático Vicente Rodríguez Casado,[35] uno de los grandes promotores del proyecto cultural del franquismo, consustanciado con las ideas del Opus Dei. Él sería el encargado de reclutar a los académicos más prominentes del hispanoamericanismo. Nombres como los de Florentino Pérez-Embid, José Antonio Calderón Quijano, Antonio Muro Orejón, Javier Ayala, Octavio Gil Munilla, Manuel Giménez Fernández, Juan Manzano formaron parte del núcleo de colaboradores que se insertaron en la Facultad de Filosofía y Letras de la Universidad de Sevilla y organizaron la Universidad de la Rábida en 1943 y sus famosos Cursos de Verano, así como el Club del mismo nombre, donde se ofrecían actividades para socializar los enfoques sobre Hispanoamérica, hispanidad y cristianismo. Desde entonces la EEHA sería un centro de punta de investigación americanista y de formación de postgrado, que atrajo y estimuló el intercambio con las universidades hispanoamericanas. La coyuntura internacional se presentaba como una ocasión favorable para procurar el desplazamiento de la influencia estadounidense en América y su reversión en beneficio de España.[36] Tal como sus crónicas señalan, la EEHA fue

---

34 José Antonio Calderón Quijano, *Americanismo en Sevilla 1900-1980*, Sevilla, EEHA, 1987; José Luis Abellán y Antonio Monclús (coords.), *El pensamiento español contemporáneo y la idea de América. El pensamiento en España desde 1939*, T. I, Barcelona, Anthropos, 1989.

35 Vicente Rodríguez Casado, nacido en Ceuta en 1918, pertenecía a una familia tradicional cuyo padre era un militar cercano a Franco. Fue miembro de la Asociación Católica Nacional de Propagandistas (ACNdP) y del Opus Dei (OD), donde absorbió la impronta de la espiritualidad jesuítica y la idea de un apostolado de la inteligencia. Doctor en Filosofía y Letras de la Universidad Complutense de Madrid, catedrático en la FFyL de Sevilla y de Madrid; director del Ministerio de Información y del Instituto Social de la Marina. Además de fundar la EEHA del CISC, organizó la Universidad de la Rábida, de la cual fue decano entre 1943 y 1973, en que fue cesanteado por decreto. En la década de 1950 escribió varios artículos sobre Carlos III que pondrían en vinculación las políticas reformistas de la ilustración cristiana con el desarrollismo impulsado por la tecnocracia católica franquista de la época; ver A. Cañellas Mas, "La Escuela de Estudios Hispanoamericanos...", *op. cit.*

36 Antonio Cañellas Mas, "La Escuela de Estudios Hispanoamericanos,...", *op. cit.*

producto del "interés del franquismo en formar investigadores de la obra civilizadora de España en América y de fomentar el contacto científico entre las juventudes de los países iberoamericanos".[37]

Estudiantes, egresados y profesores de la UNCuyo, alcanzaron en los años 50 un número relativamente importante en otros centros hispanistas en América Latina,[38] al mismo tiempo que se mostrarían sumamente receptivos de los contenidos del proyecto cultural de hispanidad que pretendía convertir al franquismo en el centinela del cristianismo amenazado.[39]

Las estancias de los viajeros hispanoamericanos estarían atravesadas, aunque no fueran del todo conscientes, por el tránsito que se estaba operando en el régimen franquista. La nueva diplomacia de posguerra encarada por el ministro de Asuntos Exteriores Alberto Martín Artajo (1945-1957) sostenía los contenidos culturales del hispanismo, al mismo tiempo que buscaba construir una imagen de modernidad para superar la condena y el aislamiento de los años cuarenta. Acercarse a Occidente, tendiendo puentes con la Santa Sede y con los Estados Unidos, fue la prioridad. Con respecto a América Latina la propuesta de integración supranacional se orientaría más adelante a desactivar la politización tercermundista y reconducir una tercera vía en una dirección tradicionalista y con un lenguaje de cooperación técnica, económica y científica que fortaleciera los lazos culturales y educativos a través de los ICH.

La política exterior coordinaría acciones con el Ministerio de Educación conducido por Joaquín Ruiz Giménez (1951-1956), quien propició la apertura cultural en el mundo universitario y abrió el diálogo. Se activaría por entonces la polémica entre viejos contrincantes de la familia del nacionalismo que en 1937 habían sido obligados a fusionarse. Uno de ellos sería la tradición falangista, que se había nutrido del regeneracionismo noventayochista secular y crítico del liberalismo; remitía a Ortega y Unamuno y se constituiría luego como la variable española del fascismo, secular y populista con una fuerte apelación al autoritarismo, la movilización partidaria de masas y toda una simbología y culto a la violencia. El otro contrincante sería el tradicionalismo católico nacionalista, monárquico y reaccionario,

---

[37] Antonio Carrillo Linares, *Subversivos y malditos en la Universidad de Sevilla*, Sevilla, CEA, 2008.

[38] Felipe Del Pozo Redondo, "Un aspecto de la estrategia cultural franquista hacia América Latina: la Universidad Hispanoamericana de La Rábida (1943-1974)", en F. A. Rubio Durán y R. Delibes Mateos, *Espacio y poder en América Latina: Actores y escenarios históricos en los contextos de dominación*, Sevilla, Aconcagua Libros, 2010, p. 203.

[39] Loris Zanatta, "De faro de la hispanidad a centinela de Occidente. La España de Franco en América Latina entre la Segunda Guerra Mundial y la Guerra Fría", *Anuario del IHES*, N° 23, 2008, p. 47.

cuya visión decadentista representada por Menéndez Pelayo había sido continuada por Ramiro de Maeztu, cuyos valores y parámetros terminarían siendo hegemónicos durante el franquismo.

Ahora bien, entre fines de los cuarenta y principios de los cincuenta se daría otra batalla cultural cuando repunte la influencia de falangistas como Laín Entralgo y Antonio Tovar, rectores de la Universidad de Madrid y de Salamanca respectivamente, pero no quedaron atrás los intelectuales del Opus Dei y antiguos seguidores de *Acción Española*, que se pertrecharon en el CSIC para reivindicar los valores del nacionalcatolicismo económicamente modernizante.[40]

Al planteo de *España como problema*, con el cual Laín Entralgo buscaba reactualizar la vigencia del falangismo por medio de la síntesis entre progresismo y monarquismo que sustentara un ultranacionalismo populista, revolucionario y secular, respondería el tradicionalismo y conservadurismo católico a través de Rafael Calvo Serer, quien consideraba resuelto el problema de la síntesis cultural, y denunciaba al falangismo de "oportunismo revolucionario", y al ministro Ruiz Giménez de "democratismo cristiano complaciente".[41] Los enfrentamientos entre revolucionarios y monárquicos, centralistas y regionalistas, parlamentarios y antiparlamentarios dieron lugar a la intervención del gobierno para acallar la polémica; pero abrieron las compuertas para que se expresaran protestas estudiantiles contra el régimen, las cuales también fueron reprimidas pero se constituyeron en el germen de la oposición moderada, que crecería en la década del sesenta a través de las figuras más liberales de izquierda como Dionisio Ridruejo, del catolicismo social de Manuel Giménez Fernández[42] o del socialismo de Enrique Tierno Galván.

Ciertamente existían coincidencias entre los distintos sectores en fortalecer una inclinación europeísta. La gestión de Martín Artajo se había preocupado por la creación de espacios de contacto entre los católicos españoles y los demócratas cristianos de Europa, dinamizando políticas culturales y educativas tendientes a desarrollar los fundamentos filosóficos dentro de los marcos del posibilismo, que

---

[40] Saz realiza un contrapunto con las diferencias que distinguían al falangismo del conservadurismo católico. Los primeros reivindicaban la política por sobre la técnica y la economía, la tradición del 98 y de Ortega frente al de Menéndez Pelayo; la apropiación de elementos seculares de la tradición española, frente a los elementos más reaccionarios del catolicismo; el centralismo frente al regionalismo y a Franco como caudillo popular frente a su figura como el jefe de Estado que finalmente restauraría la monarquía; ver Ismael Saz, *Las caras del franquismo*, Granada, Comares, 2012.

[41] Javier Tusell, *Dictadura franquista y democracia (1939-2004)*, en *Historia de España XIV*, Barcelona, Crítica, 2005, p. 131.

[42] Para la biografía de Manuel Giménez Fernández, ver: *Diccionario de catedráticos españoles de derecho (1847-1943)*; Universidad Carlos III de Madrid. Instituto Figuerola de Historia y Ciencias Sociales, 2011 [en línea: https://goo.gl/Ee1f6w].

pretendía asimilar el catolicismo tradicional a los sectores liberales.[43] Esto suponía un giro en filosofía política y la aceptación del racionalismo modernizante, lo cual requería no tanto la adhesión al positivismo, como sí la inclusión de la fenomenología heideggeriana que repercutiría en el espacio filosófico católico latinoamericano. Trayectorias de notorios hispanistas argentinos como J. R. Sepich[44] o españoles como Antonio Millán Puelles y Víctor García Hoz[45] dan muestras de la incidencia de estas políticas educativas en los antiguos territorios del imperio hispanoamericano.

En términos políticos, ante la polémica entre antiguos falangistas y la opción aperturista de los democratacristianos, la *generación de 1955* se resolvería a favor del conservadurismo modernizante del grupo de Calvo Serer, Pérez Embid, Rodríguez Casado y Millán Puelles, promoviendo el proyecto de progreso de España sobre la base de obras concretas que hicieran eficaz su modernización.

Especial resonancia tendría entre sectores del conglomerado hispanista, el pensamiento conservador de Gonzalo Fernández de la Mora, cuando anunciara en 1965 *El crepúsculo de las ideologías*, y propusiera la sustitución de las mitologías por un pensamiento racionalista y cientificista que privilegiara la eficacia por sobre las creencias, y sustituyera a los políticos por los expertos.[46] Se trataba de un conservadorismo modernizante que circularía a través de *Razón Española*, heredera de los viejos proyectos políticos de Acción Española, Arbor, Punta Europa, Verbo y Atlántida, y tendría una recepción positiva entre los hispanistas locales dispuestos a modernizarse, tal como lo acredita la adhesión de Zuleta Álvarez a las propuestas de síntesis entre razón y tradición, como veremos más adelante.

Las disputas culturales no quedaron en el plano discursivo sino que fundamentaron políticas públicas e impregnaron campos disciplinares. En la España de los largos años sesenta se priorizarían las políticas de racionalización y despolitización de la administración, junto con la vía de la estabilidad y el desarrollo. Los contenidos culturales del hispanismo adquirirían un sesgo más pragmático, apoyado en la oferta de ayuda técnica y cooperación para el desarrollo. Coadyuvando a lo que Naciones Unidas denominaría como la década del desarrollo, se activaron políticas de modernización, centradas en programas educativos, culturales y de asistencia económica que

---

[43] David Marcilhacy, *op. cit.*, pp. 73-102.
[44] María Celina Fares, "Por los sinuosos senderos del catolicismo integralista...", *op. cit.*
[45] Laura G. Rodríguez, "La influencia de la pedagogía española e italiana en Argentina durante la segunda mitad del siglo XX", *IV Congreso Internacional de Ciencias, Tecnologías y Culturas*, Universidad de Santiago de Chile, 2014.
[46] Pedro Carlos González Cuevas, "*Punta Europa y Atlántida*: Dos respuestas a la crisis de la Teología Política (1956-1970)", en *Historia y Política*, N°28, 2012, pp. 109-138.

incluyeron acciones coordinadas con los organismos internacionales. A través de programas de la OEA y la CEPAL se proyectaban planes de educación integral, con un sesgo racionalista y economicista, que serían receptadas por las burocracias educativas de los años sesenta. Se trataba de un nuevo conservadurismo empírico que no dejaba de aspirar a los valores de un catolicismo de tono universalista.

Si bien suele mencionarse el escaso impacto de la denominada "diplomacia del papel" en Hispanoamérica,[47] la reconstrucción de redes académicas y sus implicancias en la formación de elites intelectuales devenidas en agentes estatales tuvieron incidencia en el diseño de políticas culturales y educativas. Es factible observar la continuidad de algunos funcionarios procedentes del nacional catolicismo pretendidamente modernizante y veladamente profranquista, en las políticas educativas del frondicismo, el onganiato y la dictadura de 1976, vinculadas aunque no sin contradicciones, con los programas internacionales.[48]

Así las mutaciones del hispanismo, que iban del filofascismo al nacional catolicismo, formaron parte del acervo ideológico de las políticas del conservadurismo autoritario, constituyéndose en una especie de mito lo suficientemente flexible para legitimar no solo al régimen autoritario sino también a sus necesidades de modernización.[49] En Argentina esta tradición cultural, si bien subalterna a la liberal, no dejó de inspirar a ciertas élites culturales que asumieron funciones tecno-burocráticas y acompañaron los proyectos de modernización, tanto durante el desarrollismo democrático del gobierno de Frondizi como durante el desarrollismo autoritario en la dictadura de Onganía, explicando las tensiones que desde los bastidores ministeriales afectaban la estabilidad de dichos regímenes.

Finalmente si bien en España la crítica a la vieja teología política y el impacto del Concilio Vaticano II pondrán en cuestionamiento los fundamentos mismos del régimen político de Franco, en Argentina la crisis de la cultura política católica quedaría más invisibilizada tras lógicas políticas al menos aparentemente más secularizadas.

---

[47] Ver Lorenzo Delgado Gómez Escalonilla, *Imperio de papel*, *op. cit.*
[48] Laura G. Rodríguez, "La influencia de la pedagogía", *op. cit.*
[49] David Marcilhacy, *op.cit.*, p. 24.

La institucionalización de la ciencia política: tradición y modernización

El proceso de institucionalización universitaria de la ciencia política a nivel nacional, como una disciplina autónoma dentro del campo de las ciencias sociales, fue un fenómeno bastante novedoso por entonces, que reconocía un lento camino de deslinde tanto de la ciencias consideradas humanísticas –sobre todo la historia y la filosofía política–, como de las ciencias sociales –incluyendo las jurídicas y económicas–. La experiencia en UNCuyo respondió a la demanda de formación de cuadros burocráticos que el peronismo buscaba crear dentro de un espacio que le era hostil, como era la comunidad universitaria. Su perfil estuvo marcado más por la demanda política que por las preocupaciones disciplinarias, y condicionado por la concepción tradicional sobre el rol de la universidad como formadora en valores humanistas asentados en la tradición greco-latina e hispanista, pero que no se reducía a una formación cultural sino que priorizaba la profesional, e incluía la formación técnica, científica y de investigación.[50]

Dicha impronta evidenciada en el Congreso de Filosofía realizado en Mendoza tomaría impulso con la implementación de cursos obligatorios de formación política para los estudiantes universitarios en el Instituto de Estudios Políticos en 1950 y la creación de la Escuela de Estudios Políticos y Sociales (EEPyS) en 1952,[51] que emitiría los primeros títulos de Licenciado en Ciencias Políticas. La novel carrera atravesaría los mismos conflictos políticos que el resto de la universidad: la depuración iniciada con el golpe de 1955, los primeros intentos de modernización y autonomización y los enfrentamientos en torno a la Ley de Enseñanza Laica, cuya aprobación dio lugar a la creación de varias carreras de Ciencias Políticas dentro del ámbito privado, lo cual significaría la inclusión del catolicismo en los procesos de modernización que se venían gestando en las ciencias sociales.[52]

---

50 Clara Inés Ruvituso, *op.cit.*, p. 97.
51 En otros trabajos hemos hecho mención a la publicación del *Boletín de Estudios Políticos* y al perfil nacionalista de los primeros artículos; entre los que destacan los nombres de Enrique Oliva, Alberto Falcionelli y Osvaldo Osorio, así como el fundacional artículo de Arturo Sampay, que articulaba los contenidos de la doctrina peronista explicitados en la Constitución de 1949 con el proyecto de formación de cuadros burocráticos, en sintonía con la impronta misional que le daban al Estado concebido desde la matriz hispano cristiana; ver M.C. Fares, "Universidad y nacionalismos en la Mendoza posperonista. Itinerarios intelectuales y posiciones historiográficas en la Facultad de Ciencias Políticas y Sociales", *Anuario IHES*, N°26, 2011, UNCPBA, pp. 215-238.
52 En 1956 se crea la Universidad del Salvador y el Instituto de Ciencias Políticas; en 1958 la Universidad Católica Argentina, pero recién en 1973 aparece la carrera de grado. La UCA en Mendoza crearía la Facultad de Humanidades y Ciencias de la Educación en 1962.

A fines de 1959 en Mendoza se procedería a crear la primera institución de enseñanza superior privada no católica del país, la Universidad de Mendoza con la carrera de Abogacía, respondiendo a una vieja demanda social que fuera rechazada por la UNCuyo, tal vez por temor a ser absorbidos por los sectores más liberales del conservadorismo local.[53] Así, una especificidad de Cuyo, en relación con otras experiencias académicas del país, fue la prioridad que en el ámbito público tuvo la carrera de Ciencia Política por sobre el Derecho y la Sociología, y esto estuvo asociado a sectores del nacionalismo católico, mientras que el ámbito privado fue más proclive a ser permeado por los sectores más liberales y conservadores.

La inicial Escuela de Estudios Políticos y Sociales pasaría en 1958 a denominarse *Superior*, comenzando un proceso de autonomización que le permitió tener sus propias autoridades y presupuesto, hasta que recién en 1967 a través de las gestiones del entonces director Dardo Pérez Guilhou ante el ministro del Interior y Educación, con el apoyo de estudiantes y un grupo de profesores del conglomerado nacionalista,[54] y con la adhesión del movimiento estudiantil que rechazaba la inclusión de las ciencias jurídicas,[55] se crearía la Facultad de Ciencias Políticas y Sociales. Entre los objetivos permanecería la convicción en la formación de una dirigencia política sostenida por una especie de ética de la virtud con vocación de servicio público, que se fundaba en las disciplinas humanísticas y en la filosofía aristotélico tomista. Sin embargo, el proceso de institucionalización que recorrería la novel carrera no sería ajeno al interés por ingresar en los circuitos internacionales que promovían la expansión de las ciencias sociales.[56]

---

[53] El proceso de creación de las carreras de Ciencias Políticas y de Derecho en Mendoza fue diferente al del resto del país, pues no solo Ciencias Políticas se anticipó en el tiempo, sino que lo hizo en el ámbito público; mientras que Derecho fue creada en 1957 en la Universidad de Mendoza perteneciente al ámbito privado no confesional, y debería aguardar hasta 1985 para incorporase como carrera de la UNCuyo. Cabe mencionar que durante todo el siglo XX se sucedieron múltiples y fallidos intentos de creación de dicha carrera y que recién se efectivizaría a partir de diciembre de 1984 por decreto del ministro de Educación y Justicia, Dr. Carlos Alconada Aramburu, a pedido del interventor normalizador rector de la UNCuyo, Isidoro Busquet.

[54] Entre los colaboradores se encontraban el doctor Benigno Martínez Vázquez, el coronel retirado J. Atencio, R. Calderón Bouchet y E. Zuleta Álvarez, y nacionalistas vinculados al peronismo como E. Lonardelli y F. Leiva Hita, quien había sido echado en 1955 de Ciencias Económicas junto con Rey Tudela y J. Soler Miralles, quienes ingresarían por concurso en Ciencias Políticas (entrevistas realizadas por la autora a Dardo Pérez Guilhou, Mendoza, 2005-2008).

[55] Entrevista a José F. Martín, ex decano de Ciencias Políticas y Sociales (1990-1994) y ex rector de la UNCuyo (1996-2002), realizada por la autora y A. Nassif, Mendoza, julio 2016, en Centro de Documentación, Memorias de la UNCuyo, FCPyS, SECTyP, UNCuyo. Por entonces la facultad contaba con 480 alumnos, frente a los 600 de FFyL.

[56] El desarrollo de las ciencias sociales en América Latina en los años 50 tuvo que ver no solo con el desplazamiento de las carreras tradicionales como Derecho y Humanidades y la emergencia de nuevas –Economía, Educación, Ciencia Política, Sociología, Antropología,

La preocupación por la modernización y el desarrollo encontraría espacios de formación en estancias de posgrado tanto en FLACSO Chile, fundada en 1957, como en universidades norteamericanas y francesas adonde acudirían sus egresados,[57] impulsados por las políticas de vinculación institucional de las gestiones fundadoras y por el patrocinio de organizaciones internacionales por entonces en auge. Las innovaciones se verían a través de los institutos de investigación que entendían a las ciencias sociales no solo como entelequia o erudición, sino como un modo de intervención en lo social, a través de la articulación entre conocimiento y práctica que propendiera al desarrollo de los países atrasados del tercer mundo.

Así el interés por el desarrollo se canalizaría a través de nuevas cátedras como Teoría y Programación del Desarrollo o Sociología del Desarrollo y Política Económica, y del Instituto de Desarrollo y Planificación Económica constituido por economistas de tradición nacionalista filoperonista como F. Leiva Hita, A. Rey Tudela, J. Rodríguez Arias y geógrafos como Miguel Marzo. Materias como Geografía, Economía y Administración constituirían una secuencia problemática que articulaba progresivamente la cuestión de los recursos, la economía y la estructura. Se destacaba entonces la incidencia de Orlando Molina Cabrera,[58] formado en Francia con el padre Michel

---

Psicología Social, Trabajo Social, Periodismo–, sino con el crecimiento de la matrícula universitaria, la feminización de la misma, la expansión de agentes académicos y su ingreso en circuitos regionales de investigación y formación de posgrado, financiados por organismos estatales nacionales e internacionales. Ver: Fernanda Beigel, "La institucionalización de las ciencias sociales en América Latina: entre la autonomía y la dependencia académica", en Fernanda Beigel (directora), *Autonomía y dependencia académica. Universidad e investigación científica en un circuito periférico: Chile y Argentina (1950-1980)*, Buenos Aires, Biblos, 2010.

[57] En la primera generación que estudia en FLACSO Chile, está el abogado contador Horacio González Gaviola y la filósofa Yolanda Borquez; segunda generación sería Susana Becerra, Aldo Issuani –-que luego haría su doctorado en EE.UU.–, Eduardo Bustelo –luego trabajaría en CEPAL Buenos Aires y en UNICEF–, Rubén Servini y Francisco Martín –gracias a una beca de la OEA gestionada por Pérez Guilhou–. Allí se forman en el funcionalismo de Parsons y en los clásicos como Marx, Weber y Durkheim, pero también se inician en los enfoques latinoamericanistas y la teoría de la dependencia con F. E. Cardoso, J. Amata, M. C. Tavares, T. Dos Santos, sin dejar de escuchar a los europeos como Joan Garcés o Robert Castel. Volverían a comienzos de los setenta con un proyecto renovador representado por la gestión de Emilio Tenti Fanfani –formado en Francia– como decano en 1973-74, al que se unirían la hija de González Gaviola, Mónica González y su esposo José Octavio Bordón, que habían estudiado en la Universidad del Salvador. Sus testimonios tienden a revalorizar la formación que recibieron tanto en Historia de las Ideas latinoamericanas como en estudios jurídicos (entrevistas realizadas por el equipo de J. Ozollo y M. Padilla, 2007-2009, Secretaría de Ciencia y Técnica, UNCuyo. Mimeo gentileza de los autores).

[58] Orlando Molina Cabrera había egresado de la facultad en 1960 y se había doctorado en la misma en 1967, realizó estudios de posgrado becado por la Fundación Ford sobre Planificación del Desarrollo en el *Institut International de recherche et de formation en vue du développement harmonisé* y de Economía política en *L'Ecole de Hautes Etudes* en París entre 1964 y 1965. En los setenta fue consultor y experto de Naciones Unidas y del BID. Profesor de

Jean Paul Ramlot, discípulo de Lebret y Perroux, que representaban la línea del desarrollismo católico francés, cuya presencia en Mendoza resultaría ser una especie de *avant garde* ambientalista. Allí se desarrollarían proyectos de investigación sobre el rol de la región cuyana dentro de la integración fronteriza y su relación con los países del bloque andino.

Por otra parte, el impulso modernizador no solo se remitía a la inclusión de las perspectivas geográficas y económicas de corte nacionalista y desarrollista, sino también a la diferenciación de saberes, que tal como promovía la reforma del plan de estudios de 1968, ofrecía luego de una formación común, la opción por el título de grado de Licenciatura en Ciencias Políticas y Administración Pública o de licenciado en Sociología.[59] Junto con ello se consignaba la apertura de asignaturas metodológicas que promovían la investigación empírica para ambas carreras y la inclusión de nuevas asignaturas, como Antropología Social y Cultural y Psicología Social, que estuvieron a cargo de referentes vinculados al catolicismo, aunque de distinto signo: la primera del antropólogo humanista Luis Triviño y la segunda del católico integrista Abelardo Pithod, evidenciando cómo se pretendía articular la innovación dentro de la tradición.

Es que por entonces las tensiones existentes entre tradición y modernización no se constituían todavía en una grieta ideológica. De hecho siguiendo trayectorias individuales se encuentran en los sesenta muchos espacios compartidos entre agentes que luego tomarían derroteros diferentes. Por solo mencionar el caso de Horacio Godoy, de tradición nacionalista y católica,[60] quien luego de su formación de posgrado en la Universidad de Yale de los EE.UU. y su desempeño como director de la Escuela Latinoamericana de Ciencia Política y Administración Pública de FLACSO,[61] se convertiría en un agente

---

Economía Política y Teoría del Desarrollo, luego llamada *Planificación y Administración del Desarrollo*, secretario docente de la facultad entre 1967 y 1968 y decano de la misma entre 1972-1973. De la militancia en la Democracia Cristiana pasaría a las filas del radicalismo, fue asesor en el gobierno de Illia y electo senador provincial en 1983, falleció en un accidente automovilístico en diciembre de ese año, cuando tenía 47 años.

59 Aprobado bajo el rectorado de Pérez Guilhou, la comisión estaría formada por Francisco Leiva Hita, Benigno Martínez Vázquez, Julio Soler Miralles, Alejandro Rey Tudela, Orlando Molina Cabrera y Enrique Zuleta Álvarez, así como el asesoramiento de Emilio F. Mignone que por entonces trabajaba en la CONADE (Consejo Nacional de Desarrollo) y Horacio Godoy, director de la Escuela de Ciencias Políticas y Administrativas de FLACSO Chile; ver María Melina Guardamagna, *El Estado sin políticos. La formación y capacitación política en Argentina*, tesis doctoral, Universal Nacional Gral. San Martín, 2012 (mimeo).

60 Para su participación política dentro del nacionalismo ver M.C. Fares, *La Unión Federal: ¿Nacionalismo o Democracia Cristiana? Una efímera trayectoria partidaria (1955-1958)*, Mendoza, ExLibris-Astrea, 2007.

61 Fernanda Beigel, "La FLACSO chilena y la regionalización de las ciencias sociales en América Latina (1957-1973)", *Revista Mexicana de Sociología*, N° 2, 2009, pp. 319-349.

innovador del campo de las ciencias políticas y sociales, que propendió a la inserción de la facultad en los circuitos internacionales, por entonces en estrecha colaboración con Dardo Pérez Guilhou, vinculado al hispanismo conservador, quien no dudaría en promover a través de convenios con FLACSO, la formación de una generación de destacados egresados.[62]

La tensión entre tradicionalistas y modernos iría *in crescendo* en el curso de los setenta ocultando los puentes comunicantes que hubo entre los aportes del conservadorismo tradicionalista y pragmático a la formación del campo científico académico. Posteriormente los sectores vinculados al desarrollo cientificista nutrirán tanto el campo de la derecha liberal por un lado, como del democratismo social por otro, mientras que nacionalistas de derecha e izquierda, cuya posición historiográfica abrevaba en el revisionismo, radicalizarían sus posturas en un violento enfrentamiento.

Hacia la configuración de biografías colectivas

La reconstrucción de biografías individuales puede tornarlas en colectivas cuando es factible observar la existencia de una matriz de pensamiento compartido de impacto en la configuración de culturas políticas. El trazado de trayectorias intelectuales permite observar las coyunturas que cruzaron la historia de la universidad con la política, en las que el hispanismo fue determinante en la fijación de posicionamientos no solo político-ideológicos, sino académicos y disciplinarios. La detección de la existencia de grupos nacionalistas y católicos en la UNCuyo, vinculados fuertemente al hispanismo franquista, fue decisivo en la configuración del campo de las ciencias políticas, que contó con destacados referentes vinculados al campo historiográfico y filosófico, quienes le dieron un sesgo particular a la carrera.

---

[62] Los testimonios de una docente por entonces militante de *Trasvasamiento Generacional* decía con respecto a la lectura que hacía en los setenta el grupo que apoyaba la gestión de Mario Carretero y Emilio Tenti Fanfani: "...en realidad nosotros nos equivocamos mucho al hacer críticas a estos viejos, ya que habían hecho un pacto con los jóvenes. Los viejos tenían una idea de *aggiornar* la facultad, eran conscientes de que ellos no estaban preparados para eso, que habían estado como autodidactas y en maestrías que iban más o menos avanzando pero creo que hay que hacer una revisión histórica y hay que reconocerles el papel que ellos jugaron. Por ejemplo, Soler Miralles estaba en Sociología Sistemática, él había dicho que le estaba guardando el lugar a los otros que venían, también González Gaviola, el mismo Pérez Guilhou que daba materias más jurídicas. De hecho vienen y empiezan a incorporarse como profesores muy jóvenes, tienen tres o cuatro años más que los alumnos que tenían en esos momentos", entrevistas realizadas por J. Ozollo y M. Padilla, *op. cit.*

Uno de ellos, el decano fundador de la Facultad de Ciencias Políticas, Dardo Pérez Guilhou, abogado constitucionalista con vinculaciones con la nueva escuela histórica y la historia del derecho platense, tendría un perfil conservador y modernizante. Otros como Enrique Zuleta Álvarez, Enrique Díaz Araujo y Guillermo Saraví estarían más identificados con el nacionalismo de perfil revisionista aunque con matices diferenciales. Mientras Zuleta Álvarez sería un representante clave de las mutaciones del hispanismo, que irían desde sus primigenias simpatías falangistas a la reivindicación de la acción partidaria y de los postulados del desarrollismo y la modernización, sin dejar de identificarse con el revisionismo histórico y el nacionalismo republicano, Enrique Díaz Araujo, de matriz historiográfica revisionista, se entroncaría con la tradición más reaccionaria del nacionalismo. En el campo filosófico los católicos integristas tradicionalistas como Rubén Calderón Bouchet, Denis Félix Cardozo Biritos y Abelardo Pithod anclaban su filosofía en la tradición del pensamiento español y francés, que tendrá fuerte peso en los enfoques culturales, sociológicos y pedagógicos.

De hecho gran parte del plantel docente provendría de la FFyL e incluso durante los primeros años se cursarían en su sede asignaturas como Historia Contemporánea e Historia de las Relaciones Internacionales con el maurrasiano Alberto Falcionelli,[63] cuya erudición así como su extremado reaccionarismo eran reconocidos por sus seguidores; o Historia Argentina dictada por Pedro Santos Martínez, católico ortodoxo con cierta fama de "flor de ceibo" –expresión con la que se denominaba a los profesores nombrados por su cercanía al peronismo–, muy cuestionado posteriormente por su actuación como rector de la UNCuyo entre 1976 y 1981; así como Historia Americana estaría a cargo de Edberto Oscar Acevedo, junto con Comadrán Ruiz, quienes tendrían larga influencia en los enfoques tradicionalistas y fidelistas propios con los que encararon la historia americana y argentina, replicando la línea historiográfica planteada por Rodríguez Casado en la EEHA.

En este trabajo avanzaremos con más detalle en el pensamiento y trayectoria de Pérez Guilhou y Zuleta Álvarez, pues es factible observar en ellos la influencia del hispanismo cultural que acompañó el proceso de modernización franquista. Ambos, Pérez Guilhou

---

63 Alberto Falcionelli militó en el movimiento maurrasiano de *Action Française* y fue colaboracionista del gobierno de Petain. Representante de la agencia francesa Havas, se exilió en España y en 1947 llegó a Mendoza por intermedio del sacerdote Sepich; ver M.C. Fares, "Por los sinuosos senderos del catolicismo integralista...", *op. cit.* En la FFyL de la UNCuyo fundó la *Revista de Estudios Franceses*. Católico tradicionalista y monárquico, era reconocido por sus discípulos como el intelectual más culto e inteligente que trajera el fascismo a Mendoza. Luego en Buenos Aires se insertó en la *Revista Dinámica Social*.

y Zuleta, tenían más discrepancias en sus preocupaciones y posiciones historiográficas que en sus prácticas académico-políticas, donde pretendieron responder a las demandas de modernización autoritaria que se impusieron en la década del sesenta tanto en la península como en el continente latinoamericano.

Dardo Pérez Guilhou: un hispanista conservador modernizante

Dardo Pérez Guilhou había nacido en Mendoza en 1926 en el seno de una familia de raigambre criolla, filiación francesa y tradición laica. Realizó sus estudios en una escuela pública y en el Colegio Nacional Agustín Álvarez, e ingresó en la militancia católica a través del nacionalismo recién como estudiante en la Universidad de La Plata, con la lectura de Bonifacio Lastra, Raúl Scalabrini Ortiz y Ramiro de Maeztu. Allí se graduaría en 1949 de abogado y al año siguiente como profesor en Ciencias Jurídicas y Sociales. En su regreso a Mendoza ejerció la docencia en el turno nocturno del Colegio Universitario Central, en el Liceo Militar Gral. Espejo y en el Agustín Álvarez. Adscripto a la cátedra de Historia Argentina Contemporánea, en la carrera de Historia de la Facultad de Filosofía y Letras a cargo de Jorge Scalvini, junto con Guido Soaje Ramos, Calderón Bouchet, Zuleta Álvarez, entre otros, formaron en el año 1954 el Instituto de Estudios Humanísticos y Sociales, un intento de universidad paralela donde dictaban cursos de economía, historia y derecho en el colegio de los Hermanos Maristas. Enrolado en el antiperonismo, se negó a firmar la ficha de afiliación por lo que fue expulsado de los colegios donde era profesor,[64] y participó del grupo "juramentado" o comando civil que propiciaría la Revolución Libertadora de 1955. Funcionario del gobierno de "la libertadora", estuvo un breve tiempo en la Oficina de Informaciones dirigida por Enzo Santoni durante la gestión del general Eduardo Lonardi y fue asesor *ad honorem* de la intervención de la UNCuyo de Germinal Basso. En 1957 ingresa como profesor adjunto de Facundo Suárez en Teoría y Doctrina de la Constitución Nacional en la Escuela de Estudios Políticos y Sociales, y a partir de 1961 se desempeña como titular de Historia de las Ideas Políticas II y luego de Derecho Constitucional. Paralelamente desarrolla su actividad como profesor y funcionario en la Facultad de Ciencias Jurídicas

---

[64] Según su testimonio perdió las cátedras en colegios secundarios y nunca fue nombrado en Filosofía y Letras por resistir la presión de la filiación obligatoria, a la que muchos católicos bajo sugerencia de las jerarquías eclesiásticas cedieron (entrevistas con M.C. Fares, Mendoza, 2005-2008).

y Sociales de la Universidad de Mendoza, donde además de profesor sería vicedecano y luego decano, y establece relación con Guillermo Borda, un referente en la novel facultad privada.

Electo vicedirector de la Escuela de Estudios Políticos en 1965, se hace cargo de la dirección y al poco tiempo asume como decano, cuando se crea la facultad en 1967. Nombrado por el gobierno de Onganía como rector de la UNCuyo, cargo que ocupa entre setiembre de 1967 y junio de 1969, llevaría a cabo una gestión en la que se jactaba de no haber tenido prácticamente expulsiones ni renuncias, sino modificaciones en la participación en el presupuesto nacional que le permitieron mejorar condiciones laborales y ampliar el centro universitario, sentar las bases de las nuevas unidades académicas, como Ciencias Políticas e Ingeniería en Petróleo, además de iniciar procesos de modernización y departamentalización, inspirado en las visitas realizadas a universidades norteamericanas.[65] Dejaría el cargo para asumir como ministro de Cultura y Educación de la Nación, donde se desempeñó solo un año. El acelerado ascenso al escenario nacional que se produce durante el onganiato tiene que ver con su relación con el por entonces ministro del Interior, Guillermo G. Borda, y con el subsecretario de gobierno Mario Díaz Colodrero, que había sido compañero de estudios en La Plata, y sus coincidencias nacionalistas en la forma de encarar la reestructuración universitaria.[66] Junto con Emilio Mignone como subsecretario, Pérez Guilhou buscaría continuar los planes de modernización que había encarado Antonio Salonia durante el gobierno de Frondizi, propendiendo a una reforma orgánica y nacional del sistema educativo, cuestión que despertaba expectativas demasiado optimistas entre las elites burocráticas que poco se articulaban con el proceso de reconocimiento del peronismo y de radicalización política que se estaba viviendo. La implementación gradual del proyecto buscaba mermar la deserción escolar, estableciendo nueve años de escolaridad obligatoria y tres de orientación para la inserción laboral y universitaria. Establecía la obligatoriedad de formación docente en un nivel terciario, lo cual implicaba suprimir los títulos que emitían los bachilleratos pedagógicos, y sustituía las

---

[65] Agradezco la gentileza de Fabiana Bekerman por hacerme llegar sus entrevistas a Dardo Pérez Guilhou, Mendoza, 2008, que complementaron las propias.

[66] Pérez Guilhou dejó testimonio del apoyo que obtuvo siempre de Onganía a pesar de las presiones que recibía por parte de los grupos más reaccionarios que bregaban por priorizar la educación privada; entre ellos no solo del primer secretario de Estado, Cultura y Educación Mariano Astigueta, sino referentes eclesiásticos como monseñor Derisi, dirigentes del Opus Dei y del cursillismo y militares como Elbio Anaya. Durante su gestión como ministro Pérez Guilhou afirmaba haber cerrado universidades privadas y haber echado a los rectores que consideraba ultraderechistas, como el abogado Raúl Devoto en la UBA durante el periodo 1968-1969 y los de la Universidad del Nordeste y de La Plata (entrevistas con Fabiana Bekerman, Mendoza, 2008).

horas cátedra de los "profesores taxi" por cargos de dedicación completa, que incluían otras actividades además del dictado de clases, y una organización por departamentos de asignaturas afines.[67]

Si bien la gestión de Pérez Guilhou destacaría por su actitud más abierta al diálogo,[68] su participación en el gobierno de Onganía fue el motivo por el cual en los setenta fuera duramente cuestionado por algunas agrupaciones estudiantiles en la FCPyS, aunque contó con la defensa de diversos referentes académicos que reconocerían su gestión.[69] Identificado por la opinión pública con el nacionalismo autoritario, su perfil modernizante, con un tinte de apertura y pragmatismo, lo distanciaba de los sectores más reaccionarios.

Ya señalamos cómo la relación de Pérez Guilhou con Horacio Godoy impulsaría la apertura de la Facultad con otros centros académicos y de investigación que destacaban en la innovación en el campo académico. La presencia de relevantes politólogos europeos, sin excluir a norteamericanos,[70] evidenciaron su intención por actualizar a los estudiantes de acuerdo con los paradigmas modernizantes de las ciencias políticas y sociales, aunque sus preocupaciones teóricas y temáticas personales hayan ido por carriles más tradicionales que se abrían en la España del desarrollismo franquista.

---

67 Dardo Pérez Guilhou, *El programa educativo*, Buenos Aires, Secretaría de Estado, Cultura y Educación, 1969.
68 Ver Claudio Suasnábar, *Universidad e intelectuales, op. cit.*
69 Firmaron la solicitada en su defensa Luis Triviño, Susana Becerra, María Victoria Gómez de Erice, Orlando Molina Cabrera, Esteban Onofri entre otros; ver Pablo Lacoste, "La UNCuyo y sus luchas", en *Mendoza. Historia y perspectivas, Diario Uno*, Mendoza, 1997.
70 En 1967 se contó con la presencia de destacados conferencistas: Pierre Avril, Pier Luigi Zampetti, Rodrigo Fernández Carvajal, George Bourdeau, Michel Potier, Claude Emery, Robert Dahl. Ver: A. Barreda y otros, "Las 'marcas de la historia' en el origen y desarrollo de las Ciencias Políticas en la UNCuyo; entre los 60 y los 70", *Millcayac. Anuario de Ciencias Sociales y Políticas*, N° 8, 2010. Las visitas del italiano Zampetti, el español Fernández Carvajal, el francés Bourdeau fueron señaladas por alguna prensa de Buenos Aires como apologistas del "corporativismo": "Las especulaciones se reforzaron con el paso por la Argentina de profesores europeos especializados en la "democracia de participación", que desdeñaba el sistema de partidos o predicaba su debilitamiento a expensas de otras organizaciones. Los tres teóricos llegaban a la Argentina oficialmente invitados por universidades estatales y privadas, pero se especulaba que se esperaba la visita de otra docena de catedráticos, con el patrocinio del Ministerio del Interior. Las soluciones que estos profesores planteaban estaban cerca de la filosofía divulgada por amigos y funcionarios del gobierno y hasta por el propio general Onganía" (en Beatriz Figallo, "Exportación del modelo desarrollista del franquismo a la Argentina. Influencias y vinculaciones ideológicas en los años 60", en Stefan Rinke (editor), *Entre espacios: la historia latinoamericana en el contexto global. Actas del XVII Congreso Internacional de la Asociación de Historiadores Latinoamericanistas Europeos (AHILA)*, Freie Universität Berlín, 9-13 de septiembre de 2014, p. 2009). Con respecto a Robert Dahl, ha sido considerado muy frecuentemente un exponente destacado del conductismo y podría inscribirse, así como a Lipset y Huntington, en la corriente teórica que en los años cincuenta se difundió con gran intensidad en el mundo occidental, particularmente en los Estados Unidos, y que se conoció con el nombre de *El fin de las ideologías* y la superioridad del capitalismo sobre el socialismo. Ver Roberto García Jurado, *La teoría de la democracia en Estados Unidos*, México, Siglo XXI, 2009.

Entre 1959-60 había sido becado por el Instituto de Cultura Hispánica para estudiar en la Universidad de Sevilla, donde realizaría su tesis titulada *La opinión pública española y las Cortes de Cádiz frente a la emancipación hispanoamericana. 1808-1814*, publicada por la Academia Nacional de la Historia (ANH) recién en 1981.[71] La articulación entre una matriz antropológica de origen cristiano, una adhesión a los valores del hispanismo cultural, munido de un utillaje conceptual afincado en el campo jurídico constitucional, preocupado por una historia nacional desde la perspectiva "del interior" y con una especial erudición en materia de reconstrucción de una historia de las ideas analizada a través de las obras de los autores, constituirían el acervo metodológico que pondría a disposición para la formación de discípulos, con lo cual ganaría fama de maestro y formador de una escuela de historiadores y juristas mendocinos, que se nuclearía en torno del Instituto Argentino de Estudios Constitucionales y Políticos.

Su pasaje por la escuela sevillana a principios de los sesenta, diez años después que la mayoría de los profesores de FFyLetras, hizo que recibiera un impacto diferente al de ellos. Durante su estadía no solo se desarrollaban actividades de estudiantes antifranquistas, cuyo referente por la causa democrática sería Manuel Giménez Fernández desde parámetros de la democracia cristiana,[72] sino que además el grupo originario de los historiadores sevillanos se había dividido, separándose algunos de ellos de la impronta de Rodríguez Casado. Pérez Guilhou recibiría la formación del monárquico social Octavio Gil Munilla, a través de sus cursos sobre la prensa española en la época revolucionaria, y de Miguel Artola, especialista en la transición del antiguo régimen al orden liberal, quien lo orientaría en el trabajo del archivo secreto de las Cortes de Cádiz, labor que fuera merituada como original aporte por el prologuista de la publicación, Enrique

---

71 Cabe citar de sus trabajos previos publicados en el *Boletín* de la escuela, luego facultad: "El monarquismo en el Congreso de Tucumán", "Mendoza y la crisis del 90", "Saavedra Fajardo y la razón de Estado", "Influencia del constitucionalismo norteamericano en el argentino", "La Convención Constituyente mendocina de 1916", "Notas sobre el pensamiento político de Locke", "Estado de naturaleza y origen de la sociedad civil". Los más divulgados de sus libros fueron: *Las ideas monárquicas en el Congreso de Tucumán* (1966), *El pensamiento conservador de Alberdi y la Constitución de 1853* (1ª ed. 1984), *Facundo Zuviría. Su nacionalismo liberal* (1987), *Sarmiento y la Constitución Nacional* (1989), *Historia de la originalidad constitucional Argentina* (1994), *Liberales, radicales y conservadores. Convención Constituyente de Buenos Aires. 1870-1873* (1997), *Ensayos sobre la Historia Política Institucional de Mendoza* (1997), *Los liberales mendocinos. 1820-1870* (2001), *Las provincias y la organización nacional. 1852-1853. Dos proyectos políticos constitucionales: Buenos Aires y Mendoza* (2005), *Laurentino Olascoaga. Inmigración; anarquía; nacionalismo y reforma constitucional* (2006); además de numerosas obras en colaboración. Como miembro de la ANH participó activamente en el proyecto de la *Nueva Historia de la Nación Argentina* editada por Planeta entre 1999-2002 y dirigió a numerosos tesistas desde el Instituto Argentino de Estudios Constitucionales y Políticos, así como en organismos de investigación científica.

72 Antonio Carrillo Linares, *op.cit.*, p. 33.

Barba, por entonces presidente de la Academia Nacional de Historia. La tesis encaraba la recuperación de la perspectiva peninsular sobre el proceso emancipatorio entre 1808 y 1814, y sostenía la existencia de una percepción española que detectaba el espíritu de emancipación y de rebelión desde fines del siglo XVIII. Corroboraba la conciencia de culpa en la metrópoli, debido a los agravios infringidos por el despotismo ilustrado de los Borbones, así como el sentido independentista de América, que se había despertado ante la invasión napoleónica, que reivindicaba derechos y se predisponía a la guerra para lograr la separación definitiva, desestimando así la idea de guerra civil con que otros historiadores mendocinos y sevillanos habían defendido no solo el fidelismo, sino la política de defensa imperial de los Borbones. Sus conclusiones afirmaban la existencia de un concepto moderno como la opinión pública, consciente no solo de la política dual inglesa que se jugaba tras "la máscara de la monarquía", sino de la vocación imperial que subyacía en Cádiz, continuada con el retorno de Fernando VII, que puso freno a la emancipación.

El reconocimiento de que se trataba de una revolución de independencia moderna lo separa de las concepciones tradicionalistas de la escuela sevillana y su discípulos locales Comadrán, Acevedo y otros, sin que ello supusiera romper con el hispanismo de corte cultural e incluso institucional, cuyas pervivencias advierte en el nuevo orden creado, tanto en el presidencialismo como en el municipalismo, desarrollando las tesis de continuidad institucional que impregnan los estudios de historia del derecho.[73] Su hispanismo era diferente de lo que denominaba "el españolismo", al cual entendía como el intento nacionalista del franquismo de restituir la vigencia de un proyecto restaurador antimoderno que buscaba extenderse a Hispanoamérica.

Pérez Guilhou fue reconocido en el ámbito local como un referente en el campo del derecho constitucional y por su trayectoria en la gestión universitaria, pero desde ámbitos externos a la provincia ganaría su lugar entre los historiadores. Filiado más con la Nueva Escuela Histórica que con el revisionismo, a pesar de compartir la reivindicación de un hispanismo cultural, adhirió al método crítico erudito que impartía la Universidad de La Plata. Identificado con un conservadurismo, tanto por sus vinculaciones sociales como por sus convicciones –más antiperonistas que hispanistas y católicas–, se encontraba en las antípodas de la línea tradicionalista que cuestionaba los contenidos revolucionarios y liberales de Mayo, y de los

---

[73] Sus posteriores investigaciones sobre el Congreso de Tucumán, a partir del relevamiento de las actas secretas, le permitirían sostener la preeminencia del planteo monárquico constitucionalista sobre el republicano, entrando en fuerte tensión con el revisionismo clásico, que por entonces buscaba construir su propia genealogía nacional, de corte republicano tradicionalista, a través de las ideas de Tomás de Anchorena.

revisionistas que se negaban a ver en Juan Manuel de Rosas la síntesis del reaccionarismo antirrepublicano. Pérez Guilhou entendía la Revolución de Mayo como un hito fundante del nuevo orden, aun cuando guardara en sus entrañas la fuerza de la tradición monárquica española, que finalmente encarnaría en un andamiaje constitucional construido en torno al pensamiento conservador de Alberdi. Así lo había anticipado en un artículo publicado en el *Boletín de Estudios Políticos y Sociales* de 1967, en torno a la influencia del constitucionalismo norteamericano en el argentino. Ponía énfasis en detectar la factura alberdiana de la Constitución de 1853, al analizar el perfil centralizado del Estado federal vía atributos presidenciales, así como la amplitud de libertades y garantías que sobrepasaban las del sistema norteamericano. Las notas del historicismo romántico cincelaron la singularidad del régimen político desprendido de la experiencia histórica, desmontando de este modo la tesis sarmientina de reproducción mecánica del constitucionalismo norteamericano.

De este trayecto se deduce su filiación con el pensamiento conservador, que él mismo reconoce en la entrevista que le hiciera Marcelo Montserrat.[74] En ella partía de la cita de Alberdi en la *Biografía del General Bulnes*, con la que define al sistema conservador como un programa de afianzamiento de las instituciones, de manera de mantener la paz y el orden, sin desligarse del progreso como cambio gradual, protegiendo garantías públicas e individuales, absteniéndose de la exageración y la falsa brillantez de las innovaciones y prefiriendo la experiencia propia a las teorías ajenas. Siguiendo uno de los pensadores tradicionalistas que más admiraba, Elías de Tejada,[75] defendía una noción de tradición que no se oponía al progreso y al cambio histórico, pero que recuperaba el pasado aunque en oposición al fanatismo moral y a su vinculación religiosa, privilegiando una moral laica que se asentaba en valores espirituales y liberales, y que desconfiaba siempre de las innovaciones revolucionarias. Tendía así distancia del reaccionarismo, sobre el que advertía una operación cuyo anclaje teórico solía desconocer la dinámica de los procesos históricos. Desde esa perspectiva entonces cuestionaba al rosismo, pues respondía a la idea de monarquía borbónica, fundada no tanto en un criterio pragmático de orden, sino en la convicción restauradora que le impidió realizar innovaciones que posibilitaran la conservación del orden.

---

74 Marcelo Montserrat, *La experiencia conservadora*, Buenos Aires, Sudamericana, 1992, pp. 106-118.
75 Elías de Tejada (1917-1978), experto en historia, filosofía y ciencia jurídica, fue catedrático de Filosofía del Derecho en las universidades de Salamanca (1942-1951), Sevilla (1951-1977 años en los que coincidió con la estancia de Pérez Guilhou) y Madrid (1977). La temática de su producción literaria giró en torno a la unidad católica y la monarquía, el federalismo tradicional y en particular la historia de la filosofía española.

Desde las mismas convicciones trazaría distancia con el liberalismo y el democratismo no solo en virtud del escepticismo que le despertaban las ideas de libertad e igualdad puras, sino en función de un empirismo político apoyado en la reflexión sobre la experiencia histórica, que demuestra la necesidad de una institucionalidad que sostenga el orden y la conducción, una superioridad del ejecutivo por sobre el legislativo, una voluntad política por sobre la libre dinámica del mercado y el mejoramiento social por sobre la acción partidaria. No es casual entonces que fuera uno de los primeros en abordar el tema sobre la ignominiosa historia de la papeleta de conchabo, dando cuenta de la prelación con que el conservadorismo trató la cuestión social, en relación con el peronismo, aunque no con el socialismo.

Enrique Zuleta Álvarez: un hispanista revisionista modernizante

Enrique Zuleta Álvarez es un referente indiscutible del nacionalismo, no solo por su militancia política en *Unión Republicana*, que es poco conocida, o por su pasada adhesión intelectual al nacionalismo republicano, tal como él lo denominara, sino por ser como se ha dicho "el mejor conocedor de la historia intelectual del grupo".[76] Nacido en La Plata en 1923, era descendiente vía materna de José S. Álvarez, conocido como "Fray Mocho", creador de la revista *Caras y Caretas*, y su padre había sido gobernador yrigoyenista en la provincia de La Rioja. Estudió en el Colegio Nacional de Buenos Aires, donde tuvo como profesor a Ernesto Palacio, entre otros que despertaron su interés por la lectura revisionista de la historia argentina. Junto con su amigo Arnaldo Musich,[77] disputaban en la búsqueda de libros y en torno a la lectura de *Nuevo Orden*[78] y *La Voz del Plata*, de donde provendría su admiración por los hermanos Irazusta.[79] Desde joven Zuleta se

---

76 Fernando Devoto, *Nacionalismo, fascismo y tradicionalismo en la Argentina moderna. Una historia*, Buenos Aires, Siglo XXI, 2002, p. 162.
77 Arnaldo Musich, que pasaría de posiciones cercanas a los Irazusta al desarrollismo, formó parte del entorno de Carlos Alberto Florit, canciller de Arturo Frondizi, integrando la delegación que en Punta del Este se opuso a la exclusión de Cuba de la OEA. En 1976 Musich sería el primer embajador del "Proceso" en Estados Unidos, cargo al que renunció a los pocos meses.
78 Sobre *Nueva Política* (1940-1943) Zuleta escribió un artículo en la compilación de Noemí Girbal-Blacha y Diana Quattrocchi-Woisson, *Cuando opinar es actuar. Revistas argentinas del siglo XX*, Buenos Aires, ANH, 1999.
79 Contaba Zuleta que junto a Musich, cuando tenían 18 años, se presentaron en el porteño departamento de Agüero 1412, donde los recibieron ambos hermanos rodeados de libros y amigos en un clima de efervescencia política intelectual que los sedujo de inmediato. Julio tendría por entonces 44 años y allí reconstruyeron vinculaciones filiales con José S. Álvarez, que era originario de Gualeguaychú; ver Enrique Zuleta Álvarez, "Julio Irazusta, recuerdo y homenaje", *Todo es Historia*, N° 358, 1997.

sintió convocado por la apelación de Rodolfo al nacionalismo, lo cual significaba abandonar su actitud puramente intelectual y abocarse a la acción, que llevara a cabo los tres puntos del programa que los Irazusta inscribieron en *La Argentina y el imperialismo británico*, los cuales consistirían en la crítica a las fuerzas económicas extranjeras, a los sectores argentinos que se subordinaban a esos intereses, y la necesidad de que el revisionismo historiográfico explicara esa política

Por motivos de salud Zuleta fijó su residencia en Mendoza a partir de 1943, donde fue compañero en el Colegio Nacional de Dardo Pérez Guilhou. Trabó gran amistad con el poeta y creador de la fiesta de la Vendimia Abelardo Vázquez y con Osvaldo Osorio, ambos militantes del primer grupo falangista de Mendoza liderado por el padre Pedro Arce de Godoy Cruz.[80] Osorio había colaborado con el periódico de los Irazusta con el pseudónimo de Hugo Roenig,[81] mostrando sus simpatías falangistas, su admiración por José Antonio Primo de Rivera, expresada en el periódico *Aquí Mendoza*, y sería uno de los promotores de la creación de la Escuela de Estudios Políticos de la UNCuyo.[82]

En 1946 Zuleta deja los estudios por un tiempo y trabaja como secretario del Consulado de España y luego en la comisión organizadora del Instituto Cuyano de Cultura Hispánica, fundado en 1951. Desde ambas instituciones hispanistas promovió gran cantidad de viajes de estudios de posgrado de los egresados de la FFyL a la EEHA y a la Universidad de Sevilla. Él mismo fue becado por la Dirección General de Relaciones Culturales del Ministerio de Asuntos Exteriores de España y por el ICH de Madrid entre 1954-55, con una carta de recomendación de Eduardo Mallea dirigida a Julián Marías, donde tomó clases con el polémico Santiago Montero Díaz, su discípulo

---

[80] La Iglesia Tapón de Sevilla fue centro de militancia anticomunista juvenil, siendo sede del grupo "Nacionalismo Argentino" con Juan V. Sánchez y Rafael Funes, quienes entre 1936 y 1938 publicaron un periódico llamado *Nueva Argentina*. Otras sedes fueron la Iglesia de Rodeo del Medio con el padre Generoso García, y para los sectores de mayor peso económico, como los Díez, Ruano, Peñalba y Pérez Gutiérrez, lo sería el Club Español. Uno de los líderes, Enrique Ribes, "camisa azul" jefe de milicias, sería considerado el primer mártir de la Falange Argentina caído en América, muerto en la mendocina localidad de Rodeo de la Cruz el 20 de junio de 1937 en una disputa con adherentes de la II República Española, de tendencia comunista (entrevistas de M.C. Fares a E. Zuleta Álvarez, Mendoza, 2005-2008).

[81] Osorio logró que el Instituto de Estudios Políticos de la UNCuyo publicara en 1951 el libro *Tito Livio* de Julio Irazusta.

[82] Según Zuleta, Osorio se mostraría poco afín con la intelectualidad mendocina. Adhirió al peronismo y formó parte de los equipos de jóvenes que acompañarían la gestión del primer gobierno peronista en la provincia, con una fórmula proveniente de figuras de la UCR Junta Renovadora integrada por Faustino Picallo y César Tabanera. Luego iría a estudiar Diplomacia en Santa Fe, para recalar finalmente en Buenos Aires, colaborando con la fundación de la primera Escuela de Estudios del Peronismo, junto con Enrique Oliva.

Rafael Calvo Serer y con los filólogos Dámaso Alonso y Antonio Rodríguez Moñino en la FFyL de Madrid. A su retorno, durante la intervención de Germinal Basso, ingresaría con un cargo administrativo en la UNCuyo.

Dinamizador de las redes irazustianas, Zuleta no solo promovió la difusión de la obra de Irazusta en España, gracias a la cual Julio obtuvo reconocimientos como los del filólogo Antonio Tovar, sino que activó los contactos con las redes locales mendocinas, recibiendo a los maestros cuando se hacían presentes en Mendoza y difundiendo su producción.[83] Su sociabilidad intelectual iniciada con las amistades forjistas de su padre –Raúl Scalabrini Ortiz, Arturo Jauretche, Atilio García Mellid– se amplió con los círculos del nacionalismo católico más reaccionario que rodeaba a los Irazusta, como Meinvieille, L. Castelani, Marcelo Sánchez Sorondo y Jordán Bruno Genta, y los cordobeses Nimio de Anquín y Martínez Villada.

En 1955 su ya afamada y nutrida biblioteca[84] sería sede de las reuniones de un grupo de nacionalistas antiperonistas que lideraba Guido Soaje Ramos, y junto con Francisco Navarro Hinojosa, emprendió la organización del Partido Unión Republicana en Mendoza,[85] siguiendo los lineamientos con que Rodolfo Irazusta había organizado el de Córdoba en 1956, con la ayuda de Musich. Se trataría en realidad de una reedición de la frustrada experiencia del Partido Libertador de 1941, ambos con escasa repercusión. Unión Republicana se autodefinía como "un nacionalismo republicano, universalista, no nativista, ni vinculado al catolicismo, ni al militarismo, ni al filofascismo, pero sí con el antiperonismo"; sus postulados tendrían una veta nacionalista particular, que los había distanciado de otros nacionalismos, tanto de los fascistas de la Alianza Libertadora Nacionalista y de Manuel Fresco, como de los populistas que encontrarían

---

[83] Zuleta realizó un homenaje a Julio Irazusta en 1971, con motivo de su incorporación como miembro de número de la Academia Nacional de la Historia, luego siendo rector interventor de la UNCuyo, y otro el 5 de julio de 1982, dos meses después de su deceso, en el que participaron aquellos que se consideraban sus discípulos, a pesar de las diferencias que tenían entre sí: además de Zuleta, Enrique Díaz Araujo, Guillermo Saraví, Edberto Acevedo y Jorge Comadrán Ruiz. Sin embargo solo los tres primeros autores participaron de la publicación que se editó en 1984. El texto de Acevedo había aparecido en el diario Los Andes el domingo 23 de mayo de 1982.

[84] Su perfil bibliófilo se inspirará en el de Julio Irazusta, quien compraba y vendía bibliotecas enteras para disponer de material para sus estudios, sobre las que se lanzaban luego algunos de sus discípulos a rastrear los libros con su firma por las compraventas de libros de calle Corrientes, en entrevistas de M.C. Fares a E. Zuleta Álvarez, Mendoza, 2005-2008.

[85] La nómina de integrantes de la Comisión promotora en 1957 la encabezaba Zuleta y era seguida por el ingeniero José Joaquín Cuccia, Rubén Lucero, Luis Estrella, Carlos Pincolini, Felipe Seisdedos, Enrique Zuleta Puceiro, Marta Díaz, José L. Ortega, Ángel Monteoliva, Ignacio Zuleta Puceiro, Alejandra Monteoliva, Graciela Suárez, Mario Falconi, Olga Arrabal, Daniel Carubin, Osvaldo Miranda, Julio Figueredo y por los doctores Carlos Ignacio Massini, Leila Zgaib y Ricardo Podestá.

algunos canales dentro del peronismo, y así como poco había durado su apoyo a Uriburu, tampoco coincidirían con la efímera experiencia lonardista. Reivindicaban la tradición rosista e yrigoyenista como la línea nacional, y postularon la denuncia política sobre la vinculación espuria entre el régimen y el imperialismo británico como eficaz clave de interpretación historiográfica. Por entonces, la polémica con Raúl Prebisch fue explicitada de diversas formas en su efímero periódico *La voz republicana*, donde cuestionarían sin denuedo la política económica de la Libertadora.

Sin embargo no fue su militancia irazustiana lo que promovió la presencia de Zuleta Álvarez en el escenario nacional, sino sus vínculos con sectores frondicistas. Su amistad con Antonio Salonia desde la época estudiantil le facilitaría el acceso al Ministerio de Educación de la Nación, actuando como asesor junto con Arnaldo Musich y otros mendocinos como Facundo Suárez y Albarracín Godoy, desde donde confrontarían con los nacionalistas de *Azul y Blanco*, quienes según Zuleta Álvarez llevaron a cabo una campaña de desprestigio para voltear a Frondizi bajo la acusación de comunista.[86] Funcionario del gobierno ucrista provincial de Arturo Ueltschi (1958-1961), asumiría la dirección de la Biblioteca Pública General San Martín y luego sería director provincial de Cultura. Más tarde propiciaría desde la dirección de la Biblioteca Central de la UNCuyo (1958-1964) un proyecto de reforma, modernización y profesionalización de las bibliotecas públicas y universitarias, ejecutado gracias al apoyo de la UNESCO.[87]

Luego de su viaje a Madrid se recibió de profesor de Filosofía en el sesenta, y cuatro años más tarde ingresaría como profesor en la cátedra Historia de las Ideas Políticas III, posteriormente convertida en Historia de las Ideas Políticas y Sociales Americanas, mediante concurso por jurado integrado por Dardo Pérez Guilhou, Antonio Pérez Amuchástegui y Enrique Barba. En la FCPyS desarrolló su labor docente y publicó gran parte de sus artículos,[88] hasta 1992 en que lo

---

86 Para Zuleta Álvarez la campaña de Sánchez Sorondo fue una canallada, y en defensa del ex presidente afirmaba que "Frondizi murió con un rosario en la mano, pobre como una rata, sin un centavo, defendiendo Malvinas" (entrevista de M.C. Fares a E. Zuleta Álvarez, Mendoza, 12 diciembre 2002).
87 Sobre el tema escribió *Libros y bibliotecas de América: un tema de Sarmiento* y *Perspectivas bibliotecarias en Mendoza*, ambas publicadas en 1961.
88 Aparecieron en el *Boletín* de la Facultad: "Andrés Bello y las relaciones interamericanas", "Charles Maurras", "Escritos del libertador", "Francia en las ideas políticas y en la cultura argentina", "Tradición y reformismo en el pensamiento político hispanoamericano del siglo XIX", "Libertad intelectual y cultura marxista en Iberoamérica", "Tradición y renovación en el pensamiento de Ramiro de Maeztu", "La idea de América en el pensamiento español del siglo XIX", "La idea de América en el pensamiento español contemporáneo (1900-1936)". Por aquellos años publica numerosos libros: *Intendencia intelectual en las letras hispanoamericanas* (1960); *Rodó y la cultura americana* (1960); *Introducción a Charles*

nombran profesor emérito, y su presencia se hace más discontinuada. Con una movilidad docente superior al resto del plantel, dio clases, cursos y conferencias en universidades y centros de educación superior hispanoamericanos, norteamericanos y europeos. Fue miembro de número de la Academia Nacional de la Historia, de la Junta de Estudios Históricos de Mendoza y correspondiente de la Real Academia Española de la Historia. En su gestión como rector de la UNCuyo entre 1981 y 1983 intentó mostrar un perfil más aperturista que la gestión de su antecesor, Pedro Santos Martínez.[89]

Zuleta Álvarez se jactaba de tener un espíritu humanista más universalista que lo diferenciara claramente de los católicos, tradicionalistas, o nacionalistas filofascistas. Su posicionamiento político e historiográfico lo distanciaría de los historiadores de la FFyL como Comadrán Ruiz y Acevedo, a quienes no identificaba con el revisionismo, pues a su criterio solo se quedaron con el hispanismo y no trabajaron el rosismo. Tampoco identificaría a los hispanistas como nacionalistas, pues no participaron de política, como sí lo haría él en Unión Republicana. Para Zuleta Álvarez los católicos, los tradicionalistas, los conservadores no querían saber nada con un partido político nacionalista, porque temían poner en riesgo sus espacios consolidados dentro de la universidad, en jugadas utópicas en la política.[90] La influencia de Zuleta en los estudios sobre nacionalismo en la FCPyS se acredita además por la cantidad de tesis de licenciatura que dirigió, vinculadas al nacionalismo, cuestión que no ocurría en la FFyL.

Una de sus preocupaciones era restituir la tradición hispánica desde una perspectiva americanista que vinculaba a las naciones de ambos lados del Atlántico, proyecto que en su faz literaria fue encarado por su esposa Emilia Puceiro de Zuleta, reconocida erudita en

---

Maurras (1965); *Francia en las ideas políticas y en la cultura argentina* (1965); *Clasismo y orden en la obra de Charles Maurras* (1977); *Azorín y Maurras* (1976). Su obra más conocida será *El Nacionalismo Argentino* en dos tomos, publicada por editorial La Bastilla en 1975, a la que seguirá en 1980 *Rodolfo Irazusta y la idea de una política nacional*.

89 Durante el rectorado de Zuleta Álvarez se promueve el otorgamiento de *Doctorados Honoris Causa* a referentes importantes del hispanismo: Vicente Palacio Atard, Guillermo Díaz Plaja, Julián Marías, José Ferrater Mora y José Luis Comellas.

90 Le gustaba reconocerse amigo tanto de familias radicales, como la de Facundo Suárez, o conservadoras, como la de Albarracín Godoy, sin desconocer su vinculación con Otto Burgos, quien fue el rector interventor de la UNCU, nombrado por la gestión de Oscar Ivanissevich en 1975, a quien no consideraba nacionalista pero sí peronista, y sobre todo con el maurrasiano Alberto Falcionelli, con quien decía compartir su oposición al comunismo y al liberalismo, pero no su integrismo y fascismo, enemigos íntimos del nacionalismo para Zuleta. A pesar de su antiperonismo, contaba entre su círculo de amistades a conocidos adherentes al peronismo, como el músico Julio Perceval, el literato Guillermo Kaúl y el poeta entrerriano Alfonso Solá Gonzales.

la materia.⁹¹ Tomando como punto de partida el modernismo, como vanguardismo estético y amalgama histórico-política de las dos hispanidades, reconstruía itinerarios intelectuales pasando revista a un amplio espectro de ensayistas.

Zuleta Álvarez seguiría los senderos del nacionalismo republicano, el cual ponía énfasis en el compromiso político de los intelectuales y en la difusión de las ideas de Ramiro de Maeztu, que ofrecían una tercera vía frente al proyecto imperial norteamericano o a la revolución comunista, sin necesidad de arribar a la monarquía maurrasiana.⁹² La comunidad católica como ideal político, con un sentido ético y jerárquico aristocrático, debía responder con criterios de fidelidad a su ser ontológico, original, para insertarse en una historia de salvación. Por tanto la hispanidad se presentaba como único camino, que recuperaba desde un patriótico nacionalismo los valores universales del catolicismo. Se trataba del camino de orden con el que Maeztu pretendía responder al inquietante crecimiento del país del Norte, reeditando la misión ecuménica y religiosa de la España del siglo XVI y XVII, no a través de una monarquía, sino de la representación funcional y orgánica y de la idea de hispanidad.⁹³

Su posición historiográfica identificada con el revisionismo destacaba la dificultad que tuvo el reformismo liberal para anclar en la mestiza sociedad hispanoamericana y proponía una visión conflictiva e irresuelta de la historia frente a la mirada lineal de la tradición liberal. Hacía un paralelismo entre España y América en su ingreso a la modernidad, como una alteración violenta que había dado cabida a la fidelidad del orden jurídico hispánico y a la resolución de la crisis monárquica. La guerra civil solapada bajo la fórmula de "civilización

---

91 Miembro correspondiente en Argentina de la Real Academia Española de la Lengua desde 1987 y de número de la Academia Argentina de Letras. Ambos, Emilia y Enrique, recibieron la condecoración de la Cruz de Oficial de la Orden de Isabel la Católica de España, por concesión del rey Juan Carlos I de España: "Para nosotros es la culminación de una vida dedicada a pensar y escribir sobre las relaciones entre España y Argentina y a transmitir esa devoción a través de la docencia", explicaba Emilia Puceiro (*Los Andes*, Mendoza, 14 de diciembre de 2000), quien durante treinta años fue profesora de Literatura Española. Zuleta Álvarez comentaba que "habían profundizado cada vez los temas de la historia española, de las ideas, pero siempre en relación con este proceso de mestizaje con lo nativo de la América Hispánica; que es lo que ha producido como resultado nuestra fisonomía cultural contemporánea". Mientras Enrique Zuleta manifestaba su interés por Henríquez Ureña, Martí y Bello, Emilia Puciero lo hacía por Pérez Galdós, Salinas y Guillén, además de los clásicos Quevedo y Calderón.
92 Zuleta Álvarez escribió una biografía apologética de "Charles Maurras", en el *Boletín de Estudios Políticos*, N° 7, 1957, UNCuyo, donde establecía la vinculación no solo con españoles como Ramiro de Maeztu, sino con Jackson de Figueiredo en Brasil y con los jóvenes del periódico *La Nueva República* en Argentina; sobre todo en lo que se refiere a su "metodología política...", basada en la "observación crítica de la realidad", pp. 86-88.
93 Enrique Zuleta Álvarez, "El nacionalismo argentino: veinte años después (1975-1995)", en *Historia y evolución de las ideas políticas y filosóficas argentinas*, Córdoba, Academia Nacional Derecho y Ciencias Sociales de Córdoba, 2000.

o barbarie" dio lugar a la reacción del caudillismo y los gobiernos autocráticos ante el avance del reformismo ilustrado que despreciaba la tradición de un democratismo natural. Militarismo, caudillismo y aristocratismo constituían para Zuleta Álvarez los componentes centrales en la lucha política contra la violencia ilustrada, versión que alimentaba la polémica ideológica de los años sesenta entre las tres tradiciones en pugna, la liberal, la marxista y la nacional autoritaria. Identificado obviamente con esta última, compartía sin embargo con la tradición civilizatoria del denostado enemigo el componente jerárquico asignado al conocimiento.[94]

La línea interpretativa de la historia nacional guardaba un sesgo decadentista. Su explicación del fracaso remitía centralmente a los intelectuales que no advirtieron la incompatibilidad de una propuesta cuya audaz operación pretendía conciliar liberalismo, reformismo e ilustración, con tradicionalismo, conservadurismo y pragmatismo en las experiencias de los regímenes personalistas autocráticos. Para Zuleta Álvarez el fracaso de los ideólogos abrió las puertas para la consolidación de las oligarquías y el ingreso a la modernidad, vía la relación imperial y la división internacional del trabajo, postulando como central la tesis de la dependencia que, como dijimos, serviría de puente con las lecturas de la izquierda nacional, más allá de que el conflicto intergeneracional ya estaba presente.

Veinte años después de la edición de su obra *El Nacionalismo*, se replantearía la inquietud que lo había llevado a considerar a mediados de los setenta el fracaso de dicha corriente de pensamiento, admitiendo a fines del milenio que alentaba aún la esperanza de rescatar una huella positiva de dicha historia. El nacionalismo de derecha, que en Europa culminaría con los fascismos satanizados en la posguerra, era un tema difícil de encarar como objeto de investigación, a no ser por lo que él mismo consideraba un espíritu de rebeldía de los vencidos amparados por la tradición revisionista, que se negaba a actuar como coartada de las dictaduras militares. Reconocía haber aprendido "una lección durísima en materia de convivencia republicana, dentro del

---

[94] En una nota del diario *Los Andes*, Mendoza, 10 de abril de 1969, se analizaba el rol de la universidad confrontando la idea de "diálogo horizontal" que proponía Ezequiel Ander Egg con la propuesta de "diálogo vertical" de Zuleta: "el diálogo en la Universidad debe ser vertical. La vida universitaria es jerárquica: está el saber y la ignorancia. Yo debo escuchar al estudiante, sí... Pero después del proceso en que yo verticalmente enseñé cosas que yo sé y que los alumnos ignoran". La nota dejaba entrever las tensiones existentes entre las autoridades y el estudiantado. Mientras citaba palabras del rector Pérez Guilhou: "queremos que haya centros de estudiantes en todas las Facultades", también se mencionaban otras opiniones anónimas: "si empiezan a surgir estudiantes con verdadera opinión... comienzan los tirones de oreja".

derecho, la justicia y la libertad",[95] que lo llevaría a matizar afirmaciones y emprender otros desarrollos. Su declaración acerca de cómo caducaron ciertos aspectos del nacionalismo: "su sistemático militarismo antirrepublicano y su mesianismo autoritario [...], así como su talante sectario, faccioso e intolerante",[96] parecía ser un intento de desprenderse del lastre del pasado, sin desestimar la reivindicación de valores emancipatorios considerados irrenunciables en un contexto de globalización. Quedaría abierta la cuestión acerca de cuán duro pudo ser para los intelectuales del nacionalismo la lección de la convivencia republicana. Si se trató solo de soportar la derrota cultural y moral de su propuesta en el nuevo horizonte democrático, más que de asumir las implicancias que tuvo el uso exacerbado del imaginario nacional católico anticomunista en manos del terrorismo de Estado de los setenta.

Reflexiones finales

Las transformaciones operadas en determinados espacios del campo académico y universitario argentino de los años sesenta revelan que los procesos de modernización y radicalización fueron alentados no solo por el campo progresista, sino también desde sectores tradicionalistas. La idea de vincular los desarrollos disciplinarios a paradigmas internacionales implicó fuertes vinculaciones transnacionales, que en el caso de las elites intelectuales más conservadoras se hicieron con los proyectos del hispanismo franquista.

El hispanismo se constituyó en una fuente de legitimidad para el franquismo pues permitió aglutinar en torno a los valores del nacional catolicismo, a las distintas vertientes de las derechas españolas de acuerdo con las necesidades coyunturales del régimen. Pero además fue una matriz cultural que se expandió entre ciertas redes académicas y universitarias latinoamericanos que adoptaron los postulados de ese nacionalismo transatlántico, sin advertir suficientemente que respondían a proyectos del expansionismo cultural del franquismo.

El reciclado de los contenidos de esa cultura política ofreció a las elites intelectuales conservadoras locales un soporte ideológico y doctrinario bastante flexible para mantener viva la crítica al marxismo y al liberalismo, al mismo tiempo que adaptar los fundamentos del nacional catolicismo a los procesos que la modernización requería, superando las discrepancias internas.

---

95 Enrique Zuleta Álvarez, "El nacionalismo argentino: veinte años después (1975-1995)", *op. cit.*, p. 370.
96 *Ibidem*, p. 371.

Algunos referentes de la UNCuyo supieron modificar las pautas del reaccionarismo que pervivieron en los sectores más integristas y flexibilizar sus postulados. La adhesión a la filosofía del catolicismo como cosmovisión universal, si bien seguía jugando como un componente nacionalizador, crítico del liberalismo y el marxismo –cuya fácil propagación serviría para justificar el autoritarismo y la represión durante el onganiato–, trabajaría en la segunda mitad de los sesenta en adaptar el tradicionalismo cultural a los imperativos del desarrollo y la autonomía nacional.

Esta matriz hispanista modernizante no ocultaba sus diferencias. Desde el optimismo conservador alberdiano de Pérez Guilhou, como desde el revisionismo decadentista de Zuleta, se ofrecían argumentos históricos para posicionarse como críticos, tanto de las experiencias democráticas liberales como de las populistas. Sin retornar a un nacionalismo que pudiera identificarlos con el fascismo o el reaccionarismo, vieron en el proyecto modernizador y desarrollista del franquismo un modelo posible de encauzar, tanto por las vías democráticas del frondicismo con las que se identificó Zuleta Álvarez, como por las autoritarias del onganiato en las que participó Pérez Guilhou, aunque sin notoria injerencia política.

Las trayectorias intelectuales de estos agentes, compuestas por derroteros historiográficos que se insertan en tradiciones nacionales e internacionales de peso, activa participación en instituciones académicas y en cargos de gestión y su llegada al escenario político nacional, revelan el potencial simbólico que constituyó el hispanismo como sostén cultural del autoritarismo, tanto en su versión reaccionaria de los años cuarenta, como en la modernizadora de los sesenta.

6

Universidad y medios de comunicación

Santa Fe, Rosario, la Universidad Nacional del Litoral y el antifranquismo

MIGUEL ÁNGEL DE MARCO H.[1]

Entre el golpe de Estado que derrocó a Juan Domingo Perón en 1955 y el que en 1966 desplazó de la presidencia a Arturo Illia, la universidad argentina experimentó una etapa caracterizada por la reinstauración de los postulados de la Reforma Universitaria de 1918,[2] en la que se procuró conformar un "espacio académico protegido" de autoritarismos. Opositores, cesantes, proscriptos y exiliados del campo intelectual accedieron entonces a las cátedras. En la conducción académica la mayor disputa se dio entre los sectores ligados a una tradición democrático-liberal y los cercanos al pensamiento católico conservador, unidos en la mutua conveniencia de mantener alejado al peronismo derrocado. Paradigmas dominantes en esos años, como el del desarrollo, pasaron a ser analizados en dimensiones sociológicas y políticas, y no solo económicas.[3]

Este capítulo busca atender a las repercusiones que el franquismo suscitó en la prensa y la universidad de la provincia argentina de Santa Fe, y lo hace a través de variables que reparan tanto en las expresiones y acciones de persistente rechazo en ámbitos locales antifascistas y prorrepublicanos, como en el lento acompañamiento de la transformación del régimen en una dictadura desarrollista que se vislumbrara en sectores liberales y conservadores, con notable capacidad de divulgación a través de la prensa provincial. En ese sentido, el presente trabajo se inscribe dentro de líneas de investigación que sugieren la existencia de una experiencia modélica de superación del subdesarrollo para América Latina ofrecida por la tecnocracia franquista en los años

---

[1] IDEHESI/CONICET-UCA.
[2] Alejandro Finocchiaro, *El mito reformista*, Buenos Aires, Eudeba, 2014.
[3] Claudio Suasnábar, *Universidad e intelectuales. Educación y política en la Argentina (1955-1976)*, Buenos Aires, Flacso-Manantial, 2004, pp. 16 a 47.

60 y principios de los 70, "con el propósito de conformar un espacio económico iberoamericano", contando con "la común adscripción al catolicismo de matriz hispana y la persuasión de un modelo político de corte liberal-autoritario que encontró adhesión en núcleos de pensamiento y gestión argentinos", en palabras de Beatriz Figallo.[4]

Receptividad de antifranquistas en la universidad santafecina

Nacido en Rosario de padres catalanes, Cortés Plá fue un catedrático que desplegó en la Universidad Nacional del Litoral (UNL) una intensa tarea de apertura hacia el exterior. Vinculado con sectores del liberalismo y el republicanismo español en Rosario, egresó como arquitecto e ingeniero en la UNL. Siendo muy joven había participado del movimiento estudiantil reformista de 1918 e impulsado la creación de la universidad santafesina. En 1934 Plá asumió el decanato de la Facultad de Ciencias Matemáticas, Físico Químicas y Naturales aplicadas a la Industria en la sede Rosario, cargo desde el cual procuró atraer científicos e intelectuales, algunos de ellos expulsados por los fascismos europeos. Convocó como su asesor al ya célebre y consagrado Julio Rey Pastor,[5] con la intención de crear un polo científico en el área de las matemáticas que fuera ámbito propicio para la radicación de sus discípulos más destacados. Rey Pastor repartía por tiempos iguales su presencia en España y Argentina, y a partir de la Guerra Civil se quedó en Buenos Aires, desde donde apoyó a jóvenes matemáticos republicanos perseguidos por el franquismo, facilitándoles su inserción en universidades argentinas. Fruto de esa relación entre Plá y Rey Pastor se incorporaron a la facultad rosarina los exiliados Luis A. Santaló, que permaneció en la ciudad por diez años, y Ernesto Corominas, así como se impulsó la creación del Instituto de Historia y Filosofía de la Ciencia, el primero en su tipo en Latinoamérica, bajo la dirección de otro exiliado, el italiano Aldo Mieli.[6] Mientras las intervenciones universitarias de 1943 y 1946 y las recurrentes inestabilidades políticas argentinas estorbaron nexos más

---

4 Beatriz Figallo, "Exportación del modelo desarrollista del franquismo a la Argentina. Influencias y vinculaciones ideológicas en los años 60", *Actas XVII AHILA*, Berlín, 2014, p. 1.
5 Miguel de Asúa, en "Isis y la historia de la ciencia en la Argentina", escribe: "Plá afirma que su vocación, formación, trabajo y orientación temática en historia de la ciencia, fueron debidas al matemático español", en Marcelo Monserrat (compilador), *La ciencia en la Argentina de entresiglos. Textos, contextos e instituciones*, Buenos Aires, Manantial, 2000, p. 244.
6 Miguel Ángel De Marco (h), "Universitarios rosarinos en la recepción de exiliados republicanos españoles. El decanato de Cortés Plá, 1934-1943", en *Épocas, Revista de Historia*, N° 11, primer semestre 2015.

sólidos, Plá, a pesar de los adelantos que comenzarían a verificarse en España en materia de planificación e institucionalización de la ciencia, en especial durante la etapa del desarrollismo[7] –temas a los que atendía con preferencia–, no modificó su visión en el sentido de que el régimen franquista representaba un Estado fascista, aunque diferenciaba a España de su dictadura, tal como lo hiciera entre Francia y el gobierno de Vichy, durante la Segunda Guerra Mundial.

En 1962 al asumir como rector de la UNL, el doctor Cortés Plá contaba 65 años. Era un exponente de la generación de profesionales humanistas que, alejados de la actuación pública en la universidad peronista, volvían a ella reivindicando los postulados reformistas que planteaban la democratización del gobierno de las instituciones académicas, la ampliación de las posibilidades de acceso a la enseñanza superior, el cogobierno estudiantil y la creación de una carrera profesional docente y científica, entre otros aspectos. En su trayectoria como escritor, editor, publicista del ámbito universitario, consejero, decano, vicerrector, rector y funcionario de la Organización de Estados Americanos, se manifestó especialmente interesado en la vinculación científica de Argentina con Latinoamérica y los Estados Unidos, como también con Europa,[8] otorgándoles a las universidades un rol central como agentes de modernización y transformación de realidades tradicionales.[9]

El Consejo Superior de la UNL quedó integrado a partir del 30 de septiembre por los decanos electos[10] que a su vez representaban trayectorias consubstanciadas con el reformismo universitario entendido como bastión de las libertades. Aunque a los pocos días de iniciado el rectorado acompañó al Consejo Superior, cuando decidió adherir a los actos que se celebrarían en el país el 12 de octubre por el Día de la Raza para "rendir homenaje a la Madre Patria, cuyos exponentes de la cultura y la civilización fueron de decisiva influencia en la conformación espiritual de los pueblos de Hispanoamérica",[11] el apoyo de Cortés Plá a los exiliados republicanos y su posicionamiento contrario a las dictaduras podría haber provocado temores de una

---

7   Julián Chaves Palacios (coord.), *Política científica y exilio en la España de Franco*, Badajoz, Universidad de Extremadura, 2002, p. 104.
8   Archivo de Redacción del diario *La Capital*, Rosario, sobre 4810. Currículum de Cortés Plá. Mecanografiado.
9   Oscar Terán, *De utopías, catástrofes y esperanzas. Un camino intelectual*, Buenos Aires, Siglo XXI Editores, 2006, p. 89.
10 *Revista Universidad*, N° 53, julio-septiembre de 1962, Imprenta Oficial de la Provincia, Santa Fe, p. 289.
11 Universidad Nacional del Litoral, Archivo. Cuaderno mecanografiado con resoluciones del Consejo Superior. Resolución 619, Santa Fe, 8 de octubre de 1962.

eventual colisión en la casa de estudios con simpatizantes del franquismo español, donde un "régimen autoritario personalista colocaba la voluntad del poder sobre la voluntad de la ley".[12]

Aunque la principal figura del exilio antifranquista que recaló en la UNL lo hizo en 1956, durante un nuevo rectorado del ingeniero Josué Gollán –ya lo había sido entre 1934 y 1943–, la marca de Luis Jiménez de Asúa, el padre de la Constitución de la República Española de 1931, se extendió mucho más allá de su permanencia en las aulas universitarias de Santa Fe.[13] Antes de su arribo, lo precedieron Ángela Romera Vera, hispano-argentina, que se había licenciado en Derecho en la Universidad Central de Madrid, siendo discípula de Adolfo Posada, José Ortega y Gasset y el mismo Jiménez de Asúa y se doctoró en Santa Fe en 1940 con una tesis titulada *Estado y Derecho*, dirigida por otro exiliado destacado, Francisco Ayala. Por su intermedio, Ayala obtuvo un cargo como profesor de Sociología en la Facultad de Ciencias Jurídicas y Sociales, viajando semanalmente desde Buenos Aires. Sin embargo, en 1943 sería removido de la cátedra por presión de los sectores nacionalistas y católicos de Santa Fe, que se pondrían al frente de la UNL con la intervención de Jordán Bruno Genta.[14] Apasionada por llevar adelante un "proyecto liberal progresista", al decir de Luis Escobar,[15] tras la caída de Perón, Ángela Romera Vera fue nombrada profesora de Sociología y de Filosofía del Derecho en la UNL y luego embajadora de Frondizi en Panamá. Habrá que esperar a los años de ese posperonismo para que otro núcleo de españoles errantes se consolide en la UNL. Como refiere Pablo Salomon, el decano interventor Domingo Buonocore contrata a fines de 1955 tres profesores para cubrir áreas de vacancia en la Facultad, que "reúnen características comunes ya que, además de

---

12 Pedro de Vega García, "Tendencias y problemas del constitucionalismo español actual", en Gerardo Gil-Valdivia y Jorge Chávez Tapia (coord.), *Evolución de la organización político constitucional en América Latina y España (1950-1975)*, T. II, Sudamérica y España, México, Instituto de Investigaciones Jurídicas-UNAM, 1979, p. 450.
13 Represaliado por la dictadura del general Primo de Rivera, en 1929 había dictado cursos en Santa Fe, y contaba con gran predicamento en el Centro de Estudiantes de Derecho de la UNL.
14 Ver: Luis A. Escobar, *Francisco de Ayala y la Universidad Nacional del Litoral*, Granada, Editorial Universidad de Granada-Fundación Francisco Ayala, 2012.
15 Luis A. Escobar, "A cien años de su nacimiento. Ángela Romera Vera, fragmentos e imágenes de una joven excepcional", *El Litoral*, Santa Fe, 26 de octubre de 2012. Ver también: Luis Escobar "Los exiliados españoles y la Universidad Nacional del Litoral", en A. Cecchini de Dallo y G. Vittori, *Santa Fe en la gestación y desarrollo de la Argentina*, Santa Fe, Espacio Santafesino Ediciones, 2015.

tener la misma nacionalidad española de origen, estuvieron de distintos modos relacionados con la experiencia política de la República Española en los años de 1930".[16]

Rechazos y adhesiones al franquismo

A principios de la década del 60, el gobierno del general Francisco Franco era observado internacionalmente como un régimen que, si bien estaba lejos de concluir, sería sometido a las presiones del exterior para adoptar cambios –sin dar muestras de debilidad– que lo condujeran hacia una mayor liberalización. Un exiliado español en París comentó a la revista *Visión*, de gran circulación por América Latina: "Hay que tener en cuenta que los trágicos y dolorosos recuerdos de la Guerra Civil en cierta forma se han ido desvaneciendo con el curso de los años y que hay toda una nueva generación que no conoció los horrores de la lucha".[17] En un editorial, el diario *El Litoral*, de la ciudad de Santa Fe, el más importante de la capital provincial, opinó que, si bien era "aparentemente cierto" lo afirmado por los franquistas, que "no hay en toda Europa fuerza de contención anticomunista más eficaz que la representada por ellos", la pregunta que debía hacerse era si "el precio que se pagaba para mantener semejante oposición no era demasiado alto y demasiado inseguro para justificarla como un modelo digno de ser imitado". El periódico afirmaba que en España no había libertad de prensa, ni partidos políticos actuantes fuera del partido único, ni organizaciones sindicales que no estuvieran directamente controlados por el gobierno, de allí que la verdadera democracia española que proclamaba Franco "en nada se diferenciaba del sistema de vida impuesto en las llamadas 'democracias populares' más o menos marxistas contra las cuales dice luchar el régimen español". La principal divergencia, se admitía, era que Franco se arrogaba la protección de la religión católica mientras que los comunistas la perseguían. Sin embargo, entonces existían ya sectores de la Iglesia y "los más prestigioso intelectuales católicos de España, no solo los estudiantes católicos sino mandatarios de la Iglesia y humildes sacerdotes, [que] acaban de manifestar su oposición al régimen dictatorial".[18] El apoyo que el clero español había dado a los trabajadores mineros en huelga en abril y mayo había tensado las relaciones entre el gobierno

---

16 Pablo Salomon, "Entre la restauración y la renovación. La transformación del cuerpo de profesores de la UNL en el posperonismo", *XII Jornadas Interescuelas/Departamentos de Historia*, Bariloche, 2009.
17 *Visión*, Revista Internacional, Vol. 23, N° 5, 29 de junio de 1962, México, p. 18.
18 *El Litoral*, Santa Fe, 23 de junio de 1962.

y el sector de la jerarquía católica encabezado por el cardenal primado Enrique Plá y Deniel, quien decía cumplir con los dictados de la Encíclica *Mater et Magistra*, de Juan XXIII, en la que se reconocía el derecho de ir a la huelga en procura de obtener mejores medios de vida para los trabajadores, tendencia social de la que también participaba el clero vasco, sacerdotes jóvenes y el cardenal José Bueno y Monreal, arzobispo de Sevilla.[19] Contrario a esta postura se encontraba el sector conservador, representado por los cardenales Fernando Quiroga y Palacios, arzobispo de Santiago y Benjamín de Arriba y Castro, respaldados por el viejo y tradicional clero español. Aunque el papa no se había pronunciado, el nombramiento del nuncio Antonio Riberí abría la posibilidad de que la Santa Sede comenzara a tomar distancia del régimen franquista.

La prensa que se leía en Santa Fe no solo reflejó las movilizaciones obreras que involucraron a miles de trabajadores en el norte de España, y en Madrid, Barcelona y Sevilla, sino la reacción del régimen restringiendo el derecho de circulación de sus ciudadanos y expulsando del país a aquellos opositores que habían asistido al Congreso del Movimiento Europeo de Munich de junio de 1962, desterrando a altos dirigentes, entre quienes se contaba el profesor de Derecho Fernando Álvarez Miranda, organizador de la Asociación Española de Cooperación Europea.[20] También se interesó por las manifestaciones estudiantiles, sus enfrentamientos con grupos falangistas y la emergencia de críticas juveniles contra el Opus Dei, institución secular que ya para entonces se había extendido por todos los continentes, y especialmente en Sudamérica,[21] a quién se identificaba con los grupos que estaban gestionando principales reparticiones del régimen. *Visión*, como publicación de alcance internacional, explicó en junio de 1962 a sus lectores que el Opus Dei era "una sociedad casi secreta que ejercía su influencia en España" cuyos miembros "ocupaban puestos claves" en el gobierno, encontrándose estos "en oficinas públicas, en la policía, en las universidades, en las casas editoras, en los bancos, en las industrias, en el periodismo, en el radioteatro y hasta en el Ejército".[22] Aseguró que

---

19 *Visión*, Revista Internacional, Vol. 23, N° 5, 29 de junio de 1962, México, p. 18.
20 *La Capital*, Rosario, 11 de junio de 1962.
21 Oficina de Información del Opus Dei, Comunicado de Prensa, Buenos Aires, 27 de noviembre de 1982.
22 *Visión*, Revista Internacional, Vol. 23, N° 5, 29 de junio de 1962, México, p. 18.

el Opus ejerce un control tan absoluto sobre las clases dirigentes españolas que, para el hombre de la calle, la Iglesia católica se halla más y más identificada con el régimen de Franco. Si algún día desapareciera el régimen actual, se teme que la reacción popular se volvería en contra, no solo del Opus Dei, sino también de la Iglesia católica.[23]

Tales dimensiones de la Obra que se publicaban en secciones internacionales de la prensa, aludiendo a las posiciones que dentro del régimen ocupaban e identificándolos como los principales agentes de la política económica liberal desarrollista, del interés por insertar a España en el Mercado Común Europeo y del control de la transición institucional ante la eventual desaparición de Franco de la escena política, eran reiteradas en medios de circulación nacional. Tras la primera elección parlamentaria directa desde la guerra civil, ocurrida en octubre de 1967, la revista porteña *Análisis* la sindicaba "como una maniobra para dar cierta participación en el poder a una nueva clase de tecnócratas surgidos del régimen antes que un intento real para perfeccionar las fórmulas de representación". Según la publicación, se podía observar el ascenso de

> una suerte de nueva clase integrada por tecnócratas, en su mayoría abogados y hombres de negocios, que ejercen –o han ejercido– cargos de alta jerarquía en las instituciones de Estado y en determinadas empresas privadas y bancos españoles. La mayoría de estos funcionarios tienen cargos de directores o subsecretarios en el gobierno y están allegados a la organización católica Opus Dei,

y según explicaba, "habían ingresado en la función pública bajo la inspiración y protección del reciente vicepresidente del gobierno, almirante Luis Carrero Blanco, conocido en algunos círculos por sus concepciones modernas y liberales en materia de conducción económica".[24] Aquel grupo había reafirmado su influencia política cuando Franco relevó de su cargo al ex vicepresidente, capitán general Agustín Muñoz Grandes, "quien por su carácter un tanto rígido, parecía que no se adaptaba demasiado bien a la flexibilidad que impondría una política económica liberal con miras al ingreso de España al Mercado Común Europeo". Identificaba a Laureano López Rodó como la cabeza técnica de toda esa política.[25]

Aquellas suspicacias contra el rol político del Opus Dei en España no tenían por entonces correlato en los medios locales, a pesar de que sus actividades habían comenzado en Rosario en 1950 y de que alguno

---

[23] Ídem.
[24] *Revista Análisis*, N° 345, Buenos Aires, 23 de octubre de 1967, p. 24.
[25] *Ibidem*, p. 25.

de sus miembros se vinculó con la Facultad de Humanidades de la UNL durante los años del peronismo; tampoco se recogían expresiones de prevención hacia el accionar de la misma en la Argentina como un grupo de poder, por parte de otras asociaciones laicales, como la Acción Católica. Al respecto cabe señalar que la presencia del catolicismo español en Rosario tenía una influencia considerable, incluyendo el clero secular y los religiosos y religiosas que regentaban distintos establecimientos educativos. Para más, en 1968 arribó a la provincia un sacerdote español, José Luis Torres-Pardo, quien siendo niño había presenciado el sitio del Alcázar de Toledo, donde su padre, oficial del Ejército destinado en la Academia Militar, participó de la defensa frente al asedio de las tropas republicanas. Aquellos episodios marcaron el pensamiento de quien fundara en la cercanía de Rosario, con el permiso del arzobispo local, el Instituto y Legión de Cristo Rey.

> Los que se enfrentaban en el sitio del Alcázar eran dos modos antitéticos de entender la vida, el mundo y la historia: el de una cultura de raíces profundamente católicas, anclada en valores trascendentes, y el de una anti-cultura enemiga de Dios y, por consiguiente, del hombre mismo,

explican aún hoy sus discípulos, quienes sostienen que el alzamiento nacional fue "una auténtica cruzada de la verdadera España".[26]

Imágenes y representaciones locales del franquismo desarrollista

En una investigación precedente evaluamos la recepción en Rosario de la experiencia franquista entre 1958 y 1962 a través de la prensa, la universidad y la gestión pública, coincidente con la gestión desarrollista en la provincia de Santa Fe y la primera etapa de la reinstauración del reformismo idealista universitario.[27] Concluimos en esa oportunidad que España no representaba en la prensa escrita rosarina un motivo de atracción periodística a no ser por su nuevo protagonismo como aliado militar de los Estados Unidos, y luego por la permanencia allí del general Juan Domingo Perón, proscripto y exiliado. Tampoco se puede deducir que el desarrollismo español pudiera entonces haber sido considerado por la prensa, el gobierno provincial y las autoridades universitarias una alternativa modélica

---

[26] [En línea: https://goo.gl/NmxPia] (consultado el 1 de marzo de 2016).
[27] Miguel Ángel Leopoldo De Marco (h), "La recepción en Rosario de la experiencia franquista y el desarrollo español a través de la prensa, la Universidad y la gestión pública, 1958-1962", en *Inclusiones*, Vol. 1, N° 2, abril-junio 2014, p. 47.

para el desarrollo económico de América Latina, contrariamente a las expectativas provocadas en tal sentido por los Estados Unidos y Europa Occidental. Sí, en cambio, se detectaron reiteradas ponderaciones hacia las raíces culturales comunes entre Argentina y España, y el respeto hacia una pléyade de intelectuales y universitarios españoles que visitaron o se exiliaron en estas tierras. Sería precisamente este ámbito donde se volvieron a tender redes de profesionales y universitarios de ambos países.[28]

La definición de posturas acerca de la deriva de la Revolución cubana hizo que los diarios rosarinos, propiedad de la dirigencia liberal, señalaran "los peligros de la infiltración roja" en América Latina y advirtieran que la puja "entre comunismo y anticomunismo" se dirimiría en adelante también en el terreno de la formación superior de las elites latinoamericanas, y en la captación de simpatías a través del financiamiento de becas a estudiantes extranjeros. En 1963 eran 350.000 los beneficiados en las principales universidades del mundo. Estados Unidos ocupaba el primer lugar entre los de mayores residentes universitarios extranjeros, con 48.000 estudiantes. Lo seguían la República Federal de Alemania, Francia, Reino Unido y la URSS –en 1962 se creó el Instituto Latinoamericano de Moscú bajo la supervisión de la Academia de Ciencias Soviéticas–.[29] En cuanto a los países de habla hispana, en primer lugar se encontraba la Argentina, con 9367 estudiantes extranjeros, seguidos por España, con 3356; México con 1324; Venezuela, 676; Colombia, 477; Cuba, 411 y Chile, con 408.[30] Para 1968, España podía presumir que estudiaban en su país unos 12.000 iberoamericanos, "más que en todo el resto de Europa", constituyendo los argentinos el grupo más numeroso de becarios. Es que año a año el presupuesto asignado al Instituto de Cultura Hispánica se incrementaba, acompañado de un plan de infraestructura edilicia para el alojamiento en Madrid de los estudiantes.[31]

Las nuevas generaciones de universitarios hispanoamericanos recibirían una versión del franquismo tamizado bajo el poderoso y nuevo influjo de la imagen. España comenzaría a mostrar en una faz más moderna, el perfil del funcionario franquista que era el del tecnócrata, que colaboraba con la modernización del Estado y portaba una capacidad comunicacional de acuerdo con las nuevas tecnologías, que rápidamente comenzó a ser percibido por los medios. Así como Rosario pasó a disponer desde 1964 sus propias emisoras televisivas, lo que significó una revolución en la comunicación de

---

28 *España ante las Naciones Unidas*, Madrid, Publicación Oficial, 1968, p. 8.
29 *La Capital*, Rosario, 17 de abril de 1962.
30 *La Tribuna*, Rosario, 14 de enero de 1962.
31 María A. Escudero, *El Instituto de Cultura Hispánica*, Editorial Mapfre, Madrid, 1994, p. 157.

masas y producciones de contenido local, desde 1965 el franquismo, a través de la Radiodifusión y Televisión Española como organismo estatal, inauguró el "Servicio de promoción exterior",[32] convirtiendo a Madrid en epicentro generador de una programación que fue retransmitida a Buenos Aires y Caracas, y que a partir de la I Reunión de Productores Latinoamericanos de Televisión en 1967 contempló una política de conjunto para la expansión de contenidos comunes. Para entonces, había crecido exponencialmente la programación propia y la inversión en la RTE, iniciándose su propia Escuela de Radio y Televisión. Se dio la situación paradójica según la cual mientras que se aumentaba el presupuesto en tecnología comunicativa continuaba restringida la libertad de prensa, a pesar de los tenues pasos dados en ese sentido a partir de 1966, cuando las Cortes aprobaron una nueva Ley de Prensa. *La Capital* manifestó al respecto:

> conviene conectar esta decisión de las Cortes españolas, signos de una nueva conciencia que tiende a la mayor libertad, al aflojamiento de las estructuras coercitivas del régimen, con los sucesos que desde fines de 1964 han tenido por escenario las universidades hispanas, donde los estudiantes han pugnado por conseguir su libertad de agremiación.[33]

Y agregaba:

> es muy importante todo este proceso de democratización o liberalización paulatina del sistema impuesto en España al término de la cruenta Guerra Civil de 1936-1939. Porque no se trata de hechos meramente concernientes a los sectores que se podrían decir de "oposición" en la vida política española. Es un proceso más intenso, que tiene una mayor verticalidad.[34]

A pesar de aquellas nuevas postales del desarrollismo franquista que comenzarán a circular, los testimonios de "la tragedia española" seguían presentes, lejos de ser olvidados. En la sección Internacionales, cuando se informó que en marzo de 1962 Claudio Sánchez Albornoz había sido designado presidente del Consejo de Ministros del gobierno republicano en el exilio, *La Capital* manifestó que se "refrescaba" la Guerra Civil, sentida como cosa propia por los hispanoamericanos. De allí que se afirmaba que el nombramiento de Sánchez Albornoz era muy bueno porque él era de los exiliados ilustres que la Argentina debía tener presentes, siendo sus libros "de lectura obligatoria para comprender cabalmente el espíritu hispano". Si Sánchez Albornoz declaraba en el diario que su misión era ofrecer

---

[32] *Visión*, N° 13, México, 24 de noviembre de 1967, p. 69.
[33] *La Capital*, Rosario, 18 de marzo de 1966.
[34] Ídem.

a los españoles "la posibilidad de sustituir el actual régimen de dictadura por otro emanado de la voluntad del pueblo", el autor de la nota señalaba que tal cargo era necesario para mantener el espíritu de la República Española, "tarea imprescindible en el convulsionado mundo de hoy".[35]

Así, las paradojas de las "dos Españas" encontraban cabida en el diario. Por entonces se hallaba en Madrid uno de los integrantes del directorio del matutino, el joven Ovidio Enrique Lagos. El mismo día y en la misma edición en que se publicó la mencionada nota favorable a la República, dio a conocer una extensa crónica ilustrada sobre las características de la construcción del Monumento del Valle de los Caídos, calificando la Guerra Civil como un doloroso acontecimiento que "merced al encono internacional" había tornado "una disputa de familia" en una "verdadera conflagración en que la carne y la sangre de España hizo el papel de campo experimental para las más siniestras fuerzas de ambas reacciones". Sin embargo, a pesar de la crueldad, Lagos sostenía que las heridas ya se habían cicatrizado: "La sagrada ley del olvido entró a regir en ese pueblo cristiano ni bien hubo sonado el último disparo de la contienda y solo quedaron vigentes los rencores minúsculos que derivan de pasiones menores".[36] En el mismo suplemento la reconocida escritora y comediógrafa rosarina de trascendencia nacional, Alcira Olivé, escribió una extensa nota destacando los adelantos observados en España en materia educativa, en especial en la lucha contra el analfabetismo, el aumento de la población escolar primaria, la obligatoriedad escolar hasta los catorce años de edad, las escuelas laborales y las universidades laborales que formaban ingenieros y técnicos especializados, lo que le hacía concluir que "era verdaderamente excepcional el empuje que España había dado a su educación".[37]

En 1963, un joven periodista rosarino egresado de la Facultad de Ciencias Jurídicas y Sociales de Santa Fe, en su carácter de periodista del diario *La Capital*, fue becado por el Instituto de Cultura Hispánica de Madrid, para realizar allí el Curso de Estudios Superiores de Información y Documentación, en la Escuela Oficial de Turismo, del Ministerio de Educación y Turismo. Se trataba de Alberto Delfino Cano, quien sería luego editorialista de dicho matutino. En el transcurso de su estancia en la capital española elaboró una serie de notas publicadas en la sección "Internacionales" del diario. En una de ellas afirmó que España necesitaba de la inyección de capitales para formar su infraestructura, acrecentar la producción y el producto bruto

---

[35] *La Capital*, Rosario, 16 de marzo de 1962.
[36] *La Capital*, Rosario, 16 de marzo de 1962.
[37] *La Capital*, Rosario, 17 de marzo de 1963.

interno, y que, si bien estos eran problemas análogos a los de otros países latinoamericanos, "los estaba encarando de otra manera". Para Cano, mientras que América Latina se debatía cómo reaccionar frente a los problemas derivados de los obstáculos surgidos en la implementación de la Alianza para el Progreso, que no marchaba como lo había prometido John F. Kennedy, España disponía un programa en ejecución. Se trataba del Plan de Desarrollo implementado bajo las recomendaciones de la Comunidad Europea con la finalidad de "conservar la estabilidad política" y "aliviar la tirantez social consiguiente a un bajo nivel obrero". Dicho plan preveía "mejoras salariales capaces de obrar una vigorización de la capacidad de consumo", y de esa manera "incrementar el poder adquisitivo del proletariado mediante la concesión de mejores remuneraciones".[38] Concluía que la aplicación de esas medidas en la Argentina, incluido un nuevo reparto de la renta nacional en beneficio del trabajador, era necesaria.

En una crónica posterior señalará que la suba del salario en España había generado una inflación acuciante, y que ante el rechazo de su incorporación en el Mercado Común Europeo le convendría solicitar ayuda a los Estados Unidos sacando provecho de lo indispensable que resultaba a la Organización del Tratado del Atlántico Norte (OTAN) mantener sus bases militares en España. La receta aplicada a partir de entonces propugnaba una liberalización de su política interna; cierta elastización del mecanismo productivo, la implementación de un plan de desarrollo adaptado de moldes no intervencionistas sino estimuladores, y la llegada de capitales norteamericanos. De esa manera, se explicaba, y ante la ineficacia de las propuestas norteamericanas para el subcontinente americano, España, fortalecida en su economía, con un mercado propio en expansión podría desplegar "una acción intensa sobre América Latina, económica y cultural, vitalizando las economías centro y sudamericanas, y mellando la lanza anticomunista".[39] El joven universitario y periodista rosarino concluyó que el gobierno español podría en los próximos meses desplegar su propia estrategia internacional, a través de "dos grandes orientaciones, una hacia Europa; y otra, hacia Iberoamérica", con el concurso de Estados Unidos, que podría proveerles capitales y apoyo, para así contribuir a blindar a sus antiguas colonias de "la amenaza comunista" ofreciéndoles una política de cooperación para el desarrollo.

---

[38] *La Capital*, Rosario, 22 de marzo de 1963.
[39] *La Capital*, Rosario, 6 de abril de 1963.

Comercio y cultura para retomar la relación hispano-argentina

Cuando la recomposición de las relaciones hispano-argentinas condujo en 1963 a un acuerdo comercial por el cual España aceptó pagar la deuda de 42 millones de dólares que tenía con Argentina, comprometidos para la construcción de barcos, y señalado desde ámbitos oficiales como una oportunidad de reabrir las puertas a los vínculos comerciales y rescatar lazos de amistad entre ambos pueblos,[40] *La Capital* de Rosario, el principal diario de la provincia en recursos e infraestructura periodística, de orientación liberal y estrechamente vinculado a las élites locales, se congratuló de que la interdependencia en materia de intereses económicos viniera a sumarse a "la animada cortesía" y "el trato familiar" existente entre argentinos y españoles.[41] A principios de 1965 una colaboración escrita desde Madrid para dicho matutino daba cuenta de que el proceso del Mercado Común Europeo era irreversible y constituía una posibilidad cierta la incorporación de nuevos países como España, tendencia a la integración de mercados que permitiría sacar provecho del "acervo humanístico" que unía a argentinos y españoles para "promover una corriente comercializadora de mucho mayor volumen".[42] Ello abrió camino a inversiones españolas destinadas a la complementación con industrias argentinas y a la exportación de carne para España. Con la Revolución Argentina iniciada en junio de 1966, el gobierno de Franco y luego la banca española abrieron para el gobierno de facto del general Juan Carlos Onganía diversas líneas de crédito. Un año después, el ministro de Economía argentino afirmó en Madrid que "España está dispuesta a colaborar en mayor medida a la modernización y equipamiento de nuestra pequeña y mediana empresa".[43] Visitando a Franco y al vicepresidente Carrero Blanco, Adalbert Krieger Vasena firmó una declaración conjunta por la que se acordó incrementar la cooperación económica, confirmándose "los deseos de ambos gobiernos de que España participe ampliamente en los programas de desarrollo de la Argentina a través de su técnica e industria, especialmente en los sectores de construcción naval, pesca, energía, transporte e industriales". *La Capital* ya reconocía que España se encontraba en una posición de superioridad tecnológica:

---

40 *La Capital*, Rosario, 2 de junio de 1963.
41 *La Capital*, Rosario, 7 de julio de 1963.
42 *La Capital*, Rosario, 14 y 20 de febrero de 1965.
43 *La Prensa*, Buenos Aires, 4 de noviembre de 1967.

siendo el déficit que padece el país en materia de equipamiento y reequipamiento industrial tan notorio, encaradas por nuestro gobierno importantes obras públicas para el llamado despegue y los cambios estructurales, no cabe duda que la poderosa capacidad española en esos campos puede hallar entre nosotros medios de colocación de sus equipos y manufacturas.[44]

El 15 de abril de 1969 se firmaron nuevos acuerdos de cooperación económica y se avanzó en el terreno de lo social estableciéndose la posibilidad de la obtención de la doble nacionalidad, es decir, sin perder la de origen.[45] Designado ministro de Relaciones Exteriores, Juan B. Martín, un egresado de la UNL, profundizó este proceso de acercamiento comercial con España. Graduado en Ciencias Económicas en Rosario, pero dedicado a actividades ganaderas, entre 1958 y 1961 fue director de la Corporación Argentina de Carnes y de la Sociedad Rural de Rosario. Secretario de Ganadería durante la presidencia de José María Guido, aunque había integrado la delegación argentina que intervino en las negociaciones iniciales de la Asociación Latinoamericana de Libre Comercio (ALALC), y desde el Banco de la Nación Argentina, en la preparación de planes relativos a la producción agropecuaria y a las exportaciones dentro de la Alianza para el Progreso, embajador de Japón con la misión de abrir oportunidades comerciales, fue considerado dentro de la Cancillería como un "intruso".[46] Este terrateniente, productor pecuario y dirigente ganadero llegaba a ese cargo justo en el momento en que la exportación de carnes era clave para los acuerdos comerciales con España. Fue también "uno de los principales funcionarios que denunció la injerencia castrista en nuestro medio cuando acusó a Cuba de promover los disturbios que dieron origen al terrorismo en la Argentina a fines de la década del 60".[47] En 1971, con la presencia en Buenos Aires del ministro de Relaciones Exteriores de España, el ingeniero Gregorio López Bravo, se firmó un convenio de cooperación cultural, que contemplaba el reconocimiento mutuo de títulos académicos, de enseñanza primaria y secundaria, un plan de equivalencias para los estudios universitarios y el otorgamiento de becas de formación, perfeccionamiento y especialización fomentando los intercambios.[48] Acá también los santafecinos tuvieron su participación en los acuerdos hispano-argentinos, pues el primer rector de la Universidad Nacional de Rosario, José Luis Cantini (anteriormente rector de la UNL e integrante del sector

---

[44] *La Capital*, Rosario, 21 de noviembre de 1967.
[45] *La Prensa*, Buenos Aires, 15 de abril de 1969.
[46] *Periscopio*, año 1, N° 26, marzo 17, 1970, p. 14.
[47] *La Prensa*, Buenos Aires, 4 de noviembre de 1986.
[48] *La Prensa*, Buenos Aires, 24 de marzo de 1971.

rosarino opositor a la gestión de Plá en el período 1962-1966), como titular del Ministerio de Educación de la Nación, suscribió el acuerdo de cooperación cultural de 1971.

El ingeniero Alberto G. Davie, vicerrector de Plá, en su carácter de ministro de Desarrollo Industrial del presidente Juan Domingo Perón, en 1974 participó de la elaboración del convenio comercial suscripto entre Argentina y España, el 28 de mayo de 1974, por el que ambos países acordaron concederse el trato incondicional e ilimitado de la nación más favorecida, tanto para la importación como para la exportación de productos originarios de sus territorios.[49] *La Capital* se congratuló de esta sintonía que se tradujo en 1974 en un incremento del intercambio comercial entre los países, que superó los 206 millones de dólares, un 70% más que en 1972 (en el que había decaído el ritmo alcanzado en el quinquenio 1969-1973); sin embargo advirtió que se había configurado un modelo de intercambio "bastante desequilibrado" de la naturaleza de las mercancías exportadas por uno y otro: las argentinas provenían del sector primario, con escaso trabajo agregado y de reducido valor unitario, y las españolas pertenecían en su mayoría al orden industrial, caracterizado por mantener sin declinación en el largo plazo sus cotizaciones: barcos, máquinas y artefactos mecánicos, material ferroviario, fundición, hierro y acero, tractores y sus partes.[50]

La Universidad Nacional del Litoral, los republicanos españoles y el franquismo

Si la contratación de profesores realizada por Buonocuore para la UNL incluía a los exiliados Luis Muñoz García y Santiago Santis Melendo, la figura de Luis Jiménez de Asúa gozaba, antes y después de las presidencias de Perón, en Santa Fe y Rosario, las dos sedes que disponía la casa para el dictado de las clases, un ámbito de gran receptividad hacia su obra y de reconocimiento a lo que él ideológicamente significaba: la lucha contra un régimen fascista.

Estando en Buenos Aires en una "situación desagradable y triste", tal como él definió su sentir, alejado de los claustros universitarios argentinos por casi una década, fue llamado por la UNL para incorporarse a su Facultad de Ciencias Jurídicas y Sociales de la ciudad de Santa Fe, y dirigir el Instituto de Ciencia Penal y Criminología.[51]

---

49 *La Prensa*, Buenos Aires, 28 de mayo de 1974.
50 *La Capital*, Rosario, 16 de noviembre de 1974.
51 Beatriz Figallo, "Liberal, masón y socialista: el exilio de Jiménez de Asúa en la Argentina, 1939-1970", *II Jornadas de Exilios Políticos del Cono Sur en el Siglo XX*, Montevideo, 2014.

Una decisión que si bien respondía a su prestigio como jurista, destacaba también porque, al ser presidente del Congreso de Diputados, era considerado como vicepresidente de la República Española en el exilio.

Desde Buenos Aires, donde vivía, Jiménez de Asúa viajó regularmente a Santa Fe y se convirtió en referente para las organizaciones estudiantiles reformistas y el socialismo local. En 1956 participó en la inauguración de la Biblioteca Juan B. Justo, refiriéndose a "El socialismo, antes, durante y después de la República Española".[52] Entre sus seguidores, se destacó Guillermo Estévez Boero, quien sería fundador en 1960 del Movimiento Nacional Reformista, y en 1972 del Partido Socialista Popular.[53] En distintas oportunidades Estévez Boero se reconoció como alumno de Jiménez de Asúa y este lo recordará como "uno de los mejores discípulos que he tenido". Faltándole pocas materias para recibirse se vio en la disyuntiva de continuar junto a "su maestro" en la investigación jurídica o dedicarse por completo al ejercicio de abogacía y la actividad política, optando en definitiva por esto último. El jurista lo apoyó en la decisión que marcó su futuro. Jiménez de Asúa fue para él, según reconociera, la inspiración de un socialismo profundamente democrático y un ejemplo de conducta cívica.[54] Desde Santa Fe, se manifestó en campañas para lograr la libertad de los presos políticos del franquismo y en 1959 acompañó la organización de la Segunda Conferencia "Pro amnistía de los presos políticos de España y Portugal". Por entonces, militando en el movimiento estudiantil de la Facultad de Ciencias Jurídicas y Sociales de Santa Fe, fue electo presidente de la Federación Universitaria Argentina (FUA).[55]

No es casual que Estévez Boero fuera uno de los dos oradores del acto de homenaje al jurista español tributado en el Paraninfo de la UNL en julio de 1959, con ocasión de hacerle entrega del título de doctor "honoris causa" en atención a "su personalidad científica y la trascendencia de su labor como Maestro, Jurisconsulto y Publicista". Se trataba de la segunda distinción que la universidad había entregado en toda su historia. La primera había sido a Ricardo Rojas. El decano

---

52 *El Litoral*, Santa Fe, 3 de noviembre de 1956.
53 Agrupación convertida a partir de la restauración democrática de 1983 en protagonista de la política santafesina al punto de regir los destinos del Municipio de Rosario y la provincia de Santa Fe en distintos períodos hasta el presente.
54 Con motivo de la repatriación de los restos mortales de Jiménez de Asúa a España, Estévez Boero escribió: "muchas veces las deserciones, las traiciones al ideal nos golpean, pero nos fortalece la vida de aquellos como el maestro que hicieron de la consecuencia con los principios la norma fundamental de su vida". Fundación Estévez Boero [en línea: http://www.estevezboero.com.ar] (consultado el 1 de abril de 2016).
55 Archivo de la Fundación Estévez Boero. Telegrama de Jiménez de Asúa a Estévez Boero, Buenos Aires, 20 de octubre de 1959.

de la casa, Francisco J. Gschwind, se refirió a él como "maestro del derecho", y lo reconoció en su rango de autoridad del gobierno republicano de su país en el exilio:

> Usted es el vicepresidente de la República Española, que no ha muerto y que algún día, como el ave fénix ha de resurgir de entre sus cenizas, para que todos los españoles dispersos en el mundo, se reencuentren en el solar nativo y hagan una patria renovada sobre los fecundos valores de la raza, donde puedan vivir en paz y en orden, cantando un himno a la libertad que hoy no tiene España.[56]

Jiménez de Asúa pronunció en esa oportunidad una conferencia referida al tema "Las tendencias actuales del derecho y de las legislaciones penales", y en el transcurso de la misma reconoció las posibilidades que la UNL había dado a la difusión de su teoría jurídica y del delito. Según estimaba mucho había tenido que ver en esto la relación que lo unía a colegas como el decano Gschwind, con quien compartía –además de su hermandad masónica– teorías acerca del derecho penal y la criminología, lo que implicaba además la adopción de posturas frente a la realidad de su tiempo. En relación con su patria natal dijo que el terruño se volvía para un exiliado como él, un compromiso y un dolor, al mismo tiempo que una aspiración no exenta de desafíos:

> volver a España es para todos los españoles el máximo deseo. Sabemos que la vida no ha de ser fácil cuando al cabo de tantos años de dictadura haya que rehacer el espíritu español y la moral española, trastocados, totalmente trasvertidos por los procedimientos autoritarios. Sabemos que la tarea ni es sencilla ni tampoco es jubilosa, pero nos debemos a ella.

Aclaró: "hemos de volver a España, cuando pueda volverse con honor". Por su parte Estévez Boero se refirió a él como "veterano soldado del civismo y la democracia", privado de "brindar sus decenios de sabiduría a la juventud de su patria" a causa de que "el tirano español" había sido "denominado hijo predilecto de la Silla Apostólica y es entrañable amigo de la democracia fenicia", en alusión a la intervención de la Iglesia católica en las decisiones del franquismo y la alineación de España con el gobierno de los Estados Unidos. No obstante, Jiménez de Asúa se había entregado a la formación de universitarios santafesinos y colaborado con la organización del movimiento universitario y por eso los consejeros estudiantiles habían votado "con entrañable satisfacción el otorgamiento de la distinción",

---

56 *Revista de Ciencias Jurídicas y Sociales*, Universidad Nacional del Litoral, N° 100, año XXI, 3° época, 1959, p. 313.

no solo en mérito a su obra de maestro, sino también como "una reafirmación de la juventud por las formas democráticas de vida", también en España.[57]

Pero Jiménez de Asúa fue convocado por su amigo, el recién designado rector de la Universidad de Buenos Aires, Risieri Frondizi, a fines de 1957 para sumarse a la tarea de la reorganización universitaria, nombrándolo director del Instituto de Derecho Penal y Criminología de la Facultad de Derecho de la UBA. La breve actuación en Santa Fe fue suficiente para que Jiménez de Asúa colaborara para situar a la Facultad de Ciencias Jurídicas de la UNL como un centro referencial de la criminología. El profesor de Medicina Legal, Oscar B. Rubino, al presentar un proyecto para la creación de una escuela de posgraduados en aplicación jurídica criminal, a imitación de las existentes en Europa, mencionó como directos antecedentes a la Escuela de Criminología fundada en España por Rafael Salillas, suprimida "durante la dictadura [de Primo de Rivera] y exhumada en tiempos de la República", que había sido entonces elevada al rango de Instituto de Estudios Penales, siendo su primer director Jiménez de Asúa. En América Latina, solo en Chile se estaba implementando la iniciativa de especialización en Ciencias Penales y Salillas creía que la Facultad de Ciencias Jurídicas de la UNL estaba ya en condiciones de dictar estos cursos para estudiantes posgraduados, jueces, funcionarios de prisiones, de policía, asistentes sociales, etc. Sucedió a Jiménez de Asúa en el Instituto de Ciencia Penal y Criminología, Jaime Prats Cardona, estando al frente de los de Derecho Procesal y Legislación Notarial, Carmelo P. Piedrabuena y Roberto H. Brebbia, incorporándose como profesores de Derecho Penal, Alfredo Terán Lomas, Armando Medrano, Conrado Puccio, Wesley De Benedetti y José Juan Depetris.[58]

Un republicano español, decano de la Facultad de Ciencias Jurídicas y Sociales de Santa Fe

De entre el grupo de los juristas contratados en la UNL tras la caída del peronismo, Jiménez de Asúa y Sentís Melendo, especialista en Derecho Procesal –al que habría que añadir a Luis de Córdoba del Amo, profesor de Economía Política–, el tercero de ellos llegará a ocupar un cargo principal en la gestión universitaria: Luis Muñoz García, profesor de Derecho Comercial –a la vez que profesor titular

---

[57] *Ibidem*, pp. 317-323.
[58] *Revista de Ciencias Jurídicas y Sociales*, Universidad Nacional del Litoral, N° 100, año XXI, 3° época, 1959, pp. 352-364.

de Quiebras en el Curso de Contadores de Santa Fe, dependiente de la Facultad de Ciencias Económicas, Comerciales y Políticas de Rosario–, fue electo decano de la Facultad de Ciencias Jurídicas y Sociales en 1962, en una reñida votación, por un voto de ventaja sobre el doctor Mario Mosset Iturraspe.[59] Muñoz García, que había arribado a la Argentina procedente de México,[60] tendrá que hacer frente a no pocas dificultades en su gestión.

A pesar de que la asunción del radical Arturo Illia como presidente de Argentina permitió abrigar nuevas esperanzas para los españoles republicanos de propiciar políticas de repudio a la dictadura española, compartida incluso en el sector de los juristas y abogados argentinos que veían una contradicción en la relación de los mandatarios democráticos con el gobierno de Franco,[61] apenas "habría gestos de cordialidad" del nuevo presidente hacia el gobierno en el exilio. El 19 de agosto de 1963, el electo mandatario argentino recibió a una delegación de republicanos encabezada por Jiménez de Asúa, lo que motivó enfáticas reclamaciones de la embajada de España, que luego se encargaría de obstaculizar su desempeño docente en la Universidad de Buenos Aires y fomentar su hostigamiento desde el consejo directivo de su Facultad de Derecho.[62] Una situación similar se observó en la UNL cuando dos consejeros adversos al decano Muñoz le exigieron públicamente explicaciones por haber viajado a la Unión Soviética en 1964 para participar de una visita a la Universidad de Moscú, y a un congreso de juristas en Budapest. Uno de los interpelantes, el consejero graduado Eduardo Álvarez expresó:

> cuando di mi asentimiento para su viaje –dijo– no presté atención a qué lugar iba. Creí que era un congreso de juristas democráticos. Pero eso no es lo importante. Aun cuando se tratara de un congreso de orientación

---

[59] *La Capital*, Rosario, 1 de octubre de 1962.
[60] Pablo Salomón, *op. cit.*
[61] *España Republicana*, año XLII, Buenos Aires, 15 de enero de 1960, N° 1209. La revista reproducía una carta colectiva de un grupo de juristas, entre los que firmaban José Peco, Carlos Sánchez Viamonte, Ernesto Sammartino, Isidro Satanowsky, Carlos Fontán Balestra, Héctor Masnatta, en un artículo titulado "Los abogados argentinos ven un peligro en los contactos con la tiranía franquista". En ella se expresaba: "nos creemos en el deber ineludible de significar nuestra honda preocupación por el viaje que el Sr. presidente de los Estados Unidos de Norteamérica se propone realizar a España en visita oficial al gobierno dictatorial que allí detenta el poder [...] grave para las democracias, que ven en ese viaje un peligro para sus instituciones republicanas y un apoyo indirecto a las dictaduras continentales que aún subsisten o que tratan de resurgir [...] De ahí nuestra protesta por los contactos amistosos que el presidente de una democracia va a mantener con un gobierno antidemocrático"
[62] Ver: Beatriz Figallo, "De Jiménez de Asúa a Perón: sus exilios como componentes de la política exterior hispanoargentina", *Temas de historia argentina y americana*, N° 15, 2009. La situación de Jiménez de Asúa en la UBA despertó el repudio de la UNL, deplorando el consejo directivo de su Facultad de Derecho las acciones para dar por finalizado su contrato allí a quien era considerado un "luchador democrático".

marxista, no tendría reparos en la asistencia, siempre que se hubiera repudiado el sistema. Por ello –dijo dirigiéndose al decano– si usted no hizo pública oposición a la filosofía marxista, debo pedirle su dimisión.[63]

Muñoz aclaró que no todos los juristas presentes eran marxistas, dado que asistieron delegados de España, Francia, Estados Unidos, Inglaterra e incluso de universidades católicas, y que él había sido designado jefe de las delegaciones de Chile, España y Argentina, y negó la calificación de "marxista" de dicha reunión. Asimismo explicó que en las entrevistas radiales efectuadas en Moscú y Budapest había afirmado que la idiosincrasia del hombre argentino y la suya era la democracia política y social, y la defensa de la soberanía nacional. Muñoz recordó que en su gira también había visitado facultades de París, Londres y Estados Unidos, participando en la Universidad de Columbia en una mesa redonda sobre la influencia de la Alianza para el Progreso en el desarrollo de América Latina. Los delegados estudiantiles afines al decano se enfrentaron verbalmente con los delegados egresados que le solicitaban la renuncia, acusándolos de estar motivados por una intencionalidad política impulsada por la línea editorial de una radio local.

El decano Muñoz también se manifestó de forma elocuente sobre los derechos humanos. Al propiciar en su facultad la organización de un acto en homenaje al 15 aniversario de la Declaración de los Derechos Humanos, se refirió a aquellos obstáculos filosóficos que hasta el momento habían imposibilitado la universalidad de los mismos.[64] En otra oportunidad, cargó con la responsabilidad política de autorizar al doctor Raúl Matera, de militancia peronista, a dar una charla en la Facultad sobre el tema "Universidad y política", una actividad organizada por la Confederación General Universitaria, lo que motivó la reacción de un sector de profesores y aun de delegados reformistas. En los considerandos de la resolución autorizando la utilización del aula, el Consejo Directivo de la Facultad, haciendo suya la opinión del decano Muñoz, expresó:

> que la actuación política y la definida posición partidaria del doctor Matera no pueden constituir obstáculo al otorgamiento de la autorización que se solicita, pues la Universidad, recuperada, en 1955 para el cumplimiento de sus auténticas finalidades y la defensa de los principios elementales de dignidad, debe exteriorizar a través de hechos concretos, que ella, a diferencia de la inmediata que le precediera, no ha de cerrar

---

[63] *El Litoral*, Santa Fe, 20 de mayo de 1964.
[64] *El Litoral*, Santa Fe, 11 de diciembre de 1963.

sus puertas a las personalidades de prestigio intelectual, como ocurrió desgraciadamente hasta la Revolución Libertadora con los intelectuales que tenía la República.[65]

Los contratos laborales aprobados por el Consejo Directivo de las facultades, o la eventual renovación o aumento de los salarios convenidos, debían ser autorizados por el Consejo Superior de la Universidad, de allí que exigía un consenso que involucraba al rector y al decano. Muñoz recomendó la renovación del contrato de su compatriota, el doctor Luis de Córdoba del Amo, como profesor de Finanzas y Economía Política, a partir del 31 de diciembre de 1962,[66] y luego el reajuste de sus salarios. Asimismo se dispuso el aumento del sueldo del doctor Ernesto Krotoschin, especialista en derecho del trabajo nacido en Alemania y que en tiempos del nacismo, en 1933, debió salir de su país por su vinculación con los gremios en los que dictaba cursos de especialización. Refugiado en Francia y luego en la Argentina, fundó y presidió la Asociación Argentina de Derecho del Trabajo y de la Seguridad Social, editando su obra fundamental *Instituciones del Derecho del Trabajo*.[67]

Contó la Facultad con otros destacados catedráticos españoles. Algunos, como el internacionalista Rudecindo Martínez, habían llegado a la Argentina en la primera década del siglo XX. Referente socialista, fue el orador del primer acto realizado en Santa Fe para celebrar el advenimiento de la II República Española. En tiempos en que no se hacían nombramientos en las universidades de profesores extranjeros, el Ministerio de Justicia e Instrucción Pública de la Nación hizo una excepción al confirmarlo como profesor en dicha casa. Al poco tiempo publicó su obra *El problema de las minorías en el Derecho Internacional Público*. Como consecuencia del golpe militar de 1943 debió exiliarse en Montevideo por sus posiciones políticas, retornando al país tras la caída de Perón, en 1955. Su colega y amigo, Luis David Bonaparte, dirigente del Partido Socialista Democrático, lo llamó en las honras fúnebres efectuadas en la facultad en abril de 1964 (donde se puso una placa en su memoria), como "el decano de los exiliados argentinos".[68]

Francisco Blasco Fernández de Moreda, nacido en 1906, había desenvuelto una ascendente carrera como profesor de Derecho Penal en la Universidad de Madrid, siendo empleado de los tribunales españoles, cuando debió exilarse. Llegado en primer término a México, dictó un curso de doctorado en la Facultad Jurídica Veracruzana, y

---

[65] *La Capital*, Rosario, 12 de marzo de 1963.
[66] *El Litoral*, Santa Fe, 18 de junio de 1962.
[67] [En línea: https://goo.gl/yA54mJ] (consultado el 6 de marzo de 2016).
[68] *El Litoral*, 21 de abril de 1964.

en 1952 se trasladó a Buenos Aires, para seis años más tarde ser nombrado profesor y director de los cursos de seminario de la Escuela de Derecho de Corrientes, dependiente de la flamante Universidad Nacional del Nordeste.[69] Además fue profesor invitado al Instituto de Derecho Penal y Criminología de la UNL bajo la dirección de Jiménez de Asúa, de quien escribió en la revista de la Facultad de Ciencias Jurídicas y Sociales: "en todo instante me sentí orgulloso de proclamar mi adhesión a las enseñanzas de mi insigne Maestro: mi Maestro de la mocedad, y de siempre".[70] En una de las citas describió su participación en el surgimiento de la escuela "dogmática moderna":

> figuré como protagonista de la primera hora, en el combate por abrir a las investigaciones y aplicación del Derecho Penal en España, modernos derroteros dogmáticos. Brega empeñada, en que, desde 1927, coincidí junto a nuestro Maestro madrileño, y en los cursos de Seminario por él organizados, con el inolvidable José Arturo, Emilio González López, Manuel López Rey, Mariano Jiménez Huerta, Juan del Rosal y Luis Rufilanchas. Nuestra final victoria perfilose acusadamente, cuando uno de los Fiscales de Madrid, el profesor de Salamanca, José Antón Oneca, pasó a integrar la Sala II (de lo criminal) del más alto órgano jurisdiccional del Estado. Hablo, pues, de los hechos enunciados, no por referencias sino por propio conocimiento, en cuanto partícipe acreditado en todos ellos.[71]

Una orientación que, según Blasco, cobró bríos en el Argentina en las plumas de otros destacados colegas: Sebastián Soler, Fontán Balestra, Francisco L. Laplaza, Enrique R. Aftalion, a quienes él consideraba como los integrantes "del más vigoroso de los movimientos de defensa de los derechos humanos atropellados por los gobiernos totalitarios" desde "el asalto de Hitler en Alemania hasta la derrota totalitaria por las democracias aliadas en 1945".[72] Los seguidores de Jiménez de Asúa, los "Dogmáticos del Derecho Penal", según explicaba el propio Blasco, habían confrontado con la orientación de "la nueva Defensa Social", que "ponía en gravísimo peligro las más fundamentales garantías de libertad y dignidad del individuo", al anteponer una defensa social (que indagaba el grado de peligrosidad del delincuente y su readaptación al medio) a una defensa individual del acusado. Los

---

[69] Ángeles de Dios de Martina, "Francisco Blasco y Fernández de Moreda: penalista y filósofo del derecho", en José Ángel Ascunce, Mónica Jato, María Luisa San Miguel (coord.), *II Congreso Internacional Exilio y Universidad: presencias y realidades 1936-1955*, Donostia, Universidad de Deusto, diciembre 2008, pp. 581-597.
[70] *Revista de Ciencias Jurídicas y Sociales*, N° 103-104, Universidad Nacional del Litoral, Santa Fe, 1960, p. 27.
[71] *Ibidem*, p. 56.
[72] *Ibidem*, p. 57.

que seguían las enseñanzas de Jiménez de Asúa eran, en la visión de este discípulo, "centinelas vigilantes en el ejército de hombres libres que pugnaban por conservar su libertad".

Así como Jiménez de Asúa acompañó la inserción docente de sus discípulos Blasco Fernández de Moreda y Carlos V. Gallino Yansi, en el Seminario y la Cátedra de Derecho Penal en la Escuela de Derecho de la Universidad Nacional del Nordeste, y participó de los primeros cursos y conferencias por ellos organizados, hizo lo propio en la Facultad de Ciencias Jurídicas y Sociales de Santa Fe, con una nueva incorporación que se produjo en 1958: la del también exiliado Manuel Rivacoba y Rivacoba para el desempeño de las funciones de profesor de Introducción al Derecho y Derecho Penal I, quien apenas un año antes se había doctorado en la Universidad de Madrid después de haber pasado una década preso en las cárceles franquistas. Ya exiliado en la Argentina y contratado en Santa Fe, reconoció la cercanía intelectual que experimentaba con muchos colegas por compartir la teoría y el método de casos introducido por Jiménez de Asúa en España y Argentina, enseñanzas que tenían gran arraigo en profesores argentinos y en la mayoría de las facultades de Derecho del país.

En la *Revista de Ciencias Jurídicas y Sociales* Rivacoba y Rivacoba tuvo a su cargo la reseña de los comentarios bibliográficos de producción jurídica penal española, demostrando conocimiento y vinculación con compatriotas referentes de aquellos estudios: Julián Pereda, Juan Córdoba Roda y Constancio Bernaldo de Quirós. De este último, al comentar su obra póstuma *El bandolerismo en España y México*, publicada en 1959, recordó que fue "Maestro" del "Maestro", es decir de Jiménez de Asúa, y que había muerto a los 85 años de edad "en México, también exiliado".

Aquellos españoles dejaron una profunda huella en la cultura jurídica y política argentina. Danilo Kilibarda, promotor de la reforma constitucional santafesina de 1962, que por entonces ya militaba dentro de las filas de la Unión Cívica Radical Intransigente, admitió:

> nosotros en Santa Fe tenemos queridos recuerdos de los juristas españoles [...] ser alumnos en la Facultad de Derecho. Así, conocimos profesores de la talla de Don Luis Jiménez de Asúa. Tuvimos además por un tiempo a Rivacoba y Rivacoba, que luego se fue a Chile, y que dejó aquí un discípulo de lujo, nuestro penalista Carlos Creus. A ellos cabe agregar a Luis Muñoz, profesor de Derecho Comercial, que llegó a ser decano de la Facultad de Ciencias Jurídicas de la UNL, y cómo no recordar de De Córdoba y Del Amo, un profesor quijotesco, que se peleaba con todos, discutía con sus propios camaradas y terminaba dando sus clases de economía política en las pizzerías vecinas.[73]

---

[73] *El Litoral*, Santa Fe, 26 de noviembre de 2003.

El tratadista Eugenio Zaffaroni, que realizó su doctorado en Santa Fe y llegaría a ser miembro de la Corte Suprema de Justicia de la Argentina, por su parte, admite que "toda la formación penalística, digamos, se la debo en gran parte a penalistas republicanos: por supuesto, Jiménez de Asúa, que es del que más se habla, pero hubo otros. Conocí durante casi cuarenta años a Manuel de Rivacoba y Rivacoba". También recuerda afectuosamente a Blasco y Fernández de Moreda, que antes de ser nombrado profesor en Corrientes, se desempeñó como asesor de la Cancillería en Buenos Aires. Y confiesa: "Blasco y Rivacoba eran gente que compartía la mesa familiar en mi casa, de modo que, aparte de la cosa que podía ser académica, la convivencia con la idea republicana, las anécdotas republicanas, todo esto se había vuelto casi familiar".[74] Si el rector Plá y el decano Muñoz favorecieron la continuidad del espacio abierto a aquel grupo de españoles en la Universidad Nacional del Litoral, se creó con ello un clima afín a las ideas demo-liberales, que pudo prolongarse a través de discípulos que cursaron sus estudios de posgrado, se iniciaron en las tareas de investigación jurídica o recorrieron el camino de la política militante.

Un análisis crítico de "los logros" del franquismo

Al referenciar en la *Revista Universidad* de la UNL la obra titulada *Delito, penas y prisiones en España*, publicada en Madrid en 1963 por el Ministerio de Justicia, Rivacoba y Rivacoba compartió la postura de los penalistas que sostenían que también en materia legal "la España moderna se basaba en los cimientos sentados durante la Guerra Civil", cuando un Franco victorioso aplicó una ley penal funcional a su dictadura, tal como había concluido la Comisión Internacional de Juristas, reunida en Ginebra en 1962.[75] Asimismo puso en tela de juicio la legitimidad de quienes integraban el Servicio de Publicaciones, "del llamado Ministerio de Justicia de la España Franquista y distribuido por el Director General de Información de aquel régimen". Se refería a Carlos Robles Piquer, de quien dijo:

> lejos de sorprendernos, a cuantos conocemos al señor Robles Piquer desde que, hace cosa de veinte años, comenzamos a la vez nuestros estudios universitarios en la Facultad de Filosofía y Letras madrileña

---

[74] En Matías Bailone, "El largo exilio de las culturas jurídicas democráticas en España. Un encuentro con José Antonio Martín Pallín y Eugenio Raúl Zaffaroni", *Revista de pensamiento penal*, 28 julio 2014, p. 187 [en línea: https://goo.gl/NyT2xj] (consultado el 2 de marzo de 2016).

[75] Comisión Internacional de Juristas, *El Imperio de la Ley en España*, Ginebra, 1962. Ver artículo de Beatriz Figallo en este libro.

ha de parecernos muy lógica, natural y adecuada esta distribución de un volumen de tan recargada malignidad política como rebosante de dislates jurídicos.[76]

Señaló como muestra "la curiosa preocupación de oponer al ordenamiento punitivo franco-falangista al positivismo penal, con su concepto de criminal nato, lo que denota un anacronismo en el pensamiento que no hace falta comentar" o "la singularísima construcción que hace del concepto de 'delito político' aunque esto haya más bien, que ponerlo en relación con la finalidad política que la publicación persigue", que no era otra que la defensa del régimen. Las distintas afirmaciones de la obra, en su opinión, no hacían más que recordar y destacar "el origen, la naturaleza y la realidad del régimen que oprimía a España",[77] por ejemplo al esforzarse en demostrar que las figuras delictivas españolas contra la seguridad interior del Estado se encontraban asimismo en otros códigos, como el italiano, que era sabidamente fascista. Asimismo definió como incierto lo afirmado en la publicación en el sentido de que la legislación española "jamás imponía la pena de muerte". Recordó que el Código de Justicia Militar y la Ley de Bandidaje y Terrorismo, "de frecuentísima aplicación en casos de actividades políticas clandestinas, cualquiera que su orientación o ideología sea", se aplicaba dentro del propio Código ordinario.[78] Además, criticaba que en ese texto se quisiera dar a entender que no existían presos y condenados –incluso ejecutados– como consecuencia "de responsabilidades derivadas de la Guerra Civil" desde el primer indulto de 1945, cuando según Rivacoba habían perdurado hasta "muchísimos años después" y que "no se sabía si existían todavía".[79] También denostó la pretensión del libro de afirmar que la criminalidad en la España de 1963 era muy inferior a la del gobierno de la II República: se consignaba que mientras que en 1936 existían 34.525 reclusos, veintisiete años después esa cifra había descendido a 12.774 reclusos. Rivacoba advirtió que se ocultaba intencionalmente que solo 4526 de los 35.525 habían sido presos por delitos comunes y que

> nada menos que 30.000 eran presos políticos recluidos por un gobierno sensiblemente idéntico en su ideología y aspiraciones a los sectores que se alzaron el 18 de julio del mismo año contra el pueblo español, que había reconquistado su República en las elecciones del 16 de febrero.

---

[76] *Revista Universidad*, N° 59, enero-marzo de 1964, Santa Fe, p. 422.
[77] *Ibidem*, p. 423.
[78] *Ibidem*, p. 423.
[79] *Ibidem*, p. 424.

De esta manera, según el penalista, mientras que en 1936 existían 18,32 presos comunes por cada 100.000 habitantes, en 1963 era de 41,10% por la misma cantidad. Concluyó su comentario con la siguiente ironía: "En el haber, en cambio, de esta publicación, hay que apuntar la loable sinceridad con que recalcan la identificación de la Iglesia católica con su régimen y la rigurosa censura que ejerce aquella 'sobre toda clase de publicaciones'", tal como se reconocía en la página 54, y también su "presentación pulquérrima, debida a los pobres muchachos recluidos en el Reformatorio de Jóvenes de Madrid que trabajan en sus talleres gráficos".[80]

A través de la sección bibliográfica de la *Revista Universidad*, Rivacoba se ocupó de reflejar la evolución del derecho penal, con especial mención a la producción de Jiménez de Asúa, quien en 1962 publicó el sexto tomo del *Tratado de Derecho Penal*, reeditándose en 1964 en Buenos Aires los tomos I y II de la misma obra. Incluían aquellas referencias la mención al libro *Estudios Jurídicos en homenaje al profesor Luis Jiménez de Asúa*, en 1965 las *Actas de las Jornadas de Derecho Penal de 1960* y el volumen segundo de los *Estudios de Derecho Penal y Criminología*, que estaban agotados, lo que le permitía afirmar que con ello se mantenía actualizada y "con la perfección ideal", la "obra suma de nuestro tiempo en la ciencia del Derecho Penal".[81] Reseñó, asimismo, *Los caminos de la libertad. El socialismo, el anarquismo y el sindicalismo*, el libro de 1918 de Bertrand Russell publicado en Buenos Aires en 1961 pero traducido por primera vez en castellano en 1932, no por casualidad, según explicó Rivacoba y Rivacoba, ya que coincidía con "el momento de gran trascendencia histórica" que estaba viviendo España "reconstruyendo y recuperando su dominio civil, conquistando la libertad y moralizando su vida pública".[82] Según Rivacoba, treinta años después la situación de España se había agravado: "Con tristeza hay que contemplar en ella, más aun que el régimen que la tiraniza, la desorientación e incapacidad por cuantos dentro y fuera intentan de manera empeñosa domeñar y canalizar la oposición".[83] El derecho de su tiempo aún aguardaba la concreción de esa ideal sociedad del futuro proclamada por Russell. Rivacoba aprovechó la reseña para rendir un homenaje a un penalista español que consideraba se había anticipado al pensamiento del escritor británico; "el socialista de

---

80 *Ibidem*.
81 *Revista Universidad*, N° 65, julio-septiembre de 1965, Universidad Nacional del Litoral, Imprenta de la Universidad, Santa Fe, 1965, p. 327.
82 *Ibidem*, N° 48, 1961, Universidad Nacional del Litoral, Imprenta de la Universidad, Santa Fe, 1961, p. 330.
83 *Ibidem*, p. 331.

temperamento anarquista", Pedro Dorado García Montero, salmantino de nacimiento, "otro noble espíritu español, igualmente perseguido, solitario e incomprendido".[84]

Rivacoba y Rivacoba colaboró con el *Anuario* del Instituto de Investigaciones Históricas de la Facultad de Filosofía y Letras de Rosario, que también dependía de la UNL, dirigida por su compatriota Nicolás Sánchez Albornoz, compañero de desventuras universitarias en la España de los años 50, con quien compartió cárcel y exilio.

Publicaciones y becas: las universidades del franquismo como opción de perfeccionamiento

Más allá de estas contribuciones de los españoles asentados en la universidad, durante el rectorado de Cortés Plá no se consignan artículos de investigadores y catedráticos españoles en la *Revista Universidad*, órgano oficial de la casa, y las recensiones bibliográficas de libros procedentes de la península son excepcionales, aunque sí se da cuenta de la recepción de publicaciones remitidas por la Dirección General de Archivos y Bibliotecas de España, la *Revista de Occidente, Cuadernos Hispanoamericanos, Documentación Administrativa y Perspectivas Pedagógicas,* y *Universidad*. Muy distinta era la situación en la Facultad de Ciencias Jurídicas y Sociales que sostenía canje con más de treinta publicaciones periódicas procedentes la mayoría de las universidades españolas y diversos campos vinculados al derecho. Aquel intercambio con España era equivalente o superior al que se realizaba con instituciones de Francia, Italia y Estados Unidos. Asimismo, la Facultad estaba suscripta a diez publicaciones españolas, quince francesas, ocho italianas, tres de América Latina y una de Estados Unidos.

España ofrecía para las Humanidades y el Derecho, la facilidad del idioma y los rasgos culturales compartidos, así como el no menor interés de acogerse a una plaza turística atractiva desde donde saltar hacia recorridos europeos. Que la universidad no haya iniciado institucionalmente una política de intercambio de becas con España durante los años 60 no implica que jóvenes graduados universitarios, aun aquellos formados en la oposición al franquismo, no eligieran para estudiar a la España "del desarrollismo", por la tradición de sus universidades, en una aceptación de que Franco pasaría y los vínculos profesionales continuarían. En Buenos Aires, el periodista, abogado y profesor universitario Mariano Grondona, vinculado a sectores militares, explicaba:

---

[84] *Ibidem*, p. 333.

en 1956, a poco de caer Perón, me casé y me fui a estudiar a España. ¿Por qué? Porque allí brillaban la fresca memoria de Ortega y la intensa presencia de sus discípulos. Tuve la fortuna de estudiar por dos años con las luminarias del cielo orteguiano: Zubiri, Diez del Corral, Tierno Galván, Fraga Iribarne, López Aranguren, Gómez Arboleda [...] reinaba, como una suerte de *primus inter pares*, Julián Marías.[85]

Muchos de los jóvenes profesionales y estudiantes graduados que aspiraron a las becas eran hijos y nietos de españoles. La numerosa colectividad de Rosario, con sus sociedades, agrupaciones, clubes, ateneos, etc., se encontraba cada vez más vinculada a través de los medios de comunicación disponibles. Así por ejemplo, Luis Arturo Castellanos, profesor de literatura, periodista, futuro director de la Carrera de Humanidades de la Universidad Católica Argentina en Rosario y presidente del Instituto de Cultura Hispánica local, escribió en *La Capital* un extenso artículo analizando la repercusión de la muerte de Winston Churchill en siete periódicos de Madrid, en marzo de 1965, en el que se congratulaba de que para la prensa española, la figura representara "la esperanza de salvación para la concepción de la vida que se funda en el derecho, y la de rescate y destrucción de la tiranías para quienes padecían las del totalitarismo pardo y negro".[86]

Un relevamiento preliminar de los becarios de la UNL en España, efectuado con base en testimonios personales, permite evocar casos como el de Félix Peña, especialista en relaciones económicas internacionales, derecho del comercio internacional e integración económica de amplia trayectoria en el país y el extranjero. Nacido en Rosario en 1938, egresó de la Facultad de Derecho y Ciencias Sociales de Santa Fe en 1962 y realizó su doctorado en Derecho en Madrid entre 1962 y 1965.[87] Por entonces, el joven abogado y primer egresado de la Escuela de Derecho de Rosario, Néstor Pedro Sagüés, y doctorado en Derecho por esa facultad y por la Universidad de Madrid (y que luego alcanzaría los máximos reconocimientos como jurista y docente en derecho constitucional) escribió en *La Capital* un artículo exponiendo que "la euforia" de los estudios jurídicos económicos en España tenían por causa principal al "crecimiento cuantitativo y cualitativo de las relaciones comerciales, de derecho público y de derecho privado" y por "la realidad de los procesos integrativos internacionales y la innegable vigencia del problema del desarrollo", una situación "todavía no bien apreciada en Argentina".[88] Asimismo explicó que "adhiriendo a estas tendencias", la Facultad de Derecho de la Universidad

---

85 *La Nación*, Buenos Aires, 16 de diciembre de 2005.
86 *La Capital*, Rosario, 4 de marzo de 1966.
87 Ver en línea: https://goo.gl/kLr7Tn.
88 *Ibidem*, 17 de marzo de 1965. Ver artículo de Luis María Caterina en este tomo.

Complutense había incluido para ese año lectivo (1965) asignaturas y cursos monográficos "que procuraban responder a las dificultades más urgentes que presenta la península",[89] estableciéndose en su programa de doctorado, materias de Hacienda Pública a cargo de los profesores Fernando Sainz de Bujanda y Mariano Sebastián Herrador, y se dictaron los cursos referidos a "La banca del desarrollo", "Organización bancaria y política monetaria", "Técnica bancaria", "Sistemas jurídicos de los bancos" y "La seguridad social como cuestión financiera".[90] Sagüés también resaltó que a la investigación jurídica económica impulsada dentro del doctorado se sumaba la publicación de artículos y libros específicos, significando que la legislación "no se estaba quedando atrás en este proceso, por intermedio de las reformas impositivas pertinentes". Concluía que "los estudios económicos figuraban en la primera línea de la labor jurisprudencial española", la que de esa manera "se sumaba a las tendencias predominantes en el panorama jurídico contemporáneo".[91]

La Escuela de Derecho de Rosario donde se había formado Sagüés era antecedente de la Facultad de Derecho que se crearía en 1967 y cuyo principal perfil fue el énfasis en acercar la enseñanza de la economía y el derecho "para satisfacer eficazmente las exigencias y los requerimientos que emanan del adelanto social, industrial, comercial y científico de nuestra hora", según lo expresara su fundador, Manuel de Juano,[92] tributarista que desde 1955 supo nuclear a la dirigencia liberal de Rosario para contar con un centro universitario propio del Derecho en la ciudad.

Las manifestaciones estudiantiles españolas y sus repercusiones en prensa y universidad

Pero si los jóvenes universitarios argentinos iban a perfeccionarse a España, también puede decirse que terminaban siendo activos observadores de la tensión ideológica y las críticas al régimen franquista que se sucedían. Las manifestaciones estudiantiles venían develando el descontento de una nueva población universitaria surgida de la concentración demográfica en las grandes ciudades, en un sistema

---

[89] *Ibidem.*
[90] *Ibidem.*
[91] *Ibidem.*
[92] Discurso del director delegado de la Escuela de Derecho, Manuel de Juano, al iniciar el primer año del ciclo lectivo, abril de 1969, mecanografiado, Archivo Personal del doctor Manuel de Juano.

que no estaba preparado ni disponía de los recursos para recibirlos.[93] Para una generación que no había participado ni sufrido la Guerra Civil y sus consecuencias inmediatas, las grietas que comenzó a exhibir el régimen fueron detectadas y profundizadas desde ese sector estudiantil. Dos estados de excepción nacional fueron declarados por causas directamente relacionadas con la agitación universitaria,[94] que se convirtió en un factor de desgaste para el régimen y protagonista de la larga transición de España hacia la democracia.[95] La actitud de los docentes, el cierre de la Universidad de Barcelona en 1966, la suspensión de profesores, mostró un *continuum* en el que se sucedían represión y resistencia, de consuno con la experiencia del Mayo Francés de 1968.

La Capital de Rosario y *El Litoral* de Santa Fe (en menor medida que el primero) reflejaron periódicamente en sus páginas el conflicto estudiantil español transcribiendo en su sección de noticias internacionales los mismos cables de la agencia UPI. Las crónicas detallaron las asambleas y concentraciones, las marchas en señal de protesta, la ocupación de facultades[96] y las huelgas, el endurecimiento de las refriegas, la dispersión de las concentraciones con "cachiporras" y chorros de riego[97] e incluso el uso de armas de fuego por parte de la policía. Es interesante la postura editorial de *La Capital* porque demuestra el dispar tratamiento dado al tema según la información se originara en España o en Argentina, donde similares escenarios y procedimientos se estaban planteando. El diario apoyó los reclamos de los estudiantes españoles en cuanto a la libertad de agremiación solicitada y la supresión del falangista Sindicato Español Universitario.[98] En marzo de 1965, el suplemento dominical del matutino publicaba un resumen de la semana internacional escrito por Federico Hasenbalg, periodista corresponsal en Rosario de la agencia noticiosa Saporiti y UPI, quien dijo que los estudiantes se habían enfrentado a "la dictadura" de Franco e hizo suyas las palabras pronunciadas en México por Jiménez de Asúa como presidente de la República Española en el exilio: "No hay dictador que se resista al empuje de la juventud decidida", y comparó la situación con la producida más de treinta años antes "cuando los estudiantes se pronunciaron contra la

---

[93] Montserrat Navarrete Lorenzo, "El movimiento estudiantil en España, de 1965 a 1985", *Acciones e Investigaciones Sociales*, N° 3, 1995, p. 126.
[94] Alberto Carrillo Linares, "Movimiento estudiantil antifranquista, cultura política y transición política a la democracia", *Pasado y Memoria, Revista de Historia Contemporánea*, 5, 2006 p. 158.
[95] Rafael Puyol, *El papel de la Universidad en la transición*, conferencia, Madrid, diciembre de 2002 [en línea: https://goo.gl/N9zwoP] (consultado el 1 de febrero de 2016).
[96] *La Capital*, Rosario, 26 de febrero de 1965.
[97] *La Capital*, Rosario, 25 de febrero de 1965.
[98] *La Capital*, Rosario, 28 de febrero de 1965.

dictadura de Miguel Primo de Rivera". Hasenbalg afirmó que lejos de lo sostenido por los diarios madrileños se estaba ante un movimiento de carácter nacional y que "necesariamente dejaría sus secuelas".[99]

La Capital además dio a conocer un cable de UPI cuyo contenido superaba inusualmente la mera crónica para expresar consideraciones acerca del franquismo: "La intranquilidad entre los estudiantes en las universidades españolas constituye uno de los problemas más graves que afronta el régimen del generalísimo Francisco Franco, en sus casi 26 años en el poder". El corresponsal escuchó a un funcionario decir "que era la primera vez en la historia del régimen en que las autoridades no pueden controlar una situación", a lo que él agregó: "Por primera vez, el gobierno no cuenta con falangistas dispuestos a salir a la calle y luchar a favor del régimen en las universidades, como lo hicieron en el pasado", en referencia a lo acontecido en 1956, ya que ahora los estudiantes falangistas se habían declarado desasociados del régimen, por lo que se habían visto obligados a enviar su propia policía. Otra circunstancia significativa era que la agencia informativa reconocía que la Iglesia católica, "aún de manera velada", veía necesarias las reformas reclamadas por los estudiantes, tal como se había sostenido en un periódico de la Acción Católica: "Si no se encuentran nuevos medios que hagan posible el diálogo –agregó– importantes grupos en contra de su voluntad se verán obligados a recurrir a métodos clandestinos".[100] En una posterior columna dominical, Hasenbalg admitía que hasta el momento se había logrado poco con las manifestaciones, más allá de que significaba un desahogo de aspiraciones, sintetizadas en los gritos de los estudiantes: "Democracia sí, dictadura no" y "Libros sí, garrotes no", pero no había que olvidar que "la juventud solía lograr lo que se proponía".[101] La misma agencia distribuyó un cable que informaba sobre el asalto de unos mil obreros al departamento de policía del pueblo minero de Mieres, al norte de España, como derivación de conflictos laborales.[102]

El Litoral también explicó en un editorial las dimensiones del movimiento estudiantil:

> la actitud asumida por los universitarios españoles en demanda de la libertad de asociación y otras exigencias, ha tenido una explicable repercusión internacional. Desde hace tiempo se nota la existencia de un movimiento de liberalismo en el campo de la cultura española que implícitamente tiene también su sentido político, dadas las circunstancias especiales por que atraviesa España desde cuando el régimen del general

---

99 *La Capital*, Rosario, 7 de marzo de 1965.
100 *La Capital*, Rosario, 10 de marzo de 1965.
101 *La Capital*, Rosario, 28 de marzo de 1965.
102 *El Litoral*, Santa Fe, 13 de marzo de 1965.

Franco se hizo cargo de la situación en la península... Cuando un país vive muchos años al margen de las normas democráticas y privado de las libertades más elementales, en cualquier momento siente la necesidad de recuperar la libertad perdida. Las nuevas generaciones españolas, que no han participado en la Guerra Civil, creen que ha llegado la hora de liquidar ese pasado e iniciar una nueva vida bajo otro signo menos faccioso del que se impuso por las armas. Por de pronto, los estudiantes y los profesores piden libertad en los claustros, libertad cultural que no tiene conexión directa con la otra de signo político pero que, en el fondo, algo tiene que ver con ella. La actitud estudiantil española suscita no pocas esperanzas dentro y fuera de España; demás está decir que tiene especial resonancia cordial en los países sudamericanos por razones obvias.[103]

En tanto, la UNL tomó oficialmente partido por los estudiantes españoles. *La Capital* reflejó la coincidencia entre el estallido de las manifestaciones estudiantiles madrileñas de febrero de 1965, y el fracaso de la conferencia de Rostow en la Facultad de Ciencias Económicas de Buenos Aires por una protesta estudiantil.[104] En aquel clima, el rector Cortés Plá adhirió y participó de diversos actos estudiantiles organizados en respuesta a acontecimientos internacionales. En mayo de 1965 se llevó a cabo por las calles de la ciudad de Santa Fe una marcha en repudio por la invasión norteamericana a Santo Domingo, la que culminó con un enfrentamiento entre manifestantes y la policía.[105] Mientras que un grupo de estudiantes había tomado por más de mes y medio las instalaciones de la Facultad de Ingeniería de Santa Fe, solicitando su intervención, a lo que Pla accedió,[106] en junio un estudiante de Arquitectura de la UNL fue detenido en Rosario, acusado de estar vinculado a un atentado cometido en Córdoba contra el cónsul de los Estados Unidos, y Plá cumplió gestiones en su favor obteniendo la libertad del detenido. Pero a los reparos demostrados por un sector de la sociedad argentina por las manifestaciones estudiantiles se sumaba un malestar creciente en relación con el presupuesto universitario, y en el caso de la UNL, una mayor demanda de servicios por el crecimiento demográfico de Rosario y su región. A fines de ese año se dio a conocer el censo universitario confeccionado a pedido del Consejo Superior por el Departamento de Pedagogía Universitaria.[107] Las cifras reflejaban la profundización de la tendencia de concentración estudiantil que convertía a Rosario en el centro universitario más numeroso de la provincia, con un 77,8% del alumnado, y que a pesar de ello dependía jurisdiccionalmente de

---

[103] *El Litoral*, Santa Fe, 17 de marzo de 1965.
[104] *La Capital*, Rosario, 26 de febrero de 1965.
[105] *El Litoral*, Santa Fe, 8 de mayo de 1965.
[106] *Ibidem*, 12 de junio de 1965.
[107] *Revista Universidad*, N° 59, enero-diciembre de 1964, p. 378.

un órgano superior con sede en Santa Fe. Esa realidad daría inicio a un proceso que culminaría cinco años más tarde con la creación de la Universidad Nacional de Rosario.

La UNL, en aquel contexto de protestas, formalmente apoyó a través de declaraciones del rector y una resolución del Consejo Superior,

> la lucha de los estudiantes españoles en pos de la libertad de agremiarse, de exponer su pensamiento, de lograr la gratuidad de la enseñanza a fin de permitir el acceso de estudiantes de origen modesto, de pretender reemplazar el monólogo del que manda por el diálogo que construye. Consubstanciada con esa forma de vida universitaria, pues es la que rige en sus claustros, expresa su complacencia por la actitud asumida por los universitarios españoles –profesores y estudiantes– proclama su anhelo de ver triunfar ese ideal que es expresión misma de la auténtica vida universitaria.[108]

El golpe de Onganía

A mediados de 1965 tomó estado público la división existente dentro del claustro docente de la UNL. Por un lado, el oficialismo, que acompañaba a Plá, revalidaba la vigencia de los postulados reformistas y responsabilizaba al gobierno del radical Illia por no dotar a la universidad de los recursos presupuestarios necesarios para el normal desempeño de su misión; por otra, una oposición integrada por distintos sectores (liberales, conservadores, católicos e independientes), que proclamaban la necesidad de "modernizar" y "despolitizar" la universidad como si se tratara de factores concurrentes, y hacían responsables a las autoridades universitarias de lo que consideraban la ineficacia para la obtención y administración de recursos, de un presunto desgobierno, demagogia, y permisibilidad que permitía lo que se entendía como "infiltración marxista".[109]

Cortés Plá presentó su dimisión al cargo de rector el 28 de mayo de 1966, reconociéndose "físicamente fatigado y moralmente descorazonado ante la pérdida de tiempo y energía en pequeños problemas sin haber podido materializar proyectos trascendentes".[110] Sin embargo, reconsideró esta medida cuando obtuvo el compromiso de distintos grupos de consensuar una estrategia común tendiente a obtener mayor presupuesto para las distintas sedes de la universidad y la concreción definitiva de la Ciudad Universitaria.

---

[108] *Revista Universidad*, N° 64, abril-junio de 1965, p. 321.
[109] *La Capital*, Rosario, 22 de julio de 1965.
[110] *La Capital*, Rosario, 29 de mayo de 1966.

El 28 de junio el general Juan Carlos Onganía, al frente de una autoproclamada Revolución Argentina, arrojó de la presidencia a Illia. A poco, dictó el Decreto Ley 16.912 suprimiendo el gobierno tripartito de las universidades y disolviendo los consejos superiores, para ponerlas bajo el control del Ministerio de Educación.[111] Los rectores de las universidades nacionales de Tucumán, La Plata, Córdoba, Buenos Aires y el Litoral rechazaron la disposición. A las distintas tomas de las facultades se respondió con la represión, la renuncia masiva de docentes y autoridades. Plá renunció entonces de forma indeclinable a su cargo, y el Ministerio de Educación de la Nación nombró a Manuel de Juano en su reemplazo, representante de un grupo de profesores que reclamaban remover los obstáculos de la universidad para que esta mantuviera "el nivel y la eficacia apetecida".[112] Se reconocía como integrante de una tradición liberal genuina y autóctona, forjada por generaciones rosarinas contrarias a los dogmas y las imposiciones autoritarias. Reconocía en los Estados Unidos un rol de liderazgo internacional y sostenía una buena relación con un puñado de dirigentes católicos liberales que pasarían a desempeñar roles claves en el régimen presidido por Onganía. De Juano designó decano de la Facultad de Ciencias Jurídicas y Sociales al joven abogado Héctor Gaggiamo, consejero de la casa y opositor a la gestión de Muñoz, dirigente del Partido Demócrata Cristiano, profesor de la Universidad Católica y del Liceo Militar General Belgrano.[113]

El alejamiento de Rivacoba y Rivacoba de la universidad santafesina se produjo entonces. Expresó en su renuncia presentada en septiembre:

> hace ocho años que llegué a la Argentina en procura del ambiente de libertad, respeto a la persona humana y a su pensamiento, paz y tranquilidad imprescindibles para la enseñanza, el estudio y la investigación científica, que no existía en mi Patria ni existe todavía [...] cúmplase destacar que en este tiempo, y aunque no sin graves incomprensiones e inconvenientes a veces, he cumplido mis obligaciones con una modestia proporcionada a mis limitaciones, pero con mayor aplicación y entusiasmo; y que parte de los logros, la Universidad Nacional del Litoral ha comprendido y valorado el sentido de mi labor.[114]

---

111 Pablo Buchbinder, *Historia de las Universidades Argentinas*, Buenos Aires, Sudamericana, 2005, p. 189.
112 *Revista Universidad*, N° 68, julio-septiembre de 1966, Santa Fe, p. 333.
113 *El Litoral*, 18 de octubre de 1966.
114 Citado en José Sáez Capel, "Recordando a un amigo (Manuel de Rivacoba y Rivacoba)", *Revista de Pensamiento Penal*, 1 de mayo de 2005 [en línea: www.pensamientopenal.com.ar] (consultado el 5 de diciembre de 2016).

7

Ideas y normas jurídicas

De España a Argentina (1936-1975)

Luis María Caterina[1]

Senderos que se bifurcan

Durante la década del treinta, España y Argentina vivieron la creencia de un próximo enfrentamiento apocalíptico. La enorme diferencia es que en España las peores predicciones se cumplieron y estalló la Guerra Civil en 1936, mientras que en Argentina la democracia se desenvolvió todo lo apaciblemente que permitía la existencia de gobernantes que hicieron del fraude una misión justificada con fines de alto patriotismo, y con una masa laboral que no terminaba de acceder a los beneficios sociales que se venían discutiendo desde principios de siglo.

En 1939 termina el conflicto, justo antes que se inicie la Segunda Guerra Mundial. España está destruida, dividida como nunca y empobrecida; gobierna una dictadura al estilo de los fascismos europeos contemporáneos, aunque en una versión particular y propia. A duras penas –tentada, solicitada y repudiada por ambos contrincantes durante la guerra–, luego de 1945, seguirá en una soledad cada vez mayor su propio derrotero.

En Argentina, la democracia fraudulenta (la larga "década infame", como la denominaron sus opositores) termina abruptamente con un golpe militar, para reiniciarse luego –con masiva participación popular– y bajo las banderas de soberanía política, independencia económica y justicia social. Veinte años después, España empieza a ver el fin del Estado autárquico en lo económico, y a vislumbrar que el autoritarismo va decreciendo –a vislumbrarlo apenas, todavía falta mucho–; en 1955, Argentina ve caer un gobierno democrático por su

---

[1] Facultad de Derecho y Ciencias Sociales del Rosario – Pontificia Universidad Católica Argentina.

origen en el voto popular y autoritario por sus modalidades, por otro, también autoritario, que en la proscripción del peronismo encuentra la forma de perfeccionar la república.

Y mientras España está a la espera de qué pasará a la muerte de Franco, Argentina anhela una democracia que funcione al menos lo suficiente para que no se alternen gobiernos civiles y militares.

En 1975, termina –restará un tiempo para las formalidades– el régimen franquista; Argentina tiene un gobierno débil, en el cual las violencias de todo signo se enseñorean. España está expectante ante un crecimiento mayor de su economía porque tiene esperanzas de integrarse plenamente a Europa. Argentina registra el año con más inflación que hubiere, antes o después.

Historias contrapuestas, con el trasfondo de referencias mutuas ineludibles.

El presente capítulo se propone precisar distintas influencias jurídicas que recibiera Argentina de España durante los años del franquismo; ello implica tratar de percibir cómo era vista la realidad político-institucional española en el ámbito jurídico argentino. Para fundamentar el estudio, además de obras jurídicas importantes, nos hemos valido de una amplia revisión de las principales revistas jurídicas argentinas: *Jurisprudencia Argentina*, *La Ley* y *El Derecho*.[2]

De los campos a investigar surgen con singular importancia los contactos e inspiraciones producidos en el ámbito del derecho constitucional, particularmente en dos momentos claves en que se han señalado posibles vinculaciones: en el primer peronismo entre 1946

---

[2] *Jurisprudencia Argentina* nace en 1918; *La Ley*, en 1935. Ambas son empresas comerciales. *El Derecho*, editada por la Universidad Católica Argentina, se inicia en 1962. *Derecho del Trabajo*, fundada en 1940, es una publicación especializada, que abarca también la seguridad social. De alcance nacional todas ellas, fueron sin duda las que concentraban el mayor número y calidad de los artículos doctrinarios que se publicaban en la Argentina, y por tanto, las más consultadas por el foro. De ninguna manera se agota el número de revistas jurídicas, pues han de sumarse las de circulación local o regional, las editadas por los colegios profesionales (abogados, escribanos, procuradores) y otras especializadas de difusión más restringida. Hemos recurrido a las revistas jurídicas, pues por su proyecto editorial "… implican un extraordinario laboratorio para el historiador jurídico, pues le permite observar la elaboración de ese proyecto y su incidencia inmediata o mediata […] la conformación de una línea de pensamiento en consonancia o no con el derecho oficial, y donde pueden abrevar los juristas y los jueces; amén de conjugarse con otras miradas sobre el fenómeno jurídico y hasta pueden plasmar una mera utopía, digna de ser considerada", en María Rosa Pugliese, "Las Revistas Jurídicas en la Argentina en la primera mitad del siglo XX. Una mirada cultural y didáctica sobre el género", *Revista Historia del derecho*, N° 47, ene./jun. 2014, Versión *on line*. Para una visión general de las revistas jurídicas españolas en el período en estudio, puede consultarse Federico Fernández Chreuhuet Sebastián Martín (eds.), *Los juristas y el "régimen". Revistas jurídicas bajo el régimen*, Granada, Comares, 2014.

y 1955 (con especial referencia a la Constitución de 1949), y en la Revolución Argentina (centrándose en el período de la presidencia del teniente general Juan Carlos Onganía).

Otro tema que aparece como una senda interesante para explorar es lo relacionado con el derecho laboral y la seguridad social. También en este caso, una primera aproximación podría hacer parecer que durante el período de coexistencia de peronismo y franquismo, las semejanzas serían relevantes.

El derecho civil, derecho por excelencia, especialmente en el momento en que la Argentina reforma su centenario código civil de la manera más amplia desde su sanción, será también materia de atención, como el derecho penal que se nos presentaba, a primera vista, como una rama del derecho en el cual los contrastes debían ser necesariamente muy marcados. Los resultados no dejan de sorprender por las contradicciones en que incurren los distintos autores al juzgar la realidad española y argentina.

Por último, hemos agrupado una serie de normas jurídicas relacionadas en forma más o menos directa con el funcionamiento del Estado y con sus funciones específicas: normas de derecho administrativo, registral –entre otras– que presentan la particularidad de que las normas españolas resultaron modélicas de las reformas en la legislación argentina que se impulsaban en esos años.

España y el derecho constitucional argentino

La constitución de 1949

La constitución de la II República Española de 1931 no mereció más que comentarios en el ámbito específico de los juristas. No son tiempos en que la reforma de la ley fundamental sea uno de los temas –y mucho menos prioritario– en la agenda argentina; solo los sectores vinculados al nacionalismo abominarán de la Constitución de 1853, por liberal y extranjerizante.

Si tomamos como fecha inicial del franquismo 1936 y del peronismo, 1943 (revolución del 4 de junio), podremos advertir que en los comienzos hay notorias similitudes en cuanto a la caracterización de sus enemigos: comunismo, masonería, judaísmo (en este caso más excepcionalmente en la Argentina) son invocados como partes de la conspiración destinada a destruir la esencia nacional y apoderarse del Estado. En uno de los papeles del GOU (Grupo Oficiales Unidos, o Grupo Orden y Unidad), la logia militar que impulsó el golpe, se asemeja la situación de Argentina con la de España, expresándose que tales enemigos querían hacer aquí lo mismo que hicieron en

España, en obvia referencia a los enfrentamientos que habían llevado a la Guerra Civil.[3] Sin embargo, entre los críticos –contemporáneos o inmediatamente posteriores a la caída de Perón– pesaron más las vinculaciones con el fascismo italiano; fue excepcional vincularlo con el régimen español.[4]

Había sin duda exteriorizaciones que podían recordar al fascismo italiano. Aunque el fantasma de la Guerra Civil española (que se vivió muy hondamente en Argentina) había sido considerado un elemento útil para comprender la gravedad del momento y la necesidad de prevención y unión del cuerpo de oficiales –cuestiones que respondían a las profundas convicciones de Perón–, la comparación fue prestamente dejada de lado cuando el peronismo llegó al poder luego del triunfo en las elecciones de 1946.

No era solamente una cuestión referida a lo que podría denominarse el "fino olfato político" de Perón. Pese a los rasgos autoritarios que paulatinamente fue exhibiendo, nunca abandonó el constitucionalismo de formas y origen liberal, pero con contenido social, lo que se advierte claramente al momento de la discusión de la reforma constitucional que fructificará en 1949. Y ello obedecía sin duda a una dosis de oportunismo político, pero también a que el núcleo fundamental de los constitucionalistas que adhirieron a la reforma provenía de una vertiente ideológica muy definida.

Durante la Convención, en la larga exposición del miembro informante de la bancada mayoritaria –Arturo Sampay– no hay referencia alguna al derecho español, ni contemporáneo ni anterior. Las citas más frecuentes corresponden a autores franceses y alemanes. Ya antes no había ninguna referencia a la España contemporánea –y menos admirativa– en su obra *La filosofía del iluminismo y la Constitución Argentina de 1853*, que es del año 1944.[5]

---

[3] En un documento de la segunda etapa del GOU, se dice que es necesario conocer la política, pues "con ello se hubiera evitado el comunismo en Rusia y la guerra civil en España", señalando que los suboficiales y la tropa eran intensamente trabajados por la propaganda comunista, a punto tal de considerar que "Se nos prepara una situación similar a la de España", lo que implicaba "extremar la vigilancia sobre el personal a sus órdenes". Enrique Díaz Araujo, *La conspiración del 43 - El GOU, una experiencia militarista en la Argentina*, Buenos Aires, Ediciones La Bastilla, 1971, p. 329.

[4] En un profuso volumen editado años después de la caída de Perón, abundan las referencias al "nazi-fascismo", y al "fascismo", como matrices ideológicas. Solo Halperín Donghi lo calificó como "interpretación conservadora del fascismo [...] siguiendo el ejemplo de España y de la Francia de Vichy, de volver a los valores tradicionales, engañados desde hacía un siglo por los directores de la política argentina ...", ver Tulio Halperín Donghi, "Del fascismo al peronismo", en revista *Contorno*, p. 16, en Carlos Fayt (edit), *La naturaleza del peronismo*, Buenos Aires, Editorial Viracocha, 1967, p. 196.

[5] Convención Reformadora de la Constitución Nacional. *Diario de Sesiones*. Arturo Enrique Sampay, *La filosofía del iluminismo y la Constitución Argentina de 1853*. Depalma, 1944. Para ubicar ideológicamente a este último, resulta conveniente consultar Juan Fernando Segovia, "Peronismo, Estado y reforma constitucional: Ernesto Palacio, Pablo Ramella y Artu-

Sancionada la nueva norma fundamental, la obra más orgánica sobre la reforma constitucional fue *Derecho Constitucional* de Juan Casiello, que aborda las reformas introducidas en la parte dogmática. En la línea del constitucionalismo social –y desde una orientación social cristiana–, en ningún momento señala proximidades de la norma argentina con antecedentes españoles de la posguerra franquista.[6]

Al tratar las grandes reformas introducidas –relativas a la suspensión y limitación de las garantías constitucionales al trabajo–, pone ejemplos de los Estados Unidos y de Gran Bretaña[7] o del constitucionalismo social clásico, tanto americano como europeo.[8] Sorprende más todavía que el tratamiento constitucional de la familia esté referenciado en Constituciones europeas de la primera y segunda posguerra, como Weimar de 1919, Checoeslovaquia de 1920, de los "serbios" (sic) de 1934, de Estonia y la italiana de la segunda posguerra de 1947, "destacándose sobre todas las otras Constituciones de Europa, la del año 1937, de la católica Irlanda",[9] siguiendo luego con varias americanas (Guatemala y Brasil, esta última la del Estado Novo, de Getulio Vargas). Al abordar el tema de la educación y la cultura, sigue en la línea de la tradición católica de la libertad de los padres, sin citar ninguna norma constitucional extranjera; solamente un caso jurisprudencial norteamericano.

La intervención del Estado en la economía le trae como referencias la Constitución de Weimar, de Bolivia de 1945, de Estonia de 1939, de Ecuador y Brasil –ambas de 1945–; menciona tipos extremos de esta política que se concreta "en los países dictatoriales, en la supresión de la iniciativa privada, francamente declarada en el régimen soviético, o virtualmente anulada como oscurecida bajo la dictadura fascista", a pesar de que la Carta del Trabajo de 1927 la llamara "instrumento eficaz", pues la contemplaba como "una función de interés nacional", y sometía su ejercicio a la condición rigurosa del interés del Estado. Casiello señala también como ejemplos a Gran Bretaña y Estados Unidos.[10] Como excesos de intromisión estatal, indica la

---

ro Sampay", *Revista de Historia del Derecho*, N° 32, 2004. También, Juan Fernando Segovia, "Aproximación al pensamiento jurídico político de Arturo Sampay. Catolicismo, peronismo y socialismo argentino", *Anales de la Fundación Francisco Elías de Tejada*, año XIII, 2007.
6   Juan Casiello, *Derecho constitucional argentino*. Prólogo de Faustino Legón, Buenos Aires, Editorial Perrot, 1954.
7   *Ibidem*, pp. 416-417.
8   *Ibidem*, p. 448.
9   *Ibidem*, p. 484. En un autor de probada filiación católica y frente a las ideas del nacional catolicismo español y su particular organización política, la omisión nos parece una manera de evitar un tema conflictivo.
10 *Ibidem*, pp. 568-569.

expropiación sin indemnización fijada por la de Weimar y por la Constitución de 1931 de la República Española, casi la única mención de esa norma fundamental.[11]

La notoria ausencia de referencias al sistema español de Sampay y Casiello –que creemos que han sido deliberadas– se explica en el claro seguimiento de la filosofía católica. En ambos casos las ideas de Jacques Maritain ocuparán un lugar importante, debiendo estar muy presente que se había pronunciado en plena Guerra Civil española en contra del Alzamiento Nacional y del gobierno de Franco.

El otro referente constitucional de la época, con una actuación política partidaria en el peronismo mucho más destacada y prolongada fue Pablo Ramella. No hemos encontrado en él tampoco ninguna manifestación admirativa hacia el régimen nacido del 18 de julio de 1936. Sin embargo, puede apreciarse en una carta personal una referencia incidental que nos parece que aclara la posición de estos autores católicos, criticando (luego de la caída del peronismo) a un político de la democracia cristiana naciente, de quien recuerda que había expresado: "su apoyo a la república española condenada formalmente por los pontífices".[12] En suma, es probable que todos ellos tuvieran sus prevenciones con la República Española, pero no por ello adherían sin más a las ideas del franquismo victorioso.

En suma, con variantes, todos adherían a vertientes socialcristianas, lo que de por sí descartaba una adhesión lisa y llana al franquismo.

Al comentarse las reformas constitucionales en el ámbito del derecho del trabajo y de la seguridad social, tampoco hubo referencias en tal sentido. Uno de los principales juristas en la materia del derecho social –Mariano Tisembaun–, al hacer una larga exposición sobre las recientes reformas, nada dice de influencias extranjeras; inmediatamente después, publica un nuevo artículo en el cual detalla la legislación internacional americana en relación con el tema, sin que se registre eco alguno de la Carta del Trabajo española.[13]

---

[11] *Ibidem*, p. 573.
[12] Carta de Pablo Ramella a Lorenzo Gil, 4 de junio de 1958. Archivo Ramella. Agradezco a Susana Ramella la generosidad con que respondió a mi consulta, abriendo a mis inquietudes el archivo de su padre que está en proceso de organización.
[13] Véase Mariano Tisembaum, "Convención Constituyente del año 1949", *Derecho del Trabajo*, T. IX, 1949, p. 161, y del mismo autor "Las cláusulas sociales de la Constitución argentina ante los principios y normas internacionales", *Derecho del Trabajo*, T. IX, 1949, pp. 385 y ss. (no se hacían referencias a algún país en particular, solo a las convenciones internacionales interamericanas y de la OIT).

El Estatuto de la Revolución (1966)

El golpe militar de 1966 no se contentó con proclamas o manifiestos, sino que redactó documentos que le sirvieran de base institucional (Estatuto de la Revolución y Acta de la Revolución), en una estrategia de objetivos sin preocupación por los tiempos que pudieran insumir; antes al contrario, prescindiendo absolutamente de consideraciones en tal sentido. Si bien se prolongó desde 1966 hasta 1973, tuvo etapas muy distintas, en cuanto a sus protagonistas y sus formas de actuar, que lógicamente impactaron en la influencia que pudo haber tenido el derecho español contemporáneo.

En el primer período –siendo presidente Onganía– es posible observar que hubo un marcado interés en pretender desarrollar un esquema de gobierno "pragmático", con la idea de que así se solucionarían los problemas que la democracia restringida imperante no había logrado superar; tendencia que se abandonaría a partir de 1970, para intentar volver a un régimen democrático, pero condicionado.

Para el ya recordado Arturo Sampay, al comentar tiempo después los instrumentos jurídicos fundantes, no cabía duda alguna: el sistema de la autoproclamada Revolución Argentina "está calcado de las Leyes Fundamentales del régimen español franquista...",[14] afirmación contundente sobre la cual no abundaba en explicaciones, pero que sin duda reflejaba una opinión ampliamente compartida en el ambiente político, tanto militar como civil.[15]

---

14 Arturo Enrique Sampay, *Las constituciones de la Argentina (1810/1972)*. Editorial Universitaria de Buenos Aires. Poseemos una edición cuyo pie de imprenta se halla fechado en junio de 1975. En esa edición, fue suprimido ese comentario, pero sin embargo quedó consignado (tal como lo hemos citado) en el exhaustivo índice analítico, bajo el epígrafe "Estatuto de la Revolución". El testado con tinta negra en el mismo índice de la voz "Perón" (que sin embargo se alcanza a leer) nos hace suponer que –pese a la fecha del pie de imprenta–, el ejemplar que hemos analizado fue puesto en circulación con posterioridad al golpe militar del 24 de marzo de 1976. Sobre censura y mutilación de párrafos, y en referencia a Sampay, ver Hernán Invernizzi, *"Los libros son tuyos". Políticos, académicos y militares. La dictadura en Eudeba*, Buenos Aires, Eudeba, 2005, p. 133.

15 O'Donnell, en una obra fundamental para este período, al caracterizar a uno de los grupos que integraban la Revolución Argentina (en el que se enrolaba el propio Juan Carlos Onganía), señala en estos términos sus rasgos principales: "Entroncados con las corrientes tradicionalistas de la Iglesia, con un origen de pequeña clase media provinciana, admiradores de Francisco Franco, corresponden cercanamente a la 'mentalidad autoritaria', delineada por Franz Linz. Su visión corporativista está surcada por imágenes organicistas, pero queda lejos de una ideología fascista gracias a un conservadorismo impregnado de paternalismo, hostil a toda movilización política e ilusionada en recuperar la integración social de mítico pasado patriarcal", Guillermo O'Donnell, *1966-1973. El estado burocrático autoritario – Triunfos, derrotas y crisis*, Buenos Aires, Editorial de Belgrano, 1982, pp. 89-90. Tales afirmaciones –conforme las explicaciones metodológicas del autor de página 117– se han desprendido de entrevistas personales con "oficiales ubicados en altos rangos" y declaraciones públicas. Ver también –con un nivel mayor de generalización– Selser, "Recordatorio – Onganía plagia a Primo de Rivera", en *Inédito*, Buenos Aires, 25 de enero

Las expresiones de Sampay se contraponen, sin embargo, con las percepciones de otros constitucionalistas contemporáneos. Germán Bidart Campos, un autor de derecho constitucional con prestigio suficiente para ser convocado para la enmienda constitucional de 1972 (en la tercera etapa militar), al hacer un detallado análisis de la normativa constitucional del gobierno de facto (y cuando había cambiado la orientación de los militares que se hallaban en la conducción) nada decía de sus raíces o antecedentes.[16] El sistema español le era bien conocido, pues al analizar en el capítulo II del tratado de su autoría, los órganos y las formas de gobierno, coloca aparte los regímenes vigentes en la península ibérica, mostrando que el desdoblamiento de la jefatura del Estado y la jefatura del gobierno podía darse también fuera del parlamentarismo, estableciéndose "como una mera técnica divisoria", sin relación alguna con el Parlamento.[17] Por lo demás, en las revistas jurídicas, ninguno de los que se ocuparon del tema en esos años encontró una filiación evidente –menos aún una imitación consciente–.[18]

Las raíces ideológicas de la Revolución Argentina interesaron sin duda más a sus críticos que a los que integraban en ese momento los cuadros de gobierno, fueran civiles o militares. De los estudios aparecidos en esos años, el más profundo sobre los avatares constitucionales que se vivían resulta el realizado por Jorge Vanossi. Con un interrogante muy amplio –que supera la coyuntura–, el autor analiza la situación del poder en el mundo, y particularmente en la Argentina. No registra influencia ideológica del franquismo –en ninguna

---

de 1967, pp. 2-3, año I, N° 11, en Gregorio Selser, *El Onganiato (lo llamaban la revolución argentina)*, Buenos Aires, Hyspamérica, 1973, T. II, p. 45. Selser justifica sus afirmaciones comparando un discurso de Onganía del 30 de noviembre de 1966 con las *Obras Completas de José Antonio Primo de Rivera* por Agustín del Río Cisneros y Enrique Conde Gargollo, Madrid, Diana Artes Gráficas, julio de 1942. Sin perjuicio de reconocer similitudes en algunas expresiones, ha de advertirse que las manifestaciones de Onganía abrevaban en el lenguaje común y generalizado del nacionalismo argentino, vigente con diferencias y particularidades desde los años treinta.

16 Germán Bidart Campos, *El Derecho Constitucional del Poder*, Buenos Aires, Ediar Ediciones, 1967, T. I, pp. 411 y ss.

17 Germán Bidart Campos, *op. cit.*, pp. 125 y ss. Por lo demás, la obra repasa el derecho constitucional comparado, siendo las referencias a España escasas, abundando más bien inglesas y francesas, en la línea del constitucionalismo clásico.

18 Carlos Tagle Achaval, "El status constitucional argentino", *La Ley*, T. 123, 1966, p. 1258; Guillermo A. Losteau Heguy, "El nuevo régimen constitucional argentino", *La Ley*, T. 123, 1966, p. 1159; Luis E. Sarmiento García, "Consecuencias jurídicas del hecho revolucionario del 28 de junio de 1966", *La Ley*, T. 123, 1966, p. 1117; Bartolomé Fiorini, "La constitución Nacional y el Estatuto de la Revolución Argentina", *La Ley*, T. 123, 1966, p. 1355; Federico Rayces, "Alrededor de la noción de poder constituyente", *Jurisprudencia Argentina*, 1966, T. IV, p. 87; Guillermo Díaz Doni, "La supra constitución y la confiscación de los bienes de los partidos políticos", *Jurisprudencia Argentina*, 1966, T. V, p. 24, y su libro *La Revolución Argentina*, Buenos Aires, Ed. Depalma, 1966; Osvaldo M. Bezzi, "La actividad legisferante del gobierno revolucionario", *La Ley*, T. 132, 1968, p. 1176.

de sus etapas–; hace mención a una obra marginal de la vida política nacional, de un hombre a quien las tormentas del mundo arrojaron a la Argentina, y al que señala como fuente de inspiración a los que dictaron las normas de la Revolución Argentina:

> me parece sugestivo señalar una coincidencia muy notoria. Hay un libro en circulación, titulado "El estado comunitario", en cuyo apéndice figura un proyecto o lineamiento de estatuto que reconoce afinidades con las normas que se han consagrado recientemente en la Argentina y dónde la materia de estructuración de Poderes se arriba, incluso mucho más lejos de lo que acabo de señalar con respecto a los antecedentes conocidos, por ejemplo, está prevista en él una revisión de las sentencias de Corte por el presidente de la República.[19]

Una muestra cabal de los complejos caminos de las influencias culturales se da precisamente en Vanossi. Según su percepción, en ese momento Alemania marcaba una vuelta a la "confianza en el juez", en cuanto a la legalidad de la actuación de los restantes poderes. Según surge de la correspondiente cita, el autor le era conocido por una traducción española.[20]

---

[19] Jorge Reinaldo Vanossi, "¿Hacia dónde va el poder?", *La Ley*, 1967, T. 125, pp. 879 y ss. Una pregunta –a responder con más investigación– es si esta obra era conocida en el ámbito militar, pero aun siendo conocida, se simplificaban sus ideas (o ejemplificaban) directamente con la imagen que se tenía del régimen franquista. El autor referido era el francés Jacques Marie de Mahieu (1915-1990), hombre de Action Française y del régimen de Vichy, que luego de la guerra se radicó en la Argentina. La obra referida fue publicada, firmada como Jaime María de Mahieu, en 1962 (Arayú) con prólogo de Martín Britos. Existe una segunda edición de editorial La Bastilla (1975). Sobre la figura de Jacques de Mahieu/Jaime María de Mahieu resulta de útil lectura el capítulo de Luis Miguel Donatello, "De la Action Française al peronismo. De Maurras a los templarios. Circulación de ideas entre Francia y Sudamérica en la posguerra", en Fortunato Mallimaci y Humberto Cuchetti (compiladores), *Nacionalistas y nacionalismos. Debates y escenarios en America Latina y Europa*, Buenos Aires, Editorial Gorla, 2011. En referencia a la vinculación del comunitarismo de Mahieu con la agrupación nacionalista Tacuara, ver: Luis Alberto Herrán Avila, "Las guerrillas blancas: anticomunismo transnacional e imaginarios de derechas en Argentina y México 1954-1972", *Quinto Sol*, Vol. 19, N° 1, junio 2015, p. 4. Sobre las influencias de las ideas de Mahieu en el coronel Francisco Guevara –amigo a su vez desde 1962 del ultra franquista Blas Piñar– ver Gabriela Gomes, *La Política social de los regímenes dictatoriales en Argentina y Chile (1960-1970)*, La Plata, Universidad Nacional de La Plata, Facultad de Humanidades y Ciencias de la Educación, Buenos Aires, Universidad Nacional de General Sarmiento, Posadas, Universidad Nacional de Misiones, 2016 (libro digital), p. 45.

[20] Jorge Vanossi, *op. cit.*, p. 889. La cita corresponde a Otto Bachof, *Jueces y Constitución*, Madrid, Cuadernos Taurus, 1963. Sostenía que la confianza en el juez era una consecuencia de la afirmación del principio de la judicialidad, especialmente, en "algunas de las potencias intervinientes, en particular aquellas que pertenecieron a los sistemas derrotados". Discretamente nada se decía del régimen español. Puede advertirse que el derecho español franquista estaba suficientemente receptivo a las novedades jurídicas europeas como para traducir distintas obras y analizarlas, lo que implicaba que luego a través de ese medio llegaran a la Argentina.

Más allá de las filiaciones ideológicas –reconocidas o no–, había una cuestión de estilo que unía claramente a la Revolución Argentina con el tardo-franquismo: la ilusión de solucionar los problemas –dentro de un marco general de unidad nacional sin divisiones "políticas"– con base en criterios "objetivos", absolutamente técnicos, y sin preocupación por los tiempos.

Ya cuando había muerto Franco –y la Argentina estaba en el último interregno democrático entre dos dictaduras–, uno de los más prolíficos constitucionalistas argentinos –Segundo V. Linares Quintana, profesor en las Universidades Nacionales de Buenos Aires y La Plata– publicaba una obra en la que repasaba las instituciones políticas de los países de todo el mundo. La minuciosa descripción del sistema español era encabezada por el subtítulo de "Constitución dispersa y autoritarismo paternalista"; si bien admitía que "no existía duda acerca de que el mecanismo político franquista no encaja dentro de la concepción clásica de la división, distribución y control del poder", al mismo tiempo advertía que luego de la muerte de Franco, se percibía una evidente satisfacción en el modo en que España había iniciado un "arduo camino hacia la democratización", anhelando " la instauración en la madre patria de una democracia de tipo español, bajo el rey Juan Carlos, […] que acerque el sistema hispano al modelo de las democracia occidentales".[21]

Ese análisis postrero nos ayuda a comprender el prisma a través del cual los juristas argentinos veían la realidad española: una experiencia de evolución política, con orden y crecimiento económico.

El derecho del trabajo y la seguridad social

La particular –y lenta evolución– del derecho del trabajo y de la seguridad social en Argentina no tuvo deudas intelectuales de importancia con respecto al derecho español, con la notoria excepción del primer proyecto de ley nacional del trabajo de 1904, en la cual se pueden rastrear significativas influencias de la Escuela de Oviedo.[22]

---

[21] Segundo V. Linares Quintana, *Derecho constitucional e instituciones políticas*, T. 3, Buenos Aires, Editorial Plus Ultra, 1976, pp. 311-333.
[22] Sobre la influencia de la Escuela de Oviedo, ver Sandro Ollaza Pallero, "La influencia de la legislación y doctrina española en el proyecto de ley nacional del trabajo de Joaquín V. González (1904)", *Revista de Historia del derecho*, N° 36, 2008, pp. 229-255.

Con el triunfo del bando nacional en la Guerra Civil española, hubo quienes se entusiasmaron con algunas propuestas, teniendo en cuenta más que las afinidades evidentes entre las dos naciones fruto de su historia, las novedades que traía el bando victorioso. En relación con la nueva normativa sobre accidentes del trabajo, se expresaba:

> en el concierto de la ley mundial, se destaca por su practicidad y eficiencia este sistema de pronta recuperación de los infortunios del trabajo. Nacido en un clima social de características semejantes al nuestro, con claras afinidades culturales y raciales, e inspirado en principios cristianos que son inherentes a nuestra civilización, constituye este decreto la mejor fuente para una pronta reforma de nuestra legislación.[23]

Tales expresiones, sin embargo, pueden considerarse excepcionales, pues no fueron acompañadas por quienes eran los juristas más relevantes en la especialidad. Mario Deveali, director de la revista más especializada, destacado autor del derecho laboral argentino de la época, se ocupó frecuentemente de las novedades extranjeras, tanto en la legislación como en las obras doctrinarias. En los años 1943 y 1944, publicó una serie de artículos respecto al conjunto de normas laborales españolas, sin hacer mención a sus presupuestos ideológicos.[24]

Al sancionarse la nueva Ley de Contrato de Trabajo en España, en varias páginas detalló las disposiciones de la nueva norma; si bien advertía que en ese momento se iba a abstener de "cualquier examen crítico profundizado", al finalizarlo, deslizaba algunos comentarios que permiten aproximarse a la idea que tenía de esa disposición. Consideraba que el nuevo texto "no difiere sustancialmente de la antigua Ley de Contrato de Trabajo de 1931"; le parece que "con todo acierto" mantiene la redacción de la anterior, siempre que su modificación no haya estado impuesta por razones de orden técnico. "Bastantes modestos" le parecen el régimen de vacaciones y el de enfermedad, que evidentemente resulta integrado por el régimen de seguro social. También la extinción del contrato de trabajo le ofrece reparos y dudas.

Señala la gran ausencia de los convenios colectivos de trabajo, sustituyéndolos por la reglamentación directa de parte del Estado, para concluir:

---

23 José Enrique Miguens, "El nuevo régimen español en materia de accidentes de trabajo", *Jurisprudencia Argentina*, N° 72, 1940, S. Doctrina, p. 54. Un ignoto autor analizó el caso –menos conocido– del régimen de Portugal, señalando que las organizaciones sindicales habían logrado en los últimos años un "notable progreso", el cual había posibilitado el desarrollo de la legislación del trabajo. Véase s/a, "Desarrollo de la organización sindical y legislación del trabajo en Portugal", *Derecho del Trabajo*, T. 3, 1942, p. 113.

24 Mario Deveali, "Hacia la supresión de los contratos colectivos en España", *Derecho del Trabajo*, T. 1, p. 373, y "La regulación de las condiciones de trabajo en España", *Derecho del Trabajo*, T. 1, p. 418. Señalaba Deveali que las modificaciones introducidas implicaban una diferencia notoria de la legislación española con la que fue la corporativa italiana.

fuera de esta omisión, cuya importancia no es menester recalcar, la influencia de la orientación aludida, no parece muy acentuada. Como lo hemos referido, el nuevo texto insiste sobre el carácter contractual de la relación laboral; funda el poder disciplinario en el contrato y condiciona la eficacia de los reglamentos internos a la aprobación de las oficinas del trabajo. Faltan en esta ley las ampulosas enunciaciones de carácter social-político-filosófico, bastantes frecuentes en textos análogos, y las parcas declaraciones de esta naturaleza se conforman más o menos, con lo que constituye respeto en la generalidad de los países.

Todo lo cual lo llevaba a concluir que "trátase, pues, de una reglamentación técnica, cuya orientación, con excepción de la prescindencia del convenio colectivo, no difiere fundamentalmente de la propia de las leyes orgánicas o recopilaciones que se han dictado últimamente en Europa y en este continente".[25]

A lo largo de los años, los lazos entre ambas orillas del Atlántico hacían inexcusables los comentarios de estudios que aparecían en España. Editada la obra de Eugenio Pérez Botija, *Curso de derecho del trabajo* (Madrid, Editorial Tecnos S.A., 1948), el director de la revista –quien habitualmente realizaba los comentarios bibliográficos–, lo calificaba positivamente, recordando que era colaborador de la revista *Derecho del Trabajo*, siendo además que "las numerosas referencias a la legislación y doctrina argentina, de las que el autor demuestra un acabado conocimiento, aumentan el interés de la obra para nuestros estudiosos".[26]

Otro autor español cuyas obras fueron objeto de reiterados comentarios fue Pérez Leñero, analizadas al menos en tres oportunidades (1951, 1956 y 1957). Sin embargo, la sola reiteración no indica una influencia mayor: en el último de los años indicados, fueron más numerosas las obras de derecho italiano (un total de tres), y guardan equivalencia con las analizadas de autores iberoamericanos (dos brasileños y un venezolano). En ese año, la obra referenciada fue relativa a jurados de empresas, y el autor del análisis bibliográfico sostenía que si bien aparecía como un comentario a una norma legal, en realidad era una obra doctrinaria, siendo "especialmente evidentes en la introducción, donde se estudia el problema general de la

---

[25] Mario Deveali, "La nueva ley española de contrato de trabajo", *Derecho del Trabajo*, T. IV, 1944, pp. 560 y ss. La evolución en España del mismo tema puede verse en Sebastián Martín Fernández Crehuet, *op. cit.*, pp. 224 y ss.
[26] Mario Deveali, "Eugenio Pérez Botija, Curso de Derecho del Trabajo, Madrid, Ed. Tecnos S.A., 1948", *Derecho del Trabajo*, T. IX, 1949, p. 60.

cogestión, en los capítulos preliminares que preceden al comentario de las disposiciones de cada título, y en el primer párrafo de comentario de cada artículo".[27]

Luego de advertirse que el autor percibía que la institución que desarrollaba solo podía darse en el régimen sindical español basado en la unicidad sindical, expresaba:

> más que las disposiciones del derecho comentado –cuyo examen será oportuno realizar una vez que ha sido aplicado y de acuerdo con sus resultados prácticos– prestando especial interés las acotaciones del autor que exponen la ideología en que se inspira el ordenamiento laboral de su país, en forma clara y objetiva, como cabía esperar debido a la personalidad científica del autor. Bajo ese aspecto el actual comentario merece ser calificado ente las obras más significativas de la literatura contemporánea sobre doctrinas sociales.

Otra obra que mereció atención fue la del catedrático de la Universidad de Sevilla, Manuel Alonso Olea, *Introducción al Derecho del Trabajo* (Madrid, Ed. Revista de Derecho Privado, 1962). También firmado por Deveali, el comentario hace mención a que al primer momento de exposición ordenada y de análisis de textos legales, siguió un período de monografías sobre temas puntuales; el momento actual se dedicaba a la elaboración de "introducciones que pretenden fundamentar las normas laborales, en distintas bases", fundado en bases filosóficas, indicando la existencia de un nuevo poder social con potestad normativa que se expresaba por un novedoso tipo de normas, el pacto colectivo de condiciones de trabajo. El comentarista argentino marcaba la originalidad de la construcción, resaltando que era un ponderable aporte a la doctrina *ius laboralista*.[28]

El intercambio más fluido de ideas entre España y Argentina se dio en una obra que dirigió Mariano Tissembaum sobre la huelga,[29] en la que participaron especialistas de ambos países. Al escribir Pérez Botija un artículo sobre la nueva regulación de los conflictos colectivos en la legislación española, se remitió a esa obra, considerándola muy completa.[30] En un análisis breve pero muy sustancioso del mismo Pérez Botija respecto a la legislación española sobre convenios colectivos sindicales, formulaba preguntas que sin duda tenían

---

27 Mario Deveali, "José Pérez Leñero, Comentario al Reglamento de Jurados de empresas, Madrid, 1956, Aguilar", *Derecho del Trabajo*, T. XVI, 1956, p. 616.
28 Manuel Alonso Olea, "Introducción al Derecho del Trabajo", Madrid, Ed. Revista de Derecho Privado, 1962, *Derecho del Trabajo*, T XXIII, 1963, pp. 292-293.
29 Mariano R. Tissembaum (dir.), *La huelga y el lock-out ante el derecho*, Santa Fe, Universidad Nacional del Litoral, 1951.
30 Eugenio Pérez Botija, "Los conflictos colectivos de trabajo y su regulación en España", *Derecho del Trabajo*, T. XXIII, 1963, p. 337.

actualidad en el ámbito argentino, por las diferentes corrientes que confrontaban: "se preguntará cómo el convenio colectivo, siendo un acto intersindical, puede darse dentro de un régimen no sindicalista, es decir donde no existen sindicatos contrarios o paralelos sino solo un monosindicalismo con investidura formal de sindicatos mixto".

Y contestando de algún modo esa inquietud, agregaba:

> el sistema no es demasiado ágil ni excesivamente flexible. Quizá todo lo contrario. Sin embargo una inteligente aplicación de la ley puede superar posibles obstáculos y disipar reservas mentales. Si la técnica de la ley no se caracteriza precisamente por su sencillez y diafanidad, en cambio el fondo de la misma, plausiblemente, constituye una rectificación del estatismo y centralismo excesivo. La mecánica de la productividad y sobre todo el mejoramiento progresivo de la situación de trabajadores (leitmotiv de la ley), podrán con buena voluntad, perseverancia y buen juicio ser alcanzados de manera efectiva.[31]

Otra obra que mereció la atención de la publicación especializada fue la de Luis Enrique de la Villa, *Estudios de Administración Laboral*, a la que se refirió con palabras que demuestran identificación con las ideas expuestas:

> el profesor de la Villa expone que el crecimiento económico no es el mero incremento de productos, ni el beneficio mayor, en interés del poder, sino el servicio del hombre, del hombre integral, teniendo en cuenta no solamente sus necesidades materiales, sino también sus aspiraciones intelectuales. Quizá la clase más perjudicada, cuando se olviden las exigencias de desarrollo, sea la clase trabajadora, o más, en concreto, la clase obrera.[32]

Destacaba al final que "estos trabajos, a la par del estudio preliminar, demuestran la seriedad con que se ha encarado en España el problema de la formación de buenos funcionarios del trabajo".

En 1955, se realizó en Madrid el Primer Congreso Iberoamericano de Derecho del Trabajo, consecuencia de inquietudes formuladas en el V Congreso Internacional del Derecho del Trabajo y la Seguridad Social (Lyon, 1953). En esa primera oportunidad, asistieron representantes de diversos países de América, promoviendo la iniciativa ante los delegados españoles, de llevar a cabo un Congreso Iberoamericano de Derecho del Trabajo, que finalmente se realizó en la capital

---

[31] Eugenio Pérez Botija, "La ley española sobre convenios colectivos", en *Derecho del Trabajo*, T. XX, 1960, p. 285. El artículo era un comentario a pie de página en la Sección Legislación Extranjera.
[32] Luis Enrique de la Villa, "Estudios de Administración Laboral, Madrid, 1966, Centro de formación y perfeccionamiento de funcionarios", *Derecho del Trabajo*, T. XXVII, 1967, p. 295. Sección Bibliográfica.

española en el mes de octubre de 1955. La presencia entre los organizadores de tres profesores de universidades americanas –Río Grande do Sul, Autonóma de México y Universidad Nacional del Litoral de Santa Fe, Argentina– y uno de la Universidad de Madrid –Bayón Chacón– nos sugiere que la idea y el impulso eran fundamentalmente americanos; hubo interés en subrayar que más allá de las diferencias, se observaba una clara tendencia "hacia la universalidad del derecho del trabajo y de la seguridad social".[33]

El derecho penal

Dos penalistas ejercieron de manera decisiva influencia en la Argentina durante estos años. Uno fue Luis Jiménez de Asúa, exiliado español que gozó de un prestigio sólido y extendido; el otro era argentino, Sebastián Soler. Después de haber coincidido en la Universidad de Córdoba durante la década de 1920,[34] mantuvieron décadas después notorias discrepancias, pues el primero no aceptaba –como así lo hacía el segundo– participación en los gobiernos militares emergentes de la Revolución Libertadora que derrocó a Perón, o en los civiles con proscripción del peronismo.

Muestra de la ambivalencia de la situación argentina, que repercutía en la percepción de la situación política española fue, precisamente, la actuación y el pensamiento de Soler. En 1962, participó en la Comisión Internacional de Juristas que realizara uno de los más severos –y tardíos– cuestionamientos al régimen franquista.[35] Sin embargo, el derrocamiento de Perón (al que nombraba solo como "el dictador") no le merecía sino aplausos. Más aun, acordaría con las reformas penales iniciales del gobierno militar de la Revolución Argentina, sospechado en la época –como vimos– de simpatías franquistas.

En relación con la Acordada de la Corte Suprema de Justicia de la Nación, del 9 de setiembre de 1930, afirmaba: "ya entonces la ideología corporativa de corte italiano había cobrado impulso y hasta en el interior hubo alguna inauguración muy solemne de una Cámara corporativa, que por fortuna celebraba en el mismo acto su nacimiento y sus funerales".

---

33 Mariano Tisembaum, "El Congreso Iberoamericano de Derecho del Trabajo", *Derecho del Trabajo*, T. XXVI, 1966, p. 49.
34 José Daniel Cesano, "Sebastián Soler, la crítica al positivismo criminológico y el significado de su derecho penal argentino: saberes jurídicos y contextos intelectuales. Una aproximación desde la Historia de las Ideas", *Cuadernos de Historia*, N° 20, 2010.
35 Ver capítulo de Beatriz Figallo en este volumen (N. del E.).

Insistiría luego en el mismo tópico, analizando el "Derecho dictatorial", tanto en Argentina como en Europa: "es muy importante lo que ha ocurrido en el país, en los últimos cuarenta años, por causa de la aparición de las dictaduras de Italia y Alemania, y de las influencias que ellas ejercieron sobre sus propias leyes, y teorías penales, y de ellos, sobre las nuestras".

Sin embargo, se congratulaba de que el nuevo gobierno de la Revolución Argentina, "mediante la Ley 17.567, haya limpiado el Código Penal de impurezas totalitarias. El título de los delitos contra la seguridad de la nación haya abandonado el esquema autoritario, policíaco, agobiante, técnicamente amorfo y científicamente absurdo".

Puede observarse que a pesar de su participación en la crítica internacional al régimen franquista, al hacer referencia a los totalitarismos, reiteradamente mencionaba al alemán y al italiano (en obvia referencia al nacismo y al fascismo italiano), sin recordar al gobierno español, ni siquiera a sus orígenes.[36]

En algunas cuestiones, hubo autores que hicieron una ecléctica consulta de fuentes doctrinarias y legales de muy distinta procedencia, lo que no significaba adherir sin más a alguna de ellas, sino que suponía una revisión amplia. Al sancionarse la nueva legislación penal –que apuntaba contra la irrupción de las modalidades de guerra revolucionaria– un constitucionalista como Néstor Sagüés buscó inspiración en materia penal en un exiliado republicano –el ya referido Jiménez de Asúa–, pero al mismo tiempo no dudó en consultar bibliografía española contemporánea tanto penal (Eugenio Cuello Calón, A. Quintano Ripollés), como constitucional (Francisco Javier Conde y Luis Sánchez Agesta), para –luego de un meticuloso análisis– concluir que aunque la nueva ley penal estableciera la pena de muerte, no dejaba por ello de ser inconstitucional.[37]

---

36 Sebastián Soler, "Doctrina de facto y legislación revolucionaria", *Jurisprudencia Argentina*, T. IV, 1968, pp. 801-805. Soler fue designado procurador de la Corte Suprema de Justicia por el gobierno de la Revolución Libertadora, que depusiera al gobierno de Juan Domingo Perón. En el artículo hay una clara y terminante justificación de las razones de dicho golpe de Estado, una dura crítica a la "dictadura depuesta", sin ninguna referencia a los fusilamientos de 1956, ante el conato revolucionario dirigido por el general Valle. La acordada a la que se refería era la resolución de la Corte Suprema de Justicia de la Nación que reconoció el golpe militar del 6 de setiembre de 1930, que encabezado por José Félix Uriburu, marcó el inicio de los golpes de Estado del siglo XX.

37 Néstor Pedro Sagüés, "La pena de muerte por causas políticas (art. 18 de la Constitución Nacional Argentina)", *El Derecho*, T. 38, 1971, p. 1049. Las normas materia de análisis eran las Leyes N° 18.701 y 18.943. De Sánchez Agesta fue consultado *Derecho Político* (1959); de Conde, *Introducción al Derecho Político actual* (1953); de Cuello Calón, *Derecho Penal* (1945); de Quintano Ripollés, *Comentarios al Código Penal* (1946).

Modernización legislativa y regulación del Estado

La Argentina durante la década del sesenta asistió a una permanente inquietud por actualizar normas vetustas, e introducir nuevas en temas que carecían de regulación. En muchos casos, las normas españolas fueron una referencia permanente, y en algunos una influencia directa.

Al referirse a la Ley de Publicidad que se había sancionado en España, un autor –luego de analizarla de manera muy detallada- expresaba su admiración por dicha norma, pues: "este estatuto de la publicidad (Ley 61/64) es una reglamentación legal de extraordinario valor científico y práctico, muy oportuna para su medio y debe ser muy buen ejemplo de nuestra legislación, para adoptar una ley argentina para nuestra publicidad".[38]

Un civilista, al analizar la Ley del Nombre española, encontraba "muy loables estas innovaciones del legislador español, que en un esfuerzo por humanizar el derecho, se esmera en suprimir todos los elementos que puedan menoscabar la posición del menor abandonado, recordándole su origen".[39]

Fácil es advertir que quienes pensaban en modificaciones a distintos aspectos de la organización del Estado argentino tenían en cuenta la evolución que había ocurrido en España.

Tal influencia fue muy notoria en todo el período de la Revolución Argentina, y no solo en la etapa inicial, sospechada de afinidades franquistas. Sin embargo, la renovación legislativa ha de atribuirse (aunque fuera uno de los grandes objetivos proclamados en el propio Estatuto y Acta, ya referidos) fundamentalmente al impulso del ministro del Interior, Guillermo Borda (1967-1969), antecedida por un ambiente general de renovación del derecho, y continuada luego por los equipos técnicos que perduraron, luego de su alejamiento.

Si bien la obra de la Revolución Argentina, y de manera especial la del mencionado ministro, trascendió más que nada por la reforma al Código Civil (la más amplia que se realizara desde la sanción del código en 1871, que se concretó en la sanción de la Ley 17.711), no es en ella donde se advierten influencias extranjeras marcadas, pues recogió más que nada experiencias y enseñanzas de la doctrina y la

---

[38] Carlos Jorge Varagot, "Estatuto y reglamentación de la publicidad en España", *La Ley*, 1968, T. 123, p. 1288.
[39] Luis Mosset de Espanes, "Notas sobre el nombre de menores abandonados en la ley española", *Jurisprudencia Argentina*, 1968, T. II, p. 781.

jurisprudencia argentina.[40] Por el contrario, en otras modificaciones legislativas la influencia española se hizo sentir de manera mucho más pronunciada.

En derecho registral, además de una reforma en el Código Civil (a través de la ya mencionada Ley 17.711 que modificó el art. 1205, estableciendo la inscripción registral de todos los derechos reales), se sancionó una ley específica sobre registro de la propiedad inmueble (Ley 17.801). La influencia española (a través de la Ley Hipotecaria de 1861) ya se había hecho sentir en el Código de Vélez Sarsfield, y luego en las normas provinciales que habían establecido registros locales. La primera regulación amplia y nacional, propiamente del derecho registral, no solo seguía en la misma línea, sino que la acentuaba significativamente, con una clara influencia de la ley española de 1944/1946 (que actualizaba la ley anterior), al punto no solo de haber copias literales, sino incorporación de terminología –en uso en España como la de "documento auténtico"–, pero sin tradición alguna en Argentina. Tales reformas fueron precedidas por un viaje que realizaron dos especialistas argentinos por registros de distintas ciudades europeas, siendo el primero visitado el de Madrid.[41]

Quizá donde más visible fue la influencia española fue en el vastísimo ámbito del derecho administrativo. Los que escribían tratados abrevaban fundamentalmente en fuentes italianas o francesas, aunque en el derecho procesal administrativo se señalaba la importancia de la influencia española a través de Jesús González Pérez, "uno de los pocos juristas españoles que desde sus primeros trabajos, ha analizado a fondo el derecho hispano argentino".[42] Muy especialmente, en la cotidianeidad de las revistas jurídicas se advierte un seguimiento a la legislación y doctrina españolas.

En 1972, al comentar la Ley de Procedimientos Administrativos, un autor de derecho administrativo, Juan Carlos Cassagne, indica que en el primer título –referido a principios básicos del procedimiento administrativo– se tuvieron en cuenta dos antecedentes argentinos, y

---

[40] Guillermo A. Borda, *La reforma de 1968 al Código Civil*, Buenos Aires, Editorial Perrot, 1971, pp. 15-16. "Los temas tocados por la reforma están todos o casi todos en discusión en nuestro país, desde hace cincuenta años [...] La Comisión fue por tanto respetuosa de la doctrina y la jurisprudencia imperante".

[41] Jorge Alberto Latino, "La Influencia del Derecho Registral Español en Argentina a la luz del Bicentenario", Trabajo presentado en las *XXVI Jornadas de Historia del Derecho Argentino, Instituto de Investigaciones de Historia del Derecho*, San Miguel de Tucumán, 11, 12 y 13 de mayo de 2016 (inédito). Agradezco al autor que generosamente me haya permitido consultar su ponencia –de donde he extraído los datos consignados–, que constituye un aporte fundamental para determinar la influencia española en el aspecto registral, que detalla minuciosamente a través de la compulsa del articulado.

[42] Héctor Mairal, "La influencia de los Derechos francés, español y norteamericano en el concepto de servicio público del Derecho Administrativo argentino", en *Revista de Documentación Administrativa*, Números 267-268.

la ley española de 1958, con las reformas de la ley 164, de 1968. La nueva ley abría en su opinión un panorama halagüeño, precisamente porque se parecía a las legislaciones más avanzadas, entre ellas, la española. Ella se ponía "junto a los países que ya han transitado por el sendero de la regulación positiva de las instituciones fundamentales del derecho administrativo (Estados Unidos, Austria y la citada legislación española)".[43]

En los juristas argentinos de la época, había una preocupación porque en materia administrativa se fuera claramente a un "Estado de derecho". Un artículo que abundaba en consideraciones al respecto estructuraba su pensamiento –fuera de algunas obras argentinas y citas de doctrina francesa– a partir de una abundante bibliografía española contemporánea, con obras que se habían publicado entre 1958 y 1964.[44] En definitiva, en Argentina se hablaba de un Estado de derecho –sin agregados ni calificativos–, sin necesidad de agregar "Estado de derecho administrativo", como se hablaba en la península ibérica por la misma época.[45] Si en Argentina no se matizaba como en España, la realidad sí lo hacía: se estaba buscando la regulación de un Estado autoritario, aunque luciera con mucha menos solidez y permanencia que el español, y con la ilusión siempre presente de que eran etapas transitorias, hacia una democracia plena.

Las comparaciones con la legislación española no se interrumpieron con el abrupto cambio de gobierno (la última etapa militar dirigida por el teniente general Alejandro Agustín Lanusse y el nuevo gobierno peronista, iniciado el 25 de mayo de 1973). Al analizarse el Pacto Social, instrumentado como una política de concertación al momento de la tercera presidencia de Perón (1974), un articulista señala que en algunos momentos "a partir de la década que se inaugura en 1960, una ola de planificación invade a Europa (comienza en Holanda, y prontamente se expande por Francia, Bélgica, Suecia, Inglaterra, Alemania, España, etc.)". Más adelante, en el mismo artículo, se indicaba a España, USA y Gran Bretaña, que "en algunos períodos son ejemplos de la coercitividad impuesta por el Estado [...] en cuanto a política de ingresos que superen la productividad, creación del nivel salarial, menor a la productividad que resulta de la fuerza laboral".[46] No deja de llamar la atención que a tenor del articulista, la

---

43 Juan Carlos Cassagne, "La ley nacional de procedimientos administrativos N° 19.549", *El Derecho*, 1972, T. 42, p. 836. La obra a la que se hacía referencia como de mayor influencia era la de Jesús González Pérez, *Derecho Procesal Administrativo*, 2° ed., Madrid, Instituto de Estudios Políticos, 1964.
44 Amadeo F.J. Scagliarini, "El objeto fundamental del Derecho administrativo en el ordenamiento jurídico contemporáneo", *La Ley*, 1968, T. 133, p. 1098.
45 Ver en este mismo volumen trabajos específicos.
46 Carlos Alberto Kreimur, "Acta de Compromiso Nacional (Pacto Social): organización y fundamentos, forma y contenido", *Derecho del Trabajo*, 1973, T. XXXIII, p. 764.

diferencia sustancial en los regímenes políticos no le parecieran tan relevantes en el ámbito de la planificación como para separar a España del resto de las democracias occidentales.

En momentos en que se pensaba en una probable reforma constitucional –año 1974–, hubo voces que consideraron que era necesario incluir en ella la jurisdicción contencioso-administrativa, "reglando las bases de un control jurisdiccional sobre el obrar de la Administración Pública como garantía para los administrados". Al repasar los sistemas vigentes –judicialista, administrativista y mixto–, en el primer grupo, como uno de los más perfeccionados, se señalaba el establecido en España. La ley respectiva de 1956 había resuelto anteriores objeciones que se habían hecho a la legislación española, considerando que "su depurada técnica [...] la coloca como un texto de avanzada" y "ha permitido que el formalismo no se convierta en un ritual esotérico".[47]

Esta ejemplaridad llegaba a ámbitos más particulares. En cuestiones urbanísticas, un articulista referenciaba cuatro países –Estados Unidos, Inglaterra, Francia y España–, conceptuando a la normativa en esta última como "una ley de técnica muy depurada, que se halla aún en proceso de interpretación y de experiencia, respecto al desarrollo urbanístico en toda España".[48]

¿Con ley o sin ley?

Los años finales del franquismo encuentran a la Argentina inmersa en la secuencia ya conocida de alternancia de gobiernos civiles y militares. El elemento nuevo resulta ser la guerra revolucionaria, motorizada por organizaciones que recurren a la guerra de guerrillas –urbana o rural–, cuyo referente más inmediato era el modelo de lucha desarrollado por la Revolución cubana.

En los años setenta, menudean los análisis sobre las formas y modalidades de la represión. En ese contexto, Perón habría pronunciado una frase que sonaba un tanto extraña: "Lo que hace falta en Argentina es un Somatén", que inicialmente una sola fuente recoge en esos términos. Si bien la cuestión ha sido motivo de debates políticos antes que académicos, dista mucho de haber sido suficientemente estudiada. Con esa salvedad, es posible que Perón conociera tal organización en función de su larga estancia en España, su permanente

---

[47] Osvaldo Máximo Bezzi, "La jurisdicción contencioso-administrativa en la Reforma Constitucional", *El Derecho*, T. 59, 1975, pp. 779 y 784.
[48] Carlos Mouchet, "Aspectos legales e instituciones de la planificación urbana", *El Derecho*, T. 37, 1971, p. 941.

contacto con sectores más tradicionales del falangismo y del franquismo, de los que podría haber tenido una información de primera mano sobre las particularidades de la represión del maquis hispano de la posguerra civil y europea. Sin embargo, ello no resulta suficiente de ninguna manera para concluir que haya sido el autor intelectual de la Triple A (Alianza Anticomunista Argentina), misterioso brazo parapolicial que multiplicaría las muertes de personas a las que se suponía vinculadas a los grupos guerrilleros. En caso de haber existido esa influencia española de metodología represiva –al margen de toda legalidad reconocida– pasó rápidamente al olvido, desapareciendo frente a la doctrina francesa, recibida en Argentina a partir de fines de los cincuenta, e impulsada luego por la Escuela de las Américas.[49]

Por el contrario, podemos asegurar –aunque como una línea de investigación a profundizar– que hubo una corriente que abrevaba en el nacionalismo argentino clásico en las Fuerzas Armadas, cuyo grado de conocimiento de instituciones como el Somaten no podemos precisar, pero que referenciaba en el tardo franquismo, una actitud diametralmente opuesta: la asunción clara de las responsabilidades del Estado en la represión. Muy difícil es determinar –y cuantificar– la adhesión a ese nacionalismo en el ambiente militar de la época; sin duda eran todavía una minoría importante, último remanente de un grupo que tan solo unos años antes había sido preponderante, y que todo parece indicar habría sido prestamente depurado desde los inicios del Proceso de Reorganización Nacional, a partir de 1976.

Para dejar planteado el tema, nos parece interesante revisar la principal publicación contemporánea de esa orientación. En ese grupo de militares, era de lectura corriente la revista *Cabildo* y sus reemplazos –*Restauración*, *El Fortín*–, en momentos de censura. En todas ellas, se asumía una postura de absoluta y frontal firmeza frente a la guerra revolucionaria, con una clara admiración por la España franquista, al momento el único modelo político con el que podían identificarse. Y en él encontraban inspiración para la modalidad exactamente contraria a la que se asumía en ese momento (de acciones encubiertas): hallaban en el franquismo el ejemplo perfecto de un Estado firme y decidido, al enviar terroristas vascos a ejecutar en forma expresa, y pese a todas las presiones internacionales.[50]

---

[49] Miguel Bonasso, *El presidente que no fue*, Buenos Aires, Editorial Planeta, 2002, p. 436. Respecto a la influencia francesa, ver Marie-Monique Robin, *Escuadrones de la muerte – La Escuela Francesa*, Traducción de Sergio Di Nucci y Pablo Rodríguez, Buenos Aires, Editorial Sudamericana, 2005.

[50] El Somaten, al que se podía hacer referencia (prescindiendo de antecedentes históricos) era la organización paraestatal conformada en la posguerra civil española para combatir los maquis. Una aproximación al tema del maquis y su represión puede verse en Secundino Serrano, *Maquis – Historia de la guerrilla antifranquista*, Madrid, Ediciones Temas de Hoy, 2001. En cuanto al pensamiento nacionalista, puede verse *Restauración*, año I, N° 4,

Quizá la influencia fue más allá de los ambientes nacionalistas. En un libro publicado en la Biblioteca de Oficial, su autor –un teniente coronel– reclamaba en prosa alambicada:

> si en definitiva abogamos por la vigencia plena del orden jurídico como esencia indiscutida de los sistemas libres, no cabe cerrar los ojos frente a la Guerra revolucionaria comunista según la tónica actual de no prostituir el derecho, sino de legislar a su respecto conforme las particularidades del hecho nuevo y las exigencias de una Justicia militante.[51]

Concepto que luego remarcará cuando trate de las penas: "Un Estado militante y con doctrina no temerá aplicar las penas debidas".[52]

Es posible, pues, advertir que las distintas alternativas represivas que el Estado argentino –democrático o no– contempló en esos años tenían referencias españolas. Y las mismas podían fundamentar actitudes distintas.

Conclusiones

No requieren mayor explicación las profundas relaciones entre España y Argentina, siendo el derecho un aspecto más de las mismas. Con obvios altibajos, las influencias jurídicas españolas estuvieron siempre presentes, sin contar que muchos autores –principalmente alemanes y franceses– hicieron su ingreso a la Argentina a través de las traducciones y ediciones españolas. En ese trasfondo general, las historias respectivas acusan marcadas diferencias durante el siglo XX.

La visión argentina de España estuvo cada vez más en esos años condicionada por su propia realidad: un país absolutamente inestable en todos los aspectos. Por contraposición, España podía festejar –y ser creíble– que había logrado veinticinco años de paz, o al menos

---

octubre de 1975, "La responsabilidad del bien común", pp. 39-40. Esas consideraciones se hicieron al comentar la decisión de Franco. Entre los críticos de la misma, significativamente hace mención a "los que piensan que a las organizaciones guerrilleras hay que combatirlas con otras de la misma especie, o sea, a través del 'Estado Guerrillero'". El artículo –sin firma– culmina señalando a Franco como "el último príncipe cristiano", que "se hace responsable de todos sus actos de gobierno". Resulta llamativa la ausencia de críticas o siquiera referencias a la actividad de la Triple A en el período indicado, por cualquiera de las publicaciones mencionadas.

51 Carlos Horacio Domínguez, *La nueva guerra y el nuevo derecho – Ensayo para una estrategia jurídica contrasubversiva*, Buenos Aires, Círculo Militar, 1980, p. 696. La reiteración de la idea de "militancia" nos parece muy ilustrativa para establecer su filiación ideológica, pues el concepto de milicia en la aplicación judicial resulta excepcional en el ámbito judicial argentino, pero no era extraño al franquismo. Ver Mónica Lanero Táboas, *Una milicita de la justicia, la política judicial del franquismo (1936-1945)*, Madrid, Centro de Estudios Constitucionales, 1996.

52 Carlos Horacio Domínguez, *op. cit.*, p. 870.

de una estabilidad con crecimiento económico. Para los argentinos de la década del sesenta, el hambre española de su posguerra no solo era un tema muy conocido por la prensa: era un recuerdo propio, o transmitido por la generación anterior.

El régimen español no podía aparecer absolutamente lejano. Es notable advertir en la literatura jurídica de la época que el franquismo había sido exitoso en su labor de renovación y adecuación al mundo occidental y capitalista. Había borrado discretamente su pasado fascista, "imperial", de los orígenes. Su paulatina evolución, en el mundo bipolar de la Guerra Fría, su imagen de un país en el que parecía que solo permanecía inmutable la jefatura de gobierno, su aceptación en los círculos económicos y financieros trasnacionales olvidando por completo la autarquía de los cuarenta, su apertura al turismo hacían aparecer como un logro tecnocrático y desarrollista los pregonados XXV Años de Paz a los que antes hacíamos referencia.

Si en los traumáticos años cuarenta españoles, la Argentina podía observar con cierta conmiseración los sufrimientos de la Guerra Civil y la durísima posguerra española, desde su prosperidad económica y de su razonable estabilidad política y esperanzada protección laboral y de seguridad social, en los sesenta la mirada bien podía ser muy distinta. Argentina carecía de una estabilidad que España parecía haber logrado; la otrora democracia de aquella quedaba desdibujada en revoluciones militares y proscripciones; mientras que la economía de una se hundía cada vez más en la inflación y la ineficiencia, la otra parecía pasablemente exitosa; y si la cuestión social se deterioraba frente a un pasado que aparecía como venturoso, en España la inquietud social denotaba una realidad de crecimiento económico. El marcado autoritarismo del régimen español –evidente pese a los esfuerzos permanentes para tratar de disimularlo– no podía sorprender demasiado a la Argentina que había sufrido –casi en el mismo lapso de ascenso y gobierno de Franco– tres golpes militares y multitud de asonadas y pronunciamientos, sin contar con la proscripción de la mitad del electorado para poder preservar la ilusión de una democracia liberal, sin tentaciones totalitarias. La represión franquista se alejaba en el tiempo, se naturalizaba o iba decreciendo en intensidad, mientras que en la Argentina iba aumentando, con picos inesperados, como los fusilamientos de junio de 1956. Y todavía más, en 1975 al morir Franco, España iniciaba un lento camino hacia la integración con Europa y la democracia occidental, alejando los fantasmas del pasado, escondiéndolos para que no le impidieran el futuro, mientras que la Argentina veía hundirse las esperanzas de consolidar un gobierno democrático.

España y Argentina compartían situaciones políticas bastante atípicas. En Argentina, las particularidades españolas no podían sorprender demasiado, y de hecho el régimen español y sus normas jurídicas podían ser estudiados no solo como una legislación con afinidades, sino también adoptados como modelo. Un modelo deseable porque con un fondo autoritario, mostraba avances en los derechos de los ciudadanos frente a la administración pública en temas cotidianos, o en esta, en cuanto a su capacitación y a la regulación de su actividad.

Sin duda, había una cuestión que iba más allá de la ideología y era la vinculación estrecha entre ambos países y su cultura común. Aun las ideas jurídicas o políticas que se discutían en Europa –y que nada tenían que ver con el régimen franquista– venían a través de España, y aun los que criticaban autoritarismos vernáculos –un buen ejemplo es el constitucionalista Vanossi– se basaban en bibliografía que les llegaba a través de España.

La influencia del tardo franquismo no ha de verse como una proyección de su ideología política (reducida en todo caso a los ambientes del nacionalismo argentino), sino más bien como una percepción de la habilidad española para adecuarse a una realidad muy particular, que no aparecía demasiado extraña en estas tierras.

La Argentina, especialmente entre 1955 y 1975, era una extraña convivencia de autoritarismos reales y democracia republicana proclamada, de deseos y frustraciones. Ni aun los militares de la Revolución Argentina –los que aparecen como más cercanos al franquismo– proclamaron abiertamente su rechazo a los valores del Estado de derecho y de la república representativa. Con sus evidentes limitaciones de prospectiva política –muy a la argentina– sus aspiraciones eran inmediatas; el tiempo diría cómo se desenvolvería en el futuro la forma de gobierno. Y muchos hombres de derecho debían pensar –aunque difícilmente lo escribirían– que en Argentina se podía hacer algo similar a lo que se hacía en España: no importaba el régimen político y los vaivenes presentes y futuros, incluso con esa realidad, se podían cambiar normas, modernizarlas, buscar crear un Estado de derecho (aunque fuera limitado), prescindiendo lo más posible tanto de la lucha de los partidos políticos como de las interrupciones militares. El mundo jurídico podía avanzar, aunque no avanzaran ni las instituciones ni la práctica política.

8

Julián Marías, entre la España de Franco y la Argentina

El desarrollo como vinculación del espacio hispanoamericano

María Victoria Carsen[1]

Introducción

En este apartado buscamos abordar las intervenciones públicas y escritos de Julián Marías (1914-2005) que permitan recuperar las impresiones del filósofo español sobre la cuestión del desarrollo y su potencial como espacio de encuentro entre España y Argentina en los años posteriores a la Segunda Guerra Mundial. Nuestra propuesta es analizar su pensamiento entre las décadas de 1950 y 1970 para problematizar su concepción del desarrollo, anclada en la identidad cultural compartida de Argentina y España.

Marías, discípulo de José Ortega y Gasset y de Xavier Zubiri, autor de más de 60 libros varias veces reeditados[2] y de destacada presencia en el ámbito intelectual y social argentino,[3] ha sido objeto de numerosos trabajos que desde distintas disciplinas han abordado su legado de meditaciones.[4] Sin embargo, estos análisis no se han

---

[1] Universidad Católica Argentina.
[2] Para nombrar algunos ejemplos: *Historia de la Filosofía*, su primera obra, tuvo 45 reediciones; *Introducción a la Filosofía*, por lo menos 12; *Miguel de Unamuno*, 10; *Los Españoles*, 4 ediciones; *Meditaciones sobre la sociedad española*, 3. Además, sus obras han sido traducidas a varios idiomas, entre ellos inglés, francés, alemán, portugués, holandés y griego.
[3] Además de conferencias dictadas en institutos culturales y educativos, Marías presentó en 1970 un ciclo de conferencias televisadas por Teleonce con el periodista Mariano Grondona como conductor del programa. El tema tratado respondió al título de "Esquema de nuestra situación". Al año siguiente se presentó en el Teatro Coliseo de Buenos Aires ante una multitudinaria concurrencia que *La Nación* mostró con una viñeta en donde se veía la fachada del teatro con una masa enorme de personas que pugnaban por entrar.
[4] VV. AA., *Un siglo de España: homenaje a Julián Marías*, Madrid, Alianza Editorial, 2002; Javier Pérez Duarte, *Claves del pensamiento político de Julián Marías*, Bilbao, Universidad de Deusto, 2003, y *La persona como proyecto. Los derechos humanos en Julián Marías*, Bilbao,

detenido particularmente en su esquema sobre el desarrollo como tópico de vinculación internacional. Es por eso que, desde Argentina, atrae nuestra atención analizar las observaciones que hizo sobre el país, su lugar en el mundo y su potencial de crecimiento.

Aunque realizó su primera visita a Buenos Aires en 1952, su presencia intelectual en el medio argentino se retrotrae incluso unos años más, hacia 1948, cuando el director del suplemento literario de *La Nación* Eduardo Mallea (a quien Marías consideraba todavía años después uno de sus buenos amigos) le pidió una colaboración regular que duró décadas.[5] Como sabemos, esta invitación a escribir en el medio fundado por Bartolomé Mitre era parte de la tradición del diario de contar con colaboradores españoles, mientras que para Marías fue el comienzo de un fuerte sentimiento de simpatía por el país que perpetuaba, de alguna manera, el interés de Ortega y Gasset.[6]

La experiencia de su principal maestro, sumada a la propia vivencia, llevaron al pensador originario de Valladolid a sentir que "a fuerza de tiempo, amor e inteligencia a veces un país extraño empieza a serlo menos"[7] y a advertir su "realidad espléndida, con rasgos que no se hallan en casi ningún otro lugar"; y aun más, con cualidades que en los años posteriores al peronismo se habían "intensificado y depurado".[8]

Universidad de Deusto, 2010; José María Atencia Páez, *Julián Marías: una filosofía en libertad*, Málaga, Universidad de Málaga, 2008; Helio Carpintero, *Julián Marías: una vida en la verdad*, Madrid, Biblioteca Nueva, 2008; José Luis Cañas y Juan Manuel Burgos (coords.), *El vuelo del Alción: el pensamiento de Julián Marías*, Madrid, Páginas de Espuma, 2009; José Enrique Pérez Asensi, *Estructura de la vida humana en el pensamiento de Julián Marías*, Murcia, Laborum, 2009; Pilar Roldán Sarmiento, *Hombre y Humanismo en Julián Marías*, Valladolid, Dip. Prov. de Valladolid, 2009; Luis Miguel Pinos Campos, *Una vida presente. Estudios sobre Julián Marías*, La Laguna, Universidad de La Laguna, 2011; Rafael Hidalgo Navarro: *Julián Marías: retrato de un filósofo enamorado*, Madrid, Ediciones RIALP, 2011; Enrique González Fernández, *Pensar España con Julián Marías*, Madrid, Ediciones RIALP, 2012; Ildefonso Rodríguez Alcalá, *El cine en Julián Marías: una exaltación estética y antropológica*, Madrid, Fundación Universitaria Española, 2014; Raúl Francisco Sebastián Solanes, Pedro J. Pérez, Víctor Páramo Valero, *Julián Marías*, EAE, 2014; Juan José García Norro (coord.), *Julián Marías: maestros y amigos*, Madrid, Escolar y Mayo, 2015.

5 Hemos estudiado la presencia de Marías en la Argentina sobre la base de sus visitas al país, conferencias brindadas en instituciones privadas y educativas así como sus columnas en *La Nación*, en "Medios de comunicación e ideología en la proyección cultural de España en la Argentina: el caso de Julián Marías", *VI Jornadas sobre Identidad Cultural y Política Exterior en la Historia Argentina y Americana*, Universidad del Salvador, Buenos Aires, 4 y 5 de junio de 2012.

6 Para su maestro, decía Marías, la Argentina había sido "una experiencia imborrable", en "Sobre Ortega y la empresa española habló J. Marías", *La Nación*, Buenos Aires, 6 de septiembre de 1966.

7 Julián Marías, *Los Españoles*, Madrid, Ediciones de la Revista de Occidente, 1966, pp. 15 y 16.

8 Julián Marías, "Por qué me gusta la Argentina", *La Nación*, Buenos Aires, 10 de septiembre de 1970.

De ojo agudo para la observación de la realidad social de los muchos países que visitó, Marías se entusiasmaba por las evidencias del progreso. Para él, la posguerra estaba signada por avances tecnológicos y las mejoras en las condiciones de vida en todo el mundo occidental,[9] y creía que el desarrollo en la tecnología llevaría a la disminución de la pobreza.[10] Se permitía entonces alimentar el optimismo ante el acceso más amplio a la cultura y a los bienes materiales que venía como producto de esa movilidad social.[11]

Sin embargo, tampoco ahorraba críticas al modo en el que el progreso se había abierto camino. La Argentina se destacaba por haber "escapado a la ola de vulgaridad que como una marea alta invade países y continentes". Advertía que "nos admiramos del 'desarrollo', del 'crecimiento', del 'progreso' de muchos países, pero acaso no nos preguntamos qué han perdido mientras avanzaban y mejoraban". Argentina se distinguía, a su juicio, por no haber adquirido la actitud de "nuevo rico", salvándose de "uno de los más envilecedores rasgos de nuestro tiempo, y de muchos tiempos: la demagogia".[12]

Este trabajo reconstruye las observaciones de Marías sobre la cuestión de la España del desarrollismo, América Latina y la Argentina a partir de tres obras fundamentales,[13] a saber: *La Estructura Social. Teoría y Método*, cuya primera edición es del año 1958, *Esquema de nuestra situación*, de 1970 y *Sobre Hispanoamérica con varias meditaciones argentinas*, aparecido en 1972 para venta exclusiva en la Argentina.[14]

El primero de estos textos es donde Marías delineó sus reflexiones iniciales dedicadas netamente a la cuestión social (cuando antes centraba su mirada más bien en el individuo). *Esquema de nuestra situación* es una recopilación de las disertaciones que brindó en Buenos Aires en 1970. Por último, en *Hispanoamérica* condensó sus ideas respecto al ámbito hispanoamericano, con especial mirada sobre Argentina.

También en sus intervenciones públicas, en conferencias presentadas ante grandes auditorios y en columnas de prensa con amplia difusión en el medio argentino, encontramos espacios de divulgación válidos para este estudio, ya que aunque quizás sean menos convencionales para un filósofo, son igualmente relevantes y con frecuencia

---

9 Julián Marías, *Esquema de nuestra situación*, Buenos Aires, Columba, 1970, p. 28.
10 Javier Pérez Duarte, *Claves, op. cit.*, p. 272.
11 Julián Marías, *Esquema, op. cit.*, p. 22.
12 Julián Marías, "Por qué me gusta la Argentina", *op. cit.*
13 Julián Marías, *La estructura social: teoría y método*, Buenos Aires, Emecé Editores, 1958; *Esquema de nuestra situación, op. cit.*; *Sobre Hispanoamérica con varias meditaciones argentinas*, Buenos Aires, Emecé, 1973.
14 María Victoria Carsen, "Medios de comunicación e ideología…", *op. cit.*

insumos iniciales de reflexión para sus libros.[15] La siguiente crónica de *La Nación* de 1962 nos permite conocer el impacto de estas presentaciones:

> en conferencias, recepciones, audiciones de televisión, diálogos, explicaciones, coloquios y actos con estudiantes y con estudiosos el pensamiento de Julián Marías fue la actualidad estricta [...]. La palabra del filósofo español tuvo un eco dilatado en densos auditorios que concurrieron a escuchar a un hombre que tiene el mérito de no contradecirse en el resplandor de una claridad pocas veces lograda en sus disciplinas.[16]

El arco temporal aludido se corresponde, además, con el período en el que se generalizó en las agendas políticas el interés por lo que Carlos Altamirano identificó como *economía del desarrollo*[17] y que otros autores han denominado *movimiento desarrollista*[18] o *clima de ideas favorable al desarrollo*.[19]

Conceptos como crecimiento y desarrollo, con origen en la economía política, se generalizaron entre el gran público hasta llegar a estar "de moda" en la década de 1960.[20] Por aquellos años, el sociólogo Jorge Graciarena resumía cómo se vivía este interés en la Argentina: "El desarrollo ha ganado una aceptación de tipo instrumental, es decir, ha llegado a ser considerado principalmente como un medio para lograr estabilidad política y para neutralizar las presiones disruptivas que se están manifestando a lo largo del continente".[21]

En nuestro país, el desarrollismo quedó fuertemente asociado con la presidencia de Arturo Frondizi (1958-1962) aunque más avanzada la década de 1960 también atrajera a sectores militares

---

15 Para este trabajo han sido de particular importancia los siguientes artículos periodísticos de su autoría: "Problemas de las Españas (I)", *La Nación*, Buenos Aires, 15 de julio de 1970; "Problemas de las Españas (II), *La Nación*, Buenos Aires, 15 de julio de 1970; "Por qué me gusta la Argentina", *La Nación*, Buenos Aires, 10 de septiembre de 1970; "La Argentina como empresa", *La Nación*, Buenos Aires, 24 de septiembre de 1970, y "El horizonte hispánico de España", *La Nación*, Buenos Aires, 29 de diciembre de 1976.
16 "Julián Marías partirá tras una bella labor", *La Nación*, Buenos Aires, 6 de septiembre de 1962.
17 Carlos Altamirano: "Desarrollo y desarrollistas", *Prismas. Revista de historia intelectual*, N° 2, 1998, p. 79.
18 Kathryn Sikkink, "The Influence of Raul Prebisch on Economic Policy-Making in Argentina, 1950-1962", *Latin American Research Review*, Vol. 23, N° 2, 1988, pp. 100-101.
19 Mariano Plotkin y Federico Neiburg, "Elites intelectuales y ciencias sociales en la Argentina de los años 60. El Instituto Torcuato Di Tella y la Nueva Economía", en *E.I.A.L.*, Vol. 14, N° 1, enero-junio, 2003.
20 André Burguière (dir.), "Crecimiento", en *Diccionario Akal de Ciencias Históricas*, Madrid, Akal Ediciones, 1991, p. 139.
21 Jorge Graciarena, "Desarrollo y política. Algunas consideraciones sobre la dominación oligárquica y la Alianza para el Progreso en América Latina", *Desarrollo Económico*, Vol. 2, N° 4, enero-marzo 1963, pp. 123-124.

encabezados por Juan Carlos Onganía, entusiasmados por la modernización por vía autoritaria, variante que sumaba la inquietud por la seguridad colectiva.²²

Contemporáneamente, en España, la recuperación económica de fines de la década de 1950 posibilitó al gobierno de Francisco Franco (1939-1975) presentar al mundo sus planes de estabilización y desarrollo como modelos a seguir a la vez que buscaba nuevas plazas para sus inversiones con una política fuertemente marcada por la llamada modernización tecnocrática.²³ Para revertir el distanciamiento externo en el que se encontraba España tras el fin de la Segunda Guerra Mundial,²⁴ Franco buscó reconectarse con el continente americano.

Es desde esta perspectiva que creemos que la meta del desarrollo económico, que interesaba a ambos países, se construyó como un objetivo común de política oficial, en un espacio de diálogo internacional que desdibujaba posibles tensiones ideológicas para satisfacer necesidades económicas complementarias.²⁵ Así podemos hablar de un cierto reencuentro hispano-argentino²⁶ que con énfasis en lo comercial también reinventó la mirada española de los lazos históricos entre ambas naciones. Franco abandonó el "sueño pseudoimperial" que había propiciado el primer tramo de su gobierno y buscó reforzar ideas como "fraternidad" y "comunidad", en reemplazo de la antigua noción de España como "madre patria".²⁷

---

22 El desarrollismo, ligado en el caso nacional a las propuestas de la UCRI (Unión Cívica Radical Intransigente) y a la figura de Rogelio Frigerio, de gran peso en la plataforma electoral de Frondizi, adquirió en el resto de América Latina concepciones más genéricas y con mayor afinidad a las ideas de la CEPAL, ver: Kathryn Sikkink, "The Influence of Raul Prebisch…", *op. cit.*
23 José Luis Neila Hernández, "Hispanoamérica en el imaginario de ultramar de la política exterior franquista", *Tzintzun. Revista de Estudios Históricos*, N° 37, enero-junio 2003, p. 84.
24 Ver Lorenzo Delgado Gómez-Escalonilla, *Diplomacia franquista y política cultural hacia Iberoamérica, 1939-1953*, Madrid, CSIC, 1988 e *Imperio de papel. Acción cultural y política exterior durante el primer franquismo*, Madrid, CSIC, 1992.
25 Hemos trabajado la cuestión del desarrollo como espacio de vinculación oficial retórica entre Argentina y España en "Frondizi y la España del desarrollo", *América Latina y sus caminos de inserción en el escenario mundial*, XIV Jornadas de la Asociación Argentina de Historia de las Relaciones Internacionales: Veinte años de la AAHRI y IV Jornadas de la Asociación Latinoamericana de Historia de las Relaciones Internacionales ALAHRI, Buenos Aires, 3, 4 y 5 de julio de 2013.
26 No hay que olvidar que la política exterior argentina hacia España sufrió algunos vaivenes ante los cambios de gobierno. Puede considerarse que las relaciones diplomáticas fueron más amigables con Frondizi, un tanto enfriadas con el siguiente gobierno constitucional, el de Arturo Illia (1963-1966) y de mayor afinidad ideológica con la Revolución Argentina (1966-1973). Para seguir los matices de este reencuentro, ver Beatriz Figallo, "Estrategias políticas y económicas de la tecnocracia franquista en la Argentina. 1959-1973", *Investigaciones y Ensayos*, N° 56, 2006-2007, y Celestino del Arenal, *Política exterior de España y relaciones con América Latina: iberoamericanidad, europeización y atlantismo en la política exterior española*, Madrid, Siglo XXI, 2011.
27 María Victoria Carsen, "Frondizi y la España del desarrollo…", *op. cit.*

Julián Marías también pensó, aunque desde una matriz liberal, en el desarrollo como un espacio de vinculación internacional con la convicción de que en su época se sabía "lo que hay que hacer para resolver los problemas económicos".[28] Esto parece ubicar al filósofo español en una línea similar a las relaciones diplomáticas oficiales,[29] es decir, en la afirmación de los vínculos de España con la región hispanoamericana en un contexto de políticas favorables al desarrollo, y en su caso, una mirada más atenta al escenario argentino.[30]

A continuación reconstruiremos su visión de la estructura social identificando sus principales categorías de análisis, para luego referirnos al esquema de desarrollo que elaboró en clave de integración internacional. Al finalizar este recorrido propondremos algunas conclusiones que permitan ubicar el pensamiento de Julián Marías en el amplio abanico de propuestas para el desarrollo de mediados del siglo XX.

Perspectivas y categorías

"Plantearse un problema es algo intelectual", afirmaba Marías, "la realidad y no las ideas es la verdadera raíz de la filosofía".[31] En este sentido, sus propuestas como filósofo evidenciaron preocupación por desentrañar los principios del obrar humano y alcanzar una comprensión mayor de la realidad social. No estaban destinadas a brindar pautas específicas de acción política. Más bien, identificamos en ellas

---

28 Julián Marías, *Esquema de nuestra situación*, op. cit., p. 22.
29 Las primeras visitas al país de Marías coincidieron con la gestión de Fernando María Castiella, a cargo del Ministerio de Asuntos Exteriores entre 1957 y 1969, y la de Gregorio López Bravo, quien ocupó esta misma cartera entre 1969 y 1973. De acuerdo con varios analistas este período puede considerarse como uno de los más ordenados en cuanto a planificación a medio y largo plazo para la recuperación de protagonismo internacional para España. Sobre la figura de Castiella, ver Rosa Pardo Sanz: "Fernando María Castiella: pasión política y vocación diplomática", en Ricardo Miralles (ed.), "Nombres propios para una diplomacia: la política exterior de España en el siglo XX", *Historia Contemporánea*, N° 15 monográfico, 1996, y Marcelino Oreja, Rafael Sánchez Mantero, *Entre la historia y la memoria: Fernando María Castiella y la política exterior de España (1957-1969)*, Madrid, Real Academia de Ciencias Morales y Políticas, 2007.
30 Esto es significativo viniendo de parte de un pensador definidamente no franquista. Para disipar alguna duda de la falta de simpatía de Marías por el gobierno de Franco, su hijo Javier recordó al momento de su muerte, que su padre "fue represaliado por el franquismo" ("Quejas de su hijo Javier", *La Nación*, Buenos Aires, 16 de diciembre de 2005). En sus *Memorias*, Marías recordaba que por aquellos años "tenía que esforzarme día a día por salvar la continuidad de la cultura española, por salvar los más posibles del naufragio", Julián Marías, *Una vida presente. Memorias*, Vol. 2, Madrid, Alianza, 1988, p. 63.
31 "Sobre Ortega y la empresa española habló J. Marías", *La Nación*, Buenos Aires, 6 de septiembre de 1966.

ciertos lineamientos especulativos que podrían, eventualmente, servir como punto de partida en la promoción concreta del desarrollo, pero son definiciones en las que Marías no avanza.

Fue también un divulgador que no pretendió resolver los problemas de las sociedades americanas sino "interrogar con sinceridad e interés, hacer algunas conjeturas".[32] Decía Marías que a Ortega y Gasset no le interesaba expresarse en lenguaje técnico porque creía que su tarea era más bien ser un intelectual que pudiera ser leído y comprendido.[33] A comienzos de los años 60, él mismo se consideraba un escritor exitoso con buenas ventas en España, aunque muchas veces "en sordina".[34] Acercó asiduamente colaboraciones a medios de prensa españoles, entre ellos *ABC*, *Ya*, *El Noticiero Universal* (de Barcelona) y *La Vanguardia*, con la idea de que los diarios eran un medio de comunicación más amplio que los libros.[35]

Para comprender su condición de articulista independiente y ponderar su participación en el espacio público[36] debemos ir más allá de su concepción teórica sobre la función de la filosofía y dar una mirada a los primeros años de su trayectoria vital e intelectual, ya que Marías había quedado apartado del ámbito universitario español hacia el final de la Guerra Civil. Por una falsa acusación fue encarcelado, con la prohibición posterior de dar clases.

Este alejamiento forzado lo llevó a convertirse en un profesor itinerante por universidades americanas: desde comienzos de los años 50 empezó a viajar a las universidades de Wellesley College, Indiana, California, Harvard y Yale,[37] y más adelante recorrió también los países americanos de habla hispana, ofreciendo sus reflexiones a un variado público.[38] A lo largo de los años, gradualmente extendió el horizonte de sus disertaciones, que siempre estuvieron directa o indirectamente vinculadas a la filosofía o al orden especulativo, pero que también fueron puestas al servicio de temas candentes en la sociedad de su época.[39]

---

32 Julián Marías, *Esquema de nuestra situación, op. cit.* p. 45.
33 "Julián Marías y el pensamiento español", Buenos Aires, *La Nación*, 1 de febrero de 1962.
34 Julián Marías, *Una vida presente..., op. cit.*, p. 204.
35 *Ibidem*, pp. 163-165.
36 Jaime de Salas Ortueta, "Julián Marías y el espacio público de la España de nuestro tiempo", *Cuadernos de Pensamiento Político*, N° 44, octubre-diciembre 2014, FAES, Fundación para el Análisis y los Estudios Sociales, pp. 151-162.
37 "Muere el filósofo español Julián Marías. Fue un pensador cercano a la Argentina", *La Nación*, Buenos Aires, 16 de diciembre de 2005.
38 Para un testimonio completo de las experiencias de Marías en estos viajes, ver su obra *Una vida presente, op. cit.*
39 Para citar algunos ejemplos de sus conferencias en Argentina, hasta 1962 privilegiaba las temáticas como "La figura de nuestro mundo", "Pasar y quedar de Don Miguel de Unamuno", "La novela como método de conocimiento", "La vida y el hombre: estructura empírica", "Breve teoría de la vida humana", o "Épocas, períodos y generaciones en la historia".

La formación universitaria recibida le enseñó a otorgar una dimensión histórica a su reflexión filosófica. Más precisamente fue la categoría de *razón histórica* la que marcó su obra filosófica, a partir de la influencia de Ortega y Gasset.[40] Gracias a los cursos que tomó en la Facultad de Filosofía y Letras de la Universidad de Madrid entre 1931 y 1936, Marías adquirió la convicción de que la filosofía era inseparable de su historia porque la filosofía es histórica y la historia de la filosofía es filosofía estricta.[41] Al buscar la intrínseca historicidad de una sociedad,[42] veía que su pasado y presente confluyen con derivaciones hacia el futuro.

La *razón histórica* como categoría fundamental lo llevó a historizar el concepto de estructura social y, relacionado con esto, el de nivel de vida. Marías advertía que la condición económica no era un puro hecho, sino que "se había hecho".[43] El nivel de vida como concepto debía ser tomado en la plenitud de su significado y no solo en sentido cuantitativo. En otras palabras, un adecuado análisis de la realidad debía empezar por reconocer que los parámetros que hacen a clasificar el nivel de vida como alto, medio o bajo no son fijos sino que responden a un tiempo y espacio determinado.[44] Y fundamentalmente se ven condicionados por lo que Marías denominó la "normalidad del contento o descontento con la situación económica",[45] o el criterio de "accesibilidad" a la riqueza.[46]

Por último, la mirada de este pensador fue también la de un español que veía el espacio americano como un ámbito que debía funcionar en forma integrada a España. España y los países hispa-

---

Hacia mediados de la década, en las visitas a Buenos Aires ahondó temáticas de la historia reciente y de la actualidad: "El Cincuentenario de la Guerra Civil Española" y "El Estado de la libertad en el mundo actual" dictadas en 1966, "Problemas de las Españas" en 1970 y "¿Qué es el Occidente?" al siguiente año; ver María Victoria Carsen, "Medios de comunicación e ideología...", *op. cit.*

40 La categoría orteguiana postula que el hombre no tiene naturaleza sino historia y esta condición, que lo distingue del resto de las criaturas, hace que para entender el desarrollo humano sea preciso "contar una historia"; ver Julián Marías: "Reflexión sobre un libro propio. Prólogo a la traducción inglesa", *Historia de la Filosofía*, Madrid, Revista de Occidente, 1980, p. 38.
41 *Ibidem*, p. 34.
42 Julián Marías, *La estructura social, op. cit.*, pp. 14 y 16.
43 *Ibidem*, p. 14.
44 Julián Marías, *Los españoles, op. cit.*, p. 240.
45 Julián Marías, *La estructura social...*, *op. cit.*, p. 220.
46 A modo de ejemplo Marías señalaba que antes del año 1800 había ciertas condiciones de vida que eran percibidas como normales, entre ellas, malas cosechas, enfermedades, muertes tempranas. Estas situaciones no eran consideradas anómalas, sino por el contrario, experiencias habituales y por lo tanto difíciles o imposibles de evitar. Esta perspectiva le permitió a Marías concluir que el contento o descontento con el nivel de vida y la condición económica estaba íntimamente ligado a la situación, más que a la condición real de vida de un grupo de personas; ver Julián Marías, *La estructura social, op. cit.*, p. 221.

noamericanos constituían, para Marías, "una unidad no política, sino social [...], sin más poder conjunto que un poder espiritual", un espacio conformado por un "repertorio de vigencias comunes".[47]

Su proximidad y afinidad por la región, su afecto e interés intelectual, lo llevó a hablar de las *Españas*,[48] en forma preferente a otras categorías en boga.[49] Las *Españas* eran, para Marías, la suma de partes complementarias, unidas por la misma lengua, que era el instrumento de primera aproximación a la realidad.[50] Dicha elaboración se basaba en la categoría de "instalación lingüística", que establecía una congruencia entre lenguaje y acción.[51] La perspectiva compartida por quienes tenían el idioma español como idioma materno generaría una comunidad de hecho en la que los individuos eran semejantes aunque las sociedades fueran "profundamente distintas".[52] Para Marías, la lengua era "lo más valioso que poseemos los países hispánicos, incluso en términos de potencia política y valor económico".[53]

Propuestas para el desarrollo regional y argentino

Como hemos visto, Julián Marías formuló su visión de la estructura social fuertemente marcado por la impronta de Ortega y Gasset. Este fue el primer paso para la elaboración de su propuesta para el desarrollo hispanoamericano. A partir de la categoría de "razón histórica" buscó en el pasado la respuesta a la crisis política, económica y cultural que atravesaba la región: "la desigualdad domina a Hispanoamérica [...]. Hay desigualdades económicas entre los países, y lo que es más grave, dentro de los países. [...] La herencia española [...] ha llevado a América una fuerte dosis de inestabilidad, de desmesura, de insolidaridad, de propensión al extremismo".[54]

En sintonía con diagnósticos desarrollistas, a la hora de abordar los problemas sociales de Hispanoamérica, Marías invitaba a pensarlos como cuestiones estructurales que estaban ancladas en la

---

47 Julián Marías, "Tribuna: Educación política. El horizonte hispánico de España", *El País*, Madrid, 12 de octubre de 1976.
48 "Impresión del viaje de Julián Marías", *La Nación*, Buenos Aires, 19 de septiembre de 1952.
49 Aunque prefería hablar de Hispanoamérica, Marías no se negaba al uso de Iberoamérica (término preferido por la diplomacia española) pero sí rechazaba hablar de la región como Latinoamérica, por ser un término difuso que perdía de vista la unidad indestructible que existía, a su criterio, entre España y la América hispana, ver Julián Marías, "Sobre Ortega y la empresa española...", op. cit. y *Esquema de nuestra situación*, op. cit., p. 37.
50 Julián Marías, *Esquema de nuestra situación*, op. cit., p. 37.
51 Jaime de Salas Ortueta, "Julián Marías y el espacio público...", op. cit., pp. 151-162.
52 Julián Marías, *Sobre Hispanoamérica*, op. cit., pp. 41-42.
53 Julián Marías, "Tribuna: Educación política...", op. cit.
54 Julián Marías, *Esquema de nuestra situación*, op. cit., p. 39.

constitución de esas sociedades, como "sistemas de vigencias, usos, creencias y programas de vida colectiva".[55] Acusaba al "miope egoísmo de grupos privilegiados" y a la "rapacidad de compañías extranjeras"[56] de la desigualdad imperante, pero a ellos contraponía el efecto positivo de una creciente clase media:

> en países de Hispanoamérica donde había una oligarquía opulenta que representaba tal vez el 1 por 100 (o el 1 por 1000) de la población, y después un acantilado social que terminaba en una masa innumerable de hombres que vivían en la extrema pobreza, desprovistos de todo [...], hoy las oligarquías son más reducidas y menos poderosas, las masas pobres son algo más reducidas y menos pobres, y entre unas y otras existen clases medias prósperas y en creciente desarrollo hacia lo que son las formas normales de vida occidental.[57]

Entre los países de Hispanoamérica, a su criterio, Argentina contaba con ciertas ventajas que la destacaban entre sus vecinos. La exclusión económica era aquí solo un problema moderado; hacia mediados de la década de 1960 había alcanzado ya un cierto desarrollo económico y técnico y contaba con un alto nivel cultural entre su población, además de una vieja tradición de eficacia de su Estado.[58]

En su condición de español, Marías entendía que conocer la Argentina le resultaba de utilidad para entender un poco mejor a su país natal,[59] pero su interés se veía intensificado al percibir elementos propios y distintivos: su densidad histórica y su personalidad evidentemente distinta dentro de Hispanoamérica porque era diversa, elástica y abierta. Esta caracterización lo habilitaba a identificar un potencial de desarrollo mayor en el país debido a un repertorio entre sus habitantes de actitudes que "miraban al futuro".

A los pocos meses de la toma del poder de Juan Carlos Onganía (1966-1970), Marías visitó Buenos Aires y en esta oportunidad vio a la ciudad más alegre que en su visita anterior (en 1962), y observó más riqueza y holgura económica, que se iba haciendo "patrimonio de muchos más".[60] En dicho viaje expuso la pieza central de sus reflexiones sobre el desarrollo argentino y la comunidad internacional. En el Instituto Popular de Conferencias del diario *La Prensa*, Marías dio a su

---

55 *Ibidem*, p. 45.
56 Julián Marías, "Problemas de las Españas (I)", *op. cit.*
57 *Ibidem*, p. 25.
58 Julián Marías, "La Argentina como empresa", *op. cit.*
59 "Impresión de viaje de Julián Marías", *op. cit.*
60 Julián Marías, *Problemas de las Españas*, *op. cit.*, p. 55.

propuesta el nombre de "política del arbotante".[61] Completó su esquema sobre el desarrollo en Hispanoamérica en la Escuela Superior de Guerra de Buenos Aires, durante su visita en 1970.[62]

Para hacer comprensible su esquema de desarrollo planteó una analogía entre la debilidad de las sociedades hispanoamericanas, como la Argentina, y el mundo del arte. Con una metáfora simple, trasladó una cuestión de índole económico-social al ámbito de la arquitectura, porque para Marías convenía "a veces pensar con imágenes".[63] Lo explicaba así:

> en el siglo XIII los europeos, no se contentaron con las iglesias románicas y en lugar de los arcos de medio punto y sus bóvedas clásicas decidieron alzar altas columnas y torres estilizadas, abrir grandes vidrieras para que la luz descendiese sobre los fieles como una lluvia de música celestial. Los edificios góticos eran maravillosos pero muy débiles.[64]

Argentina, creía Marías, debía seguir el ejemplo de los arquitectos que para sostener sus catedrales góticas (el desarrollo) habían diseñado unos "firmes contrafuertes exteriores en donde se apoyan unos arcos –los arbotantes– que van a sostener el peso de la bóveda",[65] respaldo que entonces debía buscarse en la comunidad internacional. "Cada sociedad intrínsecamente débil", apuntaba Marías, "debe buscar apoyo en otras sociedades, como en la cúpula cada elemento sostiene los demás".[66]

Para Marías era esperable la cooperación de los países más ricos.[67] La historia reciente lo llevaba a pensar que esto era así. Los resultados beneficiosos que se habían alcanzado en Europa en la segunda posguerra, con el ascenso de los sectores medios y la mejora general del nivel de vida, no podían soslayar su origen en el Plan Marshall. La admiración de Marías por este fenómeno lo llevó a pensar en el caso particular de la "Alemania de los milagros", como prueba de que un país podía pasar "de la ruina al esplendor, de la miseria a la opulencia" cuando las capacidades de su población habían sido "ordenadas, de cierta manera, con arreglo a ciertos principios".[68]

---

61 La conferencia completa fue luego publicada en su libro *Esquema de nuestra situación...*, op. cit., y por tal motivo las citas utilizadas en este capítulo provienen del libro o de la crónica de *La Nación* donde se reprodujeron las ideas principales expuestas por Marías.
62 El contenido de la charla desarrollada en la Escuela Superior de Guerra apareció en *La Nación* en el mes de julio de 1970: "Problemas de las Españas (I)" y "Problemas de las Españas (II)".
63 Julián Marías, *Esquema de nuestra situación*, op. cit., p. 48.
64 "Julián Marías y su visión de América", *La Nación*, Buenos Aires, 18 de septiembre de 1966.
65 *Idem*.
66 Julián Marías, *Esquema de nuestra situación*, op. cit., p. 49.
67 *Ibidem*, p. 24.
68 *Ibidem*, p. 67.

La ayuda extranjera había operado en suelo fértil en ese caso, al encontrar una población cuya actitud le permitió beneficiarse de esa asistencia. En 1970 Marías escribía:

> la suma de Europa y América en Occidente tuvo una expresión real inmediata en la ayuda americana. Que Europa no "estaba" sola se vio históricamente comprobado por el hecho de que en 1945 no "estuvo" sola. Los 80.000 millones de dólares de la ayuda americana se integraron con el admirable esfuerzo de reconstrucción de los países europeos de los dos bandos beligerantes [...]. Sin la fabulosa, generosa ayuda de los Estados Unidos, Europa hubiera permanecido largos años en ruina y postración; sin la pujanza inteligente del esfuerzo de una Europa que adoptó los principios de sus partes más clarividentes y de sus aliados transatlánticos, toda esa ayuda hubiera sido ineficaz, como lo ha sido en otras partes del mundo.[69]

Marías veía la garantía para la superación hispanoamericana en su vinculación con Occidente[70] y con Europa en particular, que constituían junto con América los dos lóbulos en los que estaba dividido el mundo occidental. Pero como la distancia geográfica complicaba la cuestión, se podía pensar en sumar vinculaciones más próximas. Marías hizo la siguiente observación sobre la posición en el mundo de la Argentina:

> los propios argentinos, si no me engaño, sienten alguna medida de desaliento, no bien formulado, no muy claro, que quizá no podrían explicar [...]. Se sienten "confinados", quizá históricamente a trasmano, como si su condición austral, geográficamente extrema, los relegase a las zonas exteriores del mundo.[71]

Si España era el primer arbotante a buscar porque era hispana, Estados Unidos era el segundo, en su condición de país americano. En la política del arbotante diseñada por Marías, Argentina y Estados Unidos debían comportarse como ejes complementarios, fraternos

---

[69] *Ibidem*, p. 18.
[70] Cuando Marías hablaba de Occidente no lo asociaba explícitamente al orden capitalista, aun cuando favorecía la estructura social que alentaba competencia y garantizara la libertad del individuo sobre el poder omnímodo del Estado. Como lo propio de su pensamiento, Marías utilizó criterios histórico-culturales, más que económicos. Así entendido Occidente era resultado de las tradiciones greco-romanas que valoraban la búsqueda y vivencia de la libertad, el permanente afán de superación individual, la innovación racional y la técnica científica, la democracia política y la relación filial y personal con un Dios creador. Podía hablarse de una verdadera unidad de propósito mientras que Oriente no constituía un bloque homogéneo; ver Julián Marías, *Esquema de nuestra situación*, *op. cit.*, p. 38; "La justicia social y otras justicias", Madrid, Seminarios y Ediciones, 1970; "Sobre Occidente y la Argentina habló el Dr. Julián Marías", *La Nación*, Buenos Aires, 16 de junio de 1971.
[71] Julián Marías, "Por qué me gusta la Argentina", *op. cit.*

y rivales a la vez. El lóbulo sur debía proyectarse hacia el norte "generosamente, desde su raíz europea de siempre, hacia la realidad americana" ya que esa sería la forma en la que "el gran Río de la Plata aceleraría su movimiento histórico":[72] "la Argentina parecía el gran país de Sudamérica, no quizás comparable con Estados Unidos pero sí la contrapartida de los Estados Unidos [...] se hablaba de la Argentina como el gran país del sur. Al norte, los Estados Unidos; al sur la Argentina".[73]

Al recurrir a la tradición histórica que acercaba Argentina a España, por un lado, y al proponer su aproximación a Estados Unidos por el otro por similares razones,[74] ignoraba la división en boga en el pensamiento desarrollista de países del primer mundo, segundo y tercero.[75] Para Marías estas categorías solo ponían de manifiesto que la realidad de Hispanoamérica, incluso para sus propios habitantes, estaba desdibujada[76] porque a su entender, estas clasificaciones agrupaban realidades muy disímiles y a veces, irreconciliables.

Le preocupaba particularmente el convencimiento creciente en algunos ámbitos de pensamiento argentino de ver al país como integrante del tercer mundo.[77] Podemos retomar aquí la categoría de normalidad del contento o descontento con la situación económica que hacía, a su juicio, que América del Sur se sintiera pobre porque tenía conciencia de sus limitaciones, y esto llevaba en general a una retracción del horizonte.[78]

En contraposición, Marías privilegiaba la búsqueda de parecidos de la sociedad argentina con la sociedad norteamericana. De nuevo recurría a parámetros históricos y culturales para explicar que, aun

---

72 Julián Marías, "La Argentina como empresa", *op. cit.*
73 "Habló Julián Marías de la imagen argentina", *La Nación*, Buenos Aires, 26 de diciembre de 1978.
74 Para Marías ambas naciones debían asimilarse en cuanto a su constitución a partir del fenómeno inmigratorio. Esos contingentes masivos no habían actuado como factor disolvente porque se habían incorporado a sociedades que eran originariamente homogéneas. Ambas eran también sociedades relativamente tardías, a diferencia de otros sectores de la América española que habían nacido durante el Renacimiento.
75 Este aspecto de su interpretación de la división del mundo es particularmente relevante si tenemos en cuenta que Argentina entró intelectualmente en el conjunto de naciones que no tardaría en tomar el nombre de tercer mundo en forma entrecruzada con la temática del desarrollo y del subdesarrollo, ver Carlos Altamirano, "Desarrollo y desarrollistas", *op. cit.*
76 Julián Marías, "Problemas de las Españas (I)", *op. cit.*
77 Idem.
78 Podemos retomar aquí la categoría de *normalidad del contento o descontento con la situación económica* que hacía, a su juicio, que América del Sur se sintiera pobre porque tenía conciencia de sus limitaciones, y esto llevaba en general a una retracción del horizonte; ver Julián Marías, *La estructura social*, *op. cit.*, pp. 218 y 219.

cuando el principio de organización social difería, por ser uno de origen británico y el otro hispano, existían paralelismos que favorecían el trabajo conjunto de estos países.

El acercamiento a España era saludable, en el esquema presentado, porque en ese país estaba "el origen de la gran vigencia". Desconocer el pasado común condenaba al fracaso cualquier intento de fortalecer el andamiaje social, económico y político de Hispanoamérica. Pero el legado español en la región era mixto y por eso también era necesario pensar en otros respaldos en el mundo occidental, más allá de la cuestión geográfica.

Al legado español atribuía la constitución social débil del continente, con unidades insuficientes, formadas de modo apresurado a partir de procesos de independencia prematuros instigados por la invasión napoleónica.[79] Para Marías los nuevos Estados se habían organizado sobre sociedades todavía demasiado inconsistentes y débiles, caracterizadas por la inestabilidad política y en las que, hasta el día de la fecha, no lograba imponerse una opinión pública compacta por sobre los grupos de interés particulares, entre los que contemplaba a las Fuerzas Armadas, las fuerzas subversivas, los "privilegiados" y el propio gobierno.[80]

A la debilidad generada por el abrupto desprendimiento de España se sumaban, además, ciertas taras políticas atribuibles a los siglos de presencia española en América. Entre ellas enumeraba los partidismos, la propensión a la violencia, la subordinación de intereses particulares al poder civil (que para Marías constituía el poder supremo)[81] y la propensión al extremismo.[82] ¿Cómo podrían superarse tales condicionamientos? He aquí el rol del segundo arbotante.

El modelo de vida social que presentaba Estados Unidos podía revertir, en caso de ser de alguna manera asimilado, las tendencias políticas no saludables todavía a la vista. La organización civil y política de la potencia del norte era capaz de dar ejemplo de la más "sólida

---

[79] En estos procesos históricos no registraba una voluntad de ruptura de los americanos con la metrópoli sino más bien un anhelo común de superación de la crisis generada en España, con la diferencia de que los americanos podían independizarse y los españoles "no tenían adonde irse". *Ibidem*, p. 48.

[80] La crisis se veía potenciada, en su concepto, por la acción errada de las Fuerzas Armadas. Los militares hispanoamericanos, advertía, tenían la equivocada idea de que de no ser por ellos, los países caerían en el caos, y por ende concluían que era preciso que se hicieran con el gobierno cuando en realidad su tarea específica era asegurar el poder civil. *Ibidem*, pp. 42, 43, 46.

[81] *Ibidem*, p. 50.

[82] Julián Marías, "Problemas de las Españas (II)", *op. cit.*

y cambiante sociedad que hoy existe, la que ha alcanzado lo que más se parece a un estado de justicia y que ha podido unir el imperio de la ley con el ejercicio de la libertad".[83]

Ahora bien, ¿Marías proponía relaciones gubernamentales más estrechas? ¿La política del arbotante significaba que el intercambio comercial y la política de inversiones debían favorecer a España y/o a Estados Unidos sobre otros Estados? ¿Veía, más bien, en el fortalecimiento de los lazos culturales la clave del desarrollo argentino? Estos interrogantes no son del todo respondidos en el esquema planteado por Marías pero es posible reflexionar sobre algunos indicios con el objetivo de aproximar una respuesta.

Estados Unidos era, para Marías, "la máxima fuente de posibilidades económicas, técnicas, educativas",[84] y valoraba especialmente sus universidades, a las que consideraba "la vanguardia del pensamiento".[85] Por otro lado atribuía a España la tarea de convocatoria y convergencia para poner en acción la comunidad espiritual de *Las Españas*.[86] Su país entonces era el que debía promover las actividades de carácter general hispánico pero con la siguiente advertencia:

> esto no puede hacerlo el Gobierno español, ni menos aun debe depender de tal o cual política; casi todas ellas, además, atentas a los problemas internos, han solido desatender o tratar con torpeza las conexiones exteriores –exteriores políticamente, internas desde el punto de vista de esa gran sociedad hispánica–.[87]

Esto nos lleva a reconocer que en el esquema del arbotante se debía desligar la actividad cultural de la política si se la quería ver prosperar porque para Marías la política era algo de carácter "decididamente secundario" que incluso podía llevar a alterar "la superficie de los países, como el oleaje, pero no cala demasiado hondo".[88]

Hacia 1976, en una nueva etapa de la vida política de España, Marías indicaba que la figura del rey podía ser punto de convergencia y encuentro, "de inspiración y fomento, de estímulo",[89] y hacía un llamado a que los españoles y los hispanoamericanos "sin coacción

---

[83] Julián Marías, "Julián Marías y su visión de América", *op. cit.*
[84] Julian Marías, *Problemas de las Españas, op. cit.*, p. 51.
[85] *Ibidem*, p. 73.
[86] La antigua metrópoli estaba llamada a ser "Plaza Mayor" para América y con esto Marías se refería al lugar donde "las gentes se reúnen y se encuentran, se ven, se hablan, se admiran, se envidian, rivalizan, se aman y sobre todo, no se ignoran". Se tratan como "hermanos", no "padres" e "hijos". "Problemas de las Españas I", Buenos Aires, *La Nación*, 14 de julio de 1970.
[87] Julián Marías, "El horizonte hispánico de España", *La Nación*, Buenos Aires, 29 de diciembre de 1976.
[88] Julián Marías, *Una vida presente, op. cit.*, p. 176.
[89] Julián Marías, "El horizonte hispánico de España", *op. cit.*

estatal, sin intereses particularistas, dedicaran su talento, su esfuerzo, su inventiva, su riqueza a favorecer lo que tienen de común" porque la "posesión común de riqueza material y espiritual" debía darse desde los pueblos, no desde los Estados.

En 1970, en la charla del Instituto Popular de Conferencias, todavía no había tomado forma en el esquema de Marías el papel simbólico que podía tener un monarca español decidido a promover la vida cultural de las Españas, y en cambio, pretendió inspirar al auditorio a la construcción de la gran catedral gótica de Hispanoamérica así:

> desde el nivel de los pueblos –y no solo de los Estados [para crear–] el imperio de ciertas normas morales, de *fair play*, de veracidad, de justicia, de libertad, de cooperación económica, de exploración de la realidad, de posesión común de la riqueza material, intelectual, y sobre todo, de posibilidades que encierra el mundo.[90]

Conclusiones

En la reconstrucción del pensamiento de Marías en torno al desarrollo hemos visto que el filósofo español encontró en la hispanidad y la americanización las claves para el crecimiento pleno de la sociedad argentina. La política del arbotante fue el esquema propuesto para auditorios no especializados que habrán encontrado en esta imagen una metáfora sencilla de las virtudes de las políticas de asistencia y cooperación internacional en boga a mediados del siglo XX.

Así, la política del arbotante se constituye en la elaboración teórica que prioriza el acercamiento de la Argentina a naciones con el mismo origen cultural enmarcadas en la civilización occidental. La mirada preferencial hacia España y Estados Unidos convertiría a Argentina en un fabuloso catalizador de las posibilidades de Hispanoamérica.

Es cierto que muchos interrogantes quedan pendientes respecto de los modos de articulación real del respaldo que Argentina debía buscar en estos países, pero no es nuestra función forzar al autor aquí estudiado a que diga lo que ni sus escritos ni sus charlas enunciaron. Por otro lado, sus reflexiones sobre el desarrollo como espacio de vinculación internacional resultan difíciles de adscribir a una corriente de pensamiento científico específica, posiblemente por su propia naturaleza de reflexión orientada a la divulgación.

Sin embargo, podemos extraer algunas conclusiones de relevancia.

---

[90] Julián Marías, *Esquema de nuestra situación*, op. cit., p. 51.

En primer lugar, el recorrido por las cavilaciones de Julián Marías nos ha permitido establecer una proximidad entre el filósofo español y el clima de ideas favorable al desarrollo que se afianzó hacia mediados del siglo XX. En su diagnóstico de la realidad americana, Marías indicó la existencia de problemas estructurales que repercutían en la vida política y económica. Su fe en que la ampliación de los sectores medios y los avances técnicos traerían la prosperidad, así como las referencias a un modelo de vida occidental al que debían aspirar las naciones hispanoamericanas para "normalizar" sus sociedades, nos remiten a conceptos expuestos por los teóricos de la modernización.

Pero también hemos advertido que la concepción integral de Marías sobre la estructura social y la división internacional presentó variantes apreciables al llamado desarrollismo. Para explicar la realidad social, las fortalezas y debilidades de Hispanoamérica, se valió más de criterios histórico-culturales que de parámetros económicos. Es aquí en donde Marías da más peso a las categorías de "razón histórica", "contento y descontento con la situación económica" e "instalación lingüística".

De acuerdo con esos pilares de su reflexión, lo que convertía en humano o infrahumano el nivel de vida de un individuo no estaba pautado por el acceso a determinados bienes *objetivamente* identificados como básicos, sino que más bien era una respuesta al criterio imperante. En ese sentido, el estado de ánimo o disposición de una sociedad podía mejorar su rumbo independientemente de los índices económicos. Como hemos visto también, en su esquema del mundo desestimó la separación entre países desarrollados – en vías de desarrollo – subdesarrollados. Se preocupó más bien en que su esquema resguardara la especificidad cultural argentina, que era resultado de una herencia múltiple pero que encontraba en el uso común de la lengua afinidades insoslayables con España.

En segundo lugar, Marías veía una urgente necesidad de vinculación de nuestro país con los que a su entender eran los principales faros del mundo occidental: Estados Unidos, por una estructura social similar en cuanto al proceso inmigratorio de fines del siglo XIX, y España, por una historia compartida mucho más remota. Pero también por el peso del modelo político liberal norteamericano y por el impacto de la cultura hispana, con vigencias comunes a uno y otro lado del Océano Atlántico.

Esta triangulación que proponía la política del arbotante solo era posible porque Marías no estaba atado ni a un sentimiento antinorteamericano ni a un hispanismo de raigambre étnica que favoreciera una relación excluyente de Argentina con España. Para esta actitud pesaba más en él la propia vivencia de los frutos arrojados por el Plan

Marshall que los presupuestos difusos usados por la política oficial del franquismo para fomentar una política de hispanidad, congruente con la posición hegemónica de Estados Unidos.

Por último, su fe en los pueblos y en las instituciones particulares como generadores del acercamiento entre naciones nos permite pensar en una propuesta no puramente desarrollista, aunque Marías no rechazara de lleno la participación estatal en el esfuerzo. Es así que la política del arbotante se nos representa como una alternativa liberal para el desarrollo, en donde se redujo la intervención estatal en políticas formales de acercamiento internacional para correr el foco a las posibilidades abiertas por la iniciativa individual y privada.

Resulta tentador identificar en esta elaboración teórica las huellas de la trayectoria biográfica de Marías, que logró con éxito crear una red de contactos con instituciones y referentes del mundo intelectual americano y argentino a fuerza de verse marginado de los ámbitos académicos oficiales de la España franquista.

Segunda Parte.
Desarrollismos y tecnocracia: Modelos políticos y económicos

9

Tecnocracia y desarrollismo en la península ibérica (1959-1974)[1]

ÁNGELES GONZÁLEZ-FERNÁNDEZ[2]

Ligado a la profunda transformación de las estructuras económicas, políticas y sociales en la inmediata posguerra, un porfiado debate se instaló en el espacio académico especializado a propósito de los factores del crecimiento económico y el desarrollo. La controversia no era novedosa. La causa de la riqueza y/o pobreza de las naciones había sido objeto de teorización ya desde el siglo XVIII y motivo de estudio a lo largo del siguiente siglo y medio. Durante los años cincuenta y sesenta de la pasada centuria el interrogante seguía siendo en esencia el mismo aunque el contexto se había modificado sustancialmente. La crisis del 29 y el experimento soviético de los años treinta y, ya finalizada la Segunda Guerra Mundial, la consolidación del paradigma keynesiano y la configuración del Estado benefactor, el inicio de la Guerra Fría así como el despliegue del proceso descolonizador aportaron nuevos enfoques y una inédita dimensión a un viejo y, sin embargo, candente problema.

Las distintas teorías generales que se formularon a partir de los años cuarenta con el propósito de promover el crecimiento económico –equiparado a industrialización– no permanecieron recluidas en el ágora académica sino que operaron como guías para la acción, herramientas de prescripción para la elaboración y ejecución de la política socioeconómica tanto en los países gobernados por la pobreza como en aquellos que deseaban dar el salto definitivo en la senda del crecimiento y el desarrollo nacional. Un binomio afortunado, crecimiento y desarrollo, que venía a enfatizar el necesario componente

---

[1] Este trabajo se inserta dentro del proyecto de investigación financiado por el gobierno español "Ortodoxias y rebeldías. La pluralidad de intereses en la convergencia peninsular hacia Europa (1961-1986)". Ref. HAR2015-65909-R.
[2] Universidad de Sevilla.

social, las benéficas repercusiones que había de tener el crecimiento económico sobre el conjunto de la sociedad en forma de redistribución de la riqueza, para alcanzar su plenitud.[3]

La aplicación de dichas directrices económicas se llevó a cabo en función no solo de los objetivos materiales pretendidos. Se atuvo también, como ocurrió en el caso de los Estados que conforman la península ibérica, a los restringidos márgenes ideológicos fijados por los respectivos regímenes autoritarios, autodefinidos católicos y anticomunistas, y a las concepciones y objetivos políticos de sus inspiradores. Tanto el español Laureano López Rodó como el portugués Marcello Caetano, que, como se examinará más adelante, asumieron una función de *leading-role* en la escena política ibérica en los últimos años de las dictaduras, postularon una actualización, conforme a planteamientos firmemente conservadores, de los principios fundamentales sobre los que se habían erigido dichos regímenes a uno y otro lado de la frontera.

Frente a la influencia del modelo cepalino de industrialización por sustitución de importaciones en América Latina y posteriormente, fruto del declive de sus tesis y de la incidencia de planteamientos neomarxistas, de la teoría de la dependencia, tanto en España como, algo más tarde, en Portugal, la teoría de la modernización halló campo abonado. No fue ajeno a esa predisposición el rotundo fracaso del modelo autárquico español y la amenaza de un colapso económico de mediados de la década de los años cincuenta como tampoco, en el caso luso, el estancamiento del desempeño económico del país, resultado de las políticas ruralistas desplegadas por la dictadura salazarista desde comienzos de los años treinta. Los elevados niveles de pobreza, en abierto contraste con la prosperidad general que disfrutaron las sociedades occidentales en los años cincuenta, y el riesgo que el consiguiente malestar social podría conllevar para la perduración del general Francisco Franco y de Antonio Oliveira de Salazar en el ejercicio de su poder personal, forzaron cambios en las políticas económicas, si bien más decididas y tempranas en el caso de España que en el país vecino debido, en esencia aunque no solo, a la mayor rigidez ideológica de Salazar frente a la pragmática versatilidad de Franco.

---

[3] El término desarrollo, por tanto, hace referencia a una dimensión más ambiciosa que afecta no solo al crecimiento económico sino al desarrollo humano –o social–, entendido este como la satisfacción de las necesidades básicas, tanto materiales como espirituales, de una determinada sociedad. En palabras de Laureano López Rodó, "El desarrollo no es algo puramente material. El desarrollo es la antítesis del materialismo. El materialismo es frustración, corrupción y terror. Nada más opuesto a nuestra concepción integral del desarrollo que es económico y social, cultural y político", en Laureano López Rodó, *Memorias*, Barcelona, Plaza & Janes/Cambio 16, 1990, p. 186.

La teoría de la modernización, a modo de segunda motivación que contribuye a explicar su favorable, incluso entusiasta, acogida, parecía ofrecer una solución científica a la vieja dicotomía entre tradición y modernidad que había atravesado las sociedades peninsulares desde finales del Ochocientos. Proporcionaba, en suma, el corpus teórico que permitía, a juicio de sus partidarios, conciliar dos concepciones opuestas sobre la idiosincrasia nacional. Aquella que postulaba la excepcionalidad de las sociedades ibéricas en el conjunto de las naciones europeas, y la necesidad, en el caso de España, de asegurar la preservación de sus principios definitorios –monarquía y catolicismo– como salvaguardia de su continuidad como nación, con la que abogaba por la aplicación de profundas reformas conducentes a su transformación en un país plenamente civilizado y moderno, por ende, europeo. Dicha controversia puede hacerse extensiva a Portugal, especialmente a partir del momento en que Marcello Caetano accedió al poder tras el accidente vascular sufrido por Salazar en el otoño de 1968, si bien con matizaciones de cierta relevancia derivadas no tanto de su definición republicana, aunque también, como sobre todo de su estatus colonial. Precisamente tras su designación como presidente del Consejo de Ministros, Caetano intentaría compatibilizar la vocación imperial, convertida por el salazarismo en seña definitoria de la nación, y, en consonancia la prosecución de la guerra iniciada en 1961 en defensa de los territorios ultramarinos, con la modernización de Portugal pese a que ambos objetivos eran difícilmente conciliables.

La temprana recepción de dicha teoría en España se canalizó en un primer momento a través de la obra de Arthur Lewis. Su libro *The Theory of Economic Growth* (1955), traducido al español tres años más tarde con el título *Teoría del desarrollo económico*,[4] pese a que ambos términos no fueran equivalentes, se sustentaba en la premisa de la estrecha vinculación entre el crecimiento económico y las actitudes existentes en una determinada sociedad hacia el trabajo, la riqueza, el ahorro, la innovación y hacia los extranjeros, entre otros elementos. Sobre este punto de partida establecía la perentoriedad del paso de una sociedad tradicional, caracterizada por una agricultura de subsistencia de baja productividad y poco conectada al mercado, sistemas de valores y pautas de comportamiento arcaicos, hacia una sociedad moderna, de base industrial, urbanizada y alfabetizada. Dicho tránsito precisaba de un liderazgo fuerte, capaz de movilizar la voluntad y capacidades del conjunto de la sociedad, que para Lewis recaía en el Estado y en una eficiente minoría rectora.

---

4   Cfr. Arthur W. Lewis, *Teoría del desarrollo económico*, México, Fondo de Cultura Económica, 1958. Véase, además, "Economic Development with Unlimited Supplies of Labor", *Manchester School*, XXII, January, 1954, pp. 139-91.

Al impacto de Lewis, cuyo libro fue objeto de varias reediciones en España a lo largo de los años siguientes, se añadió en un segundo momento la influencia de Walt W. Rostow, presidente del Consejo de Planificación Política, adscrito al Departamento de Estado del gobierno de Estados Unidos, y al que López Rodó, por entonces comisario del Plan de Desarrollo, conoció en Washington durante un viaje de trabajo en 1962. Rostow ya había publicado su famoso libro *The stage of economic growth. A non-comunist manifiest*, que sería traducido al español por la editorial mexicana Fondo de Cultura Económica en 1967 con el título *Las etapas del crecimiento económico*, y en España, con prólogo del mismo López Rodó, en 1972. En dicho libro Rostow pretendía establecer un modelo universal de desarrollo económico como respuesta al marxismo en el que fijaba las cinco etapas que, a su juicio, todas las naciones deberían atravesar para alcanzar una fase de crecimiento sostenido y consumo de masas. Unas etapas en las que el desarrollo no se circunscribía al despliegue, a partir del concepto de *take-off*, de un proceso de industrialización. Requería igualmente una serie de cambios profundos en el sistema de valores de la sociedad que habría de inducir la interiorización, entre otros, de rasgos tales como una mayor propensión al ahorro y a la inversión, espíritu de iniciativa, una benéfica valoración del riesgo y de la innovación tecnológica. Una transformación integral, en suma, en la que –al igual que en la teoría de Lewis– correspondía al Estado y a unas elites nuevas, modernas, una función esencial.

En consonancia con esos planteamientos, en los que convergían las ciencias económicas, políticas, sociológicas y psicológicas, la causa última de la riqueza o pobreza de las naciones no residía tanto en la mayor o menor disponibilidad de recursos naturales sino en la mentalidad y conducta de sus habitantes, en general, y de sus hombres de negocio, en particular. Así pues, una de las cuestiones objeto de controversia en la literatura especializada radicaba, precisamente, en la conexión o no entre cultura nacional y crecimiento económico. Frente a las tesis de aquellos que, como David Landes, afirmaban el papel determinante de la cultura en la formación de un empresario innovador,[5] Alexander Gerschenkron subrayó las constricciones del enfoque sociocultural, habida cuenta de que soslayaba la naturaleza esencialmente dinámica de la actividad empresarial. Dicho de otro

---

[5] David Landes, "French Entrepreneurship and Industrial Growth in the Nineteenth Century", *The Journal of Economy History*, Vol. 9, 1949, pp. 45-61. Sobre el debate véase Geoffrey Jones and R. Daniel Wadhwani, "Entrepreneurship and business history: Renewing the research agenda", 2006, pp. 4-16 [en línea: https://goo.gl/ZFn72m] (consultado el 1 de marzo de 2016).

modo, la afirmación de que los hombres de negocio eran producto de la cultura nacional negaba toda posibilidad de que pudieran operar como actores de su transformación.

Gerschenkron, crítico con los argumentos historicistas de la teoría de Rostow, afirmó que la brecha entre naciones ricas y naciones pobres obedecía a cuestiones más complejas puesto que el atraso relativo en cualquier país operaría precisamente como incentivo para erradicar los obstáculos que se oponían al crecimiento económico, incluidos los de naturaleza cultural. Conforme a sus tesis, en estos países se configuraría un modelo de crecimiento diferenciado y peculiar caracterizado, entre otros elementos, por un rápido y acusado aumento de la producción industrial, una marcada dependencia tecnológica y financiera del exterior, la escasa importancia de la agricultura en lo relativo a incrementos de la productividad, así como el protagonismo del Estado en tanto que promotor de la industrialización. La teoría del atraso relativo de Gerschenkron, igualmente, otorgaba a un segundo "instrumento institucional", la banca mixta, la misión de captar y movilizar recursos con el mismo propósito y apuntaba también, aunque sin mayor concreción, a la existencia de un tercer mecanismo en el ámbito de la organización y dirección de los negocios.[6]

Imbuidos de la bondad de la teoría de la modernización y de su aplicabilidad a la realidad económica, social y cultural de las sociedades peninsulares, los tecnócratas españoles y portugueses elaboraron, a partir de las interpretaciones arriba examinadas, una suerte de fórmula híbrida, respetuosa con el marco institucional autoritario vigente y acorde con unos objetivos políticos bien definidos encaminados a preservar sus fundamentos sustantivos. Persuadidos de la íntima vinculación entre cultura y crecimiento económico en el largo plazo así como de la histórica incapacidad de las sociedades ibéricas para mudar valores y prácticas sociales tradicionales, para, en suma, dar el salto a la modernidad, transfirieron esa misión al Estado, percibido como el único agente capaz de compensar, mediante las políticas públicas adecuadas, la ausencia de los prerrequisitos considerados necesarios para promover el desarrollo de sus respectivos países. Una modernización, en suma, desde arriba, desde el Estado, y por ello mismo ordenada y tranquila, que se pretendía sustentada en la ciencia y la técnica, en los valores propios de la cultura capitalista, y, al mismo tiempo, en el tradicionalismo católico.

---

[6] Alexander Gerschenkron, *Economic Backwardness in Historical Perspective*, Cambridge, Belknap Press, 1962. Trad. Española: *El atraso económico en su perspectiva histórica*, Barcelona, Ariel, 1968; Nuria Puig y Eugenio Torres Eugenio, "El Grupo Urquijo y el desarrollo económico de España (1918-1982)", *X Congreso Internacional de la AEHE*, 2010, p. 3 [en línea: https://goo.gl/adWv1L] (consultado el 15 de febrero de 2016).

El análisis abordado en las páginas que siguen se focalizará en dos de los ejes axiales que vertebraron dichos proyectos: la modernización de las estructuras económicas y la reforma de la administración, entendidas ambas como palancas esenciales, aunque no únicas, para incentivar la satisfacción de españoles y portugueses hacia las dictaduras y, por ende, asegurar su perduración. Un ejercicio comparado que, entre otros argumentos fuertes, se fundamenta en la similitud de sus planteamientos y objetivos y que puede sintetizarse en la fórmula *"renovação na continuidade"*. Utilizada por Marcello Caetano en su discurso de toma de posesión como presidente del Consejo de Ministros para presentar su programa de gobierno, dicha expresión compendia la naturaleza y propósitos de su futura gestión política, como también los límites que no estaba dispuesto a franquear. Un lema extrapolable al país vecino, como corrobora la expresión *"evolução na continuidade"* con que un periódico lisboeta definió el gobierno Carrero Blanco en el verano de 1973 y que puede retrotraerse fácilmente al momento en que los tecnócratas españoles accedieron a puestos de gobierno, en 1957.[7]

Conviene subrayar, no obstante, que junto a las semejanzas convivieron discrepancias reseñables derivadas de la presencia de rasgos específicos y singulares a uno y otro lado de la frontera. Entre ellos y por lo que afecta especialmente a la comparanza que se pretende, la existencia de un grado de institucionalización de la dictadura portuguesa que nunca conoció la española, carente de texto constituyente alguno, así como de un sistema político bicéfalo que si bien no suscitó problemas durante el largo mandato de Salazar, habida cuenta de la absoluta preponderancia de la presidencia del Consejo de Ministros sobre la presidencia de la República, coartaría el espacio de maniobra de Marcello Caetano durante su etapa como jefe del Ejecutivo (1968 a 25 de abril de 1974). Por último y no por ello menos relevante, la guerra en los territorios ultramarinos, de hondas y negativas repercusiones tanto en la esfera política y económica doméstica como en la posición de Portugal en el sistema de relaciones internacionales.[8]

---

[7] *Expresso*, Lisboa, 16 de junio de 1973.
[8] El largo conflicto, que dividió a las elites políticas y económicas lusas, absorbió hasta el 6% de la población activa, el 40% del presupuesto público y el 8% del PIB en la década de los sesenta; ver Pedro Lains, *Los progresos del retraso. Una nueva historia económica de Portugal, 1842-1992*, Zaragoza, Prensas Universitarias de Zaragoza, 2006, p. 252. En torno a la división de las elites a propósito de la prosecución de la guerra colonial, véase José Manuel Tavares Castilho, *A ideia da Europa no Marcelismo (1968-1974)*, Lisboa, col. Parlamento, 2000, pp. 283-284; Tiago Fernandes, *Nem ditadura, nem revolução. A ala liberal e o Marcelismo (1968-1974)*, Lisboa, Dom Quixote, 2006, p. 85.

Marcello Caetano y Laureano López Rodó: afinidades biográficas, ideológicas y políticas

Llegados a este punto, se hace preciso examinar el perfil ideológico y político de los abanderados de la actualización tecnocrática de los regímenes autoritarios español y portugués en la década de los sesenta, Laureano López Rodó (1920-2000) y Marcello Caetano (1906-1980). Catedráticos de Derecho Administrativo, a ambos no solo los unía una similar orientación y trayectoria profesional. Más allá de la esfera intelectual y académica, la sintonía que se forjó entre ellos desde su primera toma de contacto a mediados de los años cuarenta, y pese a su adscripción a distintas generaciones, era ante todo personal, ideológica y política. Hermanados por un mismo carácter comedido, disciplinado y elitista, también lo estaban por la traumática experiencia que para ellos, en su niñez y adolescencia, supuso la vivencia de la democracia republicana. La crónica inestabilidad gubernamental, la permanente agitación social y las agresivas políticas anticlericales que acompañaron dichas experiencias fueron vividas, en el seno de familias aunadas por un acendrado catolicismo y un profundo sentimiento monárquico, con espanto y dolor, más si cabe en el caso del español, oculto durante casi un año en la Barcelona de la Guerra Civil para evitar su movilización en el ejército republicano.[9] Esas vivencias, que los llevaría a asociar, a modo de impronta indeleble, el pluralismo político y el parlamentarismo liberal a la anarquía y al caos, indujo en ambos la exaltación de la autoridad como basamento de un Estado fuerte capaz de imponer el orden y, al mismo tiempo, garantizar el crecimiento económico.

La fe católica, aunque discurriera por sendas divergentes, ejerció una marcada influencia en su trayectoria vital, profesional y política. Bajo la influencia de la doctrina ecuménica del Cuerpo Místico de Cristo, Marcello Caetano interiorizó una visión espiritualizada de la religión, crítica con las prácticas rituales y destilada a través de la oración y el trabajo al servicio de los demás. Una tarea esta que había de realizarse a través –así lo defendió en una conferencia pronunciada en 1928 en la Hermandad de San Vicente de Paul, de la que era miembro desde los 14 años– de la caridad. Piedra sillar de la moral cristiana en cuanto demostración de amor a Dios y al prójimo, el ejercicio de la caridad –lejos de restringirse a la benevolente donación de limosna a los desfavorecidos– implicaba la entrega de uno mismo, sostuvo

---

9   Marcello Caetano, *Minhas memorias de Salazar*, Río de Janeiro, Editora Record, 1977, p. 14; Laureano López Rodó, *Memorias*, pp. 14-19.

Marcello, con *"a devoção dos monges e o entusiasmo dos guerreiros"*.[10] Impulsado por sus firmes convicciones, en sus años universitarios llevó a cabo una intensa labor proselitista encuadrado en el Centro Académico de la Juventud Católica de Lisboa y participó activamente en el Congreso Preparatorio de la Unión de los Estudiantes Católicos Portugueses, celebrado en Coimbra en 1924 bajo la égida de la Democracia Cristiana, y en un proyectado Instituto de Estudiantes Católicos de Lisboa que pretendía operar como *"órgão de formação das elites católicas e um instrumento de combate"*.[11]

El sentimiento religioso en López Rodó asumió rasgos similares en sus años primeros. Educado en el seno de una familia de arraigada fe católica que hubo de recurrir a la celebración clandestina de la liturgia durante los años de la Guerra Civil, adoptó un cariz –según sostiene en sus memorias– hondo y sencillo, alejado –por mor de las circunstancias y de la propia idiosincrasia familiar– de las prácticas ritualizadas. El joven Laureano, al igual que Marcello y tantos otros jóvenes católicos de los años treinta y cuarenta, participó activamente en labores proselitistas como catequista en barrios humildes de la Barcelona de la inmediata posguerra, aunque su fe cobró una nueva dimensión a partir de 1939.

La lectura de *Camino*, libro seminal del fundador del Opus Dei, José María Escrivá de Balaguer, editado en Valencia ese mismo año, le proporcionó una perspectiva innovadora de la fe católica que, además, convergía con los rasgos de su personalidad, sobria, disciplinada y con un alto nivel de autoexigencia, y con los valores característicos de su medio familiar como la defensa de la tradición, la austeridad y modestia en las costumbres, la laboriosidad e importancia de la iniciativa individual. Dicho de otra manera, *Camino* realizaba una clara distinción entre la esfera pública y la vida privada de los creyentes, que aspiraba a armonizar a través de una fórmula de compromiso que incentivaba el ejercicio profesional y el éxito económico como su justo corolario, y al mismo tiempo el retorno a un riguroso, aunque revestido de nuevas formas, puritanismo moral.[12] López Rodó, sincera y profundamente católico, que no clerical, y al mismo tiempo, hombre de acción, halló en Escrivá de Balaguer y en el Opus Dei, al que se afiliaría como socio numerario en 1941, el cauce idóneo para vivir y manifestar, tanto en la esfera privada como pública, su sentimiento religioso.

---

10   Sobre el concepto de caridad, cfr. "Las virtudes", *Catecismo de la Iglesia católica*, 1829, art. 7; Marcello Caetano, *Minhas memorias de Salazar*, p. 14.
11   Joaquim Vieira, *Marcello Caetano*, Lisboa, Temas & Debates, 2010, p. 20.
12   José Pérez Vilariño y Richard A. Schoenherr, "La religión organizada en España", en Salvador Giner (coord.), *España, sociedad y política*, Barcelona, Espasa-Calpe, 1990, p. 453.

A diferencia de su amigo español, Caetano nunca se afilió al Instituto Secular, tal como fue definido por el Vaticano en 1950. Pese a que su personalidad se hallaba revestida de elementos similares a los de López Rodó y a que su discurso al frente de *Mocidade Portuguesa*, organización juvenil del *Estado Novo*, en los años cuarenta guardaba notorias semejanzas con la retórica opusdeista acerca del hombre nuevo, recio y viril, tan caro por otro lado al discurso hegemónico en la Europa de entreguerras,[13] rehusó todas las invitaciones que se le hicieron para su ingreso. Su vivencia religiosa, además, se fue atemperando con el paso del tiempo. La progresiva laicización de su concepción de la política llevó aparejada la desaparición de las connotaciones evangélicas de su lenguaje y de su gestión política en un itinerario que se intensificó en el decenio de los sesenta. Posiblemente consternado por el distanciamiento del Vaticano y de ciertos sectores de la jerarquía católica respecto al salazarismo, desolado también por la dolorosa experiencia de la enfermedad de su esposa, sufrió una honda crisis religiosa y perdió la fe.[14]

Tras algunas vacilaciones y en la esperanza de una brillante carrera profesional, Caetano optó por cursar estudios de Derecho en la Universidad de Lisboa, en la que descubrió su vocación docente. Licenciado en 1927, compatibilizó a lo largo de los años siguientes la redacción de su tesis doctoral con su trabajo en la compañía de seguros Fidelidade y, llamado por el titular de la cartera, el profesor Oliveira Salazar, con la auditoría jurídica del Ministério das Finanzas a partir de 1929. Dos años más tarde defendió su tesis doctoral que, bajo la influencia de su profesor de Economía Política, Armindo Monteiro, y de su propio interés por los problemas financieros y económicos del país,[15] se inscribió en la especialidad de Ciencias Políticas y Económicas con el título *A depreciação da moeda depois da guerra*.

---

[13] "A geração nova que nós temos de criar há-de separar-se do passado pela vontade enérgica de vencer, pela serenidade de ánimo na adversidade ou nas simples contrariedades, e pelo idealismo puro servido por virtudes positivas e práticas", Marcello Caetano, *Mocidade Portuguesa. A Missão dos Dirigentes*, Lisboa, 1952 (3ª ed.), p. 16. "Voluntad. —Energía. —Ejemplo. —Lo que hay que hacer, se hace... Sin vacilar... Sin miramientos... (Punto 11); Pretextos. —Nunca te faltarán para dejar de cumplir tus deberes. ¡Qué abundancia de razonadas sinrazones! No te detengas a considerarlas. —Recházalas y haz tu obligación" (Punto 21), José María Escrivá de Balaguer, *Camino*, Valencia, 1939.
[14] Manuela Goucha Soares, *Marcelo Caetano, o homem que perdeu a fé. A biografia completa*, Lisboa, Esfera dos libros, 2009.
[15] Monteiro condenaba los efectos perversos de las huelgas y defendía la obligatoriedad del arbitraje entre patronos y obreros; ver Pedro Aires Oliveira, *Armindo Monteiro-Uma biografia política*, Lisboa, Bertrand, 2000, p. 30. En 1931 Caetano comenzó a colaborar en el *Jornal do Comércio e das Colonias* con una columna bisemanal sobre economía y finanzas en la que defendió a ultranza las directrices de su ministro, centradas en la reducción del gasto público y el equilibrio financiero del Estado.

La preocupación por estas temáticas, que nunca abandonaría, pronto quedó relegada a un segundo plano. Avalado por su sólida formación jurídica, fue invitado por Salazar –convertido ya en presidente del Consejo de Ministros con poderes absolutos– para que formara parte del equipo que redactó la Constitución del Estado Novo que fue aprobada en plebiscito en 1933, el mismo año en el que Caetano obtuvo una plaza como profesor de la Facultad de Derecho de la Universidad de Lisboa, de la que llegaría a ser catedrático seis años más tarde. Por esas fechas e igualmente convocado por Salazar, tuvo una relevante participación en la elaboración del nuevo Código Administrativo e inició la que sería una prolongada, aunque no sin altibajos, carrera política.

Probablemente por motivos similares a los de Caetano, López Rodó también se inclinó hacia el Derecho y, tras licenciarse en la Universidad de Barcelona, defendió su tesis doctoral, *El coadyuvante en el contencioso administrativo*, en la Central de Madrid en 1944. Según afirma en sus memorias la elección del tema obedeció a las sugerencias de Nicolás Pérez Serrano, catedrático de Derecho Político, y a su propia inquietud ante la inconsistencia de la organización político-administrativa del Nuevo Estado, que justificaba en la situación de emergencia en la que hubo de constituirse tras la finalización de la que denominaba "Guerra de Liberación". Su orientación hacia la especialidad respondió, en realidad, a su determinación de acceder a la cátedra universitaria y a la situación en que se desenvolvía la universidad española en los años cuarenta. Más en concreto, a las singulares circunstancias que rodeaban los concursos para acceder a la condición de catedrático, sobre todo en la especialidad de Derecho Político –su opción primera– convertidos en campo de batalla, básicamente, aunque no solo, entre falangistas y católicos.[16] Tras la correspondiente oposición en 1945, obtuvo la cátedra de Derecho Administrativo en la Universidad de Santiago de Compostela y, luego, ya en los años cincuenta, pasó a desempeñar la misma plaza en la Central de Madrid.

Imbuidos por una precoz vocación política, ambos sintieron una inicial fascinación por el nacionalsindicalismo que muy pronto se vería atemperada, dada su común adscripción a un tradicionalismo católico de influencia maurrasiana, por el rechazo a sus elementos

---

[16] Laureano López Rodó, *Memorias*, 1990, pp. 25, 78 y 80; "La 'Guerra de Liberación' en 'La reforma administrativa en España'", *Revista de Documentación Administrativa*, Nº 1, enero de 1958, p. 5.

revolucionarios y modernizadores.[17] Dicha filiación, unida a su formación jurídica iusnaturalista, vino a reforzar en los dos una concepción autoritaria y pragmática de la acción política, entendida como ejercicio de la razón que había de sustentarse en la ciencia y en la técnica. Expresado en otros términos, la acción política –que ambos equiparaban a administración del patrimonio común– había de ser responsabilidad de expertos, únicos que en razón de sus conocimientos podrían asignar los recursos disponibles con objetiva imparcialidad y competencia.[18]

Abonaba esta convicción, que a modo de corolario conllevaba la desaparición de la política en cuanto concreción de un modelo ideológico de sociedad y, por consiguiente, la erradicación de los políticos, el *Zeitgeist*, "el espíritu de los tiempos" que impregnó el mundo occidental de la segunda posguerra. El crecimiento económico, la construcción del Estado de bienestar y la complejidad cada vez mayor de las modernas sociedades de consumo llevó aparejada una atenuación progresiva de la diferencia de funciones entre los burócratas profesionales y los políticos tal como había sido delineada por Max Weber a finales del siglo XIX, y derivó en un proceso de politización de la burocracia y de burocratización de la política.[19] Dicho de otro modo, a lo largo de los cincuenta y sesenta se verificó, en el seno de las democracias liberales, una creciente tecnificación de la política como resultado de las crecientes funciones y obligaciones del Estado benefactor y, por lo tanto, del protagonismo que incumbía a los técnicos en la elaboración e implementación de las políticas públicas. Esa transformación en los modos de la gestión política precisaba, en consecuencia, una administración más eficiente y racional, profesionalizada. Exigencia que convirtió la reforma de la administración en motivo recurrente de estudios y debates en las conferencias anuales del Instituto Internacional de Ciencias Administrativas, en las que frecuentemente participaron, en su calidad de socios, Caetano y López Rodó.[20]

---

17 Cfr. António Costa Pinto, "A formação do integralismo lusitano (1907-1917)", *Analise social*, XVIII (72-73-74), 1982, pp. 1409-1419; Marcello Caetano, *As minhas memorias de Salazar*, Editorial Verbo, 1977, p. 16. La influencia de Maurras en círculos tradicionalistas españoles, especialmente catalanes, puede encontrarse en Pedro C. González Cuevas, "La derecha tecnocrática", *Historia y Política*, Nº 18, 2007, pp. 23-48.
18 Cfr. Ángeles González-Fernández, "La renovación autoritaria de las dictaduras ibéricas: Marcello Caetano y Laureano López Rodó", *Historia del Presente*, Nº 2016 (en prensa).
19 Joel Aberbach, Robert D. Putnam and Bert Rockman, *Bureaucrats and Politicians in Western Democracies*, Cambridge, Harvard University Press, 1981, p. 16; Pedro C. González Cuevas, "La derecha tecnocrática", pp. 24-25.
20 El temario de las conferencias celebradas a lo largo de los años cincuenta puede verse en línea: https://goo.gl/mg9tz4.

El *Zeitgeist*, como consecuencia de la propia experiencia bélica, fue gobernado en estos años por una acusada desideologización de las sociedades occidentales que indujo un extendido desencanto y escepticismo hacia las utopías sociopolíticas. La hipótesis del fin de las ideologías, planteada en Estados Unidos por Daniel Bell y en Francia por Raymond Aron, tuvo en España un impacto formidable precisamente en la medida que, en virtud de una lectura interesada, venía a reforzar en las nuevas elites dictatoriales y, más en concreto, en Marcello Caetano y Laureano López Rodó, la creencia de que la democracia liberal, tanto como los partidos políticos, se hallaban francamente superados y de que la legitimidad de los sistemas políticos emanaba únicamente de su ejercicio, es decir, de su eficiencia económica y de su eficacia social.[21]

El breve perfil que hemos trazado de Caetano y López Rodó responde, en suma, a una mentalidad tecnocrática entre cuyos rasgos definitorios se encuentra una firme hostilidad hacia la política y hacia los políticos, a los que se descalifica como individuos pasionales y ligados a intereses sectoriales. Frente al político "profesional", el tecnócrata, comprometido con la racionalidad y libre, por tanto, de cualquier otra atadura, se percibe a sí mismo como el individuo más capacitado para tener una visión general y objetiva de los problemas sociales, para los que –sostiene– solo existe una única solución óptima. Tales premisas les permiten afirmar que la consecución del desarrollo –equiparado esencialmente al disfrute de bienes materiales– se halla en función de la despolitización de dichos problemas y del rechazo a la existencia de discrepancias razonables en la medida que no cabe argumentación ni disidencia posible contra la autoridad de la ciencia.[22] Un tercer elemento característico de la mentalidad tecnocrática y justo corolario de los anteriores es el acusado elitismo, resultado de la convicción de que solo una minoría rectora, cooptada por su inteligencia y méritos, debe regir el destino de la colectividad.

---

[21] Sobre el impacto en España del libro *The end of ideologies* de Daniel Bell (*El fin de las ideologías*, Madrid, Tecnos, 1964) y de la obra de Raimond Aron, *El opio de los intelectuales*, Buenos Aires, Leviatán, 1957, sobresale Gonzalo Fernández de la Mora y su obra *El crepúsculo de las ideologías*, Madrid, Rialp, 1965. Cfr. Pedro Carlos González Cuevas, "La derecha tecnocrática", *Historia y política: Ideas, procesos y movimientos sociales*, Nº 18, 2007, pp. 23-48; Manuel Álvarez Tardío, "Technocracy, modernization and reform: The Transatlantic Politics of the Spanish Right in the 1960s", en Daniel Scroop y Andrew Heath (eds.), *Transatlantic social politics, 1800-present*, New York, Palgrave, Macmillan, 2014, pp. 191-211.

[22] Robert D. Putnam, "Elite Transformation in Industrial Advanced Societies: An Empirical Assessment of the Theory of Technocracy", *Comparative Political Studies*, Vol. 10, Nº 3, 1977, pp. 385-386; Franck Fischer, *Technocracy and the politics of expertise*, Thousand Oaks, Sage Publications, 1989, pp. 21-30; Manuel García Pelayo, *Burocracia y tecnocracia*, Madrid, Alianza Editorial, 1974, p. 32.

Conviene, en este punto, señalar algunas consideraciones de relevancia para una más adecuada comprensión de los proyectos tecnocráticos en la península ibérica. Aunque en principio el término tecnocracia apareció vinculado, en un contexto de rápido progreso tecnológico, a la exaltación de la eficiencia y la competencia profesional de los técnicos, su extrapolación al ámbito político motivó una encendida polémica a finales de los años cincuenta. Uno de los elementos centrales del debate se focalizó en la contraposición entre la legitimidad democrática, emanada del sufragio universal, y la legitimidad técnica, nacida de la razón y la ciencia, que excluía al conjunto de los ciudadanos de los ámbitos de decisión política dado que carecen de los conocimientos adecuados para hallar la solución a los problemas sociales. Esa inédita legitimidad técnica, en consecuencia, llevaba aparejada, cuando menos, la indiferencia hacia la naturaleza del sistema político. En segundo lugar, se hace preciso señalar que, pese a su aparente sinonimia, los vocablos tecnócrata y técnico no tienen el mismo significado. Los tecnócratas, aquellos que asumen funciones de dirección y coordinación en las sociedades industriales, tienen –sin necesidad de dominar ninguna técnica en particular– una masa de técnicos bajo sus órdenes. En consonancia con ello, el tecnócrata no representa la técnica en el poder, aunque asegura la elección de una política, circunscrita al ámbito propiamente industrial, o sea de orden general, a partir de los datos técnicos.[23]

Las anteriores apreciaciones permiten calibrar la negativa de Caetano a aceptar el calificativo tecnócrata para sí mismo como para sus colaboradores, hombres vinculados a la Acción Católica y por tanto de "principios firmes y convicciones seguras", ajenos al perfil del tecnócrata, al que Caetano definía como el individuo "que pone sus conocimientos técnicos al servicio de cualquier sistema, indiferente a la política seguida".[24] Tal denominación, sin embargo, no tenía en cuenta el hecho de que la tecnocracia no se constriñe a la mera aplicación de los conocimientos técnicos en la solución de los problemas sociales. Se trata, en realidad, de un *ethos* intelectual, una visión del mundo que subsume la estética, la religión y el pensamiento tradicional bajo el modo racionalista.[25] Más próximo a esta concepción amplia de la tecnocracia se mostró López Rodó, que aceptó el calificativo aunque con algunas matizaciones. En otras palabras, siempre y cuando se revistiera de una connotación positiva que convertía al

---

23 La diferenciación entre técnico y tecnócrata puede verse en Jean Meynaud, *Problemas ideológicos del siglo XX. (El destino de las ideologías y Tecnocracia y política)*, Barcelona, Ediciones Ariel, 1964, p. 249.
24 Marcello Caetano, *Testimonio*, Madrid, Paraninfo, 1975, p. 64.
25 El *ethos* en Anthony Giddens, *La estructura de clases en las sociedades avanzadas*, Madrid, Alianza Editorial, 1979, p. 305.

tecnócrata en genuino representante de una civilización capitalista avanzada en la que el motor del ascenso social no era otro que la capacidad y el mérito personal:

> hay gente en España que usa este concepto como si estuviera en oposición aparente al de ministro político. En tal caso rechazo el calificativo de tecnócrata, puesto que me siento naturalmente inclinado e interesado por la política. Si, por otro lado, tal expresión se refiere a cualquiera que posea una carrera universitaria o una cualificación profesional especializada, en cuanto ello se opone a los profesionales de la intriga y de la pirueta política, entonces sí me considero un tecnócrata; pues soy profesor universitario.[26]

No obstante, tanto uno como otro pretendieron la configuración de un nuevo orden que, inserto en una evolución "natural" de los principios y valores tradicionales, ajeno a los imperativos ideológicos y a las luchas partidarias, también sería ajeno a la tensión y al conflicto. Un orden político gobernado por expertos al que se incorporarían necesariamente nuevos actores, aquellos movimientos y organizaciones especializados en la representación de los distintos intereses existentes en la sociedad y, en especial, el mundo de los negocios al que, en última instancia, correspondía implementar el anhelado crecimiento económico. Dicho orden, en suma, expresión última de la despolitización de la política, implícita en el corporativismo de Estado característico a las dictaduras ibéricas, ha de entenderse como lógico corolario de una concepción tecnocrática de la política.

Una noción que ambos, Caetano y López Rodó, pusieron en práctica en tiempos distintos como resultado de las sustanciales diferencias con que Salazar y Franco ejercieron su poder personal. Pese a que el primero desempeñó cargos de relevancia en el *Estado Novo* ya desde los años cuarenta, la exigencia del dictador de una supeditación absoluta de sus subordinados y su férreo control sobre el proceso de decisión política se erigieron como obstáculo insalvable para la materialización de las iniciativas propuestas por Caetano de cara a una revitalización del régimen corporativo. Su escasa docilidad, fuente permanente de frustración y frecuentes desencuentros con Salazar, impulsaron su retirada de la primera escena política en 1958[27] y solo

---

[26] La identificación de los tecnócratas como representantes de la evolución de la civilización capitalista procede de un artículo del periodista Serge Groussard, *L'Aurore*, 26 de marzo de 1963, en Laureano López Rodó, *Memorias*, Plaza & Janes Editores, 1990, p. 101.

[27] Miembro de la Comisión Ejecutiva del partido único, Unión Nacional (1947-1949), comisario nacional de Mocidade Portuguesa (1940-1944), ministro de las Colonias (1944-1947), presidente de la Cámara Corporativa (1949-1955), ministro de la Presidencia (1955-1958), miembro vitalicio del Consejo de Estado (1952) y, finalmente, presidente del Consejo de Ministros (setiembre de 1968 a 25 de abril de 1974). Cfr. Luis Reis Torgal,

la desaparición de la vida política del dictador, diez años más tarde, propició su retorno cuando, llamado por el presidente de la República, Américo Thomaz, y quizás ya demasiado tarde, surgió la oportunidad de poner en práctica políticas inéditas, semejantes por demás a las ya ejecutadas en España.

Al otro lado de la frontera y pese a que López Rodó no desempeñó cargos políticos e institucionales de similar relevancia, contó con una baza extraordinaria a su favor. La sintonía con sus planteamientos y el apoyo a sus propuestas del *alter ego* del dictador, almirante Carrero Blanco, no solo facilitaron su incorporación al núcleo del poder y le depararon una formidable influencia política a partir de 1957.[28] También lo encumbrarían, en apenas ocho años, en 1965, a la condición de ministro, cargo máximo que señalaba la culminación de la carrera de cualquier político bajo el franquismo.[29]

La operatividad de la concepción tecnocrática de la política exigía, de otra parte, el concurso de expertos que implementaran el deseado *aggiornamento* limitado, ordenado y paulatino de las dictaduras ibéricas, los llamados tecnócratas. Con ese término, utilizado por lo general de manera despectiva, sobre todo por parte de sus adversarios políticos, falangistas y salazaristas ortodoxos respectivamente, se aludía a una generación de técnicos que irrumpieron en la vida pública y en particular en la escena política ibérica en el transcurso de los años cincuenta. Se trataba, en el caso de Portugal, de una cohorte de licenciados universitarios, habitualmente en Ingeniería, Derecho y Ciencias Económicas, a los que el inicio de las políticas de planificación económica ejecutadas a partir de 1953 través de los Planes de Fomento y la participación de Portugal en organismos internacionales como la OECD (Organisation for Economic Co-operation and Development) y, más tarde, la EFTA (European Free Trade Association), abrió un amplio abanico de oportunidades profesionales y políticas, bien como empleados en alguno de los grandes grupos económicos o bien como funcionarios de los departamentos técnicos de

---

"Marcello Caetano antes do marcelismo", *Espacio, Tiempo y forma. Historia Contemporánea*, Nº 19, 2007, pp. 49-73; José Manuel Tavares Castilho, *Marcelo Caetano. Uma biografía política*, Coimbra, Almedina, 2012.

28 Manuel Jesús González, "La economía española desde el Plan de Estabilización de 1959 hasta la transición política", *Historia económica de España. Siglos XIX y XX*, Barcelona, Galaxia Gutenberg/Circulo de lectores, 1999, pp. 709-714.

29 Secretario general técnico de la Subsecretaría de Presidencia de Gobierno (1957-1962), comisario del Plan de Desarrollo (1963-1965), ministro-comisario del Plan de Desarrollo (1965-1973) y ministro de Asuntos Exteriores (junio-diciembre de 1973). La carrera política de López Rodó en la dictadura finalizó abruptamente tras el asesinato de su valedor, Carrero Blanco. Años más tarde, una vez muerto Franco e integrado en la coalición Alianza Popular, concurrió en las primeras elecciones democráticas de 1977 en las que resultó diputado electo por Barcelona y, como tal, participó en los debates del Congreso durante la primera legislatura (1977-1979).

la administración pública. Sería precisamente en este último ámbito donde algunos de ellos entablaron una relación directa con Caetano, que, en calidad de ministro de la Presidencia (1955-1958), tenía, entre otras competencias, la de elaborar el segundo de los mencionados planes. La destitución de Caetano en 1958 no resquebrajó la solidez del vínculo que había comenzado a forjarse tres años antes, sino todo lo contrario. Para esos jóvenes, partidarios de la modernización del régimen y de la europeización de Portugal, el cese ratificó la percepción del ex ministro como su líder natural, el único hombre capaz de encabezar una corriente crítica y reformista del salazarismo.[30]

Alentada por el fin de la condena y aislamiento internacional y, luego, por la firma de los acuerdos con Estados Unidos en 1953, de positivas consecuencias en la renovación de los ámbitos educativo y cultural,[31] también en España se configuró una élite de matriz tecnócrata que rápidamente sus detractores políticos, los medios de comunicación y la opinión pública vincularon al Opus Dei. Institución esta que, según no pocos analistas, operaría como auténtico grupo de presión con una formidable capacidad de incidencia en la sociedad a través del desempeño por parte de sus miembros de relevantes puestos de poder en la universidad, la banca, las grandes empresas públicas y la administración. Un colectivo que pasaría a formar, acorde con la terminología acuñada por el sociólogo Amando de Miguel, una "familia política" más del franquismo, la más cercana al poder y más influyente en la década de los sesenta.[32]

Tanto en Portugal como en España, sin embargo, los tecnócratas no formaron un grupo compacto, dotado con un programa coherente y previamente diseñado,[33] por lo que resulta difícil atribuirle la condición de movimiento político en sentido estricto e incluso resulta cuestionable, como fue y sigue siendo habitual en España, aplicarle la citada denominación de "familia política" o bien el de grupo de

---

30 Marcelo Rebelo de Sousa, "Un homem excepcional", en Manuel Braga da Cruz e Rui Ramos, *Portugal en Transição*, Lisboa, Portoeditora, 2012, p. 73; José Manuel Leite Viegas, *Elites e cultura política na história recente de Portugal*, Oeiras, 1996, p. 85.
31 Lorenzo Delgado, "Cooperación cultural y científica en clave política. Crear un clima de opinión favorable para las bases USA en España", en Lorenzo Delgado y María Dolores Elizalde (eds.), *España y Estados Unidos en el siglo XX*, Madrid, Biblioteca Nueva/CSIC, 2005, pp. 215 y ss.
32 La vigencia del binomio tecnócrata y Opus Dei puede encontrarse en Nicolás Sesma Landrín, "Camino a la institucionalización. La pugna entre falange y los sectores tecnócratas en torno al proceso de reforma administrativa de finales de los años cincuenta", en línea: https://goo.gl/bH3gwX (consultado el 15 de marzo de 2016). Sobre los tecnócratas en tanto que familia política, cfr. Amando de Miguel, *Sociología del franquismo*, Barcelona, Euros, 1972.
33 Las divergencias en el seno de los tecnócratas portugueses, así como entre ellos y el propio Marcello Caetano, pueden verse en Jaime Pinto Nogueira, *Fim do Estado Novo e as Origens do 25 de Abril*, Lisboa, ed. Difel, 1999, p. 174.

presión. Expresado de otra manera, no todos los llamados tecnócratas del Opus Dei, o bien simplemente opusdeistas, eran tecnócratas o pertenecían al instituto secular. Como subraya Botti, la relevancia del Opus Dei en el régimen franquista no derivó de su actuación como tal colectivo sino, por el contrario, de su "pobreza política".[34]

Caetano y López Rodó desplegaron una intensa labor de cooptación sobre estas inéditas elites tecnocráticas con el propósito de entrelazar voluntades en torno a unos propósitos políticos e ideológicos muy concretos, los suyos, aunque no todos los actores convocados los compartieran, en todo o en parte. Desde este punto de vista, ambos tejieron una amplia y compleja red que, sustentada en afinidades personales, profesionales, políticas y también, aunque no siempre, religiosas o, antes bien, opusdeistas en el caso de España, católicas en el de Portugal, sustentaron sus proyectos de renovación de las dictaduras.

Conviene puntualizar, no obstante, que el ascenso de algunos de los representantes más eximios de la tecnocracia española, como Mariano Navarro Rubio, ministro de Hacienda (1957-1965) y gobernador luego del Banco de España (1965-1970) o Alberto Ullastres, ministro de Comercio (1957-1965), posteriormente embajador en Bruselas ante la CEE (1965-1976), no debieron el desempeño de tales puestos a López Rodó como tampoco a Carrero Blanco. Hecho que se traduciría –pese a su común pertenencia al Opus Dei– en una marcada autonomía en su actuación y, sobre todo, en permanentes fricciones a propósito de la atribución y ejercicio de competencias de sus respectivos ministerios, especialmente entre López Rodó y Navarro Rubio.[35] La igualdad en el estatus político, con todo, fue relativa porque ninguno de ellos gozó de la proximidad y ascendiente del primero sobre Carrero Blanco.

Por lo que se refiere a Portugal, el magisterio intelectual y académico de Caetano, unido a su propio talante personal, paternalista y autoritario, cristalizó en una red sumamente jerarquizada, en la que el presidente del Consejo de Ministros solía asumir la *auctoritas* propia del catedrático frente a sus discípulos. Una relación desigual acrecentada, además, por el hecho de que los tecnócratas llamados por

---

34 Frank Fischer, *Technocracy and the politics of expertise*, SAGE Publications, 1989, pp. 20-21; Alfonso Botti, *Cielo y dinero. El nacionalcatolicismo en España (1881-1975)*, Madrid, Alianza, 1992, p. 117.
35 Es conocido el conflicto entre Navarro Rubio y López Rodó, que se saldaría con la dimisión del primero en 1962, aunque solo fue aceptada por el general Franco tres años más tarde. También existieron algunas discrepancias sobre el mismo motivo entre Navarro Rubio y Ullastres. Cfr. Mariano Navarro Rubio, *Mis Memorias*, Barcelona, Plaza &Janés/ Cambio 16, 1991.

Caetano para formar parte de su gobierno en la primavera de 1969 no desempeñaron carteras ministeriales sino cargos de nivel inferior, las secretarías y subsecretarías de Estado.

Renovación de los procedimientos, continuidad de los principios

En consonancia con lo anteriormente expuesto, los proyectos de Caetano y López Rodó no se circunscribieron a la introducción de nuevas políticas económicas. Afectaron de manera sustantiva el ámbito de la administración, la esfera educativa y, por extensión, el universo mental de españoles y portugueses con el propósito de fomentar actitudes y destrezas escasamente apreciadas y cultivadas históricamente por el conjunto de la población y, especialmente, por los sectores empresariales. Un *ethos*, en definitiva, contrario a las inercias y a las percepciones más atávicas de las culturas ibéricas en relación con el trabajo, el dinero y el riesgo para, en su lugar, interiorizar los valores y pautas de comportamiento propios de las modernas naciones desarrolladas.

Con este objetivo, la praxis de los proyectos tecnocráticos fue acompañada por una formidable labor de pedagogía a la que no fue ajena la difusión de un estilo y un léxico radicalmente distinto al que había impregnado las dictaduras a uno y otro lado de la frontera. Frente a la retórica grandilocuente, nostálgica de las pasadas glorias imperiales, en el caso de España, y la exaltada apología del presente imperial y de las virtudes tradicionales, campesinas, en el Portugal salazarista; frente al discurso, en suma, antimoderno y por ello mismo antieuropeo, se impuso un vocabulario cientificista, sobrio, sencillo y, en apariencia, riguroso que se pretendía expresión de una forma innovadora –por moderna y europea– de hacer política. Un lenguaje con el que, conscientes de la pérdida de credibilidad de las dictaduras entre los jóvenes, especialmente entre los universitarios, aquellos a los que correspondía el liderazgo del futuro, pretendían aportar a la vieja legitimidad de origen de ambos regímenes un sostén más acorde al contexto internacional, a las expectativas y necesidades de las sociedades peninsulares y, en particular, de esa juventud descreída.

En el ámbito económico, las políticas desarrollistas se aplicaron en tiempos y ritmos diferentes en consonancia con las peculiaridades que caracterizaron, pese a sus innegables semejanzas, a las dos dictaduras ibéricas, aunque en ambos casos estuvieron conectadas a la creación en 1957 de las Comunidades Económicas Europeas y al impacto del mercado común sobre sus respectivas economías. Forzado por el estancamiento económico y la pobreza generalizada en Portugal, Salazar hubo de renunciar a sus políticas ruralistas en favor de una industrialización paulatina fomentada y dirigida desde el Estado. La industrialización por sustitución de importaciones, articulada a través de una planificación indicativa, no implicó la introducción de medidas liberalizadoras que, defendidas por Caetano durante su breve etapa como ministro de la Presidencia entre 1955 y 1958, tropezaron sistemáticamente con la negativa de Salazar. Solo a partir de la entrada del país en la EFTA en 1960 y del inicio de la guerra en las colonias, al año siguiente, la economía lusa conoció un proceso de apertura al exterior que, sin embargo, no alteró la naturaleza y objetivos, ya citados, de los Planes de Fomento.[36]

La aprobación en España del Plan de Estabilización de 1959 puso fin al modelo autárquico y señaló el inicio de una inédita política económica, centrada en la aceptación del mercado y la introducción de medidas liberalizadoras que, a partir de 1961, solventados los efectos recesivos del programa de ajuste, darían lugar al llamado "milagro económico español". Los extraordinarios avances logrados a lo largo del decenio, en los que el crecimiento del PIB se situó en torno al 7% anual, suscitaron un creciente interés y una franca admiración en Marcello Caetano, que apartado por entonces de la vida política activa, se apresuró a poner en práctica un modelo de crecimiento similar al español tras la formación del que puede considerarse su primer gobierno, en la primavera de 1969.

Las políticas liberalizadoras, con todo, no estuvieron exentas de ambigüedades y contradicciones. Los tecnócratas españoles y portugueses vindicaron el papel que correspondía a la iniciativa privada –en colaboración con la administración– como actor fundamental del proceso industrializador. Un llamamiento que contrastaba abiertamente con el persistente intervencionismo y dirigismo del Estado, tal como quedó de manifiesto con la puesta en marcha, a partir de 1964, de los planes de desarrollo españoles, inspirados en las experiencias de la ordenación centralizada portuguesa y la planificación indicativa francesa, y la continuidad, bajo directrices nuevas, de los Planes de Fomento en Portugal.[37]

Contribuye a explicar esa discordancia la firme convicción en los gestores gubernamentales acerca de la incapacidad, cuando no escasa predisposición, de la iniciativa privada para afrontar con éxito

---

[36] Cfr. José Maria Brandão de Brito, *A industrialização portuguesa na pós-guerra (1948-1965). O condicionamento industrial*, Lisboa, Dom Quixote, 1989.
[37] Antonio Cañellas Mas, *Laureano López Rodó: biografía política de un ministro de Franco (1920-1980)*, Madrid, Biblioteca Nueva, 2007, pp. 186-187; Joseba de la Torre y Mario García Zúñiga (eds.), *Entre el Mercado y el Estado. Los planes de desarrollo durante el franquismo*, Pamplona, Universidad Pública de Navarra, 2009; Octávio Figueiredo: "La période de l'ouverture (1960-1974)", en Carlos Pimenta, Octávio Figueiredo et António Brandão, *La stratégie nationale du Portugal de 1926 à nos jours*, Montreal, Centre d'Etudes en Administration International, 2000, pp. 55-56.

los desafíos que comportaba el aumento de la competencia externa e interna, y la conveniencia, por tanto, de preservar el paraguas protector del Estado. Creencia que, por demás, era compartida por sectores mayoritarios del empresariado peninsular. Las políticas liberalizadoras, de hecho, suscitaron cautelas y recelos en el conjunto de los hombres de negocios, salvo en lo concerniente a la eliminación, o al menos reducción, de la excesiva burocracia. Las mayores simpatías procedieron de los sectores y grupos o individuos dinámicos, vinculados por lo general a los mercados de exportación y al capital extranjero, a los que se añadieron, en Portugal, aquellos que, especialmente desde la adhesión a la EFTA, habían realizado un esfuerzo de adaptación a las reglas de la competencia internacional y reorientado su actividad hacia los mercados europeos.[38] Las resistencias de los colectivos escasamente competitivos, orientados básicamente hacia el mercado interno y acostumbrados a vivir de la protección del Estado, por el contrario, opusieron no pocas resistencias. Industriales de los sectores tradicionales, propietarios agrarios inquietos ante un programa industrializador que postergaba sus intereses y ante el paulatino deterioro de sus rentas[39] y, especialmente, el amplio conjunto de los pequeños y medianos hombres de negocios, dueños en su mayor parte de empresas de carácter marginal y abocadas a la desaparición en un régimen de libre competencia. A esa caracterización general, común a ambos países, debe añadirse la existencia en Portugal de un eje de fractura peculiar, derivado de los intereses económicos presentes en los territorios ultramarinos. Esto es, los grandes grupos financieros con menor vinculación al mercado colonial se mostraron más favorables a la liberalización y apertura al exterior en tanto que aquellos con mayores intereses en las posesiones ultramarinas opusieron mayores reticencias a las políticas tecnocráticas y europeístas.[40]

---

[38] Cfr. Howard Wiarda, *Corporatism and Development: The Portuguese Experience*, Amherst, University of Massachusetts Press, 1977, p. 131; Philippe C. Schmitter, *Portugal, do autoritarismo á democracia*, Lisboa, ICS, 1999, p. 169; Carme Molinero y Pere Ysàs, *Els industrials catalans durant el franquismo*, Vic, Eumo, 1991, pp. 73-81.

[39] Luciano Amaral, "Portugal e o passado: política agrária, grupos de pressão e evolução da agricultura portuguesa durante o Estado Novo (1950-1973)", *Análise social*, Vol. XXIX, 128, 1994, pp. 889-906; Eduardo Moyano Estrada, *Corporatismo y agricultura. Asociaciones profesionales y articulación de intereses en la agricultura española*, Madrid, Instituto de Estudios Agrarios, Pesqueros y Alimentarios, 1984.

[40] Fernando Rosas, "O Marcelismo e a crise final do Estado Novo", en Fernando Rosas (ed.), *Portugal e a Transição para a Democracia (1974-1976)*, Lisboa, ed. Colibrí, 1999 p. 14; Manuel de Lucena e Carlos Gaspar, "Metamorfoses corporativas? Associações de interesses económicos e institucionalização da democracia em Portugal (I)", *Análise Social*, Vol. XXVI, 114, 1991, Lisboa, p. 885; João Candido de Azevedo, *Portugal Europa FACE ao Mercado Comum*, Lisboa, Livraria Bertrand, 1978, pp. 21-25.

Es preciso tener en cuenta, no obstante, la fragilidad y escasa consistencia de la barrera que separaba a los defensores de un desarrollo autónomo de los que apostaban por una mayor conexión con los mercados internacionales. Una frontera en todo caso difusa debido a que habitualmente los empresarios defienden la aplicación de políticas proteccionistas en lo relativo al producto que fabrican y, al mismo tiempo, reclaman la introducción de medidas librecambistas para las materias primas y bienes de equipo que necesitan. Una paradoja que, en el caso que nos ocupa y de manera inevitable, cristalizó en un general sentimiento de inseguridad ante el establecimiento de reglas inéditas que requerían una gestión más exigente y profesionalizada de sus negocios. En esa tesitura, y dado el protagonismo que en una economía de mercado ostenta la iniciativa privada, tanto la planificación indicativa española como los Planes de Fomento portugueses y en particular el III (1968-1974) pretendieron combinar protección e incentivos para que los empresarios adquirieran los conocimientos y prácticas adecuados que les posibilitaran superar el insólito escenario; para, en suma, mudar en empresarios schumpeterianos. Motivaciones similares indujeron, en los planificadores, la aprobación de medidas de estímulo a la concentración de empresas con el fin de reducir el peso del minifundismo industrial e incluso apuntaron la conveniencia de aplicar una política de reestructuración que inevitablemente condenaba a la desaparición a las empresas marginales y que, por ello mismo, no llegaría a ejecutarse.[41]

La liberalización hubo de extenderse, como es lógico, al ámbito de las relaciones entre patronos y trabajadores dado que el crecimiento económico precisaba, como requisito necesario, aumentos sostenidos de la productividad. La conexión entre ambos factores supuso la introducción de un marco de relaciones laborales más flexible que, sin renunciar, al menos formalmente, al concepto de la empresa como comunidad de intereses propia del Estado corporativo, aceptaba la existencia de la disparidad de intereses entre empresarios y obreros. En consonancia con ello, a uno y otro lado de la frontera una nueva legislación, la Ley de Convenios Colectivos Sindicales (1958), la Ley Sindical y la Lei das Relações Colectivas de Trabalho (1969), reconoció –aunque no sin severas cortapisas– la negociación directa entre patronos y trabajadores. La admisión de la negociación colectiva tuvo efectos ambivalentes sobre las empresas, porque si bien proporcionó aumentos notables de la productividad, también supuso la instalación

---

41 En 1969 el 87% de las empresas portuguesas contaban con hasta 20 empleados en tanto que en la España de 1975, el 97% de los centros fabriles empleaban hasta 50 trabajadores.

de un clima insólito en los centros de trabajo dado que, a pesar de su ilegalidad, la huelga pasó a convertirse en fenómeno habitual en las relaciones laborales.[42]

Paralelamente al despliegue de las nuevas directrices económicas y laborales, el proyecto tecnocrático también concernía a la esfera política que habría de actualizarse a través de una profunda y completa reforma de la administración. Inspirada en los principios de racionalidad y eficiencia, dicha reforma tenía como piedra sillar la configuración de un aparato administrativo descentralizado y coordinado en todos sus niveles, desde la estructura y organización del propio Consejo de Ministros hasta el ámbito local y regional. Concebida, en el caso de López Rodó y de los tecnócratas españoles, aunque no solo de ellos,[43] como exigencia ineludible en el proceso de institucionalización de la dictadura franquista y a modo de cauce idóneo para acceder al poder, contó con el apoyo activo del almirante Carrero Blanco y la avenencia del propio Franco, en la medida que no implicaba menoscabo alguno de su monopolio decisorio. Conforme a la propuesta que en 1956 presentó Laureano López Rodó al almirante, traducida en los oportunos decretos leyes en los años inmediatamente siguientes, la estructura del aparato gubernativo se incrementó con la inclusión en su organigrama de una subsecretaría, dependiente del Ministerio de Presidencia, con funciones de programación y coordinación de los distintos ministerios. Dicha subsecretaría, ostentada por Carrero Blanco desde su creación y que en la práctica funcionaba como un verdadero ministerio, contaba con una secretaría general técnica, que pasó a desempeñar el propio López Rodó hasta su nombramiento como comisario del Plan de Desarrollo en 1962, y cuatro comisiones delegadas, una de ellas de Asuntos Económicos, así como una Oficina de Coordinación y Programación Económica, OCYPE.

La reforma de la Administración Central se sustanció, igualmente, con la aprobación de una serie de leyes que simplificaban las normas y procedimientos del aparato burocrático y, como es obvio, se hizo extensiva a los empleados de la función pública.[44] Con ese objetivo, López Rodó procedió a la creación de una Escuela Nacional

---

[42] En los años 1960 a 1973 la tasa media de incremento de la productividad industrial lusa se elevó a 6,19 puntos en tanto que la española se situó en 7,44. Luciano Amaral, "New series of Portugueses population and employment: 1950-2007. Implications for GDP per capita and labor productivity", *Análise Social*, Vol. XLIV Nº 193, 2009, pp. 784-785; José Barreto, "Os primordios de la Intersindical sob Marcelo Caetano", *Análise Social*, Vol. XXV, 105-106, 1990, pp. 57-66; Carme Molinero y Pere Ysás, *Productores disciplinados y minorías subversivas. Clase obrera y conflictividad laboral en la España franquista*, Madrid, siglo XXI, 1998.

[43] Cfr. Nicolás Sesma Landrin, "Camino a la institucionalización", *op. cit.*, pp. 4 y ss.

[44] Cfr. Antonio Cañellas Mas, "La reforma administrativa en España (1956-1958)", *Revista de Estudios Políticos*, Nº 148, 2010, pp. 193-221.

de Administración Pública (ENAP), claramente inspirada en la ENA francesa, y a la fusión de los Cuerpos Técnicos de los diversos ministerios. A partir de entonces el Cuerpo Técnico de la Administración Civil del Estado (TAC) se configuró como un colectivo de carácter pluridisciplinar que, integrado por juristas, economistas, licenciados en ciencias políticas, ingenieros y sociólogos, entre otros, estaba destinado a asumir, en función de un exigente proceso de selección y formación continuada, las tareas directivas de los distintos servicios y unidades de la administración pública, tanto en labores ejecutivas como de asesoramiento.

En Lisboa, ya a mediados de los años cuarenta, durante su etapa como ministro de las Colonias, Marcello Caetano había planteado a Salazar la reforma del aparato gubernativo con el objetivo de aumentar la eficacia y coordinación de los ministerios, aunque entonces no surtió efecto alguno ante la negativa del jefe del Ejecutivo, cuya obsesión centralizadora era proverbial. En raras ocasiones, el dictador reunía al Consejo de Ministros, y prefería convocarlos por separado o en grupos reducidos para dirimir los asuntos que, en el ámbito de sus respectivas competencias, requerían su intervención. En el caso de que esta fuera prescindible, las decisiones se adoptaban a nivel de los sectores burocráticos directamente implicados, en los que tanto los ministros como los secretarios de Estado y subsecretarios tenían autonomía y responsabilidad para hallar las soluciones a las cuestiones y problemas planteados.

La ausencia de mecanismo alguno de decisión colectiva, que tanto había incomodado a Caetano, fue solventada durante su gobierno. No solo inició la práctica de reunir quincenalmente el Consejo de Ministros, al igual que, por otro lado, sucedía en la dictadura vecina, también instituyó el Consejo Superior de Defensa Nacional y el Consejo de Ministros de Asuntos Económicos, del que formaban parte los ministros respectivos junto a los secretarios y subsecretarios de Estado. Bajo su mandato, en suma, resuelto a distanciarse de las formas con que Salazar había ejercido el poder, Caetano amplió el ámbito de decisión política para que las resoluciones relevantes fueran adoptadas mediante la consulta y el apoyo de los grupos más importantes que integraban el *Estado Novo*.

La concepción de la administración como un poder público y no como servicio público, vigente durante la etapa salazarista, se había sustanciado en una notoria pobreza del aparato burocrático. El proceso de selección de los funcionarios se basaba en criterios políticos –la sintonía y lealtad hacia la dictadura– y, en consonancia, la plena asunción de los valores tradicionales propios de una sociedad rural. Pese a que la institucionalización del régimen y su conversión en Estado Administrativo otorgó una creciente importancia a los burócratas, la acumulación de los servicios y la descoordinación en sus funciones, la lentitud de los procedimientos, los bajos sueldos y los escasos incentivos ofrecidos a los empleados públicos –si bien no extensivos a los cuerpos de elite que, en la práctica, desempeñaban sus puestos con carácter vitalicio y estrecha conexión con el poder– generaron una acusada parálisis de la administración.[45]

Consciente de la crisis en que se hallaba inmersa, fruto además de la obsolescencia de sus métodos, duplicación de funciones y del excesivo formalismo, Caetano procedió a reorganizar los servicios de la Administración Central conforme a los mismos criterios que ya habían sido aplicados en el país vecino. Asimismo, aprobó algunas medidas –como la concesión de una paga extra anual, la Asistencia Sanitaria a los Servidores del Estado que, aunque creada en 1963, todavía no había entrado en funcionamiento, o la mejora del sistema de jubilaciones– para atenuar las desigualdades con los trabajadores del sector privado. Incentivos que, con ser convenientes para aumentar la productividad de los funcionarios, fueron especialmente oportunos para fidelizar y renovar los cuerpos de elite ante la creciente competencia, que desde mediada la década de los cincuenta y, sobre todo, a lo largo de los sesenta, supuso el desarrollo del sector privado industrial.[46]

Cabe subrayar, por último, que los tecnócratas prestaron una especial atención a la modificación del sistema de valores de españoles y portugueses para que, sin menoscabo de los que entendían principios definitorios del alma de cada uno de los pueblos ibéricos, interiorizaran actitudes y pautas de comportamiento acordes con la modernidad prudente que anhelaban. Conforme a las tesis de Lewis y Rostow, llevaron a cabo una intensa didáctica con la finalidad de erradicar los tradicionales prejuicios sobre el trabajo, el riesgo y el dinero como sobre los hombres de negocio, calificados de manera reiterada como agentes creadores de riqueza cuya actividad redundaba en beneficio del conjunto de la sociedad. Dicha tarea se encauzó en primera instancia a través de canales informales, bien dirigidos a círculos restringidos –conferencias, seminarios, cursos, discursos ante foros empresariales y profesionales, etc.– o bien orientados a públicos más amplios, en los que los medios de comunicación de masas –la prensa y sobre todo la televisión– desempeñaron un papel fundamental. No obstante, tuvo su más acabada expresión en la reforma del sistema educativo. Tanto la Ley General de Educación y de Financiación de

---

[45] Lawrence S. Graham, "Administração Pública central e local: continuidade e mudança", *Análise Social*, Vol. XXI (87-88-89), 1985-3º-4º-5º, pp. 906-910; Marcello Caetano, *Testimonio*, Paraninfo, 1975, pp. 134-136.

[46] Filipe Abreu Nunes, "O Recrutamento das Elites Administrativas no Portugal Contemporâneo", *Ler História*, Nº 63, 2013, pp. 137-162.

la Reforma Educativa aprobada en España en 1970 como el proyecto del ministro de Educación luso, debatido y aprobado en la Asamblea Nacional en 1973, pretendían la entera reorganización del modelo en vigor, desde la enseñanza primaria a la universidad. El aumento de las tasas de escolarización, la mejora de la capacitación profesional de los trabajadores mediante el fomento de la Formación Profesional y la especialización de los estudios universitarios a través de la ampliación del número de institutos y facultades técnicas, objetivos básicos de tales reformas, se sustentaron en el principio confeso de consagrar la igualdad de oportunidades, al margen del origen social de cada uno de los estudiantes y únicamente en función del mérito, en línea con los postulados desarrollistas tan caros a sus inspiradores.

Conclusiones

El antagonismo entre tradición y modernidad que había enfrentado a españoles y portugueses desde finales del Ochocientos desembocó en los años treinta de la pasada centuria, *manu militari* aunque bajo modalidades distintas, en la implantación de regímenes autoritarios y en la consiguiente restauración de los principios auténticos que, según los nuevos poderes, habían definido históricamente el ser de los pueblos ibéricos. Su victoria se sustanció no solo en el retorno a valores y pautas de conducta tradicionales, también ocasionó un prolongado estancamiento económico y una pobreza generalizada que en el transcurso de los años cincuenta descollaba de forma ostensible frente a los niveles de crecimiento económico y bienestar de que gozaban las sociedades al norte de los Pirineos. Se imponía, pues, un giro de timón en las políticas económicas que facilitara la aproximación de las sociedades ibéricas a los estándares que gozaban por entonces los países de la Europa occidental, bien entendido que ese acercamiento se limitaba a los aspectos puramente materiales y en ningún caso se postulaba una homologación de sus sistemas políticos, es decir, una evolución de las dictaduras hacia la democracia liberal. Todo lo contrario. Las nuevas directrices económicas que se aplicaron en España a partir de 1959 y una decena de años más tarde en Portugal ambicionaban la preservación del marco institucional autoritario en los dos Estados peninsulares mediante la actualización de sus esquemas de funcionamiento.

La teoría de la modernización y, sobre todo, el protagonismo que otorgaba en el fomento del crecimiento económico, identificado con industrialización, al Estado y a unas minorías rectoras, prestó la receta adecuada para la resolución del viejo conflicto entre tradición y modernidad, la fórmula idónea para emprender de forma segura y ordenada la ruta de la modernización siempre a la luz de los valores tradicionales. Ese camino necesariamente había de ser pilotado por actores que, bajo los dictados de la ciencia y la técnica, ajenos, por tanto, a los imperativos ideológicos y a las luchas partidarias, asignarían los recursos existentes en la nación con imparcialidad y eficiencia.

Conforme a estas premisas, Laureano López Rodó –con el aval del almirante Carrero Blanco– y, algo más tarde, Marcello Caetano pusieron en práctica una serie de medidas encaminadas a racionalizar las estructuras económicas, la maquinaria administrativa y una cierta europeización del universo de valores de españoles y portugueses como medio para asegurar la floración de sociedades ajenas a las tensiones y conflictos que habían gobernado la contemporaneidad de los pueblos ibéricos, para, en suma, desplegar una modernización "a la ibérica". Los proyectos de renovación autoritaria, tecnocrática, de las dictaduras, sin embargo, resultaron fallidos. Cierto es que indujeron, de forma más temprana e intensa en España que en el país vecino, tasas de crecimiento insospechadas y una mejora evidente del nivel de vida del conjunto de la población, pero también suscitaron una transformación social sin precedentes que tendría hondas repercusiones en la esfera política. Las expectativas vitales, profesionales y también políticas de muchos españoles y portugueses, especialmente de las generaciones más jóvenes, no residían –en el transcurso de los sesenta y primeros setenta– en una fórmula de compromiso entre tradición y modernidad, entre el orden y el conflicto que, tanto para Marcello Caetano como para Laureano López Rodó, tenía su perfecta encarnación en un Estado fuerte, autoritario. Por el contrario, habían depositado todas sus esperanzas en la homologación plena de España y Portugal con las democracias de la Europa occidental, en una "normalización" que en Portugal incluía el fin de la guerra colonial y la renuncia al Imperio Ultramarino y, en los dos países, la futura integración en las Comunidades Económicas Europeas. La renovación tecnocrática, autoritaria, de las dictaduras ibéricas se reveló como una apuesta a todas luces insuficiente y, sobre todo, en sí misma contradictoria.

10

Desarrollismo cepalino en la provincia de Buenos Aires

La gobernación de Oscar Alende (1958-1962)

HORACIO GARCÍA BOSSIO[1]

Introducción

El triunfo electoral de Arturo Frondizi en 1958 como presidente argentino impulsó un programa de integración y desarrollo nacional, que fue acompañado en las provincias donde se impuso la Unión Cívica Radical Intransigente (UCRI). En el espacio específico de la provincia de Buenos Aires (principal distrito electoral del país), el gobernador Oscar Alende señalaba en su primer mensaje de 1958 que "...la política económica de nuestro gobierno estará orientada hacia la promoción del desarrollo equilibrado y armónico de todos los sectores".[2] Para alcanzar ese objetivo diseñó la Junta de Planificación Económica, como un organismo de cohesión y planeamiento supraministerial que articularía los diversos estamentos de la burocracia provincial.

Las tensiones a las que fue sometido el binomio Frondizi-Frigerio por un amplio espectro opositor (Fuerzas Armadas, el peronismo proscrito, la UCR del Pueblo, los sindicatos) incluyeron el viraje desde una estrategia netamente desarrollista a una política de estabilización, con la designación del ingeniero Álvaro Alsogaray como ministro de Economía entre 1959 y 1961. La administración de Alende no se mantuvo ajena a esa dicotomía, pero intentó presentar un plan coherente de cuatro años donde se sostuvieran los cambios estructurales propuestos, siguiendo las ideas-fuerza de la Comisión Económica para América Latina (CEPAL).

---

1 Universidad Católica Argentina.
2 Discurso del Gobernador Alende, *El Día*, La Plata, 3 de mayo de 1958, p. 5.

El propósito de este trabajo es describir las metas de "integración y desarrollo" encarnadas por el binomio Oscar Alende y su joven ministro de Economía y Hacienda, Aldo Ferrer (que no fue necesariamente coincidente con el esquema del gobierno nacional en su etapa estabilizadora), para lo cual se presentarán el diagnóstico, las claves hermenéuticas desarrollistas y el programa de Ferrer, y cómo el mismo se aplicó en el modelo organizacional de la Junta de Planificación Económica, surgida de la creatividad de Ferrer como ministro provincial y de un vasto equipo de trabajo formado por economistas "expertos en desarrollo" que formaron parte tanto de la Junta como de la revista *Desarrollo Económico* (concebida como un espacio privilegiado de investigación para la acción). Este estudio constituye una primera aproximación al análisis de la gestión gubernamental de Alende al frente de la provincia de Buenos Aires.[3]

Programa de gobierno de Alende

El 2 de mayo de 1958 asumió la gobernación de Buenos Aires el binomio Oscar Alende-Arturo Crosetti. Su primer gabinete estuvo integrado por Felipe Francisco Díaz O'Kelly como ministro de Gobierno; Aldo Ferrer en Economía y Hacienda; Horacio Zubiri en Obras Públicas; Pascual Actis Caporale en Salud Pública y Asistencia Social; Ataulfo Pérez Aznar en Educación; Antonio Monti en Acción Social y Bernardo Barrere en Asuntos Agrarios.[4] La crónica periodística señalaba especialmente el carácter técnico-profesional del ministro Ferrer[5] (el más joven, con solo 31 años) y resaltaba su carrera en el exterior, destacando su labor como funcionario de las Naciones Unidas en Nueva York entre 1950-1953; como consejero económico en la embajada argentina en Londres entre 1956-1957 y miembro delegado argentino al período de sesiones del Congreso Económico y Social de la ONU en Ginebra (1956).[6]

---

[3] Acerca de la experiencia desarrollista argentina, ver Horacio García Bossio, *¿Qué nos hace más Nación? Desafíos del desarrollismo frondicista frigerista*, Buenos Aires, Edunla Cooperativa, 2014. Reeditado por la misma editorial en 2016.
[4] Claudio Panella, "Política bonaerense y gestiones gubernativas, 1943- 2001", en *Historia de la Provincia de Buenos Aires*, Buenos Aires, Edhasa, 2014, Tomo 5, Capítulo 2, pp. 98-99.
[5] Marcelo Rougier y Juan Odisio, "Del dicho al hecho. El 'modelo integrado y abierto' de Aldo Ferrer y la política económica en la Argentina de la segunda posguerra", *América Latina en la Historia Económica*, Segunda época, N° 37, enero-abril 2012 [en línea: https://goo.gl/9ANww4] (consultado el 2 de mayo de 2014).
[6] Para conocer mejor la vida pública del Dr. Ferrer es necesario seguir su itinerario a través del libro de Marcelo Rougier, *Aldo Ferrer y sus días. Ideas, trayectoria y recuerdos de un economista*, Buenos Aires, Lenguaje Claro Editora, 2014.

Los objetivos de la gestión gubernamental se orientaron en dos frentes: concebir un ámbito propicio para desplegar el desarrollismo en la provincia y plantear un "rediseño organizacional" de los respectivos Ministerios del Estado bonaerense con una nueva concepción político-administrativa. En cuanto al primer objetivo, Alende sostenía que la provincia avanzaba hacia y junto a un proceso de desarrollo del país, "de esfuerzos para consolidar la pacificación nacional, su realización integral y el bienestar social".[7] Alende criticaba el modelo inerte del Estado liberal y le asignaba a este un rol esencial en el modelo de desarrollo. Hablaba de un *Estado de Servicio Social* (sic, p. 5) acorde con las transformaciones políticas y sociales del mundo, donde las masas sociales se convertían en una *expresión democrática y humana*, llamada a engendrar una "fusión de nuevas concepciones éticas, que se apoyan en la libertad con sentido social".[8] Finalmente recordaba que la evolución económico-social de la provincia (con una gran concentración de la población obrera y con el fenómeno de áreas marginales en villas populares) implicaba un gran desafío para su gobierno, debiendo concebir una política económica orientada hacia un desarrollo equilibrado y armónico de todos los sectores, para mejorar el nivel de vida de la población y alcanzar una distribución más justa de la riqueza. La política de inversiones debía, por lo tanto, reorientarse según un régimen de prioridades a partir de su rendimiento económico y social.[9]

En cuanto al segundo aspecto, mediante una modificación organizacional, el gobernador Alende buscaba mejorar la estructura de los ministerios, bajo el lema de "subordinar la burocracia a los intereses colectivos de la Provincia".[10] Se planteaba la necesidad de que cada Ministerio reajustara sus presupuestos particulares, simplificara sus expedientes administrativos, unificara la información y llevara sus propias estadísticas y "disciplinara, capacitara y distribuyera el personal en relación a sus capacidades, se ajustara a la legislación respectiva y *diera sentido de empresa productiva a los talleres de capacitación* (sic, p. 5)".[11] Por último Alende proponía un ámbito de diálogo interministerial para coordinar las políticas generales de planificación para el desarrollo —respetando la Constitución provincial y la legislación vigente— y ponía como modelo a la Junta de Planificación Económica.

---

7   Discurso del Gobernador Alende, *El Día*, La Plata, 3 de mayo de 1958, p. 5.
8   *Ibidem*.
9   *Ibidem*, p. 7.
10 *El Día*, La Plata, 10 de mayo de 1958, p. 5.
11 *El Día*, La Plata, 11 de mayo de 1958, p. 5.

Matriz hermenéutica *desarrollista-cepalina* de Ferrer

Para comprender qué entendía el joven Ferrer por integración y desarrollo nacional, dentro de lo que él mismo señalaba como parte de un programa de soluciones "nacionales y populares", propias de la cosmovisión de la intransigencia radical, se analizará el discurso que –a modo de una verdadera matriz programática – pronunciara Ferrer en la Conferencia de Ministros de Hacienda, realizada en la Ciudad de Buenos Aires, el 12 de setiembre de 1958.[12] Bajo el título *Controlar la inflación para defender el nivel de vida popular, fortalecer la iniciativa privada y acelerar el desarrollo nacional*, Ferrer describía lo que se consideraba un flagelo para todo proceso de desarrollo, la espiral inflacionaria, que carcomía cualquier posibilidad de pensar un plan de crecimiento sostenido a mediano y largo plazo, a la vez que corrompía los comportamientos de los mercados y de los actores fundamentales de ese "círculo virtuoso" del desarrollo: los empresarios y los trabajadores. La inflación desviaba un diseño desarrollista hacia un "círculo vicioso", que Ferrer describía como la espiral "devaluación-precios-salarios".

Para Ferrer el combate contra la inflación debía ser encarado dentro de una estrategia de medidas estructurales, promotoras del crecimiento productivo y no desde una mirada estabilizadora que solo pretendiera un *shock* antiinflacionario, que "enfriara" el crecimiento nacional. Analizando el discurso que pronunciara frente a sus pares de Economía del resto del país, se pueden destacar los aspectos siguientes.

Diagnóstico del proceso inflacionario

La inflación, heredada de la administración anterior (que según sus cálculos alcanzaba a un promedio anual del 60%), en la perspectiva de Ferrer, tenía como causas fundamentales el estancamiento de la actividad productiva, el excesivo gasto público que no estuvo orientado a fomentar la industrialización, la especulación financiera y la emisión descontrolada. En el marco del deterioro de los términos del intercambio de posguerra, Ferrer advertía que

---

[12] Reproducida en *Revista de Desarrollo Económico*, Volumen I, Número I (octubre-diciembre de 1958), p. 258.

existe en el país una insuficiencia notoria de divisas que nos ha llevado prácticamente por una situación heredada a una cesación de pagos, y entonces no podemos incorporar mayores bienes de capital importados al proceso de capitalización nacional, porque simplemente no tenemos divisas para volcar en ese proceso de capitalización.[13]

Las señales negativas para el mercado de todo proceso inflacionario generaban, para Ferrer, una racionalidad económica enfermiza entre los agentes económicos: los empresarios no invertían en actividades de riesgo productivo sino que maximizaban sus beneficios, "volcando nuestro propio ahorro nacional en forma de divisas, atesorándolo por parte de algunos nacionales en Bancos del exterior";[14] los trabajadores sindicalizados presionaban con huelgas para lograr aumentos salariales frente al mayor costo de vida, generando respuestas inflacionarias por parte del Estado que aceleraba la emisión, devaluando la moneda; finalmente, el capital extranjero, en vez de invertir en actividades productivas, atraído por el aumento de las tasas de interés, solo acudía hacia actividades especulativas y agiotistas.

Hermenéutica desarrollista de Ferrer

La mirada estructuralista *cepalina* de Ferrer consideraba que el proceso inflacionario no se solucionaba con planes de estabilización monetaria ortodoxos, que frenaban en el corto plazo la espiral inflacionaria pero detenían el impulso desarrollista. Para Ferrer el verdadero remedio contra la inflación era:

> fijar con claridad cuáles son las prioridades que en el campo de la inversión deben seguirse para volcar nuestros recursos hacia aquellas actividades que en esta etapa del desarrollo del país son esenciales para salir adelante [...] he señalado que debemos acentuar el ritmo del desarrollo en las actividades dinámicas: producción de maquinaria, equipos, metales, papel, productos químicos, materiales de construcción, petróleo, energía, transporte y siderurgia. Esta es la gran línea de fondo que, al transformar definitivamente en el país su estructura económica dependiente, podrá dar las bases definitivas para que podamos reiniciar con vigor nuestro crecimiento económico.[15]

El joven Ferrer creía asimismo en el carácter emprendedor del empresariado nacional. Su mirada *schumpeteriana* lo convencía del papel clave que debían desplegar los empresarios nacionales como agentes insustituibles del desarrollo nacional. Para lo cual era deber

---

[13] *Ibidem*, p. 251.
[14] *Ibidem*, p. 254.
[15] *Ibidem*, p. 259.

del Estado generar las condiciones de estabilidad para que ese capital privado se orientase a las actividades dinámicas y no a la especulación financiera.

Con respecto al rol del capital extranjero, Ferrer insistía en la necesidad de recurrir a él dada la insuficiente tasa de ahorro interno, pero que esas IED (inversiones extranjeras directas) debían ser promovidas y dirigidas por la acción del Estado para que se ubicaran en aquellas regiones económicas y en aquellas ramas de la producción industrial que resultaran complementarias –nunca competitivas– con la inversión privada nacional.

Esa planificación estratégica del desarrollo por parte del Estado desarrollista Ferrer la fundamentaba sosteniendo que se debían utilizar todos los instrumentos de política económica al alcance del gobierno nacional, provincial y municipal, para volcar la inversión pública hacia la solución de la insuficiencia estructural de la economía nacional, que orientaba las inversiones privadas hacia aquellas actividades dinámicas que eran la esencia del progreso económico del país.

Finalmente, Ferrer le asignaba a su hermenéutica del desarrollo una mirada humanista, nacional y popular. Lo expresaba diciendo que:

> nosotros que somos hombres que tenemos la responsabilidad política de cumplir con un programa de contenido social, somos también técnicos y sabemos que es posible dar a la República soluciones de contenido social y humano y al mismo tiempo medidas que solucionen objetivamente los problemas del desarrollo económico [...] Quiero decir aquí que la política antiinflacionaria que debemos seguir la debemos realizar sin deflación y sin desocupación.[16]

De allí que tanto el ministro Ferrer como el gobernador Alende concibieron un *diseño organizacional desarrollista* para la administración pública bonaerense, cuya expresión más creativa fue la Junta de Planificación Económica.

¿Qué era la Junta de Planificación Económica?

En el Volumen V del Registro Oficial de mayo de 1958[17] se publicaron los Decretos N° 25, 26 y 27 que establecían la creación de la Junta de Planificación Económica, un organismo de asesoramiento

---

[16] *Idem.*
[17] Registro Oficial Decreto N° 25 (1958), Volumen V, mayo, Ministerio de Gobierno, Provincia de Buenos Aires, pp. 15-17. Ver *El Día*, La Plata, 9 de mayo de 1958, p. 3.

dirigido por Norberto González[18] y que contaba con la colaboración de expertos en planeamiento económico, como Alfredo Eric Calcagno, Ricardo F. Cibotti, Oscar Cornblit, Osvaldo Fernández Balmaceda, Héctor Grupe, Federico J. Herschel y Samuel Itzcovich, con Aldo Ferrer como ministro de Economía y Ángel Monti como subsecretario de Hacienda.

En los fundamentos para la creación de esta suerte de *laboratorio de ideas* (que dependía directamente del gobernador de la provincia) se señalaba la necesidad de adoptar una política que asegurara la mejor utilización de los recursos provinciales, sostenida en una distribución del ingreso más equitativa para promover el bienestar económico de la población. En sus considerandos se insistía en que la estrategia económica gubernamental debía responder a un estudio "integral" (concepto clave en el discurso desarrollista) de los problemas provinciales, y que para lograr tal propósito se debía desplegar un programa coherente de desarrollo económico que no solo asegurase el desenvolvimiento armónico de la provincia sino que estuviere en consonancia con la nación y los otros Estados provinciales. En acuerdo general de ministros, el gobernador Alende decretó la creación de una Junta, con fines explícitos de asesoramiento al Ejecutivo, cuyas funciones detalladas eran las siguientes:

a) elaborar programas de desarrollo económico para la Provincia; b) proponer medidas para el cumplimiento de los diferentes programas, especialmente aquellos destinados a ordenar el ingreso y el gasto público; c) informar al Ejecutivo sobre la marcha de los citados programas de desarrollo, recabando la información previa consulta a los organismos burocráticos correspondientes; d) realizar investigaciones sobre la evolución y las características de la estructura económica provincial; e) coordinar toda la información estadística necesaria para la formulación de los planes y a su vez ponerse de acuerdo con otros programas de organismos pertenecientes al Estado nacional y a otros Estados provinciales, de manera de conformar un todo armónico en el marco del desafío desarrollista;[19] f) la Junta debía diseñar un Plan General antes del 1° de mayo de 1959 (es decir, en el lapso de un año de su creación) elevando informes mensuales al Ejecutivo sobre la marcha del mismo. Asimismo junto al presidente de la Junta, designado por el gobernador, se le agregaría el personal necesario idóneo para su correcto funcionamiento.[20]

---

18 Registro Oficial Decreto N° 28 (1958), *op. cit.*, p. 18.
19 *Ibidem*, p. 15.
20 *Ibidem*, p. 16.

Describiendo las funciones que serían claves para la preparación de un plan de desarrollo económico provincial, resultaban significativas algunas características de la Junta de Planificación, a las que se puede clasificar en funciones *ad intra* y *ad extra*. En cuanto a las primeras, a la Junta se la asociaba con "la mirada misma del gobernador" en los temas de planeamiento, control, regulación, asesoramiento y colaboración entre los distintos ministerios del Ejecutivo provincial. Además, ayuda y control; propuestas y ajustes presupuestarios; ideal y gestión al mismo tiempo en el desafío de alcanzar el desarrollo.

En cuanto a las relaciones *ad extra*, el organismo se proponía vincularse con las comisiones económicas de la Legislatura bonaerense, así como con las autoridades de la Nación que alentaban el desarrollismo, además de tender lazos de diálogo con los actores fundamentales del modelo: organizaciones empresariales, obreras y de defensa del consumidor.

El Documento de Trabajo N° 13 elaborado por la Junta, con el título *La planificación frente a los problemas económicos de la Provincia de Buenos Aires* (redactado por el ingeniero Osvaldo Fernández Balmaceda, exclusivamente para la circulación interna dentro de la Gobernación), se proponía describir los problemas y las estrategias de planificación para el desarrollo provincial, según el siguiente esquema.

Primera parte: *La provincia de Buenos Aires. Sus características y problemas*. En este apartado se pretendía esbozar los principales problemas económicos y sociales provinciales, desagregándolos por sectores.

Segunda parte: *Acción del gobierno de la provincia de Buenos Aires en el desarrollo económico y social*. Este apartado a su vez estaba subdividido en distintas secciones:

1. *Por qué se debe planificar*: se insistía en el carácter ineludible de la planificación económica, "dentro de un enfoque moderno e integral de la acción de gobierno, destinado a lograr el crecimiento más rápido y armónico posible".[21] Las categorías claves del programa desarrollista estaban contenidas en esta definición de planificación: *integral*, ya que la integración era la precondición para el desarrollo; *moderna*, que según la concepción de los años sesenta indicaba un sello de renovación y de novedad con respecto a otras categorías anteriores (los planes quinquenales soviéticos y peronistas, por ejemplo); *crecimiento rápido pero*

---

21 Junta de Planificación Económica, *La planificación frente a los problemas económicos de la Provincia de Buenos Aires*, Documento de Trabajo N° 13, Gobernación de la Provincia de Buenos Aires, 1959, p. 2.

armónico, es decir que se debía logar el *take off* en el corto plazo, pero no confundiendo el mero crecimiento (*growth*) con el desarrollo (*development*).
2. *Llevar el gobierno al interior de la provincia*: se ponían en consideración los viajes del Ejecutivo provincial durante el primer año de gestión realizados a las localidades del interior de la provincia. De alguna manera, el gobernador Oscar Alende ponía en práctica en su distrito la máxima sugerida por Rogelio Frigerio (asesor y *alter ego* del presidente Frondizi) a escala nacional, para quien había que "extender a toda la Nación los beneficios del desarrollo económico [...] más allá del ámbito de los 300 km que rodean el puerto de Buenos Aires".[22]
3. *Aspectos parciales más destacados de la acción de gobierno*: se analizaban las variables heredadas de administraciones anteriores y se ponían las bases de la acción futura.
4. *El plan de desarrollo*: en este apartado se presentaba una síntesis del plan de la Junta que se pondría en marcha en el segundo año de gobierno.

Por último, el Documento de Trabajo insistía en que la Junta debía propiciar una tarea de divulgación periódica de las investigaciones sobre el desarrollo económico, a través de un conjunto de publicaciones: la *Revista de Desarrollo Económico, Serie Estudios, Serie Desarrollo Económico, Serie Difusión*. Asimismo la Junta debía dictar cursos de capacitación para funcionarios provinciales.

¿Para qué se debía planificar?

Según los expertos de la Junta, se debía distinguir entre los problemas trascendentales inmediatos y los mediatos. Los primeros estaban referidos a las dificultades de producción o a los "cuellos de botella" en la distribución. Los segundos hacían referencia a los problemas estructurales de carácter socio-económico, como por ejemplo la incorrecta distribución de la mano de obra producto del fenómeno demográfico de concentración de la población en algunas áreas de la provincia. De allí que los problemas trascendentales mediatos debían ser descubiertos con anticipación para poder orientar las estrategias adecuadas para su solución.[23] Y dado que estas dificultades eran arduas

---

[22] Rogelio Frigerio, *El estudio de la historia como base de la acción política del pueblo*, Buenos Aires, Ediciones Concordia, 1961, p. 33.
[23] Junta de Planificación Económica, *La planificación frente a los problemas económicos de la Provincia de Buenos Aires*, Documento de Trabajo Nº 13, 1959, *op. cit.*, p. 32.

y requerían un insumo esencial, *tiempo* –que la Junta consideraba tan imprescindible como escaso–, era necesario adoptar una serie de medidas accesorias hasta poder alcanzar las ansiadas metas, o esperar inclusive a que se cumplieran determinadas condiciones.

La Junta también distinguía entre metas y medios en la estrategia planificadora. La definición de las metas como "las finalidades que se desea alcanzar, tendientes a las soluciones de los problemas" iba acompañada de dos clases de condiciones de las mismas: que fuesen consistentes entre sí, y que tuvieran conciencia de los medios que se utilizarían para alcanzarlas.[24] Asimismo presuponía tener en cuenta la variable temporal, ya que

> las metas no tendrán valor si ellas implican un cambio muy violento con relación a lo ocurrido hasta el presente. Ello es debido a que si el desarrollo de un proceso se ha llevado a cabo con un ritmo determinado, el cambio de ritmo originará reacciones cuya intensidad aumenta con la magnitud de ese cambio. A partir de cierto nivel, las reacciones alcanzan a imposibilitar el cambio. En cada caso debe analizar el desarrollo histórico del proceso y establecer las modificaciones que implican esas metas propuestas, estimar las posibles reacciones y calcular la posibilidad de vencerlas.[25]

Para un gobierno nacional y provincial que había llegado al poder con apoyo prestado del peronismo, el *mix* de aceleración en la toma de decisiones y prudencia frente al impacto del cambio fue un dilema no siempre sencillo de resolver. En cuanto a los medios, la Junta insistía en la necesidad de adecuar los propósitos con los medios de que se disponía para alcanzarlos. Al referirse concretamente a los medios, la Junta mencionaba el capital, la capacitación de la mano de obra en aras a una mayor productividad y la organización técnico-administrativa del Estado. Finalmente, el Documento de Trabajo desplegaba, a modo de síntesis y de guía analítica, la siguiente esquematización: a) descubrir los problemas trascendentales; b) distinguir los problemas mediatos y los inmediatos; c) fijar metas que impliquen la solución de los problemas; d) determinar la secuencia de las metas con el desarrollo histórico; e) establecer la consistencia de las distintas metas; e) analizar los medios disponibles para alcanzar las metas; f) establecer la consistencia entre los medios y las metas; g) el trazado de un plan de desarrollo permite resolver todos estos problemas simultáneamente e incluso obtener soluciones alternativas que posibiliten una decisión definitiva.[26]

---

[24] *Ibidem*, p. 33.
[25] *Idem*.
[26] *Idem*.

La planificación regional

La Junta se preocupaba por diseñar un plan de desarrollo provincial, en consonancia con el proyecto nacional de Frondizi. Para ello, debía definir qué era una región, de modo de poder ponderar correctamente las medidas a adoptar de acuerdo con las dos escalas: la regional y la nacional. En cuanto a la planificación regional, la Junta ponía en los siguientes términos sus objetivos estratégicos:

> la formulación de un plan de desarrollo a nivel regional no implica de ninguna manera aceptar que la región debe concebirse como un ente aislado del todo, en este caso sería del país. Por lo contrario, ella debe ser considerada íntimamente vinculada con ese todo o con otras partes constitutivas de él y solicitada por múltiples interrelaciones con todas las demás partes. En el caso de la provincia de Buenos Aires, este planteo implica que deben ser conciliables las metas establecidas por la provincia con las metas del conjunto nacional trazadas para el desarrollo de ese conjunto.[27]

Estas declaraciones de principios destacaban implícitamente el concepto de *integración* en sus tres dimensiones: la provincia con la nación, las relaciones interprovinciales, y las vinculaciones *ad intra* de la propia provincia de Buenos Aires, entre las diversas regiones y distritos. Según la interpretación del historiador Jorge Iturmendi, Alende como primer mandatario provincial reconocía el "dualismo" que presentaba la provincia, que implicaba definir dos espacios (o regiones) y ameritaba dos abordajes políticos distintos. Estos ámbitos diferenciales eran el interior y el Gran Buenos Aires. Mientras que en el primero se destacaban Bahía Blanca, Mar del Plata, Junín y San Nicolás como centros desarrollados, en el segundo espacio (que representaba el 1% del territorio pero que albergaba al 50% de la población), la situación era compleja e implicaba políticas y obras públicas para resolver su carencia de servicios esenciales.[28]

Si bien la Junta de Planificación reconocía la necesidad de adecuar –a grandes rasgos– la política económica local al diseño nacional, esa correspondencia no implicaba necesariamente abandonar la especificidad del "caso provincial", tanto por las características diferenciales que presentaba la región más poblada y de mayor peso en el andamiaje económico nacional, como por la potestad que tenía (y que

---

[27] Ibidem, p. 35.
[28] Jorge Iturmendi, "Reseña de la obra político-administrativa de los gobiernos de la Provincia de Buenos Aires desde 1910 hasta la actualidad", en Fernando Barba y María Elena Demaría Massey de Ferré, *La Provincia de Buenos Aires (1910-1987)*, La Plata, Gobernación de la Provincia de Buenos Aires, 1987, p. 102.

sigue teniendo) cada provincia de delinear su propia administración, de acuerdo con los principios federales que están consagrados en las Constituciones nacionales y provinciales. Según hemos estudiado, también se desprendían algunas diferencias entre las decisiones del binomio Frondizi-Frigerio y las miradas del binomio Alende-Ferrer, en el marco de algunas sutilezas ideológicas en torno a qué se entendía por desarrollo. Ciertas tensiones discursivas parecían interpelar algunas decisiones del ministro Ferrer, quien consolidó al ámbito bonaerense como un *enclave cepalino*, que no siempre coincidió con las apreciaciones particulares de Frigerio, como secretario de Asuntos Económicos y Sociales de la Presidencia.[29] De allí que la Junta reafirmara en sus Documentos de Trabajo la autonomía en las decisiones provinciales:

> no es imprescindible que exista un plan nacional perfectamente detallado como condición previa para la preparación de un programa regional. En cualquier caso existen líneas de política bien definidas que son suficientes para establecer la orientación de las metas regionales. Además el grado de necesidad de un plan nacional previo estará dado por la naturaleza y la magnitud de las relaciones entre región y conjunto. Si la región no es capaz por sí misma de ser un determinante en el plan total o si el proceso económico de la región es una simple secuencia del proceso nacional, las posibilidades de programación regional son sumamente reducidas. No ocurre lo mismo cuando la región constituye uno de los elementos determinantes del proceso del país.[30]

¿Era la provincia una región económica?

En sus análisis teóricos, concebidos como premisas fundamentales para el diagnóstico que precedía a la acción, la Junta se preocupaba por darle respuesta a este interrogante, no como un mero ejercicio especulativo sino como una decisión programática en su diseño de planificación estratégica. Una primera definición ensayada por la Junta sostenía que la región económica era un agregado de zonas contiguas en el espacio, unidas por ciertos elementos comunes. Sostenía además que desde el punto de vista del país, las regiones podían ser determinadas por zonas suficientemente homogéneas entre sí o bien relacionadas por corrientes de intercambio de cierta intensidad

---

[29] Ver Horacio García Bossio, "Desarrollismo cepalino vs. desarrollismo frigerista: la Junta de Planificación Económica de la provincia de Buenos Aires en la experiencia argentina (1958-1962)", en *Temas de Historia Argentina y Americana*, Buenos Aires, Pontificia Universidad Católica Argentina, enero-diciembre, 2013.
[30] Junta de Planificación Económica, *La planificación frente a los problemas económicos de la Provincia de Buenos Aires*, Documento de Trabajo N° 13, 1959, *op. cit.*, p. 36.

mínima. Ahora bien, los expertos de la Junta insistían en que la delimitación de las regiones dependía del tipo de análisis que se hiciera de ellas. Argumentaban que si se trataba de estudiar, por ejemplo, el problema de la distribución de las tierras circundantes a una población y los problemas derivados (especulación inmobiliaria, criterios de edificación y acceso a los servicios básicos), no se debía identificar ese ámbito como una región sino más bien como un diseño acotado a un área circunscripta y puntual.

Para la Junta, el estudio del desarrollo económico integral de las economías en núcleos urbanos debía incluir el núcleo de relaciones sociales y económicas devenidas en ese proceso. Así se debían tener en cuenta las relaciones entre las industrias ubicadas en ese espacio, con sus redes de abastecimiento y distribución, concibiendo la región entonces como un horizonte mucho más complejo. Y dentro de los criterios para fijar los límites de una región como núcleo básico para un proyecto desarrollista, la Junta insistía en que uno de los más importantes era el que se vinculaba con la movilidad de los factores de producción y de los productos. Otro de los criterios básicos se relacionaba con el espacio sobre el que tienen real alcance las decisiones de las autoridades planificadoras. Un tercer criterio caracterizaba una región según el hecho de tener una producción que fuera peculiar o al menos un conjunto de unidades productivas claramente diferenciadas.[31]

Entonces… ¿era la provincia de Buenos Aires una región? Antes de esbozar una respuesta, los analistas de la Junta insistían en su devenir histórico y en sus características estructurales (mirada *cepalina*, anclada en el estructuralismo latinoamericano), pues si bien la región podía ser concebida solo en términos administrativos –por estar ella sometida a la jurisdicción de un gobierno provincial–, concluían que por su fisonomía claramente diferenciada existían algunos aspectos de su estructura económica que la conformaban, sin dudas, como una región. Tales aspectos definitorios eran su desequilibrio poblacional, la falta de obras básicas en el interior de la provincia y la centralización industrial. Una vez definido teóricamente el problema… ¿qué hacer? La respuesta de la administración Alende tuvo entonces las siguientes propuestas: a) llevar el gobierno al interior de la provincia; b) promover un Plan Energético y Vial que mejorara las condiciones de la producción industrial y la comercialización,[32] y c) elevar un

---

31 *Ibidem*, p. 37.
32 Marcelo Rougier, "Economía y desempeño industrial", en *Historia de la Provincia de Buenos Aires*, Tomo 5, Capítulo 3, Buenos Aires, Edhasa, 2014, p. 127.

proyecto de reforma agraria para concebir la producción agrícola en clave de "empresa agraria", para lo cual debían redefinirse los criterios de distribución de la tierra.[33]

Plan Provincial de Desarrollo

La Junta se proponía diseñar un Plan Provincial de Desarrollo, habiendo definido conceptualmente tanto el criterio general sobre qué se entendía por planificación como la adecuación de la misma a la dimensión regional. Aclaraba que al Plan se implementaría a partir de 1959 y que tenía la siguiente estructura: 1) un diagnóstico sobre la situación de la provincia (y sobre el peso de la herencia de los gobiernos anteriores); 2) los medios para llevar a cabo el plan, y 3) líneas generales de acción.

Situación de la provincia

En el diagnóstico inicial sobre la situación provincial, los expertos de la Junta tomaron en cuenta la composición del PBI de la provincia, la distribución demográfica, la tenencia de la tierra, las características de las actividades económicas y las necesidades sociales y la responsabilidad directa que le correspondía al gobierno en pos de alcanzar las distintas soluciones. La Junta se atrevía a sintetizar sumariamente las variables determinantes de la situación provincial a partir del siguiente listado:

- Ritmo lento en el crecimiento del PBI provincial.
- Desequilibrio en la distribución geográfica de la población.
- Excesiva concentración de la propiedad de la tierra.
- Estancamiento de la existencia ganadera.
- Insuficiente crecimiento de la producción y los rendimientos en la agricultura.
- Reducido aprovechamiento de las posibilidades pesqueras del extenso litoral marítimo.
- Excesiva concentración geográfica en la producción industrial.

---

[33] Javier Balsa, "Estructura y políticas agrarias", en *Historia de la Provincia de Buenos Aires*, Tomo 5, Capítulo 4, Buenos Aires, Edhasa, 2014, pp. 162-163. Para comprender la cuestión agraria, ver Silvia Lázzaro, "Estado, desarrollo y reforma agraria en la provincia de Buenos Aires (1958-1962)", *Anuario del Centro de Estudios Históricos "Carlos S. A. Segreti"*, Córdoba, 2008, año 8, N° 8, pp. 85-106, y Silvia Lázzaro, "Inequidad rural, desarrollismo y políticas de reforma agraria. El caso de la provincia de Buenos Aires en la década de 1950", *Revista de Historia Argentina y Americana*, 2013, volumen 48, N° 2, Universidad Nacional de Cuyo, Mendoza.

- Reducido consumo por habitante, gran desequilibrio en su distribución geográfica y una importante demanda insatisfecha en energía eléctrica.
- Trazado de la red de carreteras pavimentadas atendiendo en forma casi exclusiva a las conveniencias de la Capital Federal y su puerto, además de constituir esa red una proporción muy pequeña de la red caminera total de la provincia.
- Escaso aprovechamiento de la zona próxima al río Colorado, de gran fertilidad mediante riego artificial.
- Necesidad de recuperar a la producción normal la extensa zona anegable, que ocupa la sexta parte de la superficie total de la provincia.
- Insuficiencia de elementos para prestar adecuada educación a la creciente población escolar.
- Insuficiencia de elementos para atender, de acuerdo con las exigencias de los adelantos modernos, la salud pública.
- Considerable déficit de viviendas, particularmente en los sectores de menos ingresos.
- Inadecuado fraccionamiento de la tierra en las zonas periurbanas.
- Grandes necesidades de obras urbanísticas motivadas por déficits en el abastecimiento de agua, la provisión de desagües pluviales y cloacales y la construcción de pavimentos, etc.
- Necesidad de aumentar la proporción destinada a inversiones de los gastos totales del gobierno, eliminando gastos improductivos.
- Necesidad de adecuar los montos de inversión a los requerimientos del desarrollo.
- Necesidad de hacer más equitativa la carga tributaria y al mismo tiempo convertirla en una de las herramientas de aliento al desarrollo productivo.[34]

Los medios

Los economistas de la Junta aseguraban que frente al cúmulo de problemas y necesidades descritas en el punto anterior, se debía determinar qué factores estaban en condiciones de ser puestos en juego para solucionarlos (aunque solo fuera de manera parcial). Llegaban a la conclusión de que se podían señalar cuatro grandes grupos de recursos: el factor trabajo; las riquezas naturales; el capital productivo existente, y la iniciativa privada. Confiaban en que el gobierno, con

---

[34] Junta de Planificación Económica, *La planificación frente a los problemas económicos de la Provincia de Buenos Aires*, Documento de Trabajo N° 13, 1959, *op. cit.*, pp. 50-51 y 52.

su estrategia de planificación, podía intervenir a fin de alcanzar las metas previstas. Los expertos de la Junta señalaban algunos indicadores suficientemente significativos:

1. La población tenía un elevado índice de crecimiento, del 1,5%, en los últimos años y su estado sanitario no ofrecía grandes problemas, si bien debía ser mejorado a través de una atención médica más adecuada. Como datos significativos para sostener esa afirmación, la Junta señalaba la baja tasa de mortalidad (inferior al 10 o/oo) en comparación al total del país (11 o/oo), además de la ausencia casi total de analfabetismo reflejo, del alto nivel de educación.[35]
2. Las riquezas naturales del distrito bonaerense fueron concebidas –por los expertos de la Junta– según sus posibilidades de ser puestas en producción activa. En algunos casos, constituían fuentes de riqueza potencial nuevas (como el caso de la reactivación de la producción pesquera); en otros, implicaba un mejor aprovechamiento, una mayor productividad, mejorando sus rendimientos (como por ejemplo la producción agrícola), o bien evitando el uso de recursos con destino a bienes superfluos (para lo cual deberían reorientarse algunas actividades industriales).
3. En cuanto al capital productivo existente, los economistas de la Junta sabían a cuánto ascendía a nivel nacional (a partir del informe de la CEPAL de 1955 titulado *Problemas y perspectivas del crecimiento económico de la Argentina*), pero se encontraron con que no había cifras estadísticas del capital existente en la provincia, aunque ponderaron una cifra aproximada al sostener que el aporte de Buenos Aires al PBI del país era de una tercera parte. Para incrementar ese capital, que resultaba insuficiente según la Junta, captando un mecanismo de capitalización privada o estatal, esta sugería que el gobierno provincial debía incrementar la masa de ahorro interno mediante inversiones, con medidas impositivas y crediticias que actuaran como incentivos al sector privado. Concluían que la capitalización provincial sería la consecuencia del volumen de ahorro dentro de su propio territorio, del intercambio de ahorro con el resto del país y del proveniente del exterior.[36]
4. Finalmente la iniciativa privada, incentivada con el establecimiento de nuevas empresas y de mejoras técnicas en la producción y distribución de bienes, estaba en condiciones, según la Junta, de mejorar sus capacidades de realización.

---

[35] *Ibidem*, p. 58.
[36] *Ibidem*, p. 53.

Estructura y estrategia del programa desarrollista provincial

Esquema del organigrama del gobierno provincial ideado por el gobernador Oscar Alende y por el ministro Aldo Ferrer [37]

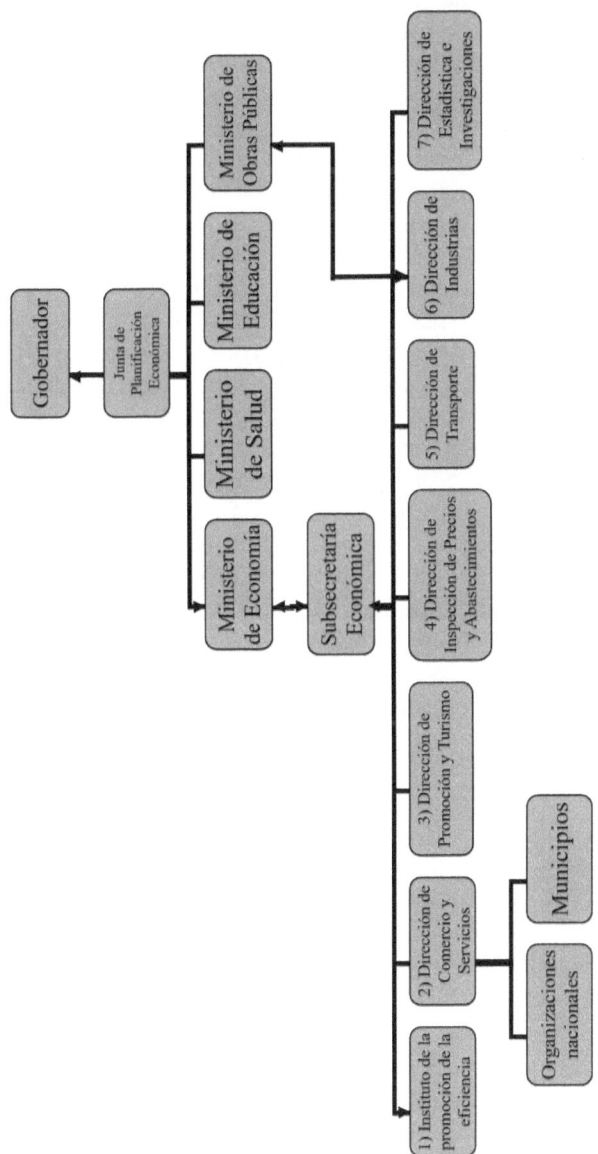

---

[37] Esquema de elaboración propia a partir de los datos aportados en las Memorias del Ministerio de Economía provincial, 1958-1961.

Descripción del organigrama

En su informe a la Legislatura bonaerense (en cumplimiento del artículo 139 de la Constitución provincial)[38] presentado el 29 de mayo de 1959, el ministro Ferrer detallaba en las *Memorias* lo actuado durante el primer año de mandato del gobernador Alende, describiendo el nuevo diseño organizacional propuesto por su dependencia, que giraba en torno a un detallado programa desarrollista, con eje en la Junta de Planificación Económica. Como puede notarse en el organigrama, la Junta de Planificación era un organismo supraministerial y a la vez interministerial, donde las decisiones eran consensuadas, discutidas y analizadas desde y por la Junta en diálogo con los ministerios respectivos.

A su vez, Ferrer –a través de la Subsecretaría de Economía– diseñó una serie de departamentos e institutos que debían ser funcionales al proyecto desarrollista. La Junta "educaba" a los funcionarios en las estrategias que debían modernizar las tradicionales estructuras burocráticas ministeriales, bajo una lógica de investigación-capacitación y ejecución de políticas de transformación. En cuanto a la Subsecretaría, Ferrer la inscribía dentro de la labor de promoción del desarrollo que estaba encarando el Ejecutivo provincial, en consonancia con el proyecto nacional y teniendo en cuenta las condiciones generales de la economía del país. Por ello la Subsecretaría también tenía su representación en el Consejo Económico Nacional y en la Comisión de Radicación de Capitales Extranjeros.

Dentro del desafío desarrollista, se definían dos líneas concretas de trabajo gubernamental: el "fluir de los ingresos", junto al control del gasto público y la promoción de las inversiones, y se añadía una tercera variable: el incremento de la productividad.[39] Ferrer sostenía que de la primera tarea debía encargarse el gobierno nacional, a partir de su política cambiaria, monetaria, crediticia, arancelaria, impositiva y de subsidios (si los hubiera). La política de promoción de inversiones, en cambio, debía ser asumida creativamente por las tres esferas de administración (nacional, provincial y municipal). Por último, Ferrer insistía en que la productividad debía ser encarada en las tres instancias jurisdiccionales pero también "en el ámbito de cada

---

[38] Juan C. Corbetta, *Textos constitucionales de Buenos Aires*, La Plata, Suprema Corte de la Provincia de Buenos Aires, La Plata, 1984, p. 210. El artículo 139 decía: "En los treinta días posteriores a la apertura del período legislativo, los ministros presentarán a la Asamblea la memoria detallada del estado de la Administración correspondiente a cada uno de los ministerios, indicando en ellas las reformas que más aconsejen la experiencia y el estudio".

[39] Ministerio de Economía de la Provincia de Buenos Aires, *Memorias 1959*, La Plata, p. 2.

empresa y en menor proporción al nivel de las familias, que integran así el complejo de factores que confluyen hacia la actividad socioeconómica y política total".[40]

En cuanto a la descripción de las competencias de cada espacio de la administración pública provincial, Ferrer les atribuía las siguientes características.

1. Instituto de Promoción de la Eficiencia

Fue creado como una entidad funcional dentro del Ministerio, integrado por un presidente y un vicepresidente natos que eran el ministro y el subsecretario de Economía y Hacienda, con el objetivo de realizar un estudio completo sobre los métodos de gestión y trabajo dentro de cada una de las direcciones ministeriales, que servía para la racionalización y la eficiencia de las tareas desarrolladas por la burocracia bonaerense. Se buscaba la reducción de los gastos del Estado y de los costos de funcionamiento del aparato estatal (teniendo en cuenta tres variables: recursos humanos, insumos y métodos de trabajo), para los cuales se constituyeron equipos específicos de tareas, dictándose a su vez cursos de capacitación del personal.

2. Dirección de Comercio y Servicios

Tenía dos funciones específicas: por un lado romper con las asociaciones monopólicas y por otro mantener los circuitos de comercialización y de intermediación en términos "razonables" para las distintas partes involucradas. Para ello debía proteger el correcto desarrollo de los circuitos de oferta y demanda, pero cuidando los intereses de los consumidores y alentando la producción provincial.

3. Dirección de Promoción y Turismo

Era imprescindible para el *desarrollo regional selectivo*, a partir de concebir la promoción del turismo como un enclave de despegue de las atracciones regionales de la provincia. Se concebía al turismo como: "una industria productora de servicios personales, sentando las bases de una política de localización de las corrientes turísticas", tanto a nivel nacional como sosteniendo la atracción del turismo internacional.[41]

---

40 *Ibidem*, p. 3.
41 Ministerio de Economía de la Provincia de Buenos Aires, *Memorias 1959*, La Plata, p. 3.

4. Dirección de Inspección de Precios y Abastecimiento

Su función era perseguir, en la medida de lo posible, la especulación en la provincia. Intentaba monitorear los precios y ejercer una función punitiva, aunque reconocía su debilidad ya que muchas de las variables que los determinaban provenían de factores exógenos al alcance de la política provincial.

5. Dirección de Transporte

Se encargaba de diseñar un registro de patentamiento y de otorgamiento de licencias de transporte, convirtiendo al transporte automotor en un medio de despegue del modelo propuesto por la Gobernación, a fin de generar los circuitos y las redes de comunicación provinciales en un esquema integral de desarrollo.

6. Dirección de Industrias

Debía actuar en consonancia con los criterios generales del proyecto de desarrollo industrial a escala nacional y provincial, para lo cual eran indispensables los trabajos previos realizados en colaboración con la Junta de Planificación Económica.

7. Dirección de Estadísticas e Investigaciones

Se la pensaba como un *think tank*, para lo cual debían conformarse equipos de trabajo que se dedicaran a la investigación económica y al relevamiento de datos provinciales fundamentales. Relevaba no solo el PBI de la provincia como variable macro, sino las canastas familiares en estadísticas domésticas para ponderar correctamente el costo de vida. Llevaría a cabo censos y estadísticas agropecuarias y tenía como objetivo la consolidación de series estadísticas dinámicas y confiables "que constituyan verdaderos barómetros desde el mercado mismo, a fin de que la estadística llegue en tiempo oportuno para servir a las decisiones del gobernante y para marcar las necesarias modificaciones en cada etapa del desarrollo de la política". [42]

---

[42] Ministerio de Economía de la Provincia de Buenos Aires, *Memorias 1959*, La Plata, p. 5.

A modo de conclusión

Ferrer trató de conciliar las estrategias aprehendidas en su formación *cepalina* con el desafío de la gestión económica en uno de los distritos más difíciles de administrar, como era la provincia de Buenos Aires. En el juego del endeble equilibrio entre la teoría y la praxis del desarrollo, Ferrer propuso como medios para alcanzarlo la *Revista de Desarrollo Económico*[43] (también a la manera de un *think tank*) y la Junta de Planificación Económica, como centro ejecutor de las políticas desarrollistas provinciales. El Comité Editorial de la revista establecía en la introducción a su número 1 que el objetivo de esa publicación era dar a conocer estudios teóricos y experiencias prácticas sobre cuestiones de desarrollo económico. Tenía una clara intención de promover la investigación-acción, gestando un espacio de encuentro de la teoría para que esta deviniera en praxis desarrollista. Siguiendo los parámetros de publicaciones internacionales, se podía leer

> el doble carácter de la revista, que publica estudios sobre problemas concretos y, a la vez, trata de profundizar en los aspectos teóricos, constituye una necesidad práctica de la programación. Un plan no consiste únicamente en un texto escrito; implica una concepción dinámica de las relaciones económicas, que requiere permanentes ajustes, estudios e investigaciones [...] En síntesis, la *Revista de Desarrollo Económico* será tanto un órgano de difusión de investigaciones teóricas, como un instrumento de análisis y perfeccionamiento de un plan de desarrollo.[44]

La clara tendencia *desarrollista-estructuralista-cepalina* de sus editores se manifestaba repasando el sumario de ese primer número. Entre sus artículos se encontraba uno de Osvaldo Sunkel, otro de Federico Herschel y Ricardo Cibotti, así como las principales medidas impositivas y de inversión pública de la Junta de Planificación Económica. En las "Crónicas" se reproducían los textos de unas jornadas de desarrollo económico realizadas en Chile en julio de 1958 y del primer curso intensivo de capacitación en problemas de desarrollo económico que se organizó en la Argentina (con comienzo el 1º de octubre) con los auspicios de la Universidad de Buenos Aires –en representación del gobierno argentino–, de la CEPAL y de la

---

43 La *Revista de Desarrollo Económico* apareció por primera vez en La Plata como publicación trimestral. El volumen I, número I de octubre-diciembre de 1958 se terminó de imprimir en los Talleres Gráficos de la Dirección de Rentas de la provincia de Buenos Aires, en el mes de febrero de 1959. El Comité Editorial estaba integrado por Norberto González, Alfredo Eric Calcagno, Ricardo F. Cibotti, Andrés Devoto Moreno, Osvaldo Fernández Balmaceda, Héctor Grupe, Federico J. Herschel y Samuel Itzcovich, siendo su secretario ejecutivo Calcagno.
44 *Revista de Desarrollo Económico*, Vol. I, Nº I, octubre-diciembre de 1958, p. 3.

Administración de Asistencia Técnica de las Naciones Unidas (AAT-ONU). Seguían las "Notas bibliográficas", donde se hacían comentarios críticos de algunas obras que serían clásicos de la teoría del desarrollo: W. Arthur Lewis, el *Estudio económico para América Latina* de 1957 de la CEPAL y la obra *Bienestar para todos* de Ludwig Erhard, uno de los padres del milagro alemán y de la economía social de mercado.

El gobernador Oscar Alende entendió que la transformación de la estructura productiva provincial y la construcción de un poder de gobierno sostenido necesitaban de profesionales que gestionaran eficientemente el distrito, a los cuales apostó toda su confianza. Sin embargo, a pesar de los esfuerzos de Ferrer para concebir una matriz desarrollista provincial, tuvo que presentar la renuncia el 30 de marzo de 1960, junto a los ministros Pascual Actis Caporale de Salud Pública y Asistencia Social y Antonio Monti, de Acción Social. Las causas de sus dimisiones fueron la consecuencia de la derrota electoral de la Unión Cívica Radical Intransigente (UCRI) en las elecciones legislativas de medio término, así como la obstinada decisión del ministro de Economía de la Nación, Álvaro Alsogaray, de profundizar su plan de estabilización antiinflacionario, que implicaba recetas recesivas y que inhibían el impulso industrializador. La prensa destacaba que el anuncio de las renuncias por parte del ministro de Gobierno Felipe Francisco Díaz O'Kelly implicaba una "reorientación de la política del gobierno provincial", no descartándose una dimisión colectiva del gabinete ministerial de Alende. Resulta significativo que a Ferrer en Economía se le sumaran dos áreas "humanistas y populares" como salud y acción social, reflejando frente a la opinión pública cierto "giro antipopular" del gobierno de Alende y Frondizi.[45]

En este capítulo presentamos una primera aproximación al estudio del desarrollismo argentino, pero leído "en clave bonaerense". Nos propusimos estudiar (bajo una mirada "institucionalista", en el marco de un cierto paradigma de complejidad) la historia de un fracaso. Aunque quizás el fracaso de ese sueño de desarrollo haya sido, dolorosamente, el fracaso mismo de una nación.

---

[45] "Fueron aceptadas las renuncias de tres ministros", *El Día*, La Plata, 30 de marzo de 1960, p. 3.

11

Políticas desarrollistas en España y la Argentina

Una visión comparativa desde la perspectiva de la Historia de las Ideas

Ángel Cerra[1]

Introducción

El propósito del capítulo es examinar los modos de gestación del conjunto de ideas englobadas bajo el rótulo de "desarrollismo" en España y la Argentina, para promover una discusión más amplia sobre la manera en que se produjo en ambos países –de forma más o menos exitosa– el pasaje de la industria autárquica a la expansión ligada a los capitales extranjeros.

Las décadas de 1950 y 1960 observaron en buena parte de los países periféricos procesos económicos similares. Tal extensión de los cambios a nivel mundial no puede deberse a la casualidad. La historiografía, la economía y los científicos sociales en general han enfatizado una serie de condicionantes estructurales que indujeron, propiciaron o provocaron –el matiz es importante, como se observará a lo largo del texto– la adopción de políticas desarrollistas en América Latina, España y otras regiones postergadas del mundo.

Entre los condicionantes estructurales podemos señalar: a) la consolidación de los Estados Unidos como potencia hegemónica decidida a utilizar su influencia para la articulación de las relaciones internacionales bajo su control; b) derivado del punto anterior, el activismo de las instituciones financieras internacionales, visible desde finales de la década de 1950. El accionar del Fondo Monetario Internacional (FMI) y del Banco Mundial (BM) resultó especialmente relevante para la inteligibilidad del predominio norteamericano. Las recomendaciones en pos de la normalización cambiaria, evitando la discriminación

---

[1] Universidad de Buenos Aires.

monetaria y los convenios bilaterales, la apertura a las importaciones y a los capitales foráneos fueron los instrumentos preferentemente utilizados por esos organismos; c) el movimiento de expansión de las empresas multinacionales tanto norteamericanas como europeas, que se tradujo en la instalación de sus filiales en zonas periféricas; d) la agudización del conflicto conocido como Guerra Fría, que provocó por parte de las potencias hegemónicas –en lo que al artículo compete, especialmente en los Estados Unidos– la preocupación por favorecer el desarrollo de los miembros subordinados de su bloque como antídoto para evitar el aumento del área de influencia de su rival. La enunciación más clara de esta posición se encuentra en el Punto IV del discurso que brindó en enero de 1949 el presidente Harry Truman[2] y en los planes de la Alianza para el Progreso, propiciada por John Fitzgerald Kennedy en los años sesenta; y e) la presencia de una corriente internacional de ideas, englobadas bajo el rótulo de "Teoría del Desarrollo" que propuso, sistematizó y justificó los cambios que se produjeron en esos años. Los nombres de Paul Rosenstein Rodan, Gunnar Myrdal, Ragmar Nurske, Albert Hirschman y Walt Whitman Rostow son quizás los más representativos –de ningún modo los únicos– que podemos incluir en este movimiento intelectual.

La enunciación precedente ha movido a los estudiosos a simplificar la cuestión del desarrollismo, su construcción teórica y su aplicación, como la derivación ineludible de un contexto económico internacional propio de la consolidación del fordismo y del Estado de bienestar en los países más avanzados del planeta y de la construcción de la *Pax Americana*, o como el resultado de un "clima de ideas" sintetizado en los nombres arriba citados. Esta simplificación puede resultar útil a los efectos de la divulgación en los cursos introductorios de la universidad, pero padece graves limitaciones cuando de la explicación histórica del proceso se trata.

Si el mundo es solo un escenario donde las corrientes económicas y políticas principales imprimen la realidad, su carácter histórico desaparece. Muchas preguntas quedarían sin respuesta. Por ejemplo, ¿por qué hubo países que no llegaron a participar de la experiencia generalizada de los años sesenta?, ¿por qué en Brasil, por citar un caso, encontramos elementos protodesarrollistas de importancia en el varguismo, que continuaron con Juscelino Kubistchek y con la larga

---

[2] En el marco de la dicotomía entre democracia y comunismo, planteada en términos de libertad vs. tiranía, la propuesta de Truman era ayudar a los países subdesarrollados mediante la asistencia tecnológica y económica para evitar que las deficientes condiciones materiales favorecieran el advenimiento del totalitarismo. El discurso completo puede consultarse en *Inaugural Addresses of the Presidents of the United States*, Washington, D.C., U.S. G.P.O., for sale by the Supt. of Docs., U.S. G.P.O., 1989 [en línea: www.bartleby.com/124/] (consultado el 15 de febrero de 2016).

experiencia de las dictaduras que se sucedieron entre 1964 y 1985, mientras que en la Argentina el ideario desarrollista apenas sobrevivió a la caída de Frondizi con algunas reminiscencias en el onganiato? El lector podría plantearse interrogantes similares, que no pueden ser contestados con la generalización estructural o contextual.

La utilización del denominado clima de ideas post Segunda Guerra Mundial como causa de la extensión del desarrollismo en los países periféricos padece las mismas o peores limitaciones que el supuesto de la imposición de las condiciones económicas y políticas internacionales. Se da por sentado que si un autor escribe en la época de la articulación de un plan, influye en la conformación de su aparato ideológico. Más allá de cuestiones más profundas que deben preocupar al historiador, como las de precisar las coincidencias temáticas y de propuestas, este reduccionismo lleva a absurdos tan notables como atribuir influencia a escritos que fueron publicados con posterioridad a la implementación de los planes[3] o al momento de gestación de las ideas.

De este modo, tanto la existencia de precondiciones estructurales económicas y políticas en el ámbito internacional como la presencia de una corriente de pensamiento que apuntalaba el proyecto desarrollista resultan insuficientes para comprender de manera acabada el alcance de las transformaciones nacionales y, de forma transitiva, impide la realización de una comparación en términos científicos. La propuesta es procurar el examen de los procesos español y argentino, a través de la metodología de la Historia de las Ideas, para poder falsar aquellos juicios más groseramente sustentados en el sentido común y completar las otras vías explicativas estructurales, sin –por supuesto– ignorarlas.

Para organizar el trabajo, en primer lugar expondré los elementos principales de la metodología de la Historia de las Ideas y su alcance; a continuación, señalaré los elementos económicos y políticos que permiten emparentar los cambios producidos en ambos países, y finalmente postularemos las similitudes y diferencias de los aparatos conceptuales del desarrollismo español y argentino. Las conclusiones propondrán una vía explicativa alternativa del proceso.

---

[3] Un ejemplo claro de esta generalización imprudente es postular la influencia de autores como Albert Hirchsman en el pensamiento desarrollista argentino. Como el propio Hirchsman reconoce, la publicación de sus ideas en inglés es posterior a la implementación de la política frondicista. Cfr. Ángel Cerra, "Las raíces ideológicas del desarrollismo argentino: la originalidad de Rogelio Frigerio", en *Revista Ciencia y Técnica Administrativa*, Vol. 9, N° 4, octubre 2010.

Una propuesta para el análisis histórico de las ideas[4]

A pesar de las prevenciones que ha provocado en los historiadores el campo de la Historia de las Ideas o Intelectual, ha suscitado notables ensayos tanto en el exterior como en la Argentina. Excelentes ejemplos de sus posibilidades son el trabajo de Robert Nisbet, *Cambio social e historia, aspectos de la teoría occidental del desarrollo*,[5] y el de Richard Hofstadter, *Los historiadores progresistas*.[6] En el plano local, desde los precursores trabajos de José Luis Romero, pasando por el clásico de Tulio Halperín Donghi, *Una Nación para el desierto argentino*,[7] la notable producción de Torcuato Di Tella y el penetrante ensayo *La tradición republicana* de Natalio Botana,[8] no faltaron intentos serios por explicar la historia a partir de –o con la ayuda de– las ideas. En estos trabajos, la comprensión del cambio histórico remite a dos diálogos: por un lado, el que entabla el pensador con su contexto social e intelectual; por el otro, aquel que se establece con los intelectuales que lo precedieron. Podemos ampliar la famosa expresión de Keynes, en el sentido de que todo estadista es esclavo, sin saberlo, de las concepciones de algún economista ya fallecido.[9] De la misma manera, las sociedades buscan su norte en la producción de pensadores que no llegaron a conocerlas y que –en algunos casos– ni siquiera tuvieron la pretensión de modificarlas.

Con la excepción del trabajo de Robert Nisbet, los demás libros examinan también la manera en que estas ideas o conjuntos complejos de ideas son asimilados por sus sociedades. Nos encontramos

---

[4] Una versión completa de este marco teórico fue publicada en Ángel Cerra, "Los muertos que no mataste. Una explicación de la industrialización argentina a través de la Historia de las Ideas", en Cristina Lucchini (comp.), *El enigma argentino. Empresarios e intelectuales a la búsqueda de un proyecto nacional*, Buenos Aires, Proyecto Editorial, 2003.

[5] Robert Nisbet, *Cambio social e historia, aspectos de la teoría occidental del desarrollo*, Barcelona, Editorial Hispano Europea, 1976 (primera edición en inglés, 1968).

[6] Richard Hofstadter, *Los historiadores progresistas*, Buenos Aires, Paidós, 1970 (primera edición en inglés, 1968).

[7] El ensayo forma parte del libro de Tulio Halperín Donghi, *Proyecto y construcción de una nación*, Caracas, Biblioteca Ayacucho, 1980.

[8] Natalio Botana, *La tradición republicana. Alberdi, Sarmiento y las ideas políticas de su tiempo*, Buenos Aires, Sudamericana, 1984.

[9] La cita completa es: "Las ideas de los economistas y de los filósofos políticos, tanto si tienen razón como si no la tienen, son más poderosas de lo que se cree comúnmente. Sin duda el mundo está gobernado por poco más que esto. Los hombres prácticos, que se creen estar completamente al margen de influencias intelectuales, suelen ser esclavos de algún economista difunto. La locura que destilan los maniáticos de la autoridad que creen oír voces en el aire procede de algún mal escritor académico de años atrás. Estoy seguro de que el poder de los intereses creados se suele exagerar mucho, comparado con la fuerza que tiene la introducción gradual de las ideas", en John Maynard Keynes, *La Teoría General del Empleo, el Interés y el Dinero*, Madrid, Editorial Aosta, 1998, p. 440 (primera edición en inglés, 1936). Anotamos que su archirrival intelectual, Friedrich August Von Hayek, compartía plenamente esa certeza.

entonces con otra dimensión de análisis: la formación de las ideologías. En este sentido, la transmisión de las ideas y su articulación en conjuntos de creencias con distinta influencia sobre la sociedad son vitales para la interpretación de los autores analizados.

De la exposición anterior, podemos extraer las características comunes de la Historia de las Ideas, del modo en que se la ha practicado hasta el presente en sus más elevados representantes:

1. Introduce una explicación alternativa para la comprensión del devenir histórico, alejada de la mera dilucidación de factores estructurales. Por ese motivo, resulta especialmente útil para la debilitación de doctrinas rígidas o insuficientes.
2. Plantea dos niveles de análisis. Uno, relacionado con el registro de los pensadores precedentes y su influencia. Otro, que se vincula con el medio socio-cultural contemporáneo y su interacción.
3. Distingue dos etapas en la construcción del conocimiento histórico, que a la vez se corresponden con distintos espacios disciplinarios. Estas no son fácilmente separables y tampoco tenemos la certeza de que sea conveniente hacerlo. La primera etapa es la que se relaciona con la filosofía o sociología de las ideas o con la historia de las doctrinas económicas, si se trata de ellas. En ella se enfoca especialmente la génesis de las ideas, su contexto de aparición y la indagación alrededor de sus componentes de verdad, sobre el valor cognoscitivo. La discusión se ubica en términos lógicos. En una segunda etapa, las ideas son examinadas por su influencia sobre la sociedad en que son generadas, rescatadas o resignificadas. Es decir, alude al proceso por el cual se transforman en sistemas de creencias o ideologías. Como afirma Sartori, "las ideologías ya no son ideas –ideas sometidas a la jurisdicción de la lógica y al tamiz de la verificación–, sino más bien 'ideas convertidas en palancas sociales', ideas convertidas en ideales dirigidos a la acción". Podríamos incluso afirmar: en el plano ideológico las ideas no son tratadas lógicamente (con fines cognoscitivos), sino que, por el contrario, se tratan persuasivamente (con fines de praxis-lógica). Pero si las ideologías son ex ideas, ideas-ya-no-ideas, y por lo tanto, "ideas que ya no son pensadas" entonces se pone en evidencia la vinculación entre ideología y creencia.[10]

---

[10] Giovanni Sartori, *Elementos de Teoría Política*, Madrid, Alianza, 1999 (primera edición en español, 1992), p. 122.

Insisto en la necesidad de no separar las dos etapas del análisis de las ideas, pero postulo que el enfoque histórico debe centrarse en a) la búsqueda de los elementos formativos de las mismas, tanto desde el plano de los antecedentes intelectuales como desde el contexto sociocultural de gestación; b) el examen de sus mecanismos de transmisión, su conversión total o parcial en sistemas de creencias y su influencia como ideologías sobre las sociedades del presente y del futuro.

En cuanto a la metodología a emplear para el abordaje del objeto de investigación delimitado en el párrafo precedente, la propuesta involucra dos tareas que se corresponden con los apartados a) y b). Para la búsqueda de los elementos formativos, considero que el camino elegido por Nisbet es el más adecuado, si bien introduciría algunas modificaciones en su propuesta metodológica. El eminente sociólogo estadounidense postula tres perspectivas para encarar la Historia de las Ideas. La primera de ellas involucra los elementos biográficos de los autores estudiados, "lo que permite comprender las fuerzas motivadoras de la evolución intelectual, esas percepciones, intuiciones profundas y descubrimientos que proceden únicamente de seres individuales".[11] Este procedimiento contiene el riesgo –para Nisbet– de hacer una biografía del pensamiento y pierde de vista las relaciones, estructuras e influencias de las ideas entre sí, que superan ciertamente las circunstancias de su gestación.

La segunda perspectiva estudia las escuelas, los sistemas, los *ismos*. La riqueza de este enfoque es que permite captar la globalidad y coherencia de los conjuntos de ideas, pero también contabiliza en el Debe un cierto reduccionismo y mutilación tanto de sus elementos básicos –las ideas– como de las contradicciones existentes entre los distintos autores que integran la corriente de pensamiento.

Finalmente, existe una tercera vía de análisis, que se sustenta en las ideas, elementos constitutivos de los sistemas. Permite realizar una búsqueda más ambiciosa a través de la historia, estableciendo regularidades y modificaciones de un concepto. Si bien es la preferida por Nisbet, podríamos señalar que en torno al análisis histórico, su excesiva amplitud temporal atenta contra el examen del contexto de génesis del concepto y su articulación con otras ideas. Para expresarlo de otra manera: si la pretensión del estudioso es examinar los elementos de verdad de un término, seguramente la última vía debe ser la escogida. Pero como historiadores que consideramos que la distinción entre hechos y mentalidades es, por lo menos, discutible, resulta necesario

---

[11] Robert Nisbet, *La formación del pensamiento sociológico*, Buenos Aires, Amorrortu, 1977, Tomo 1, p. 15 (primera edición en inglés, 1966).

rescatar el marco social en que las ideas germinaron para poder seguir la línea que nos conduce a su reelaboración, síntesis y difusión como sistemas de creencias más o menos ideológicos.

Además, la práctica de la labor historiográfica demuestra que finalmente, la biografía, el contexto de generación, las vinculaciones con otras ideas y con otros autores son factores explicativos esenciales y que ninguna perspectiva –ni aun aquella que postula el estudio independiente de las ideas-elemento– puede soslayarlos.[12]

¿Cuál es método más adecuado para el análisis de la difusión de las ideas y su impacto social mediante la transformación en sistemas de creencias? En este sentido suscribimos la hipótesis de Sartori, afirmando que los sistemas de creencias descienden desde la élite hacia el público-masivo y que en ese camino sufren un recorte que los transforma en palancas de acción, es decir, en ideologías.[13] Podríamos agregar también que hay ideas o creencias que no trascienden prácticamente el mero espacio intelectual o que en su difusión solo afectan a grupos minoritarios –y poderosos–.

Por ese motivo, al examinar este aspecto de la difusión de las ideas, es necesario relevar: a) la articulación del pensador o pensadores involucrados con otros espacios académicos, políticos o empresariales; b) la presencia de divulgadores especializados de la nueva verdad revelada; c) su impacto sobre las élites que se corresponden con los espacios arriba mencionados; d) su eventual llegada a la masa, transformada en ideología, y las mutilaciones sufridas para su conversión en herramientas de acción.

En el presente trabajo nos proponemos examinar los puntos arriba detallados a los efectos de introducir una hipótesis que permita explicar las transformaciones casi contemporáneas del desarrollismo en España y Argentina, con sus regularidades y disonancias.

Los condicionantes estructurales de los procesos desarrollistas

En principio, una serie de regularidades invita a la comparación entre ambos procesos. Entre ellas, podemos mencionar las siguientes.

---

[12] Debo esta reflexión sobre los inevitables componentes biográficos de la Historia de las Ideas al doctor Teodoro Blanco.
[13] Giovanni Sartori, *op. cit.*, pp. 122-135.

La existencia de una etapa previa de industrialización liviana, con fuerte intervención estatal y escasa articulación entre las distintas ramas de actividad

Se corresponde en España con la estrategia económica del franquismo desde la victoria nacional en la Guerra Civil hasta el advenimiento de los tecnócratas a posiciones de poder a finales de la década de 1950. En este proceso, el aislamiento internacional sufrido por el régimen –que concluye parcialmente con la firma de los pactos con los Estados Unidos en 1953– y ciertos condicionamientos ideológicos de ese conglomerado heterogéneo formado por las élites políticas que acompañaron al Generalísimo Francisco Franco se plasmaron en un intento completamente insuficiente de modernización económica. La presencia de una inflación persistente, los cuellos de botella derivados de la restricción externa y los magros resultados en términos de crecimiento del PBI se transformaron en el campo propicio para la instrumentación en 1959 del Programa de Estabilización, y en 1962 de los Planes de Desarrollo que cambiarían de manera decisiva el rumbo de la economía española.

En el caso argentino, la industrialización es el resultado de una serie de condiciones que promovieron desde la década de 1920 o de 1930 un crecimiento manufacturero dependiente.[14] El peronismo le otorgó un carácter deliberado al proyecto industrialista, centrado en la expansión del mercado interno, el pleno empleo y el nacionalismo autárquico. Las insuficiencias de ese proyecto provocaron rectificaciones importantes en el segundo mandato de Perón (1952-1955), que consistían en incentivos a la inversión y una apertura moderada al capital externo, plasmada en la Ley de Inversiones Extranjeras del año 1953 y la celebración de un contrato con una empresa estadounidense para la exploración y explotación de hidrocarburos en el sur de la Argentina. El golpe de Estado de 1955 y la propia resistencia de

---

14 Tradicionalmente, la historiografía había establecido el corte en la década de 1930. En ese contexto, la restricción externa provocada por la crisis global había impulsado de forma no deliberada la industrialización por sustitución de importaciones, nacida al calor de una coyuntura y necesariamente presa de limitaciones notables en términos de autonomía e integración entre las distintas ramas. En fechas más recientes, se ha consolidado una corriente historiográfica que sitúa el despegue industrial en la década de 1920, motorizado no por la crisis sino por la combinación de las inversiones estadounidenses, un mercado con demanda creciente y reglas de juego estables. Para la versión tradicional, que sitúa la industrialización como resultado de la Gran Depresión, cfr. Guido Di Tella y Manuel Zymelmann, "Las etapas del desarrollo económico argentino", en Torcuato Di Tella, Gino Germani, Jorge Graciarena y colaboradores, *Argentina, sociedad de masas*, Buenos Aires, Eudeba, 1965. La corriente que postula el crecimiento manufacturero desde fechas tempranas tiene su primer exponente en el trabajo de Javier Villanueva. Cfr. Javier Villanueva, "El origen de la industrialización argentina", en *Desarrollo Económico*, Vol. 12, N° 47, octubre-diciembre 1972, pp. 451-476.

los seguidores de Perón a este viraje –reflejado en el rechazo parlamentario al tratamiento del contrato petrolero–[15] impidieron ver los resultados del giro económico.

Encontramos entonces un marco económico inicial que posee similitudes significativas entre el caso español y el argentino: industrialización sustitutiva con una fuerte presencia estatal y desconfianza hacia los mecanismos del mercado, dificultades para pasar de las ramas livianas a la pesada, escasez de inversiones extranjeras por bloqueo externo, especialmente estadounidense, y por la paralela construcción de una ideología nacionalista en un proceso justificativo que recuerda de algún modo a la fábula del zorro y las uvas. Señalemos que hay una diferencia importante: más allá de las críticas formuladas a la política económica peronista, sus resultados fueron muy superiores a los obtenidos en la España autárquica de Franco.

La apertura hacia los Estados Unidos

Las relaciones de ambos países con los Estados Unidos atravesaron situaciones parecidas. En el caso español, la finalización de la Segunda Guerra Mundial encontró al franquismo en una situación de aislamiento internacional derivado de las características del régimen y su asimilación con las potencias perdedoras en la conflagración. Lentamente se fue descongelando esta situación: en 1948 se firmaron acuerdos comerciales con Francia y Gran Bretaña; al año siguiente, un banco comercial estadounidense concedió un pequeño crédito con el aval de su gobierno. En 1950, el Eximbank otorgó un préstamo más importante, y en las Naciones Unidas, con el voto afirmativo de los Estados Unidos, se levantaron las sanciones aplicadas al régimen del Generalísimo. Hacia 1953, bajo la presidencia y el influjo de Dwight Eisenhower, se suscribieron los Pactos de Madrid,[16] que consistían básicamente en el otorgamiento de créditos y armamento para el país ibérico, a cambio de facilitar la instalación de bases militares en territorio español. En un principio, se trató de las bases aéreas de Morón, Zaragoza, Torrejón y la base naval de Rota. En el marco de la Guerra Fría, las concesiones franquistas se recompensaron con la entrega de 1500 millones de dólares por parte de Washington.

---

15 Nicolás Gadano, *Historia del petróleo en Argentina (1907-1955). Desde los inicios hasta la caída de Perón*, Buenos Aires, EDHASA, 2006.
16 Un pacto es un acuerdo entre los poderes ejecutivos y tiene menor jerarquía que los tratados. Se eligió este mecanismo porque el tratado necesita ratificación parlamentaria y el Congreso de los Estados Unidos se mostraba mayoritariamente hostil al régimen de Franco.

En el caso argentino, si bien existen elementos comunes con España, lo cierto es que la posibilidad de transformarse en un aliado militar de los Estados Unidos se vio limitada no solo por decisiones políticas endógenas, sino también por cuestiones geopolíticas. Desde 1942, Brasil ocupó ese lugar en América del Sur, rompiendo relaciones diplomáticas y declarando posteriormente la guerra a Alemania, permitiendo la instalación de bases militares norteamericanas en el norte del país y enviando decenas de miles de soldados para combatir junto a los aliados en Italia en 1943. Mientras tanto, el aislamiento del gobierno argentino se reflejó en la activa participación del embajador norteamericano Spruille Braden en la campaña electoral de 1946 en apoyo a los candidatos opositores y en la divulgación del *Libro Azul*, documento donde el Departamento de Estado acusaba al régimen del que había participado Juan Domingo Perón de tener vinculaciones con los nazis.

En los años iniciales del gobierno peronista la hostilidad de la primera potencia occidental fue la norma, a pesar de los esfuerzos de algunos pocos funcionarios. En 1953, las necesidades de los estadounidenses de consolidar un frente latinoamericano unido en el marco de la Guerra Fría y las urgencias económicas argentinas favorecieron un tibio acercamiento, que se plasmó en la visita del hermano del presidente Eisenhower, Milton, al país y en la citada legislación sobre inversiones extranjeras. A pesar de las intenciones del presidente Perón, no fue posible avanzar mucho más allá en ese momento. Desde la perspectiva de los intercambios comerciales, las economías de ambos países eran competitivas, no complementarias. Y desde el punto de vista de la estrategia militar, la Argentina no tenía la importancia de Brasil. Tampoco el gobierno de la Revolución Libertadora pudo fortalecer la relación, a pesar de su buena predisposición para seguir las prescripciones norteamericanas en favor del multilateralismo.

En cuanto a las relaciones con los Estados Unidos, la etapa antecedente a la implementación de las políticas desarrollistas marca en España y Argentina un descongelamiento que reviste distintos matices. Para comparar el grado de compromiso de las administraciones norteamericanas entre 1953 y 1958, los españoles recibieron créditos por unos 1500 millones de dólares, mientras que los argentinos no completaron siquiera 200 millones de la misma moneda. Como sostuvimos *ut supra*, en el factor geopolítico se encuentra la gran diferencia en el tratamiento por parte de Washington.

La actuación de los organismos multilaterales de crédito

La coyuntura previa a la implementación de los planes de desarrollo a finales de la década de 1950 y principios de la siguiente se caracteriza por un particular activismo de los organismos multilaterales de crédito, especialmente el FMI y el BM. Si bien existen otras instituciones intergubernamentales involucradas (en el caso español, la Comunidad Económica Europea [CEE] y la Organización para la Cooperación y el Desarrollo Económicos [OCDE], y en la Argentina el Banco Interamericano de Desarrollo [BID]), nos interesa destacar las organizaciones económicas globales porque se encontraban implementando políticas comunes a ambos lados del Océano Atlántico.

En España, los acuerdos con el Fondo Monetario marcaron un punto de ruptura de 180 grados en relación con la política autárquica, intervencionista y cerrada llevada a cabo por el franquismo desde finales de la Guerra Civil. Al mismo tiempo, Madrid procuraba romper su aislamiento respecto de Europa e ingresar en la OECE (Organización Europea de Cooperación Económica), luego OCDE.

El país ibérico fue admitido en el FMI en 1958, después de las gestiones realizadas por el secretario de Estado John Foster Dulles. Los gestores del cambio fueron un grupo de economistas vinculados al Opus Dei que recibieron el mote –algo despectivo, según quién lo pronunciase– de tecnócratas. Se destacaban Mariano Navarro Rubio, ministro de Hacienda, y Alberto Ullastres, de Comercio. Celebrado el acuerdo, los aportes del organismo se completaron con recursos que emanaban del Tesoro de los Estados Unidos, un consorcio de bancos privados y de la OECE.

Como consecuencia del entendimiento, se flexibilizaba el comercio exterior, se permitía la inversión extranjera, se facilitaba la remisión de las divisas, se devaluaba la peseta al tiempo que se establecían controles a la emisión monetaria. El Plan de Estabilización de 1959 precedió a la implementación de los planes de desarrollo y sus principales ideólogos criticaron ciertos rasgos estatizantes de la planificación española, especialmente el ministro Navarro Rubio. La implementación de los planes quedó en manos de Laureano López Rodó, íntimamente ligado al almirante Luis Carrero Blanco, principal inspirador y ejecutor de las decisiones del régimen franquista. Debemos anotar que fue el propio López Rodó quien impulsó la llegada de los economistas que después, de manera más o menos larvada, se le enfrentarían.[17]

---

[17] Fabián Estapé, *Conversaciones con Fabián Estapé: grabaciones para una biografía*, Bellaterra, Servicio de Publicaciones de la Universidad Autónoma de Barcelona, 1989, p. 127.

En la Argentina, más allá de los serios intentos por parte de la administración peronista para lograr el respaldo de los Estados Unidos, esos esfuerzos no incluyeron la admisión del multilateralismo propiciado por los organismos internacionales de crédito. Correspondió a la Revolución Libertadora iniciar ese camino. Siguiendo las exigencias del FMI y el BM, se devaluó la moneda, se reemplazó el sistema de cambios múltiples por dos mercados, uno oficial y uno libre, intentando acercarse a lo pedido por los entes en materia de libertad cambiaria y convertibilidad. También se procuró normalizar las deudas con Europa a través del Club de París.[18] A pesar de las urgencias y buena predisposición de las autoridades argentinas, los fondos girados desde el exterior fueron mínimos.

Casi contemporáneamente a los acuerdos celebrados en España, en diciembre de 1958 la administración Frondizi firmaba con el FMI un compromiso de tipo *Stand by*. Y también como sucedía en la madre patria, fue acompañado por un paquete de ayuda en el que participaban el Tesoro de los Estados Unidos y un consorcio de bancos internacionales. A cambio de la asistencia financiera, la Argentina se comprometía a recortar el gasto público, mejorar la recaudación tributaria para disminuir el déficit fiscal, financiar al sector público con recursos genuinos, liberalizar su comercio exterior y adoptar políticas monetarias y crediticias restrictivas para reducir la inflación.[19] Por su parte, el BM financió a la recientemente creada empresa estatal Servicios Eléctricos del Gran Buenos Aires (SEGBA) con un préstamo de largo plazo para terminar una planta eléctrica en el Gran Buenos Aires en un plazo de 25 años a un interés del 5,5% anual. Se exigía que la empresa cobrara tarifas realistas y, además, que el gobierno argentino y el Banco acordaran la designación de un vicepresidente ejecutivo profesionalmente idóneo para administrar la empresa.[20] Como explicaremos más adelante, si bien el dinero de los créditos otorgados era funcional para satisfacer por lo menos parcialmente las necesidades industrializadoras del gobierno, las limitaciones al gasto público se transformaron en un foco de permanente conflicto en el seno del gabinete de Frondizi. Su asesor económico principal, ideólogo y socio político, Rogelio Frigerio, procuraba eliminar las restricciones con el objetivo de impulsar el desarrollo muy rápidamente, mientras que los ministros de Economía Álvaro Alsogaray y Roberto Alemann estaban

---

[18] Raúl García Heras, "La Argentina y los organismos financieros internacionales (1955-1963)", en *El Trimestre Económico*, Vol. 67, N° 268, México, octubre-diciembre de 2000, pp. 523-556.
[19] *Ibidem*, pp. 535-536.
[20] *Ibidem*, pp. 540-541.

más preocupados por el cumplimiento de los acuerdos internacionales. El golpe de Estado de marzo de 1962 truncó todo el devenir político y económico.

Los planes y las ideas

En España los planes de desarrollo que sucedieron al período de estabilización y apertura (1964-1967, 1968-1971 y 1972-1975) siguieron el modelo de la planificación indicativa de los planes cuatrienales franceses.[21] Los puntos básicos del mismo eran:

- La planificación de las metas económicas mediante la recopilación previa de información (básicamente, con la colaboración empresarial y de los técnicos). Estas metas se transmitían a los agentes económicos, públicos y privados, para que pudieran invertir y trabajar en un marco previsible. Para la elaboración de los planes se utilizaron los avances de la ciencia económica de esos años, especialmente las tablas *input-output*. Fabián Estapé, colaborador del equipo económico, por citar un ejemplo, conocía en profundidad los debates académicos contemporáneos.[22]
- La instalación de polos de desarrollo que pretendía un mayor equilibrio territorial incentivando la concentración de compañías manufactureras en estructuras tipo clúster. Se suponía que instalando una gran industria o un complejo fabril en áreas alejadas, se produciría necesariamente una serie de eslabonamientos hacia adelante y hacia atrás. La idea era promover la migración rural hacia centros urbanos alejados de las grandes ciudades.

---

21 Antonio Cañellas Mas señala como otra de las vías de inspiración al Portugal de António de Oliveira Salazar, dadas las mutuas simpatías con el franquismo. De todos modos, al reconocer la influencia francesa sobre el régimen portugués, no se modifica sustancialmente la aseveración que motiva la cita. Cfr. Antonio Cañellas Mas, "La tecnocracia franquista: el sentido ideológico del desarrollismo", en *Studia Historica*, 24, 2006, pp. 257-288. Sobre las diferencias en los tiempos de incorporación al desarrollismo y a la Comunidad Económica Europea, cfr. Ángeles González, "Una esperanza acongojada. Los empresarios españoles y portugueses ante el ingreso en la CEE, 1957-1977", en *Hispania. Revista Española de Historia*, 2012, Vol. LXXII, N° 242, septiembre-diciembre, pp. 699-722. De la misma autora, puede consultarse en esta misma compilación el capítulo: "Tecnocracia y desarrollismo en la Península Ibérica (1959-1974)", donde se examinan desde una perspectiva comparativa las trayectorias de Laureano Lopéz Rodó y el portugués Marcello Caetano.

22 Fabián Estapé, de larga trayectoria académica y de gestión, colaborador regular del periódico *La Vanguardia*, fue el traductor y prologuista del libro de Wassily Leontief, *La estructura de la economía americana* (6 de abril de 1958, p. 17). También tradujo y prologó trabajos de Schumpeter, *La Vanguardia*, 12 de octubre de 1955, p. 11, y conocía de primera mano la obra de Perroux y su concepto de "economía dominante", *La Vanguardia*, 25 de enero de 1958, p. 8.

- Se ejecutaron acciones concertadas con las empresas de los sectores declarados estratégicos –principalmente la siderurgia, la industria naval, la minería y la industria automotriz–. Grandes empresas privadas se comprometían a determinados niveles de inversión trocándolas por incentivos fiscales, subvenciones y sobre todo, financiación en condiciones privilegiadas.
- Las entidades financieras privadas y públicas fueron obligadas a otorgar créditos a tasas negativas y a largo plazo.
- Ya desde el Plan de Estabilización, se fueron flexibilizando las normas relativas a la instalación de capitales extranjeros y la repatriación de sus capitales.

Durante los años en que se implementaron los distintos planes, el PBI español creció de manera espectacular. Laureano López Rodó, comisario del Plan y dueño político de la iniciativa, atribuyó a la planificación el suceso económico del denominado "milagro español".[23] Otros autores, inclusive el propio Fabián Estapé, quien se desempeñó como colaborador de los distintos planes y fue comisario adjunto del Plan a comienzos de los setenta, conceden la mayor parte del éxito al programa de estabilización de 1959, la emigración española y su impacto sobre la balanza comercial española y el aporte de divisas proporcionado por el auge del turismo.[24]

En cuanto a las ideas que guiaron el proyecto transformador en España, la influencia del modelo galo no necesita suponerse ni probarse: los mismos gestores de la planificación española la admiten sin ambages. En abril de 1959, invitado por el gobierno español, Jacques Rueff –autor de la Reforma Económica de 1958– se reunió con la élite económica y política del franquismo. Expuso las líneas directrices del Plan Francés y expresó su opinión favorable a la estabilización económica, tal como se plasmaría pocos meses después. Insistió en que la implementación de las medidas que terminarían con el nacionalismo y la autarquía económica debía ser previa a la ejecución de los planes. López Rodó describió en estos términos el impacto de la visita del funcionario francés: "nos lo expuso muy gráficamente: ocurre con la estabilidad igual que con el queso, hay que tomarlo antes de beber, para que el vino no se suba a la cabeza. La estabilización es previa al desarrollo".[25] El citado Fabián Estapé resumió la relación

---

23 Salvador Paniker, *Conversaciones en Madrid*, Barcelona, Kairós, 1971, p. 315.
24 Este juicio sobre la importancia del turismo es compartido por José Luis Sampedro. Cfr. José Luis Sampedro, "El Plan de Desarrollo en su marco social", en José Ros Hombravella, *Trece economistas españoles ante la economía española*, Barcelona, Oikos-Tau, 1975, pp. 105-116.
25 Esther Sánchez Sánchez, *Rumbo al Sur. Francia y la España del desarrollo, 1958-1969*, Madrid, Consejo Superior de Investigaciones Científicas, 2006, p. 166.

con los planes franceses de manera algo brutal: "no se nos pidió que inventáramos la sopa de ajo, sino simplemente copiar al pie de la letra el sistema francés".[26] Para responder a ese objetivo, los delegados españoles realizaron viajes oficiales a París, donde visitaron el comisariado francés y se entrevistaron con su máxima autoridad, Pierre Massé, sintetizador *a posteriori* de la teoría planificadora, y Antoine Pinay, ex ministro de Economía y Finanzas, entre otros.[27] Si bien los españoles no recibieron una visita en reciprocidad, Francia permitió que los técnicos ibéricos fueran formados en París y tuvieran acceso a los planes implementados y a la bibliografía publicada sobre el tema, especialmente los trabajos de François Perroux y de Massé, cuya obra fue traducida y prologada por el propio López Rodó.

¿Por qué la elección entusiasta del modelo francés? La élite tecnocrática que lideraba el cambio le reconocía varias virtudes: en primer lugar, los resultados de la planificación habían sido muy buenos (por lo menos al momento de la gestación de los planes),[28] en segundo lugar, concedía un papel importante a la intervención estatal y, finalmente, se buscaba favorecer el ingreso al Mercado Común Europeo imitando la política económica de uno de sus miembros más importantes, para no tener que realizar concesiones en torno al autoritarismo del régimen. Si bien la obtención de la respetabilidad por esta vía se tornó muy difícil, la alternativa de la apertura democrática no formaba parte de las intenciones de Franco, del almirante Carrero Blanco, ni de las distintas élites que acompañaban al gobierno, incluyendo a los tecnócratas.

Algunos elementos fundamentales de la planificación francesa fueron transferidos con dificultad a la experiencia española. Las consultas a los sectores de la producción carecían de la vitalidad que proporcionaba la democracia del país vecino, especialmente por el poderío del sindicalismo galo. Del mismo modo, la continuidad de los gerentes privados que siguieron dirigiendo las empresas nacionalizadas en Francia brindó mayor eficiencia al aparato estatal.[29]

---

[26] *Idem.*
[27] El caso de Antoine Pinay reviste especial importancia como lobista a favor de los intereses españoles, según explica Esther Sánchez Sánchez. Era muy cercano a George Villiers, presidente del *Conseil National du Patronal Francais* (CNPF) e impulsó, entre otras cuestiones, la entrada de España en las Naciones Unidas, el control de los exiliados antifranquistas en Francia y la colaboración bilateral para detener el expansionismo marroquí en el norte de África, cfr. Esther Sánchez Sánchez, "Redes empresariales francesas en la España franquista: el *Conseil National du Patronat Francais*, 1946-1966", en *Revista de Historia Industrial*, N° 36, 2008, pp. 109-132.
[28] En un trabajo publicado en 1984, el profesor belga Herman van der Wee critica los resultados finales de la planificación en Francia. Cfr. Herman van der Wee, *Prosperidad y crisis. Reconstrucción, crecimiento y cambio (1945-1980)*, en *Historia Económica Mundial del Siglo XX*, Barcelona, Crítica, 1986, pp. 343-344.
[29] *Ibidem*, pp. 340-344.

¿Cuál fue el impacto de otras corrientes, ya maduras, dentro de la planificación española? Es difícil calibrarlo, en tanto el modelo francés fue utilizado como un paquete de medidas "llave en mano". Walt Whitman Rostow podría haber sido una de esas influencias, siendo su obra principal *Las etapas del crecimiento económico: un manifiesto no comunista*, traducida al español y prologada por Laureano López Rodó.[30] Tuvo un rol activo como asesor del presidente John F. Kennedy y posteriormente fue ascendido en la presidencia de Johnson al cargo de consejero de Seguridad Nacional, colocándolo en una vidriera privilegiada. Su versión unilineal del camino del desarrollo favorecía la adopción de sus ideas. No para utilizarlas como hoja de ruta –para eso estaba la planificación importada de Francia– sino para impulsar la fe de los actores económicos en la viabilidad del proceso.

Así lo hizo López Rodó al exponer en Cataluña los principios del Plan de Desarrollo:

> la industria barcelonesa puede estar legítimamente orgullosa de su pasado, afirmó el señor López Rodó, quien formuló a continuación un bosquejo de las fases más sobresalientes de la evolución de nuestra vida fabril, subrayando las virtudes profundas que hicieron posible su progreso. Citando a continuación al profesor Rostow y otros prestigiosos tratadistas, señaló que para pasar de la etapa de impulso inicial a la de madurez económica, es preciso desterrar los métodos de baja productividad y las estructuras sociales anticuadas, aplicando los últimos adelantos de la tecnología, transformación esta que no siempre resulta cómoda.[31]

El contacto entre la mano derecha de Carrero Blanco y Rostow fue directo, por ejemplo con ocasión de la visita del primero a Washington en 1962.[32] Las ideas del autor de *Las etapas del desarrollo* también fueron rescatadas por Gonzalo Fernández de la Mora,[33] justificando la necesidad de un régimen autoritario para impulsar el cambio de estructuras.[34]

El caso del desarrollismo español presenta algunas singularidades. Buena parte de su arsenal teórico provino de Francia, pero contó con excelentes difusores en las personas de Fabián Estapé y Laureano López Rodó. Cómo hemos mostrado en páginas precedentes, el primero conocía profundamente las ideas que se aplicarían y el estado

---

[30] Ver capítulos de Figallo y González Fernández en este libro [N. del E.].
[31] *La Vanguardia*, Barcelona, 18 de marzo de 1964, p. 26.
[32] *ABC*, Madrid, 9 de marzo de 1962, p. 55.
[33] A pesar de ser un filósofo y preocuparse, frente a los embates de los falangistas desplazados, de respaldar el proyecto desarrollista y el *statu quo* del régimen de Franco, la elaboración de la ideología justificativa es posterior al lanzamiento de los planes. Dado el interés por la génesis de las ideas, nos pareció apropiado no considerarlo dentro del grupo de los precursores.
[34] *ABC*, Madrid, 5 de febrero de 1977, p. 3.

del arte de la economía de la época. López Rodó era un experto en las cuestiones administrativas,[35] pero de ninguna manera puede considerárselo un negado en la nueva ciencia, tal como lo podemos establecer a partir de sus traducciones de Rostow y de Massé.

¿En qué medida el desarrollismo español pudo transformarse en una ideología exitosa? En relación con las masas, el tema resulta polémico y ameritaría una discusión sobre las características del franquismo y sus capacidades de movilización popular.[36] De forma preliminar, podemos afirmar que se trata de una ideología de bajo impacto emocional y con un alto grado de coherencia, lo que dificulta su expansión entre los sectores postergados.

Sí podemos concluir que el desarrollismo resultó un instrumento adecuado para manejar y articular los distintos intereses de la clase dirigente. Por supuesto que en los sectores más tradicionalistas o en la Falange, este nuevo evangelio fue resistido. Pero tuvo la fuerza suficiente como para consolidar la influencia de Carrero Blanco y de López Rodó y para evitar discusiones más importantes sobre el sistema político español. Como en tantos otros regímenes, la eficiencia en el mando reemplazaría –o tornaría irrelevante– la participación democrática.

El caso argentino, además de las señaladas condiciones estructurales del contexto mundial, presenta otras similitudes con el proceso económico hispano de las décadas de 1960/1970. Entre ellas podemos señalar:

- La apelación al capital extranjero como mecanismo más idóneo para promover el cambio, enfocado en la industria pesada: petróleo, petroquímica, siderurgia, entre otros. Aunque no formaba parte de la esencia de la transformación, como en el caso español la industria automotriz ocupaba un lugar muy relevante.[37]

---

35 *La Vanguardia*, Barcelona, 11 de diciembre de 1951, p. 13. López Rodó dicta una conferencia donde critica la burocratización; *La Vanguardia*, Barcelona, 17 de octubre de 1956, p. 10, reitera esos conceptos; *La Vanguardia*, Barcelona, 22 de enero de 1958, p. 3, realiza una propuesta para racionalizar la administración y sus rutinas; *La Vanguardia*, Barcelona, 29 de noviembre de 1958, p. 13, ofrece una conferencia en Roma sobre eficiencia administrativa; *La Vanguardia*, Barcelona, 9 de octubre de 1964, p. 12, inaugura un curso de funcionarios públicos con la presencia de W.W. Rostow.
36 Quizás postular la existencia de los franquismos y no del franquismo nos permita matizar juicios contundentes sobre el particular.
37 Tal como fue planteada la inclusión de la industria automotriz en el plan, resulta evidente que no ayudaría –ni en el presente, ni el futuro– al ahorro de divisas mediante la sustitución de importaciones. Como señalan Gerchunoff y Llach, la nueva oferta de automóviles iba a promover la demanda, ya que con anterioridad quienes tenían acceso a los vehículos eran unos pocos. Este aumento de la demanda se traduciría en un crecimiento de las importaciones de autopartes, siendo negativo el impacto sobre la balanza comercial. Ni siquiera se planteó la posibilidad de exportar automotores, diferenciándose de este modo de otros esquemas industrializadores, como el canadiense de las décadas de 1920 y 1930 o

- En relación con lo anterior, se propiciaba un trato distinto al capital extranjero, mediante exenciones impositivas, la posibilidad de girar utilidades y de realizar importaciones de manera preferente.
- Se proponía la combinación de las actividades de promoción del Estado articulando esfuerzos con la actividad privada.
- Las transformaciones se realizarían de la mano del gran capital, exclusivo motor de la transformación de las estructuras.
- Si bien se intentaba promover el crecimiento manufacturero en regiones alejadas, no existía esa confianza en los polos de desarrollo sembrados en medio de la nada, tal como había acontecido en España. Se buscó la instalación en lugares que contaran con la infraestructura apropiada, como el parque industrial de la ciudad de Córdoba.[38]

A pesar de estas semejanzas y de aquellas que emanan de los condicionamientos estructurales que ya señalamos, las trayectorias de los dos desarrollismos serán muy diferentes. Diferentes en su duración, en su implementación y en su impacto como ideología de élites.

El desarrollismo argentino solo pudo aplicarse de manera completa en los cuatro convulsionados años del gobierno de Arturo Frondizi. Un factor hermenéutico de primer orden que explicaría su corta existencia se relaciona con el modo de gestación de la ideología y con la manera en que se articuló políticamente.

La historiografía sobre esta doctrina económica no coincide en cuanto a la primacía intelectual de Rogelio Frigerio.[39] Sin embargo, hemos sostenido que existen elementos sustantivos que nos permiten desechar la participación de Arturo Frondizi en su creación, en función de las incompatibilidades notables entre los escritos y discursos públicos previos del presidente de la Unión Cívica Radical

---

el mismo modelo español desde 1972, a partir de los acuerdos con la empresa Ford. Cfr. Cristina Lucchini, *Estrategias de desarrollo. Industria y Estado en Canadá 1919-1939*, Buenos Aires, Siglo XXI Sudamericana, 2006; Pablo Gechunoff y Lucas Llach, *El siglo de la ilusión y el desencanto. Un siglo de políticas económicas argentinas*, Buenos Aires, Ariel, 1997, y José Luis García Ruiz, "La evolución de la industria automovilística española 1946-1999: una perspectiva comparada", en *Revista de Historia Industrial*, N° 19-20, 2001, pp. 133-163.

[38] El crecimiento regional era una preocupación del frigerismo, tributario de los escritos de Alejandro Bunge. Compartían con el economista argentino la preocupación por la concentración poblacional y económica situada en el litoral de la llanura pampeana.

[39] Por ejemplo, Horacio García Bossio, *¿Qué nos hace una nación? Desafíos del desarrollismo frondicista-frigerista*, Remedios de Escalada, Ediciones UNLA Cooperativa, 2014; Miguel Ángel De Marco (h.), "La proyección nacional del desarrollismo santafesino entre 1962 y 1972. Juan Quilici al frente de la cartera de Hacienda del presidente Lanusse y de la Comisión de Coordinación Latinoamericana en 1971", en *Épocas. Revista de Historia*, Buenos Aires, 2014, pp. 117-155.

Intransigente (UCRI) y la ideología desarrollista. Existe, en cambio, una marcada continuidad entre los trabajos iniciales del grupo Frigerio de 1947 y las ideas sostenidas en la década de 1950.[40]

De formación marxista, empresario, intelectual, político y con excelentes lazos con la Iglesia católica, la figura de Frigerio es clave para la inteligibilidad de una evolución compleja y sujeta a tensión. Como intelectual, permanentemente estaba discutiendo y rediscutiendo sus ideas, con el evidente propósito de obtener el reconocimiento de sus pares. Pretendía buscar la verdad; es más: creía haberla encontrado y se mostraba dispuesto a confrontarla en términos científicos. Como ideólogo, debía estilizar y transformar esas ideas en palancas de acción. La reducción que implicaba ese proceso significaba sacrificar ciencia por política. Aunque se encontraba profundamente inclinado al poder, muchas veces Frigerio no pudo o no quiso simplificar su pensamiento para obtener repercusión popular o mayor permeabilidad en las clases propietarias. Quizás por ese motivo la ideología desarrollista quedó circunscripta a algunas élites: sus impulsores no se mostraron dispuestos a amputarla en su riqueza para convertirla en instrumento político. La contradicción resulta más evidente porque Rogelio Frigerio y sus colaboradores pretendían influir sobre los gobiernos o gobernar, y contaban con medios económicos e inteligencia política para lograrlo. Desde el punto de vista moral, también estaban dispuestos a seguir lo que Max Weber llamó la "ética de resultados". Sin embargo, la pulsión por demostrar la superioridad de todo su andamiaje conceptual dificultó las concreciones políticas.

Desde finales de la década de 1930, Frigerio constituyó un grupo de estudio interesado en el examen de los problemas nacionales a partir de un análisis marxista ligado a la ortodoxia del Partido Comunista de la Unión Soviética, que fue evolucionando a la luz de otros aportes. A diferencia de lo sucedido en el caso español, donde el proyecto desarrollista tuvo su iniciativa en las mismas entrañas del Estado franquista y de las universidades y se legitimó con la adopción del esquema francés, el frigerismo estaba integrado por *outsiders*, marginales de los grandes espacios de poder y de la academia. Por supuesto que participaban intelectuales con un grado de formación elevado. Para citar algunos ejemplos: Ernesto Sábato, posteriormente famoso literato, era doctor en Física, perfeccionado en París y en el Massachusetts Institute of Technology (MIT); Arturo Sábato, ostentaba un

---

[40] Ángel Cerra, "Rogelio Frigerio, La invención del desarrollismo en la Argentina", en Aníbal Jauregui, Ángel Cerra y Susana Yazbek, *Génesis y construcción del desarrollismo argentino*, Buenos Aires, Biblos, 2016.

doctorado en Química; Jacobo Gringauz fue un médico pionero de la homeopatía; el mismo Frigerio, que no terminó sus estudios de Derecho, era una persona extremadamente culta.

Estos méritos intelectuales no evitaron su aislamiento y marginalidad de los distintos espacios de influencia. Inclusive, a pesar de que buena parte del "grupo Frigerio" había integrado a comienzos de los años treinta la organización estudiantil *Insurrexit*, muy cercana a la Federación Juvenil Comunista, con el tiempo se fue distanciando de esas agrupaciones.[41] Lo único que posibilitó la existencia del grupo como verdadero *think-tank* era el aporte económico de varios de sus integrantes y amigos, entre ellos el propio Frigerio, Narciso Machinandiarena y los hermanos Aragón.[42]

El "Grupo Frigerio" publica en 1947 bajo la firma de Carlos Hojvat un libro titulado *Geografía económico social argentina. ¿Somos una nación?*[43] Allí se delinean algunos elementos que estarán presentes en el desarrollismo argentino. La influencia del comunismo ruso es profunda.[44] Por ejemplo, se destacaba la necesidad del conocimiento científico de las leyes que guían la evolución humana:

> para que nuestra misión histórica se realice con el menor entorpecimiento posible y la mayor seguridad de éxito, las fuerzas internas deberán alinear la política, la base social y la economía sobre los fundamentos que se deducen del análisis crítico y de los cuadros estadísticos. Las conclusiones del análisis y las cifras que lo fundamentan nos autorizan a formular las premisas que darán el sentido general de la política nacional.[45]

---

[41] Por razones obvias, Frigerio negó su cercanía al comunismo. Isidoro Gilbert asevera que existen numerosas pruebas de su pertenencia a la Federación Juvenil Comunista, en Isidoro Gilbert, *La Fede. Alistándose para la revolución. La Federación Juvenil Comunista 1921-2005*, Buenos Aires, Sudamericana, 2009.

[42] En una entrevista concedida a este autor en agosto de 2012, Guillermo Sábato relata dos cuestiones relativas al mecenazgo de Frigerio y a su preocupación en la articulación del grupo de estudio. En el año 1961, el propio Guillermo acompañó a su tío Ernesto mientras recorrían la Argentina, con el financiamiento de Frigerio, para escribir el *Romance de la muerte de Juan Lavalle*. Anteriormente, había empleado a su padre Arturo en una empresa familiar radicada en Mendoza. En el año 1954, ante la inminencia del golpe de Estado y las posibilidades de futuro acceso al gobierno –reconozcamos la clarividencia y optimismo del inventor del desarrollismo–, Frigerio le ordena a Arturo Sábato volver a Buenos Aires y le encomienda la elaboración de un plan para la industria petrolera. En Guillermo Sábato, Entrevista, 9 de agosto de 2012.

[43] La vinculación entre la publicación y el grupo frigerista es postulada por Carlos Altamirano, en "Desarrollo y desarrollistas", *Prismas. Revista de Historia Intelectual*, N° 2, 1998.

[44] Se pueden constatar las coincidencias mediante la lectura del manual oficial del Partido Comunista de la Unión Soviética. F.V. Konstantinov, *El materialismo histórico*, México, Grijalbo, 1956, p. 13.

[45] Carlos Hojvat, *Geografía económico social argentina. ¿Somos una nación?*, Buenos Aires, El Ateneo, 1947, p. 144.

Obsérvese la insistencia en el conocimiento científico para dotar a la acción de gobierno de un rumbo certero. En fechas posteriores, Rogelio Frigerio sostendría:

> y así como las leyes económicas son tendenciales, son también objetivas, esto es, se verifican en la realidad con independencia de la voluntad humana, voluntad que no puede interferir ante el hecho de que tal causa producirá tal efecto. Pero son leyes cuyo conocimiento es indispensable para que esa voluntad ni se frustre navegando contra la corriente ni quede inerme, esto es, para que sea posible una orientación consciente del proceso económico.[46]

El economicismo, o sea, la derivación de la realidad social y política de la infraestructura material, tan cara al pensamiento desarrollista, probablemente tenga origen en el marxismo vulgar a través de la versión difundida por el PCUS.[47] De la misma manera, el grupo frigerista manejaba hacia 1947 –en clave leninista– la división entre países desarrollados y subdesarrollados y el fenómeno de la dependencia.[48]

Debemos volver al grupo protodesarrollista de 1947 para encontrar otros elementos esenciales en el pensamiento de Frigerio. El primero de ellos es el papel del capital extranjero como elemento modernizador. Ese fue el rol que tuvo el capital británico: "Para alcanzar la independencia institucional que hoy tenemos, estuvimos conminados a aceptar las relaciones económicas sociales y políticas del siglo XIX. El capitalismo inglés dio nueva batalla al feudalismo en tierras del Plata".[49]

---

[46] Rogelio Frigerio, *Síntesis de la Historia Crítica de la Economía Argentina (desde la conquista hasta nuestros días)*, Buenos Aires, Hachette, 1979, p. 14.

[47] Afirma una publicación de la época: "las relaciones económicas son primarias: existen y se desarrollan independientemente de la conciencia y la voluntad de los hombres y determinan su conciencia y su voluntad. Las formas político-jurídicas y las relaciones ideológicas reflejan las relaciones de producción, que constituyen la base de la sociedad", F.V. Konstantinov, *op. cit.*, p. 99.

[48] "Por su atraso y escasa potencia industrial y financiera, los países económicamente dependientes pueden ser clasificados según tres grados de dependencia y atraso económico: 1º Países económicamente dependientes, pero de relativa independencia institucional y política. Tal es el caso de nuestro país, Australia, Canadá, Suecia [...]. 2º Países semicoloniales, con cierto grado de desenvolvimiento político e institucional [...]. 3º Países coloniales, económica, institucional y políticamente dominados [...]. Los países de gran desarrollo económico, que representan el núcleo esencial de la etapa monopolista de la economía privada, tienden a la dominación económica y por consiguiente, presionan sobre las estructuras económico-sociales de los países atrasados y dependientes, cualquiera sea el grado de dependencia y del atraso", en Carlos Hojvat, *op. cit.*, pp. 96-97.

[49] *Ibidem*, p. 18.

El desarrollo se produjo con la presencia del capital extranjero que lo impulsa y/o permite.⁵⁰ Obsérvese como aparece aquí una variante de lo que acertadamente Arturo Jauretche denominó "proceso dialéctico a la vaselina".⁵¹ En definitiva, se va a poder pasar sin mayores sobresaltos de la colonia al dominio inglés; de la hegemonía británica al dominio estadounidense, y de este a la soberanía económica plena. El duro tutelaje de la rubia Albión es el que permite el tránsito a la industrialización. El carácter necesario e impersonal del cambio se traduce en la frecuente utilización de frases reflejas y de la existencia de agentes etéreos: formas modernas, transformaciones, economía mundial, entre otros.

Por supuesto que la participación inglesa tenía su costo: la dependencia. Sin embargo, es claro el carácter progresivo del capital extranjero. En escritos de madurez, Frigerio anota que

> para romper la opresión del monopolio español, Belgrano y Moreno propusieron el camino lógico que implicaba vincularse con Inglaterra; era el camino más directo para la liberación de las fuerzas productivas y la consolidación de la Nación. Tenemos anticipada una actitud favorable al capital extranjero, aunque se reconoce la pesada carga de la dependencia. En reiteradas ocasiones, la presencia de las inversiones foráneas sería liberadora. Es más: casi mágicamente promovió algún grado de crecimiento manufacturero. Podríamos pensar que si los hombres de Mayo, por conveniencia táctica y no por convicción, apelaron a Inglaterra, ¿por qué no podrían los desarrollistas en 1958 requerir la presencia de los capitales yanquis y europeos para explotar el petróleo o implantar la industria automotriz en la Argentina?⁵²

La necesidad de apelar a los capitales extranjeros surge de otro elemento prefigurado en los escritos de 1947. La economía mundial –en sus versiones capitalista o comunista– se hallaba controlada por

---

50 "Fuimos un país de ganadería; Inglaterra nos llevó después hacia la explotación agrícola y salimos hacia el exterior. Esta salida hacia el exterior nos llevó por el camino de la industrialización. Cualquiera haya sido la causa –la competencia entre los países más industrializados o el incremento de las relaciones económicas de las fuerzas internas– lo cierto es que se crearon en el país formas económicas modernas aptas para mantener relaciones comerciales y financieras con el resto del mundo. [...] Junto a las antiguas formas económicas surgidas de nuestra dependencia de Inglaterra, se originaron y crecieron formas modernas que predominan interiormente y mantienen la economía del país integrando la economía mundial con factores nuevos, capaces de ulteriores desarrollos", *ibidem*, pp. 33 y 37.

51 Al referirse al trabajo del frigerista Marcos Merchensky, *Las corrientes ideológicas en la historia argentina*, Jauretche señala en 1961 que "Se trata de un inteligente esfuerzo que intenta hacer conciliables las contradicciones de los bandos combatientes, demostrando que en la historia argentina, no hay fracturas, sino una especie de proceso dialéctico a la vaselina", Arturo Jauretche, *Barajar y dar de nuevo*, Buenos Aires, Los Nacionales Editores, 1984, p. 22.

52 Rogelio Frigerio, *Síntesis de la Historia Crítica de la Economía Argentina*, p. 56.

los monopolios. Las industrias que dominaban a nivel internacional se encontraban fuertemente concentradas.[53] Por ese motivo, las estrategias gradualistas que pregonan el desarrollo manufacturero a través de la reinversión del ahorro interno son irrealizables. Solamente se puede jugar en los sectores altamente concentrados realizando inversiones cuantiosas. Y ellas solo pueden provenir del capital extranjero.

Al finalizar la Segunda Guerra Mundial, la coyuntura internacional parecía favorable. La aparición de la Unión Soviética como contendiente de británicos y estadounidenses abre una brecha auspiciosa. Los futuros desarrollistas sostenían en 1947 que la coexistencia pacífica entre el bloque occidental y el comunista exigiría a los Estados Unidos la realización de esfuerzos para evitar la huida de los estados semicoloniales al lado soviético.[54]

Preanunciase un clásico del desarrollismo. El escenario internacional abre las posibilidades de jugar con el enfrentamiento Este-Oeste para lograr la emancipación nacional. Aunque el corazón de los autores se ubique cercano a la Unión Soviética, le conceden a Estados Unidos la revisión de su postura como instrumento adecuado para conservar la hegemonía en el bloque occidental.

En resumen, en fechas tan tempranas como 1947, se encontraban claramente explicitados los supuestos constitutivos del desarrollismo argentino: la existencia de leyes económicas necesarias que guían el proceso histórico, incluyendo la superestructura política y cultural; la presencia de una economía mundial monopólica, donde la pequeña producción desaparecería inevitablemente; el rol del capital extranjero como modernizador y creador de dependencia; la división del mundo entre países industrializados y dependientes (en lenguaje leninista: semicolonias y colonias) y, por último, la coexistencia pacífica, que demandará a los Estados Unidos esfuerzos financieros para promover el desarrollo de los países subordinados y evitar así su fuga hacia el comunismo.

Al mismo tiempo que abrevaba en las aguas del stalinismo vernáculo, Frigerio mostraba una capacidad singular para fusionar otras ideas, como las del economista argentino Alejandro Bunge. Son incontables las influencias que moldearon el pensamiento bungeano, entre ellas: la obra de Friedrich List, de los integrantes posteriores de la Escuela Histórica Alemana, y de los proteccionistas heréticos estadounidenses como Henry Carey y Simon Nelson Patten. Las coincidencias estructurales entre las ideas de Bunge y de Frigerio nos han llevado a postular la categoría de industrialismo listiano, caracterizando un modo peculiar de concebir los mecanismos para lograr el

---

[53] Carlos Hojvat, *op. cit.*, pp. 99 a 104.
[54] *Ibidem*, p. 142.

desarrollo nacional.[55] ¿Cuáles son los elementos fundamentales que definen al industrialismo listiano argentino, tal como lo expresan sus dos principales exponentes?

En primer lugar, partiendo de los ensayos iniciales de List, Bunge y Frigerio sostienen que el librecambio solo conduce al predominio de aquellos países que llevan la delantera en el desarrollo industrial.[56] En segundo lugar, derivada del concepto anterior se postula la necesidad de utilizar el proteccionismo como instrumento de crecimiento manufacturero. La industria solo puede prosperar bajo la tutela de un resguardo tarifario transitorio y prudente, tal como lo postulaba el propio padre ideológico de la *Zollverein*. Se critica entonces la idea de una economía internacional autorregulada, bajo el esquema de la división internacional del trabajo propuesto por David Ricardo. Sin embargo, en ningún momento se favorece la autarquía y el aislamiento.

En tercer lugar, el industrialismo listiano argentino no rompe fundamentalmente con las bases teóricas de la economía clásica. Friedrich List no postuló un marco explicativo opuesto al que fue elaborado por la dupla Smith-Ricardo, salvo –como ya expusimos– en el tema de la dimensión nacional y de la utilización del proteccionismo. Los conceptos básicos de mercado, oferta, demanda, precios y salarios no fueron refutados por el economista alemán. Del mismo modo, Alejandro Bunge no discute esos postulados iniciales elementales de los fundadores de la ciencia económica. Ignora –por no conocerlos o por no reconocerlos– los aportes contemporáneos de la escuela neoclásica al no plantear una disidencia importante con el legado decimonónico. El caso del creador del desarrollismo argentino es más interesante. Su fidelidad a los postulados de la economía clásica resulta llamativa en un intelectual formado en el marxismo ortodoxo, que conocía perfectamente no solo el neoclasicismo sino que también vivía en un mundo de ideas keynesiano. Critica al neoclasicismo y

---

55 Las características del industrialismo listiano han sido examinadas en los siguientes artículos científicos: Ángel Cerra, "La formación del pensamiento desarrollista desde la perspectiva de la Historia de las Ideas", en *Actas IX Encuentro de Cátedras de Ciencias Sociales y Humanísticas para las Ciencias Económicas*, Mar del Plata, junio de 2002; Ángel Cerra, "Los muertos que no mataste. Una explicación de la industrialización a través de la Historia de las ideas", *op. cit.*; Ángel Cerra y Susana Yazbek, "Alejandro Bunge y Rogelio Frigerio. El industrialismo listiano en la Argentina y la cuestión petrolera", en *Boletín de Historia FEPAI* (Fundación para el Estudio del Pensamiento Argentino e Iberoamericano), año 26, N° 51, 2009; Cristina Lucchini y Ángel Cerra, "Tradiciones heréticas: el nacionalismo económico en Canadá y el industrialismo listiano en la Argentina", en *Canadiana, Series Canadiana, Canadian Studies: The State of the Art (1981–2011)*, Volumen 10, 2011, Frankfurt am Main; y Ángel Cerra, "Rogelio Frigerio, la invención del desarrollismo en la Argentina", *op. cit.*
56 Alejandro Bunge, *Revista de Economía Argentina*, Tomo VI, 1921, pp. 462-463: Rogelio Frigerio, *Síntesis de la historia crítica de la Economía argentina, op. cit.*, pp. 65-66.

al keynesianismo por ocuparse de cuestiones vinculadas con la psicología y los factores monetarios. Lo único realmente importante es la producción de bienes.[57]

Por distintas vías se arriba al desprecio de las cuestiones monetarias como explicativas del proceso económico. List, porque en su época la ciencia no se había preocupado por ellas; Bunge, porque prefirió no incorporarlas en su análisis de la realidad, y Frigerio, porque aun conociendo las propuestas del neoclasicismo y del keynesianismo, eligió refugiarse en los clásicos, a los que considera objetivos.[58]

Para el socio ideológico de Frondizi, la moneda solo puede seguir "como una sombra" los fenómenos de la producción. Pretender frenar la inflación restringiendo la cantidad de medios de pago es tan inútil como pretender aumentar los salarios mediante aumentos nominales. La inflación se produce por la escasez relativa de bienes en relación con la demanda y los aumentos salariales en términos reales solo pueden basarse en un aumento de la productividad.

En cuarto lugar, la vertiente listiana del industrialismo destaca el rol de las relaciones económicas en la generación de solidaridades e identidades nacionales. Solo un espacio productivo y comercial articulado puede generar una nación completa. De allí la insistencia de List en la formación de la *Zollverein* y de Alejandro Bunge en la denuncia de la Argentina como país abanico, donde la concentración geográfica de la riqueza se encuentra en la región pampeana. Una provincia fuera del circuito de producción y consumo corre el riesgo de escindirse o de ser incorporada a unidades políticas mayores. La respuesta de Bunge es el aumento de los aranceles aduaneros para promover las producciones regionales.[59] Frigerio remite taxativamente a Bunge al afrontar la cuestión de la expansión económica en la consolidación de la nación. Es necesario, para contrarrestar la concentración de la población en la región pampeana, promover con un criterio realista el crecimiento en otras áreas del país.

En quinto lugar, el industrialismo listiano nacional se muestra decididamente favorable a la participación del capital extranjero. Los fundamentos ideológicos básicos son distintos, pero la propuesta es común a los dos cultores de estas ideas en nuestro país. Bunge niega

---

[57] Rogelio Frigerio, *Economía política y política económica nacional*, Buenos Aires, Hachette, 1981, p. 24.
[58] Podríamos anotar que la adscripción a la teoría del valor ricardiana marxista se encuentra únicamente expresada en Frigerio. Sin embargo, esta situación no cambia la existencia de la continuidad dentro del industrialismo listiano argentino.
[59] Alejandro Bunge, "Nueva orientación de la política económica argentina", en *Revista de Economía Argentina*, Tomo 6, N° 36, junio de 1921, pp. 461-462.

la existencia del imperialismo en forma tácita[60] o explícita.[61] En el frigerismo, la relación es más compleja. Se reconoce la presencia del imperialismo, pero se observan intersticios que permitirían a los países subdesarrollados alcanzar la industrialización autónoma. Si el Estado fija reglas de juego claras y se conduce con firmeza, la inversión extranjera es un mecanismo adecuado para acelerar el proceso de desarrollo. Hablar de imperialismo sin establecer distinciones implica deformar la realidad, pues los Estados que alojan fuerzas imperiales –empresas monopolistas, por ejemplo– contienen también otros grupos sociales con intereses opuestos al imperialismo. En Estados Unidos, los consumidores se ven perjudicados por el accionar de las empresas monopolistas, que suben los precios internos y empujan a la propia economía nacional estadounidense al colapso. Además, si no se procura el desarrollo en la periferia, el capitalismo se encamina a su propia quiebra, como ya había sucedido en 1929.[62] Por ese motivo, los desarrollistas esperaban desembolsos de los propios gobiernos de los países industrializados, entendiendo que como expresiones democráticas beneficiarían a los intereses populares en detrimento de los monopolios. A pesar de las prevenciones de Frigerio, el resultado es el mismo: para el industrialismo listiano la inversión foránea es beneficiosa porque actualiza las energías de la nación que se encuentran en potencia.

En sexto lugar, el industrialismo listiano sostiene que el Estado debe tener un rol relevante en la vida económica, sin reemplazar a la iniciativa privada ni anular la presencia –si esto fuera posible– de los mecanismos de mercado.[63] No se puede dejar en manos de los particulares la asignación de prioridades y el Estado tiene en ese sentido un papel creador, precisamente: producción y consumo.

Conclusiones

En la exposición precedente se han señalado los elementos estructurales y contextuales que favorecieron la adopción del desarrollismo como herramienta del cambio en España y la Argentina: la extensión de la hegemonía estadounidense acompañada por el activismo de los

---

[60] Alejandro Bunge, "Las relaciones comerciales anglo-argentinas", en *Revista de Economía Argentina*, Tomo 15, N° 87, setiembre de 1925, pp. 165-176.
[61] Alejandro Bunge, *Revista de Economía Argentina*, Tomo XVI, año 13, N° 151, enero de 1931, pp. 96-97.
[62] Rogelio Frigerio, *Crecimiento económico y democracia*, Buenos Aires, Paidós, 1983, pp. 67-68.
[63] *Ibidem*, pp. 78 a 81.

organismos internacionales de crédito, la expansión de las compañías multinacionales de los países más avanzados, el marco competitivo de la Guerra Fría y la actuación de los "teóricos del desarrollo".

Más allá de la presencia de estos condicionantes, la comparación entre ambos países nos permite incorporar otros factores para completar la explicación. Se habrá observado que en el caso español, la descripción del proceso de toma de decisiones por parte de la élite tecnocrática que impulsó los cambios cubre la mayor parte del apartado y la ideología ocupa un lugar menos relevante, mientras que para la explicación del caso argentino sucede lo contrario: el proceso genético de formación de las ideas se transforma en el centro del análisis y se otorga menos relevancia a los mecanismos decisionales. Tal diferencia no debe sorprender, dado que en España la ideología desarrollista fue importada de Francia de manera casi completa y guio durante más de una década las políticas económicas del franquismo, mientras que en la Argentina, el frigerismo fue una creación original que articulaba corrientes tan distintas como el marxismo-stalinista y el legado de Alejandro Bunge, pero solo tuvo expresión concreta durante los cuatro accidentados años del gobierno de Arturo Frondizi.

Aquí concurren a nuestro auxilio los elementos provenientes de la Historia de las Ideas para explicar el éxito, en términos de duración e influencia, del desarrollismo en la madre patria y el escaso impacto que tuvo en la Argentina.

En España, la importación de los planes cuatrienales galos contó con varios soportes: el prestigio de Francia, su rol como miembro esencial de la Unión Europea, el suceso económico de su implementación. Pero existe un factor principal que no debe ser soslayado: la existencia de una red de funcionarios en posiciones expectantes que lograron influir decisivamente sobre Francisco Franco, acompañados por una intelectualidad que al tiempo que participaba del gobierno, sostenía posiciones principales en el sistema universitario, escribía regularmente en los periódicos más leídos y conocía acabadamente las corrientes internacionales de la economía. Laureano López Rodó y Fabián Estapé son dos ejemplos de esta imbricación entre funcionariado, prestigio académico, inserción periodística y posiciones de poder en las universidades.

En la Argentina, la génesis de la ideología por parte de los grupos de estudio encabezados por Rogelio Frigerio dejó dos legados: por un lado, la originalidad en la fusión de aportes provenientes del stalinismo y la herencia listiana, y por el otro, su aislamiento. Este aislamiento recorre dos vías: a) por el modo de gestarse y reproducirse la ideología, surgida fuera de las universidades y de las posiciones de gobierno. Con la excepción del período 1958-1962, pasó mucho tiempo antes de que el desarrollismo fuera tenido en cuenta como alternativa de política estatal; b) la resistencia explícita de Frigerio a las corrientes más actuales, como el neoclasicismo y –especialmente– el keynesianismo, colocaba sus ideas en un lugar marginal para aquellos que ocupaban espacios en las universidades.

Otro factor que conspiró contra la consolidación del desarrollismo argentino se relaciona con el personalismo de Frigerio y su triple actuación como pensador, ideólogo y figura principal en el tejido político frondicista. La pulsión por la verdad, la simplificación de las ideas y la búsqueda de la eficacia propia del político constituyeron metas contradictorias que se volvieron contra la posibilidad de modificar la realidad nacional. A través de los distintos gobiernos que no lo escucharon, sorprende la coherencia del discurso frigerista. También explica su aislamiento: la excesiva racionalidad de la bajada ideológica, su economicismo escondido detrás de la apelación a la conciliación de clases nunca tuvo impacto masivo ni en las élites. La indiferencia de las masas no necesita explicación; la de las élites puede relacionarse no solo con su articulación con la industrialización sustitutiva argentina al calor estatal sino quizás principalmente con el aislamiento que fue citado en el párrafo precedente.

En España, en cambio, la llegada del capital extranjero y la planificación pudo ser propiciada a pesar de los viejos intereses que habían acompañado la experiencia autárquica. Y más allá de los beneficios recibidos por distintos empresarios, seguramente la presencia de una sólida red de solidaridades que incluían al núcleo del gobierno, los intelectuales, la gran prensa y las universidades, inclinó la balanza del lado de la innovación y de la ruptura con el pasado.

Dos imágenes representarían los distintos derroteros del desarrollismo en España y la Argentina. En el país europeo, la imbricación señalada semeja una sólida tela de araña que –ocupando un espacio central– pudo receptar la influencia francesa, adaptarla y sostenerla. El frigerismo podría reflejarse en la figura de otra araña que teje su red de manera original en un rincón de la casa. Este esfuerzo solitario resultará tan notable en lo ideológico como estéril en lo político.

12

Creencias, negocios e influencia

Los empresarios católicos españoles y argentinos: redes sociales, institucionales y políticas (1958-1975)

Gustavo Motta[1]

Introducción

El presente capítulo tiene como objetivo general aportar una serie de elementos para una mejor comprensión de la relación entre la dimensión religiosa y los posicionamientos empresarios en torno a problemáticas económicas. Para ello, tomaremos dos objetos empíricos cuya adscripción a la doctrina social de la Iglesia opera como denominador común: la Asociación Cristiana de Dirigentes de Empresa, de la Argentina, y la Acción Social Empresarial, de España.

Ante todo, conviene advertir al lector sobre dos supuestos muy comunes que por lo general no suelen verificarse en los análisis de campo. El primero sostiene que, dados los valores compartidos, los empresarios católicos suelen mantener sociabilidades intensas con los obispos de sus respectivos países. El segundo afirma que a partir de los múltiples ámbitos compartidos entre ambos, por un lado, y las redes interpersonales creadas, por el otro, se construyen similares sentidos respecto de una determinada realidad político-económica. Sin embargo, las temporalidades típicas –o esferas de realidad– de estos dos subuniversos de sentido,[2] el episcopal y el católico-empresarial, son claramente divergentes. Estas disimilitudes tienen fuertes repercusiones en la arena política a la hora de fijar un determinado posicionamiento.

La temporalidad que envuelve al cuerpo episcopal debe comprenderse en términos de ciclos de largo alcance, incluso transgeneracionales, interceptando los rasgos seculares de un discurso rico

---

[1] UNSAM - CONICET.
[2] P. Berger y T. Luckmann, *La construcción social de la realidad*, Buenos Aires, Amorrortu, 1979.

en ambigüedades y posibilidades interpretativas, cimentado en la dimensión moral de los procesos sociales. Su dimensión política está atravesada tanto por los objetivos vaticanos como por la coyuntura doméstica, caracterizada por las diferencias internas de los respectivos elencos episcopales. En cambio, la temporalidad empresaria exige lidiar políticamente en lo coyuntural de las decisiones empresariales y del cortoplacismo de las ganancias extraordinarias, es decir, del arbitraje mercantil. La práctica empresarial transcurre en paralelo a sus resultados.

En la historia reciente los empresarios argentinos de la Asociación Cristiana de Dirigentes de Empresa no han tenido prácticamente vínculos formales con los obispos, salvo privilegiadas excepciones. La inexistencia de una "zona de frontera relacional", en términos del despliegue de redes y la ocupación común de espacios institucionales de discusión, se relacionó al mismo tiempo con una marcada "distancia simbólica", en tanto divergencia en los posicionamientos políticos referidos a cuestiones centrales de la vida económica nacional.[3]

Ahora bien, de estos hechos derivan algunos interrogantes, ¿la relación entre el empresariado católico argentino y los obispos siempre evidenció dicha distancia física y simbólica?, ¿se acota a un fenómeno local o, por el contrario, puede encontrarse otro tipo de articulación entre organizaciones empresariales católicas y sus jerarquías eclesiásticas?, ¿qué ocurriría si planteáramos estas mismas preguntas en el marco del denominado "desarrollismo español" y, sincrónica-

---

[3] Gustavo Motta, "Aportes sobre los dispositivos católico-episcopales en contextos de recomposición hegemónica: la Iglesia católica argentina en la crisis y salida del régimen de convertibilidad (1999-2002)", *Papeles de Trabajo*, Instituto de Altos Estudios Sociales, Universidad Nacional de San Martín, año 6, N° 10, noviembre 2012, pp. 177-199; Gustavo Motta, "El laicado católico argentino y la jerarquía episcopal ante la 'crisis moral' finisecular: 'Hay gritos de guerra en el campamento' (Éxodo 32: 17)". *Pensar. Epistemología y Ciencias Sociales*, Editorial Acceso Libre, Rosario, N° 7, 2012, pp. 47-75; Gustavo Motta, "Circunscripciones interaccionales del empresariado católico argentino. Ámbitos, redes y posicionamientos en torno a un tema central: el endeudamiento externo en la crisis del régimen de convertibilidad", *Gestão e Desenvolvimento*, 11, 2, 2014, dossier "Religião e Política", pp. 77-92; Gustavo Motta, "Las redes en las elites. Un enfoque alternativo para abordar la construcción de poder intrainstitucional: el caso de la Conferencia Episcopal Argentina (1999-2005)". *Sociedad y Religión*, Vol. 26, 46, 2016, pp. 11-51; Ana Castellani y Gustavo Motta, "Creencias y negocios en tiempos de crisis. El Estado y la deuda externa según el empresariado católico argentino (1999-2003)", *Temas y Debates*, 20, 31, 2016, pp. 13-34. Estos trabajos se han enfocado en el periodo de crisis y salida del régimen de convertibilidad en la Argentina (1999-2003), utilizando la Teoría de Redes Sociales para la construcción de sociogramas que dieran cuenta de los ámbitos ocupados y redes de sociabilidad desplegadas, ver: J.C. Mitchell, *Social Networks in Urban Settings*, Manchester, Manchester University Press, 1969; F. Requena Santos, "El concepto de red social", *Reis. Revista española de investigaciones sociológicas*, 48, 1989; C. Lozares, "La teoría de redes sociales", *Papers. Revista de Sociología*, 48, 1996; C. Lozares et al., "El análisis de la cohesión, vinculación e integración sociales en las encuestas EgoNet", *Redes. Revista hispana para el análisis de redes sociales*, 20, 4, 2011.

mente, nos detuviéramos en la comparación entre la Argentina y España?, ¿cuáles fueron las continuidades y rupturas en lo relativo a sus itinerarios histórico-institucionales, la relación con las jerarquías y sus posicionamientos en torno a preocupaciones centrales del campo empresario y político en dicha etapa?, ¿qué núcleos compartieron respecto de las ideas desarrollistas en ambos países?

Así, se analizarán específicamente cuatro aspectos. En primer lugar, se propondrá explorar y caracterizar, por un lado, al empresariado católico argentino institucionalizado en la Asociación Cristiana de Dirigentes de Empresa (ACDE), por el otro, al empresariado católico español inscripto en Acción Social Empresarial (ASE, denominada originariamente Acción Social Patronal), abarcando los años previos al surgimiento del desarrollismo español y su derrotero hasta 1975. En segundo lugar, se indagarán sus similitudes y diferencias a partir de los itinerarios histórico-institucionales, sus estructuras organizacionales, la inscripción económico-sectorial de sus miembros y sus relaciones con las jerarquías católicas. El tercer aspecto comprenderá rastrear y descifrar sus ámbitos de sociabilidad y las redes desplegadas en el periodo. Por último, se buscará esclarecer e interpretar sus cercanías y distancias respecto de ciertas ideas centrales que emergieron en dicho contexto, tomando como caso de estudio la aplicación de los Convenios Colectivos de Trabajo. En ese sentido, se indagarán las valoraciones y preocupaciones expresadas por ambas instituciones.

Las fuentes utilizadas para el análisis de ACDE comprenden todos los números de la revista *Empresa*, su principal órgano de difusión, hasta el año 1975, así como folletos informativos, gacetillas y comunicados institucionales. También se trabajará con periódicos de la época y con relatos extraídos de su archivo oral. Para el caso de ASE se tomarán las revistas *Informaciones Sociales* (1951-1970) y *Acción Empresarial* (1971-1975), sus dos principales publicaciones, además de material relevado en diferentes hemerotecas.

El primer apartado estará dedicado a explicar la génesis de ACDE, sus caracteres típicos, las tradiciones católicas que confluyeron en su origen y el diseño de su estructura organizativa. Luego, se abordarán el itinerario histórico-institucional de ASP y el tipo de relación que mantuvo con la Conferencia Episcopal Española (CEE). A continuación, se contrastará la composición de las mesas directivas –ejecutivas– en ambas instituciones durante el periodo estudiado, con el objetivo de cotejar las trayectorias socio-ocupacionales de sus presidentes. El cuarto y último apartado hará foco, en primer lugar, en las afinidades relacionales de ACDE y ASP, intentando desentrañar sus preferencias a la hora de vincularse con otras instituciones, para luego discurrir sobre las afinidades político-ideológicas en torno al desarrollo y a los nuevos dilemas empresariales. En ese sentido, se tomará como caso de estudio la valoración empresarial católica argentina y española sobre la aplicación y los resultados alcanzados en los convenios colectivos de trabajo, destacando los principales núcleos problemáticos esgrimidos. En las conclusiones, volcaremos las reflexiones más importantes respecto de estas diferentes dimensiones en los objetos estudiados.

La Asociación Cristiana de Dirigentes de Empresa: génesis y estructura

El fenómeno cristalizado hacia 1930, conocido como nueva cristiandad, tuvo como objetivo la recuperación de la presencia institucional de la jerarquía episcopal en la vida pública argentina. Previamente, las transformaciones producidas por la primera oleada inmigratoria habían coadyuvado al desplazamiento de la laicización de la política pública como prioridad.[4] A pesar de compartir el rígido modelo italiano de relación Iglesia-Estado y la tradición francesa del pensamiento católico, los nuevos desafíos del mundo del trabajo exigían otra capacidad de respuesta. Se intentó, desde el episcopado vernáculo y seguramente con profundas disidencias internas, renovarse hacia un espíritu mucho menos intransigente con los diferentes sectores de la sociedad civil y las Fuerzas Armadas, emprendiendo un fuerte proceso de territorialización institucional.[5] En este contexto surgió ACDE.

Fundada en 1952 por empresarios pertenecientes a la Acción Católica Argentina (ACA),[6] tuvo como primer presidente a Enrique Ernesto Shaw (1921-1962). Entre los sesenta y siete socios que firmaron el acta liminar, se cuentan apellidos muy vigentes

---

4   A. J. Soneira, *Las estrategias institucionales de la Iglesia católica*, Buenos Aires, CEAL, 1989.
5   J. C. Esquivel, *Detrás de los muros. La Iglesia católica en tiempos de Alfonsín y Menem (1983-1999)*, Bernal, Universidad Nacional de Quilmes, 2004; V. Giménez Béliveau, "Jerarquías eclesiásticas, nación y espacio público en Argentina", en Roberto Blancarte (coord.), *Los retos de la laicidad y la secularización en el mundo contemporáneo*, México D.F., El Colegio de México, 2007; Gustavo Motta, *Maximizar la creencia. Estudio sobre los ámbitos, redes de sociabilidad y posicionamientos políticos de las elites episcopal y empresarial católica argentinas: 1999-2003*, tesis de doctorado no publicada, Doctorado en Sociología, Instituto de Altos Estudios Sociales, Universidad Nacional de San Martín, 2014.
6   Creada en 1931 por el Episcopado con el fin de reunir al laicado católico en su misión evangelizadora. ACDE hasta 1961 significaba Asociación Católica de Dirigentes de Empresa. El cambio de "católica" a "cristiana" se dio por la creación del "Secretariado para la promoción de la unidad de los cristianos", a pedido del papa Juan XXIII, durante los preparativos del Concilio Vaticano II, *Revista Empresa*, Nº 208, enero 2012, p. 6.

del actual campo empresario: Max y Rafael Bunge, Manuel Escasany, Carlos y Jorge Pérez Companc, Julio Alois y Jorge M. Steverlynck. A su vez, la asociación conforma un nodo –de gran importancia cuantitativa– de la extensa red mundial UNIAPAC (Union Internationale des Associations Patronales Chrétiennes), federación internacional nacida en 1931 bajo el nombre Conférences Internationales des Associations de Patrons Catholiques, con ocasión de cumplirse el 40° aniversario de la encíclica fundante de la Doctrina Social de la Iglesia, *Rerum Novarum*, del papa León XIII. Constituida originariamente por las asociaciones holandesa, belga y francesa, UNIAPAC estuvo precedida por múltiples formas de solidaridades patronales locales, aunque dispersas y poco cohesionadas.[7] En la actualidad, esta red se compone de más de treinta asociaciones de dirigentes empresarios cristianos, y reúne alrededor de 30.000 miembros a nivel mundial, provenientes en su mayoría de Europa y América Latina.[8] Además, posee el estatuto de observador en la Organización Internacional del Trabajo y en otros organismos especializados de las Naciones Unidas, así como en la Unión Europea.

En la Argentina, las ideas del sacerdote belga Joseph Cardijn[9] rápidamente fueron incorporadas por Enrique Shaw, en tiempos donde emergía y tomaba cuerpo el primer peronismo. No obstante, y a pesar de que muchos simpatizantes de la Juventud Obrera Cristiana vieron en el peronismo la cristalización de su ideario, Shaw entendía que "no era sino una mala caricatura del jocismo".[10]

Hoy ACDE es jurídicamente una asociación civil sin fines de lucro, cuyo órgano superior de gobierno es el Consejo Directivo,[11] el cual tiene como uno de sus mandatos más importantes elegir a los integrantes de la Mesa Ejecutiva. A su vez, existen otras instancias de gobierno. Los Consejos, de carácter consultivo, tienen como objetivo el asesoramiento a los directores y la emisión de opiniones calificadas. Los Equipos de Trabajo llevan a cabo

---

7   H. Sebá López, *Carta Encíclica Rerum Novarum. Guía de lectura y estudio*, Bogotá, Sociedad de San Pablo, 2006, p. 7.
8   Además de ACDE Argentina, otros países latinoamericanos poseen sus propias asociaciones empresarias que forman parte de UNIAPAC: Bolivia (Cochabamba), Brasil (San Pablo, Minas Gerais y Río Grande), Chile, Cuba, Ecuador (Quito), Honduras, México, Paraguay, República Dominicana, Uruguay y Venezuela.
9   Fundador de la Juventud Sindicalista de Bruselas en 1914 –que a partir de 1924 se transformó en la Juventud Obrera Cristiana– y de la Acción Católica en 1920.
10 A. Romero Carranza, *Enrique Shaw y sus circunstancias*, Naucalpan de Juárez, Ediciones Ruz, 2008, pp. 41-2.
11 Lo integran entre 12 y 24 miembros, elegidos por la Asamblea Ordinaria de Socios por un período de 3 años y con renovación anual por tercios.

labores específicas durante un lapso determinado, y son creados a partir de la *expertise* de sus miembros para llevar adelante una tarea determinada, como puede ser la organización de un foro, conferencia o incluso la redacción de un documento. Las Comisiones de Trabajo, en cambio, son permanentes, y tienen a su cargo la consecución de programas y planes de carácter anual (diagrama 1).

En 1994 y como respuesta a la necesidad de brindar un marco institucional al crecimiento y las demandas de los socios del interior del país, se constituyó la Federación de Asociaciones Cristianas de Dirigentes de Empresa. Y en 2001 nacieron los Grupos Zonales, que pasaron a formar parte de la estructura federativa.

Diagrama 1. Estructura organizacional de ACDE

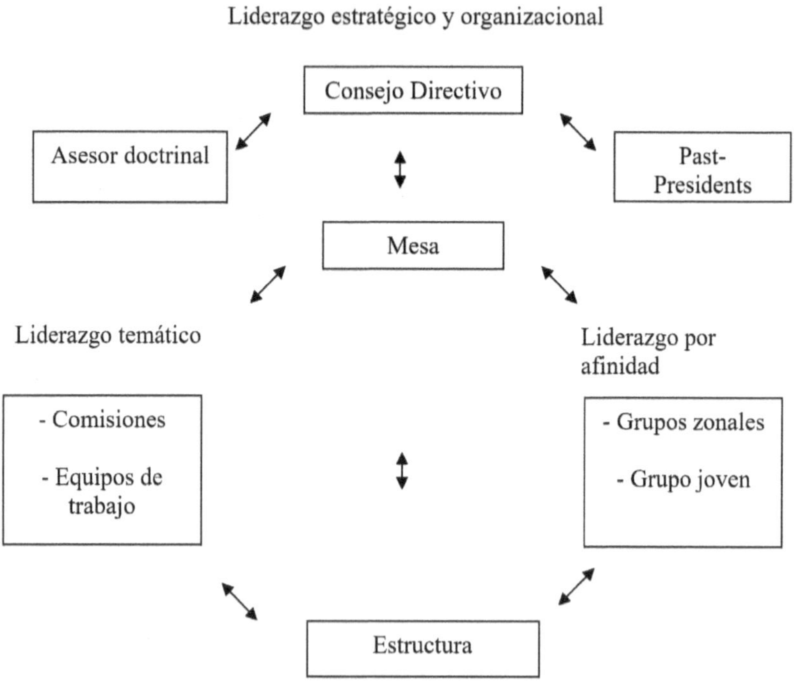

Liderazgo estratégico y organizacional

- Consejo Directivo
- Asesor doctrinal
- Past-Presidents
- Mesa

Liderazgo temático
- Comisiones
- Equipos de trabajo

Liderazgo por afinidad
- Grupos zonales
- Grupo joven

Estructura

Fuente: ACDE, estructura actual.

Desde 1964, la asociación publica trimestralmente y de forma ininterrumpida la revista *Empresa*, su principal órgano de difusión. Mantiene vínculos permanentes con diversos medios de comunicación: diarios *Clarín, La Nación, La Prensa, Buenos Aires Herald, La Razón*,

Perfil, Infobae, Ámbito Financiero y *El Cronista*. Lo mismo ocurre con las revistas *Fortuna, Noticias, Valores, Criterio* y *Hacer Familia*; con las radios AM y FM; y con la agencia de temas religiosos Laica. También existen organizaciones civiles que forjaron lazos con ACDE, como Conciencia, FIEL, CIPPEC, RAP, AVINA, Poder Ciudadano, Fundación del Tucumán, Instituto ETHOS y Cáritas. Desde lo educativo, la Universidad Católica Argentina, la Universidad del Salvador y la Universidad de San Andrés son instituciones que colaboran regularmente con ACDE.

Desde su creación, ACDE se ocupó de diferenciar funcionalmente el subuniverso empresarial del episcopal, asignándoles a los obispos un marco de acción limitado al entendimiento de la relación entre doctrina y campo moral de las prácticas terrenales. Los obispos debían saber que en ACDE "hay gente que está en contacto con la realidad", según afirmaba Enrique Shaw en 1959, durante un congreso empresarial católico en Lima, Perú.

El monopolio de un saber experto, la "ciencia económica", legitima excluyentemente a ACDE para hablar sobre asuntos concernientes al campo económico y, por extensión, al político. Pero la jerarquía eclesiástica, institucionalizada en la Conferencia Episcopal Argentina (CEA), interpela lo económico a partir de su particular *ethos* discursivo. Así lo precisó monseñor Óscar Rodríguez Maradiaga, ex presidente del Consejo Episcopal Latinoamericano, en 1999 en Paraná, Entre Ríos: "a veces nos preguntan por qué los obispos nos metemos en temas financieros cuando no sabemos nada de economía. Nuestra especialización es la humanidad y la economía es una ciencia humana".[12]

El carácter exogámico de ACDE la dota de una circularidad única, en la que transitan los empresarios, políticos e intelectuales más destacados del país y del exterior: presidentes, ministros, representantes de organismos financieros internacionales, delegados vaticanos, embajadores, etc. Sin embargo, y a pesar de la existencia de vínculos a través de instituciones supranacionales y de actores cuyas redes informales se convierten en canales de cooperación y ayuda mutua entre diversos sectores eclesiásticos, es muy escasa la participación de obispos de la CEA en las redes de empresarios católicos argentinos.[13]

---

[12] José Ignacio López, "Economía, obispos y empresarios", *La Nación*, Buenos Aires, 4 de octubre de 1999.
[13] Gustavo Motta, *Maximizar la creencia, op. cit.*, y "Circunscripciones interaccionales del empresariado católico argentino...", *op. cit.*

Acción Social Patronal (Empresarial). Itinerario histórico-institucional

La actual asociación empresarial católica española, *alter ego* de ACDE, es Acción Social Empresarial (ASE), fundada el 21 de mayo de 1951 como Acción Social Patronal (ASP). Su origen se encuentra indisolublemente ligado al entramado institucional del clero español, más precisamente de la Acción Católica (AC). Este hecho abre un contrapunto interesante respecto de ACDE, pues si bien la organización argentina también resultó un desprendimiento de ACA, siempre diferenció los asuntos concernientes al mundo empresarial, en el marco de la coyuntura económica y política nacional, de la Iglesia católica institucionalizada en la CEA. La mayor ligazón entre los empresarios católicos españoles e Iglesia se trasladó además al plano jurídico, dado que la Comisión Nacional de ASP dependía de la Junta Nacional de Acción Católica.

El nacimiento de ASP no resultaba una novedad teniendo en cuenta los avances en la creación de asociaciones que representaban el mundo del trabajo y del capital, siempre bajo la égida del episcopado español. Ya en 1946, en el seno de la AC se había organizado la Hermandad Obrera de Acción Católica (HOAC) y, paralelamente, comenzaban a emerger diferentes secretariados patronales en los organismos de Hombres de Acción Católica. De esta forma, los antecedentes de ASP eran la Sección Patronal del Instituto Social del Arzobispado de Valencia, fundada en 1948, y la Asociación Católica de Dirigentes, en 1950, que tenía asiento en Barcelona.[14]

Siguiendo las normas indicadas por el cardenal primado Enrique Plá y Deniel, la Dirección Central de AC inició las acciones para constituir ASP en un contexto por demás complejo. La economía española presentaba signos de fuerte estancamiento en términos macroeconómicos, con algunos sectores directamente en claro retroceso. Por ejemplo, en 1951 la parte de la renta nacional correspondiente a la industria y la minería alcanzaba el 23%, cuando en 1923 representaba el 29,5%.

Esto coexistía con un sistemático déficit en la balanza comercial y una muy baja diversificación productiva, hecho que hacía dependiente absoluta a España de un conjunto reducido de sectores: se importaban productos manufacturados, algunas materias primas y alimentos, y las ventas externas se reducían a naranjas, pirita y mineral de hierro. La industria textil era la única que podía considerarse más o menos

---

14 J. Andrés-Gallego y D. Barba, *Acción Social Empresarial. 50 años de empresariado cristiano en España*, Madrid, ASE, 2002, p. 23.

extendida, y si la balanza de pagos arrojaba superávit se debía fundamentalmente al turismo y a las transferencias netas de residentes españoles en el extranjero.[15]

El comienzo del proceso modernizador de la economía que se produjo hacia la segunda mitad del siglo XX estuvo asociado a la redefinición de las relaciones con los Estados Unidos. Aun sin entrar en el Plan Marshall, los vínculos entre el régimen de Franco y los gobiernos de Truman y Eisenhower comenzaron a estrecharse, aunque no sin cautela, dado su significado político. Este dilema hizo que las posiciones en el interior del sistema político estadounidense no fueran nada homogéneas: mientras que el Departamento de Estado se mostraba proclive a la exclusión española de la política exterior, siguiendo la postura de Francia y Reino Unido, el de Defensa sostenía su inclusión.[16]

El primer crédito del Export-Import Bank (Eximbank) en 1950, por 62,5 millones de dólares, fue el inicio de una saga de concesiones e intercambios cristalizados en los Pactos de Madrid de 1953, como la instalación de bases norteamericanas:

> la "americanización" de España estaba, pues, muy relacionada con la adaptación del modelo americano a una sociedad todavía en gran medida rural y sometida al régimen autocrático –pero polifónico y pragmático– del general Franco. El éxito del proyecto dependía de los apoyos que fuera capaz de recabar en la Administración y en la elite social, económica y cultural del país.[17]

Precisamente, ese nuevo paradigma abría un amplio abanico de oportunidades para el alicaído empresariado español, que no se agotaba en lo meramente económico. La presencia absoluta del Estado en la vida cotidiana española se transformó en el principal motivo de lucha de la flamante ASP. Esa visión, por cierto, también excluía las concepciones liberales tal como fueron doctrinariamente conocidas y padecidas en las postrimerías del siglo XIX y principios del XX. El camino era hacia un Estado moderno, inteligente, facilitador: "ni el abstencionismo liberal, ni el estatismo a ultranza de nuestros tiempos; los errores cometidos por el Estado liberal no justifican los excesos del intervencionismo actual".[18]

---

[15] J. Andrés-Gallego y D. Barba, *op. cit.*, pp. 24-25.
[16] N. Puig y A. Álvaro, "Estados Unidos y la modernización de los empresarios españoles, 1950-1975: un estudio preliminar", *Historia del presente*, 1, 2002.
[17] N. Puig y Álvaro, *op. cit.*, pp. 8-9.
[18] *Informaciones Sociales*, septiembre de 1952, p. 2.

La nueva entidad se articulaba en torno a una Comisión Nacional constituida por empresarios y delegados diocesanos, entre cuyos vocales se nombraba a los componentes de una Mesa Directiva, que era el órgano ejecutivo del cual se desprendía una Secretaría Técnica y otra Administrativa. De esta última dependían las publicaciones y la Tesorería. Con el tiempo se fueron conformando comisiones por cada diócesis.

También se creó el Servicio de Información, cuyo objetivo era conocer las realizaciones sociales de las empresas y sus problemáticas, y la Comisión de Estudios, constituida por empresarios y técnicos que pudieran aportar sus conocimientos para analizar los problemas de la economía empresarial española, y difundir sus resultados a través de ponencias en diferentes congresos y asambleas. En 1953 se constituyó la Comisión de Enlace, en donde se reunían propietarios, economistas y sociólogos con el fin de estudiar los grandes problemas económicos y sociales del país. Ese mismo año ASP se incorporó a UNIAPAC.

Las comisiones diocesanas que se iban formando dependían directamente del obispo correspondiente y los empresarios de ASP debían reunirse siempre teniendo en cuenta estas jurisdicciones eclesiásticas. Entre 1951 y 1954 se formaron las comisiones de Santiago, Santander, Burgos, Valladolid, Madrid, Ciudad Real, Barcelona (luego desaparecería por la existencia de la Asociación Católica de Dirigentes), Zaragoza, Bilbao, San Sebastián, Oviedo y Córdoba.

En torno a estos ámbitos de sociabilidades empresariales y episcopales comenzaron a plantearse cuestionamientos bien concretos sobre la vida cotidiana española. Muy tempranamente, en 1951, emergieron los principales núcleos problemáticos y sus propuestas de solución. Por ejemplo, la implementación de secretarías sociales en las empresas, con el fin de atender diversos aspectos humanos de los trabajadores. También se trataron temas referidos a la situación de la vivienda obrera, los salarios, la seguridad social y los problemas sociales del empresario agrícola.[19]

Sobre cada uno de estos tópicos se publicó un opúsculo conteniendo la descripción general de la problemática y las propuestas empresarias para su solución. Estos breviarios aparecieron en separata de la revista *Informaciones Sociales*, como fue el caso de *La Secretaría Social en la empresa* (1952), *La vivienda y la Empresa* (1952) y *El salario y la empresa* (1953).

---

[19] Andrés-Gallego y Barba, *op. cit.*, pp. 40-42.

La primera conferencia en la que se presentó en sociedad a ASP se llevó a cabo el 29 de abril de 1953, por parte del cardenal de Tarragona, Benjamín de Arriba y Castro, en la Cámara Oficial de Comercio de Madrid. La financiación de la entidad provenía de los fondos que aportaban los particulares asociados, sumado al desembolso que en los primeros años realizó la Sección de Fomento de Obras de la Dirección Central de Acción Católica, organismo del cual dependía jurídicamente. La primera Asamblea General de ASP tuvo lugar los días 26 y 27 de noviembre de 1954.

Análisis de la composición de la Mesa Directiva en ambas instituciones

Si bien ACDE y ASP nacieron casi en simultáneo, sus disímiles grados de relación, pertenencia y confianza con sus respectivas jerarquías hicieron que la rotación de sus presidentes tuviera dinámicas heterogéneas, o al menos así fue durante los primeros años. Estos vínculos divergentes entre empresarios y obispos terminaron incidiendo en sus subuniversos de sentido,[20] en los que se incluyen todas las clasificaciones sociales –y sus sistemas de valor implícitos– dotados de fórmulas católicas, pero con diferente impacto a la hora de pensar la realidad económica y, a la vez, pensarse a sí misma como corporación.

La lógica de cada subuniverso surge de las herramientas conceptuales y clasificatorias que fueron forjándose mediante la constitución de prácticas cristalizadas. No obstante, los individuos en su actuar cotidiano atraviesan diferentes subuniversos o planos de realidad, difusamente separados, que obligan a comprender y actuar coherentemente en distintas circunstancias: relaciones laborales, familiares o de amistad. El subuniverso económico-empresarial intercepta en su lenguaje experto elementos que también pertenecen al orden del sentido común,[21] el cual se ha forjado por múltiples fórmulas, ideas y lugares comunes católicos construidos durante siglos en torno a una posición dominante de la Iglesia en el universo simbólico. De allí que a la institución eclesiástica no solo le cuesta adaptarse sino que

---

[20] Inscribimos las nociones de "zonas limitadas de significado" en Berger y Luckmann, *op. cit.*, pp. 43 y 58, "universos de significado" en *ibidem*, pp. 88, 90, 103, 111 y 113, y "subuniversos de significado" en *ibidem*, pp. 111-115, dentro de los linajes teóricos fundados en el pragmatismo norteamericano y que devinieron heterogéneas trayectorias analíticas –como la referencia al construccionismo social–, incluso con fines políticos divergentes.

[21] Hacemos notar que el sentido común es más efectivo políticamente porque ha diversificado sus prejuicios en los diferentes órdenes y los ha petrificado en el lenguaje, el razonamiento y el actuar cotidianos.

se esfuerza por cuestionar y reajustar estas realidades múltiples a la temporalidad vaticana, aun sabiendo que ante la vorágine de ciertos cambios sociales las respuestas apresuradas pueden resultar contraproducentes en el terreno político.

Pero las respuestas estratégicas a los cambios que impone la modernidad no solo parten desde el clero, pues a partir del Concilio Vaticano II fueron creciendo las iniciativas de los fieles laicos. Ese fue el caso de ACDE y ASP, aunque sus diferentes modos de vincularse con la CEA y la CEE, respectivamente, incidieron –entre otros aspectos– en la composición de sus directorios. Aquí lo interesante es observar dos cuestiones: la rotación y la inscripción sectorial. Si en la primera pueden percibirse dinámicas disímiles (cuadro 1), en la segunda se evidencia la vocación industrialista y diversificadora personificada en sus presidentes, a la luz de sus propias trayectorias profesionales, por un lado, y de los rasgos principales de los modelos de desarrollo imperantes en cada país.

Cuadro 1. Presidentes de ACDE y ASP desde su creación hasta 1976

ACDE	ASP
• Enrique E. Shaw (1951-1954)	• Santiago Corral Pérez (1951-1965)
• Carlos Mackinnon (1955-1957)	• José Antonio Noguera de Roig (1965-1968)
• Hernando Campos Menéndez (1957-1960)	• Manuel Mendoza Gimeno (1968-1971)
• Francisco Muro de Nadal (1960-1962)	• Martín González del Valle (1971-1976)
• Carlos Saturnino Llorente (1962-1964)	
• Eduardo María Huergo (1964-1966)	
• Manuel José Crespo (1966-1969)	
• Jorge A. Aceiro (1969-1973)	
• Carlos E. Dietl (1973-1976)	

Fuente: elaboración propia.

Claramente, ACDE se autorrepresentó desde su nacimiento como corporación empresarial católica independiente de las normas del derecho canónico y de los dictados –no de las sugerencias, que en todo momento fueron solicitadas y escuchadas– del episcopado. Ese espíritu lo trasladó rápidamente a la dinámica de rotación en los cargos, que rigurosamente cumplió y sigue cumpliendo hasta el presente.

Los integrantes de la Mesa Ejecutiva de ACDE, designados por el Consejo Directivo, son: el presidente, el vicepresidente 1°, el vicepresidente 2°, el secretario, el tesorero, el prosecretario y el protesorero. El presidente de ACDE tiene un mandato de tres años y sin posibilidad de reelección consecutiva, no así los miembros restantes, aunque sus periodos de ejercicio duran solo un año. En cambio, al presidente de ASP lo nombraba la AC española, sin duración preestablecida.

Como vimos, el primer presidente de ACDE fue Enrique Shaw,[22] quien llegó a ser director general de las Cristalerías Rigolleau, una emblemática empresa fundada a fines del siglo XIX. Carlos Mackinnon, por su parte, fue el director de Mackinnon & Coelho Ltda., una compañía yerbatera muy conocida en la época, propietaria de la marca Salus. Así, hasta el año 1957 los presidentes de ACDE habían ejercido funciones en empresas medianas, del sector industrial aunque típicamente mano de obra intensiva, cuyos productos estaban destinados en su mayor parte al consumo interno. Esta representación coincidía con los rasgos típicos de las empresas involucradas en la primera fase del modelo de acumulación apoyado en la sustitución de importaciones.

Distinto es el caso de Hernando Campos Menéndez, hijo de Francisco Campos Torreblanca –cónsul español en Punta Arenas, Chile– y de la chilena María Menéndez de Campos. Ingeniero industrial por la Universidad de Buenos Aires, con especialización en ingeniería de plantas químicas en los EE.UU., fue ejecutivo de Atanor S.A.,[23] una empresa emblemática y representativa del modelo de desarrollo perseguido hacia fines de los 50, con una fuerte presencia en los auspicios de la revista *Empresa* en todo el periodo (imagen 3). Fue también presidente de Pirelli e integró el directorio de Pinamar S.A., Insta, Editorial Emecé y Haynes (antigua propietaria del diario *El Mundo*). Presidió, por otro lado, el Banco General de Negocios, además de ocupar la vicepresidencia del Banco Central y dirigir el Banco de la Provincia de Buenos Aires.

---

22 En el año 2013 se cerró en la Argentina la etapa diocesana de la causa de beatificación y canonización de Enrique Shaw. En 2015 el Vaticano decretó la validez de toda esa fase. Precisamente, uno de sus impulsores fue el cardenal Jorge Bergoglio, hoy papa Francisco. De prosperar la causa, Shaw se convertiría en el primer santo empresario.

23 Compañía química fundada con capitales argentinos a fines de la década del 30. Más tarde se transformó en empresa mixta en donde el Estado nacional, a través de Fabricaciones Militares, tenía intervención en la dirección y proyección de la industria básica, considerada estratégica. Esta política tuvo un renovado impulso a partir del gobierno de Arturo Frondizi, con sectores privilegiados en la nueva dinámica de acumulación, como la petroquímica y la siderurgia.

Imagen 1. Publicidades en la revista Empresa. Años 1966 a 1969

Fuente: Centro de Documentación e Información. Ministerio de Economía y Finanzas Públicas de la República Argentina.

Francisco Muro de Nadal –cuyo hermano José fue presidente de la Cámara Española de Comercio de la República Argentina– estuvo al frente de ACDE entre 1960 y 1962. Fue propietario de Casa Muro, una tradicional sastrería ubicada en la esquina de Bartolomé Mitre y Maipú, en la Ciudad de Buenos Aires. A su vez, fue vicepresidente segundo de la Confederación General Económica (CGE) en su primera etapa (1953-1955), mientras la presidió José Ber Gelbard hasta su disolución con el derrocamiento de Juan Domingo Perón.[24]

---

[24] Muro de Nadal intervino activamente en la Guerra Civil española. Mientras estudiaba Ingeniería se produjo el "Alzamiento Nacional" en España, hecho que lo motivó a viajar clandestinamente en noviembre de 1936 para unirse a las fuerzas nacionales en Sevilla, dentro del grupo carlista del Requeté (o boinas rojas), integrando la Columna Redondo. Allí fue conocido como el "requeté argentino". Regresó en 1940 a la Argentina para retomar sus estudios y continuar con su actividad empresarial.

Carlos Saturnino Llorente, el quinto presidente, fue ingeniero agrónomo, productor agropecuario y fundador de la Corporación Rural de Emprendimientos Agrícolas. También presidió el Banco Nación en 1968 y gobernó la provincia de Buenos Aires entre 1969 y 1970. Eduardo María Huergo, por otro lado, fue director de Minera Aguilar y, ya en los años setenta, director de Renault Argentina. A su vez, fue administrador de Ferrocarriles del Estado, ministro de Obras Públicas en la Intervención Federal a la provincia de Córdoba en 1930 y subsecretario del Ministerio de Obras Públicas de la Nación. Manuel José Crespo, quien estuvo al frente de ACDE entre 1966 y 1969, presidió "Crespo y Rodríguez, Sociedad Anónima Comercial, Agrícola, Ganadera y Financiera", empresa fundada en 1961 en la Ciudad de Buenos Aires, y fue además un activo dirigente del Rotary Club. Por su parte, Jorge Aceiro, ingeniero por la Universidad Nacional de La Plata, con estudios de posgrado en la Graduate School of Business Administration de la Harvard University, presidió y formó parte de directorios de empresas de Papel y Celulosa, Energía y Petroquímica.

Por último, Carlos Enrique Dietl fue ingeniero por la Universidad de Buenos Aires, y también cursó estudios de posgrado en la Graduate School of Business Administration. En el plano privado, fue director general de Atanor S.A., presidente de Duranor S.A. y de Petroquímica Argentina. También dirigió la Bolsa de Comercio de Buenos Aires, Sud Atlántica Seguros S.A. y Cristalerías Rigolleau S.A. En su paso por la dirigencia corporativa, presidió el Instituto para el Desarrollo Empresarial en la Argentina (IDEA) y el Consejo Empresario Argentino (CEA, reemplazado en 2002 por la AEA).[25] En la función pública fue administrador de la Empresa Nacional de Telecomunicaciones (ENTel).

Como se puede apreciar, la diversificación de las trayectorias comprende, en su mayor parte, a la industria básica –sobre todo petroquímica– y a las manufacturas de origen industrial, dominadas por las medianas empresas de capital nacional. Estas últimas tenían su representación en la CGE, cuyo primer vicepresidente estuvo al frente de ACDE. Desde luego, el perfil industrial y la vocación desarrollista se notó en los auspicios en la revista *Empresa*. También hubo lugar para representantes de los sectores minero, agropecuario y financiero. Por último, es para destacar la marcada circulación público-privada de muchos de sus cuadros dirigentes, tanto en organismos oficiales como en empresas públicas.

---

[25] El liberal Consejo Empresario Argentino apoyó las medidas económicas de Celestino Rodrigo durante la presidencia de María Estela Martínez, así como el golpe cívico-militar del 24 de marzo de 1976.

Por el lado de ASP, Santiago Corral Pérez fue el primer presidente, cuyo cargo duró catorce años. Fue abogado e ingeniero de caminos, con una amplia trayectoria en la militancia confesional: miembro de la Asociación Católica Nacional de Propagandistas (ACNdP) y muy tempranamente, en marzo de 1933, presidente de las Juventudes Católicas Montañesas. Colaborador de la revista *Tradición*, tras la Guerra Civil se involucró en AC y llegó a ser su máximo dirigente nacional.[26] De ahí se comprende su designación en ASP.

En su carrera dirigió el Banco de Santander, Ricardo Medem y Cía., y Lanz Ibérica S.A. (maquinarias agrícolas), además de Nueva Montaña Quijano (siderurgia). Este pasaje de la banca a la industria comenzó en 1952, con ocasión de un concurso lanzado por el Ministerio de Agricultura de España. La primera ganadora fue Lanz Ibérica S.A., que resultó de una asociación entre las capacidades técnicas y profesionales de la alemana Heinrich Lanz A.G. (que aportó 7,5 millones de pesetas) y la ingeniería financiera, comercial e industrial del Banco de Santander (15 millones de pesetas), Ricardo Medem y Cía. (17,5 millones de pesetas) y Nueva Montaña Quijano (1 millón de pesetas), en donde precisamente actuaba Corral Pérez, quien a su vez participó personalmente con un aporte de 250.000 pesetas. El Banco Central español aportó 8 millones.[27] En definitiva, en la figura de Corral Pérez se sintetiza la sinergia del aún embrionario desarrollismo español, caracterizado por la fuerte vinculación entre diversos órganos del Estado, las empresas españolas y el gran capital industrial internacional.

En 1965 la Junta de Metropolitanos sustituyó a Corral Pérez por José Antonio Noguera de Roig, miembro de una familia vinculada a la burguesía industrial y financiera de Valencia. Noguera de Roig estudió abogacía y se doctoró en la Universidad Complutense de Madrid. Se destacó tanto en el mundo empresarial como en el político: fue presidente de la Cámara de Comercio, Industria y Navegación de Valencia, de la Feria de Muestras de Valencia, de la Asociación de Ferias de España y senador elegido en 1977 por la circunscripción electoral valenciana en la Unión de Centro Democrático (UCD).

---

[26] Durante un "mitín de afirmación derechista" de la ACNdP en 1932, Corral afirmó que "los principios básicos de toda sociedad bien organizada, Religión, Patria, Familia, Propiedad, Orden y Trabajo, son negados en los regímenes democráticos, que conducen siempre al caos", en J. Sanz Hoya, *De la resistencia a la reacción: las derechas frente a la Segunda República (Cantabria, 1931-1936)*, Santander, Servicios de Publicaciones de la Universidad de Cantabria, 2006, p. 117.

[27] J. I. Martínez Ruiz, *Trilladoras y tractores. Energía, tecnología e industria en la mecanización de la agricultura española (1862-1967)*, Sevilla, Universidad de Sevilla/Edicions Universitat de Barcelona, 2000, p. 174.

Su nombre estuvo ligado a la fundación y dirección de la Escuela Superior de Estudios Empresariales, del Instituto de Promoción Industrial, de Aceiteras Reunidas de Levante (Arlesa), del Banco de la Exportación y del Instituto de Promoción Industrial. Fue miembro del Ateneo Mercantil de Valencia y colaboró habitualmente en los diarios *Levante-EMV* y *Las Provincias*. Desde 1998 y hasta su fallecimiento, en 2003, ocupó el cargo de *Síndic Major de Comptes* (síndico mayor de cuentas) de la Generalitat valenciana. Según él, ser empresario "enviciaba", pues implicaba una mezcla de actividades, de actitudes, de responsabilidades y de riesgos que "envenenan y crean adicción".[28]

El tercer presidente de ASP fue Manuel Mendoza Gimeno, quien inició su mandato en 1968. El mecanismo que se había dado ASP para la elección de su presidente era conformar una terna de aspirantes y remitirla a la autoridad eclesiástica, para que esta decidiese. Durante la gestión de Mendoza Gimeno, el 29 de septiembre de 1969 ASP terminó rompiendo con la AC, como producto de un encono creciente entre esta última y la CEE, ¿el motivo?, la conflictividad y las cuestionadas posiciones políticas en las que estaban involucrados permanentemente los movimientos apostólicos obreros de la AC, en especial la HOAC y JOC:

> las VII Jornadas de AC que se habían celebrado en el Valle de los Caídos en junio de 1966 desencadenaron el proceso definitivo de ruptura con la jerarquía eclesiástica; la tensión fue enorme, algunos asistentes recriminaron con acritud a los obispos; algunos de los prelados allí presentes lloró de manera visible [...] [Al año siguiente, la Asamblea Plenaria de la CEE] advirtió a la AC que los católicos no podían colaborar con los marxistas según el magisterio pontificio. La Comisión Nacional de la HOAC lo rechazó explícitamente.[29]

Esta situación impactaba tanto en la concurrencia a los encuentros de ASP como en el ánimo de sus dirigentes. En 1968 se produjo el cambio de nombre, por sugerencia de la propia CEE: ASP se pasaría a llamar Acción Social Empresarial (ASE). La dependencia jurídica que ASE tenía con la AC estaba siendo cuestionada por el propio presidente de la Comisión Episcopal de Apostolado Seglar, al sugerir que era preferible que ASE

---

[28] *El País*, Madrid, 10 de diciembre de 2003, "José Antonio Noguera de Roig, Síndic de Comptes de la Generalitat valenciana", por Miquel Alberola.
[29] Andrés-Gallego y Barba, *op. cit.*, p. 227.

no estuviera encuadrada en la Acción Católica española, primero porque bastantes comisiones no lo estaban en sus diócesis y, segundo, porque el movimiento debía tener libertad –y responsabilidad– para hacer manifestaciones sin comprometer a los obispos.[30]

De este modo, ASE pasó a formar parte de la Unión Nacional de Apostolado Seglar, que también dependía de la CEE, convirtiéndose en una asociación eclesiástica de ámbito nacional bajo la órbita de la Dirección General de Asuntos Eclesiásticos.

Mendoza Gimeno estuvo vinculado a un rubro característico y privilegiado del desarrollismo: la construcción en la obra pública. Fue director gerente de la Asociación de Empresas Constructoras y Concesionarias de Infraestructuras (SEOPAN), creada en 1957 para promover la inversión en infraestructura a través de la colaboración público-privada. Su gestión estuvo rodeada de polémicas (imagen 4), sobre todo con el Estado, debido a la discusión por los costos laborales, que representaban cerca de un tercio del total en dicho rubro, y su impacto en los índices de precios de los contratos para la obra pública.

Imagen 2. El conflicto entre SEOPAN y la Administración

SEOPAN culpa a la Administración de los problemas del sector de la construcción
Se prevé una ligera mejoría del sector en el corriente año

Madrid, 17. («La Vanguardia».) — El Grupo de Empresas de Obras Públicas de Ámbito Nacional (SEOPAN), ha ofrecido una rueda de prensa, presidida por su director gerente, don Manuel Mendoza Jimeno. Durante la reunión, se ha hablado de la situación por la que atraviesa el sector de la construcción, así como de la evolución del mismo durante el pasado año. El señor Mendoza hizo hincapié en las profundas dificultades que atraviesan las empresas agravadas considerablemente como consecuencia de la crisis económica.

la crisis económica.

Así como la construcción se aceleró extraordinariamente en los primeros años de cada plan cuatrienal, en los posteriores se ha visto notablemente decaída.

Programación inadecuada del sector público

La mala programación financiera del sector público, a la que se unió una auténtica revolución de los costos desde mediados de 1973, coincidió con el período de desaceleración de la economía general, originando para 1975 la recesión más importante experimentada por el sector desde 1954, al mismo tiempo que un agudísimo problema financiero.

En cuanto a cifras, el señor Mendoza ha señalado que en el último año la producción de la construcción ha tenido un crecimiento del 0,8 por ciento, que contrasta con el decrecimiento del 4,3 por ciento del año anterior. El coste medio se incrementó en un 15,5 por ciento. Las viviendas protegidas terminadas han bajado en un 17,4 por ciento, y las libres terminadas bajaron en un 11,5 por ciento. Por otro lado, las viviendas protegidas en construcción, vienen a ser las mismas que el año pasado, con un pequeño decrecimiento del 0,3 por ciento, estando paralizadas muchas.

El paro ha aumentado en un 43 por ciento

En cuanto a la licitación oficial ha bajado, en su valor real. El índice de la citación privada aumentó en un 37 por ciento, manteniéndose el índice de la licitación total con incremento del 17 por ciento.

El grave problema del paro aumentó en un 43 por ciento, habiéndose incrementado la producción por persona ocupada en un 1,9 por ciento.

En cuanto a las perspectivas que se prevén para el año 77, el incremento de costes finales para el constructor pudiera superar, en dos o tres puntos, la tasa del año precedente, situándose entre el 18 y el 19 por ciento, recayendo sobre unas tesorerías casi agotadas y una situación financiera muy grave, lo que obstaculizaría la creación de nuevas obras.

Fuente: *La Vanguardia Española*, 18 de marzo de 1977, p. 45.

---

[30] Andrés-Gallego y Barba, *op. cit.*, p. 233.

Por último, aparece Martín González del Valle, licenciado en Derecho por la Universidad de Madrid, con estudios en la Universidad de Lovaina. Precisamente, junto a un grupo de inversores belgas constituyó Química Ibérica S.A., Esindus S.A., Socelec y Canzler. A principios de los años cincuenta se integró al Consejo de Administración de Hidroeléctrica del Cantábrico,[31] para transformarse en 1966 en su vicepresidente ejecutivo y, finalmente, su presidente en 1987. Como dirigente corporativo, en los años noventa presidió UNESA, sociedad que agrupa a las más grandes empresas del sector eléctrico de España.

González del Valle falleció en 2015, tenía el título de segundo barón de grado, distinción que había creado el rey Alfonso XIII en 1919 a favor de su madre, María del Pilar Herrero Collantes, hija del fundador del Banco Herrero, del que González del Valle también formó parte. Tuvo destacados reconocimientos a lo largo de su vida, como la Gran Cruz de Alfonso X el Sabio, otorgada por el rey para premiar los méritos en educación, ciencia, cultura, docencia e investigación. En Bélgica fue reconocido como Caballero de la Orden de la Corona y con la Orden de Leopoldo II de Bélgica. Su figura y compromiso con el mundo cristiano le valió, también, el reconocimiento de la Santa Sede a través de la Pontificia Orden Ecuestre de San Silvestre Papa y Mártir. Fue presidente de la Fundación Educación Católica y de la Fundación Oso de Asturias, y miembro del Patronato de la Universidad Pontificia de Salamanca.

Aun contando solo cuatro presidentes de ASP/ASE durante el periodo 1951-1975, podemos notar la preeminencia del derecho en sus credenciales académicas, a diferencia de sus pares de ACDE, quienes demostraron mayoritaria preferencia por las ingenierías. Sin embargo, estos sesgos académicos no se correlacionaron en sus carreras profesionales. Por lo general, se observa una carrera diversificada, en donde dominaron las grandes empresas del sector de maquinaria pesada, minería, hidroelectricidad, química, entre otras, aunque existieron casos de representantes de medianas compañías, sobre todo los argentinos. La necesidad de imbricar el capital industrial con el bancario se vio plasmada en varios derroteros, así como la constante circulación por organismos públicos o empresas del Estado. Este fue un rasgo muy común de la nueva etapa que se abría en el modo de acumulación en ambos países: preferencia por la industria básica, el sector financiero, los contratos con el Estado para el desarrollo

---

[31] Desde 2005 la empresa se denomina HC Energía, tras haber sido comprada por la portuguesa EDP.

de infraestructura y, por último, un modelo específico de empresa-industria que privilegiaba el incremento sistemático de la productividad gracias a la generación de economías de escala.

Afinidades relacionales y político-ideológicas de ACDE y ASP durante el desarrollismo: distintas prioridades frente a las problemáticas emergentes

Este último apartado intentará mostrar las convergencias y divergencias entre ambas instituciones respecto de sus preferencias a la hora de vincularse con otros organismos empresariales católicos. Analizaremos y expondremos sus aspectos más sustanciales, con el fin de constituir un punto de partida hacia la profundización de su tratamiento en futuras investigaciones.

Afinidades relacionales

Los viajes de negocios, los intercambios comerciales, los contactos interinstitucionales, el auge de las escuelas de administración, entre otros, tuvieron en esta etapa un desarrollo destacado. La técnica en la industria y el *management* en los modelos de negocios impregnó la conciencia empresarial desarrollista:

> en primer lugar, exigió la implantación progresiva de los métodos propios de la llamada organización científica del trabajo, lo que suponía la consolidación de un fuerte proceso de intensificación laboral. La fijación de los ritmos de trabajo, la determinación previa de los rendimientos óptimos y normales –así como la asignación de un nivel salarial relativo al rendimiento–, o el reconocimiento de la calificación profesional, fueron elementos introducidos en el país por aquel entonces. No obstante –y a diferencia de lo ocurrido en otros países del ámbito europeo–, en España no se produjeron aumentos salariales en niveles semejantes a los incrementos de productividad –aplicándose tales medidas a coste cero–, lo que unido a las elevadísimas jornadas laborales supuso a la larga un galopante incremento del descontento social.[32]

Este periodo introdujo en el subuniverso empresarial nuevos conceptos ligados a la eficiencia y a la productividad, racionalidad que también se extendió al Estado. Así, hacia fines de los años cincuenta se inició una renovada búsqueda de los antiguos lazos económicos, culturales y políticos entre España y la Argentina, al tiempo que el

---

[32] S. Cayuela Sánchez, "La biopolítica del franquismo desarrollista: hacia una nueva forma de gobernar (1959-1975)", *Revista de Filosofía*, 38, 1, 2013, p. 164.

gobierno de Franco era percibido como un aliado más de los EE.UU. La confluencia entre el Plan de Estabilización español y el inicio del desarrollismo de Frondizi/Frigerio permitía la complementariedad entre las necesidades de unos y otros.

El 8 de octubre de 1958 el general Héctor D'Andrea presentó sus cartas credenciales ante el gobierno de España. El flamante embajador tenía instrucciones precisas del presidente de concertar la mayor cantidad posible de reuniones con empresarios españoles, y facilitar ámbitos de encuentro entre estos y sus pares argentinos:

> el doctor Frondizi está animado del más amplio espíritu para llevar la vinculación con España, en todos los aspectos, al más alto nivel posible. Entre España y Argentina no puede haber simples relaciones; hay algo más profundo, el sentimiento, que une a los dos pueblos. En el orden económico señalemos la complementariedad en algunos sectores de la producción [...] Actualmente se celebran negociaciones que, de concretarse, se traducirían en la adquisición por Argentina de barcos construidos en los astilleros españoles: barcos de carga, de pasajeros, buques-tanque, etc. Serían unas ciento treinta mil toneladas, unos cincuenta y cinco millones de dólares. Argentina facilitaría algunos elementos que España no produce, como determinado tipo de motores. De esa cifra, unos cuarenta y cinco millones se aplicarían a la cancelación del crédito existente a favor de la Argentina, y el resto se acreditaría a España para la adquisición de productos argentinos.[33]

Este relanzamiento de las relaciones diplomáticas y comerciales entre ambos gobiernos incluyó una serie de convenios comerciales. En junio de 1964 se suscribió un acta que resumía los acuerdos alcanzados en la comisión mixta hispano-argentina, creada un año antes. En ella se sostenía la necesidad de avanzar hacia la cooperación técnica y la creación de empresas mixtas, entre otros objetivos.[34]

Ahora bien, en todas las fuentes consultadas ambas instituciones empresariales católicas, ACDE y ASP, aparecen desplegando vínculos con diferentes actores empresariales, pero no entre sí. Es llamativa esta ausencia, dado que se vislumbra la intención común de acelerar los procesos de internacionalización de sus relaciones y de ampliar el espectro de sus marcos de influencia.

---

[33] Andrés Travesi, *ABC*, Madrid, diciembre de 1958, "Mejoran las relaciones económicas hispano-argentinas".

[34] El 13 de abril de 1965, el presidente de la Junta Nacional de Carnes, Adalberto Reynal O'Connor, suscribió un acuerdo comercial con España por el cual las autoridades hispanas se comprometían a adquirir 31.000 toneladas de carne enfriada y congelada en el período comprendido entre mayo y diciembre de 1965, en "Acuerdo para la exportación de carnes a España", *La Nación*, Buenos Aires, 14 de abril de 1965, p. 1.

En el caso de ASP, su preferencia por países europeos y su aspiración a convertirse en miembro del Mercado Común resulta evidente, a la vez que se destaca el desarrollo rápido y sostenido de vínculos con su par portuguesa, la União Católica dos Industriais e Dirigentes do Trabalho (UCIDT).

Esto no significa que no hubiera contactos con otras organizaciones. De hecho, durante los primeros tres años ASP generó lazos con la Unione Cristiana de Imprenditori Dirigenti (UCID) de Italia, con el Centre Française de Patrons Chrétiennes (CFPC) y con la Fédération de Patrons Catholiques (FEPAC) de Bélgica. Según Andrés-Gallego y Barba este ímpetu relacional también se expandió hacia Uruguay, Argentina y Chile, aunque en la presente investigación no se hallaron fuentes primarias que afirmen esto.

Sin embargo, frente a estos intentos, es destacable la fecunda relación mantenida entre ASP y UCIDT. Su par portuguesa fue creada en 1952 gracias al impulso de un joven doctorando en ingeniería, Horácio de Moura, quien años antes había conocido a Vittorino Vaccari, de la UCID, durante un viaje al Vaticano.[35] En mayo de 1953, solo cuatro años después del regreso de De Moura a Portugal, se llevó a cabo el *Encontro Luso-Espanhol de Patrões Católicos*, en Coimbra. Esta iniciativa contó con el beneplácito del papa Pío XII, a través del prosecretario del Vaticano, monseñor Montini, quien en 1963 se convertiría en Pablo VI.

En el caso de ACDE, las relaciones interinstitucionales se centraron principalmente en países de América Latina. Sin embargo, también apareció el interés de asociarse con sus pares europeos, pero en ningún caso encontramos a ASP entre los elegidos. El primer lugar en las preferencias lo tuvo la República Federal Alemana, mediante el fluido intercambio de becarios entre ACDE y la BKU (Bund Katholischer Unternehmer), seguida por su par de Francia (imagen 5).

En el año 1964, a través del Instituto de Solidaridad Internacional de la Fundación Konrad Adenauer, BKU impulsó la idea de llevar becarios argentinos a Alemania Federal, con el objetivo de que "en un país adherido al Mercado Común Europeo pudieran conocer íntimamente los aspectos sociales de la vida en la empresa" (*Empresa*, N° 2, 1965). Debido al éxito obtenido en la primera edición, donde la crónica da cuenta de un número muy elevado de inscriptos, entre los cuales viajaron quince, las estadías se fueron sucediendo en los años siguientes.

---

[35] J. L. Monteiro, *ACEGE. Breves dados sobre a UCIDT-ACEGE: 60 anos de história*, Lisboa, ACEGE, 2012.

Imagen 3. Afinidades relacionales de ACDE. Empresa, N° 2 (1965), 7 (1966), 11 (1967), 14 (1968) y 21 (1970)

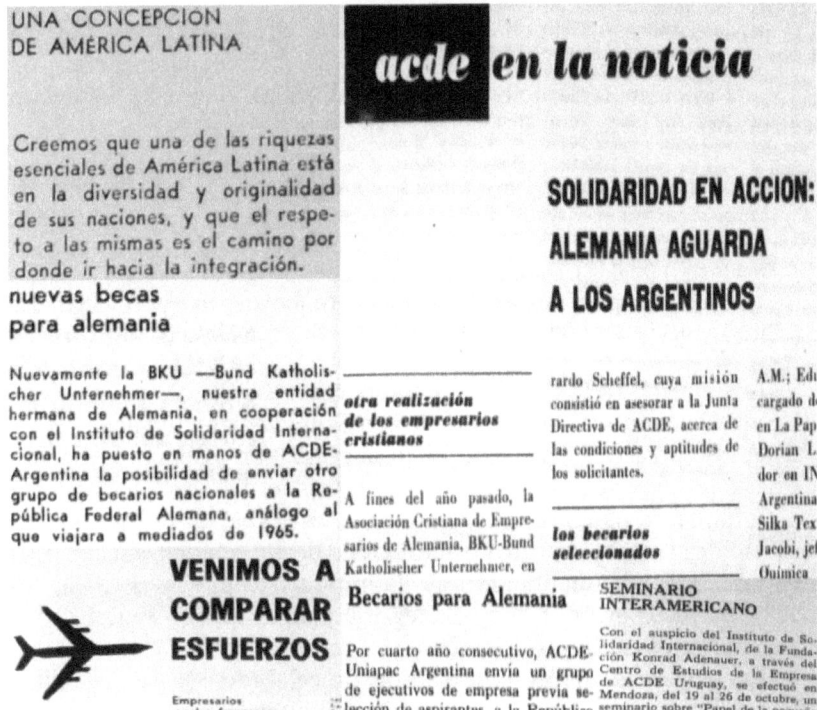

Fuente: Centro de Documentación e Información. Ministerio de Economía y Finanzas Públicas de la República Argentina.

Afinidades político-ideológicas

Este último punto tiene por objetivo establecer continuidades y rupturas respecto de una idea central que hemos tomado como caso y que, a nuestro juicio, logra condensar en buena medida el clima de ideas, debates y luchas imperante en la etapa: la puesta en práctica de los Convenios Colectivos de Trabajo en ambos países. Cabe señalar que la necesidad de contar con una legislación clara y socialmente justa sobre salarios, extensión de jornadas, descansos, condiciones de seguridad, participación de trabajadores en la gestión empresarial, entre otros aspectos, siempre estuvo entre los primeros lugares en las agendas de ASP y ACDE. Ahora bien, nos interesa apuntar a sus diferencias valorativas, dado que en el marco de la constitución de los campos de poder en cada contexto nacional, asociados a sus procesos de desarrollo, emergieron diferentes disputas entre el capital, el trabajo y el Estado. De allí que nos enfoquemos en los principales núcleos de interés para cada institución respecto de la aplicación de estos convenios en sus países.

En el caso español, en enero de 1954 el director general de Trabajo, Joaquín Reguero Sevilla, se refirió a la "irrenunciable atribución del Estado en materia de regulaciones laborales", según la ley del 16 de octubre de 1942 y el Fuero del Trabajo:

> los Comités paritarios, los Jurados mixtos y los contratos colectivos de trabajo pertenecen ya al museo de las conquistas sociales. Volver a esto significaría una regresión. Porque aparte de su sentido socializante, los pactos gremiales harían entrar en juego exclusivamente a las dos partes contratantes: patronos y trabajadores, pero ¿quién protegería un tercero legítimo, el anónimo consumidor?[36]

Los empresarios de ASP no compartían esa visión, pues entendían que la excesiva, innecesaria y agobiante reglamentación gubernamental constituía un freno al desarrollo: "en España se ha ido demasiado lejos por el camino de la seguridad del empleo, al precio de un clima de baja productividad".[37] Se criticaba, en ese sentido, el ascenso de categoría por turno automático de antigüedad, sin criterios de idoneidad, argumentando que "la antigüedad puede justificar un mayor sueldo, pero nunca una categoría para la que no se tienen los conocimientos mínimos exigibles".[38]

En febrero de 1958, con ocasión de celebrarse la IV Asamblea Nacional de ASP, se dio a conocer la Declaración sobre Productividad:

> ayudaría mucho a conseguir este clima laboral más estimulante, que es base previa para una productividad más alta, dentro de cada Empresa, la revisión de las actuales Reglamentaciones laborales [...]. Es preciso que España se ponga rápidamente al nivel de los demás países europeos, tanto en lo que se refiere a costes como a la calidad de sus productos.[39]

La Ley de Convenios Colectivos sería promulgada, finalmente, el 24 de abril. En *Informaciones Sociales* de mayo, ASP la recibió con un moderado beneplácito, dado que aún faltaba, a su entender, un "estudio técnico de las dificultades y los procedimientos eficaces de solución".[40] Esta preocupación estaba motivada en la persistencia de reglamentaciones laborales que debían convivir con la nueva ley.

---

36 *Informaciones Sociales*, marzo, s/f, p. 4, citado en Andrés-Gallego y Barba, *op. cit.*, 2002, p. 110.
37 Editorial de *Informaciones Sociales*, marzo de 1956, citado en Andrés-Gallego y Barba, *op. cit.*, p. 111.
38 *Idem*.
39 *Ibidem*, p. 113.
40 *Ibidem*, p. 115.

En 1972, la Comisión de Estudios Socioeconómicos de (ya en ese entonces) ASE, editó un libro referido a la valoración de los resultados obtenidos con los convenios colectivos en el periodo 1958-1970. Hasta ese momento, en España no se contaba con un estudio riguroso que incluyera a la totalidad de los sectores. Los procedimientos heurísticos que presenta el trabajo, desde una perspectiva "positiva y empírica", son tan notables como sus conclusiones. En ese sentido, ASE rescata el espíritu de la nueva regulación, que había dejado atrás una etapa de autarquía económica y que estaba "estrechamente relacionada con el proceso de modernización de las empresas españolas, y, en definitiva, con el movimiento ascendente del sistema de producción".[41]

La ley no establecía una duración para los contratos, aunque, en caso de no existir un periodo explícito, por defecto abarcaba dos años, prorrogables de año en año de no mediar interposición de alguna de las partes.[42] Los ámbitos de aplicación podían variar: una empresa, una comarca, una o varias provincias. En ese sentido, la práctica se extendió bastante rápido y ya en 1965 el 66% de las empresas había celebrado su primer convenio, siendo de carácter provincial el 49%, seguidos por los interprovinciales con el 32% y, más rezagados, los empresariales, con el 10%.[43]

Ahora bien, en ASE subrayaban la existencia de una fuerte incidencia de la conflictividad tanto en las empresas industriales como de servicios, con el 60% y 75%, respectivamente, y que en ambos sectores el 75% de estas discusiones tuvieron como eje el salario. Solo el 12% de los conflictos en la industria y el 14% en servicios se basaron en las condiciones laborales.[44] Desde ya, este promedio invisibiliza la dispersión cuando se comparan las provincias ricas e industrializadas con las pobres y menos desarrolladas técnicamente. En las primeras se incluye, "además de los temas clásicos y de las reivindicaciones fundamentales, una problemática más amplia, acorde con las nuevas necesidades técnicas laborales y sociales".[45] Los conflictos en las provincias poco industrializadas se desarrollaron especialmente en los sectores textil y alimenticio, sin embargo, la mayor intensidad y resonancia de los conflictos se concentraron en las provincias ricas.

Teniendo en cuenta los diferentes resultados según estas tres variables –rama de actividad, tamaño de la empresa y grado de industrialización de la provincia– los empresarios de ASE diagnosticaron la situación y explicitaron su interés:

---

[41] *Acción Social Empresarial*, 1972, p. 11.
[42] Entre 1958 y 1970 el 55% se había celebrado por dos años y el 39% por uno.
[43] *Acción Social Empresarial*, 1972, p. 20.
[44] *Ibidem*, p. 94.
[45] *Ibidem*, pp. 37-38.

> a nivel institucional, los Convenios Colectivos son uno de los elementos más importantes para la consecución de elevados índices de productividad y de rentabilidad [...] Uno de los obstáculos que se presenta a la rentabilidad de la empresa son las reivindicaciones de los trabajadores [...] A tenor con el nivel que en cada paso tengan dichas reivindicaciones, se arbitra un abanico de estímulos y compensaciones, pero siempre siendo el criterio piloto la productividad y la rentabilidad de la empresa [...] Estos procesos de racionalización del trabajo y de mecanización de la producción y por ende las elevadas rentabilidades, son los que han originado el rápido crecimiento de la economía española en la década de los 60.[46]

Como se observa, la principal preocupación de ASE se centró en la continuidad de la aplicación de los (perfectibles) Convenios, para profundizar el desarrollo y asegurar una elevada y creciente tasa de productividad laboral y rentabilidad empresaria.

Sin embargo, en el caso argentino emergieron otras acentuaciones y prioridades. En todo el periodo ACDE mostró un interés constructivo por la participación obrera en las empresas, aun por sobre la problemática de la conflictividad salarial y el reclamo por mejoras en las condiciones laborales. A la vez que planteaba la necesidad de encauzarla legalmente, se preguntaba por el grado de madurez –en ambos lados del mostrador– que requería esta iniciativa, pues se debía "contemplar adecuadamente las características y desarrollo de las relaciones laborales en cada industria", requiriéndose una "cultura laboral" para "no dar lugar a verdaderas frustraciones".[47] Se preguntaban por qué no sacar provecho de la experiencia francesa sobre los comités de empresa,[48] para poder adecuarla al contexto nacional.

La "participación" abarcaba mucho más que la discusión sobre la distribución de ganancias: "lo que es tan solo un enfoque parcializado del tema y, desde el punto de vista conceptual, quizás lo menos importante".[49] No es casualidad que el tópico se haya instalado en *Empresa* en julio de 1969, apenas dos meses después del gran movimiento de protesta social conocido como "Cordobazo", y que fuera a partir de allí el tema central en la gran mayoría de sus ediciones (imagen 6):

> teniendo en cuenta el vigor del movimiento obrero argentino, cuya fuerza actual depende más de la toma de conciencia ocurrida en el periodo 1943-1956 [recordemos la aversión al peronismo que subyace en las bases de la asociación] que de sus antecedentes, no debe sorprender

---

[46] *Ibidem*, pp. 115-117.
[47] *Empresa*, N° 19, 1969, p. 13.
[48] Sobre la representación de los trabajadores en las empresas francesas, ver E. Lasaosa Irigoyen, "La representación de los trabajadores en la empresa en Francia", *Revista del Ministerio de Trabajo y Asuntos Sociales*, 43, 2003, pp. 87-105.
[49] *Empresa*, N° 19, 1969, p. 15.

que una importante cantidad de leyes, convenios colectivos de trabajo y reglamentos internos de empresa contengan elementos que directa o indirectamente se introducen en el pensamiento de la participación.⁵⁰

En un análisis de los resultados alcanzados sobre participación obrera en los convenios, publicado en 1974, ACDE demostraba –con pesar– que en su mayoría se circunscribía a asuntos laborales y sociales, siendo muy escasa con relación a los aspectos técnicos y económicos. Solo destacaba el caso de SEGBA (Servicios Eléctricos del Gran Buenos Aires), en donde la comisión interna nombraba a un miembro del directorio.

Imagen 4. La participación obrera en las tapas de Empresa.
N° 21 y 23 (1970); 24, 25 y 26 (1971); y 34 (1974)

Fuente: Centro de Documentación e Información. Ministerio de Economía y Finanzas Públicas de la República Argentina.

---

50 *Empresa*, N° 30, 1973, p. 18.

De este modo, si bien los temas referidos a las demandas salariales y al nivel de productividad nunca estuvieron ausentes en el debate de los empresarios católicos argentinos, el acento de sus prioridades políticas estuvo en la participación obrera. Este tema también fue tratado por ASE, pero en menor medida que la conflictividad salarial y su incidencia en los niveles de productividad y rentabilidad de las empresas españolas.

Reflexiones finales

En este trabajo, exploratorio y contrastivo entre las instituciones que reúnen a los empresarios católicos de España y la Argentina, situado en el periodo desarrollista, comprendimos que ambas son fruto de un particular clima de ideas, tanto en el contexto puramente vaticano y eclesial como en el mundo secular, de la mano de las cada vez más segmentadas agrupaciones de laicos. Este espíritu de época terminó cristalizándose de alguna manera en el Concilio Vaticano II, pero su traducción a los contextos nacionales se dio con notorias diferencias en cuanto a funciones, alcances y estructuras organizativas de estas asociaciones empresarias.

Aun habiendo surgido casi en simultáneo, la distancia y el vínculo jurídico que mantuvieron con sus respectivas jerarquías eclesiásticas fueron disímiles. Mientras que ACDE se mostraba alejada del mundo eclesial, sobre todo respecto de las apreciaciones económicas acerca de la situación nacional, ASP fue parte constitutiva de la Acción Católica española. Y si bien muchos de los fundadores de ACDE habían participado activamente de la ACA, entendieron que la nueva asociación debía insertarse en el mundo desde una intervención predominantemente técnica.

Es notable cómo a pesar de las casi idénticas estructuras organizativas, ACDE se empeñaba en autorrepresentarse como una corporación independiente de las normas del derecho canónico y de los dictados episcopales. De hecho, su dinámica de rotación en los cargos directivos la distinguió de su contraparte española. Por otro lado, en términos de las trayectorias académicas de sus máximos dirigentes, advertimos en ASP/ASE la preeminencia del derecho, mientras que en ACDE aparecieron las ingenierías, aunque para el caso argentino las trayectorias académicas no necesariamente se correlacionaron con sus desempeños profesionales. Y en cuanto al tipo de firmas, en ambos casos predominaron las del sector de maquinaria pesada, minería, hidroelectricidad y química. En ACDE existió una cierta propensión a la incorporación de algunas compañías medianas, aunque se trató de un fenómeno asociado a sus primeros años.

Las dos instituciones se interesaron por desplegar rápidamente sus redes de contactos hacia el campo internacional, en particular con aquellas asociaciones que ya formaban parte de UNIAPAC. Sin embargo, en esta investigación no hallamos fuentes primarias que dieran cuenta de acercamientos concretos entre ACDE y ASP/ASE. Así, en España existió una marcada preferencia por países europeos, en línea con su aspiración a convertirse en miembro del Mercado Común, mientras que en la Argentina buscaron asociarse con entidades de América Latina, con miras a la integración regional. En cuanto a las relaciones con Europa su interés se posó exclusivamente en su contraparte de la República Federal Alemana.

Por último, entendiendo que el debate, la reglamentación y funcionamiento de los convenios colectivos de trabajo en ambos países sintetizaban en buena medida el clima de ideas y luchas en esta etapa, propusimos analizar cómo estos organismos valoraron su aplicación. Al respecto, podemos concluir que la inexistencia de afinidades relacionales estuvo correspondida por una divergencia en las afinidades políticas, si para estas últimas tomamos como caso los principales núcleos de interés institucional en torno a la aplicación de estos convenios en sus respectivos países.

13

La diplomacia franquista ante la política argentina, 1955-1962

CAROLINA CERRANO[1]

En el presente capítulo se indaga sobre la posición política e ideológica de la diplomacia franquista ante los gobiernos argentinos entre 1955 y 1962. Desde mediados de la década de los cincuenta del siglo pasado, la política exterior española hacia Hispanoamérica buscó "despolitizar" las relaciones con los poderes de turno de la región, y que no fuera el catolicismo y la afinidad con el franquismo el eje de los vínculos bilaterales.[2] Se observaba un desplazamiento de las fuerzas tradicionales y católicas frente a un avance de las izquierdas. Entonces, la política de no intromisión en los asuntos internos de los países y la aceptación de la diversidad de orientaciones ideológicas fueron principios que se respetaron a rajatabla con los cambiantes regímenes argentinos.

La Revolución Libertadora: de la empatía al rechazo

La historia de las relaciones hispano-argentinas posteriores a 1955 no se comprende sin conocer el significado político y simbólico que tuvo la ayuda peronista para los españoles en la inmediata posguerra mundial.[3] La estrecha amistad que se había cultivado con el peronismo se malogró estrepitosamente en los últimos años del régimen platense coincidiendo con el enfrentamiento con la Iglesia católica.[4]

---

[1] Universidad de Montevideo-ANII.
[2] Eduardo González Calleja y Rosa Pardo Sanz, "De la solidaridad ideológica a la cooperación interesada (1953-1975)", en Pedro Pérez Herrero y Nuria Tabanera (coords.), *España/ América Latina. Un siglo de políticas culturales*, Madrid, Síntesis, 1993, pp. 42-49.
[3] Raanan Rein, *La salvación de una dictadura. La alianza Franco-Perón 1946-1955*, Madrid, CSIC, 1995.
[4] Lila Caimari, *Perón y la Iglesia católica. Religión, Estado y sociedad en la Argentina (1943-1955)*, Buenos Aires, Ariel, 1995; Raanan, Rein, *La salvación de una dictadura, op. cit.*, pp. 199-205 y Raanan Rein, "Una guerra de palabras: la prensa española y argentina en el ocaso de la

La participación de los católicos, y entre ellos muchos fervorosos hispanistas, en la revolución cívico-militar −titulada *libertadora*− que derrocó a Juan Domingo Perón despertó enorme expectativa en España. Los medios de comunicación sobrevaloraron el poder político de los nacionalistas-católicos. La presencia en el gabinete del canciller Mario Amadeo, del ministro de Educación Atilio Dell' Oro Maini y del secretario de Prensa y Propaganda Juan Carlos Goyeneche, entre otros, daba un matiz católico y de derechas.[5] No se consideró que no habían sido los únicos agraciados que habían alcanzado el poder.[6] Aunque los diplomáticos españoles advirtieron la "mala prensa" que sus "amigos" tenían y alertaron a sus propagandistas a moderar los comentarios laudatorios.

El régimen franquista reconoció rápidamente al estrenado gobierno, hecho que generó cierta sorpresa en algunos círculos político-intelectuales locales e internacionales. Sin embargo, desde un tiempo atrás se conocía que las relaciones del peronismo con el franquismo se hallaban deterioradas, a excepción de los vínculos fraternales entablados con el falangismo.[7] Después del derrocamiento del justicialismo, el nuevo embajador español, José María Alfaro y Polanco, arribó a Buenos Aires.[8] Un veterano falangista, coautor del himno "Cara al Sol", tenía en su haber una dilatada carrera periodística, poético-literaria y desde 1947 había probado sus dotes como embajador en Bogotá.[9] Según las noticias españolas, Alfaro fue el primero en presentar, el 11 de octubre, sus cartas credenciales al presidente general Eduardo Lonardi.[10] A su vez, la administración

---

alianza Perón-Franco", en Raanan Rein y Claudio Panella (comps.), *Peronismo y prensa escrita: abordajes, miradas e interpretaciones nacionales y extranjeras*, Buenos Aires, Universidad de La Plata, 2008, pp. 279-309.

5   Archivo del Ministerio de Asuntos Exteriores de España (en adelante AMAEE), R. 3814/7, Despacho de Viturro a Ministerio de Asuntos Exteriores, 3 de octubre de 1955.

6   María Estela Spinelli, *Los vencedores vencidos. El antiperonismo y la "revolución libertadora"*, Buenos Aires, Biblos, 2005, pp. 53-63, 102-106, 133-170, 207-210 y 226-239; María Sáenz Quesada, *La libertadora. De Perón a Frondizi 1955-1958. Historia pública y secreta*, Buenos Aires, Sudamericana, 2007.

7   Carolina Cerrano, "El filo-peronismo falangista", *Ayer*, N° 96, 4, 2014, pp. 131-154; Carolina Cerrano, *La política argentina mirada desde la España franquista. Un recorrido a través de la diplomacia y la prensa española* (tesis doctoral), Pamplona, Universidad de Navarra, Facultad de Filosofía y Letras, 2011.

8   Archivo General de la Universidad de Navarra, Pamplona (AGUN), Fondo Sánchez Bella, signatura: 015/011/403, Carta de Sánchez Bella a Juan Carlos Goyeneche, 29 de agosto de 1955. Alfaro había sido designado antes del derrocamiento de Perón, pero su llegada a Buenos Aires se demoró para esperar que la situación política se estabilizase. Jesús Tanco Lerga, *Manuel Aznar. Periodista y diplomático*, Barcelona, Planeta, 2004, pp. 282-290.

9   Miguel Argaya Roca, *Historia de los falangistas en el franquismo. 19 de abril 1937-1 de abril de 1977*, Madrid, Plataforma, 2003, pp. 131-132; Víctor Olmos, *La casa de los periodistas. Asociación de la prensa de Madrid*, Madrid, Asociación de la Prensa de Madrid, tomo I y II, 2006-2008.

10 *Arriba*, Madrid, 12 de octubre de 1955, p. 7.

argentina se apresuró a nombrar al almirante Samuel Toranzo Calderón embajador en Madrid, quien exhibió su acreditación al Caudillo en marzo de 1956.

Los funcionarios españoles en Buenos Aires vaticinaron un futuro de estrechas relaciones políticas y culturales, considerando que sus "amigos" ocupaban ministerios claves para la política de aproximación a España. Los filofranquistas cultivaban vínculos con la representación española y participaban de sus actividades culturales y sociales. Además, eran invitados fijos de la "mesa española", una comida mensual a la que acudían los más íntimos.[11] Con agrado se siguió cómo el gobierno restablecía en el calendario oficial las festividades católicas y el "día de la Raza" –de la "hispanidad" en la versión española–, fiestas que en el final del peronismo habían sido suprimidas. En 1955 la celebración del 12 de octubre, a escasos días del derrocamiento de Perón, gozó de un notorio apoyo oficial a los actos conmemorativos programados. La recepción que tradicionalmente se organizaba en la embajada contó con la asistencia del presidente de la República y de varios de sus ministros.[12]

La presencia de reconocidos hispanistas en el gobierno de Lonardi llevó a periódicos locales y extranjeros, incluido el *New York Times*, a augurar futuras intromisiones españolas. Por lo cual, Manuel Viturro, encargado de negocios, recomendaba evitar excesos de euforia que pudieran justificar recelos y poner obstáculos a los progresos de las relaciones políticas y culturales entre los dos países.[13] Discreción que fue, además, pedida por los funcionarios nacionalistas, que buscaban desvincularse de la etiqueta de "franquistas", "falangistas" o "nazi-fascistas". Sin embargo, las campañas de prensa contra estos personajes fueron creciendo.

En este contexto, el corresponsal del vespertino sindical *Pueblo*, Braulio Díaz Sal, recibió reprimendas del consejero de Información de la embajada por haber publicado con gran alharaca, en el semanario *Nuevo Correo*, decano de la prensa española en la Argentina, el discurso prohispanista de Amadeo en octubre de 1954, en Zaragoza.

---

11 AMAEE, R. 3819/4, Despacho de Viturro a MAE, 27 de septiembre de 1955.
12 AMAEE, R. 4487/74, "Informe del cuarto trimestre de 1955", de Alfaro a MAE, s/fecha. Lonardi expresó al corresponsal de *La Vanguardia*: "los nuevos tiempos mostrarán a España una Argentina renovada, con su fisonomía espiritual de siempre, idealista, amable, simpática y muy enamorada de los valores heredados […] Podremos ahora realizar tranquilamente nuestro intercambio de productos y, lo que es mucho más importante, podrá volcarse la cultura hispánica sobre estas tierras ubérrimas, con sus libros y la exquisita sensibilidad de sus artistas, para fecundar y renovar la nuestra, necesitada hoy más que nunca del fraterno apoyo". Oriol de Monsant, "El presidente Lonardi habla para *La Vanguardia*. Renovada exaltación del espíritu hispánico", *La Vanguardia*, 12 de octubre de 1955, p. 17. Oriol de Monsant era el seudónimo de José Ignacio Ramos, consejero de información de la embajada española en Buenos Aires.
13 AMAEE, R. 3814/7, Despacho de Viturro a MAE, 3 de octubre de 1955.

Artículo que *Palabra Radical*, órgano del Partido Radical, aprovechó para desprestigiarlo y solicitar su renuncia. El embajador Alfaro sugirió que, en otra circunstancia, debía consultarse sobre la conveniencia de aludir a ministros argentinos, por muy elogiosas que pudieran ser sus referencias hispanófilas.[14] Al mismo tiempo, Alfredo Sánchez Bella, director del Instituto de Cultura Hispánica, escribía a Goyeneche, un antiguo colega, para que le enviase notas para publicar en la prensa española, porque creía necesario contrarrestar las "peligrosísimas" campañas internacionales, que presentaban a los hispanistas del gabinete como "católicos reaccionarios [...] sin programa definido".[15]

Ahora bien, desde Buenos Aires se apuntaba a que el estrechamiento de las relaciones hispano-argentinas se daría progresivamente, ya que los "amigos" no querían despertar "suspicacias" frente a sus enconados opositores.[16] Entonces se describían sus movimientos como hábiles y prudentes; por ejemplo, Amadeo había promovido como embajador en Uruguay al líder socialista Alfredo Palacios. Por su parte, Dell'Oro Maini había nombrado interventor de la Universidad de Buenos Aires a José Luis Romero, una figura de prestigio pero tildada por los funcionarios españoles de liberal y marxista, en definitiva enemigo de España.[17]

Las alentadoras perspectivas del gobierno español tras el derrocamiento de Perón duraron poco, pues a los cincuenta días Lonardi era reemplazado por el general Pedro E. Aramburu. Se presagiaron negros horizontes: los hispanistas y católicos eran desplazados por los izquierdistas, liberales y masones. Además, no dejaba de ser un factor de intranquilidad la simpatía del nuevo presidente por los exiliados españoles y separatistas vascos. La retirada de Amadeo y Goyeneche provocó desilusión en los medios diplomáticos españoles, que vaticinaron complicaciones en las relaciones bilaterales.[18] Desde la mirada española, las políticas de Aramburu se deslizarían hacia "la izquierda

---

[14] AMAEE, R. 3832/15, Informe especial de la OID, 9 de noviembre de 1955, Informe especial de la OID, 11 de noviembre de 1955, AMAEE, R. 3832/15. En un cable confidencial de la agencia Fiel se comentaba que en un mitin del radicalismo se había recordado el apoyo del partido a la Segunda República Española y se había dicho que solo faltaba que cayera Franco.
[15] AGUN, Fondo Sánchez Bella, signatura: 015/011/405, Carta de Sánchez Bella a Juan Carlos Goyeneche, 7 de octubre de 1955.
[16] AMAEE, R. 4454/4, Carta de Alfaro a MAE, 1 de noviembre de 1955.
[17] AMAEE, R. 3814/7, Despacho de Viturro a MAE, 3 de octubre de 1955. También puede verse: despachos de Alfaro a MAE, 21 y 29 de mayo de 1956, en AMAEE, R. 4451/31 y 4454/2.
[18] AMAEE, R. 3814/6, Informe de la OID, 5 de diciembre de 1955. A fines de noviembre de 1955, Goyeneche fue detenido. Ramos comentaba que se lo acusó de "totalitario", "nazi" y "simpatizante de nuestro régimen".

burguesa, radical y democrática, con pérdida sensible de posiciones de la derecha y de la Iglesia".[19] Las mismas ideas que se vieron reflejadas en la prensa del régimen de Franco.[20]

No cabían dudas del antifranquismo del elenco gobernante. Así lo certificaba la designación de Luis Podestá Costa como ministro de Relaciones Exteriores, presentado como centrista-demócrata de tendencia radical.[21] Para sumar peligros, se alertaba que la masonería ganaba espacios de poder en las esferas oficiales, partidos políticos, prensa e instituciones educativas. Se comentaba que la Marina liderada por el vicepresidente, el contralmirante Isaac Rojas, era uno de los principales baluartes de los masones. La embajada española no simpatizaba con la Marina argentina, a la que además situaba de probritánica.

En ese contexto político poco favorable al hispanismo se observaba con inquietud la reactivación de las actividades de los exiliados, con el consiguiente desprestigio de la España de Franco en las publicaciones porteñas. Para los burócratas acreditados en Buenos Aires era una consecuencia "inevitable" del restablecimiento de la libertad de prensa. En el mes de diciembre se comunicaba que se había creado una "Asociación de Amigos de la República Española", después de una reunión en el Centro Republicano. Generaba cierto resquemor la participación de miembros de la Junta Consultiva Nacional.[22]

A partir del triunfo de la Revolución Libertadora se habían iniciado en Buenos Aires virulentas campañas contra el régimen español. Con el recambio presidencial, las preocupaciones se acrecentaron; por lo menos con Lonardi se había contado con el apoyo de los hispanistas, aunque estos habían sido cautelosos para presionar a los directivos de los rotativos y radios para que cesaran las hostilidades hacia el franquismo.[23] A los funcionarios españoles les inquietaba la identificación entre peronismo y franquismo como regímenes dictatoriales, en los periódicos argentinos.[24] Es interesante señalar que el

---

19 AMAEE, R. 3814/8, Despacho de Alfaro a MAE, 15 de noviembre de 1955.
20 Carolina Cerrano, *La política argentina mirada desde España, op. cit.*, pp. 81-98.
21 AMAEE, R. 3814/8, Telegrama de Alfaro a MAE, 14 de noviembre de 1955.
22 AMAEE, R. 3838/15, Despacho de Alfaro a MAE, 5 de diciembre de 1955. La Junta Consultiva Nacional, integrada por miembros de diferentes partidos políticos –no se incluyó al Peronista ni al Comunista–, nació con la misión era asesorar al presidente en lo que este pidiera consejo. Funcionó entre noviembre de 1955 y abril de 1957. Ver: Ana Virginia Persello, *Historia del radicalismo*, Buenos Aires, Edhasa, 2007, pp. 177-185.
23 AMAEE, R. 4454/4, Carta de Alfaro a MAE, 1 de noviembre de 1955.
24 Archivo Francisco Franco, Madrid (en adelante AFF), doc. 17.471. Carta de Adrados Beano a Franco Salgado Araujo, 10 de octubre de 1955. Nicolás Adrados Beano, agregado militar español en la Argentina, recomendaba evitar juicios que parangonaran al Caudillo con el presidente depuesto.

embajador español no se refería, salvo en alguna ocasión excepcional, al peronismo como dictadura o totalitarismo, expresiones que eran de uso diario en la prensa española no falangista.

Con la destitución de Lonardi quedó certificado para los franquistas que la musa de la Revolución Libertadora había sido el revanchismo contra el peronismo. Uno de los temores repetidos fue que el comunismo se apoderase de las masas que el líder había dejado sin guía. Sobre esa posibilidad ya se había especulado en varios informes diplomáticos y artículos de prensa anteriores al derrocamiento de Perón. Este diagnóstico se unía a una de las mayores admiraciones que el peronismo había despertado en la España franquista, y que no era exclusiva de la Falange: el hecho de que había distanciado a los sectores populares del "extremismo izquierdista".

Entre 1955 y 1958, los despachos de Alfaro fueron alarmantes en cuanto al progresivo avance del marxismo en los medios periodísticos, universitarios, sindicales y políticos. El embajador fue crítico de la gestión ministerial de Dell' Oro Maini, que se mantuvo unos meses en el gobierno de Aramburu. Si bien era un político de filiación católica nacionalista, había entregado la universidad a los intelectuales de izquierda, que habían alejado a los profesores que hubieran dado pruebas de adhesión a la cultura hispánica o que hubieran tenido becas o viajes de estudio a la península.[25] La embajada siguió con interés las acciones de estos grupos desplazados, que abogaban por la creación de universidades libres, entre ellas, las católicas.

Al comenzar la presidencia de Aramburu se presagió un panorama de "anti-hispanismo radical". No obstante, en diciembre de 1955, al mes del ascenso del presidente descendiente de vascos, la Argentina dio prueba de su amistad hacia el régimen de Franco y votó a favor del ingreso de España en las Naciones Unidas, a pesar de las presiones contrarias que ejercieron algunos políticos miembros de la Junta Asesora.[26] A los pocos meses, Alfaro matizó las escasas expectativas depositadas: "No se puede decir en frase redonda, que el actual gobierno argentino sea amigo o adversario nuestro, ni –mucho menos– que mantenga una actitud indecisa. Lo que sucede, es que en la actual situación tenemos amigos y adversarios".[27] Y daba como muestra el siguiente suceso: el Centro Gallego de Buenos Aires había organizado un acto de apoyo a los "estudiantes perseguidos" –comillas en el original– por los disturbios ocurridos en el mes de febrero en

---

[25] AMAEE, R. 4451/31, Despacho de Alfaro a MAE, 1 de marzo de 1956. También puede verse: Despacho de Alfaro a MAE, 21 de mayo de 1956.
[26] AMAEE, R. 3832/15, "Nota informativa de prensa extranjera", OID, 17 de noviembre de 1956.
[27] AMAEE R. 4454/2, Despacho de Alfaro a MAE, 20 de marzo de 1956.

Madrid,[28] pero comentaba que había bastado la presencia de franquistas en los organismos de Seguridad para que la policía lo suspendiera unas horas antes de su celebración.[29]

Aunque el gobierno provisional despertó rechazo en España, las relaciones que se mantuvieron fueron cordiales y sin conflictos significativos. Solo hubo algunas ocasiones en las cuales las actitudes del presidente o de dirigentes oficialistas generaron protestas por parte de los funcionarios españoles acreditados en Buenos Aires. Por ejemplo, el 2 de agosto de 1956, Alfaro hizo saber su disgusto ante el hecho de que Aramburu había recibido a delegados del Primer Congreso sobre la Emigración Gallega, a pesar de que se le había dado la seguridad de que ello no ocurriría.[30] Al año siguiente, el primer magistrado ofrecía a Salvador de Madariaga, conocido republicano, una comida de agasajo en la quinta presidencial durante una visita al país.[31]

La celebración del "Día de la Raza" era una fecha que servía para medir las relaciones que se mantenían con los políticos de turno. En 1956, a diferencia del año anterior, Aramburu no asistió a las recepciones que se celebraron en la embajada. Pero no le restó importancia a la festividad, y envió a los ministros de Relaciones Exteriores y Culto, de Marina, el edecán del presidente y el subsecretario de Relaciones Exteriores.[32] En 1957, además del canciller, concurrieron el ministro de Agricultura y representantes del ministerio de Guerra y Marina. Asimismo en aquel año se eligió el 12 de octubre para inaugurar el museo de la Casa de Gobierno –con cuatro salas dedicadas a los gobernantes de la época del Virreinato–. Alfaro figuró entre los invitados especiales y se le cedió la palabra.[33]

La situación política argentina era observada con indudable interés en España. Como se ha dicho, los análisis de Alfaro revelaban el avance de la masonería y del comunismo en un contexto de anarquía política, con el problema de la falta de unidad, prestigio y disciplina

---

28 Miguel Ángel Ruiz Carnicer, *El Sindicato Español Universitario (SEU), 1939-1965. La socialización política de la juventud en el franquismo*, Madrid, Siglo XXI, 1996, pp. 300-317.
29 AMAEE, R. 4454/2, Despacho de Alfaro a MAE, 20 de marzo de 1956.
30 AMAEE, R. 4468/19, Telegrama de Alfaro a MAE, 2 de agosto de 1956.
31 AMAEE, R. 4663/47, "Informe del segundo trimestre de 1957", de Alfaro a MAE, Archivo General de la Administración, Alcalá de Henares (AGA), Fondo Presidencia 1702, signatura: 51/19081, Cartas de Centeno a Antonio Valencia, 11 y 15 de abril de 1957. Félix Centeno, corresponsal del diario *Arriba*, estaba convencido que el gobierno era enemigo declarado de España.
32 AMAEE, R. 4663/47, "Informe del cuarto trimestre de 1956" de Alfaro a MAE, 7 de marzo de 1957.
33 AMAEE, R. 5139/7, "Informe del cuarto trimestre de 1957" de Alfaro a MAE, 14 de marzo de 1958.

de las fuerzas armadas.[34] A su vez, creía que el desplazamiento de las "fuerzas tradicionales y de derecha" era uno de los mayores peligros que acechaban a la "joven república". A las dificultades políticas se le añadía una situación económica que empeoraba diariamente, aunque no era lo más urgente considerando el potencial de la Argentina.[35]

Son incontables los despachos e informes sobre el incremento de la violencia, que incluía terrorismo, sabotajes (incendios, apedreamiento de trenes, interrupción del trabajo en las fábricas, etc.), huelgas y variados conflictos sociales. Con alarma se veían las políticas revanchistas y represivas contra el peronismo y se añoraba la actitud de "caritativa comprensión" que había representado Lonardi. Por el contrario, se enjuiciaba al aramburismo por su benignidad y pasividad hacia el comunismo.[36]

Como se ha comentado, el gobierno de Lonardi había despertado identificación en España, destacándose el papel desempeñado por las "masas católicas" en la concreción de la revolución antiperonista. Se había sobrevalorado su representación política en esa administración, por lo que costó aceptar el desplazamiento de los nacionalistas católicos. Solían decir que habían sido "traicionados" o "utilizados" como un instrumento para derribar a Perón, como si ellos no hubieran sido parte activa del levantamiento. Grupo incapaz de formar una poderosa fuerza electoral, desde la embajada se observaría con particular atención sus empresas políticas y culturales, como el partido Unión Federal y la edición del semanario "de corte falangista" *Azul y Blanco*, convertido en un interesante éxito editorial.[37] También se siguieron con interés los movimientos de los generales nacionalistas retirados, León Justo Bengoa y Juan José Uranga, ex ministros, uno de Guerra y el otro de Transportes, del fallecido presidente Lonardi,[38] quienes parecían haberse adueñado de la divisa lonardista: "ni vencedores ni vencidos", arraigada en amplios espectros sociales disconformes con el gobierno provisional.

---

34 Sobre las crisis militares durante el gobierno de Aramburu, ver: Robert Potash, *El ejército y la política en la Argentina, 1945-1962. Tomo II. De Perón a Frondizi*, Buenos Aires, Sudamericana, 1981, pp. 312-356.
35 AFF, doc. 16.662. Carta de Alfaro a MAE, 8 de enero de 1957; "Informe del segundo trimestre de 1957" de Alfaro a MAE, op. cit. y despacho de Alfaro a MAE, 29 de enero de 1957, en AMAEE, R. 4530/21.
36 AMAEE, R. 4454/2, Despachos de Alfaro a MAE, 10 de abril, 1 de agosto y 4 de septiembre de 1956.
37 Juan Iván Ladeuix y Gustavo Nicolás Contreras, "Entre los generales y las masas. Un derrotero nacionalista durante la libertadora. *Azul y Blanco* (1956-1958)", en María Liliana Da Orden y Julio César Melón Pirro, *Prensa y peronismo. Discursos, prácticas y empresas, 1943-1958*, Rosario, Prohistoria, 2007, pp. 171-195.
38 Lonardi falleció de muerte natural en marzo de 1956. Las crónicas de la prensa española fueron laudatorias.

A lo largo del año 1956, Alfaro simpatizó con la eventualidad de que se consolidara la candidatura presidencial de Bengoa, que tendría el sustento de "las fuerzas católicas de centro derecha, el sector anticomunista del peronismo y los elementos independientes de la clase media urbana y campesina, movidos por aires nacionalistas".[39] Sin embargo, el embajador vislumbraba con mayores posibilidades de éxito al radical Arturo Frondizi, que no era de su agrado. A su entender, reuniría el apoyo de las izquierdas y de los sectores liberales antioligárquicos y antiimperialistas.[40] Informaba que Bengoa disfrutaría del aval de los Estados Unidos, que era contrario a Frondizi por su antinorteamericanismo.[41]

Las primeras percepciones que se habían construido sobre el gobierno de Aramburu, tildado de izquierdista, liberal y masón, se mantuvieron constantes. Por tanto no gozó de la simpatía franquista. Pero ello no imposibilitó que las relaciones entre los dos países fueran relativamente armónicas.[42] Como se ha dicho, antes de finalizar la gestión ministerial de Alberto Martín Artajo se había optado por aplicar rigurosamente la doctrina Estrada, que estipulaba la no injerencia en los asuntos internos de otros países. Política que se correspondía con la propaganda que el régimen había promocionado en sus medios de comunicación durante los años de aislamiento, cuando se exigía que aquella fuera la norma de conducta que guiara el comportamiento de todas las naciones del mundo. El 25 de febrero de 1957, con la designación de Fernando María Castiella y Maíz como ministro de Asuntos Exteriores, comenzó a profundizarse el "proceso de desideologización" y de neutralidad de la política exterior, con la intención de hacer desaparecer el catolicismo y el anticomunismo como base de las relaciones internacionales. Asimismo se instaba a no involucrarse demasiado con las élites políticas desplazadas del poder.[43] En el caso

---

39 AMAEE, R. 4465/55, Despacho de Alfaro a MAE, 22 de octubre de 1956.
40 AMAEE, R. 4454/4, Despacho de Alfaro a MAE, 6 de diciembre de 1955. En diciembre de 1955, Alfaro había definido doctrinalmente a Frondizi de "acusado izquierdismo de demagógicas inclinaciones marxistas".
41 AMAEE R. 4454/3, Despacho de Alfaro a MAE, 2 de octubre de 1956, y R. 4490/25, despacho de Viturro a MAE, 24 de noviembre de 1956. Para Alfaro, Bengoa era un anticomunista que defendería la soberanía argentina y la tradición católica-castrense con sus consecuencias hispánicas. Para Viturro, Frondizi era rechazado por el gobierno, por ser un "comunista disfrazado".
42 Años más tarde, en un informe del ministerio de Asuntos Exteriores, se recordaría que la posición de Aramburu con respecto a España había sido: "fría [...] debido fundamentalmente a sus conexiones con los separatistas vascos, que le adulan y a sus compromisos masónicos". "Notas sobre la República Argentina", Dirección de Asuntos Políticos de Centro y Suramérica, Madrid 2 de octubre de 1963, AMAEE, R. 7245/1.
43 Rosa Pardo Sanz, "La etapa Castiella y el final del régimen, 1957-1975", en Javier Tusell, Juan Aviles y Rosa Pardo Sanz, *La política exterior de España en el Siglo XX*, Madrid, UNED, 2000, p. 353; Rosa Pardo Sanz, "Fernando María Castiella: pasión política y vocación diplomática", en *Historia Contemporánea*, Universidad del País Vasco, núm. 15, 1996, pp.

de la Argentina, esta normativa se dirigiría no tanto a las vinculaciones con el peronismo, sino más bien con los "amigos" hispanófilos, por su escasa gravitación en la arena política electoral, es decir, no era rentable aparecer muy pegados a ellos.

Por último, la política exterior de la Revolución Libertadora fue objeto de frecuentes críticas por parte del embajador, que se quejaba de la utilización de la "democracia" como un "producto de exportación". La obsesión prepotente por "dictar normas de conducta o de existencia", "dar cátedra", "adoctrinar" o "dogmatizar" con la finalidad de cambiar las políticas ajenas era una peculiaridad de la idiosincrasia argentina, que buscaba un papel rector en la política suramericana.[44] Para Alfaro, la Argentina vivía una etapa dictatorial, por ello consideraba una hipocresía que se autoproclamara democrática. Esta ideologización de la democracia en el discurso gubernamental, reflejada en su prensa y compartida por los partidos políticos de la Junta Asesora, provocó algunos sinsabores a las autoridades españolas. Sin embargo, en la actuación del gobierno de Aramburu –como en el de Franco– predominó el pragmatismo y la búsqueda de recuperar relaciones económicas que se hallaban deterioradas desde comienzos de la década de los cincuenta. De ahí que se iniciaran negociaciones sobre cómo se saldaría la deuda española. El 20 de febrero de 1958 se firmó un convenio comercial y de pagos y un protocolo de liquidación de créditos mutuos. La noticia de reanudación de la normalidad de los intercambios económicos fue celebrada en la prensa española.

Expectativas españolas para los comicios de febrero de 1958

El 15 de noviembre de 1957, Aramburu anunció la convocatoria a elecciones generales para el 23 de febrero de 1958 y la entrega del poder el 1 de mayo de ese año. Los resultados de los comicios de la Asamblea constituyente de julio de 1957 –con un partido peronista proscripto– habían mostrado que el futuro presidente sería un radical. La embajada de España prefirió el binomio Arturo Frondizi-Alejandro Gómez, de la Unión Cívica Radical Intransigente (UCRI), debido a que su principal contrincante, Ricardo Balbín, de la Unión

---

225-239; Eduardo González Calleja y Rosa Pardo Sanz, "De la solidaridad ideológica a la cooperación interesada (1953-1975)", op. cit., pp. 137-180 y Silvia Enrich, *Historia diplomática entre España e Iberoamérica en el contexto de las relaciones internacionales (1955-1985)*, Madrid, Ediciones de Cultura Hispánica, 1990, pp. 42-49.

44 AMAEE, R. 4487/74, "Informe del cuarto trimestre de 1955" de Alfaro a MAE, s/fecha; R. 4463/10 y R. 4454/2, despachos de Alfaro a MAE, 24 de abril, 22 y 29 de mayo de 1956, y R. 4663/47, "Informes del primero y del segundo trimestre de 1956" de Alfaro a MAE, s/f.

Cívica Radical del Pueblo (UCRP), era un confeso "antifranquista". Además en el equipo balbinista militaban exiliados españoles de notoriedad, como Claudio Sánchez Albornoz.[45]

Otra desventaja del líder de la UCRP era su condición de candidato oficialista o continuista. Y como se ha comentado, las opiniones de José María Alfaro sobre la gestión de Aramburu fueron lapidarias, al considerar que se había caracterizado por su extremismo liberal y que el presidente había estado sometido a los "tenebrosos objetivos" de las logias. Como consecuencia creía que la Casa Rosada se había convertido "en la central de irradiación de las consignas de aniquilamiento de las fuerzas tradicionales".[46] Por otra parte, acusaba al gobierno provisional de haber favorecido la penetración soviética, a pesar de sus alardes anticomunistas. Su conclusión era que no había ningún aspecto positivo a reivindicar, porque ni siquiera había logrado recuperar económicamente al país, al que dejaban en quiebra. Sin embargo, la peor herencia era su "legado espiritual", que lo resumía en la "dispersión y el odio entre los argentinos".[47] Ese oscuro panorama continuaría si Balbín lograba la primera magistratura.

A principios de febrero de 1958, Alfaro informaba que la diplomacia argentina se volcaba aun más a la izquierda a causa de la designación del nuevo ministro de Relaciones Exteriores, Alejandro Ceballos. Un hombre que había declarado que su paso por el ministerio se guiaría por el programa de "Acción Argentina", creada en 1940 con la finalidad de que su país entrase en la Segunda Guerra Mundial en el bando aliado. Según Alfaro, se trataba de una organización manejada por capitales judíos, controlada por comunistas y distinguida por la realización de campañas contra el franquismo.[48] Para el embajador español, el nombramiento de Ceballos –ex rector de la UBA– era un anticipo de la "marcha izquierdista" que adoptaría la política argentina de resultar victoriosa la UCRP.[49]

En cuanto a Frondizi, Alfaro comentaba cómo buscaba conformar un frente "de signo izquierdista con consignas nacionalistas",[50] adueñándose de la pacificadora bandera lonardista, con la intención

---

45 AMAEE, R. 4536/044, Despacho de Alfaro a MAE, 17 de diciembre de 1957. Alfaro comentaba que Balbín, de centro-izquierda al estilo del radical socialismo francés y sometido a la presión de las logias, figuraba en las intrigas contra España producidas durante el gobierno provisional.
46 AMAEE, R. 5030/23, Despacho de Alfaro a MAE, 21 de abril de 1958.
47 AMAEE, R. 5139/7, "Informe del segundo trimestre de 1958" de Alfaro a MAE, s/f.
48 AMAEE, R. 5027/17, Despacho de Alfaro a MAE, 4 de febrero de 1958.
49 APG (Archivo Presidencia del Gobierno), L01693E001D008, Carta de Alfaro a MAE, 28 de enero de 1958. Según Alfaro, la acusación de comunista que se le hacía a Ceballos no era del todo correcta, pero sí le adjudicaba el título de "compañero de viaje" y de "poco amigo nuestro" a lo largo de su trayectoria.
50 AMAEE, R. 5036/18, Despacho de Alfaro a MAE, 14 de enero de 1958.

de cooptar a los votantes peronistas y a otros ciudadanos disconformes con las políticas de la Revolución Libertadora. También el candidato de la UCRI se había acercado a conocidos sacerdotes para conseguir un aval de la jerarquía eclesiástica que, al final, se limitó al respaldo de varios obispos, como fue el caso de Antonio Plaza, arzobispo de La Plata, a quien el embajador definía como un "viejo y tenaz amigo de España".[51] Un dato relevante eran las alentadoras perspectivas para las relaciones bilaterales, pues Alfaro informaba que Frondizi, a través de "personas de su intimidad", había comunicado que en caso de triunfar se aproximaría a España.[52] Tampoco era circunstancia menor el apoyo a la fórmula de la UCRI de un sector de la Unión Federal que respondía a Mario Amadeo.[53] Al embajador le llegó el rumor de que este había sido el "más barato", tan solo le había prometido la embajada en Madrid.[54]

Resumiendo, en las categorías políticas de los españoles, el radicalismo argentino, posicionado en la Guerra Civil a favor del bando republicano, era masón, liberal, izquierdista y anticlerical. Ante esta opción mayoritaria, se presentaba el "drama de los católicos argentinos", que no tenían un candidato de arrastre electoral. La futura presidencia se disputaba entre dos políticos, Balbín y Frondizi, de idéntica filiación que, desde hacía años, abogaban por la implantación de leyes antirreligiosas. Aunque el líder de la UCRI se alejaba de su trayectoria histórica y en su campaña electoral prometía no aprobar la Ley del Divorcio y apoyar el proyecto de creación de universidades libres. En cambio, Balbín era el "más sectario de los radicales" con un "concreto programa anticlerical".[55]

Unas semanas antes de los comicios, el Partido Comunista retiró su candidatura presidencial y decidió avalar al candidato radical intransigente. Hecho que envolvió en la perplejidad a los católicos argentinos y a los analistas españoles.[56] Estos últimos no dudaban en afirmar que Frondizi conducía un "frente popular", que irónicamente era de mucho más agrado que la fórmula Ricardo Balbín-Santiago Castillo.[57] Por miedo al escenario postelectoral, unos días antes de las

---

51 AMAEE, R. 5036/18, Despacho de Alfaro a MAE, 14 de enero de 1958.
52 AMAEE, R. 4536/44, Despacho de Alfaro a MAE, 17 de diciembre de 1957.
53 María Celina Fares, *La Unión Federal: ¿Nacionalismo o Democracia Cristiana? Una efímera trayectoria partidaria (1955-1960)*, Mendoza, Universidad Nacional de Cuyo, 2007.
54 AMAEE, R. 5036/17, Despacho de Alfaro a MAE, 11 de febrero de 1958.
55 AMAEE, R. 5036/18, Despacho de Alfaro a MAE, 18 de febrero de 1958.
56 Por ejemplo, Centeno señalaba con incredulidad cómo millares de votos ateos podían servir para que la Argentina tuviese universidades católicas. "El comunismo argentino en la línea de la marrullería leninista", en *Arriba*, Madrid, 14 de febrero de 1958, p. 13.
57 Los franquistas no se olvidaban de que el Partido Radical había apoyado durante la Guerra Civil al bando republicano. Mónica Quijada, *Aires de República, aires de Cruzada. La Guerra Civil española en Argentina*, Barcelona, 1991, pp. 69-72.

elecciones presidenciales, se firmó un convenio comercial y de pagos hispano-argentino. En una información confidencial facilitada por la Dirección General de Seguridad al Ministerio de Asuntos Exteriores español se revelaba lo siguiente:

> es unánime y justificado el elogio a la sagaz oportunidad con que el Gobierno, sacó de punto muerto el asunto del pago de las deudas a la Argentina [...] Se estima que el Caudillo, ante el temor de que los elementos liberales que siguen a FRONDIZI (mayúsculas en el original) [...] exigiesen de un modo violento el pago de nuestras deudas cuantiosas, ha firmado un compromiso de pagos escalonado mediante la entrega de mercancías determinadas [...] hierros de la construcción, carriles, herramientas, viguetas, cemento [...] se da como seguro y descontado, el fracaso del llamado Plan de Arrese que al iniciarse se dijo que iba a construir solo en Madrid, 60.000 viviendas.[58]

Frondizi llegó a la Casa Rosada con el apoyo de su partido, de los comunistas, de nacionalistas católicos y de los peronistas que le proveyeron del mayor caudal electoral. El hábil político había enviado emisarios a Caracas, nuevo lugar de residencia de Perón, para entablar un acuerdo que le permitiera sumar a sus fieles seguidores.[59] Las negociaciones se vieron interrumpidas por el golpe militar que derribó al gobierno del venezolano Marcos Pérez Jiménez. Temiendo por su vida, el exiliado abandonó Caracas y se instaló en Ciudad Trujillo, República Dominicana. A principios de febrero, dio la orden de votar por el candidato radical intransigente. Pronto comenzaría a hablarse del "secreto pacto", publicado un año más tarde por Perón y negado por el ex presidente radical hasta su muerte.[60]

---

[58] AMAEE, R. 5832/30, "Opinión sobre el tratado con Argentina" de la Dirección General de Seguridad a MAE, 10 de marzo de 1958. Para más información del acuerdo: Beatriz Figallo, "Estrategias políticas y económicas de la tecnocracia franquista en Argentina", en *Investigaciones y Ensayos*, Nº 56, (enero-diciembre 2006-2007), pp. 111-112.

[59] El gobierno paraguayo fue el primero en acoger a Perón, pero su estancia en Asunción fue corta. En noviembre de 1955, el asilado partió rumbo a Nicaragua, invitado por Anastasio Somoza, destino que nunca alcanzó. Su avión se detuvo para repostar combustible en Panamá, donde se quedó por unos meses hasta que cambió de planes y se dirigió a Venezuela. Joseph Page, *Perón. Una biografía*, Buenos Aires, Debolsillo, 2005, pp. 395-420.

[60] El triunfo de Frondizi con cuatro millones de votos, que representaban al 44% del electorado, duplicaba el resultado obtenido en las elecciones legislativas del año anterior. Por tanto, se revelaba que los peronistas seguían fieles a las consignas impartidas por su conductor. Sobre la campaña electoral del 58 y el "pacto de Caracas": Robert Potash, *El ejército y la política en la Argentina*, op. cit., pp. 351-365; Joseph Page, *Perón*, op. cit., pp. 426-436, y Celia Szusterman, *Frondizi: la política del desconcierto*, Buenos Aires, Emecé, 1998, pp. 109-112.

El gobierno de Arturo Frondizi: desde la desconfianza al aprecio

Arturo Frondizi, como vimos, por pertenecer al Partido Radical había sido retratado con un perfil izquierdista, anticlerical y antifranquista. Aunque fue un gran aliciente que Amadeo y otros nacionalistas hispanistas más algunos obispos se hubieran sumado a su candidatura.[61] De su primer gabinete los que suscitaron mayor estima hispana fueron el canciller, Carlos Florit, el ministro de Educación, Luis Mac Kay, y el secretario del Ejército, el general Héctor Solanas Pacheco.[62] A los pocos meses del ascenso presidencial, Alfaro informaba que mejoraban las apreciaciones respecto a España en la prensa argentina: "del ataque diario y colectivo que disfrutábamos hace un par de años, se ha pasado al hostigamiento esporádico. Acaso haya influido en ello, entre otras cosas, la actitud indiferente de este Gobierno frente a los exiliados, en contra de la mantenida por los anteriores".[63]

Los temores que se habían depositado en Frondizi fueron superados bastante rápido. El embajador, en una carta del 30 de septiembre de 1958, destacaba cómo el primer magistrado, italiano por los cuatro costados y antiguo miembro de la "Asociación de los Amigos de la República Española", se mostraba cada día más cordial, habiendo aceptado ser el presidente de honor del comité organizador de los festejos del 12 de octubre del Instituto Cultural Argentino Hispánico.[64] Sin embargo, Sánchez Albornoz había visitado al presidente y tampoco había sido prohibida la entrada de Félix Gordón Ordás, presidente de la República en el exilio.[65]

Al finalizar el año 1958, las medidas que denotaban el desplazamiento del primer magistrado hacia la derecha fueron una noticia recibida con agrado en España.[66] Frondizi, que había sido abogado de presos políticos y había dado la amnistía a los peronistas al inicio de su gestión, a solo escasos meses de asumir declaró el Estado de sitio y

---

61 AMAEE, R. 5139/7, "Informe del segundo trimestre de 1958", sin fecha. En un informe relativo a la asunción de Frondizi se había comentado que no era una persona religiosa, pero al ser un político habilidoso no ignoraría la fuerza que tenía el catolicismo en la Argentina.
62 AMAEE, R. 5525/10, "Informe del segundo trimestre de 1959", sin fecha. A principios de 1959, el desplazamiento de Florit y Solanas Pacheco, "dos grandes amigos", fue visto como una pérdida significativa.
63 AMAEE, R. 5139/6, Carta de Alfaro a MAE, 22 de julio de 1958. También puede verse: informe de Ramos a MAE, 4 de agosto de 1958, en AMAEE, R. 5016/13 y despacho de Alfaro a MAE, 25 de julio de 1958, en AMAEE, R. 5044/3.
64 AMAEE, R. 5139/6, Carta de Alfaro a MAE, 30 de septiembre de 1958.
65 Archivo de la Real Academia de la Historia, Madrid (ARAH), Fondo Fernando M. Castiella, sobre 544. Despacho de Alfaro a MAE, 24 de julio de 1958, AMAEE, R. 5139/6 y despacho de Alfaro a MAE, 2 de marzo de 1959.
66 ARAH, Fondo Fernando M. Castiella, sobre 455, Carta de Alfaro a MAE, 22 de diciembre de 1958.

autorizó a las Fuerzas Armadas a involucrarse en la represión interna. También Frondizi, que se había opuesto a los acuerdos petroleros de Perón y se había significado por su nacionalismo y antiimperialismo, firmaría unos contratos con compañías petroleras extranjeras y auspiciaría un duro plan de estabilización. Este último fue seguido con particular interés desde España, que en breve se dirigiría por caminos similares.[67]

José María Alfaro explicaba a su ministro la mutación del gobierno:

> el "radicalismo intransigente" fue cambiando de rumbos hasta tornarse en un partido defensor de la Iglesia, transigente con los militares, apuntalador de las concesiones petrolíferas, etc. ¡Los más contumaces ultraconservadores habrían quedado atrás en estas directrices! [...] los viejos luchadores del izquierdismo radical (retintados de marxismo y antiimperialistas) [...] se alinean sobre los atrincheramientos de la defensa de los "principios tradicionales", transformándose en una agrupación de derecha.[68]

De la misma tónica de los comentarios de Alfaro serían los de Alfredo Sánchez Bella, quien pintaba de "verdaderamente impresionante" el cambio de mentalidad de Frondizi, que de ser un "liberal marxista" se había transformado en un representante de los "intereses burgueses-conservadores". Sánchez Bella evaluaba el cambio político como muy beneficioso para la Argentina, una oportunidad para estrechar los lazos de cooperación hispano-argentina.[69] El viraje político-ideológico de Frondizi fue, para los españoles, un motivo de tranquilidad y de aprecio. Por ello, las iniciativas de los dirigentes políticos argentinos anti-franquistas pasarían a ser informadas como pequeños detalles anecdóticos, que no entorpecían las prometedoras relaciones. En febrero de 1959, por ejemplo, en una reunión de la UCRI –el partido oficial– se aprobó una resolución contra el régimen español.[70] Al mes siguiente, en vísperas del aniversario de la Segunda República, los diputados radical populares Agustín Rodríguez Araya y Eleogardo

---

67 AMAEE, R. 5429/2 y ver el legajo: AMAEE, R. 7087/65, Carta de Castiella a Alfaro, 3 de junio de 1959. Para más detalles del plan de estabilización argentino ver: Celia Szusterman, *Frondizi, op. cit.*, pp. 175-190.
68 AMAEE, R. 6568/11, Despacho de Alfaro a MAE, 20 de febrero de 1961.
69 AMAEE, R. 5432/4, Despacho de Sánchez Bella a MAE, 7 de febrero de 1959. Años más tarde, Sánchez Bella y Frondizi cultivarían una amistad, reflejada en su correspondencia personal disponible en AGUN, Fondo Sánchez Bella.
70 AMAEE, R. 5429/2, Despacho de Ventosa a MAE, 9 de febrero de 1959. En el mes de febrero de 1959 causó enorme inquietud la publicación de unas caricaturas contra el jefe del Estado español en el diario porteño *Crítica*. Ventosa protestó ante el canciller y este dijo que dada la libertad de prensa no se podían evitar esos ataques, de los que no quedaba exento ni siquiera el presidente argentino, en AMAEE, R. 5506/14, Despacho de Ventosa a MAE, 7 de febrero de 1959.

Troilo presentaron un proyecto al Poder Ejecutivo de ruptura de relaciones con el régimen de Franco: "por ser totalitario y una amenaza para las fuerzas democráticas".[71] Noticias que no generaban preocupación entre los funcionarios españoles confiados en su amistad con las esferas del poder.

La embajada consideró que la orientación anticomunista del gobierno había contribuido a una mayor comprensión del régimen de Franco.[72] Un acontecimiento que permitió comprobarlo fue que se pudo lograr la suspensión de la "II Conferencia pro-amnistía de presos y exiliados políticos de España y Portugal", auspiciada por el Partido Comunista español y que se había pensado realizar en Buenos Aires en el mes de noviembre de 1960. Alfaro se había aprovechado de las fuertes presiones anticomunistas de los sectores militares para influir en el gobierno. Los organizadores fueron víctimas de demoras burocráticas para acceder a los visados y de una suerte de amenazas, así pues al no contar con las indispensables seguridades optaron por trasladar la sede a la ciudad de Montevideo.[73]

Los prejuicios hacia el electo presidente fueron arrinconados a los pocos meses y los españoles encontraron que no tenía problemas de exhibir las buenas relaciones hispano-argentinas. De hecho, Frondizi fue el primer magistrado argentino en funciones que visitó la *madre patria*. Y no es un dato irrelevante que durante su presidencia Perón se radicara en España, sin ocasionar un cortocircuito diplomático de envergadura.[74] Francisco Franco, al aceptar al polémico exiliado, tomó una decisión en la que sin duda primó la gratitud hacia la política peronista prohispanista de antaño. El Caudillo era consciente de la existencia de ciertos sectores políticos locales en los que el ex mandatario producía desagrado y que no estaban de acuerdo con abrirle las puertas. No obstante, la ayuda que había recibido de la Argentina peronista era un recuerdo vivo entre la población española,

---

71 AMAEE, R. 5448/35, "Informe", Dirección General de Seguridad, 28 de marzo de 1959. Para Alfaro, el proyecto de los diputados radicales era una "muestra" de que las "logias masónicas" no desperdiciaban ocasión para atacar al régimen franquista, en R. 5525/10. "Informe del segundo trimestre de 1959", sin fecha. En septiembre de 1960, el diputado Rodríguez Araya nuevamente solicitó una moción de condena del régimen español. No obstante, su pedido fue archivado sin más discusión, en R. 5972/19. Despacho de Alfaro a MAE, 19 de septiembre de 1960.
72 AMAEE, R. 7230/74, "Memorándum sobre la situación política argentina", 9 de mayo de 1961.
73 La cantidad de documentación que se produjo sobre este hecho es llamativa, se puede consultar: AMAEE R. 6566/4-6. La "II Conferencia pro amnistía de los presos políticos de España y Portugal" se celebró a fin de enero en la capital de Uruguay.
74 Sobre el arribo y residencia de Perón en la España de Franco ver: Marcela García y Aníbal Iturrieta, "Perón en el exilio español", *Todo es Historia*, Buenos Aires, N° 313, agosto 1993, pp. 8-25; Raanan Rein, *La salvación de una dictadura, op. cit.*, pp. 259-271, y Beatriz Figallo, "El destierro de Perón en la España franquista", en *Temas de Historia argentina y americana*, Buenos Aires, N° 7, 2005, pp. 75-93.

a pesar de que muchos tenían presentes las políticas anticatólicas del final del peronismo. Además, Perón tenía genuinos simpatizantes entre los falangistas.⁷⁵

El final de la presidencia de Frondizi

Los españoles siguieron con lujo de detalles los reiterados "planteos" militares, el aumento de la conflictividad social y de la violencia en la Argentina. Debe tenerse en cuenta que las Fuerzas Armadas y los sindicatos peronistas atentaron contra al endeble equilibrio de la administración de Frondizi. Los primeros no le perdonaron su "alta traición", es decir que hubiera pactado con Perón, y obligaron al presidente a revertir políticas y a reemplazar a sus colaboradores más cercanos. Los sindicatos y los sectores populares estuvieron resentidos porque no se había rehabilitado al Partido Peronista ni a su líder, especialmente combatieron el duro plan de austeridad, que había llevado a un encarecimiento del costo de la vida y a una reducción del poder adquisitivo de los salarios.

Las elecciones legislativas y provinciales celebradas el 18 de marzo de 1962 llevaron a la encrucijada final del gobierno. Los peronistas habían podido presentar, por primera vez después de siete años, sus propios candidatos. Estos triunfaron en diez provincias, entre ellas la de Buenos Aires, donde el sindicalista textil Andrés Framini fue elegido gobernador. Avalar la participación del peronismo fue una jugada audaz del gobierno, que había despertado enorme preocupación entre las fuerzas armadas y los sectores antiperonistas.⁷⁶

Para comprender los hechos, a fines de enero se había lanzado provocativamente la fórmula de Framini (gobernador) – Perón (vicegobernador) para la populosa provincia de Buenos Aires. La postulación del ex presidente fue proscripta por el gobierno, con la excusa de que no figuraba en el padrón electoral y que tenía causas pendientes con la justicia.⁷⁷ Una semana antes de los comicios, Alfaro informaba que la Unión Popular esperaba no obtener un triunfo espectacular,

---

75 Para más información sobre las conexiones entre el peronismo y el falangismo, ver: Cerrano, "El filo-peronismo falangista", *op. cit.*
76 Sobre las elecciones de marzo de 1962, ver: Robert Potash, *El ejército y la política en la Argentina*, *op. cit.*, pp. 472-476; Celia Szusterman, *Frondizi*, *op. cit.*, pp. 302-307, y Catalina Smulovitz, "Crónica de un final anunciado: Las elecciones de marzo de 1962", *Desarrollo Económico*, Vol. 28, N° 109, abril-junio 1988, pp. 105-119.
77 AMAEE, R. 6888/13, Despachos de Alfaro a MAE, 13 y 24 de febrero de 1962. En los últimos días de la campaña se acrecentaron los temores del gobierno por la eventualidad de una victoria peronista en Buenos Aires. Jorge Antonio revelaba que Frondizi había enviado emisarios, dos días antes de los comicios, para obtener de Perón la autoproscripción de

porque temían que podría desencadenarse un golpe de Estado. Alfaro comentaba que Framini estaba convencido de que lo "menos malo" era que el gobierno invalidara la elección y decretara la intervención de la provincia. Sin embargo, el sindicalista creía que las Fuerzas Armadas no se contentarían sin la eliminación de Frondizi.[78]

Durante el desarrollo de la campaña preelectoral, un serio motivo de alarma fue que los sectores políticos y militares antiperonistas, junto a uno de sus voceros, el diario *La Prensa*, presionaban al gobierno nacional para que hiciera reclamaciones a su homónimo español por las actividades políticas de Perón. El consejero de la embajada argentina en Madrid solicitó al Ministerio de Asuntos Exteriores español, como había hecho en otras ocasiones sin éxito, que se le otorgara un listado de las visitas recibidas por Perón. El director de Asuntos Políticos, Pedro Salvador Vicente, como era costumbre, se excusaba diciendo que los viajeros venían casi siempre de Buenos Aires, por lo cual al gobierno argentino no le resultaría difícil controlarlos. Sin embargo, en esta oportunidad sugería a Castiella la conveniencia de facilitar información.[79]

Alfaro alertaba de que varios funcionarios del Ministerio del Interior eran partidarios de otorgar "mayor libertad de acción" a los exiliados españoles, como Luis Jiménez de Asúa y Claudio Sánchez Albornoz.[80] Según sus informantes, la actitud de Frondizi era

---

los peronistas, y que se le había ofrecido una cuantiosa compensación económica, en AFF, doc. 23.844. "Conversación con Jorge Antonio", Dirección de Asuntos Políticos de Centro y Suramérica, 21 de marzo de 1962.

[78] AMAEE, R. 6888/11, Despacho de Alfaro a MAE, 12 de marzo de 1962. Según Alfaro, para los dirigentes peronistas lo más cómodo era que el gobierno los proscribiera con cualquier pretexto para presentarse como "perseguidos" y evitar los riesgos de la subversión militar. En vísperas de las elecciones, Alfaro escribía que el ministro del Interior le había dicho que renunciaría si perdía el candidato gubernamental en Buenos Aires, y que según informaciones del Servicio de Inteligencia Militar y de la policía ganaría la UCRI, por escaso margen de votos, en ARAH, Fondo Fernando M. Castiella, sobre 1667. Telegrama de Alfaro a MAE, 17 de marzo de 1962. Para mayores detalles de la gestación de la candidatura de la Unión Popular, ver: Raanan Rein, *Juan Atilio Bramuglia. Bajo la sombra de un líder. La segunda línea del liderazgo peronista*, Buenos Aires, Lumiere-Universidad de Tel Aviv, 2006, pp. 285-297.

[79] ARAH, Fondo Fernando M. Castiella, sobre 1641, Telegrama de Emilio Beladiez (encargado de Negocios) a MAE, 23 de febrero de 1962; AMAEE R. 6890/44, "Conversación con el Consejero de la Embajada Argentina", Dirección de Asuntos Políticos de Centro y Suramérica, 24 de febrero de 1962. Castiella accedió al pedido y la Dirección General de Seguridad remitió los partes de "Vigilancia del General Perón". En AMAEE, R. 6833/18 pueden consultarse los informes sobre las visitas y actividades de Perón, entre diciembre de 1961 y febrero de 1962.

[80] AMAEE, R. 6833/18, Carta de Alfaro a MAE, 5 de marzo de 1962. Sánchez Albornoz, entre 1957 y 1960, se desempeñó como embajador en Buenos Aires del gobierno republicano y en marzo de 1962, aceptó el cargo de presidente del gobierno la República Española en el exilio, ver: Juan Pablo Domínguez Fernández, *Claudio Sánchez-Albornoz. Historiador, intelectual y político* (tesis doctoral), Universidad de Navarra, Facultad de Filosofía y Letras, 2010, pp. 447-455. Sobre la trayectoria biográfica y política de Jiménez de Asúa en

"maquiavélica y electoralista". Por un lado, no protestaría por las actividades de Perón, con lo cual complacía a los peronistas, y por otro lado, haría la "vista gorda" a los movimientos de republicanos y separatistas. Esta sería su reacción a la "pasividad", "laxitud" y "franquicia" del gobierno español con el ex presidente argentino. En su cálculo político, los españoles adversos al régimen de Franco podrían significar unos cuantos votos para los candidatos gubernamentales. Mientras tanto el embajador dialogaba con algunos militares, tildados de "sensibles en este asunto", para prevenirlos de esta maniobra a favor de los exiliados.[81]

Ante la conmoción que generó el avance electoral del peronismo, presionado por los militares Frondizi decretó la intervención de cinco provincias, en las cuales los peronistas habían ganado las gobernaciones. Además, el gabinete entero ofreció su renuncia al primer magistrado, quien gestionó, bajo la "sugerencia" de los sectores legalistas de las fuerzas armadas, la formación de un gobierno de coalición o de "unidad nacional".[82] Esta estrategia fracasó, ya que solo contó con el apoyo de su partido, del minoritario Demócrata Cristiano y del poco representativo Cívico Independiente, acaudillado por Álvaro Alsogaray.

El 29 de marzo Frondizi fue derrocado por los comandantes en jefe de las tres armas. Al negarse a firmar su dimisión, fue puesto bajo arresto militar primero en la isla Martín García y luego en Bariloche, para ser liberado en julio de 1963. Entre los militares se impusieron los que querían evitar un gobierno militar buscando una "solución civil": dar al golpe de Estado una apariencia constitucional. El radical

---

la Argentina, ver: Beatriz Figallo, "De Jiménez de Asúa a Perón. Sus exilios como componentes de la política exterior hispano-argentina", en *Temas de Historia argentina y americana*, N° 15, julio-diciembre de 2009, pp. 89-114.

[81] ARAH, Fondo Fernando M. Castiella, sobres 1641 y 1648. Telegrama de Castiella a Beladiez, 24 de febrero de 1962 y telegrama de Alfaro a MAE, 3 de marzo de 1962; AMAEE, R. 6833/18, Carta de Alfaro a MAE, 5 de marzo de 1962, *op. cit.*, y despacho de Alfaro a MAE, 13 de marzo de 1962. El embajador, en conversación con el ministro de Relaciones Exteriores argentino, resaltó la correcta actitud del gobierno español y agregó que los republicanos españoles hacían declaraciones políticas contra el régimen español, y llamó la atención de que Albornoz y Jiménez de Asúa eran profesores en universidades argentinas.

[82] En las dramáticas horas postelectorales no había unanimidad de criterios entre las Fuerzas Armadas. La Marina adoptó, desde el comienzo, una posición más intransigente, argumentando que debía anularse la totalidad de las elecciones; además era partidaria de la renuncia del presidente por haber permitido la participación de los peronistas. Entre los marinos predominaba la idea de que la crisis gubernamental se resolvería con la conformación de un gobierno militar. Robert Potash, *El ejército y la política en la Argentina, op. cit.*, pp. 481-501. También ARAH, Fondo Fernando M. Castiella, sobres 1669, 1673 y 1675, Telegramas de Alfaro a MAE, 20, 23 y 24 de marzo de 1962, y AMAEE, R. 6888/11, despacho de Alfaro a MAE, 26 de marzo de 1962.

ucrista José María Guido, presidente de la Cámara de Senadores de la Nación y sucesor natural por inexistencia del vicepresidente,[83] aceptó asumir la más alta magistratura.[84]

Después de los comicios, las fuentes diplomáticas españolas revelan que el círculo peronista en Madrid, los "colaboradores más íntimos" o de "derechas", había mantenido contactos con la embajada de los Estados Unidos en España. Para conocer los movimientos de los peronistas asentados en la capital se citó a Jorge Antonio al Palacio de Santa Cruz. El amigo de Perón comentó que las reuniones fueron por iniciativa de los norteamericanos. Y que los encuentros –también celebrados en Buenos Aires– habían sido "exploratorios" e "informativos", con el fin de lograr que se adoptase una posición "comprensiva" hacia el triunfo peronista por parte del gobierno argentino. El argumento de los "peronistas de derecha" era que si no se respetaba el acto comicial aumentaban las probabilidades de una desviación extremista o castrista de las masas sindicales. Antonio manifestó que los Estados Unidos temían un golpe militar que se contagiase a las demás repúblicas, echando por tierra la Alianza para el Progreso y recrudeciendo el antinorteamericanismo y el procastrismo.[85]

Para Alfaro, la "cuestión cubana" fue uno de los factores determinantes del derrocamiento de Frondizi.[86] En el mes de enero de 1962 se había reunido en la ciudad uruguaya de Punta del Este la Octava Conferencia de Cancilleres de los Países Americanos, en la que se aprobaron sanciones al régimen castrista. La Argentina se abstuvo de avalar la expulsión de Cuba de la Organización de Estados Americanos.[87] Según el embajador, la estrategia del primer magistrado había sido electoralista, su intención había consistido en aprovecharse de la "onda emocional anti-norteamericana e izquierdista", que agitaba a las masas del continente.[88] Sin embargo, los militares no toleraron la

---

[83] El vicepresidente Alejandro Gómez había renunciado en noviembre de 1958.
[84] José María Guido, en parte, aceptó ser investido presidente porque tuvo el aval de Frondizi. Para mayores detalles de los sucesos del 18 al 29 de marzo de 1962, se recomienda: Eugenio Kvaternik, *Crisis sin salvataje. La crisis político-militar de 1961-1963*, Buenos Aires, Universidad del Salvador, 1994, pp. 51-119.
[85] "Conversación con Jorge Antonio", *op. cit.*; AMAEE, R. 6750/10, "Situación en la Argentina", Dirección de Asuntos Políticos de Centro y Suramérica, 21 de marzo de 1962.
[86] Alfaro también consideraba que Frondizi se había arriesgado a entrar en el juego democrático sin el respaldo de "una sólida y homogénea agrupación política", en ARAH, Fondo Fernando M. Castiella, sobres 1669 y 1691, Cartas de Alfaro a MAE, 20 de marzo y 2 de abril de 1962. Un resumen sobre cómo se siguieron en España los acontecimientos que precipitaron la caída de Frondizi, en ARAH, Fondo Fernando M. Castiella, sobre 1705. "Nota para el Sr. Ministro: Etapas de la crisis política argentina", Dirección de Asuntos Políticos de Centro y Suramérica, 25 de abril de 1962.
[87] Alberto Conil Paz y Gustavo Ferrari, *Política exterior argentina, 1930-1962*, Buenos Aires, Huemul, 1964, pp. 250-259.
[88] ARAH, Fondo Fernando M. Castiella, sobre 1669, Carta de Alfaro a MAE, 20 de marzo de 1962, y AMAEE, R. 6903/11, Despacho de Alfaro a MAE, 7 de mayo de 1962.

posición defendida por la delegación argentina y obligaron a Frondizi a romper relaciones diplomáticas con Fidel Castro y a destituir a su canciller, el doctor Miguel Ángel Cárcano.[89]

El impacto de la Revolución cubana en la política criolla era un tema que la embajada, a pedido del ministerio, hacía tiempo que venía informando. Desde el mirador argentino, Alfaro observaba con preocupación el crecimiento de la izquierda y la disgregación de las fuerzas que mantenían la defensa de las formas de vida tradicionales. El mayor peligro del castrismo era su "expansionismo sentimental", favorecido por el ancestral nacionalismo y antinorteamericanismo del pueblo argentino.[90] Para Alfaro, los argentinos se caracterizaban por su hipersensibilidad, su orgullo nacional o su "complejo de superioridad" con respecto a sus vecinos. Años más tarde, el embajador explicaría, siguiendo a Freud, que en el antiyanquismo había un "complejo frente al gigantismo".[91] Casualmente no sería el único diplomático acreditado en Buenos Aires que percibiría ese rasgo como parte de la idiosincrasia nacional. Sir Francis Evans, embajador británico, así lo comentaría a sus superiores:

> El contacto con [los argentinos] demuestra lo susceptibles que son y el fuerte complejo de inferioridad que los agobia. Su acendrado nacionalismo es una expresión de esta condición psicológica […] En nuestra actitud hacia la Argentina debemos utilizar todo el tacto […] Sobre todo, jamás debemos tratar de intimidarlos ni demostrar condescendencia hacia este pueblo orgulloso e hipersensible.[92]

Quizás los meses posteriores al derrocamiento de Frondizi fueron los más difíciles para el embajador en toda su carrera política en la Argentina. Alfaro informaba de presiones político-militares para que el gobierno de José María Guido hiciera reclamaciones o, incluso, pensara en la posibilidad de la ruptura diplomática con España. Durante 1962 y principios de 1963, el antiperonismo oficial fue un obstáculo en el desarrollo de las relaciones hispano-argentinas. Es de señalar que la dirigencia española nunca estuvo con los fanáticos *gorilas*, "movidos por el odio y la masonería".[93] Por tanto no se

---

[89] Para mayores detalles de la reunión de cancilleres americanos, ver: Fabián Bosoer, *Generales y embajadores. Una historia de las diplomacias paralelas en la Argentina*, Buenos Aires, Vergara, 2005, pp. 237-255.
[90] ARAH, Fondo Fernando M. Castiella, sobre 1669, Carta de Alfaro a MAE, 20 de marzo de 1962.
[91] AMAEE, R. 7305/5, Carta de Alfaro a MAE, 29 de noviembre de 1963.
[92] Texto citado en Celia Szusterman, *Frondizi, op. cit.*, p. 342 (nota 33).
[93] Cerrano, *La política argentina mirada desde la España franquista*, cap. 4, *op. cit.*

compartieron las políticas represivas contra el peronismo, aunque esa actitud no se daba con los comunistas, que debían ser acallados en la política local.

Conclusiones

Las alentadoras perspectivas para las relaciones hispano-argentinas vaticinadas con el derrocamiento de Perón y el consecuente ascenso de Lonardi duraron escasos días. Este hecho demostró lo que sería una constante de la interpretación –y a la vez preocupación– española sobre la política argentina: la debilidad de la derecha, su escaso arraigo electoral y la orfandad de los católicos de contar con líderes de arrastre de masas. Las elecciones de febrero de 1958 encontraron al franquismo huérfano de un candidato de su plena simpatía. Frondizi fue un "mal menor" frente a Balbín.

José María Alfaro Polanco estaba convencido de que a los argentinos les gustaba el "esnobismo izquierdista". Sin embargo, creía que era un pueblo en el que predominaba la derecha, pero inexplicablemente no se traducía en un éxito electoral. Por tanto, el involucramiento con los nacionalistas católicos fue discreto, no era bien visto estar muy cerca a raíz de su estigma nazi-fascista-falangista. No obstante, se los usaría para hacer *lobby* o como fuentes de acceso a información de las esferas del poder. Resulta necesario destacar cómo el embajador cultivó amistades en todos los ambientes (políticos, militares y periodísticos), con la máxima de que si no ocupaban un puesto importante en la vida pública tal vez lo podían alcanzar en el futuro. Una de sus misiones fue mejorar la imagen de España en los rotativos argentinos; si bien no pudo evitar la publicación de información crítica, sí logró la divulgación de noticias favorables. De hecho hay que considerar el crecimiento positivo de la imagen de España en Latinoamérica, país que vendía estabilidad con desarrollo en un contexto en el que la democracia se había desprestigiado.

A principios de los sesenta, el gobierno español consideraba no descuidar la amistad del peronismo, dueño de un potencial que se reflejaba en su arraigo popular. Se temía factible el crecimiento de la posición de extrema izquierda en el movimiento de Perón, por las vinculaciones de algunos de sus dirigentes con el castrismo. A partir de este diagnóstico, el régimen franquista procuró no enemistarse con los peronistas situados a la "derecha". Se utilizaba el argumento del asilo de su polémico líder como uno de sus puntos "morales" a favor. En casi todos los informes de la dirección de Asuntos Políticos de Hispanoamérica, se insistía en la hipótesis del retorno del peronismo al poder y de lo rentable de tener ganada su amistad. Se consideraba repudiable el vínculo que existía entre el antiperonismo recalcitrante y el antihispanismo, por lo que primaba una vinculación sentimental con el peronismo. Los burócratas españoles reiteraban su temor a una guerra civil en la Argentina. El recuerdo de su traumática contienda era una señal de alarma que la "joven república" debía evitar, y en ese diagnóstico fue ganando fuerza la idea de que el único camino era reconocer el lugar que había ocupado el peronismo en su reciente historia. Asimismo, en el escenario de la Guerra Fría, el peronismo era una barrera natural para evitar la tragedia del comunismo.

14

Desarrollo y Estado de derecho administrativo

*El modelo del nuevo hispanismo
en la Argentina posperonista*

BEATRIZ FIGALLO[1]

El propósito de este capítulo es avanzar sobre el conocimiento de las conexiones del franquismo transformado en dictadura tecnocrática, con la convulsa Argentina posperonista. Con el protagonismo de funcionarios y técnicos, juristas y economistas, una élite de expertos fueron reemplazando a las figuras históricas que se habían hecho con el poder de España tras el triunfo nacional en la Guerra Civil, generando un nuevo perfil de gestión gubernamental, desarrollista en lo económico y autoritario en lo político, que se mostraría, por conveniencia tanto como por necesidad, como un modelo exportable a una América Latina que se debatía entre democracias y dictaduras. Como propuesta de contexto, bajo una sensibilidad común de lenguajes e idearios de contenido hispanista, develaría en su transcurso el interés prioritario de los tecnócratas franquistas por avanzar en la constitución de un espacio económico iberoamericano, fértil para sus objetivos de inversiones y negocios. Aunque la empresa acometida en la región en la larga década de los sesenta –que extenderíamos desde 1955 para incluir tanto desde el golpe que destituyó a Juan Domingo Perón de la presidencia como la aceptación de la España de Franco en las Naciones Unidas– se potencia en el caso argentino por el relacionamiento intenso de ambas naciones, entendemos que lo ideológico termina por rendirse a los intereses económicos.[2]

---

[1] Universidad Católica Argentina-CONICET.
[2] En ese sentido, estamos más cerca de los postulados de Eduardo González Calleja y Rosa Pardo (en "De la solidaridad ideológica a la cooperación interesada (1953-1975)", en Pedro Pérez Herrero y Nuria Tabanera, *España-América Latina: Un siglo de políticas culturales*, Madrid, Síntesis, 1993, p. 139), quienes categorizaron a este período como el de la apuesta desideologizadora ofrecida por el tecnocratismo español a la región, que del fallido proyecto ideológico de una internacional de derecha autoritaria que podría proveer una comunidad hispánica de naciones prohijada por el régimen franquista, que sugiere el

Nexos tradicionales del hispanismo

La Argentina venía siendo una aliada importante de España. Su respaldo se había mantenido constante desde 1939, a través del aprovisionamiento de los cereales necesarios para alimentar a su población en los tiempos difíciles de la Segunda Guerra Mundial y de la exclusión del Plan Marshall.

La relación de los gobiernos argentinos con la España de Franco, que en todo el transcurso de las crisis ideológicas y bélicas recientes no había renunciado al anticomunismo, contaba aún con la vitalidad de los lazos e identificaciones transnacionales que proveían el catolicismo y la cultura hispánica, herramientas privilegiadas para alcanzar los objetivos exteriores del régimen que incluían recomponer los deteriorados vínculos con América Latina, neutralizar al exilio republicano disperso por la región, así como tender lazos para acercarse al gobierno de Washington que constituía el más conveniente designio para acceder a su real reinserción internacional.

Actuando como mecanismos de transmisión, una red de colegios católicos dedicados a la enseñanza elemental y bachillerato radicados en Buenos Aires pero también diseminados por toda la república –de las escuelas de los jesuitas, los agustinos, las populares de los escolapios, las dominicas, las esclavas del Sagrado Corazón de Jesús, etc., a aquellas que eran a su vez expansión de emprendimientos más extendidos por Europa, como las de los hermanos de La Salle y los salesianos–, así como órdenes abocadas a labores caritativas y sociales, que integraban diversas reglas y congregaciones, los españoles constituían mayoría dentro de los religiosos y religiosas católicos en la Argentina. Víctimas de la violencia anticlerical que se desató durante la II República, en su mayoría, habían respaldado a la España nacional en guerra y luego al régimen comandado por Franco.[3]

Aquel soporte formativo de generaciones de argentinos, con sus adhesiones y críticas, contribuyó a dar contenido a una cultura católica compartida, difundida y profundizada por la Iglesia, sus

---

valioso artículo de Daniel Gunnar Kressel, "The Hispanic Community of Nations: the Spanish-Argentine nexus and the imagining of a Hispanic Cold War bloc", *Cahiers des Amériques latines*, 79, 2015, aun cuando unos y otros recorridos no se excluyan.

[3] En el caso vasco, se puede establecer una distinción, producto del exilio de sacerdotes que ideológicamente propugnaban valores democráticos y la existencia de una Euzkadi como nación, según señala Oscar Álvarez Gila, "El exilio en la conformación del clero argentino. El caso vasco (1840-1940)", *Archivum. Revista de la Junta de Historia Eclesiástica Argentina*, Vol. XVI, 1994. En 1947 llegó a Buenos Aires el jesuita Iñaki de Azpiazu con el propósito de atender la colonia vasca de la Argentina. Crítico de la política religiosa del peronismo, sería confesor del presidente de facto general Pedro Aramburu. Vinculado a los sectores que fundaron el partido Demócrata Cristiano, desplegó una intensa labor pastoral en las cárceles argentinas.

instituciones y los laicos. Algunas, como la Acción Católica o la organización universitaria Pax Romana, permitieron una vinculación estrecha con los católicos españoles. Los años del peronismo vieron sumarse nuevas formas de religiosidad que favorecían la circulación de ideas y personas entre España y Argentina. En 1946, tras haber apoyado en Roma la aprobación jurídica del Opus Dei ante el Vaticano –e iniciar una relación epistolar con el fundador de la institución, el padre Josemaría Escrivá de Balaguer–, el flamante cardenal Antonio Caggiano facilitó la instalación de sus miembros en Rosario, buscando renovar la actividad espiritual de la ciudad –de donde fue su primer obispo desde 1934 a 1959– para el desarrollo de una tarea pastoral novedosa. El apostolado estable en la Argentina lo comenzaría el sacerdote y arquitecto gallego Fernández Vallespín, quien también colaboró en los inicios en otros países de Sudamérica.[4] En septiembre de 1950, Escrivá, que era licenciado en Leyes y doctor en Derecho por la Universidad de Madrid, le escribía a Caggiano desde Roma:

> Se me ocurre que, como nuestros sacerdotes no solamente pueden sino que deben ejercitar su profesión secular, en cuanto sea posible, sería conveniente que D. Ricardo pudiera orientarse ahí para seguir su profesión de arquitecto (es conocidísimo profesionalmente en España, donde ha trabajado mucho): esa labor es gancho, para pescar almas, ayuda a solucionar la situación económica, y así se mejoran los instrumentos materiales del apostolado.[5]

A partir de 1951, los miembros del Opus fueron distribuyéndose en Buenos Aires y en el resto de las ciudades importantes del país, atrayendo adherentes mayoritariamente universitarios.[6] Del primer grupo organizador participó el español Ismael Sánchez Bella –impulsor de la futura Universidad de Navarra en Pamplona–, que se vinculó con la Facultad de Humanidades de la Universidad del Litoral en Rosario. Doctor en Derecho por la Universidad de Madrid y diplomado en Estudios Hispanoamericanos por la de Sevilla, fue nombrado

---

4 Para indagar sobre la expansión del Opus en la región, se puede consultar, por ejemplo: Fernando Amado, *Opus Dei en Uruguay*, Montevideo, Sudamericana, 2009; María Olivia Mönckeberg, *El Imperio del Opus Dei en Chile*, Santiago, Debate, 2016 [2003].
5 En José Luis González Gullón y Mariano Galazzi, "Ricardo Fernández Vallespín, sacerdote y arquitecto (1910-1988)", *Studia et Documenta*, 10, 2016, p. 78.
6 Lo publicado sobre la actividad del Opus Dei en la Argentina es disperso, apenas referencial y escaso de investigación empírica. En el año de la santificación de Escrivá apareció el libro de Emilio J. Corbière, *Opus Dei: El totalitarismo católico*, Buenos Aires, Editorial Sudamericana, 2002, donde solo el capítulo sexto se dedica a la realidad argentina, el monográfico de la edición argentina de *Le Monde diplomatique*, 40, octubre 2002, así como un tomo conmemorativo publicado por la Universidad Austral de Buenos Aires, titulado *Un mensaje siempre actual. Actas del Congreso Universitario del Cono Sur. Hacia el Centenario del nacimiento del Beato Josemaría Escrivá*.

primer titular de la cátedra de Historia de España.[7] Resaltando el valor del trabajo profesional como doctrina y conducta religiosa, aunque "chocaba con dos tipos de mentalidades muy difundidas en España, el clericalismo y el laicismo",[8] el Opus Dei fue adquiriendo en sectores universitarios del catolicismo de la Argentina una creciente receptividad.[9]

Una original investigación de Dario Casapiccola da cuenta de la creación en España de la Obra de Cooperación Sacerdotal Hispanoamericana (OCSHA) en 1948. Su fundador, el sacerdote Maximino Romero de Lema, mantenía vínculos previos con grupos de estudiantes católicos que integraban argentinos como Octavio Derisi –fundador de la Universidad Católica Argentina– y Mario Amadeo, y españoles como Joaquín Ruiz-Giménez. Asesor del Instituto de Cultura Hispánica, durante la presidencia de Ruiz-Giménez, entre agosto y octubre de ese año recorrería con él varios países americanos con el propósito de apoyar "a los sacerdotes españoles que colaborarían con sus pares americanos, en el contexto de esa idea de hispanidad". En Buenos Aires se encontró con los cardenales Copello y Caggiano y para 1950 comenzaron a arribar los clérigos españoles,[10] caudal que se incrementaría en la década siguiente.

Sin desplazar las tradicionales formas, otras experiencias con impronta española también renovarían prácticas religiosas de una sociedad en cambio. Entre ellas, los "Cursillos de Cristiandad",[11] surgidos en la Acción Católica española y con vocación de movimiento internacional, concebidos como prácticas de retiros espirituales según el modelo jesuita introducidos por jóvenes católicos argentinos que habían vivido en España. Mucha de su difusión entre la Acción

---

7   Enrique de la Lama, "Conversación en Pamplona con Ismael Sánchez Bella", *Anuario de Historia de la Iglesia*, VII, 1998, p. 194.
8   Rafael Gómez Pérez, *El franquismo y la Iglesia*, Madrid, Rialp, 1986, p. 252.
9   En junio de 1974, el padre Josemaría Escrivá visitó Buenos Aires, convocando un público muy numeroso, que se dio cita para escucharlo en diversas charlas o "tertulias". Eileen Hudson, "Los recursos narrativos utilizados por monseñor Josemaría Escrivá de Balaguer en las tertulias generales de Buenos Aires (7 al 29 de junio de 1974)", Universidad Austral (ed.), *Un mensaje siempre actual. Actas del Congreso Universitario del Cono Sur, op. cit.*, p. 541 [también en *San Josemaría Escrivá, universitario. Homenaje de la Universidad de Montevideo en el Centenario de su nacimiento*, Montevideo, Universidad de Montevideo, 2002], refiere que a las dos tertulias realizadas en el porteño Teatro Coliseo concurrieron unas 5.000 personas, realizándose otras dos en el Centro Cultural San Martín y una en el Colegio de Escribanos.
10 Dario Carlos Casapiccola, *La OCSHA (Obra de Cooperación Sacerdotal Hispanoamericana) y la Argentina. Los problemas de una identidad en desarrollo*, Tesis de Licenciatura, UBA, 2006, p. 80.
11 Ver Miguel Ángel Taroncher Padilla, *Periodistas y prensa semanal en el golpe de estado del 28 de junio de 1966: la caída de Illia y la revolución argentina*, Tesis de doctorado, Universitat de Valencia, 2004, p. 178; José María Ghio, *La iglesia católica en la política argentina*, Buenos Aires, 2007, p. 173.

Católica argentina estaría a cargo de laicos españoles. De España arribó también en 1968 el padre José Luis Torres, para instalarse en la provincia de Santa Fe y difundir la predicación evangélica entre la comunidad, los ejercicios espirituales inspirados por san Ignacio de Loyola y la docencia universitaria en materias teológicas.[12]

Potenciado tras el Concilio Vaticano II que deslegitimó el catolicismo tradicional, en un diferente registro, apenas aún podemos delinear vías diversas de influencia de gran cantidad de sacerdotes españoles en Latinoamérica y en la Argentina que se sumaron a la difusión del Tercermundismo en la década del 60. Lo sugiere Zuleta Álvarez como muestra del acercamiento de sectores católicos a postulados revolucionarios,[13] se lo atribuyen algunas investigaciones como expresión de ruptura de religiosos españoles frente a la posición mayoritaria de la Iglesia y del catolicismo en España que había persistido en su adhesión a la dictadura franquista.

Basado en los valores de la herencia hispánica y en una cercanía que se había fortalecido desde principios de siglo y que contaba con un público receptivo para numerosas expresiones, la cultura y sus instituciones fueron el otro vigoroso cauce que facilitó la vinculación de la Argentina con la España moldeada por el franquismo. Era, sin embargo, un espacio intelectual que resultaba a la vez escenario de oposición y convergencia. Las consignas del antifascismo y del antiimperialismo que se asumieron por sectores democráticos, liberales e izquierdistas de la Argentina para defender a la II República, por contraposición ubicaron en el mismo escenario a los conservadores

---

[12] Marcelo González referencia el Instituto Cristo Rey que fundará Torres-Pardo en Roldán, en las inmediaciones de Rosario, como exponente de un movimiento eclesial portador de una propuesta teológica tradicionalista, en "Aportes argentinos a un pensamiento teológico latinoamericano inculturado: memoria, presente y perspectivas de un cauce teológico", *Stromata*, Universidad del Salvador, N. 58, 2002. También: *La reflexión teológica en Argentina. 1962-2010. Un mapa de sus relaciones y desafíos hacia el futuro*, Buenos Aires, Docencia 2010. Ver el artículo de Miguel Ángel De Marco h. en este libro

[13] Enrique Zuleta Álvarez, "Cultura y pensamiento en la España contemporánea", en AAVV, *Hispanismo Contemporáneo*, Bahía Blanca, Consulado General de España, 1990, p. 28. Solo tenemos conocimiento de la presencia y accionar de religiosos españoles residentes en la Argentina que adhirieron al Movimiento de Sacerdotes para el tercer mundo en ponencias y algunos artículos que indagan perspectivas locales. Destaca, la tesis de maestría de Darío Carlos Casapiccola, *La crisis de Rosario de 1969: Fase aguda de los conflictos intraeclesiales en la Argentina postconciliar*, Universidad de San Andrés, 2014, publicada por Logos en 2016. Ver también Claudia Touris, "Conflictos intraeclesiásticos en la Iglesia argentina posconciliar (1964-1969)", en Claudia Touris-Mariela Ceva, *Los avatares de la "nación católica". Cambios y permanencias en el campo religioso de la Argentina contemporánea*, Buenos Aires, Biblos, 2012, p. 171, y el artículo de Emilia Scirica, "Un embate virulento contra el clero tercermundista. Carlos Sacheri y su cruzada contra "La Iglesia clandestina", *Anuario del Centro de Estudios Históricos "Prof. Carlos S. A. Segreti"*, año 10, n° 10, 2010.

y católicos que se identificaban con el concepto de hispanidad más tradicional, con el bando de los sublevados nacionales y luego con el régimen franquista.

No obstante, delinear esferas de acción completamente escindidas puede conducir a error, cuando se compartía un magma hispánico que no permaneció inalterable. Mientras que el régimen se centró en la exaltación del hispanismo, los valores de aquel denominador común circularon entre España y Argentina y se tradujeron en una profusa propaganda y una amplia política de difusión que influyó en la prensa, en la edición de libros, en la producción literaria y en los vínculos universitarios, y pocos se mantuvieron intransigentes por abrevar en lo compartido. Los republicanos exiliados se enancarían también en la cultura española, puesto que literatos y profesores, así como personajes de las artes escénicas, habían encontrado en los contratos de trabajo la posibilidad de emigrar a la Argentina, logrando ubicarse en periódicos, en editoriales, en emprendimientos artísticos e incluso en universidades. Figura paradigmática de esta situación fue Claudio Sánchez Albornoz, quien pudo aprovechar los años peronistas de sintonía, difundiendo los "estudios hispánicos en la Argentina" a través de su cátedra en la Universidad de Buenos Aires, su Instituto y sus *Cuadernos de Historia de España*,[14] a la par que su compromiso con el destierro antifranquista lo llevaría en 1962 a asumir el gobierno de la República en el exilio.

Así como los apartados de la España oficial encontrarían algún acomodo en los claustros argentinos, serían recibidos profesores, tanto resignados como adheridos al régimen, provenientes de casas de estudios que habían sufrido la depuración y seguían controladas. Aunque primaban los humanistas, en menor medida ingenieros y médicos españoles participaron de viajes de estudios a instituciones sanitarias y técnicas de la Argentina peronista. Cuando distintas becas permitieron periódicas estancias en universidades, archivos y bibliotecas, los viajes de argentinos se fueron haciendo una costumbre anual. La embajada en Buenos Aires, en actos que se volverían usuales, solía despedir a los grupos de profesionales que habían obtenido ayudas para ampliar sus estudios de Medicina, Derecho, Historia, Letras y Arte en instituciones españolas, que costeaban el viaje y otorgaban una módica asignación, con facilidad para alojarse en colegios universitarios. Si investigaciones, cursos, participación en asociaciones, institutos y

---

14 En Ariel Guiance, "La historiografía española y el medievalismo americano: Sánchez Albornoz, Américo Castro y la construcción de la identidad nacional a través de la Edad Media", en Ariel Guiance (dir.), *La influencia de la historiografía española en la producción americana*, Valladolid, Instituto Universitario de Historia Simancas-Marcial Pons, 2011, p. 47. Ver también: Claudio Sánchez Albornoz, "El porqué de España, un enigma histórico", *Cuadernos de Investigación Histórica*, 7, 1983, p. 201.

ateneos, tanto como turismo y excursiones, eran parte de las estancias de los becarios argentinos, también lo era la usual asistencia a actos y fastos del régimen organizados en los ámbitos educativos.

La congenialidad de manifestaciones también encontró una vía peculiar de acercamiento entre adeptos y simpatizantes del nacionalismo vernáculo y la Falange, los falangistas y la obra de José Antonio Primo de Rivera, así como en sectores del peronismo y sus organizaciones. Si hay quien los considera "políticamente inocuos y sin significación intelectual", puede aceptarse que "contribuyeron a un tópico imitativo y superficial del ejemplo español que perduró durante muchos años".[15] Otros autores no han dejado de señalar la influencia falangista en el violento grupo juvenil nacionalista Tacuara, surgido en torno a 1957. Como testimonios de esa vinculación se destaca la confluencia en el 20 de noviembre de la conmemoración patriótica de la batalla de la Vuelta de Obligado, que las fuerzas del gobernador de Buenos Aires Juan Manuel de Rosas entablaron con las flotas de Francia y Gran Bretaña en 1845, con el recuerdo del fusilamiento de José Antonio,[16] así como la formación de organizaciones estudiantiles en la Universidad de Buenos Aires destinadas a captar militantes, "con el nombre de sindicato para mostrar adhesión ideológica" a los postulados falangistas.[17]

Cuando el censo de estudiantes y artistas argentinos residentes en España había crecido significativamente y se reforzaba el intercambio universitario,[18] la alianza hispano-argentina se aflojó por las discusiones generadas por los créditos argentinos a España y las tensiones surgidas entre el peronismo y los católicos argentinos, para realimentarse con la ejecución de los acuerdos de Franco con el gobierno de Washington, que permitió el despliegue de ayudas e intercambios y el inicio de obras en bases españolas, de administración conjunta con EE.UU., pero que desmarcaba a España de las propuestas de Perón de propulsar una tercera posición internacional distinta del capitalismo y el comunismo. Signo elocuente de esa hostilidad latente,

---

15 Enrique Zuleta Álvarez, "España y el nacionalismo argentino", *Cuadernos del Sur*, N° 23/24, 1993, p. 28.
16 Michael Goebbel, *La Argentina partida. Nacionalismos y políticas de la historia*, Buenos Aires, Prometeo, 2013, p. 176.
17 Eduardo Barbarosch, "Reflexiones a medio siglo del caso Melena", en Tulio Ortiz (coord.), *Facultad de Derecho de la Universidad de Buenos Aires: su legado histórico*, Buenos Aires, Departamento de Publicaciones de la Facultad de Derecho y Ciencias Sociales de la Universidad de Buenos Aires, 2013, p. 73.
18 En octubre de 1954, la Oficina de Relaciones Culturales de la embajada española, el embajador Manuel Aznar y el consejero José Pérez del Arco agasajaron a los 21 becarios argentinos que saldrían para España con el fin de ampliar estudios, en disfrute de becas concedidas por el Instituto de Cultura Hispánica y la Dirección General de Relaciones Culturales. El intercambio se robustecía con la llegada de quince becarios españoles, invitados por el Ministerio de Educación, *ABC*, Madrid, 1 de octubre de 1954.

fue el disgusto con que se recibió el discurso del jurista y connotado hispanista Mario Amadeo, nacionalista católico en su juventud, quien según Rein, estaba en España para "presentar allí su plan para establecer un partido cristiano-demócrata que compitiera con el peronismo".[19]

En octubre de 1954 en el Salón del Trono de los Reyes Católicos del Palacio de la Aljafería en Zaragoza y bajo la presidencia del jefe del Estado español, se celebró la Fiesta Oficial de la Hispanidad. Invitado por su amigo y correligionario Alfredo Sánchez Bella, director del Instituto de Cultura Hispánica (ICH) desde 1948, sin la presencia de ningún diplomático del gobierno peronista, Amadeo habló frente a la plana mayor del franquismo.[20] Más allá del disgusto que pueda haber generado en el gobierno de Perón, el discurso fue exponente de una línea de pensamiento consolidada e influyente en los elencos de funcionarios que accederían a cargos durante los gobiernos cuasi democráticos –con proscripción del peronismo– y dictatoriales argentinos. Amadeo invocaba la unidad hispánica, con valores que singularizaban a sus pueblos por su

> concepción integral del hombre, la familia, la autoridad y el orden jurídico, así como una manera de la distribución equitativa de la riqueza que conduce a una mayor justicia social y es arma frente a los avances de la izquierda revolucionaria y marxista ante la cual valen de poco los esfuerzos aislados.

Reivindicando el espíritu de cruzada del 18 de julio de 1936, que bajo el liderazgo de Franco había conjurado "la amenaza roja", Amadeo propuso una Comunidad Hispánica de naciones como un camino alternativo, proveniente del campo occidental, capaz de diferenciarse de la URSS, cuyo propósito fuera coordinar las políticas nacionales, previendo un sistema de consultas como el establecido por la Octava Conferencia de Lima de 1938 mediante la reunión periódica de cancilleres, la ciudadanía hispánica, la cooperación material, tribunales arbitrales al servicio de la "paz hispánica", intercambio cultural y corriente migratoria, reforzando el accionar del ICH, donde ya se estaban estudiando muchos de esos instrumentos para el desarrollo. Advertía el argentino:

---

[19] Raanan Rein, "Hispanidad y oportunismo político: el caso peronista", *EIAL*, Vol. 2, Nº 2, julio-diciembre 1991, p. 61. También: Daniel Gunnar Kressel, "The Hispanic Community of Nations …", *op. cit.*

[20] Profesor de Derecho Internacional de la Universidad de Buenos Aires, que había desempeñado importantes funciones en la diplomacia durante las presidencias de Ramón Castillo y del general Edelmiro Farrell, llegando a ser director de Asuntos Políticos de la Cancillería, tenía amigos en ámbitos académicos y católicos de España.

el dilema que hoy se presenta a los pueblos del mundo hispánico se plantea entre la renovación bajo el signo de la tradición y el orden, o la revolución bajo el signo de la hoz y del martillo: falta determinar si hemos de congregarnos bajo la sombra de la Comunidad Hispánica de naciones o bajo el rótulo de Repúblicas Socialistas Soviéticas de Indoamérica. De un modo o de otro la unidad habrá de consumarse, de nosotros depende que lleve nuestra impronta.[21]

España y el posperonismo: algunos cambios, muchas continuidades

Las críticas a España formaron parte de la euforia de pronunciamientos contra las dictaduras que facilitaban la identificación con el peronismo que fue derrocado en septiembre de 1955.[22] El rechazo al régimen español de diferentes sectores que habían protagonizado la Revolución Libertadora se hizo escuchar: si el periódico socialista *La Vanguardia* advertía contra la designación de funcionarios ministeriales que había estudiado franquismo por cuenta de Perón, manifestaciones callejeras porteñas voceaban consignas en contra de Franco y su régimen.[23] Mientras que los principales diarios argentinos ponían de manifiesto las faltas de libertades reinantes en España, los órganos de prensa tanto pro republicanos como de sectores de izquierda, recrudecían las campañas periodísticas contra la España franquista, que poco tardó en reaccionar. Los periódicos de Madrid comentaron el cambio operado en el gobierno argentino con la imposición del general Pedro Aramburu, advirtiendo que constituía una victoria de un grupo que no representaba la identidad nacional y una derrota de los demócratas cristianos. Las críticas mutuas se expresaban sin ambages: si *ABC* informaba que la Argentina se debatía entre la vuelta de la oligarquía o la demagogia, "entre el peronismo irresponsable y viciado y las ambiciones restauradoras del 'unicazo', con toda su faramalla de librecambismo, democraticismo nominal y laicismo trasnochado",[24] la revista *Qué sucedió en 7 días*, del 25 de abril de 1956,

---

21 *La Vanguardia Española*, Barcelona, 13 de octubre de 1954. Publicado por Ediciones de Cultura Hispánica en 1956, bajo el título *Por una convivencia internacional: bases para una Comunidad Hispánica de Naciones*. Amadeo divulgó estas ideas por Iberoamérica. Por entonces, Sánchez Bella la mencionaba como una comunidad que "reza a Jesucristo y habla español", citado en Francisco Javier Alonso Vázquez, "Alfredo Sánchez Bella y el hispanismo cristiano", *Mar Océana*, N° 11-12, 2002, p. 252.
22 Laurent Bonard, "Le parti radical argentin: une résistance antifranquiste dans l'Argentine péroniste", *Pandora: revue d'etudes hispaniques*, N° 8, 2008, p. 169.
23 Archivo del Ministerio de Asuntos Exteriores de España (en adelante AMAEE), R. 3832/17, Madrid, 9 de noviembre de 1955. Oficina de Información Diplomática.
24 *ABC*, Madrid, 11 de febrero de 1956.

reflejaba las grietas en la estructura franquista, con los sacudones más fuertes desde el fin de la Guerra Civil, el descontento reinante en las universidades, las encuestas y estudios que manifestaban la oposición de la juventud al régimen.

En aquella encrucijada, cuando en diciembre de 1955 la España de Franco ingresaba de pleno derecho en las Naciones Unidas, la presencia del embajador José María Alfaro en la Argentina, valiéndose de los múltiples vasos comunicantes que proveía la hispanidad, logró convertir la representación diplomática en un útil entramado de relaciones sociales. Sus antecedentes en propaganda de prensa le permitirían desarmar agresiones de papel y reinstalar un ambiente amigable al conjuro de la modernización española. Mientras que Aramburu mantuvo una posición distante con respecto a España, atribuida a las censuras de los "libertadores" a los gobiernos dictatoriales, Alfaro se empeñó en utilizar la cultura para sostener el acercamiento buscado, acortando distancias. Tendientes a lograr la mayor admisión de la peculiaridad institucional que ofrecía el régimen, aquellos cauces se mostraron operativos en los años siguientes. Cuando en agosto de 1956 José Ibañez Martín, a cargo del Consejo de Estado y presidente del Consejo Superior de Investigaciones Científicas (CSIC) de España, llegó de improviso a Buenos Aires, tras sus estancias en Brasil y Bolivia donde se entrevistó con los presidentes Kubistech y Siles Suazo, apenas realizó una fugaz visita de cortesía a Aramburu, pero Alfaro lo colmó de agasajos, poniéndolo en contacto con la comunidad de residentes y con ámbitos intelectuales afines. Fue esa la estrategia: contrarrestar las expresiones de la intelectualidad antifranquista y antifascista en el medio, y vincular a los personajes culturales del hispanismo del régimen con instituciones y círculos locales, amén de los de la colectividad.

Un tema donde ambos países coincidían dramáticamente era en las dificultades económicas, que buscaron resolver por similares medios: mientras que la Argentina ingresó al Fondo Monetario Internacional (FMI) en agosto de 1956, España lo haría en septiembre de 1958. En ese contexto, Buenos Aires optó por no fastidiar demasiado las relaciones con Madrid, cuando las deudas pendientes por las compras de cereales de la década del 40 necesitaban de la buena predisposición española para saldarse y empresas hispanas estaban construyendo dos centrales hidroeléctricas en la cordillera de los Andes, así como se ofrecía la provisión de trenes rápidos y buques mercantes, que permitirían tanto renovar los transportes como ayudar a reducir el crédito argentino, a través de la venta a España de cereales, lanas, cueros, carne y otros productos.[25] No resultó por ello extraño que pudieran ser controladas las informaciones de tono "desagradable o político contra España y otros países para no perjudicar las buenas relaciones".[26]

A principios de febrero de 1957 España debió encarar la grave crisis económica que afectaba al país. El embajador argentino vicealmirante Samuel Toranzo Calderón informaba a Buenos Aires que la situación había

> empujado al Jefe del Estado a reunificar ideológicamente su gabinete no solo para cortar la presión de la opinión pública sino para poner en otros carriles la solución a tan tremenda situación económica [...] orientar hacia aquellos sectores que mantiene con el exterior mejores relaciones y más posibilidades de enlazar las economías de los países inversores con la economía de España.[27]

Franco renovó su gabinete, incorporando a Fernando María Castiella al frente de Asuntos Exteriores, aunque como es bien sabido, significativa fue la renovación de los ministerios económicos con la designación de Mariano Navarro Rubio[28] en Hacienda y Alberto Ullastres[29] en Comercio. Laureano López Rodó,[30] que desde 1956 ocupaba el cargo de secretario general técnico de la Presidencia bajo las órdenes del ministro almirante Luis Carrero Blanco, parece haber acercado al gobierno a aquellos dos hombres que pertenecían al Opus Dei tanto como él.[31] Comenzaba así un período del régimen donde la prioridad la tuvieron las reformas administrativas, técnicas y

---

25 Hemos desarrollado los propósitos españoles por vincularse con la Argentina en Beatriz J. Figallo, "Estrategias políticas y económicas de la tecnocracia franquista en la Argentina, 1959-1973", *Investigaciones y Ensayos* N° 56, enero-diciembre 2005/2007.
26 AMAEE, R. 4295/1, Buenos Aires, 27 de junio de 1957, de Alfaro a ministro.
27 Archivo del Ministerio de Relaciones Exteriores de la Argentina (en adelante AMREA), AH/0001 – Serie 41 – Fondo E, Madrid, 21 de marzo de 1957, de Toranzo Calderón a Laferrere.
28 Después de estudiar Derecho, pelear como voluntario en el bando nacional durante la Guerra Civil, ingresó en el Cuerpo Jurídico Militar, donde obtuvo el grado de teniente coronel auditor. Escribió, entre otros libros, *Promoción social y desarrollo económico* (1967).
29 Tras participar del sublevado bando nacional como teniente del Arma de Ingenieros, se doctoró en Derecho para incorporarse a la Sección de Economía del Instituto de Estudios Políticos (IEP), desde la cual respaldaría la fundación de la Facultad de Ciencias Políticas y Económicas, que abrió sus puertas en el curso 1943-44, siendo el primer encargado de la cátedra de Historia Económica. Vivió sus últimos años en la misma residencia del Opus Dei, en el barrio de Salamanca, donde falleció.
30 Educado en el colegio La Salle de Barcelona, donde se licenció en Derecho, catedrático de Derecho Administrativo en la Universidad de Santiago de Compostela, desde 1941 pertenecía al Opus Dei.
31 Lluís Barbé i Duran, *Conversaciones con Fabián Estapé. Grabaciones para una biografía*, Barcelona, Servei de Publicacions de la Universitat Autònoma de Barcelona, 1989, p. 127. Confrontar con las referencias que ofrece sobre la cuestión el capítulo de Ángeles González-Fernández.

económicas, mientras que las de carácter político –incluso una futura monarquía– se supeditarían al deseo de permanencia vitalicia de Franco en el poder.[32] El régimen había encontrado la solución para hacer frente al "crecimiento de la conciencia social-política" que aparecía no ya furtiva sino de forma manifiesta. Para la diplomacia argentina las causas se debían al debilitamiento del gobierno español y su desprestigio, a las luchas de tendencias entre Falange –que aspiraba a la preeminencia en la gestión– y las Fuerzas Armadas, y a la presión de los monárquicos que buscaban el desemboque de la situación, vinculándose con otras fuerzas.[33]

La pertenencia de aquellos funcionarios de alto nivel al Opus –grupo al que pronto se incorporaría Gregorio López Bravo, en 1959 como director general y luego como ministro de Comercio, y desde 1969 al frente de Asuntos Exteriores– le aseguraba al régimen un elenco de un catolicismo militante –aunque diferente–, una formación profesional especializada, apta para recoger los cambios producidos en el escenario internacional desde fines de los años 40, una vocación gestora y un talante más liberal y moderno, sin extremismos ideológico-políticos.[34] De hecho se había formado un nuevo grupo de poder en la política española, con fuertes elementos que los amalgamaban, como la religión, el patriotismo, el tradicionalismo, el eficientismo estatal. Sesma Landrin se vale de la denominación "*cathocrates*"[35] utilizada por William Genieys, para definir las élites modernizadoras, socializadas dentro de instituciones educativas o asociaciones de obediencia católica (en ocasiones competitivas entre sí), con un conocimiento y un sentido del Estado que les permitiría monopolizar las posiciones de poder dentro del régimen franquista,[36] para caracterizar a aquellos funcionarios, portadores de un proyecto compartido de desarrollo económico del país, que ocuparon cargos de gestión entonces, señalando, sin embargo, la heterogeneidad del

---

32   Borja de Riquer, *La dictadura de Franco*, en Josep Fontana-Ramón Villares, *Historia de España*, Volumen 9, Madrid, Crítica, 2010, pp. 421-423.
33   AMREA, AH/0001 – Serie 41 – Fondo E, Madrid, 5 de marzo de 1957, de Toranzo a ministro Laferrere.
34   Ver José Luis Orella, "El origen de la derecha tecnocrática española y sus consecuencias", en Ernesto Bohoslavsky, Olga Echeverría (comps.), *Las derechas en el Cono Sur, siglo XX. Actas del tercer taller de discusión*, Los Polvorines, UNGS, 2013.
35   Nicolás Sesma Landrin, *Camino a la institucionalización. La pugna entre Falange y los sectores en torno al proceso de reforma administrativa de finales de los años cincuenta*, Seminario de Historia, Instituto Universitario José Ortega y Gasset, Curso 2008-2009, Documento de trabajo 2009/2, p. 6.
36   Ver William Genieys, "Les élites périphériques espagnoles face au changement de régime. Le processus d'institutionnalisation de l'État autonomique", *Revue Française de Science Politique*, 1996, 46, 4, y *Les élites espagnoles face à l'Etat. Changements de régimes politiques et dynamiques centre-périphéries*, París, L'Harmattan, 1997.

conjunto y su incapacidad para "acometer una súbita transformación de su sistema político", y solo apenas un "cambio gradual", incierto y de evolución circunstancial.[37]

Cuando la situación era tan apurada que se cernía sobre España la amenaza de la suspensión de importaciones vitales, como el petróleo,[38] la puesta en marcha de una política propiciada por el FMI, con un plan de estabilización y un "pequeño" Plan Marshall para ella sola,[39] le permitirían revertir el rumbo y superar, esforzadamente, un panorama de desmesurada inflación, desempleo, escasez de reservas y negativa balanza de pagos. Otros inesperados aportes llegaron desde la República Federal de Alemania, a través de un programa de ayuda técnica para países en vías de desarrollo que permitió la financiación de obras hidráulicas, investigaciones agronómicas y remodelación de plantas siderúrgicas, "realizaciones emblemáticas del desarrollismo franquista", al decir de Sanz Díaz.[40] Los expertos de la Comisión Europea de Cooperación Económica (OECE)[41] que llegaron al país también propusieron duras condiciones,[42] aconsejando la adopción de la ortodoxia financiera, la liberalización comercial y la eliminación de las prácticas discriminatorias –el mismo programa que acababa de ponerse en práctica en Francia, bajo el influyo de los organismos financieros internacionales–.

Cambio de expectativas mediante, con actitudes especulativas que decrecieron, aumento de las reservas, superávit de la balanza de pagos, ingresos por turismo,[43] el esperado cambio de escenario económico se fue produciendo, no sin sacrificios de las clases trabajadoras y de los cientos de miles de españoles que emprendieron el camino de la emigración económica. No faltaron tampoco tensiones frente a un rumbo cuestionado por el franquismo histórico ni conatos de

---

37 Nicolás Sesma Landrin, *Camino a la institucionalización, op. cit.*, p. 6.
38 Javier Tusell, *Historia de España en el siglo XX. III. La dictadura de Franco*, Madrid, 2007, p. 189.
39 Joaquín Muns Albuixech, "España y el Fondo Monetario Internacional (FMI)", *Economistas*, N° 90, 2001.
40 Carlos Sanz Díaz, "La ayuda al desarrollo de la República Federal de Alemania a España (1956-1970)", *Historia Contemporánea*, 30, 2005, p. 179. Según Sanz, movilizado por su responsabilidad global de contención del comunismo y por la doctrina de seguridad nacional, EE.UU. presionó al gobierno de la RFA para que destinara fondos para la ayuda a los países subdesarrollados, objetivo que para mediados de los años 60 ya incluía la apertura de mercados en España para la industria alemana.
41 Lorenzo Delgado Gómez-Escalonilla, "El ingreso de España en la Organización Europea de Cooperación Económica", *Arbor*, CLXX, 669, septiembre 2001.
42 Teresa Carnero Arbat, "Franquismo y nacionalismos", en José María Jover Zamora (dir.), *Historia de España. Ramón Menéndez Pidal. Tomo XLI. La época de Franco (1939-1975). Volumen 1*, Madrid, Espasa-Calpe, 1996 p. 383.
43 Lluís Barbé i Duran, *Conversaciones con Fabián Estapé, op. cit.*, p. 131.

resistencia de los obreros, a los que se les unieron estudiantes universitarios y organizaciones radicales, reprimidos con dureza por la policía franquista.

A lo lejos, los inmigrantes españoles y sus descendientes en el Río de la Plata mantenían una pragmática resignación frente a la España regida por el franquismo, que alcanzó a Arturo Frondizi, que de pertenecer a la Asociación de Amigos de la República Española, será el primer presidente argentino en visitarla en 1960,[44] interesándose por su progreso industrial. El 30 de noviembre de 1958, *Ya* de Madrid había recogido un reportaje suyo, en el que señalaba que la Argentina pensaba recibir en la etapa de reconstrucción nacional que se abría, la contribución de España en todos aquellos aspectos en que había alcanzado mayor desarrollo técnico, en especial industrias navales, metalúrgicas o de construcciones civiles, en momentos en que se buscaba incentivar decididamente, merced a una dinámica inserción internacional del país y a la llegada de inversiones extranjeras, las actividades básicas consideradas estratégicas con el propósito de elevar el bienestar de la población.

Para cuando en abril de 1961, Blas Piñar, sucesor de Sánchez Bella en el ICH, visitó a Frondizi en Buenos Aires, con quien convino la construcción en la Ciudad Universitaria de un Colegio Mayor Argentino, compensando así fondos provenientes de las deudas españolas subsistentes desde los años 40, ambos gobiernos se mostraban alarmados por el denominado "peligro" comunista. Mientras Frondizi creó por decreto una comisión especial para la investigación de las actividades comunistas y su Cancillería limitó el personal diplomático y administrativo de las representaciones de los países comunistas acreditadas,[45] Franco insistía en que "no hay que hacer ninguna concesión a las doctrinas marxistas", ni permitir ninguna "acción violenta [que] podría poner en peligro la economía de la nación",[46] declarando en un discurso ante el Consejo Nacional de la Falange que los regímenes políticos del porvenir se parecerían más al existente en España que a ningún otro de los conocidos entonces. Afirmó además, refiriéndose a las aspiraciones españolas de acompasarse con la economía del bloque económico europeo, que "en cualquier plan de integración, España debe mantener su estabilidad política y su independencia nacional".[47]

---

[44] María Victoria Carsen, "Frondizi y la España del desarrollo", *XIV Jornadas de la Asociación Argentina de Historia de las Relaciones Internacionales y IV Jornadas de la Asociación Latinoamericana de Historia de las Relaciones Internacionales*, Buenos Aires, 2013.
[45] *Democracia*, Buenos Aires, 18 de febrero de 1961.
[46] *Democracia*, Buenos Aires, 3 de octubre de 1961; *La Prensa*, Buenos Aires, 3 de octubre de 1961.
[47] *La Prensa*, Buenos Aires, septiembre de 1961.

El modelo desarrollista: de la aceptación a la imitación

Cuando la recuperación económica española comenzaba a notarse, la Argentina había vuelto a tropezar con sus crisis políticas. Derribado el gobierno de Frondizi, el embajador en Madrid designado por su sucesor José María Guido,[48] el teniente general Julio Alberto Lagos, afirmaba a poco de ser acreditado en 1963: "más de veinte años de paz y de trabajo fecundo no han pasado en vano para España. Su economía está en pie y con un desarrollo verdaderamente extraordinario", admitiendo que se vivía en España "como en un verdadero paraíso".[49] Las elites argentinas podían palpar aquellas ventajas, porque coincidiendo con los años de la organización y puesta en marcha del Primer Plan de Desarrollo Económico (1964-1967) los mayores beneficiarios de las becas –"la mejor inversión del Estado español", en palabras de Gregorio Marañón Moya– que otorgó el ICH eran argentinos.[50]

Más ayudas fueron concedidas por el Ministerio de Asuntos Exteriores y el de Educación. Para entonces no solo se iba a España a investigar y estudiar Historia, Arte, Letras o Derecho, sino que hubo quienes también concurrieron a seguir cursos en el Instituto de Estudios Políticos de Madrid, que aunque había nacido como institución de propaganda de la Falange, luego se volcaría hacia análisis teóricos y filosóficos autónomos,[51] con sello editorial propio y publicaciones periódicas, o en distintas Facultades de Derecho, Ciencias Políticas, Económicas y Comerciales o en centros donde se impartían cursos de Sociología, Administración Pública, Periodismo. Universitarios argentinos de fines de la década del 50 y los 60 podían seguir allí las clases y conferencias de un conjunto de intelectuales que si bien vivían dentro del régimen franquista, o no se identificaban con él, como Xavier Zubiri, José Luis López Aranguren, Luis Díez del Corral, Enrique Tierno Galván, Enrique Gómez Arboleya, Julián Marías,[52]

---

48 Presidente entre el 29 de marzo de 1962 y el 12 de octubre de 1963.
49 *ABC*, Madrid, 2 de marzo de 1963, p. 37.
50 María A. Escudero, *El Instituto de Cultura Hispánica*, Madrid, Mapfre, 1994, p. 211. Ver también: Bruno Ayllón Pino, *Las relaciones entre Brasil y España ponderadas desde la perspectiva de la política exterior brasileña (1970-2000)*, Madrid, 2004, tesis doctoral-Universidad Complutense de Madrid, pp. 290-291.
51 Ver Nicolás Sesma Landrín, "Sociología del Instituto de Estudios Políticos. Un 'grupo de elite' intelectual al servicio del partido único y el estado franquista (1939-1969)", en Miguel Á. Ruiz-Carnicer, *Falange. Las culturas políticas del fascismo en la España de Franco (1936-1975)*, Zaragoza, 2013.
52 Ver María Victoria Carsen, "Medios de comunicación e ideología en la proyección cultural de España en la Argentina: el caso de Julián Marías", *VI Jornadas sobre Identidad Cultural y Política Exterior en la Historia Argentina y Americana*, USAL, Buenos Aires, junio 2012. También Martín Vicente, "América Latina según el liberal-conservadurismo argentino: entre la modernización, el panamericanismo y la Doctrina de Seguridad Nacional

o representaban visiones de un cierto cambio, como Manuel Fraga, catedrático de Teoría del Estado y Sistemas de Organización Política, ministro de Información y Turismo entre 1962 y 1969.

El ICH diversificó sus convocatorias, implementando nuevas actividades referidas a temas hispánicos. Durante los meses de enero y febrero se ofrecieron facilidades para organizar viajes cuyos principales beneficiarios fueron universitarios argentinos, para asistir en la sede de Av. de los Reyes Católicos a cursos sobre "Panorama de la Cultura Española Contemporánea". También era importante la presencia de argentinos en los estudios sobre documentación que se organizaban para periodistas hispanoamericanos. Producto de políticas pensadas desde la dirección general de Prensa, ocupada por Juan Beneyto en 1957, para enfrentar "las cortinas de humo que tienden las grandes potencias a través de las poderosas agencias de noticias",[53] se impulsó la constitución de la Asociación Iberoamericana de Periodismo Científico[54] y se instauró el premio Carlos Septien para reconocer la labor de periodistas hispanoamericanos que se destacaran en la difusión de los diversos aspectos de la realidad española. No faltaban los reconocimientos y condecoraciones a personas de la cultura, considerados hispanistas, como los nombramientos decididos en 1963 de "miembro titular" del ICH a los argentinos monseñor Emilio Montero, vicario general de la arquidiócesis de La Plata, a los historiadores Julio César Raffo de la Reta y Raúl Alejandro Molina, de la Academia Nacional de la Historia, a Carlos M. Puebla, ex presidente de la Junta de Estudios Históricos de Mendoza.[55] En las vinculaciones intervenían ambos gobiernos, como cuando se formó en Madrid una Asociación de Universitarios Argentinos residentes en España, con la colaboración de la embajada y el ICH, que dieron comienzo a las celebraciones de la "Semana Argentina".[56]

El ICH también acompañaba el nuevo impulso desarrollista: se avanzó con estudios, investigaciones, publicaciones y cursos destinados a latinoamericanos que contaron con la participación de profesionales de experiencia en todos los ramos de la Economía, bien que de diferentes perfiles ideológicos, mientras Sánchez Bella ya había

---

(1959-1973)", en João Fábio Bertonha y Ernesto Bohoslavsky (comps.), *Circule por la derecha. Percepciones, redes y contactos entre las derechas sudamericanas, 1917-1973*, Los Polvorines, Universidad Nacional de General Sarmiento, 2016, p. 259.
53 *La Vanguardia Española*, Barcelona, 19 de junio de 1957.
54 Diana Cazaux, *Historia de la divulgación científica en la Argentina*, Buenos Aires, Teseo, 2010, p. 221.
55 *La Prensa*, Buenos Aires, 11 de octubre de 1963.
56 *La Prensa*, Buenos Aires, 23 de mayo de 1962.

puesto en marcha en 1956 unos *Estudios hispánicos de Desarrollo Económico*, cuyas monografías, útiles para la planificación económica de los sesenta, fueron difundidas en América Latina.

En momentos en que el mundo universitario argentino debatía el lugar que el conocimiento científico ocupaba en el desarrollo nacional para impulsar cambios económicos y sociales, las ayudas extranjeras, traducidas en becas y subsidios, interpelaban la procedencia de aquel financiamiento externo, pero no los vedaba. Si las acusaciones de "penetración imperialista" no impedían a universitarios "políticamente progresistas y culturalmente modernizadores"[57] peregrinar a los centros de excelencia de los Estados Unidos de Norteamérica, la España de Franco podía constituir más que la democracia americana, un laboratorio paradójico de inspiración política.

Cuando en 1963 se reunió en Córdoba el Primer Congreso de Ex Becarios Argentinos en España, se discutieron las suspicacias ideológicas que el destino despertaba, y se valoró la confraternidad que se había ido gestando entre aquellos que se sumaron a la ilusión de viajar a Europa y lo hicieron a través de España, cuyas becas no estaban tan bien dotadas económicamente –los propios beneficiarios debían hacerse cargo de una parte considerable de los gastos– como las que otorgaban otros países, pero que la facilidad del idioma, la contención del ICH y la posibilidad de sumarse a las corrientes turísticas habían incentivado.[58] El flamante Consejo Nacional de Investigaciones Científicas y Técnicas (CONICET) de la Argentina, que comenzó otorgando fondos para realizar tareas de investigación mayoritariamente en los Estados Unidos, Francia, Inglaterra y Alemania,[59] concedió a partir de 1964 becas para continuar estudios en España a algunos argentinos. Su presidente, el premio Nobel de Medicina Bernardo Houssay, viajó ese año a Madrid para asistir a la reunión convocada por el CSIC, en celebración del 25° aniversario de su fundación.[60] Los becarios tanto argentinos como latinoamericanos también compartirían con la sociedad de acogida la experiencia de la "pax franquista", donde no faltaban gestos de resistencia y activismo social, de revueltas universitarias y de pronunciamientos críticos, que contribuyeron en su formación política. Aquel contenido enfrentamiento al régimen se

---

57 Silvia Sigal, *Intelectuales y poder en la década del sesenta*, Buenos Aires, Puntosur Ediciones, 1991, p. 99.
58 *La Vanguardia*, Barcelona, 11 de abril de 1963; *La Prensa*, Buenos Aires, 11 de octubre de 1963.
59 *La Prensa*, Buenos Aires, 6 de octubre de 1964.
60 *La Prensa*, Buenos Aires, 17 de octubre de 1964.

daba dentro de una tónica desplegada por el antifranquismo que se ha definido como "estratégicamente gradualista", cuyo horizonte de espera era el fin de la dictadura a la muerte de Franco.[61]

Para entonces, el hegemónico franquismo va cambiando su discurso: en un contexto que necesitaba de la mejora económica, la denominación de "régimen" se va abandonando por la de "monarquía", según nos advierte Adriana Minardi.[62] El aparente aperturismo que se declamaba incluía la difusión de la figura de un Franco como gobernante paternalista y modernizador, con una sociedad en movimiento, inserta en flujos internacionales de trabajadores y de turistas. En abril de 1964, *Primera Plana*, el exitoso semanario de actualidad que leían muchos argentinos, exhibía en su portada la prolija imagen de civil del caudillo de España, con el título: "Franco, 25 años después". En las páginas interiores, el enviado de la revista, Osiris Troiani, entregaba un extenso informe que incluía entrevistas con altos funcionarios del gobierno, con líderes de la "velada oposición" y con ciudadanos de la calle.[63]

Sin esquivar las cavilaciones por la inevitable pero incierta muerte del dictador septuagenario, a quien consideraba el eje de la política española –aunque los periodistas eran mantenidos alejados de El Pardo, se escatimaban las audiencias y apenas se veía con sus ministros y un puñado de amigos–, Troiani recogía variadas razones que alcanzaban para explicar la perdurabilidad del régimen. Aquella España, advertía el periodista argentino, se había levantado a pulso, invirtiendo un proceso de más de dos siglos. Su ministro de Comercio Ullastres ubicaba al país a mitad de camino en su proceso de desarrollo económico, aunque afirmando que España no era "un país subdesarrollado, porque el despegue se ha producido ya",[64] mientras Castiella recordaba que en febrero de 1962 se había solicitado la apertura de negociaciones con el objeto de examinar la posible vinculación con la Comunidad Económica Europea, intercambio que

---

61 Antonio Muñoz Sánchez, "A European answer to the Spanish Question: The SPD and the End of the Franco Dictatorship", *Journal of European integration history*, 2009, 15, 1 p. 81.
62 Adriana Minardi, "El franquismo a la luz de sus metáforas", *Cultura, Lenguaje y Representación*, Vol. 9, 2011, p. 126.
63 En el número anterior, se había ilustrado la tapa con un retrato de Juan Domingo Perón, a quien Troiani también había entrevistado, en tiempos que se señalaba el inminente levantamiento de las proscripciones al peronismo por parte del gobierno de Arturo Illia; ver Marisa Montrucchio, "Hojeando al peronismo en *Primera Plana*: una historia *sui generis*, en los años sesenta", *Sociohistórica*, N° 8, 2000.
64 Osiris Troiani, "España: '¿Qué vendrá después de Franco?', *Primera Plana*, N° 77, Buenos Aires, 28 de abril de 1964, p. 10. El 29 de abril *La Vanguardia Española*, de Barcelona, daba gran repercusión al reportaje de Troiani, periodista que "se templó en los desengaños de un marxismo idealmente sentido en su juventud", según el corresponsal en Buenos Aires, Oriol de Montsant.

constituiría, después del despegue, el salto, capaz de multiplicar "en modo asombroso las posibilidades del mercado español, con obvios beneficios para Iberoamérica".

La nota también mencionaba los nombres de los ex ministros Ruíz-Giménez y Martín Artajo, vinculados a la democracia cristiana, y a los del Opus Dei, señalando que agrupaba a "hombres de votos bajo una regla austera, casi monacal, y los instruye para actuar en la vida pública", que ya formaban un equipo en el régimen. Aunque no representaban a la institución, el pensamiento del grupo era demasiado coherente como para no advertir su presencia. Troiani informaba a los lectores argentinos que el grupo opusdeísta contaba con la oposición de la Falange, que recelaba de la inclinación "europeísta" de los seguidores de Escrivá y que para obtener la incorporación al Mercado Común, se obligase a España a sacrificar su originalidad política. El futuro institucional español planteaba incógnitas –república o monarquía–, mientras se hacía visible una controlada resistencia al régimen –además de la externa representada por el exilio–, que mostraban algunos jefes, como el falangista Luis González Vicent, impulsor de los círculos de jóvenes José Antonio; Ruiz-Giménez con sus *Cuadernos para el diálogo* y su adhesión a la *Pacem in Terris*, la encíclica de abril de 1963 de Juan XXIII, y quien le auguraba apenas cinco años de vida a Franco, momento recién tras el cual sobrevendría la etapa constituyente; o el socialista Tierno Galván, quien advertía que nada significaba el aparente bienestar de España, "que llega en la onda residual de la prosperidad europea", aceptando que tendrían que "pasar por la monarquía, como por un puente", momento de transición en que la oposición debería gravitar por un real cambio.[65] El reportaje no era del todo espontáneo, pues el embajador Alfaro le había facilitado a Troiani sus contactos oficiales, ya que la influyente revista "le venía prestando muy buenos servicios a la embajada y al régimen", pues "informa constantemente sobre el resurgimiento español bajo la guía de su ilustre jefe".[66]

Interesados en asentar a España como mercado comprador de carnes y proveedor de servicios industriales, la relación con Argentina fluía en la mutua conveniencia. En junio de 1964 el Ministerio de Comercio organizó el desplazamiento a Buenos Aires de una importante delegación de hombres de negocios, acompañados por funcionarios de la Dirección General de Expansión Comercial,[67] a la par que avanzaban las negociaciones comerciales. Argentina ya había

---

[65] Osiris Troiani, "España", *op. cit.*, p. 12.
[66] AMAEE, R. 7616/4, Buenos Aires, 9 de marzo de 1964, de Alfaro a Castiella.
[67] AMAEE, R. 10453/1, Vicesecretaría Nacional de Ordenación Económica-Asesoría Central de Comercio Exterior. Primera relación de productos de posible exportación a la Argentina, junio 1964.

sido parte de la gira del ministro de Comercio Ullastres a distintos países iberoamericanos en 1961, considerado el principio de los viajes destinados a mostrar la eficacia del nuevo modelo económico del régimen.[68] El presidente Arturo Illia, sucesor de Guido, dejando de lado la adscripción pro-republicana de la Unión Cívica Radical como antes hizo Frondizi, había designado embajador en España a Juan Octavio Gauna, con la misión de establecer relaciones de la mayor intimidad recuperando la más antigua tradición hispanista del partido, en el ejemplo del Hipólito Yrigoyen,[69] quien en 1917 había querido honrar a España al decretar el 12 de octubre, como día de la Raza.

Le haría el gobierno de Illia algunos favores al régimen: el 17 de septiembre fue secuestrada la película *Morir en Madrid*, una vívida reconstrucción de la Guerra Civil. Apenas unos remezones se sucederían cuando no quedó clara la intervención de algunos órganos de la administración española y de la misma aerolínea de bandera Iberia, en facilitar el viaje a la Argentina de Perón, residente en Madrid desde 1960. Considerado como un plan que tenía una finalidad subversiva, España respondió estableciendo condiciones a su presencia, restricciones que no serían nunca demasiado rigurosas, pues era recurrente el pensar de muchos franquistas de que Perón podía volver a ser máxima autoridad de la Argentina, un país importante para las operaciones exteriores españolas. En tanto, diferentes comitivas de funcionarios españoles de primer nivel se despacharon rumbo a Latinoamérica, algunas llevando las propuestas de créditos ofrecidos por el régimen en la reunión de la OEA, realizada en Río de Janeiro en enero de 1966; entre los que llegaron a la Argentina, el ministro de Industria López Bravo, que negociaría el aprovisionamiento de máquinas, herramientas y construcciones navales.

Controlado un exilio que iba envejeciendo en el destierro, el accionar de la embajada española en Buenos Aires se fue concentrando en la comunidad de connacionales, grupos a los que ya conocía mucho, atendiendo a las dirigencias de algunos centros regionales más rebeldes, presentando quejas formales contra personajes del radicalismo que persistían en la crítica a Franco, y prosiguiendo con la política de condecoraciones, invitaciones y becas para ganarse la simpatía de argentinos y españoles. Alfaro cultivó relaciones de amistad con antiguos becarios –como los ocupantes de la Subsecretaría de Culto de la Cancillería entre 1958-1962, Ángel Centeno, Ramiro de Lafuente, dirigente de la Acción Católica, y José Noguerol Armengol,

---

[68] El 16 de mayo partió rumbó a Brasil, Uruguay, Paraguay, Argentina, Chile, Perú y Colombia para "estudiar en dichos países las posibilidades de todo orden para la intensificación de las relaciones comerciales con España", en *La Vanguardia*, Barcelona, 17 de mayo de 1961.
[69] *La Prensa*, Buenos Aires, 13 de octubre de 1964.

abogado de filiación radical, que luego pasaría a ser subsecretario de Relaciones Exteriores de Illia– y llegó incluso a ser condecorado por el gobierno radical, en un acto de grandes contornos realizado en el Palacio Ortiz Basualdo, que en octubre de 1965 le impuso la Gran Cruz de la Orden del Libertador.[70]

El discurso del ministro Miguel Ángel Zavala Ortiz fue "una profesión de su fe hispánica", considerado por Alfaro como un gran logro cuando el radicalismo se había manifestado tan afín a las reivindicaciones republicanas. Pocos días después, el director del ICH, Marañón Moya, llegaba a inaugurar los amplios locales en que habría de funcionar en Buenos Aires el Instituto Argentino de Cultura Hispánica, filial de la entidad española, nacida del esfuerzo de Alfaro, poeta, periodista y falangista de la primera hora. Su consejo de honor reunía importantes personalidades del país, desde Houssay hasta Jorge Luis Borges, José Arce y Arturo Capdevila, pasando por lo más publicitado de los valores culturales de entonces. Además de conferencias, el instituto comenzó a dictar cursos regulares de política internacional, sociología, perfeccionamiento docente, historia de la cultura, filosofía y cuestiones de religiosidad tratados en el Concilio Vaticano II. Allí disertaron viejos conocidos del hispanismo argentino –como Amadeo–, pero también profesores españoles que viajaban a la Argentina, ocupando su tribuna como invitados. Un público fiel acompañaba aquellos eventos, compuesto incluso por oficiales de las Fuerzas Armadas. Con la difusión de la cultura española colaboró la instalación en Buenos Aires de la Librería Española en 1966.

Lo cierto es que el instituto argentino y sus filiales en el interior del país, además de intermediar en la concesión de las becas de Cultura Hispánica, desarrollaron "la más sistemática y planificada empresa cultural hispánica".[71] Otros organismos compartieron el objetivo de colaborar en la "exaltación y estudio del genio y la cultura hispánicos": en Buenos Aires, la Fundación Vitoria y Suárez –activa desde 1946, con publicaciones de temas filosóficos y religiosos y el apoyo del ICH de Madrid–, la Fundación Pedro de Mendoza, que funcionaba en la casa de Enrique Larreta, con cursillos dirigidos por el profesor Ángel Battistessa, director de la revista de cultura *Cuadernos del Idioma*, la

---

[70] Ver Beatriz Figallo, "Diplomacia franquista, propaganda y control de los exiliados. La embajada de José María Alfaro en la Argentina. 1955-1971", *Épocas*, N° 11, primer semestre 2015. La larga permanencia de Alfaro al frente de la representación diplomática en la Argentina, que se extendió entre 1955 y 1970, así como su protagonismo en diversos círculos de poder de entonces, le otorgan una incidencia no menor en el desenvolvimiento de las relaciones hispano-argentinas.

[71] Fernando de Cuevillas, "Las organizaciones españolas de cultura", en Gerardo Álvarez (coord.), *España en la Argentina*, Buenos Aires, 1997, p. 94.

Asociación Argentina de Mujeres Hispanistas, el Centro de Estudios Hispanoamericanos. Periódicamente, el ICH y la embajada realizaban con la Academia Argentina de Letras, actos y conmemoraciones.

Apretados los lazos culturales del hispanismo, renovados los intereses económicos, desarrollo y orden administrativo serían los novedosos aglutinantes a introducir en las relaciones hispano-argentinas, en los que la España de Franco podía exhibirse con vocación de éxito.

Rostow y las etapas del desarrollo de España y Argentina

Con el armazón de sostenibilidad que le daba su régimen autoritario,[72] la España franquista seguía transformando su lenguaje político, apelando a conceptos que lo revestían de una renovada legitimidad –"desarrollo", "desarrollismo", "progreso"–, vinculados con la realidad de los años 60.[73] En las relaciones con los países latinoamericanos, aunque el valor de la política cultural siguió vigente, el énfasis fue mutando hacia la cooperación técnica y los contactos comerciales.[74] Eran tiempos en que, liderado por el esfuerzo de los Estados Unidos por contener el avance del comunismo, el escenario internacional se mostraba optimista frente a los espectaculares resultados que ofrecía el desarrollo económico en los países occidentales –con la reconstrucción de Alemania y Japón, a menos de dos décadas de la Segunda Guerra Mundial–, instalando un cierto convencimiento de que se podía acabar quizás pronto con el subdesarrollo en muchos países.[75]

La pléyade de teóricos que pensaban y analizaban las posibilidades para alcanzar la modernización de las sociedades proponían diversas alternativas para salir del subdesarrollo, que incluían la intervención planificada, la transferencia de tecnología y capitales,

---

[72] Juan Fernando Segovia, "Peronismo y franquismo. Comparando dos variantes del autoritarismo". *Undécimo Congreso Nacional y Regional de Historia Argentina*, Buenos Aires, 2001, p. 15.
[73] Nicolás Sesma Landrin, "Franquismo, ¿Estado de derecho? Notas sobre la renovación del lenguaje político de la dictadura durante los años 60", *Pasado y Memoria. Revista de Historia Contemporánea*, 5, 2006, p. 47. Ver también: Adriana Minardi, "Hispanidad, franquismo y la construcción del mal: los mensajes de fin de año del Gral. Francisco Franco entre la firma del Concordato y los pactos económicos con Estados Unidos (1953-1967)", *Revista de Estudios Literarios*, 39, 2008; Adriana Minardi, "Funciones de la Hispanidad: *Ethos* discursivo y metáfora en los mensajes de fin de año del general Francisco Franco (1939-1967)", *Butlletí de la Societat Catalana d'Estudis Històrics*, N° XXI, 2010.
[74] Rosa Pardo, "La etapa Castiella y el final del régimen, 1957-1975", en Javier Tusell, Rosa Pardo y Juan Avilés (eds.), *La política exterior de España en el siglo XX*, Madrid, 2000, p. 353.
[75] Juan Díez Nicolás, "La España previsible", *Reis*, 12, 1980, p. 63.

la racionalización de la administración y el cambio social dirigido,[76] a través de un modelo estatal que moderase y controlara intereses e inversiones, u otro, compatible con el liberalismo, que auspiciase un Estado promotor de la iniciativa individual y la libre competencia. Aquellas teorías tuvieron sus adherentes en Argentina y España. Si pioneros del desarrollismo como Arthur Lewis, Gunnar Myrdal o Walt W. Rostow inspirarían, en buena medida, la elaboración ideológica del modelo planificador español,[77] Rogelio Frigerio, mentor del desarrollismo argentino, explicó que el gobierno de Frondizi puso en práctica de modo simultáneo lo que Rostow teorizó.[78] Por ello, su figura puede servirnos para calibrar comparativamente las posibilidades y límites de la receptividad ideológica y política que ambos países estaban dispuestos a otorgarles a los modelos de desarrollo que se proponían.

En marzo de 1962 Walt W. Rostow era el director de Política Económica de la Casa Blanca, ocupaba la presidencia del Comité Político del Departamento de Estado,[79] y coincidió con López Rodó cuando este asistió a Washington para presentar los informes españoles ante el Banco Mundial. Se trataba de la primera misión internacional como comisario y coordinador del Plan de Desarrollo.[80] El día 5, el autor de *Las etapas del crecimiento económico*[81] escuchó al comisario del Plan de Desarrollo español afirmar que la solicitud de ingreso en la Comunidad Económica Europea era la fase que seguía a los acuerdos con Washington de 1953 y al Plan de Estabilización de 1959, en cuya gestación EE.UU. había jugado un importante papel, esperando también

---

[76] Arturo Claudio Laguado Duca, "El retorno del desarrollismo. Una mirada crítica en perspectiva histórica", *Más poder local*, N° 16, 2013, p. 9.
[77] Antonio Cañellas Mas, "La tecnocracia franquista: el sentido ideológico del desarrollo económico", *Studia Histórica*, 24, 2006, p. 264.
[78] Juan Alberto Vercesi, *La doctrina y la política económica del desarrollismo en Argentina*, Bahía Blanca, 1999, p. 24 [en línea: https://goo.gl/iYJ3dq] (consultado el 1 de abril de 2015).
[79] Hijo de inmigrantes judíos de militancia socialista, Rostow obtuvo su doctorado en la universidad de Yale en 1939. En la Segunda Guerra Mundial sirvió en la Oficina de Servicios Estratégicos (luego CIA). Se convirtió en 1947 en asistente del secretario ejecutivo de la Comisión Económica para Europa, órgano de las Naciones Unidas que participó en el desarrollo del Plan Marshall. Historiador económico, profesor en Harvard, Rostow fue conocido a partir de 1956 por un artículo publicado en *The Economic Journal* titulado "The Take-Off into Self-Sustained Growth", que apareció en España a fines de 1959, traducido por Javier Irastorza Revuelta, funcionario técnico de Presidencia de Gobierno y miembro del Opus Dei, cercano a López Rodó y a Carrero Blanco, y considerado el introductor de sus teorías en España. En 1960, Rostow colaboró como asesor en la campaña presidencial del senador John F. Kennedy.
[80] José María Massip, "López Rodó explica el alcance y los propósitos del Plan de Desarrollo Económico", *ABC*, Madrid, 9 de marzo de 1962, p. 55.
[81] W. W. Rostow, *The Stages of Economic Growth. A Non-Communist Manifesto*, New York, Cambridge University Press, 1960. Ver también: Roberto Gutiérrez, "Walt W. Rostow: Réquiem por un historiador económico", *Ciencia Ergo sum*, Vol. 10, N° 3, noviembre 2003-febrero 2004.

la intercesión norteamericana, lo cual constituía un respaldo al régimen, que favorecía su permanencia en el poder.[82] Aquel contacto, al decir de Álvarez Tardío, pareció robustecer la convicción de López Rodó en el sentido de que la economía española iría progresivamente a un "estado de madurez", siendo de necesidad *aggiornar* el Estado, creando una nueva y más eficiente administración que promoviera la modernización.[83]

Aun reconociendo otras influencias –algunas de ellas producto de los contactos con economistas franceses,[84] potenciados entre 1960 y 1964, años en que José María de Areilza se desempeñó como embajador en París,[85] o las provenientes de Portugal, que ha analizado Ángeles González-Fernández[86]–, en el esquema teórico de Rostow subyacen una serie de planteamientos de carácter ideológico que, por su esencia antimarxista, convergen especialmente con el régimen franquista y con sus tecnócratas.[87] No era casual que el libro de Rostow llevase como subtítulo *Por un manifiesto no comunista*, representando un intento de frenar la influencia del instrumental marxista, proporcionando una teoría alternativa al proceso de desarrollo económico dado por Marx en el siglo XIX.[88] Escrita en un lenguaje accesible, no

---

82 El hermano de Walt, Eugene Rostow, subsecretario de Estado para Asuntos Políticos llegó a Madrid en diciembre de 1966 después de haber asistido a las reuniones de la OTAN (Organización del Tratado del Atlántico Norte). Fue recibido por el vicepresidente de gobierno Agustín Muñoz Grandes y por los ministros Castiella y López Rodó, asegurándoles que si España solicitaba su ingreso en la OTAN, los Estados Unidos la apoyarían.

83 Manuel Álvarez Tardío, "Technocracy, Modernization, and Reform: The Transatlantic Politics of the Spanish Right in the 1960s", en Daniel Scroop and Andrew Heath (edi.), *Transatlantic Social Politics. 1800-Present*, New York, Palgrave Macmillan, 2014, p. 206.

84 Pedro Carlos González Cuevas, "La Derecha tecnocrática", *Historia y Política*, N° 18, Madrid, julio-diciembre, 2007, p. 32; Miguel Ángel Giménez Martínez, "El corpus ideológico del franquismo: principios originarios y elementos de renovación", *Estudios Internacionales*, N° 180, 2015, p. 33. Sobre Perroux, de influencia en López Rodó, Ullastres, Fraga, ver: Héctor Guillén Romo, "Francois Perroux: pionero olvidado de la economía del desarrollo", *Mundo Siglo XXI*, México, Vol. 03, 11/02, invierno 2007-2008. Perroux también visitó la Argentina, dando una serie de conferencias; ver Aníbal Jáuregui, "El CONADE: organización y resultados (1961-1971)", *Anuario IEHS*, 29-30, 2014-2015, p. 150.

85 Tras haber solicitado el inicio de negociaciones oficiales para establecer vínculos entre España y la Comunidad Económica Europea, las repercusiones por las represalias tomadas por el régimen contra los concurrentes españoles a la reunión en Munich del Movimiento europeo, y más aun el fusilamiento en Madrid del líder comunista Julián Grimau en abril de 1963, produjeron un retroceso de las relaciones bilaterales, que no llegaron a estorbar el flujo de suministros franceses, que habían convertido a Francia en uno de los principales socios comerciales de España, en José María de Areilza, *Memorias exteriores. 1947-1964*, Madrid, Planeta, 1984, pp. 145-197.

86 Ángeles González-Fernández, "La otra modernización: Tecnocracia y 'mentalidad del desarrollo' en la península ibérica (1959-1974)", *Historia y Política*, N° 35, enero-junio 2016.

87 Antonio Cañellas Mas, "La tecnocracia franquista...", *op. cit.*, p. 279.

88 Juan Carlos Monedero, "El programa de máximos del neoliberalismo: el Informe a la Trilateral de 1975", *Sociología Histórica*, 1, 2012 pp. 297-8

demasiado técnico, fue recibida como una obra útil no solo para los economistas sino para todo aquel que quisiera entender el mundo y las cruciales decisiones que planteaba el futuro inmediato.[89]

Rostow atribuía a la acción estatal un papel central en el desarrollo económico, considerando que este era a su vez la condición para evitar el ascenso del comunismo. El "despegue" español, según su clasificación, con sus nuevas formas de organización económica que incluían desde la planificación, el posterior desarrollo y el advenimiento de la era del "consumo de masas", era compatible con las formas de la dictadura política, justificada a través de las concepciones tecnocráticas y las teorías de la modernización.[90]

El norteamericano alumbraba como la "estrella" del momento en el campo económico.[91] Tras que en marzo de 1964, con ocasión de la inauguración de una conferencia de gentes de negocios que operaban en Latinoamérica y como presidente del Consejo de Planificación Política del Departamento de Estado, hizo un llamamiento para que Europa cesara en su comercio con Cuba en razón de que llevaba "abiertamente la subversión al hemisferio occidental",[92] se trasladó a España a principios de octubre. Entonces sumaba el cargo de asesor del presidente Lyndon Johnson y acababa de ser nombrado para el de representante de los Estados Unidos ante la Comisión Interamericana de la Alianza para el Progreso, con el rango de embajador. En Barcelona disertó en el Instituto de Estudios Norteamericanos sobre "La política exterior de los Estados Unidos en un mundo en evolución", donde señaló que frente a la división, debilidad y vacilación que se vivía en Asia, Oriente Medio, África y Sudamérica, la política de los Estados Unidos tenía definiciones:

> Nuestra primera tarea, naturalmente, es asistir a aquellas naciones amenazadas por una agresión comunista, directa o indirecta, para mantener su independencia [...] una agresión directa por parte de los comunistas contra estas naciones pondría en marcha toda la fuerza militar de los Estados Unidos. Nuestro acuerdo militar con España es una contribución importante a la seguridad del mundo libre,

---

[89] Theodore Geiger, National Planning Association, Washington D.C., "Book Reviews", *Science*, 22 Apr. 1960, Vol. 131, N° 3408, p. 1201.
[90] Ramón Cotarelo, *Memoria del franquismo*, Madrid, Akal, 2011, p. 56.
[91] Juan Díez Nicolás, "La España previsible", *op. cit.*, p. 63.
[92] *ABC*, Madrid, 11 de marzo de 1964. Aunque en lo general del anticomunismo se podía coincidir con Rostow, Madrid desoyó aquellas indicaciones, y a pesar de ríspidos encontronazos –el incidente entre Fidel y el embajador Juan Pablo de Lojendio en enero de 1960–, Franco nunca rompió relaciones diplomáticas y comerciales con la Cuba de Castro.

y concluyó reivindicando "la responsabilidad que se impone los Estados Unidos de defender la libertad de construir una comunidad mundial estable poniendo a disposición hombres, recursos y energía política".[93] Estuvo también en el Instituto de Estudios Superiores de la Empresa, un prestigioso posgrado destinado a la formación de altos ejecutivos, ligado al Opus Dei y a la Universidad de Navarra fundado en 1958, donde "el diálogo giró sobre la interesante tesis del doctor Rostow, 'Las etapas del crecimiento económico'" y las características de las empresas y empresarios que se necesitaban para generar desarrollo. En Madrid inauguró el curso 1964-65 de conferencias en el Instituto de Estudios Políticos con "Unas lecciones sobre el desarrollo económico después de la Segunda Guerra Mundial", a pesar de que allí, según refiere González Cuevas, tenían cabida abiertas críticas a distintas propuestas tecnocráticas.[94] Después de ser recibido por el ministro Castiella en el Palacio de Santa Cruz, y en presencia del director de la institución, el falangista Jesús Fueyo, el ministro de la Gobernación, teniente general Camilo Alonso Vega y los embajadores de Estados Unidos y Paraguay, pronosticó que el concepto de desarrollo se concentraría en la productividad, en la producción agrícola y en la inserción del sector rural de las sociedades en desarrollo.[95] Luego se trasladó a Alcalá de Henares para asistir a la inauguración del nuevo Instituto de Desarrollo Económico.

La persistencia de la influencia de las ideas de Rostow en España resultó notable, a pesar de que la administración norteamericana comenzó a posponer sus teorías, tras el asesinato de Kennedy y la recesión económica de 1965, archivando la Alianza para el Progreso para reemplazarla por el rearme, la lucha contra el comunismo y la seguridad para sus intereses económicos en Latinoamérica.[96] Varios años después, Rostow siguió siendo una figura de consulta en España. Ya publicado en 1971 por la Universidad de Cambridge su nuevo libro *Politics and the Stage of Growth*, que hacía foco en las dimensiones políticas del crecimiento económico, en 1972 López Rodó escribiría el prefacio de la edición española de su libro clásico de 1960.[97] En marzo de 1973 fue invitado a dictar una conferencia en la Escuela Nacional de Administración Pública dentro del ciclo del Instituto de Desarrollo Económico sobre "Cuestiones económicas de actualidad". Presidió el acto López Rodó, y lo presentó el secretario de la Comisaría del Plan

---

93 *La Vanguardia Española*, Barcelona, 7 de octubre de 1964.
94 Pedro Carlos González Cuevas, "La Derecha tecnocrática", *op. cit.*, p. 38.
95 *ABC*, Madrid, 8 de octubre de 1964, p. 32.
96 María Dolores Ferrero Blanco, "Las relaciones interdependientes de los Somoza de Nicaragua con EE.UU. (1936-1979)", *Hispania Nova. Revista de Historia Contemporánea*, N° 10, 2012 [en línea: http //hispanianova.rediris.es].
97 Manuel Álvarez Tardío, *op. cit.*, pp. 205-206.

de Desarrollo Irastorza. Rostow fue muy complaciente con su análisis económico: España había planteado a fines de la década del cincuenta una política que giró en torno al objetivo básico del aumento de la renta real y consiguientemente del consumo, sobre la base de las tecnologías adquiridas de forma progresiva. Ello le había permitido cerrar el desfase con la Europa occidental que se había iniciado en el siglo XVIII y realizaba progresos en la tarea de superar su vieja herencia de disparidades regionales, habiéndose además vinculado de modo eficaz con la economía europea y mundial.[98] En septiembre participó junto con el ministro de Industria, José María López de Letona, y con el de Planificación y Desarrollo, Cruz Martínez Esteruelas, además de Areilza, el empresario Joaquín Garrigues y otros académicos y funcionarios de la IV Semana Económica Internacional, organizadas por el semanario *Mundo*, "Empresa pública versus empresa privada en economías en proceso de desarrollo", que tuvo lugar en Lloret de Mar. Ese año apareció también un artículo suyo en la *Revista Española de Economía*, en el que situaba el despegue español a mediados del siglo XIX, pero que a diferencia de otros países, se dilató en exceso el tiempo hacia la madurez tecnológica ya que tardó no cuarenta sino noventa años en recorrer esa etapa. A finales de los años 50, "España consiguió todo a la vez", frase de Rostow que hacía referencia a su éxito en completar el tránsito a aquella madurez e ingresar plenamente en la fase de alto consumo de masas.

Ya muerto Franco, Gonzalo Fernández de la Mora –uno de los más influyentes ensayistas políticos de los años 60, figura del diario *ABC*, subsecretario de Asuntos Exteriores de López Bravo y en 1970 ministro de Obras Públicas–[99] seguía citando al Rostow que había advertido que resultaba "difícil instaurar una democracia estable en el contexto semimodernizado de países en vías de desarrollo, incluso en los más avanzados, y que en ellos el fracaso de la democracia es muy probable", añadiendo que la política parlamentaria en su forma concurrencial clásica era difícil de conciliar con las sociedades en trance de desarrollo, pues en estas "surge un conflicto inevitable entre el ideal democrático y los imperativos de la eficacia gubernamental". Escrito el artículo de Fernández de la Mora en 1977, advierte que la crisis energética había puesto en entredicho la estructura de Occidente, generando en los países en vías de desarrollo la evolución hacia una vida política diferente de las formas particulares que revestía la democracia en el mundo atlántico. Aun en estas instancias,

---

[98] *ABC*, Madrid, 27 de marzo de 1973.
[99] Manuel Álvarez Tardío, *op. cit.*, pp. 210-211, consigna que las tesis de Fernández de la Mora encontraron significativa oposición del heterogéneo mundo de la derecha española, siendo uno de ellos Manuel Fraga, que se pronunciaría por una gradual liberalización política, en *El Desarrollo Político*, Barcelona, Ediciones Grijalbo, 1972.

le reconoce a Rostow una marcada resistencia a apostatar de lo que denomina su "fe democrática" y un "supremo esfuerzo por salvar el modelo demoliberal", admitiendo las tesis sociológicas de principios de los años 70 que señalaban que "existe poca relación a corto plazo entre la forma de gobierno y el nivel de desarrollo económico".[100]

La receptividad de Rostow y sus ideas no sería tan rotundamente exitosa en la Argentina. Tutor de la tesis doctoral de Guido Di Tella en el MIT sobre las etapas del desarrollo económico argentino,[101] su hermano Torcuato comenzó bien pronto a discutir el libro de Rostow en su curso de Sociología en la Universidad de Buenos Aires. Ezequiel Gallo resalta la fuerte influencia de Rostow en la historia económica argentina de entonces,[102] aunque no exenta de contradictores en el ámbito académico.[103]

Trascurrida la experiencia desarrollista de Frondizi y la gestión cuasi democrática de Guido, el gobierno de Illia llevó adelante la conducción económica del país a través de su ministro Eugenio Blanco –reemplazado a su muerte en agosto de 1964 por Juan Carlos Pugliese–. Lo acompañaban desde el Consejo Nacional de Desarrollo (CONADE)[104] Roque Carranza, su secretario técnico, y Bernardo Grinspun, secretario ejecutivo, entre otros economistas, quienes organizaron grupos de estudios y trabajos para acometer distintos proyectos, equipos que se encargaron de ordenar información para hacerla útil a la planificación estatal y convertirla en instrumentos de diagnóstico y planeamiento social.[105] Se creó también una oficina dedicada exclusivamente al análisis educativo[106] y se sumaron funciones ligadas a la Defensa Nacional, designándose en el Consejo Directivo un

---

[100] Gonzalo Fernández de la Mora, "Renta y democracia", *ABC*, Madrid, 5 de diciembre de 1977.
[101] Luego de graduarse de ingeniero, Guido viajó a Boston para estudiar economía, donde tuvo a W. W. Rostow como tutor de su tesis, quedando cautivado con su teoría, que aplicó a sus investigaciones económicas, en *La Nación*, Buenos Aires, 9 de mayo de 2008.
[102] Fernando Rocchi, "Una pasión inquebrantable por la Historia: Ezequiel Gallo y la historiografía argentina", *RIIM*, N° 46, mayo 2007, p. 17.
[103] Ver Fernando Devoto-Nora Pagano, *Historia de la historiografía argentina*, Buenos Aires, Sudamericana, 2009, pp. 417-420.
[104] Creado en 1961 el CONADE pasó a depender de la Presidencia de la nación, con la finalidad de llevar adelante la programación y planificación de políticas para el desarrollo nacional. Ver: Aníbal Jáuregui, "El CONADE", *op. cit*. También Aníbal Jáuregui, "La planificación en la Argentina: el CONADE y el PND (1960-1966)", *Anuario del Centro de Estudios Históricos "Prof. Carlos S. A. Segreti"*, N° 13, 2013.
[105] Claudia Daniel, "Estadísticas sociales para el proyecto desarrollista", *X Jornadas de Sociología. Facultad de Ciencias Sociales*, Buenos Aires, UBA, 2013, p. 6.
[106] Romina De Luca, Natalia Álvarez Prieto, "La sanción de la Ley Orgánica de las Universidades en la Argentina bajo la dictadura de Onganía y la intervención de los distintos organismos nacionales e internacionales en el diseño de las transformaciones", *Perfiles Educativos*, Vol. 35, N° 139, 2013, p. 118.

representante por el Ministerio de Defensa. Se contrataron asimismo, técnicos provenientes de universidades norteamericanas para el desarrollo de competencias.

El sesgo que fue adquiriendo la gestión radical buscaba implementar una política económica que diera impulso a la industrialización pero a través de ideas de "crecimiento equilibrado", distintas del desarrollismo frondicista. En julio de 1964 Roque Carranza y Félix de Elizalde, presidente del Banco Central, visitaron Europa con la finalidad de informar a entidades financieras oficiales y privadas de las líneas generales a que habría de ajustarse el Plan de Expansión y Desarrollo argentino para el período 1964-1969, a iniciarse en noviembre, con el propósito de recabar la mayor ayuda posible. El *ABC* reproducía en España el pesimismo que recogía su corresponsal Pedro Massa entre los economistas argentinos y los grandes diarios porteños, que consideraban que del plan apenas se habían trazado líneas generales, provisionales e inconcretas. Mientras comentaba el editorial de *La Prensa* que analizaba los perjuicios de la inflación, reproducía los diagnósticos de *La Nación*, que pintaba una situación de intranquilidad social y económica del país.[107]

Partidario de incrementar la ayuda a Latinoamérica para empujar la modernización y la satisfacción de las necesidades básicas de los países más pobres como forma de combatir la tentación comunista y favorecer la democracia, Rostow sostuvo esa perspectiva desde su cargo en la Alianza para el Progreso.[108] En las reuniones a nivel ministerial que se hicieron en Washington, así como en la OEA, Rostow y Carranza coincidieron. Cuando en 1965 Rostow hizo una gira por América Latina, se llegó a Argentina. A fines de febrero –en ebullición el tema de la Guerra de Vietnam y la ofensiva norteamericana– Rostow habló en el Instituto Di Tella de Artes Visuales, luego de lo cual debía disertar sobre Keynes en la Facultad de Ciencias Económicas de la Universidad de Buenos Aires en compañía de Carranza, que actuaría de intérprete, así como de Grinspun y del decano Honorio Passalacqua.[109] Una lluvia de huevos y tomates le impidió hablar.[110] Mientras la Federación Universitaria Argentina lo había acusado de

---

[107] *ABC*, Madrid, 23 de julio de 1964. Dentro del contexto de una democracia imperfecta, algunos órganos de prensa argentinos crearon imágenes y consenso de opinión para acompañar lo que consideraban como un inevitable cambio institucional y un necesario golpe de Estado, ver: Daniel Mazzei, *Los medios de comunicación y el golpismo. La caída de Illia*. 1966, Buenos Aires, GEU, 1997; Miguel Ángel Taroncher, *La caída de Illia. La trama oculta del poder mediático*, Buenos Aires, Vergara, 2009.
[108] María Dolores Ferrero Blanco, op. cit.
[109] Era rector de la Universidad de Buenos Aires Julio Olivera, también profesor de dicha Facultad de Ciencias Económicas.
[110] Manuel Fernández López, "El baúl de Raúl, II", *Página 12*, Buenos Aires, 4 de enero de 2004.

ser un propagador de "teorías neocolonialistas" en América Latina, así como de "inspirador de la violencia en Vietnam", fueron las agrupaciones reformistas ligadas a sectores comunistas y del socialismo las que impidieron el acto, provocando los ruidosos incidentes.[111] Si el diario *La Prensa* consideró el escándalo "como un atentado a la cultura", la revista *Confirmado* informó que se había descuidado la protección policial, aunque los incidentes se venían preparando con antelación. En el opúsculo que publicó el Servicio Cultural e Informativo de los EE.UU. de América en Buenos Aires, titulado *La conferencia que nunca pudo pronunciarse*, se da cuenta de que a pedido de otro grupo de estudiantes de economía, Rostow dictó la conferencia en una de las oficinas de la sede diplomática norteamericana, siendo grabada su disertación. Aunque el objetivo original era exponer sus ideas acerca de los problemas más urgentes de América Latina y su desarrollo económico, Rostow entregó luego un texto corregido que según él bien podría haberse titulado "El capítulo que Keynes nunca escribió", partiendo su análisis de la reflexión según la cual el economista inglés no había enseñado cómo mantener en una democracia el pleno empleo sin inflación. El texto resultó bastante general, pero aunque se excusó en no conocer suficientemente la Argentina, observó cómo en muchos países latinoamericanos se estaba comenzando un importante esfuerzo por "sacar al plan de desarrollo de los tratados de economía y de la política convencional y ponerlo en la nación misma. Lo cual también requiere un consenso y un pacto social".

En la Reunión de Jefes de Estados Americanos de Punta del Este en abril de 1967, Rostow tuvo una nueva ocasión de coincidir con los dirigentes argentinos. Como asesor presidencial, asistió a la entrevista de Johnson con el general Juan Carlos Onganía, en un saloncito del Hotel San Rafael, un encuentro de casi una hora, del que también participaron el secretario de Estado Dean Rusk, el secretario asistente norteamericano Solomon y el ministro de Relaciones Exteriores argentino Nicanor Costa Méndez, así como el secretario de Estado de Industria y Comercio Ángel A. Solá. Casi como en un soliloquio, Onganía le ofreció al mandatario norteamericano su particular visión de la situación argentina. Afirmó que después de la experiencia de dos décadas de dificultades, se había hecho necesario que su país emprendiera una revolución, implicando ello la eliminación de los partidos políticos, aunque a su criterio, el resto del sistema democrático siguiera funcionando en paz y sin necesidad de establecer un estado de

---

[111] Ver Juan Sebastián Califa, "Los humanistas en la Universidad de Buenos Aires. Orígenes, desarrollo, radicalización política y ocaso de una corriente estudiantil de peso. 1950-1966", *Conflicto Social*, año 4, N° 5, junio 2011. También *Reforma y revolución: la radicalización política del movimiento estudiantil de la UBA 1943-1966*, Buenos Aires, Eudeba, 2014.

sitio, incluyendo la libertad de prensa, de las personas y una mejor aplicación de la justicia. Olvidó relatar que el golpe que había sacado a los empujones a Illia de la presidencia, removió la Corte Suprema de Justicia, intervino los poderes ejecutivos provinciales, conculcó la autonomía universitaria, con el aireado propósito de despolitizar los claustros y combatir el comunismo, ejerció la censura, clausurando algunos medios de prensa poco dóciles y estableciendo el control de la moral pública y las "buenas costumbres".

Continuó diciendo que el principal problema que la Argentina enfrentaba era la existencia de una estructura gubernamental arcaica que tenía el desafío de gobernar un país moderno, que había probado ser inhábil para utilizar sus recursos humanos apropiadamente. Aunque consideraba que el principal problema de la Argentina era político y no económico, la función de su gobierno era proveer guía y supervisión a los negocios particulares, para más tarde emprender el proceso de desarrollo del país. Onganía también declaró en la reunión que en la primera etapa revolucionaria que lideraba sería necesario sistematizar la maquinaria del gobierno, con sus estructuras y procesos administrativos interconectados, siguiendo luego un segundo momento que trajera la reorganización de toda la comunidad, incluyendo aspectos materiales, espirituales y los valores intelectuales, para que Argentina se convirtiera... en lo que debía ser. Luego dio cuenta de una serie de medidas económicas que se habían tomado y que se esperaba implementar.[112] La declaración de intenciones de la reunión de presidentes, firmada el 14, admitía el esfuerzo propio en la consecución de los objetivos nacionales y regionales del desarrollo, pero convenía que para alcanzar tales fines se requería la colaboración decidida de todas las naciones americanas, el aporte complementario de la ayuda mutua y la ampliación de la cooperación externa. Se manifestaban los mandatarios empeñados en reimpulsar a la Alianza para el Progreso y acentuar su carácter multilateral con el fin de promover el desarrollo armónico de la región a un ritmo más acelerado y, paradójicamente, favorecer el propósito de robustecer las instituciones democráticas, de elevar el nivel de vida de los pueblos y de asegurar una progresiva participación en el proceso de desarrollo, creando para esos efectos las condiciones adecuadas, tanto en el plano político, económico y social como en el sindical.

---

112 Telegram From the Department of State to the Embassy in Argentina, Washington, April 28, 1967, Rusk, Foreign Relations of the United States, 1964-1968, Vol. XXXI, South and Central America; México, National Archives and Records Administration (NARA), RG 59, Central Files 1967-69, POL 15-1 US/Johnson. Confidential; Priority. Drafted by Barnes and Dreyfuss on April 18, cleared by Solomon and Rostow, and approved by Sayre.

El anticomunismo de Rostow no declinaría: advirtió sobre el peligro de la emergencia del poder de la República Popular China y su impulso a las llamadas guerras de liberación nacional entre sus vecinos asiáticos, y aunque calificó de estúpida la decisión de los militares bolivianos de ejecutar a Ernesto "Che" Guevara, otro de los que mencionaba como agresivos y románticos revolucionarios de la época, al modo de Sukarno, Ben Bella, Kwame Nkrumah, consideró que ello tendría un fuerte impacto para desalentar futuros guerrilleros, así como se reafirmaría en la "medicina preventiva" estadounidense de ayuda a países que se enfrentaban a la insurgencia incipiente.[113]

El desarrollo con orden: Estado de derecho administrativo

La doctrina del "Estado de derecho administrativo" constituyó una fuerte herramienta teórica –instrumento y propaganda a la vez– del franquismo en su última década. Aunque ya desde la década del 40 la racionalización de la administración del Estado venía siendo un tema estudiado por especialistas dentro del régimen,[114] su ejecución a través de las principales leyes de 1957 y 1958, y luego el protagonismo político de López Rodó, habían contribuido a darle forma. En palabras de Cotarelo, se trataba de una teoría del Estado de derecho de mínimas, que restringía el concepto al amparo de las relaciones entre administrados y administración pública, pero no entre ciudadanos entre sí o frente al Estado, aunque alcanzaba para que la tecnocracia franquista ofreciera una seguridad jurídica capaz de garantizar el plan de desarrollo económico.[115]

El 29 de mayo de 1963 Lopez Rodó hizo su ingreso en la Real Academia de Ciencias Morales y Políticas, y su discurso versó sobre "La administración pública y las transformaciones socioeconómicas". Aludiendo a los tratadistas norteamericanos, señaló que la sociedad

---

[113] Memorandum For The President, W. W. Rostow, October 11, 1967, NARA, National Security Archive Electronic Briefing Book N° 5.

[114] Nicolás Sesma Landrin, *Camino a la institucionalización...*, op. cit., señala que la legislación había sido elaborada en gran medida desde el IEP y su Sección de Reforma de la Administración, dirigida por Eduardo García de Enterría, y el grupo reunido en torno a la *Revista de Administración Pública* –el IEP también publicaba la *Revista de Economía Política*–, a lo largo de un complejo proceso no exento de choques con los sectores políticos del Opus Dei. El sustancioso trabajo de Sesma Landrín da cuenta de la creación en 1958 del Centro de Formación y Perfeccionamiento de Funcionarios –según el modelo de la *École Nationale d'Administration* francesa– bajo la directa dependencia de la Secretaría Técnica de Presidencia, que le quitó al IEP su condición de escuela de especialización para universitarios en materia administrativa. A pesar de ello, los distintos sectores terminarían mostrándose dispuestos a la colaboración. Ver también Stanley G. Payne, *El régimen de Franco. 1936-1975*, Madrid, Alianza, 1987, p. 482.

[115] Ramón Cotarelo, *Memorias del franquismo*, op. cit., p. 48.

occidental se había transformado en un conjunto de profesiones, y el Estado "se está convirtiendo en la supercompañía matriz de nuestra vida económica [siendo necesario] trazar e imponer un plan coherente de vida nacional".[116] No se privó de citar al mismo Rostow, al señalar que España se hallaba ya en la etapa de "marcha hacia la madurez", período en el que se confirmaba la línea ascendente de una economía en desarrollo siendo ello observable en los índices de producción de bienes destinados al consumo.

También referenció a John K. Galbraith y su reciente libro *Economic development in perspective*, publicado por la Universidad de Harvard en 1962, consignando que la puesta en marcha de un plan de desarrollo económico exigía la introducción de reformas tanto en la empresa privada como en la administración, que debía contar con órganos adecuados y competentes. Señalaba que de la legislación administrativa generada en España entre 1955 y 1960, que había pasado de ser una actividad exclusivamente policial a una actividad de servicio público, se desprendía el propósito de hacer realidad los principios de adecuación a las necesidades sociales, espíritu de empresa, colaboración de los administrados, promoción humana e idea de servicio a la conformación de un orden justo y digno de convivencia.

En ese momento, con una sociedad española urbana, más cualificada, más culta, con un nivel de vida en alza y unas apetencias crecientes de bienes económicos y de seguridad social, más abierta, más consciente y más relacionada, el desarrollo económico era "el tema más vivo de la política de los pueblos y en torno a él giran los programas de gobierno",[117] creyendo que el plan de desarrollo del régimen presentaría, entre otras ventajas, la de actuar como poderoso catalizador de la reforma administrativa española. En consonancia con la línea de razonamiento que teorizaría Fernández de la Mora,[118] argumentando que una vez que un nivel alto de desarrollo era alcanzado la participación política seguramente disminuiría al tiempo que se extendía la secularización de la sociedad y se complejizaba la gestión estatal, López Rodó cifraba la prosperidad de una sociedad cada vez más desideologizada, en la reforma del Estado y en su manejo técnico.[119]

---

116 Laureano López Rodó, *La Administración Pública y las transformaciones socio-económicas y contestación de Luis Jordanas de Pozas*, Real Academia de Ciencias Morales y Políticas, Sesión del 29 de mayo de 1963, Madrid, 1963, p. 10.
117 *Ibidem*, p. 131.
118 Fernández de la Mora publica en 1965 *El crepúsculo de las ideologías*, que obtuvo el Premio Nacional de Ensayo.
119 Manuel Álvarez Tardío, *op. cit.*, p. 197. Reformas administrativas, desarrollo económico y dictadura franquista lograron compatibilizarse hasta llegar a la paradójica circunstancia de hacer pensar que a la muerte del Franco en 1975, en España todo era moderno menos

Aquella pretensión autorreferencial de que solo la moderna administración bastaba para constituir un Estado de derecho bien pronto encontró contestación externa:[120] la Comisión Internacional de Juristas, una organización no gubernamental integrada por miembros representativos de diferentes sistemas jurídicos del mundo, reconocida como entidad consultiva de primer rango del Consejo Económico Social de las Naciones Unidas.[121] En noviembre de 1962 publicó en Ginebra un informe titulado *El Imperio de la Ley en España*, con una crítica directa al régimen español, inspirada en las disposiciones de la Declaración Universal de Derechos Humanos y de la jurisprudencia que se venía desarrollando en el marco del Consejo de Europa y sus instituciones.[122] En momentos en que el régimen tanteaba su vinculación con la Comunidad Económica Europea, el documento firmado por el neozelandés Leslie Munro, secretario de la Comisión –con cincos miembros latinoamericanos, provenientes de México, Brasil, Chile, Costa Rica y por Argentina, Sebastián Soler–, afirmaba que la España de Franco no era un "Estado de derecho" equiparable a las democracias occidentales, criticándose las limitaciones en el ejercicio de derechos civiles básicos y las competencias de la jurisdicción militar. La comisión llamaba la atención sobre los fundamentos ideológicos e históricos del régimen que se expresaban en determinados actos perlocutorios al juramentar cargos oficiales.[123] A pesar de que el informe admitía que la legislación promulgada con el objeto de modernizar la administración, simplificar sus actividades y mejorar su eficiencia, y que la fiscalización judicial de las decisiones de las autoridades de administración local y de la administración central se ejercía de manera eficaz, "las decisiones del jefe del Estado o las adoptadas por el consejo de ministros disfrutan de una inmunidad de facto, dado que casi siempre pueden ser calificadas de 'actos políticos' con lo que se evita toda forma de fiscalización judicial".[124]

La Comisión entendía que se había elaborado "una doctrina muy parecida a la de la Alemania nazi, esto es, la del caudillaje en la que el caudillo es la figura clave del régimen", y que "es, por encima de todo,

---

el régimen político, en "Martín Villa loa el federalismo simétrico", *El Periódico*, Barcelona, 19 de mayo de 2009 [en línea: https://goo.gl/RM4cRc] (consultado el 1 de noviembre de 2015).
120 Elías Díaz García, *El derecho y el poder. Realismo crítico y filosofía del derecho*, Madrid, Dykinson-Instituto de Derechos Humanos Bartolomé de las Casas, Universidad Carlos III de Madrid, 2013, p. 74.
121 Comisión Internacional de Juristas, *El Imperio de la Ley en España*, Ginebra, 1962, p. 3.
122 Ver Gílmer Alarcón Requejo, *Estado de derecho, derechos humanos y democracia: Pautas para la racionalidad jurídico-política desde Elías Díaz*, Madrid, Universidad Carlos III-Dykinson, 2007. También Raúl Morodo en *Atando Cabos. Memorias de un conspirador moderado*, Volumen I, Madrid, Taurus, 2001, p. 240.
123 Gílmer Alarcón Requejo, *Estado de derecho, derechos humanos y democracia*, op. cit., p. 60.
124 Comisión Internacional de Juristas, *op. cit.*, p. 30.

un intento de legitimar un régimen surgido de una insurrección".[125] El informe advertía contra la organización nacionalsindicalista del Estado, dominado por un partido único, y sobre el concepto de "democracia orgánica" adoptado por los teóricos franquistas y utilizado por el mismo Franco para definir el régimen, como la vía para evitar el predominio del comunismo, pero que implicaba en la práctica un corporativismo basado en los intereses de "sus organismos naturales [...] los municipios, las diputaciones provinciales, los sindicatos, las asociaciones, las corporaciones y las universidades".[126]

El ministro Fraga, como respuesta casi inmediata,[127] aseguró en rueda de prensa que España hacía lo que debía, siguiendo

> no la adopción sin más de una carta jurídica abstracta imitada de otros países, sino un ritmo prudente, experimental, realista en la creación de nuestras instituciones; máxime cuando en el mundo entero hoy se buscan fórmulas nuevas apropiadas a las nuevas realidades sociales, económicas y políticas,

que contaba con un consenso real, por lo que lo contrario sería admitir, como sugería el informe, que "el pueblo español está formado por treinta millones de borregos que hacen exclusivamente lo que se les dice y que sin ninguna evolución real sigue normas desde el año 1939".[128] Fraga acompañó el 12 de diciembre al ministro de Justicia, Antonio Iturmendi, en el Club Internacional de Prensa, cuando ante los periodistas españoles y extranjeros, afirmó que las disposiciones orgánicas de la administración de justicia española establecían principios de independencia de sus órganos jurisdiccionales, vedando a la potestad gubernativa inmiscuirse en sus funciones, hasta el punto de considerar delito el quebrantamiento de su independencia, no siendo nadie condenado por su ideología política, sino "por las actividades delictivas de carácter subversivo atentatorias al orden social e institucional del país y que se encuentran tipificadas en la Ley Penal".[129]

La contestación oficial al informe de la CIJ se publicó en Madrid en 1964. Titulado *España, Estado de Derecho. Réplica a un informe de la Comisión Internacional de Juristas*, su propósito era argumentar que España sí era un Estado de derecho. Calificando a los miembros de

---

125 Según la CIJ, "Juan Beneyto Pérez, el teórico más destacado del período inicial del régimen, perfiló el concepto de caudillo y sentó las bases de la doctrina del caudillaje en las obras que publicó en 1939 y 1940".
126 Comisión Internacional de Juristas, *op. cit.*, p. 15.
127 Ver "El ministro de Información y Turismo da cuenta de una nueva campaña antiespañola en el extranjero", *La Vanguardia Española*, Barcelona, 7 de diciembre de 1962.
128 Julio Cola Alberich, "Diario de acontecimientos referentes a España durante los meses de diciembre de 1962 y enero de 1963", *Revista de Política Internacional*, 65, enero/febrero 1963, p. 160.
129 Julio Cola Alberich, *op. cit.*, p. 162.

la comisión como "comunistas" o "compañeros de viaje" de ellos[130] y al informe de "panfleto", la respuesta estuvo a cargo de un grupo de juristas designados por el IEP, a instancias del Ministerio de Justicia, y publicado por el hasta entonces desconocido Servicio Informativo Español, del Ministerio de Información y Turismo. Decían que su principal propósito era poner de relieve los fundamentos del ordenamiento español que traían sus premisas de los principios del derecho natural, de las nociones básicas del derecho público cristiano y de la gran tradición de la jurisprudencia española, con creaciones doctrinales que formaban parte esencial de la civilización del mundo libre.[131] Se señalaba que el Estado de derecho administrativo implementado desde mediados de los años cincuenta era un "aspecto en el que el panorama de nuestro país es notablemente superior a la mayoría de los demás países". Argumentado, defendido y difundido, no faltaron réplicas, incluso internas. Desde el mismo IEP, autores como Pablo Lucas Verdú o Elias Díaz se permitían refutar la propia concepción del régimen sobre el concepto, con artículos publicados en la *Revista de Estudios Políticos*, afirmando ya en 1963 que "no todo Estado es Estado de Derecho".[132]

Dictador o caudillo, la imposible emulación argentina de la experiencia franquista

Resulta hasta lógico que el experimento que la Argentina comenzó a vivir en junio de 1966, con la Revolución Argentina inaugurada por el general Onganía, encontrara complacencia en el gobierno de Madrid, aunque fue también celebrado por uno de los adversarios más tenaces del franquismo, el prestigioso intelectual liberal Salvador de Madariaga,[133] crítico, no obstante, de la breve experiencia democrática de la II República Española. Exiliado en Londres, Madariaga envió una carta abierta al "general-presidente" Onganía, instándolo a que condujera a la Argentina para superar su crisis, como un dictador

---

[130] Gilmer Alarcón Requejo, *Estado de derecho, derechos humanos y democracia...*, *op. cit.*, p. 66.
[131] *Ibidem*, p. 74.
[132] Ver Elías Diaz, "Teoría general del estado de Derecho", *Revista de Estudios Políticos*, N° 131, 1963, en Nicolás Sesma Landrin, "Franquismo, ¿estado de derecho?...", *op. cit.*, p. 51.
[133] Líder de la Internacional Liberal que surgió en Londres en 1947, Madariaga visitó la Argentina en 1960, ocasión en la que se entrevistó con el político demócrata-cristiano Manuel Ordóñez, que también era abogado del diario *La Prensa*; ver en AMAEE, R. 6536/5, Buenos Aires, 5 de septiembre de 1960, de Alfaro a Castiella. En octubre de 1962 volvió al país, siendo entrevistado por los periodistas de Radio Universidad Juan Carlos Corbeta y David Graiver. Aunque lo consultaron sobre la actualidad de la literatura argentina, la conversación discurrió por temas políticos, como la función del escritor y la cultura nacional.

en la concepción romana del término, ante lo que se veía como el fracaso de un gobierno "surgido de las masas anónimas", instaurando un sistema político basado en su doctrina,[134] que propugnaba la restricción de la ciudadanía, el sufragio indirecto, corporativo y limitado, la ausencia de partidos políticos, de derecho a la huelga y de sindicatos de clase, extremos, que con variantes, había adoptado el régimen de Franco y que Madariaga había sostenido en su obra *Anarquía o jerarquía*.[135] Justificando la intervención de las Fuerzas Armadas en casos de fracasos de la democracia representativa, advertía que "España tiene una doble responsabilidad al acometer su problema institucional: resolver su propio futuro político y dar ejemplo a las naciones de Hispanoamérica".

Satisfecho porque algunos funcionarios importantes del gabinete eran hispanistas encuadrados en las instituciones propulsadas por el franquismo en la Argentina,[136] Alfaro, que frecuentara a los más altos jerarcas de la Revolución Argentina, descontaba que en Onganía "el ejemplo de la España de hoy –que íntimamente admira– ha de pesar mucho en su pensamiento".[137] Concentrado el Poder Ejecutivo y el Legislativo, procurando instaurar reformas del aparato estatal a través de un planeamiento nacional, si la Argentina de Onganía deseaba implantar una dictadura del desarrollo, a pesar de coincidir en la emulación de fórmulas y rasgos, el régimen franquista tenía componentes muy propios. Ya como ministro del Plan de Desarrollo Económico y Social de España, López Rodó visitaba la Argentina el 19 de agosto, se entrevistaba con Onganía –previamente había conversado con los mandatarios Belaúnde Terry de Perú, Frei de Chile y Stroessner de Paraguay–, dictaba conferencias, se reunía con ministros y daba la receta del modelo español: "estabilización, liberalización, inversiones extranjeras y flexibilidad económica".[138] En la misma línea, al pronunciar un discurso ante la Cámara Argentina de Anunciantes, el embajador Alfaro expresaba la disposición española de colaborar en esos momentos de cambio, pero advirtiendo que no había habido en su país milagro económico, sino una desinteresada vocación de resurgimiento y esfuerzo, "desde el general Franco hasta el último

---

134 Pedro Carlos González Cuevas, "Salvador de Madariaga, pensador político", *Revista de Estudios Políticos (Nueva Época)*, N° 66, octubre-diciembre 1989, p. 176. González Cuevas señala que la carta será publicada por el diario *Pueblo* el 19 de octubre de 1966.
135 Pedro Carlos González Cuevas, "La crisis del liberalismo en Salvador de Madariaga", *Cuadernos de Historia Contemporánea*, N° 11, 1989, p. 95.
136 "'Nuestras' instituciones han producido ya un subsecretario –Jorge Mazzinghi–, de Relaciones Exteriores y un embajador –Mario Amadeo–, para Brasil. El ministro de Asuntos Exteriores está también muy vinculado a nosotros", en AMAEE, R., 8362/2, Buenos Aires, 28 de julio de 1966, de Juan Castrillo a Pedro Salvador.
137 AMAEE, R. 8316/11, Iberomérica. Nota informativa. Madrid, 25 de agosto de 1966.
138 *ABC*, Madrid, 21 de agosto de 1966, p. 54.

labriego, hizo tabla rasa de las ideologías y así fue como España salió adelante".[139] Ingredientes todos ellos de difícil aplicación en el contexto socio-político argentino.

Redes de sociabilidad, en especial porteñas, favorecieron la colocación de un elenco casi estable de figuras que se venían sucediendo en las cercanías del poder desde 1955, en cargos del aparato estatal cercanos a Onganía y en algunas gobernaciones, así como en los Ministerios de Interior, Relaciones Exteriores, Bienestar Social –creado entonces– y Educación, reducida su categoría a Secretaría de Estado de Educación y Cultura hasta 1969.[140] La Revolución Argentina reclutó técnicos y profesionales de distintos ámbitos, donde primaban personalidades de sectores nacionalistas, conservadores y católicos, que participaban de diversos círculos, grupos e instituciones consonantes –por ideas y personajes–. Coetáneamente la prensa argentina informó sobre la pertenencia de muchos funcionarios a instituciones como el Ateneo de la República, creado en 1962 y del cual participaba Mario Amadeo, la Ciudad Católica, el Opus Dei y los Cursillos de la Cristiandad, dando pie para instalar el convencimiento de la existencia de un conjunto unívoco. A poco, periodistas como Gregorio Selser y Rogelio García Lupo denunciaron en revistas y luego libros, la intervención en la gestión estatal de aquel elenco nacional-católico, como partes del "partido secreto de Onganía".[141] Las investigaciones de Alain Rouquie avanzaron considerablemente en la identificación de los que denominó como pertenecientes a "los círculos integristas de la derecha socialcristiana o nacionalista católica".[142]

Si la profesión de diversas formas de catolicismo parece indudable, la formación en áreas del derecho y las humanidades es indicativa, la adscripción a un amplio campo conservador evidente, la conexión entre sí resulta opinable, más allá de lo superficial, aunque imprimiera carácter al grupo. Con un interés historiográfico por el tema que continúa en diferentes autores,[143] Giorgi y Mallimaci adjudican

---

139 *La Vanguardia Española*, Barcelona, 29 de julio de 1966.
140 La picaresca de la época los denominaba "los chichones": aparecían después de un golpe.
141 En obras como: Gregorio Selser, *El onganiato. I. La espada y el hisopo. II. Lo llamaban la Revolución Argentina*, Buenos Aires, Hyspamérica, 1973; y Rogelio García Lupo, *Mercenarios & Monopolios en la Argentina de Onganía a Lanusse. 1966-1971*, Buenos Aires, Achával Soto, 1972.
142 Alain Rouquié, *Poder militar y sociedad política en la Argentina. II. 1943-1973*, Buenos Aires, Emecé, 1982, pp. 259-60; y el capítulo: "La tentación del catolicismo nacionalista en la República Argentina", publicado originalmente en 1972, en *Autoritarismos y democracia. Estudios de política argentina*, Buenos Aires, Edicial, 1994.
143 Ver, a modo de ejemplo no exhaustivo, Elena Scirica, "Intransigencia y tradicionalismo en el catolicismo argentino de los años 60. Los casos de *Verbo* y *Roma*", en Claudia Touris y Mariela Ceva (coords.), *Los avatares de la "nación católica", op. cit.*; Gabriela Gomes, "Las trayectorias políticas de los funcionarios nacional-corporativistas del Onganiato", *Primera Jornada "Recuperando trayectorias intelectuales en el Estado en la Segunda Mitad del siglo XX"*,

a una cierta mirada conspirativa la hipótesis de un "partido secreto católico" que proveyó el funcionariado del onganiato. No se trataba de un conjunto homogéneo, ya que los gestores gubernamentales y los personajes convocados "diferían tanto en su organización como en su proyecto político. Por esta misma razón tampoco se los puede pensar como partes de una misma red 'católica', sino como grupos autónomos con núcleos duros organizativos e ideológicos".[144] Según Carlos Altamirano, "todos parecían coincidir en su orientación anticomunista, en la necesidad de modernizar la estructura económica del país y en reorganizar la sociedad y el Estado mediante una 'nueva institucionalidad'".[145]

Como ministro de Informaciones, Fraga se ocupó de invitar y divulgar las bondades del progreso franquista: así visitaban el país desde Mario Amadeo al periodista Jacobo Timerman, influyente inspirador de las revistas *Primera Plana* y *Confirmado*. Las manifestaciones de admiración por el orden y las jerarquías de la España franquista se multiplicaban. Mariano Montemayor, asesor político del presidente Onganía, abogado, periodista y ensayista, que había residido durante algunos años como corresponsal de *Clarín* en Europa, y donde cultivó intensos vínculos con funcionarios e intelectuales del régimen español, elogiaba a la España desarrollista, así como otros ex funcionarios como el ex ministro de Trabajo de Frondizi, Ismael Bruno Quijano, quien afirmó que "Argentina precisa de la experiencia española del plan de desarrollo [...] precisa asistencia técnica, inversiones, financiación",[146] y Oscar Camilión, que había ocupado importantes cargos en la Cancillería, editorialista de *Clarín*, profesor de la Universidad de Buenos Aires, invitado por el ICH en 1970 para dictar conferencias sobre temas de Derecho Político, en las Universidades de Granada, Sevilla y Córdoba y en el Instituto de Estudios Jurídicos de Madrid, y que había declarado a la prensa: "si se habla de un país lanzado al desarrollo, no hay mejor modelo que España, no solo por su intensidad sino por los técnicos que lo conducen y por los resultados a corto plazo que han obtenido".[147]

Aquella vertiente de atracción por el progreso español convivía con la propia de la cultura católica compartida. El primer ocupante del departamento de Educación, nombrado la misma jornada del 29

2013, pp. 3 y ss.; diversos artículos en el libro de Valeria Galván y Florencia Osuna (comps.), *Política y cultura durante el "Onganiato". Nuevas perspectivas para la investigación de la presidencia de Juan carlos Onganía (1966-1970)*, Rosario, Prohistoria, 2014.

[144] Guido Giorgi y Fortunato Mallimaci, "Catolicismos, nacionalismos y comunitarismos en política social. Redes católicas en la creación del Ministerio de Bienestar Social de Argentina (1966-1970)", *Revista Cultura y Religión*, Vol. VI, N° 1, junio de 2012, p. 120.
[145] Carlos Altamirano, *Bajo el signo de las masas, 1943-1973*, Buenos Aires, Ariel, 2001, p. 81.
[146] AMAEE, R. 8514/39, Madrid, 11 de abril de 1967.
[147] *La Vanguardia*, Barcelona, 28 de febrero de 1970.

de julio en que el gobierno suprimió la autonomía universitaria y se intervenían violentamente algunas casas de estudios superiores, fue el abogado Carlos María Gelly y Obes, profesor de Historia, que había estudiado en la Escuela de Estudios Hispanoamericanos de Sevilla. En octubre viajó a Madrid, con el objetivo de dirigirse a la conferencia de la UNESCO en París, aprovechando para asistir al acto de la firma del convenio para la licitación de la demorada construcción del Colegio Mayor de Nuestra Señora de Luján en el pabellón argentino de la Ciudad Universitaria de Madrid. Recibido por el general Franco, e interrogado sobre el nuevo régimen instalado en la Argentina por Onganía, Gelly y Obes insistió ante el anciano caudillo cooptado por los tecnócratas que era "una revolución" destinada a esclarecer y asentar los valores cristianos, el espíritu hispánico y la integración del país en un mundo hispánico.[148]

En lo político, una de las recetas de la hora a aplicar acá y allá parecía ser la paciencia. Mientras que el onganiato proponía como meta un paraíso democrático sin Perón, no faltaban voces instando a tolerar una España franquista, a la espera de una democratización, que no se sabía ni cuándo ni de qué manera habría de llegar. Al conmemorarse los veintiocho años de la elevación a la jefatura del Estado de Franco, desde Madrid el *ABC* resaltaba el 1 de octubre de 1967 la importancia decisiva para cualquier acción de gobierno de la "apreciable continuidad, sobre todo teniendo en cuenta la complejidad de las modernas sociedades industriales, que reclaman esfuerzos mucho más tenaces y duraderos", estabilidad que resultaba "inseparable del moderno concepto de la administración". La España de Franco había logrado una democracia orgánica, que era una fórmula original y moderna, mucho mejor que "el ruinoso régimen de partidos políticos impotentes y demagógicos que mostraron la inviabilidad de una España republicana".

Pero más allá de admiraciones y aspiraciones, la identificación del régimen de Onganía con la autocracia de Franco no entusiasmaba a todos en la Argentina. A un año del golpe, no faltaban las críticas de quienes señalaban que el gobierno estaba dando nacimiento a un plan político incompatible con la identidad del país. Desde el matutino *La Nación* al semanario nacionalista *Azul y Blanco*, desde los radicales del pueblo a algunos militares antiperonistas, se comenzó una campaña preventiva para desbaratar ese posible proyecto, acusando al supuesto programa de tener un definido tinte corporativista.[149] Las

---

[148] *La Prensa*, Buenos Aires, 21 de octubre de 1966.
[149] Recordaba Mariano Grondona: "concebimos la ilusión de hacer de Onganía un De Gaulle y nos salió un Franco [...] aparece un hombre con un instinto de poder que empieza a pensar en términos de Franco y sufre una mutación religiosa [...] hizo unos cursillos de cris-

especulaciones se reforzaron con el paso por la Argentina de profesores europeos especializados en la "democracia de participación", que desdeñaba el sistema de partidos o predicaba su debilitamiento a expensas de otras organizaciones. La peregrinación había comenzado con Pier Luigi Zampetti, de la Universidad de Trieste, y continuó con la visita del español Rodrigo Fernández Carvajal, quien estuvo en Córdoba y Mendoza –donde coincidió con Zampetti–, y prosiguió con el arribo del constitucionalista francés Georges Bourdeau de la Universidad de París –algunos se preguntaban si no había sido enviado por el presidente De Gaulle–.

Fernández Carvajal declaraba en Mendoza al corresponsal de *Primera Plana*: "vosotros los argentinos estáis pasando por un momento sumamente interesante: repensar las instituciones políticas con el pizarrón en blanco". Invitado, según sostenía, por la Universidad Católica de Córdoba, también habría de dictar conferencias en la Universidad Católica Argentina en Buenos Aires y en la de Morón,[150] además de participar de una mesa redonda con su colega Bordeau. Titular de Derecho Político y Constitucional de la Universidad de Murcia, aseguraba que no tenía nada que ver con el gobierno argentino. Identificado por González Cuevas como falangista, sus propuestas corporativistas fueron discutidas por juristas argentinos.[151]

Dardo Pérez Guilhou, decano de Ciencias Políticas y Sociales de la Universidad de Cuyo, dijo a *Primera Plana*: "El profesor Fernández Carvajal no ha venido a dar recetas ni a propiciar sistemas. Al enterarme de que estaba en Córdoba, yo lo convidé a venir a Mendoza. Eso es todo".[152] Vinculado con la revista italiana *Relazioni*, de cuyo comité directivo formaba parte el sacerdote Julio Meinvielle, el catedrático de Murcia rechazaba el término corporativismo,

> porque es una palabra equívoca que inmediatamente hace pensar en formas fascistas; por eso prefiero la denominación anglosajona, representatividad funcional, que alude al hecho de que las representaciones funcionen, sin otras implicancias descubiertas por algunos con dudosa intención [...] la tutoría paternalista de los partidos políticos sobre los

---

tiandad y se acercó más todavía al franquismo, a la idea de ser rey por gracia de Dios, estar a cargo de este pueblo", en Graciela Mochkofsky, *Timerman. El periodista que quiso ser parte del poder (1923-1999)*, Buenos Aires, 2003, p. 133.

[150] El vespertino *La Razón*, de Buenos Aires, titulaba sobre las opiniones de Fernández Carvajal: "Se hizo pública apología del corporativismo".

[151] Pedro Carlos González Cuevas, "La hispanidad tecnocrática: Gonzalo Fernández de la Mora en Iberoamérica", en Antonio Cañellas Mas (coord.), *La tecnocracia hispánica. Ideas y proyecto político en Europa y América*, Gijón, Ediciones Trea, 2016, p. 117.

[152] *Primera Plana*, Buenos Aires, N° 247, 19 al 25 de setiembre de 1967. Ver el artículo de María Celina Fares en este libro.

demás grupos sociales no puede seguir siendo absoluta. Los políticos deben, a menudo, consultar a sindicalistas o a otros dirigentes de la comunidad y estos, a su vez, a los políticos.

Significado como el "cuarto miembro de la caravana visitante", Fernández de la Mora también visitó la Argentina para seguir insistiendo en el porteño Instituto Argentino de Cultura Hispánica que las "ideologías están heridas de muerte", aunque hubiesen servido hasta poco antes para coligar "ideas inconcretas pero simples, aptas para ser captadas por grandes núcleos de gentes", y continuar reflexionando en la Universidad Católica Argentina que "la experiencia española puede ser muy útil [...] Franco demostró que se puede llevar a cabo, simultáneamente, un proceso político y el desarrollo económico", mientras "la confianza política en el mandatario se expresaría a través de *referendum* periódicos".[153] Para el mundo por venir, Fernández de la Mora tenía un mensaje destinado a las elites católicas: no es que la religión dejase de existir, sino que frente al fenómeno religioso como algo colectivo y político, auguraba el reemplazo por una interiorización de creencias.

A pesar de cualquier intento de inficionar ideas y estrategias que congelaran las democracias liberales para acceder al desarrollo por la fuerza del orden, no parecía tarea sencilla replicar la experiencia franquista en la Argentina. Es que, como señala Ana Lucía Grondona, cabría pensar que diversas discursividades colisionaron durante los años de la Revolución Argentina, con el predominio de las orientaciones liberales.[154] El modelo de la dictadura desarrollista que encarnaba Onganía para superar el estancamiento,[155] que en lo político implicaba la suspensión de los partidos políticos y en lo ideológico un marcado anticomunismo, había cedido espacios de la política económica a esos "técnicos" liberales. Sería con esos sectores con los que las relaciones del franquismo con la Argentina de Onganía

---

[153] *Primera Plana*, Buenos Aires, N° 248, 26 de setiembre de 1967. Enrique Zuleta Álvarez fue muy cercano a Fernández de la Mora, a quien frecuentaba en su residencia de Puerta de Hierro. A su muerte en febrero de 2002 escribió: "Fui su amigo por más de cuarenta años y conviví con sus experiencias intelectuales y políticas. Mantuvimos una amistad fraterna y sin nubes y estuvimos juntos en muchas empresas que comprometieron nuestras ideas y nuestros esfuerzos. Fueron años de una juventud esperanzada [...] pero jamás olvidaré aquella España lejana que fue también la suya", en "Homenaje a Gonzalo Fernández de la Mora", *Razón Española*, N° 114, 2002.

[154] Ana Lucía Grondona, "Las voces del desierto. Aportes para una genealogía del neoliberalismo como racionalidad de gobierno en la Argentina (1955-1975)", *La revista del CCC*, septiembre/diciembre, 2011, N° 13 [en línea: https://goo.gl/tebDxi] (consultado el 1 de febrero de 2017).

[155] Según Alberto Sepúlveda en "El militarismo desarrollista en América Latina", *Estudios Internacionales*, Vol. 4, N° 15, 1970, p. 54: "Argentina, más que un país subdesarrollado, podría ser calificado como una sociedad capitalista desarrollada que ha permanecido estancada por 20 años".

no fueron del todo fáciles: "dado el carácter autoritario del actual régimen argentino este gobierno siente cierto recelo de aparecer excesivamente identificado con España". La diplomacia española señalaba como adversarios tanto al equipo económico que capitaneaba el ministro de Economía, A. Krieger Vasena, "muy ligados a intereses financieros" relacionados con los Estados Unidos, Gran Bretaña, Italia y Francia, como a la prensa, en manos de "viejos grupos de presión de tendencia liberal".[156]

Aunque lineamientos generales de desarrollo fueron asumidos por el gobierno de Onganía, integrando bajo el control de la Presidencia, planes y proyectos que incluían funcionarios civiles y comandantes en jefe,[157] participación empresarial y laboral,[158] así como vinculación con economistas ligados a instituciones universitarias norteamericanas,[159] la mejora de la economía que se logró no alcanzó a conformar a las clases trabajadoras. La sociedad argentina estaba excitada y las razones eran muchas: el control ejercido sobre los sindicatos, la añoranza por las tradicionales instituciones democráticas, la inquietud política, la proscripción del peronismo, la expansión de ideologías revolucionarias. Al reemplazo de Onganía por el general Roberto Levingston, con un primer ensayo continuista, la segunda etapa de la Revolución Argentina planteó, a partir del nombramiento de Aldo Ferrer como ministro de Economía, un cambio brusco que se propuso el desarrollo industrial con una intervención amplia y directa del Estado en ese crecimiento.[160]

Analizaba ya en 1970 Alberto Sepúlveda que la posibilidad de una tecnocracia militar que orientase a los civiles resultaba una alternativa plagada de obstáculos, puesto que el oficial debía escoger ante la alternativa de ser un experto en asuntos militares o un tecnócrata, siendo difícil que la tecnocracia soportase por un largo período el dominio militar. Además, el modelo militar desarrollista implicaba también atender a aspectos de Seguridad Nacional, necesarios frente a

---

[156] AMAEE, R. 10057/15, Iberoamérica – Dirección de Asuntos de Sudamérica – Viaje oficial del ministro de Relaciones Exteriores de la Argentina, Dr. Nicanor Costa Méndez a España. Información general para S.E., Madrid, abril de 1969.

[157] Romina De Luca, "Entre la tortuga y la morsa", *Razón y Revolución*, septiembre-octubre de 2008, p. 10. Las perspectivas desarrollistas encontraron eco entre algunos militares del régimen de Onganía, como el general Juan Enrique Guglialmelli, quien durante el gobierno del sucesor de Onganía, Roberto Levingston, durante cuatro meses de 1970 se desempeñó como secretario del Consejo Nacional de Desarrollo (CONADE).

[158] Aníbal Jáuregui, "La planificación en la Argentina del desarrollo (1955-1973)", *Temas de historia argentina y americana*, N° 22, 2014, p. 150.

[159] Nicolás Tereschuk, "La 'época dorada' de la Planificación, 1960-1975", en Alberto Müller y Teresita Gómez (comp.), *La planificación en Argentina en perspectiva (1930-2012)*, Buenos Aires, CESPA, 2013.

[160] Ver Gonzalo de Amézola, "El cambio del modelo económico de la segunda etapa de la Revolución Argentina (1970-1971)", *Signos Históricos*, N° 6, julio-diciembre, 2001.

posibles amenazas de otras potencias, pero donde la labor de las Fuerzas Armadas estaba supeditada a los recursos económicos disponibles, dificultando el eventual traspaso del poder a los civiles, menos preocupados por esas cuestiones. Ponía como ejemplo el caso de la España de Franco, en que los tecnócratas civiles del Opus Dei habían desplazado a los militares de los asuntos de gobierno, pero una autoridad superior a la de las Fuerzas Armadas y a esos grupos tecnócratas había permitido tal acomodo, donde Franco jugaba el papel de árbitro entre las distintas facciones. Es decir, el presidente debía ser caudillo.[161] Las circunstancias y los argentinos no permitieron que Onganía y su régimen se prolongaran en el poder, estableciendo un nuevo orden histórico y político basado en una autoridad carismática que Franco había conquistado a sangre y fuego tras una guerra civil.

Consideraciones finales: Argentina como parte del plan iberoamericano de los tecnócratas franquistas

Mientras persistían las direcciones tradicionales de relacionamiento, el franquismo hacía esfuerzos para ligar la vida económica y financiera del mundo iberoamericano, planteando posibilidades de intercambio económico de la región y perspectivas de financiación. En mayo de 1968 en el ICH había tenido lugar el seminario "El Mercado Común Latinoamericano y España", con representantes de ministerios, grupos políticos, empresarios, organizaciones laborales, académicos y organismos internacionales, invitados entre los que se contaban Felipe Herrera como presidente del Banco Interamericano de Desarrollo, el economista de la Comisión Económica para América Latina (CEPAL) Raúl Prebisch y Juan José Taccone, secretario del Sindicato de Luz y Fuerza de la Argentina, seguido meses después por otro encuentro sobre "América Latina y España", también con la participación de Herrera. A pesar del interés en sumar a América Latina al modelo desarrollista, preocupaba también a la política exterior franquista, tanto la conflictividad social como la incidencia del comunismo, de allí la novedosa modalidad de ofrecer becas especiales a obreros y dirigentes sociales,[162] así como convocatorias para realizar estudios e investigaciones sobre sindicalismo que beneficiaron a dirigentes argentinos.

---

161 Alberto Sepúlveda, *op. cit.*, p. 61.
162 María A. Escudero, *El Instituto de Cultura Hispánica, op. cit.*, p. 137.

El nombramiento de López Bravo al frente de Asuntos Exteriores a finales de octubre de 1969, cuando la senectud de Franco presagiaba lo que en las memorias de Fraga aparece descrito como "el pulso definitivo" del régimen, dotó a la política exterior española de un estilo más pluralista, consciente del peso de los intereses multinacionales. El propósito era intensificar las relaciones económicas, desarrollar la cooperación científica y técnica y promocionar el mercado español, dando prioridad a lo que Ángel Viñas ha denominado como el "vector económico".[163] El funcionario español parecía ser, también, el ejecutivo de una gran empresa. En aquel contexto, no importaban demasiado los regímenes políticos ni las ideologías, puesto que el interés eran los mercados.

En momentos en que la recuperación económica española resultaba notoria y el aislamiento internacional ya no era el que fue, los objetivos de la política frente a América Latina se precisaron. Los funcionarios franquistas veían a la región como un vasto mercado para las inversiones y la exportación de productos españoles, aduciéndose que ambas partes se encontraban en un grado de desarrollo económico similar. Si el régimen se ofrecía como "puente" con Europa para beneficiar a las economías latinoamericanas, lo hacía también para disponer de más fortaleza negociadora en los mercados europeos. Asentado el vínculo cultural-ideológico, otro de cariz económico fue abriéndose camino.

Cuando en enero de 1970 tuvo lugar en Madrid el Primer Congreso de Ex Becarios y Graduados Iberoamericanos en España, convocado por el ICH, al que asistieron casi 700 congresistas, el argentino Pérez Gilhou, como máximo funcionario educativo de Onganía, actuó como redactor del documento base. Aunque López Bravo expresó en la clausura que la hispanidad debería ser distintivo colectivo de paz en los foros internacionales, redefinió prioridades y medios a utilizar, al hacer primar los designios económicos frente a los políticos: "la mejor inversión de cualquier plan de desarrollo es la destinada a la educación".[164] Ni la cultura católica, ni el hispanismo tradicional aparecían ya como temas prioritarios: las comisiones se dedicaron al análisis de la educación y la ciencia, al periodismo, a las relaciones de los ex becarios entre sí, a la continuidad de los cursos y a la difusión de las realidades españolas e iberoamericanas.[165] Aun bajo las estructuras

---

[163] Ángel Viñas, "Una política exterior para conseguir la absolución", *Ayer*, 68, 2007, 4, p. 115.
[164] *La Vanguardia*, Barcelona, 31 de enero de 1970. Pérez Guilhou declararía años después: "Cuando estuve con Franco, me dijo: Felicítelo a Onganía porque nunca habló públicamente de Perón, ni a favor ni en contra, y le digo más, yo considero eso un verdadero vaticinio: el día que en Argentina hablen de Perón, Perón vuelve al poder. Y así fue", *Diario Uno*, Mendoza, 10 de octubre de 2004.
[165] *ABC*, Madrid, 28 de enero de 1970; *La Vanguardia*, Barcelona, 31 de enero de 1970.

autoritarias del franquismo, España podía aspirar a asumir el papel de una nación moderna capaz de ayudar al desarrollo de Argentina y la región, basada en la cooperación técnica, los vínculos financieros y en una colaboración que aceptase las decisiones de los pueblos de elegir el régimen de gobierno que quisieran.

Por entonces España obtenía uno de sus logros más importantes: Ullastres, designado embajador de España ante el Mercado Común, logró el 29 de junio de 1970 el Acuerdo Económico Preferencial entre España y la Comunidad Económica Europea, el cual supuso un progresivo desarme arancelario en numerosos sectores económicos, pero también le exigió a la diplomacia española ampliar y profundizar los espacios comerciales: el mundo iberoamericano se alzaba como uno de sus principales objetivos y López Bravo dio bien pronto inicio a una dinámica que implicó la constitución de grupos de trabajo, comisiones de expertos y técnicos para la realización de proyectos[166] que buscaban la complementariedad entre España e Iberoamérica. Después de varios viajes por América Latina, López Bravo anunció una ambiciosa iniciativa hacia la región: el Plan Iberoamericano, "un compromiso público por parte de la Comunidad Nacional para un estrechamiento sistemático de sus vínculos con Iberoamérica",[167] que se pensó como equivalente y paralelo al III Plan de Desarrollo interno y que podría ser válido por un período de cuatro años, pero digno de ser continuado a través de las inevitables mutaciones políticas iberoamericanas. El proyecto contemplaba la actualización de los Tratados Comerciales por Convenios de Cooperación Económica; la aproximación hacia los grupos subregionales, como la Asociación Latinoamericana de Libre Comercio (ALALC) o el Pacto Andino; la colaboración industrial; el envío de expertos; la participación en "obras significativas"; la creación de una Comunidad Iberoamericana de Naciones e incluso la exportación de capitales.[168]

---

[166] "López Bravo habla para *Arriba*: 'Actualizar con mentalidad moderna unas relaciones que por su especialísima cualidad precisaban de una revisión en este sentido'", *Arriba*, Madrid, 17 de julio de 1971.

[167] AMAEE, R. 17.175, Informe para el Consejo de Señores Ministros del viernes 19 de noviembre de 1971. Subdirector General de Relaciones Económicas Bilaterales, 18 de noviembre de 1971.

[168] María José Henríquez Uzal, "El prestigio pragmático: Iberoamérica en la Política Exterior de Gregorio López Bravo (1969-1973)", *Cuadernos de Historia de las Relaciones Internacionales*, 2008, p. 107; Beatriz Figallo y María José Henríquez, "El plan iberamericano del franquismo. El Cono Sur y la doctrina López Bravo. 1969-1973", *Estudios Latinoamericanos*, año 1, Nº 2, segundo semestre 2009.

La evolución interna española hacia una mayor representatividad política, definida tras la muerte de Franco, y su desarrollo económico contrastaban con la grave crisis de la Argentina. Lentamente caía el ocaso para los viejos nexos del hispanismo, pero se alumbraban nuevos intereses.

15

Política exterior, desarrollismo y neoliberalismo

España como espacio de sustitución para Chile, 1964-1989

María José Henríquez Uzal[1]

Introducción

Los estudios relativos a la política exterior franquista se han referido, tradicionalmente, a Latinoamérica como un espacio de actuación llamado a "sustituir" aquellos que, como la Europa de los seis, permanecerían relativamente vedados a la dictadura hasta sus últimos días.[2] Es decir, una sustitución directamente relacionada con las características del régimen, llamada a sortear las limitantes políticas a través del desenvolvimiento de otras vías de legitimación internacional.

Si bien desde un principio las relaciones con la región se definieron sobre la base del concepto de "hispanidad"[3] y la política cultural fue el gran vehículo de inserción para el franquismo, el discurso iberoamericano sufrió una lenta pero progresiva modificación en su contenido. De hecho, hacia finales de los cincuenta y principios de los

---

[1] Instituto de Estudios Internacionales - Universidad de Chile.
[2] Silvia Enrich, *Historia diplomática entre España e Iberoamerica en el contexto de las relaciones internacionales (1955-1985)*, Madrid, Ediciones de Cultura Hispánica, 1989; Rafael Calduch (coord.), *La política exterior española en el siglo XX*, Madrid, Ediciones de las Ciencias Sociales, S.A., 1994; Celestino Del Arenal, *La política exterior de España hacia Iberoamerica*, Madrid, Editorial Complutense, 1994; Florentino Portero y Rosa Pardo, "España en busca de una aceptación sin restricciones y un papel más activo en el Sistema Internacional (1957-1975)", en R. Menéndez Pidal, *Historia de España. La época de Franco (1939-1975)*, tomo XLI, Madrid, Espasa Calpe S.A., 1996; Juan Carlos Pereira y Pedro Martínez Lillo, "La política exterior (1939-1975)", en Javier Paredes (coord.), *Historia contemporánea de España*, Barcelona, Ariel, 1999; Javier Tussel, Juan Avilés y Rosa Pardo (eds.), *La política exterior de España en el siglo XX*, Madrid, Editorial Biblioteca Nueva, 2000; Juan Carlos Pereira (ed.), *La política exterior de España (1800-2003)*, Barcelona, Ariel Historia, 2003.
[3] Hispanidad o hispanismo pueden considerarse términos polisémicos que aluden –en general– a la comunidad de origen y única identidad fundamentada en la metafísica tomista y en la filosofía política del tradicionalismo español.

sesenta, el tecnocratismo fue el ensayo más consciente de desideologización llevado a cabo por el régimen desde que en 1945 se intentara la coartada del catolicismo.[4] Es así como se inauguraron las giras de los ministros por América Latina, con la intención de sentar las bases para una intensificación de las relaciones económicas, desarrollar la cooperación científica y técnica, y promocionar el modelo de desarrollo español. La visita del ministro de Comercio español, Alberto Ullastres, a distintos países iberoamericanos en 1961, fue el inicio de una serie de desplazamientos que empezaron a concitar el interés ante una faceta desconocida de la dictadura: el éxito económico. En adición, fue la primera que no ocasionó incidentes de prensa ni protestas del exilio político.[5] Así, entre 1961 y 1971, cincuenta y siete ministros franquistas, especialmente tecnócratas, visitaron la región.[6]

Un aspecto transversal a todo el período será –precisamente– la funcionalidad, el carácter sustitutivo e instrumental del quehacer iberoamericano de la España franquista; utilizándose, en última instancia, como una política de prestigio. Al respecto, cabe indagar si los países iberoamericanos fueron agentes pasivos de dicha aproximación o, por el contrario, se trató de una acción recíproca.

Visto desde el otro lado del Atlántico, al menos para el caso chileno durante el período comprendido entre 1964 y 1989, España brindó –con matices y grados– un espacio o ventana de sustitución que, sin ser exclusiva, se relacionó con Estados Unidos, por acción o reacción de La Moneda. Desde luego no se trató de un reemplazo: Madrid no era Washington y es posible suponer que aquella dinámica se reprodujo con otros países de Europa occidental. Sin embargo, al invertir el foco de atención y centrar el análisis en la perspectiva chilena de la relación, es posible advertir que la política de sustitución no fue una acción privativa de un régimen autoritario, sino que esta se vio mayormente condicionada por el proyecto interno.

En Chile, entre 1964 y 1989, se sucedieron tres gobiernos (Frei, Allende y Pinochet) que iniciaron procesos de cambios estructurales o –de acuerdo con la interpretación de Mario Góngora– "planificaciones globales",[7] y la política exterior se entendió como una acción coadyuvante a dichas transformaciones. Así y pese al abismo ideológico, la relación chileno-española entre 1964 y 1989 –o entre

---

4   Eduardo González Calleja y Rosa Pardo, "De la solidaridad ideológica a la cooperación interesada (1953-1975), en Pedro Pérez Herrero y Nuria Tabanera, *España-América Latina: Un siglo de políticas culturales*, Madrid, Síntesis, 1993, p. 139.
5   *Ibidem*, p. 157.
6   *Hoja del Lunes*, Madrid, "Prioridad española a las relaciones hispanoamericanas", 29 de marzo de 1971.
7   Mario Góngora, *Ensayo histórico sobre la noción de Estado en Chile en los siglos XIX y XX*, 3era. edición, Santiago de Chile, Editorial Universitaria, 1990.

democracia y dictadura y viceversa– fue extraordinariamente pragmática. En un primer momento, el pragmatismo tendrá sustento en una común visión del papel del Estado: planificador y empresario, dueño de las principales industrias estratégicas y promotor del desarrollo. No sin dificultad, se pudo sortear el condicionante ideológico porque –en última instancia– se compartían ideas o en términos muy generales algunos aspectos de una filosofía económica. Luego, si en Chile la restricción de libertades se vivió de manera casi simultánea a la instauración del más puro *laissez faire*, en España se profundizó la democracia y expandió el Estado de bienestar. El enfrentamiento fue duro, pero primaron –una vez más– los intereses creados.

La democracia cristiana chilena y el franquismo, 1964-1970

La primera fase de "la época de las planificaciones globales" correspondió a un gobierno concordante con los postulados de la CEPAL y de la Alianza para el Progreso. Es decir, desarrollista, por una parte, y reformista, por otra.[8]

En el centro de la estrategia de desarrollo de la administración democratacristiana de Eduardo Frei Montalva, se encontraba la idea de que las estructuras capitalistas de Chile debían experimentar una transformación que permitiera por una parte, un crecimiento autosostenido, y por la otra, una mayor integración social, política y cultural del país.[9] Del proyecto reformista se desprendieron los postulados básicos para el manejo exterior ya que el mismo no solo estaba vinculado a los medios con que contara el país, sino también a la importante cooperación exterior que se esperaba. Con dicho mar de fondo y como se verá, el Palacio de Santa Cruz –y su progresiva impronta desarrollista– detectó un amplio campo de colaboración entre los dos países.

Durante la campaña presidencial chilena de 1964, las simpatías de la diplomacia española se centraron en Eduardo Frei, cuya candidatura resultaba infinitamente más conveniente que la de Salvador Allende, el líder de la izquierda, considerando, además, que la derecha se había quedado sin candidato.[10] Las elecciones presidenciales en Chile tenían una trascendencia que rebasaba los límites nacionales

---

8 Mario Góngora, *op. cit.*, pp. 246-254.
9 Hugo Frühling, "Proyecto social interno y política exterior: La experiencia Chilena desde Frei a Pinochet", en Carlos Portales, *La América Latina en el nuevo orden económico internacional*, México, Fondo de Cultura Económica, 1983, p. 231.
10 En diciembre de 1963 falleció el diputado socialista por Curicó, Oscar Naranjo, y la elección extraordinaria se realizaría en marzo de 1964. La derecha, segura de su triunfo, insistió en calificar la justa como la mejor encuesta electoral. Sin embargo, los resultados favo-

pues tras la revolución cubana, un posible éxito de Salvador Allende incidiría considerablemente en la región, repercutiendo en Europa Occidental y, obviamente, en los Estados Unidos. Dicho interés se vio reflejado en la presencia de más de 300 corresponsales acreditados en el país andino: entre ellos se encontraba Luis María Ansón, el enviado especial de *ABC* .[11]

El éxito de Frei superó los pronósticos más optimistas, generando tranquilidad en el Palacio de Santa Cruz. De inmediato la diplomacia española movilizó sus recursos y a la transmisión del mando acudió el ministro de Vivienda, José María Martínez Sánchez-Arjona, imprimiendo un evidente carácter técnico a la delegación franquista. La visita fue de gran interés tanto para el presidente como para su gabinete. Al recibir el saludo de cada una de las misiones acreditadas en Santiago, Eduardo Frei detuvo al ministro español, le agradeció su presencia y llamó al ministro de Obras Públicas para que contactara a su colega hispano, con el objeto de iniciar una conversación sobre los problemas de la vivienda y la organización del futuro ministerio del ramo. Posteriormente, el propio Frei asistió a la entrevista.[12]

La idea central, repetida en dichos encuentros, fue la de que dentro de las modalidades políticas de cada país, recíprocamente respetadas, existía una absoluta convergencia de inquietudes en el ámbito socio-económico que pretendía un mayor bienestar de la población, en especial de los sectores modestos. Se evidenciaba, por tanto, un amplio campo de colaboración entre Chile y España, aunque el embajador español en Santiago, Tomás Suñer y Ferrer era consciente de las dificultades y recelos que deberían ser superados.

A partir de marzo de 1965, una de las principales preocupaciones de la Cancillería chilena fue la organización del viaje que Eduardo Frei realizaría a Europa. Una gira al más alto nivel que establecía un precedente –la primera de un presidente chileno en ejercicio– y que

---

recieron al candidato de la izquierda, hijo del parlamentario fallecido. El "Naranjazo", denominación periodística para el episodio, provocó un terremoto político que terminó con la candidatura de Julio Durán y la disolución del Frente Democrático.

[11] Archivo del Ministerio de Asuntos Exteriores de España (AMAEE), R. 7517, exp.17. Despacho del Embajador de España en Chile al Ministro de Asuntos Exteriores, nº 902, 11 de septiembre de 1964; Luis María Anson, "Las próximas elecciones serán la prueba de fuego para el castrismo en Hispanoamérica", *ABC*, 28 de agosto de 1964.

[12] Suñer describió el encuentro de la siguiente manera: "La información que nuestro Ministro desarrolló sobre la organización del Ministerio de la Vivienda interesó tanto a Frei, que se levantó para coger de su mesa unas cuartillas y anotó cuidadosamente cuanto manifestaba el Señor Sánchez-Arjona. Hizo numerosas preguntas y en varias ocasiones no ocultó su sorpresa por las cifras de nuestros éxitos", en AMAEE, R. 7619, exp. 6, Carta personal y confidencial del Embajador de España en Chile al Ministro de Asuntos Exteriores, nº 22/64, 12 de noviembre de 1964.

buscaba encontrar el necesario apoyo internacional para la activación de la "revolución en libertad", el eslogan democratacristiano. A pesar de esa importancia, la España franquista fue excluida de la agenda.

Desde luego –y en un primer momento– la omisión causó un gran impacto en Madrid y, a pesar de movilizar todos sus contactos, el embajador solo obtuvo del ministro del Interior, Bernardo Leighton, una respuesta evasiva sugiriendo la posibilidad de un acomodo en el itinerario presidencial: en la medida en que prosperaran las gestiones que se encontraba realizando la embajada de Yugoslavia, para que Frei devolviera la visita realizada por el presidente de Yugoslavia, el mariscal Josip Broz Tito a Chile en 1962, se ampliaría el calendario y a modo de contrapeso se podría incluir, finalmente, a España.[13]

Como cabía esperar esta alternativa fue enérgicamente rechazada por el ministro de Asuntos Exteriores de España, Fernando María Castiella, ya que no podía admitir una equiparación con el país balcánico, representante del socialismo autogestionario. Castiella ordenó al embajador visitar al canciller Valdés para exponerle "con toda claridad que el Gobierno español daba por descartada la visita del Presidente Frei, independientemente de las modificaciones que posteriormente se pudieran hacer al programa incluyendo otros países".[14]

Manifestando actitudes características de los años cuarenta,[15] el titular del Palacio de Santa Cruz instruyó a los miembros de la embajada –en mayo de 1965– no dejar traslucir el menor resentimiento por parte de España. Más aun, redactó una carta en duros términos para los embajadores hispanos apostados en las capitales que Frei visitaría durante la gira, en la que exponía los antecedentes de la cuestión:

> el triunfo alcanzado por la Democracia Cristiana en las elecciones parlamentarias de marzo, fue superior al vaticinado por sus propios partidarios. Respaldado por dicho triunfo, el Dr. Frei inició una "política de prestigio" que en lo que respecta a Hispanoamérica intentaba beneficiarse de la situación interna en Argentina y Brasil para constituirse en portavoz del Hemisferio, promoviendo su integración como base previa a un diálogo más paritario con Estados Unidos. En cuanto a Europa, aparte del prestigio que le pueda proporcionar sus conversaciones con los dirigentes de los principales países occidentales, es de suponer busca

---

13 AMAEE, R.7057, exp. 8, Suñer y Ferrer a Castiella, N° 12/65, 21 de mayo de 1965.
14 *Ibidem*, Castiella al embajador de España en Londres, N° 145, 16 de junio de 1965.
15 Durante los tiempos duros del aislamiento internacional, el gobierno franquista había diseñado una política de dignidad frente a las presiones internacionales, consistente en responder con altivez y sin dar importancia a lo que podía entenderse como agravio y menosprecio al gobierno de Madrid. Véase Florentino Portero, *Franco, aislado (1945-1950)*, Madrid, Editorial Aguilar, 1988.

en primer término una eventual ayuda económica para sus planes de desarrollo, ayuda que favorecerá también su política de independencia con respecto a Washington.[16]

La interpretación franquista –ciertamente– evidenciaba el agravio sin dejar de ser por ello bastante asertiva. Con todo, la verdadera causa de la exclusión se encontraba en las presiones de las que fue objeto Frei, de parte de la izquierda, siempre dispuesta a tildar al gobierno de reaccionario y desde su propio partido. El acusado antiespañolismo –o más bien antifranquismo– del ala izquierda de la DC se encontraba, precisamente, en las raíces falangistas del partido: una suerte de pecado original.[17]

Luego de la gira se acentuó en los medios políticos la impresión de que la no inclusión de España en el itinerario había sido una equivocación. ¿Por qué se hablaba de un error? Para fines de 1965 Chile estaba siendo fuertemente presionado por Estados Unidos para que abandonara sus pretensiones de mayor autonomía en la conducción de su política exterior y, en consecuencia, disminuían las ayudas, que bajo el marco de la Alianza para el Progreso se habían estado proporcionando. En este contexto, se entiende no solo la gira europea sino también la política de robustecimiento de las relaciones de cooperación con Europa occidental, como la incipiente apertura comercial hacia los países del telón de acero. Sin embargo, a pesar del gran éxito de imagen alcanzado por Frei con el periplo europeo, este no logró los resultados esperados en términos económicos y financieros.[18]

España, por su parte, empezó a despertar interés en algunos sectores democratacristianos y en el propio presidente Frei, por su progreso técnico, económico y también social. Pero Madrid no olvidó fácil lo que consideraba como un desaire y la "política de dignidad hispana" se expresó llegado el momento de la jubilación de Tomás Suñer y Ferrer: el Palacio de Santa Cruz se demoró más de nueve meses en nombrar un nuevo embajador, aunque oficialmente se atribuyó la acefalía a "problemas de combinación en el Ministerio".[19] La situación se tornó preocupante y en los círculos gubernamentales,

---

16 AMAEE, R.7057, exp. 8, Castiella al Embajador de España en Londres, N° 145, 16 de junio de 1965.
17 El PDC nació como Juventud Conservadora hacia 1933, adoptando luego la denominación de Falange Nacional y su inspiración provino de la Falange española de José Antonio Primo de Rivera; no obstante, luego seguiría un modelo más próximo a la Acción Católica y el pensamiento de Jacques Maritain.
18 Ver María José Henríquez y Alberto van Klaveren, "Reformismo y pragmatismo: la política exterior de Eduardo Frei Montalva, 1964-1970", en Carlos Huneeus Madge y Javier Couso Salas (eds.), *Un gobierno reformista. A 50 años de la "Revolución en Libertad"*, Santiago de Chile, Editorial Universitaria, 2016.
19 AMAEE, R. 7929, R/ 93, Nota reservada del Director de Asuntos Políticos de Centro y Sudamérica al Ministro de Asuntos Exteriores, n° 503, 20 de diciembre de 1965.

particularmente en el grupo más moderado que rodeaba al presidente, empezó a darse una reacción favorable a terminar con el "hielo en las relaciones".[20] La iniciativa correspondió nada menos que a Frei, dispuesto a enviar una misión comercial a España para que entrara en contacto con los organismos competentes e intensificar las relaciones en este aspecto.[21] Así, por instrucción de Frei, el presidente del Banco del Estado, Raúl Devés, manifestó al encargado de negocios de la embajada española, Rafael Gómez Jordana, que era deseo de La Moneda enviar un grupo de parlamentarios designados por el propio Frei –personas con influencia en el partido y al mismo tiempo no sectarias en relación con España–, proponiendo la fórmula de Misión Técnica que realizara un estudio de las Universidades Laborales, el Plan de Desarrollo Español, el auge de la vivienda y la previsión social, entre otras materias.[22] Era la primera vez, desde que el presidente había asumido el cargo, que se exhibía un interés tan marcado en la relación bilateral.

Para Gómez-Jordana este giro en el pensamiento de Frei se debía al deseo de un sector democratacristiano, especialmente de los técnicos, de realizar un acercamiento para tomar como modelo el creciente desarrollo español por ser un ejemplo más útil y más realizable que el que ofrecía Estados Unidos.[23] Pero más allá del posible voluntarismo presente en el análisis del diplomático, uno de los factores que influyó de mayor manera –si no el fundamental– fue el anuncio hecho por el embajador de España en Río ante la OEA, ofreciendo 1000 millones de dólares –en créditos– para el desarrollo de los países iberoamericanos.[24] Este anuncio más espectacular y propagandístico que real, en palabras de Rosa Pardo,[25] había logrado claramente su objetivo en la región, despertando las ansias hispanoamericanas por la ayuda española. Concluía Gómez-Jordana que el hecho de no nombrar embajador en tanto tiempo había añadido una preocupación que, sin duda, favorecía sus intereses.[26]

---

[20] AMAEE, R. 7824, exp. 43, Despacho reservado del Encargado de Negocios de la Embajada de España en Chile al Ministro de Asuntos Exteriores, nº 20, 11 de enero de 1966.
[21] AMAEE, R. 10090, exp. 1, Carta personal y confidencial del encargado de negocios de la embajada de España en Chile al ministro de Asuntos Exteriores, nº 1-66, Santiago, 8 de enero de 1966.
[22] *Ibidem*.
[23] AMAEE, R. 8362, exp. 4, Gómez-Jordana a Castiella, Nº 10, Santiago, 6 de enero de 1966.
[24] *Ibidem*.
[25] Rosa Pardo, "La etapa Castiella y el final del regímen, 1957-1975", en Javier Tussel, Juan Avilés y Rosa Pardo (eds.) *op. cit.*, p. 360.
[26] AMAEE, R. 8362, exp. 4, Carta reservada del encargado de negocios de la embajada de España en Chile al ministro de Asuntos Exteriores, nº 10, 6 enero de 1966.

El nuevo embajador, Miguel de Lojendio, llegó a Santiago en junio de 1966. A principios de los años 50, Chile se había dado el lujo de acreditar un embajador en Madrid meses después de que fuera revocada la Resolución 39 (I)[27] y de que lo hicieran Estados Unidos y Francia, pero la correlación de fuerzas había cambiado.

Lojendio era un viejo amigo del presidente democratacristiano, de los años de Falange[28] y, a partir de este momento, el marco bilateral quedó encauzado especialmente en el terreno práctico de la ayuda técnica y comercial. Un primer impulso supuso la visita de Laureano López Rodó, ministro español de Desarrollo Económico y Social, que en agosto de 1966 inició una gira latinoamericana. Entre sus múltiples actividades –conferencia de prensa; reunión con la Comisión de Reforma Administrativa del Estado; reunión con los ministros de Hacienda, Economía, Minería, Trabajo y secretario de la Presidencia; visita y clase magistral en la Universidad de Chile; además de los almuerzos y cenas– destaca la entrevista con el presidente de la República. En la reunión, Frei explicó por propia iniciativa los motivos por los cuales no visitó Madrid en su viaje a Europa. Insistió en la necesidad de mantener con España relaciones de gran intimidad, porque "España es España; porque cualquier cosa que pase en España repercute inmediatamente en Chile –el Frente Popular fue un triste ejemplo–; porque el desarrollo español y sobre todo sus avances sociales son un ejemplo para Chile".[29] Sobre ejemplos, Falange bien podría ser otro. Por su parte, López Rodó presentó una nota/base para un Acuerdo de Asistencia Técnica y se refirió a la posibilidad de unas relaciones especiales de España con la ALA LC (Asociación Latinoamericana de Libre Comercio), justificando las mismas en la necesidad de equilibrar el comercio con Hispanoamérica, sugiriendo

---

[27] La sanción más dura recibida por el régimen franquista, por la que se recomendó prohibir al gobierno de Franco pertenecer a los organismos internacionales creados por las Naciones Unidas o relacionados con ella, así como el retiro inmediato de los embajadores y ministros plenipotenciarios acreditados en Madrid por los Estados miembros de la ONU; ver Alberto Lleonart, *España y la ONU I (1945-1946)*, Madrid, CSIC, 1978, p. 300.

[28] AMAEE, R. 8362, exp. 4, Carta personal y confidencial del embajador de España en Chile al Ministro de Asuntos Exteriores, n° 27/66, 17 de junio de 1966: "he conocido al Presidente de la República hace cerca de 30 años y tuve una participación muy directa en la creación de la Falange Nacional que dio después paso a la actual Democracia Cristiana. Es cierto que la orientación de esta no coincide con la de aquella y, por eso, los dirigentes actuales no gustan de recordar esa primera etapa; sin embargo, el Presidente sin aludir directamente a Falange Nacional recordó la época en que tuvimos esos contactos que en definitiva son los que a la larga le han traído a la primera magistratura del país".

[29] AMAEE, R. 8362, exp. 4, Carta del embajador de España en Chile al ministro de Asuntos Exteriores, n° 64-66, 12 de agosto de 1966.

a Frei proponer el tema en la Reunión de Presidentes que estaba pronta a realizarse en Bogotá. El presidente, por su parte, encontró muy razonable la sugerencia.[30]

Haciendo gala de una importante dosis de realismo político, la buena disposición de Chile hacia España se manifestó también ante la reivindicación de Gibraltar.[31] Un tema delicado para el país andino, considerando la situación con Bolivia y el contencioso que se mantenía con Argentina, en el que Gran Bretaña era árbitro.

Para fines de 1969 el marco bilateral discurría bajo una atmósfera favorable que en algunos capítulos llegaba a ser excelente. Ambos gobiernos habían suscrito un Convenio Cultural, uno de Cooperación Social, de Asistencia Técnica y de Asistencia Técnica Laboral. En lo que concernía a relaciones comerciales, el incremento era considerable y dos empresas españolas habían abierto líneas de crédito:[32] CAMER (Industrias de Equipo) con CORFO (Corporación de Fomento a la Producción) por 10 millones de dólares, y otra, SERCOBE (Servicio Técnico Comercial de Construcción de Bienes de Equipo) con el Banco Central de Chile por 50 millones de dólares. Chile seguía exportando cobre y salitre y se compraron en España autobuses (PEGASO), maquinaria pequeña, productos químicos y barcos. En relación con la industria naval, después de cierta atonía de contratación, en 1968 se consiguió la primera operación importante de seis cargueros de 10.12º TPM y 3.250.000 dólares cada uno. El último contrato bajo la administración Frei fue el de un mineralero-petrolero de 165.000 TPM, para EMPREMAR, a construir por la E.N. Bazan. La entrada en vigor del contrato se había condicionado a la aprobación oficial de los gobiernos de Chile y España. La española se produjo enseguida y la de Chile el 30 de octubre de 1970. A partir de ese momento y especialmente después de las elecciones presidenciales, el tema empezó a entramparse.[33]

Será, sin embargo, el asunto PEGASO uno de los aspectos más polémicos de la relación, casi tan enojoso –aunque en otra dimensión– como la exclusión de España en la gira europea.

En septiembre de 1969 Miguel de Lojendio concluyó satisfactoriamente una negociación para que ENASA-PEGASO se presentara a una licitación de la Empresa de Transportes Colectivos del Estado

---

[30] *Ibidem*, Carta del embajador de España en Chile al ministro de Asuntos Exteriores, nº 65-66, 19 de agosto de 1966.

[31] AMAEE, R. 8362, exp. 4, Carta del embajador de España en Chile al Ministro de Asuntos Exteriores, nº 95-66, 21 de octubre de 1966.

[32] Las empresas privadas españolas, para tener una cierta libertad, formaban sociedades anónimas porque no podían hacer asociaciones, al impedirlo la ley sindical. Algunos de estos grupos tenían relaciones con el INI.

[33] AMAEE, R. 10456, exp. 4, Análisis de exportaciones en bienes de equipo a Uruguay, Paraguay, Brasil, Argentina y Chile, 5 de febrero de 1971.

(ETCE) para proveer 420 autobuses con destino al transporte de Santiago. Un gran negocio, no solo por el volumen, sino por representar una puerta abierta a otros mercados, es decir, al Pacto Andino.[34] El único inconveniente era el plazo de financiamiento: Chile solicitaba de 8 a 15 años pero los españoles ofrecían solo 5, como la mayoría de los concursantes. La licitación se declaró desierta, ya que ninguno de los oferentes cumplió con las condiciones exigidas, entonces se llamó a un nuevo concurso a las firmas más calificadas para que realizaran nuevas propuestas. Por unanimidad el 17 de enero de 1970 el consejo de ETCE decidió la compra de los autobuses a PEGASO. En este momento se iniciaron los problemas ya que al hacerse público este acuerdo los partidos políticos de oposición (a la izquierda y a la derecha) denunciaron supuestas irregularidades en la concesión, exigiendo la creación de una comisión investigadora en la Cámara de Diputados. Para Lojendio se trataba de una maniobra electoral con objeto de impedir que el gobierno lograra resolver el problema de la movilización colectiva en la capital, en pleno período de elecciones, por lo que se buscaba retrasar la llegada de los autobuses.[35] Algo de esto había, pero también es cierto que la comisión de Hacienda de la Cámara entregó finalmente un informe en que solicitó al gobierno que anulara la asignación porque en ella había errores de procedimiento, es decir, consideraba insuficientes las bases de evaluación fijadas por la ETCE para la adjudicación, aunque no encontró ninguna infracción legal.[36] En consecuencia sugería realizar una nueva licitación. Las recomendaciones no tenían un carácter vinculante y en un primer momento la decisión del gobierno fue seguir adelante con la publicación del decreto que permitiría a la ETCE la firma del contrato con PEGASO, pero siempre existía la posibilidad de una acusación constitucional contra el ministro de Obras Públicas. Ese, en definitiva, era el principal freno. A estas alturas los ánimos se empezaron a "caldear" en Madrid y a circular rumores en la prensa, radio y televisión chilena sobre posibles represalias, que no pasaron de eso, aunque Lojendio telegrafió al Palacio de Santa Cruz solicitando que no se tomaran medidas hasta saber el resultado final.[37]

---

[34] AMAEE, R. 10105, exp. 13, Carta del embajador de España en Chile al director General de Cooperación y Relaciones Económicas Internacionales, n° 265, 5 de septiembre de 1969.
[35] *Ibidem*, Carta del embajador de España en Chile al ministro de Asuntos Exteriores, n° 6, 30 de enero de 1970.
[36] *Ibidem*, Despacho del encargado de negocios de la embajada de España en Chile al ministro de Comercio, n° 44/70, 13 de febrero de 1970.
[37] *Ibidem*, Telegrama del Embajador de España en Chile al Ministro de Asuntos Exteriores, n° 15, 9 de marzo de 1970.

En marzo se suspendió la adquisición. El gobierno reconocía que la operación era beneficiosa para el país, pero la aplazaba por no aceptar interferencias políticas, lo que a juicio de Lojendio constituía una grave contradicción. En todo caso, no habría nuevo concurso y el presidente estaba dispuesto a firmar el decreto cuando "aquellas" circunstancias desaparecieran.[38] Sin embargo, la Cámara, presionada por el gremio de chóferes de la ETCE, se vio empujada a crear una nueva comisión, esta vez técnica. Finalmente, por unanimidad, la nueva instancia determinó que la compra de los "pegasos" era la más conveniente. La operación se realizó con cargo a la línea de crédito que SERCOBE tenía con el Banco Central. El día 28 de marzo Frei firmó el decreto. Según Lojendio el presidente estaba decidido a comprar los "pegasos", "o era la firma española o no habría autobuses".[39] Pocos años después otra gran licitación también sería adjudicada a PEGASO gracias al beneplácito presidencial.

La feliz conclusión del asunto PEGASO habría quedado así de no ser por la sombra de duda que siguió cubriendo el tema. El 2 de septiembre de 1970 el periódico chileno *Ultima Hora* anunció que se haría efectiva una denuncia en el Congreso porque según la información de algunos parlamentarios, el Partido Demócrata Cristiano había recibido 420.000 dólares bajo concepto de "comisión" por la compra de los "pegasos", destinados –evidentemente– a la campaña presidencial.[40] A mayor abundamiento, se hizo pública una carta firmada por el embajador Lojendio –que por esas fechas ya había dejado Chile– en la que denunciaba posibles infracciones a la Ley de Cambios Internacionales en Chile, por parte del Banco Central en la importación de los autobuses. Carta que llevó a la institución chilena a realizar una serie de pericias caligráficas para concluir que la firma era falsa. Sin embargo, a Comercial PEGASO en España llegarían otras dos cartas firmadas por Francisco Mercadal Paccaud, quien –según el contenido de las mismas– había sido el contacto en Chile con el que supuestamente Lojendio negoció "la comisión".[41] En ellas Mercadal se quejaba de la falta de palabra del diplomático pues los dineros aún no llegaba a su poder, aunque este había confirmado el envío a través de Salvador Pubill (un empresario bastante próximo al presidente Frei); por lo demás, cuando le había preguntado al recién llegado representante de Pegaso a Chile por el dinero, este no tenía conocimiento

---

38 *Ibidem*, Carta reservada del Embajador de España en Chile al Subsecretario de Política Exterior, nº 98, 13 de marzo de 1970.
39 *Ibidem*, Telegrama del Embajador de España en Chile al Ministro de Asuntos Exteriores, nº 21, 31 de marzo de 1970.
40 *Última Hora*, Santiago, 2 de septiembre de 1970.
41 AMAEE, R. 10105, exp. 13, Cartas de Francisco Mercadal Paccaud a Comercial Pegaso, 16 y 30 de septiembre de 1970.

sobre la supuesta comisión. Por último, acusaba a Lojendio de una autofalsificación en la carta del Banco Central, para exculparse. Desde luego el diplomático negó decididamente las acusaciones –según él, Mercadal incluso había estado preso por estafa– y en Comercial PEGASO confiaron en sus dichos.[42] La investigación llevada a cabo al interior del Palacio de Santa Cruz concluyó lo siguiente:

> preguntados sobre la verosimilitud de este soborno –que según la prensa socialista chilena engrosó los fondos electorales de la Democracia Cristiana– a funcionarios que han formado parte de nuestra Embajada en Santiago de Chile, se manifestaron de acuerdo en que existían grandes posibilidades de haberse realizado entregas de dinero por los representantes de Pegaso o persona intermedia, que tal eventualidad era vox populi en Chile, pero que, naturalmente, resulta muy difícil, si no imposible, de probar, debido a haberse realizado en todo momento, caso de haber existido, al margen y sin conocimiento de la Embajada.[43]

El tema finalmente se diluyó, aunque la sombra de un posible ilícito permaneció todavía algún tiempo en el ambiente.

En definitiva, a pesar de las grandes diferencias ideológicas, Chile se transformó en uno de los mejores clientes de la industria española y, a partir de 1970, la evolución de la relación bilateral superó las previsiones más optimistas.

La vía chilena al socialismo de Salvador Allende y la España franquista, 1970-1973

La segunda etapa de la época de las planificaciones globales se inicia con el triunfo de Salvador Allende y la Unidad Popular, el 4 de septiembre de 1970. Según Góngora el gobierno se liga a la causa del marxismo internacional, pero la política dirigida hacia el socialismo fue condicionada por la realidad del país; una línea provisional, que no era compartida por los sectores más radicalizados dentro del gobierno y que para Góngora, como para otros historiadores, solo constituyó una posición táctica cuya estrategia buscaba culminar en una revolución.[44] Entonces, el "horizonte paradigmático" de la política exterior, siguiendo la interpretación de Joaquín Fermandois, fue el socialismo

---

42 Ibidem, Carta de José Blanco, director de exportaciones de Comercial Pegaso a Miguel de Lojendio, 29 de septiembre de 1970; Carta de Miguel de Lojendio a José Blanco, director de exportaciones de Comercial Pegaso, 1 de octubre de 1970.
43 *Ibidem*, Nota para el Señor Ministro de Asuntos Exteriores, nº 202, 22 de septiembre de 1970.
44 Ver Joaquín Fermandois, *La revolución inconclusa. La izquierda chilena y el gobierno de la Unidad Popular*, Santiago de Chile, Centro de Estudios Públicos, 2013.

real y el no alineamiento solo representó un disfraz táctico en la medida en que ayudaba al proceso de transformaciones internas.[45] En este entendido, la relación con la España franquista ofrece un contrapunto al evidenciar un quehacer exterior extremadamente pragmático.

Desde abril de 1939 el franquismo representó para la izquierda chilena la pervivencia del fascismo derrotado en 1945. Evidentemente, dicha imagen no era un secreto para nadie en Madrid y, por lo tanto, el triunfo de la Unidad Popular en septiembre de 1970 debía por lógica desembocar en una relación bilateral tensa o derechamente hostil. Sin embargo, la paradoja hizo acto de presencia y, entre 1970 y 1973, el entendimiento hispano-chileno alcanzó una intensidad desconocida.

Desde un principio, el gobierno español desarrolló una política de mano tendida que era expresión de las nuevas orientaciones presentes en el Palacio de Santa Cruz. Al asumir como ministro de Asuntos Exteriores, Gregorio López Bravo imprimió un estilo diferente a la acción exterior hispana, como representante de una generación distinta a la que había hecho la guerra. La apertura a todos a partir de una opción neutralista, en el marco bipolar imperante, implicó una desideologización mucho más decidida de la proyección diplomática; priorizando, paralelamente, los temas económicos, técnicos, comerciales y financieros. En este marco, el Chile allendista se presentó como una oportunidad para ensayar nuevas estrategias que asentaran a España en América Latina. Máxime si el socio tradicional –Estados Unidos– abandonaba el país austral. En Chile se iniciaba un ensayo político muy interesante que podría tener repercusiones en toda la región y España, sí, la España franquista, no quería estar ausente. Existía, por lo demás, un precedente fundamental a la hora de la aproximación hacia el Chile allendista: la relación con Cuba. El régimen franquista no solo no rompió relaciones con la isla, jamás adhirió al embargo. Una mezcla de antinorteamericanismo y nostalgia "hispanista" determinaban la actitud franquista; algo de eso se repetiría con Chile. Desde esta perspectiva y a diferencia de la interpretación del Departamento de Estado, para el Palacio de Santa Cruz a través del apoyo a Salvador Allende se evitaría que Chile se convirtiera en una segunda Cuba.[46]

En cuanto a Chile, ¿sería capaz la ayuda española de disipar la imagen que la izquierda tenía sobre el franquismo? De alguna manera sucedió lo mismo que antes había ocurrido con el gobierno demócrata

---

[45] Ver Joaquín Fermandois, *Chile y el Mundo 1970-1973*, Santiago de Chile, Ediciones Universidad Católica, 1985.
[46] Ver María José Henriquez Uzal, *¡Viva la verdadera amistad! Franco y Allende, 1970-1973*, Santiago de Chile, Editorial Universitaria, 2014.

cristiano. España ofrecía la posibilidad de diversificar los vínculos exteriores y, además, cooperación técnica, económica y financiera, imprescindible para llevar adelante el proyecto de la Unidad Popular. Por cierto, no pasó desapercibida la relación que España mantenía con Cuba y, en adición, el vínculo con Madrid permitía ofrecer una imagen de flexibilidad y la confirmación de una política exterior pragmática. Evidentemente, existieron voces disonantes tanto en la izquierda como en la derecha chilena.

Aunque el triunfo de Allende tomó por sorpresa a la embajada española en Santiago y esta tuvo que hacer frente a numerosos ciudadanos españoles y chilenos que acudieron a regularizar sus documentos de viaje, fue el propio López Bravo quien tranquilizó al embajador:

> parece que no existe en Chile un peligro de socialización inmediata, al menos mientras que el Congreso siga dominado por los partidos moderados. No es probable que el Gobierno de Unidad Popular se atreva o pueda enfrentarse con un legislativo hostil. Por otro lado, la Unidad Popular, en su programa, promete expresamente respetar el comercio y la industria de pequeños y medianos, a los que se dedican la mayoría de la colonia española en Chile.[47]

La diplomacia española valoró el historial democrático de Allende entendiendo que su izquierdismo se plasmaría en el terreno social y la clave pasó a estar en sus manos, en su capacidad para prescindir de los extremismos, y no en la Unidad Popular como conglomerado.

La primera aproximación se produjo cuando a instancias de López Bravo se incluyó a Chile en su primer viaje a la región –y no en el segundo destinado a los países andinos– precisamente por la expectación que suscitaba la experiencia chilena.[48] Se trataba del primer ministro de Asuntos Exteriores que visitaba el país desde la instauración del franquismo y los encuentros con su homólogo chileno, con el ministro de Economía y con el propio Allende se caracterizaron por la cordialidad y la coincidencia respecto del papel del Estado en el desarrollo de los países. Un Estado planificador, dueño de las principales industrias estratégicas y protector de la industrialización. El concepto clave, por tanto, sería la planificación.

---

[47] AMAEE R- 11387, exp. 40, Telegrama secreto del Ministro de Asuntos Exteriores al Embajador de España en Santiago de Chile, nº 44, 29 de septiembre de 1970. Citado en Henríquez Uzal, María José, *¡Viva la verdadera amistad!...*, *op. cit.*, p. 50.

[48] María José Henríquez Uzal, "El prestigio pragmático: Iberoamérica en la política exterior de Gregorio López Bravo (1969-1973)", *Cuadernos de Historia de las Relaciones Internacionales*, Comisión Española de Historia de las Relaciones Internacionales (CEHRI), Nº 6, Madrid, 2008, p. 133.

En el marco de la visita, el ministro español enfatizó su opción neutralista: "España por Chile está dispuesta no solo a lo que puede y debe, sino que a un poquito más. Tenemos distintas soluciones, cosa que las Grandes Potencias no comprenden".[49] Desde luego, para López Bravo resultaba imprescindible el éxito del gobierno en su política económica y social, en sus objetivos, que –según él– compartía plenamente. Era fundamental utilizar la imaginación para salir del círculo de las relaciones tradicionales, de la bipolaridad del mundo, prescindiendo de problemas de forma.[50] Según el representante de la España franquista –no lo olvidemos– la imagen de Chile encaminada a una forma marxista, le hacía daño al país, en tanto que creando una empresa común las perspectivas de cooperación serían amplísimas. Y volvería a repetir: "Para ustedes el situarse en una zona intermedia en este mundo bipolar que padecemos, como nosotros, y ayudarnos. La llamaré política socioespañola de los 70".[51]

La buena sintonía se reflejó, incluso, cuando sorpresivamente y rompiendo todo protocolo el presidente de la República se presentó en la cena que su canciller, Clodomiro Almeyda, ofrecía a López Bravo. Salvador Allende quería reiterar al ministro franquista su "intención de mantener con el gobierno del Generalísimo Franco las mejores relaciones".[52]

A partir de ese momento comenzaría a encauzarse la cooperación hispano-chilena. En enero de 1972 se firmó un Acuerdo Complementario sobre Energía Atómica para Usos Pacíficos y uno de sus frutos sería la construcción de la central nuclear de Lo Aguirre, gracias a que España, sí, la España de Franco, regaló el reactor.[53] Sería, sin embargo, el sector automotriz en donde el franquismo encontró el gran nicho de penetración en Chile y, por extensión, al Pacto Andino y sus millones de habitantes. ENASA, la empresa nacional automotriz hispana, con su marca PEGASO, se empleó a fondo para ganar una licitación que le permitiría instalar una planta destinada a fabricar motores diesel y camiones en el país andino. El concurso automotriz desató una competencia no menor entre FIAT y PEGASO, pero sería

---

[49] AMAEE, R. 25.679, exp. 7, Entrevista con el presidente de la República de Chile, Salvador Allende, 24 de marzo de 1971.
[50] AMAEE, R. 25.679, exp. 7, Entrevista con el ministro de Relaciones Exteriores de Chile, Clodomiro Almeyda Medina, 24 de marzo de 1971.
[51] AMAEE, R. 25.679, exp. 7, Entrevista con el ministro de Economía de Chile, Pedro Vuskovic, 25 de marzo de 1971.
[52] Enrique Bernstein, *Recuerdos de un diplomático*, Volumen V, Santiago de Chile, Editorial Andrés Bello, 1993, p. 26.
[53] Biblioteca del Congreso de Chile, Archivo General. Actas de sesiones de la Honorable Junta de Gobierno, secreto. Secretaría de la Junta. Tomo VII (5 de noviembre-20 de noviembre de 1974). Acta nº 171, 14 de noviembre de 1974, citado en María José Henriquez Uzal, *¡Viva la verdadera amistad!...*, *op. cit.*, p. 161.

la marca española la ganadora por una decisión personal de Salvador Allende, quien en sus palabras, "no se vendía al mejor postor".[54] La operación se concretó a través de un crédito de gobierno a gobierno por 45 millones de dólares, parte del cual contaba con un capítulo de libre disposición para adquisición de bienes de consumo en terceros países.[55] El monto superaba las mejores previsiones de la Unidad Popular, especialmente al considerar los créditos que en su momento otorgó la Unión Soviética al Chile de Allende. Otra vez la paradoja: la URSS concedió a Chile un crédito atado, es decir, la quintaesencia del "ánimo expoliador" que tradicionalmente la izquierda chilena denunció en el capitalismo internacional.[56]

España, además, apoyó las tesis chilenas en la renegociación de su deuda en el Club de París, actuación que llevaría a la administración franquista a enfrentarse directamente con los Estados Unidos y a salvar con éxito el trance durante 1972 y principios de 1973. Pero no solo fue París: el decidido y fundamental respaldo a la candidatura de Santiago como sede de la UNCTAD III o el apoyo a la candidatura de Felipe Herrera como secretario general de Naciones Unidas fueron acciones absolutamente concordantes con el planteamiento político del Palacio de Santa Cruz: evitar la radicalización del país. Incluso se barajó la posibilidad de que Allende visitara España en 1972.

Dada la dinámica adquirida por la relación bilateral, la incomprensión haría acto de presencia. En Chile, la política española encontró el rechazo de la derecha, pero también entre algunas relevantes figuras de la democracia cristiana. El 29 de marzo de 1972 –el día en que se iniciaba la III ronda en el Club de París– Eduardo Frei Montalva se entrevistó con el embajador español acreditado en Santiago, Enrique Pérez Hernández, y el encuentro se convirtió en un diálogo de sordos ante la crítica del ex presidente hacia la política madrileña. El embajador español, en carta confidencial a López Bravo, llegaría a afirmar que

> Frei, en el fondo, con espíritu estrecho y poca visión no comparte ni acepta nuestra comprensión hacia el Presidente Allende y nuestros deseos de, en lo posible y sin inmiscuirnos para nada en la política interna, evitar que el Chile de la Unidad Popular se convierta en la Cuba comunista de Castro. Cree Frei que nuestra comprensión tendrá resultados opuestos.[57]

---

54 Citado en María José Henriquez Uzal, *¡Viva la verdadera amistad!...*, op. cit., p. 219.
55 María José Henriquez Uzal, *¡Viva la verdadera amistad!*, op. cit., p. 229.
56 Jorge Vera Castillo, *La política exterior chilena durante el Gobierno del Presidente Salvador Allende, 1970-1973*, Santiago de Chile, Ediciones IERIC, 1987, p. 145.
57 AMAEE, R. 10520, exp. 9, carta confidencial de Enrique Pérez Hernández a Gregorio López Bravo, Santiago de Chile, 30 de marzo de 1972.

Frei –en el fondo y la superficie– representaba a un sector de la sociedad chilena que consideró, desde un principio, inevitable la instauración del marxismo.

Por otra parte, los sectores más radicalizados dentro de la UP tampoco miraban con buenos ojos la relación, pero la prensa de izquierda no atacó la política de mano tendida sino que criticó al franquismo, lo que en más de una oportunidad originó la indignación del embajador chileno en Madrid, pues "creyendo servir a la causa revolucionaria, hacen un daño a la política gubernamental".[58] Otro tanto ocurrió en la misma España. Los medios que expresaban la oposición en ciernes coincidían con el Palacio de Santa Cruz en reflejar la imagen de Allende como un demócrata, sin embargo en contadas ocasiones mencionaron la política de apoyo practicada por el franquismo. ¿No significaba aquello reconocer que el régimen hacía algo bueno? Sería la prensa más afecta al Pardo la que empezó a criticar a la Unidad Popular y a Salvador Allende, lo que bien pudo ser reflejo de disensiones al interior del franquismo, y es que la renovada política exterior hispana pareció encontrar sus límites cuando la figura de López Bravo comenzó a ser cuestionada.[59]

En junio de 1973 se remodelaba el gabinete franquista y el primer damnificado fue Gregorio López Bravo. La excesiva independencia del ministro y la novedad de su quehacer terminaron por irritar al almirante Carrero Blanco. Por su parte, algunos periodistas chilenos explicaban su salida porque la tradicional política de neutralidad ideológica se había convertido en una de "franca cooperación con los regímenes de corte socialista".[60]

Su sucesor, Laureano López Rodó, buscó enmendar de inmediato el carácter "desviado" de la política iberoamericana. La actitud hispana en la nueva reunión del Club de París, en julio de 1973, sería mucho menos cálida. Así, el esquema de análisis del Palacio de Santa Cruz perduró hasta que se hicieron obvias las dificultades de Allende para mantener la estabilidad interna en el país y cuando la debacle económica arreciaba. El embajador español en Santiago, uno de los artífices de la buena relación, llegaría a considerar a Salvador Allende como una voz clamando en el desierto frente al extremismo de la izquierda más radical e incluso se mostró partidario de una intervención

---

[58] Archivo del Ministerio de Relaciones Exteriores de Chile (AMRECH), oficio estrictamente confidencial del Embajador de Chile en España al ministro de Relaciones Exteriores, 30 de octubre de 1972.
[59] María José Henriquez Uzal, *Los mil días hispano-chilenos*, tesis doctoral, Universidad Autónoma de Madrid, 2008, pp. 531-551 [en línea: https://goo.gl/TBbEQa].
[60] "España cambia política latinoamericana", *¿Qué Pasa?*, Santiago de Chile, 4 de octubre de 1973.

militar,[61] pero una vez producido el golpe de Estado, el atropello y la brutalidad no solo moderaron su visión sino que además determinaron su acción.

Pinochet frente a España: encuentro y desencuentro entre dictadura y democracia, 1973-1989

La tercera fase del período de planificaciones globales es inaugurada con el golpe de Estado de septiembre de 1973, que da inicio a una "reestructuración general de la economía, de la sociedad y del poder estatal: en cierto modo una 'revolución desde arriba'".[62] El modelo instaurado –casi exclusivamente– sobre el principio de subsidiariedad conllevó una nueva interpretación dirigida, en un primer momento, contra el Estado empresario para derivar, luego, en una tendencia casi antiestatal.[63] Pero el cambio no fue inmediato, en buena medida porque muchos de los militares aun profesaban ideas desarrollistas. Tan solo en 1975, el equipo económico heredero de Milton Friedman, "los Chicago boys",[64] logró imponer sus ideas y obtener el beneplácito de Pinochet, implementando el "Plan de Recuperación Económica", que implicó la liberalización de la economía y el inicio de un conjunto de reformas que marcarían un quiebre definitivo con las políticas económicas de orientación cepalina.[65] Dicho modelo se caracterizó por una radical apertura del país a la economía mundial, para lo cual el gasto público fue reducido, los precios y las tasas de interés fueron progresivamente liberalizados, se eliminaron en gran parte los controles de cambios y la inversión extranjera empezó a ser activamente estimulada.[66]

España fue uno de los primeros países en reconocer a las nuevas autoridades chilenas y normalizar relaciones con la Junta Militar: el 15 de septiembre se comunicó el reconocimiento. Madrid se adelantaba a países como la República Federal Alemana, Gran Bretaña y Estados Unidos y, además, ofrecía ayuda material y alimenticia para

---

61 Pedro Martínez Lillo y María José Henríquez, "Salvador Allende Gossens. Un presidente socialista en la retina de la España franquista", en VV. AA., *Salvador Allende. Fragmentos para una historia*, Santiago de Chile, Fundación Salvador Allende, 2008, p. 181.
62 Mario Góngora..., *op. cit.*, p. 260.
63 *Ibidem*, p. 262.
64 Economistas chilenos, de entre treinta y cuarenta y cinco años de edad, con una destacada formación profesional en Estados Unidos, específicamente en la Universidad de Chicago, vinculados a la Facultad de Economía de la Pontificia Universidad Católica de Chile.
65 Ver Francisco Rosende (ed.), *La Escuela de Chicago*, Santiago de Chile, Ediciones Universidad Católica de Chile, 2007.
66 Heraldo Muñoz, *Las relaciones exteriores del Gobierno Militar*, Santiago de Chile, Ediciones del Ornitorrinco, 1986, p. 18.

contribuir a que Chile superara la falta de abastecimiento que sufría. Una actitud especialmente bien acogida en Santiago, coincidente con las esperanzas de respaldo y apoyo que la Junta esperaba encontrar en la España de Franco. El dictador español no solo constituía un referente y modelo político-ideológico para los militares chilenos,[67] sino que las experiencias históricas en ambos países se consideraban muy similares, lo que permitía creer en una cierta comunidad de aspiraciones e intereses. Sin embargo, para desconcierto de los uniformados chilenos esta valoración no se confirmó, y lo que debía ser un marco de relaciones satisfactorio entre Madrid y Santiago se convirtió en enfriamiento y hasta distanciamiento que –aunque resulte sorprendente– mantuvo los contactos bilaterales en niveles muy reducidos, incluso suspendidos, al menos hasta 1975. Otra vez la coordenada ideológica, que para muchos iba a ser el condicionante, no determinó la relación bilateral.

El primer gran escollo fue la violenta represión desatada que, directa o indirectamente, afectó a ciudadanos españoles y que obligó a intervenir a la embajada. Aunque las estadísticas de asilados y salvoconductos reflejan que el caso español fue menos descarnado que el de otros países europeos, las gestiones del embajador contribuyeron a deteriorar su imagen en La Moneda. Respecto a la detención de súbditos españoles la embajada intervino de manera constante solicitando la salida de estos del país y Enrique Pérez Hernández justificó su acción sobre la base de un principio fundamental: independientemente de la orientación política de cualquier ciudadano español, si su vida corría peligro la responsabilidad primera del embajador era proteger la integridad de sus nacionales. Principio que, al menos en una ocasión, hizo extensivo a ciudadanos chilenos.[68]

El segundo gran problema fue el futuro de PEGASO, la joya de la corona. En noviembre las autoridades chilenas manifestaron que el camión de la firma no gozaba de buena fama entre los militares y tampoco entre los camioneros, por lo tanto iba ganando terreno la idea de negociar la rescisión del contrato para, "en el marco de las excelentes relaciones hispano-chilenas", ofrecer una compensación financiera.[69] Oferta que, evidentemente, no aceptó Madrid y ante la gravedad de la situación se decidió congelar la ejecución del Convenio de Cooperación Financiera, es decir, el crédito. En la medida en que las negociaciones se entrampaban, otro ingrediente vino a enturbiar aun más el ambiente: buena parte de la prensa española inició un denodado

---

[67] Ver Carlos Huneeus, *El régimen de Pinochet*, Santiago de Chile, Editorial Sudamericana, 2000.
[68] María José Henríquez, *¡Viva la verdadera amistad!...*, op. cit., pp. 301-317.
[69] *Ibidem*, pp. 318-344.

ataque al nuevo régimen chileno. La ambigüedad demostrada por las autoridades chilenas terminó por convertirse en un rechazo a la instalación de la planta y el gobierno español paralizó toda gestión con Chile relacionada con aspectos financieros, que incluyó una operación que el Ejército chileno tenía con una empresa española (CEISA). También se interrumpieron los programas de cooperación técnica. En adición, el crédito otorgado a la UP prácticamente no había sido utilizado, pero de aquellos dólares ya había dado buena cuenta la Junta. El año 1974 finalizó con las relaciones en un nivel mínimo. El primer paso para salir del atolladero lo dio Santiago al enviar al almirante Rodolfo Vio en visita privada a Madrid. A partir de 1975 se produjo el reencuentro entre ambas dictaduras, el momento que supuso la coyuntura favorable que pensaba haberse encontrado tras el golpe de Estado. Por primera vez el imaginario se condecía con la realidad. Si para Chile el mantener las relaciones con España casi estancadas representaba un perjuicio, dada la posición internacional de la Junta, en España la crisis general que vivía el régimen y el incremento de la represión retornaron al franquismo casi al punto de partida. Por lo tanto, ambos se encontraron en una posición similar. El gran tema que había movilizado a las dos diplomacias por más de un año se solucionó con asombrosa rapidez, al sustituirse el acuerdo para instalar la planta por un contrato de venta de 5200 unidades con cargo al crédito, hasta donde este alcanzara, y el resto con créditos ofrecidos a la exportación. El acuerdo alcanzado se coronó con la visita del almirante José Toribio Merino en enero de 1975.[70]

La enfermedad y posterior muerte del Caudillo, en noviembre, generó dudas en la Cancillería chilena: el maridaje Corona-Ejército ¿estaba bien atado? ¿Se trataba de un vínculo indisoluble? ¿Qué se podía esperar del ideario franquista sin la presencia de su creador e inspirador? Una de las principales preocupaciones en Santiago fue hacerse una idea clara de la importancia que jugaría la Falange Española en el futuro político de la península.[71] No pocas lecciones se sacarían de la experiencia final del franquismo. Por lo pronto, Augusto Pinochet se desplazó a Madrid para acudir a los actos fúnebres del Generalísimo y la proclamación del rey Juan Carlos, pero la estadía fue corta: el Palacio de Santa Cruz hizo saber a la delegación chilena que existían presiones para que amablemente iniciara el viaje de regreso. El presidente de Francia, Valéry Giscard d'Estaing, había condicionado su asistencia al Te Deum de gracias por la entronización de Juan Carlos I, a la no presencia del general chileno. Algo similar

---

[70] *Ibidem*, pp. 362-372.
[71] AMRECH, telegrama del Ministerio de Relaciones Exteriores al embajador de Chile en España, n° 24, 25 de julio de 1975.

hizo saber Walter Scheel y la comitiva británica. El 24 de noviembre Pinochet abandonó Madrid. Los caminos volvían a bifurcarse. El abrupto fin de aquel viaje puso de manifiesto una realidad que pocos chilenos captaron: la enorme ilusión que despertó en España la experiencia de la Unidad Popular.[72]

Las dudas generadas en Chile luego de la muerte de Franco disminuyeron poco durante el gobierno de Arias Navarro. El embajador en Madrid no pasó por alto que en los medios oficiales la actitud hacia el país austral era "menos decidida y ostensiblemente más discreta".[73] Evidentemente, distanciarse del pasado franquista era una etapa obligada al buscar la admisión entre las democracias occidentales. Solo miembros del oficialismo más duro, entre ellos, militares, estuvieron dispuestos a continuar publicitando sus afinidades políticas con Pinochet.[74] Con el nombramiento de Adolfo Suárez las simpatías que algunos personeros aún tenían por el régimen chileno debieron esconderse en el baúl de los recuerdos. El quehacer de la embajada se volvió cada vez más difícil, sus actividades casi no tenían difusión y a los medios que desde un principio atacaron al pinochetismo se sumaron los que aún no practicaban sistemáticamente la crítica.[75] Es más, en diciembre de 1976 sucedió lo impensable cuando un grupo de funcionarios del Instituto de Cultura Hispánica –nada menos– solicitó al presidente de gobierno que España votara en contra de Chile en el debate sobre el estado de los derechos humanos de Naciones Unidas. Para el representante chileno en Madrid se trataba, a todas luces, de una campaña organizada por los comunistas. Situaciones similares se multiplicaron de forma paralela a la democratización hispana.[76]

Ante el proceso que se inicia en España con el proyecto de Ley para la Reforma Política, la prensa oficialista chilena se dedicó a subrayar el marco de desorden: el desconcierto del Ejército, la oposición de las Cortes y la grave situación económica sumada a la protesta social. El mensaje era bastante claro: la democracia era el camino más seguro para llevar al país al desastre económico, al caos social y al fin de la unidad política. En 1977, la novedad inherente a la primera elección democrática, en más de cuarenta años, se vio desdibujada

---

[72] Ver María José Henríquez, "Una historia cruzada: el reencuentro democrático entre Chile y España, 1990-2014", en José Manuel Azcona Pastor (ed.), *Emigración y relaciones bilaterales España-Chile, 1810-2015*, Madrid, Editorial Dykinson, 2016.
[73] Isabel Jara, *De Franco a Pinochet. El proyecto cultural franquista en Chile, 1936-1980*, Santiago de Chile, Colección Teoría 16/ LOM, 2006, p. 258.
[74] *Ibidem*, p. 259.
[75] Rosario Rodríguez, "Chile-España: políticas bilaterales cambiantes. Relaciones diplomáticas: Chile-España a través de la visión de la Embajada de Chile en Madrid, 1970-1976", Santiago de Chile, tesis de Licenciatura en Historia, Pontificia Universidad Católica de Chile, 2000, p. 119.
[76] Isabel Jara, *op. cit.*, pp. 260-261.

entre los medios oficialistas por el número de partidos legalizados y la consecuente fragmentación política. A mayor abundamiento, la reflexión sobre lo que se visualizó como el fracaso del franquismo y las consecuentes lecciones para Chile refieren que el error de Franco fue no retirarse a tiempo.[77] Por su parte, los círculos cercanos al presidente chileno vieron con inquietud y desaprobación la manera en que se inició la desarticulación de las instituciones heredadas del franquismo. Buena parte de aquellos personeros habían seguido con admiración el desarrollo político de España, que se había transformado en una suerte de referente en la definición del pinochetismo en sus primeros años. La creación del "Frente Juvenil de Unidad Nacional", en julio de 1975, y su estética franquista fue una expresión visible de aquella influencia. Sin embargo, el desmantelamiento de las instituciones franquistas puso en evidencia la fragilidad del autoritarismo y la necesidad de asegurar la permanencia de las instituciones. A partir de ese momento Jaime Guzmán, ideólogo de la Constitución chilena de 1980, se manifestó a favor de la democracia, pero una "democracia protegida".[78]

La oposición a Pinochet también siguió de cerca el proceso y los Pactos de la Moncloa fueron sopesados como un ejemplo de consenso, de acuerdo, de confluencia de proyectos divergentes a través del intercambio mutuo. Otro tanto sucedería con la Constitución española de 1978, como imagen de reconciliación nacional.[79]

Las relaciones bilaterales, por tanto, se concentraron en la dimensión comercial y de cooperación técnica, y el programa cultural fue prácticamente desahuciado. La estrategia chilena fue enfatizar la vía económica con aquellos países que mantenían una actitud de cuestionamiento –o abierta hostilidad– hacia el régimen militar. La aplicación del modelo rápidamente encontró barreras sistémicas que una política exterior en extremo ideologizada no lograba sortear. La permanente tensión con Estados Unidos y Europa occidental, las persistentes votaciones en contra del país en foros internacionales como la OEA y la ONU, las malas relaciones con los países vecinos, evidenciaban la falta de flexibilidad en la política exterior. Situación que empezó a hacerse disfuncional para alcanzar los objetivos gubernamentales. Es así como los sectores económicos aperturistas del pinochetismo se pronunciaron a favor de una reevaluación de la

---

[77] Encarnación Lemus, "La imagen de la transición española en Chile", en Álvaro Soto Carmona, José María Marín, José Díaz Gijón, Pedro Martínez Lillo y Juan Pan-Montojo (eds.), *Historia de la transición y consolidación democrática en España, 1975-1986*, Madrid, Universidad Nacional de Educación a Distancia y Universidad Autónoma de Madrid, 1995, p. 122.

[78] Carlos Huneeus, *op. cit.*, pp. 199, 334-335.

[79] Encarnación Lemus, *op. cit.*, pp. 123-125.

importancia de la política internacional y presionaron por una política exterior más pragmática y eficiente que facilitara los vínculos externos, requeridos para el éxito del modelo de apertura económica.[80] A dichas críticas, se sumaron también los diplomáticos de carrera, aumentando así la presión hacia el Gobierno.

El cambio decisivo se da en abril de 1978 con la designación de Hernán Cubillos como ministro de Relaciones Exteriores, el primer civil desde el 11 de septiembre y además vinculado al sector empresarial.[81] Un tecnócrata al estilo López Bravo, que correría similar suerte.

Cuando Cubillos visitó España en 1979, las conversaciones con Suárez se centraron especialmente en las exportaciones chilenas de salitre, carbón, etileno, celulosa y harina de pescado, así como en las ventas españolas de barcos, en las inversiones en servicios públicos chilenos, en un posible préstamo y, probablemente, en la venta de armas españolas.[82] Ello no impidió, sin embargo, que a partir de 1978 el voto español en instancias como la ONU fuese indudablemente condenatorio ante los atropellos contra los derechos humanos que se verificaban en el país andino. Con todo, España funcionó como espacio de sustitución que también incluyó, como se verá, el abastecimiento de armas.

Al triunfar el Partido Socialista Obrero Español (PSOE) en las elecciones de 1982, llegaba al poder la generación que había vibrado con Allende y el "enfriamiento relativo"[83] de la relación bilateral resultó absolutamente previsible. Para el gobierno de Felipe González el problema no solo radicaba en las diferencias ideológicas, iba considerablemente más allá, porque la actitud del partido de gobierno apuntaba a negar la legitimidad del régimen chileno. Una muestra de ello se verifica en las palabras de Alfonso Guerra, vicepresidente de gobierno, en septiembre de 1983: "el único presidente legítimo de Chile se llama Salvador Allende".[84]

La preocupación del gobierno español por la situación de los derechos humanos fue la causa directa del bajo nivel en las relaciones, y las protestas formales ante detenciones o restricción de libertades redundaron en una clásica reacción defensiva del régimen chileno, también utilizada por el franquismo, al enarbolar el argumento de la intervención en los asuntos internos. Un razonamiento que daría pie al embajador español para excusarse de asistir al acto organizado por

---

[80] Heraldo Muñoz, *op. cit.*, p. 41.
[81] *Ibidem*, p. 45.
[82] *Ibidem*, p. 279.
[83] Ver Marcelo Lassagna Barrena, "Las relaciones chileno-españolas: 1982-1989. Del primer Gobierno Socialista español al ocaso de la dictadura chilena", *Afers Internacionals*, 1991, N° 22, p. 135.
[84] Heraldo Muñoz, *op. cit.*, p. 132.

el gobierno militar para conmemorar el décimo aniversario del golpe: "Sucede –comentaría– que no se trata de un acto de Fiestas Patrias. Es un acontecimiento de política interior chilena".[85] Enfrentado ante la compleja distinción entre la defensa de los derechos humanos y el principio de no intervención en los asuntos internos, el gobierno español fundamentó su acción manteniendo el principio de no injerencia, pero no el de igualdad de trato y de intensidad. No se juzgaban gobiernos, sino acciones de gobiernos.[86]

La actitud del gobierno español contribuyó, como la del resto de Europa occidental, a subrayar el reducido horizonte de los contactos y apoyos internacionales del régimen militar chileno. No solo por su política de respaldo a las condenas ventiladas en los foros internacionales y el rechazo y denuncia a las medidas represivas, también porque las relaciones entre la oposición chilena y las más altas autoridades hispanas de alguna forma minimizaron los esfuerzos de la Cancillería chilena para sortear la presión internacional. El exilio en España de destacados dirigentes, como el democratacristiano Andrés Zaldívar o el socialista Erich Schnake, contribuyó a estrechar los lazos. Por otra parte, la situación en Chile se transformó en un tema sensible para la opinión pública española, que a través de organizaciones no gubernamentales estableció una amplia red de contactos con la sociedad civil chilena. En septiembre de 1986, 300.000 personas se reunieron en Madrid bajo la consigna "Libertad para Chile".[87] A la manifestación, convocada por todas las fuerzas políticas con representación parlamentaria y las principales centrales sindicales, asistieron entre otros: Alfonso Guerra, Javier Solana, Alberto Ruiz-Galardón, Joaquín Leguina, Nicolás Redondo, Manuel Cháves, Joaquín Ruiz-Giménez y también José María Aznar.[88] La oportunidad, por cierto, sería aprovechada para expresarse contra las bases de la OTAN.

Entre 1982 y 1989 no se registraron visitas oficiales de autoridades chilenas a España: a los generales Matthei y Stange, miembros de la Junta de Gobierno, se les recibió como jefes militares. El contraste lo ofrece la permanente disposición de la Moncloa a recibir figuras opositoras como Ricardo Lagos, Ricardo Núñez, Sergio Molina, Andrés Zaldívar y Gabriel Valdés. Una suerte de "diplomacia opositora", cuya máxima expresión fue el recibimiento con honores de jefe de Estado dispensado al entonces candidato a presidente Patricio

---

85 *Idem.*
86 Celestino del Arenal y Alfonso Nájera, *España e Iberoamérica: de la hispanidad a la Comunidad Iberoamericana de Naciones*, Madrid, CEDEAL, 1989, p. 230.
87 Ernesto Ekaizer, *Yo, Augusto*, Madrid, Aguilar-Grupo Santillana, 2003, p. 583.
88 *Idem.*

Aylwin, tanto por Felipe González como por el rey Juan Carlos, en su gira europea. Los reyes, sin embargo, sí habían visitado la Argentina del dictador Jorge Rafael Videla en 1978.

Como contrapartida y desde "la perspectiva sustitutiva", en el ámbito económico se verificó el mayor avance en la relación bilateral. En 1975 el intercambio comercial llegaba a los $US 93,7 millones: catorce años después ascendía a los $US 379,7 millones.[89] Sin embargo, la tendencia al alza no fue siempre constante, y sufrió una contracción en 1982, originada por la crisis de la deuda que produjo una caída de aproximadamente un tercio del intercambio comercial chileno-español. También hasta 1982 el comercio bilateral arrojaría un superávit para España, que a mediados de los 80 se transformó en déficit. Lo anterior se explica por el cambio en la política económica del gobierno militar, que en un principio se sustentó en una amplia apertura al exterior y en aranceles reducidos y parejos, implementándose –en 1978– un tipo de cambio fijo y bajo. Políticas que suponían un desarrollo optimista del sector exportador, pero que fomentaron de modo indiscriminado las importaciones, y en 1981 llegaron a representar un 76% del comercio global con España.[90] A partir de 1984 aumentará progresivamente el comercio bilateral pero con un signo distinto, ya que las importaciones chilenas crecieron a un ritmo inferior que las exportaciones. La crisis de la deuda conllevó una variación en la política económica del gobierno militar con la introducción de una mayor protección arancelaria, una modificación del tipo de cambio y la creación de mecanismos selectivos de apoyo a las exportaciones. Se sentaban así, definitivamente, las bases del "modelo chileno". Por otra parte, la incorporación de España a las Comunidades Europeas significó una desviación de comercio y la consiguiente disminución del intercambio comercial con América Latina. Con todo, en noviembre de 1989 España se encontraba en el décimo lugar como socio comercial de Chile y el quinto europeo. A su vez, a finales de los 80 y principios de los 90, Chile ocupaba el quinto lugar como socio comercial de España en América Latina, detrás de México, Brasil y Argentina.

La composición del comercio hispano-chileno para la década de los 80 presentó características similares a la del intercambio entre países desarrollados y países en desarrollo. Así, Chile principalmente exportó a España materias primas y la exportación hispana se concentró en productos manufacturados. En 1989 las exportaciones chilenas se agruparon en dos rubros: cobre y sus derivados (43%) y productos

---

[89] Heraldo Muñoz, *op. cit.*, p. 279.
[90] *Idem.*

del mar (44%).[91] Los únicos bienes con mayor valor agregado fueron aviones, hidroaviones y helicópteros, cuya cuantía solo en 1987 llegó a su cota más alta: 3,5% del total. Entre las exportaciones hispanas destacaban los vehículos, maquinaria industrial, barcos y libros.[92]

En cuanto a la inversión, según cifras del Comité de Inversiones Extranjeras, al 31 de noviembre de 1984 se habían presentado solicitudes para 66 proyectos de inversiones españolas en Chile, por un total de 220,4 millones de dólares. España, por tanto, a mediados de los 80 se convirtió en el segundo país en el *ranking* de las inversiones extranjeras en Chile, superado solo por Estados Unidos.[93] Chile representó en 1988 y 1989 el 40,9 y 54% de la inversión española en Iberoamérica, y entre 1982 y junio de 1990, las inversiones totales de España en Chile superaron los 1.500 millones de dólares.[94] En dichos vínculos jugaron un importante papel las cámaras de comercio y el Comité Empresarial Hispano-Chileno, así como la Comisión Mixta Chileno-Hispana, una de las instancias más importantes de encuentro empresarial-gubernamental. Ya en esa época uno de los objetivos de los empresarios españoles era utilizar a Chile como plataforma orientada hacia el área del Asia-Pacífico.

El gobierno del PSOE nunca utilizó la deuda externa chilena como medio para forzar la democratización del régimen chileno. En 1986 al momento de votar los préstamos estructurales que el Banco Mundial otorgaría a Chile, se abstuvo y en 1987 votaría a favor.[95] Muy posiblemente, la estabilidad y buena salud de la economía chilena resultaban fundamentales de cara a los negocios que se iniciaban –las bases del denominado "segundo desembarco" en la región o "reconquista" de los 90–, y el gobierno español evitó el ataque por esta vía. No sin motivo –y de la misma manera que el franquismo en su momento– durante los últimos años de la década de los 80, la dictadura chilena utilizó deliberadamente la aplicación del modelo económico como carta de legitimación internacional.

En la línea de la sustitución, desde 1976 Estados Unidos dejó un vacío en un ámbito estratégico para la dictadura: el mercado de las armas. En virtud de la Enmienda Kennedy, Estados Unidos cortó toda ayuda militar a Chile, no solamente las ventas al contado sino también las ventas comerciales de todo equipo relacionado con defensa y,

---

[91] *Idem.*
[92] Marcelo Lasagna Barrena, "La política Iberoamericana de España de cara a los noventa: la relación con Chile, 1982-1992", *Revista de Ciencia Política*, 1-2, 1994, pp. 88-89.
[93] Heraldo Muñoz, *op .cit.*, p. 280.
[94] Marcelo Lasagna Barrena, *op. cit.*, p. 141.
[95] Jean Grugel, "España y Latinoamérica", en Richard Gillespie, Fernando Rodrigo y Jonathan Store (eds.), *Las relaciones exteriores de la España democrática*, Madrid, Alianza Editorial, 1995, p. 199.

además, limitó a 27,5 millones de dólares la ayuda económica.[96] Consecuentemente, el país se vio obligado a diversificar sus compradores e incluso a fabricar armamentos y repuestos. En un principio, el principal proveedor fue Francia, pero también Reino Unido, República Federal de Alemania, Sudáfrica y, desde luego, España.

Durante la década del 80 España vendió material militar a Chile y la cooperación entre la Fuerza Aérea de Chile y la industria aeronáutica española CASA fue muy importante en el desarrollo de la Empresa Nacional de Aeronáutica de Chile (ENAER). En 1986, el dirigente sindical chileno Rodolfo Seguel denunció la situación en una entrevista concedida a un medio hispano, lo que generó una incómoda situación al gobierno español de cara a su opinión pública. Con prontitud el ministro de Exteriores, Francisco Fernández Ordóñez, anunció ante las Cortes que la venta de armas y municiones a Chile había sido prohibida a partir de agosto de 1986. En adición, el ministro de Industria y Energía, Luis Carlos Croissier, declararía que la venta de armamento a Chile se había amparado en un convenio suscrito en 1980 bajo el gobierno de Suárez. Efectivamente, en enero de 1980 culminaban las negociaciones entre la citada empresa hispana CASA y la Fuerza Aérea de Chile (FACH), que concretaba la venta de 37 unidades tipo AVIOJET C-101 por un monto aproximado de US$ 150 millones, a materializarse en fases sucesivas de progresivo ensamblaje en Chile. Existieron otros dos acuerdos complementarios de 1982 y 1984, el primero sobre transferencia tecnológica, y a través del segundo CASA abastecería de partes C-101 para la fabricación de 21 aparatos que incorporaran más de un 35% de componentes de fabricación chilena. La operación, sin embargo, no tuvo el fin esperado porque la crisis económica por la que atravesó el régimen chileno entre 1981 y 1982 le impidió cumplir con los compromisos de compra. Los estudios sobre este tema han establecido una relación entre esta deuda y la adquisición española de 40 aviones T-35 PILLAN de fabricación chilena, por un monto cercano a los $US 10.000, un supuesto trueque que fue terminantemente negado por las autoridades españolas responsables de la operación. Una versión alternativa indica que esta venta, efectuada los años 1985 y 1986, fue una contraprestación del contrato firmado en 1984, en donde también se contaba con la posterior transformación por parte chilena de los originales C-101.[97] Con todo, a la par de estas operaciones con material aeronáutico, en 1986 se produjeron otras ventas de material, en donde la Empresa Nacional Santa Bárbara

---

[96] Carlos Portales, "Las relaciones internacionales de las Fuerzas Armadas chilenas: De la Guerra Fría a los años 80", *Opciones*, N° 8, enero-abril 1986, p. 220.
[97] Luis Angulo, *Armas, democracia y dictadura. El comercio de armas España-Chile*, Santiago de Chile, Fundación Friedrich Naumann - serie Contribuciones, julio 1995, pp. 45-48.

(ENSB) entregó 40 tanquetas ligeras, varios camiones cisternas y arsenal variado, todo clasificado como material antidisturbio.[98] Es decir, el período en que en el país arreciaban las protestas contra Pinochet y la dictadura. Durante los años 1988 y 1989 se siguieron entregando piezas y repuestos para aviones C-101, como también tres aviones de transporte CN-235.[99]

A fines de la década de los 80 Chile volvió a concitar la atención internacional a raíz del plebiscito de 1988 y, posteriormente, con las elecciones presidenciales y parlamentarias de 1989. De pronto el país recibió un afluente de corresponsales, observadores y políticos extranjeros. España, obviamente, no estuvo ausente de aquella ola de respaldo a las fuerzas opositoras chilenas y concurrió al país un importante grupo de personalidades de los más diversos ámbitos. Junto al ex presidente de gobierno, Adolfo Suárez, llegaron a Santiago el secretario general de la UGT, Nicolás Redondo, el presidente de la Comunidad de Madrid, Joaquín Leguina, el presidente del Instituto de Cooperación Iberoamericana, Luis Yáñez-Barnuevo, el alcalde de Madrid, Juan Barranco y el cantante Joan Manuel Serrat, quien solo pudo enviar un mensaje desde el aeropuerto, ya que se le prohibió el ingreso al país.

Reflexiones finales

Al estudiar la relación entre Chile y España en el periodo referido –o incluso desde 1936– resulta casi imposible obviar los paralelismos de las respectivas historias nacionales. Si Charles T. Powell ha considerado que durante el siglo XX España fue noticia dos veces: a propósito de la Guerra Civil y durante la Transición,[100] se podría decir lo mismo de Chile, con motivo del 11 de septiembre de 1973 y la redemocratización a partir de 1990. Es decir, entre el origen de la dictadura y el regreso a la democracia. La similitud en los procesos y el impacto de los mismos en las respectivas sociedades generaron imágenes e influyeron acciones en un camino de espiral o de "bucle recursivo". Así, el golpe de Estado en Chile produjo un fortísimo impacto en España –como el 18 de julio de 1936 en el país andino– que en su dimensión política repercutió de cara al futuro sin Franco, es decir, la Transición. Pero por otra parte, el golpe revivió el pasado

---

[98] *Ibidem*, p. 46.
[99] *Ibidem*, p. 48.
[100] Charles T. Powell, "1975-1979: La transición política española (o cuando España volvió a ser noticia)", en Fernando García de Cortazar (dir.), *El siglo XX. Diez episodios decisivos*, Madrid, Alianza Editorial, 1999, pp. 234-261.

español y si –de alguna manera– en Chile se repetían los procesos, España podía ser fuente de inspiración. De hecho lo fue, tanto para la izquierda como para la derecha.[101]

Una historia a paso cambiado en la que por décadas el régimen político aparentemente nunca iba a coincidir en ambos países. Es en este aspecto que llama la atención cómo la distancia político-ideológica no fue determinante en la relación bilateral. Primaría el pragmatismo, en un primer momento sostenido en un cuerpo de ideas y luego la acción descarnada o solo vestida de intereses. Durante una visita a Francia, en octubre de 1986, Mijaíl Gorbachov llegó a decir que "la ideología no es un fundamento apropiado para la política exterior".[102] De esta manera es posible aventurar que más allá del régimen político, la sustitución se observa en relación con el proyecto político interno y la manera en que este desafía o no el *statu quo*.

---

[101] Ver María José Henríquez, "Una historia cruzada: el reencuentro democrático entre Chile y España, 1990-2014", *op. cit.*
[102] Citado en Tony Judt, *Posguerra*, Madrid, Taurus, 2006, p. 865.

Los autores

María Victoria Carsen

Profesora y licenciada en Historia por la Universidad del Salvador. Actualmente se desempeña como profesora en el Departamento de Historia y en el Departamento de Ciencias Políticas y Relaciones Internacionales de la Facultad de Ciencias Sociales de la Universidad Católica Argentina.

Desde 2011 es miembro del Instituto de Estudios Históricos, Económicos, Sociales e Internacionales (IDEHESI), participando dentro de los equipos colaboradores de los proyectos: "Desarrollismos en la Argentina y el Cono Sur: Límites y posibilidades de la influencia pragmática y desideologizadora del modelo franquista en la región, 1959-1975" (CONICET) y "Los proyectos de nación en la Argentina: identidad, relaciones internacionales y modelos económicos (de 1930 a nuestros días)" (Agencia Nacional de Promoción Científica y Tecnológica). En 2016 obtuvo la Beca de Perfeccionamiento Académico de la UCA y la Beca de Investigación Arthur M. Schlesinger por la Fundación de la John F. Kennedy Library (Boston, Estados Unidos). Ha publicado trabajos de investigación en la revista *Temas de Historia Argentina y Americana*, UCA y colaborado en diversos libros.

Luis María Caterina

Abogado por la Universidad Católica Argentina, licenciado en Ciencias Políticas de la Universidad Nacional de Rosario y doctor en Derecho por la Universidad de Buenos Aires. Profesor titular ordinario de Historia del Derecho (UCA), director del Instituto de Historia de la Facultad de Derecho y Ciencias Sociales del Rosario y de su revista *Res Gesta*. Miembro correspondiente de la Academia Nacional de la Historia y de número de la Junta de Estudios Históricos de la Provincia de Santa Fe y de Rosario, es también miembro titular e investigador del Instituto de Investigaciones de Historia del Derecho. Ha participado en distintos proyectos de investigación, entre ellos: el subsidiado por la Agencia Nacional de Promoción Científica y Técnica y dirigido por los Dres. Víctor Tau Anzoátegui y Juan Fernando Segovia, "Juristas, derechos y sociedad en la Argentina. Ideas y mentalidades de los operadores jurídicos (1901-1970)". Entre sus libros destacan *La Liga*

Patriótica Argentina: un grupo de presión frente a las convulsiones sociales de la década del veinte, Buenos Aires, Corregidor, 1995, y *Los empresarios y el obrerismo en tiempos radicales – 1916-1930*, Rosario, UCA, 2008.

Ángel Cerra

Profesor de Historia por la Facultad de Filosofía y Letras, Universidad de Buenos Aires, y magíster en Relaciones Internacionales por la Universidad del Salvador. Profesor regular adjunto del Ciclo Básico Común de la UBA y adjunto en la Facultad de Ciencias Económicas. Investigador de la Universidad de Buenos Aires desde 1998, actualmente es codirector del Proyecto UBACYT: "Conformación del empresariado y del sindicalismo en el sector petrolero argentino 1958-2011". Su producción se ha centrado en la historia de las ideas económicas en Argentina, especialmente en torno a las figuras de Alejandro Bunge y Rogelio Frigerio. Sobre la temática ha publicado artículos en revistas científicas de Argentina, Israel, Alemania y Colombia y –en coautoría– el libro *Génesis y construcción del desarrollismo argentino*, Buenos Aires, Biblos, 2016.

Carolina Cerrano

Doctora en Historia por la Universidad de Navarra, magíster en Historia del Mundo Hispánico por el Consejo Superior de Investigaciones Científicas de España, y profesora de Historia por la Universidad Nacional de Rosario. Directora y docente de la Maestría en Historia de la Universidad de Montevideo. Es investigadora nivel 1 de la Agencia Nacional de Investigación e Innovación de Uruguay (ANII). En la actualidad forma parte de los proyectos de investigación: "Historia reciente de España" (Universidad de Navarra) y "Usos de las categorías de izquierda y derecha en la historia política argentina. Segunda parte" (Universidad Nacional de Cuyo). Asimismo, en la UM es coordinadora responsable, junto al Mag. Fernando López D'Alesandro, del proyecto de investigación "El peronismo desde las dos orillas. Argentina y Uruguay (1943-1955)". Ha dictado cursos, seminarios y conferencias sobre franquismo, peronismo, historia argentina y metodología de la investigación.

Miguel Ángel De Marco h.

Doctor en Historia, investigador independiente del CONICET, es miembro del Instituto de Estudios Históricos, Económicos, Sociales e Internacionales, Unidad Ejecutora en Red de CONICET, donde dirige el Núcleo de Estudios Históricos de las Ciudades Portuarias

Regionales (IDEHESI–NODO IH). Docente de posgrado en la UBA, USAL y UCA. Entre otros es autor de los libros: *El túnel subfluvial, federalismo y desarrollo* (2015); *Ciudad Puerto, Universidad y Desarrollo* (2013); *La Facultad de Derecho de la UNR de Rosario* (2007); *Carlos Sylvestre Begnis, liderazgo y gobierno en el desarrollo del litoral argentino* (2005); *Santa Fe en la transformación argentina (2001); La batalla por el puerto de Rosario* (1999); *Houssay y la Argentina de los sabios* (1997); *Gabriel Carrasco* (1994).

María Celina Fares

Magíster en Historia de las Ideas Políticas y doctoranda en Historia en la Facultad de Filosofía y Letras de la UNCuyo. Profesora titular efectiva de Historia Argentina en la Facultad de Ciencias Políticas y Sociales y adjunta efectiva en la Facultad de Derecho, UNCuyo. Dirige proyectos de investigación interdisciplinarios acreditados por la Secretaría de Ciencia, Técnica y Posgrado de la misma universidad. Entre sus trabajos destacan: *Democracia y representatividad en el imaginario social mendocino*, Mendoza, UNCu, 1999; *Identidades nacionalistas en los sesenta. Itinerarios intelectuales en una universidad de frontera*, Editorial Académica Española, 2011; *La Unión Federal: ¿Nacionalismo o Democracia Cristiana? Una efímera trayectoria partidaria (1955-1958)*, Mendoza, UNCu-Astrea, 2007, así como una serie de artículos publicados en revistas especializadas, capítulos de libros, textos de divulgación y materiales pedagógicos.

Beatriz Figallo

Profesora y licenciada en Historia por la Universidad Católica Argentina, es doctora en Geografía e Historia, con especialidad en Historia Contemporánea, por la Universidad Complutense de Madrid. Desde 2007 es miembro de Número de la Academia Nacional de la Historia de la Argentina. Investigadora del CONICET, entre 1988 y 2011 fue profesora titular de Historia de España, Historia Contemporánea, Introducción a la Historia e Historia Argentina post 1955 en la UCA de Rosario y de Buenos Aires. Entre 2012 y 2017 se desempeñó como directora del doctorado en Historia de la Universidad del Salvador. Fue becaria del Instituto de Cooperación Iberoamericana y de la Fundación Carolina. Ha dictado cursos de posgrado en universidades argentinas y de Chile, Uruguay y España. Entre sus libros sobre la historia hispano-argentina destacan: *Argentina-España. Entre la pasión y el escepticismo* (2014), *Diplomáticos y marinos argentinos durante la crisis española. Los asilos de la guerra civil* (2007) y *El protocolo Perón-Franco* (1992).

Horacio García Bossio

Profesor y licenciado en Historia por la Universidad Nacional de La Plata. Doctor en Ciencias Políticas por la Pontificia Universidad Católica Argentina. Su tesis doctoral fue publicada por EDUNLA en 2014, bajo el nombre de *¿Qué nos hace más Nación? Desafíos del desarrollismo frondicista frigerista*, libro reeditado en 2016. Director del Departamento de Historia de la Facultad de Ciencias Sociales de la UCA y coordinador general del Instituto para la Integración del Saber (IPIS-UCA), es profesor titular en las Carreras de Economía, Historia y Ciencias Políticas en la UCA e investigador sobre el desarrollismo argentino. Autor de artículos en revistas especializadas, de documentos de trabajo y de numerosas ponencias en jornadas nacionales e internacionales.

Ángeles González-Fernández

Miembro del Departamento de Historia Contemporánea de la Universidad de Sevilla, sus investigaciones se centran en el estudio de las relaciones entre el mundo de los negocios y la política en el segundo franquismo y la transición a la democracia. Dentro de este marco interpretativo y cronológico es coautora de los libros *La conquista de la Libertad. Historia de Comisiones Obreras de Andalucía, 1962-2000*; *España: la búsqueda de la democracia (1960-2010)*, y ha participado en diversas obras colectivas como *Historia de la Transición en España. Los inicios del proceso democratizador*; *Eppure si muove. La percepción de los cambios en España (1959-1976)* y *El fin de las dictaduras ibéricas (1974-1978)*. Sobre esta misma temática ha publicado artículos en revistas como *Ayer, Memoria e Ricerca, Hispania, Historia y Política* e *Historia social*, entre otras.

María José Henriquez Uzal

Doctora en Historia Contemporánea por la Universidad Autónoma de Madrid, es licenciada en Historia y magíster en Ciencia Política con mención en Relaciones Internacionales de la Pontificia Universidad Católica de Chile. Profesora asociada del Instituto de Estudios Internacionales de la Universidad de Chile y de la Academia Diplomática "Andrés Bello" de Chile. Premio "José María Jover" de investigadores en formación de Historia de las Relaciones Internacionales (2006), es autora de artículos y capítulos de libros aparecidos en Chile, Argentina y España. En 2014 la Editorial Universitaria de Santiago de Chile publicó su libro *¡Viva la verdadera amistad!: la España de Franco y el Chile de Allende, 1970-1973*, reconocido en el Concurso del fondo Rector Juvenal Hernández Jaque de la Universidad de Chile.

Silvina Jensen

Magíster en Historia Moderna y Contemporánea y doctora en Historia por la Universidad Autónoma de Barcelona. Actualmente, se desempeña como profesora de Historia de la Historiografía y Metodología de la Investigación Histórica en el Departamento de Humanidades de la Universidad Nacional del Sur en Bahía Blanca y es investigadora del CONICET. Ha publicado artículos en revistas especializadas y libros sobre el último exilio político argentino, entre otros: *La huida del horror no fue olvido. El exilio político argentino en Cataluña (1973-1983)* (Barcelona, 1998), *La provincia flotante. Historia de los exiliados argentinos de la última dictadura militar en Cataluña (1976-2006)* (Barcelona, 2007) y *Los exiliados. La lucha por los derechos humanos durante la dictadura* (Buenos Aires, 2010 y 2012, e–book). Entre las obras en coautoría destacan *Presència catalana al món* junto a Oriol Dueñas y bajo la dirección de J.M. Solé i Sabaté y A. Segura i Más, Barcelona, Generalitat de Catalunya, 2008. Actualmente dirige dos proyectos de investigación: "Las escalas de la Nueva Historia Cultural: identidades, prácticas y política hispanoamericana, siglo XX" (UNS) y "La investigación académica sobre el proceso de violencia política y la última dictadura militar en la Argentina. Perspectivas disciplinarias, configuraciones institucionales y articulaciones sociales y políticas" (CONICET).

Adriana Minardi

Doctora por la Universidad de Buenos de Aires, profesora y licenciada en Letras, es investigadora del CONICET con un proyecto personal sobre la producción literaria de Manuel Azaña y Ernesto Giménez Caballero. Es docente de la UBA e investigadora del Instituto de Filología y Literaturas hispánicas "Dr. Amado Alonso". Autora de numerosos artículos en revistas indexadas y capítulos de libros, ha publicado trabajos sobre la producción ensayística y narrativa de Juan Benet, así como *Memoria, historia, discurso. Variaciones sobre algunos ensayos benetianos* (2013), además de participar como editora y autora del libro *La escritura íntima de Manuel Azaña*. En 2010 la editorial Biblos publicó su investigación *Los mensajes de fin de año de Francisco Franco. Un análisis ideológico-discursivo*. Ha participado como investigadora formada en proyectos de la Universidad de Aarhus, Dinamarca, e integra los proyectos "Transnacionalidad literaria: una aproximación", bajo la dirección del Dr. Marcelo Topuzian y "El archivo de la Dirección de Inteligencia de la Policía de la Provincia de Buenos Aires (DIPBA). Un caso de comunidad discursiva", bajo la dirección de la Dra. María Alejandra Vitale. Actualmente dirige proyectos CONICET y de la Agencia Nacional de Promoción Científica y Técnica sobre la obra de Juan Benet y Manuel Azaña y es codirectora de otro sobre la producción literaria española de los llamados "felices años veinte".

Gustavo Motta

Doctor en Sociología, magíster en Sociología Económica y licenciado en Comercio Internacional, es becario posdoctoral del Consejo Nacional de Investigaciones Científicas y Técnicas. Su línea de investigación indaga las tensiones existentes en torno a los entramados relacionales, ámbitos de sociabilidad compartidos y posicionamientos políticos desplegados por el empresariado católico y la jerarquía eclesiástica. Se especializa en teoría de redes sociales y análisis del discurso. Ha publicado diferentes artículos en revistas nacionales e internacionales sobre estas temáticas. Ha sido investigador visitante y conferencista en las universidades de Aarhus, Valladolid y Autónoma de Barcelona, entre otras. Es docente de grado y postgrado.

Elena Romero Pérez

Doctora en Historia c/m en Historia de Chile contemporáneo, magíster en Historia c/m en Historia Europea por la Universidad de Chile. Se ha desempeñado en cargos de docencia e investigación en educación superior en universidades chilenas, además de haber participado y organizado diversos seminarios. Su línea de investigación principal se vincula a las relaciones bilaterales entre Chile y España durante el primer franquismo. Actualmente se desempeña en la Universidad Diego Portales, en la Vicerrectoría de Pregrado. En 2008 la Fundación Carolina le otorgó una beca para desarrollar el proyecto "El primer franquismo y Chile (1939-1945): Relaciones internacionales y políticas de dos gobiernos ideológicamente contendientes". Ha publicado artículos en diversas revistas académicas de la Argentina y Chile.

Ismara Izepe de Souza

Graduada en Historia, magíster y doctora en Historia Social por la Universidad de São Paulo (USP). Es profesora del Departamento de Relaciones Internacionales de la Escuela Paulista de Política, Economía y Negocios de la Universidad Federal de São Paulo (EPPEN/UNIFESP) en el área de Política Exterior Brasileña: historia y contemporánea. Se dedicó a los estudios sobre represión política, Guerra Civil española y las relaciones diplomáticas entre Brasil y España, de los cuales resultaron tres libros y la tesis doctoral "Caminos que se cruzan: las relaciones históricas entre Brasil y España" (2009).

Actualmente ha dirigido sus estudios al análisis de la relación entre la prensa y la política exterior brasileña, habiendo publicado artículos sobre el tema.

Este libro se terminó de imprimir en febrero de 2018 en Imprenta Dorrego (Dorrego 1102, CABA).

www.ingramcontent.com/pod-product-compliance
Lightning Source LLC
Chambersburg PA
CBHW031701230426
43668CB00006B/71